高等政法院校规划教材

国际金融法

GUOJI JINRONG FA

（第四版）

司法部法学教材编辑部审定

刘丰名　著

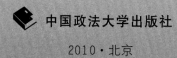 中国政法大学出版社

2010·北京

作者简介

刘丰名，生于 1929 年 7 月，重庆市人。1949 年 6 月肄业于武汉大学法律系，参加南下广西工作队，在桂林市公安局任副科长。1954 年起，先后在公安学院武汉分院、华中师范大学等院校担任教员、讲师、副教授。1984 年到武汉大学国际法研究所，曾兼任法学院国际法学系主任、教授、博士生导师，1999 年离休。主要著作有《现代国际法纲要》，主编中国外资法系列丛书(包括《中国外资法》、《中外合作经营企业法概论》、《外资企业法概论》和《股份公司与合资企业法》)，独著《巴塞尔协议与国际金融法》等。

前　言

《国际货币基金协定》加上《巴塞尔协议》和 WTO《服务贸易总协议》及其《金融服务附录》，已构成当今支撑全球国际金融秩序的三大支柱。《巴塞尔协议》为国际投资金融方面法律制度的主要国际性惯例，WTO《服务贸易总协议》及其《金融服务附录》为国际贸易金融方面法律制度的主要国际性协议，《国际货币基金协定》则是联合国体系内国际货币金融方面法律制度的国际公法。国际货币基金、WTO 与巴塞尔委员会三个国际组织相互支持、相互配合、协调一致。国际货币基金与 WTO 加上联合国贸发会议共同成立一个咨询委员会，对国际货币和国际贸易问题进行磋商，相互派代表出席对方组织召开的会议，以协调这些国际组织的贸易与货币政策。配合巴塞尔委员会公布《有效银行监管的核心原则》，国际货币基金也建立了一个工作小组拟订"建立金融稳定体制的建议"，向各成员国和国际银行界提出。国际货币基金并会同世界银行向各成员国提供技术援助，使它们在开放其金融市场过程中能吸收其他国家经验。为增进各国的监管合作与协调一致，国际货币基金和世界银行还责成其成员国遵守巴塞尔委员会公布的《有效银行监管的核心原则》，为遵守"核心原则"的评定报告提供了"样本"（对一个假设国家的遵守"核心原则"的评定报告格式），供各成员国采纳。巴塞尔委员会继"核心原则"之后公布的《核心原则方法》，又将国际货币基金和世界银行提供的评定报告"样本"列作附件，加以普遍采用。《国际货币基金协定》要求各成员国相互合作采取措施，使彼此的外汇管制条例能有效实施。《巴塞尔协议》承认国家汇划风险为政治风险。WTO 要求其缔约国全体谋求与国际货币基金合作，以便在基金所主管的外汇问题和缔约国全体所主管的数量限制或其他贸易措施方面，可以执行一个协调的政策。各国银行监管当局处理市场准入问题，除受到《巴塞尔协议》的制约，还要受到在 WTO 框架内的多边和双边协议的制约。此即全球国际金融法律秩序的现状。

国际经济法是范围广泛、内部结构错综复杂的一个庞大法群，而且处于发展之中。国际经济法好比一头大牯牛，操纵它就得牵牛鼻子。通过对国际金融法的研究，可以辐射对国际投资、国际贸易（包括海商）等其他领域法律问题的研究，是从整体上把握国际经济法的一个重要途径。巴塞尔文件、WTO 有关协议与国际货币基金协定是我们研究国际投资金融、国际贸易金融与国际货币金融三个方面法律制度最重要的国际性文件和依据。

本书 1996 年 6 月第 1 版,经 1997 年 10 月修订出第 2 版、1999 年 1 月重印,2002 年修订于 2003 年 9 月出第 3 版。这次是在"2002 年修订版"(第 3 版)基础上,从增、删两个方面所作的修订:

在"中篇国际贸易金融法"开篇增加一章序列"第七章",其章节标题见"目录"。对一些新的重要国际协议文件和外国金融法律,择要增叙,并在有关脚注中增加了可供查阅或下载的电子邮件信箱和网址。书末增设三个附录:本书涉及的"外文术语索引","条约协议、法律法规、惯例规则索引","案例索引"。

作为国际经济法一个组成部分的国际金融法,包括国内法与国际法。鉴于在本"统一规划教材"系列中已有《金融法学》一书专讲我国国内金融法,为避免同一系列教材中的内容重复,本书原来在有关章节中所含的《中国人民银行法》、《商业银行法》、《担保法》、《证券法》、《信托法》、《票据法》和《保险法》等中国金融法"概要"部分的内容已予节删;法律有修改的,叙其修改后有关规定。

作　者
2007 年 1 月

新 版 说 明

　　长期以来,在司法部的领导下,法学教材编辑部认真履行为法学教育服务的职能,为满足我国不同层次法学教育发展的需要,在全国高等院校和科研院所的大力支持下,动员了包括中国社会科学院法学研究所、北京大学、清华大学、中国人民大学、浙江大学、厦门大学、中山大学、南京大学、武汉大学、吉林大学、山东大学、四川大学、苏州大学、烟台大学、上海大学、中国政法大学、西南政法大学、中南财经政法大学、华东政法学院、西北政法学院、国家行政学院、国家法官学院、中国人民公安大学、中央司法警官学院、广东商学院、山东政法管理干部学院、河南政法管理干部学院等单位的教学、科研骨干力量,组织编写了《高等政法院校法学主干课程教材》、《高等政法院校法学规划教材》等多层次、多品种的法学教材。

　　这些教材的出版均经过了严格的策划、研讨、甄选、撰稿、统稿、修订等程序,由一流的教授、专家、学术带头人担纲,严把质量关,由教学科研骨干合力共著,每一本教材都系统准确地阐述了本学科的基本原理和基本理论,做到了知识性、科学性、系统性的统一,可谓"集大家之智慧,成经典之通说"。这些教材的出版对中国法学教育的发展,起了非常重要的推动作用,受到广大读者的欢迎和法学界、法律界的高度评价。

　　教材是一定时期学术发展和教学、科研成果的系统反映,所以,随着科研的不断进步,教学实践的不断发展,必然导致教科书的不断修订。国际上许多经典的教科书,都是隔几年修订一次,一版、五版、二十版,使其与时俱进,不断成熟,日臻完善,成为经典,广为流传,这已成为教科书编写的一种规律。

　　《高等政法院校规划教材》出版至今已有十余年的时间,本套系列教材已修订多次,其中不少种教材多次荣获国家教育部、国家司法部等有关部门的各类优秀教材奖。由于其历史长久,积淀雄厚,已经形成自己独具特色的科学、系统、稳定的教材体系,在法学教育中,既保持了学术发展的连续性、传承性,又及时吸纳新的科研成果,推动了学科的发展与普及。它已成为国内目前最有影响力的一套法学本科教材。

　　进入21世纪,依法治国,建设社会主义法治国家是我国的基本方略。为了更好地适应新世纪法学教育的发展,为了迎接新时代的挑战,尤其是我国加入WTO带来的各种新的法律问题,我们结合近年来法制建设的新发展,吸收国内外法学研究和法学教育的新成果、新经验,对这套教材再次进行了全面修订。我们相信重修之规划教材定能对广大师生提供更有效的帮助。

司法部法学教材编辑部

2001 年 12 月

■新版说明 / 1

■前言 / 1

■第一章 绪论 / 1
　　第一节 国际金融法的由来与概念 / 1
　　第二节 国际金融法的学科体系与研究方法 / 21

上篇　国际投资金融法

■第二章 国际银行与巴塞尔协议 / 31
　　第一节 世界银行集团 / 31
　　第二节 区域性开发银行 / 45
　　第三节 跨国银行与离岸金融市场 / 49
　　第四节 集团银行 / 52
　　第五节 国际清算银行与巴塞尔委员会 / 53
　　第六节 《巴塞尔协议》与中国 / 57

■第三章 银行制度 / 88
　　第一节 境外的银行体制 / 88
　　第二节 中央银行的法律地位与存款保险制度 / 96
　　第三节 银行与客户的法律关系 / 101
　　第四节 中国的银行体制 / 103
　　第五节 金融业的国际化与革新化 / 109

■第四章 国际借贷与担保 / 120
　　第一节 国际借贷合同与担保 / 120

第二节　项目贷款与辛迪加贷款　　　　　　　　　　 / 130
第三节　适用于金融合同的统一规则与电子商务合同规则　 / 152
第四节　出口信贷　　　　　　　　　　　　　　　　 / 167
第五节　中国对涉外商业贷款与对外担保的管理　　　　 / 169

■第五章　证券制度与证券市场国际化　　　　　　　　 / 177
第一节　证券制度　　　　　　　　　　　　　　　　 / 177
第二节　证券内幕交易的法律管制　　　　　　　　　 / 213
第三节　商业票据与 ACE 惯例规则　　　　　　　　　 / 234
第四节　证券市场国际化的法律问题　　　　　　　　 / 238

■第六章　金融信托制度　　　　　　　　　　　　　　 / 254
第一节　信托制度概述　　　　　　　　　　　　　　 / 254
第二节　信托贷款　　　　　　　　　　　　　　　　 / 256
第三节　金融租赁　　　　　　　　　　　　　　　　 / 258
第四节　投资基金　　　　　　　　　　　　　　　　 / 263

中篇　国际贸易金融法

■第七章　金融服务贸易　　　　　　　　　　　　　　 / 275
第一节　金融服务的国际协议文件　　　　　　　　　 / 275
第二节　金融服务监管的现代化与革新化　　　　　　 / 281

■第八章　国际支付的票据制度　　　　　　　　　　　 / 295
第一节　票据与票据行为　　　　　　　　　　　　　 / 295
第二节　票据法　　　　　　　　　　　　　　　　　 / 302
第三节　票据公约　　　　　　　　　　　　　　　　 / 317
第四节　任意性惯例　　　　　　　　　　　　　　　 / 319
第五节　信用卡与电子货币　　　　　　　　　　　　 / 330

■第九章　期货交易与金融期货　　　　　　　　　　　 / 348
第一节　期货交易　　　　　　　　　　　　　　　　 / 348
第二节　期货市场　　　　　　　　　　　　　　　　 / 350
第三节　金融期货（衍生金融商品）　　　　　　　　 / 360

第四节　期市场外交易 / 363

■第十章　商业保险 / 375
　　第一节　保险与保险法 / 375
　　第二节　中国涉外保险与中国的商业性保赔保险 / 384

下篇　国际货币金融法

■第十一章　各国的货币制度 / 397
　　第一节　外国的货币制度 / 397
　　第二节　中国的货币制度 / 400

■第十二章　外汇安排与外汇管制 / 404
　　第一节　外汇安排 / 404
　　第二节　外汇管制 / 413
　　第三节　跨国支付的一般法律问题 / 423

■第十三章　国际货币基金协定 / 427
　　第一节　国际货币基金协定的产生与布雷顿森林制度 / 427
　　第二节　牙买加制度 / 432
　　第三节　国际货币基金的组织活动 / 443
　　第四节　基金协定的法律效力 / 448

■第十四章　黄金的法律问题 / 451
　　第一节　黄金的货币职能问题 / 451
　　第二节　各国黄金储备政策 / 453

■第十五章　跨国货币的法律问题 / 456
　　第一节　跨国货币的概念 / 456
　　第二节　各种跨国货币 / 457

■附录：书目与索引 / 460
　　参考书目 / 460
　　外文术语索引 / 462
　　条约协议、法律法规、惯例规则索引 / 473
　　案例索引 / 488

第一章　绪　论

■ 学习目的和要求

　　注意了解国际金融法的由来与概念,国际金融法的主体、客体与渊源,金融创新与 21 世纪国际金融法,以及国际金融法的学科体系、研究方法与研究意义。

第一节　国际金融法的由来与概念

一、国际金融法的由来

　　一个主权国家都有其本国的货币法与金融法。个别单独地区也有被授权发行本地区货币和颁行金融法规的。如香港,英国原对其实行殖民统治,[1]即有单独的货币制度与金融制度。1997 年香港回归中国,依照《香港特别行政区基本法》第 2 条规定:"全国人民代表大会授权香港特别行政区依照本法规定实行高度自治,享有行政管理权、立法权、独立的司法权。"第110 条规定:"香港特别行政区的货币金融制度由法律规定。香港特别行政区自行制定货币金融政策,保证金融企业和金融市场的经营自由,并依法进行管理和监督。"

　　货币法与金融法是一对孪生姊妹。货币法是有关货币发行及管理的法律规范。金融法即调整货币资金融通的法律规范。一国颁行货币法,总要同时颁行金融法,借以确立货币金融制度,保证货币金融政策的实施。

　　"资产阶级,由于开拓了世界市场,使一切国家的生产和消费成为世界性的了。"[2]一国货币与他国货币之间的经济关系,各国因货币资金融通而发生的经济关系,均需有统一的法律来调整。由于国际社会并无一个超国家的立法机构,国际金融法的形成过程是漫长的,迄今尚处于发展中。1944年 7 月,美、英、法、苏、中等 44 国在美国新罕布什尔州布雷顿森林召开的国

---

〔1〕　中国人民从来未承认不平等条约,认为这些条约是非法的、无效的。对英国在香港实行的殖民统治,1972 年 11 月 8 日第二十七届联合国大会通过决议,批准从殖民地名单中删去香港和澳门,确认了中国对香港问题的立场。

〔2〕　马克思、恩格斯:《共产党宣言》,载《马克思恩格斯选集》第 1 卷,人民出版社 1972 年版,第 254 页。

际货币金融会议通过的《联合国货币金融会议最后决议书》,以及《国际货币基金协定》与《国际复兴开发银行协定》,为各国货币金融关系的国际法律调整开创了新纪元。布雷顿森林会议通过的《国际货币基金协定》,确立了第二次世界大战后的国际货币制度,但国际金融制度并未随《国际复兴开发银行协定》的缔结而完全确立。国际货币关系主要是在政府间发生的,而国际金融关系则主要是在民间发生的跨国货币资金融通。《国际复兴开发银行协定》是以提供贷款和投资,补充成员国战后恢复和发展经济的资金不足为宗旨而缔结的。成员国向世界银行认股和向世界银行借贷,属于政府间货币资金融通。在国际社会,民间跨国货币资金融通发生的经济关系,长期处于无法律秩序状态,当事人之间出现的借贷合同争议或证券交易争议仍适用国内法解决。国际借贷合同通常由贷款人国家法律管辖,证券交易一般则由发行人或上市地国家法律管辖。这种法律适用状况是有其深刻经济原因的。按贷款人观点,国际借贷合同所选择的准据法应是出现争议时能制服借款人的法律才最合适。其中,部分原因是由于对发放贷款与否贷款人具有掌握成交主动权的优势地位,部分原因则是由于国际借贷的贷款人需要有效保护。发行证券筹资,购买者对发行人则无多大控制,只得凭发行人或上市地国家法律保护投资公众。[1] 国际清算银行巴塞尔委员会成员国[2]于1988年7月15日达成的《统一国际银行资本衡量和资本标准》协议(《巴塞尔协议》),即旨在联合国体系之外的国际金融领域建立"巴塞尔体制",以之作为牙买加制度的补充。《巴塞尔协议》与当年的《布雷顿森林协定》(《国际货币基金协定》和《国际复兴开发银行协定》)对国际货币金融的法律影响相比,虽有程度上的不同,但它们在促进国际金融领域法律秩序的建立方面所起的作用则是一致的。"巴塞尔体制"的出台,是将民间跨国货币资金融通纳入国际法律秩序的一个开端。

《关贸总协定》乌拉圭回合多边贸易谈判结束,各参加方1994年4月15日正式签署WTO一揽子协议,《服务贸易总协议》即其中一个,《金融服务附录》构成《服务贸易总协议》的整体组成部分,金融服务自此纳入WTO多边贸易协议之内,从而丰富了国际金融法的内容,并进一步健全了国际金融的法律规则体系。

---

[1] P. Wood: Law and Practice of International Finance, Sweet & Maxwell Ltd., 1980, p. 4,177.

[2] 巴塞尔委员会由十国集团成员国的中央银行行长与银行监管机构代表组成。十国集团成员国包括美、英、法、德、意、日、加、荷、比、瑞典和瑞士11国,另外,卢森堡、西班牙也为该委员会成员国。该委员会每年召开4次例会,由国际清算银行为之提供秘书处和散发文件。

二、国际金融法的概念与本质

(一)国际金融法的外延

国际金融法包括国际货币金融、国际投资金融与国际贸易金融三个方面的法律制度,包括国内法与国际法,是国际经济法的一个组成部分。

1. 国际金融法包括国际货币金融、国际投资金融与国际贸易金融三个方面的法律制度。一国货币法所确立的货币制度,主要是确立以什么货币充当该国本位货币或法定货币,国际金融法所确立的国际货币金融制度,则非以什么货币为国际本位货币或法定国际货币,而只是确立为各国所共同接受的有关货币关系的国际调整的制度。美国经济学家特里芬(R. Triffin)于1960年在其"特里芬难题"的命题基础上,主张彻底改革国际货币制度,把国际货币基金变为超国家的世界中央银行,由它发行一种法定国际货币来代替美国境外流通的美元。建立国际管理通货制度的理想,在各国都坚持其货币主权的今天,是很难变成现实的。从而,国际货币金融制度也是在对各国货币制度的确认的基础上才得以建立。从"严格意义"(stricto sensu)上讲,国际货币金融制度主要包含以下三个方面的内容:

(1)国际收支平衡制度(international balance of payment system)。国际收支平衡制度即调整国际收支的制度,它是国际公认的,可用以调整国际收支使之趋于平衡的各种原则、规范和措施的总称,包括国际储备运用与国际财政支持的制度。当一国外汇收支在国际结算过程中出现差额,无论是大量逆差还是大量顺差,对该国都是不利的,即需采取各种相应措施加以调整,诸如:调整银行利率,中央银行进行货币干预或多国合作干预汇价,对本国货币宣布贬值或升值,加强或放宽外汇管制以影响商品和资本流动,对外举债或向国际货币基金行使提款权,或者是增加或紧缩对外放贷和投资,等等,使差额趋于缩小,最终表现为本国国际储备的增、减来平衡。

(2)汇率制度(exchange rate system)。汇率制度即外汇安排或汇率的确定与改变方面的制度。自《国际货币基金协定》第二次修订并于1978年生效以来,在现行牙买加制度下,是由各国自主安排外汇:有些国家货币实行独立浮动(如美元、日元、瑞士法郎等);有些国家货币结成货币集团,在集团内将各自货币的汇率相对固定,对外联合浮动,实行合作安排(如欧洲货币体系的蛇形安排);有些国家将本国货币盯住另一国货币(如盯住美元或法国法郎),或者是盯住一种联合货币或一篮子货币(如盯住特别提款权或自定的一篮子货币)。

(3)国际储备制度(international reserve system)。国际储备制度即确立哪些储备为各国普遍接受的国际储备的制度。国际货币基金初创时,是将黄金、美元和成员国在基金的储备头寸三种定为国际储备;自20世纪70年代以来,黄金已改为"特别提款权"(SDR),美元已被代之以包括美元在内的可兑换货币。事实上,今天各国普遍接受的国际储备有黄金储备、外汇储备(包括持有的现汇与外汇净债权)、在国际货币基金的储备头寸、特别提款权、可使用的国际信贷。

国际金融法是以其所确立的法律制度为国际金融制度,而不同于确立国内金融制度的金融法。国际金融制度系由各国适用于涉外金融部分的规范与有关金融方面的各种双边、多边国际协议、条约和国际惯例所确立。国际金融制度除包括上述国际货币金融方面的法律制度之外,还包括国际投资金融与国际贸易金融方面的法律制度。

国际货币金融、国际投资金融与国际贸易金融三个方面的法律制度,既相对独立又不可分割。相对独立表现为它们各自所确立的法律制度的内容不同;不可分割表现为它们所调整的经济关系为一个密不可分的综合经济关系。因此,将国际货币金融、国际投资金融与国际贸易金融三个方面的法律制度纳入国际金融法一个体系,既是符合实际的,也是合理的。

2. 国际金融法包括国内法与国际法。按照美国经济学家达菲(Dufey)与吉迪(Giddy)在 1978 年发表的《国际货币市场》一书中的观点,金融分国内金融、涉外金融与国际金融。国内金融即国内贷款人提供资金给国内借款人。涉外金融即国内贷款人提供资金给国外借款人,或国外贷款人向国内借款人融通资金。国际金融既包括涉外金融,又包括外国贷款人与外国借款人之间融通资金。

作为上层建筑的法律,既决定于经济基础又反映经济基础。在法律上,有国内金融法与国际金融法。国内金融法即一国调整其货币资金融通的法律规范,它既是国内法又是涉外法。当今金融发达的国家,无不有其完备的既适用于其国内货币资金融通的调整,又适用于其国民和居民(包括自然人和法人)的跨国资金融通的调整的金融法。国际金融法则是为国际货币金融、国际投资金融与国际贸易金融三个方面确立的法律制度,而不同于确立一国金融制度的国内金融法;而一国国内金融法中适用于涉外金融部分的规范,则为国际金融法所包含。

3. 国际金融法是国际经济法的一个组成部分。由于对国际经济法中的"国际"是仅指"国家之间",还是包括"跨国"的理解不同,国内外学者对于国际经济法的看法也存在分歧。有的主张国际经济法是属于国际公法的一个分支,是经济的国际法;有的主张国际经济法是属于一个新兴的独立法律部门而自成一类规范。[1] 作为自成一类规范或"一个法群"(a body of law)的国际金融法,是国际经济法的一个组成部分,而非国际公法的一部分。

_____

〔1〕　姚梅镇:"适应深化改革开放的需要,加强国际经济法的研究",载《武汉大学学报(社会科学版)》1991 年第 1 期。

国际经济法是范围广泛、内部结构错综复杂的一个庞大法群。对于这一个处于发展中的法群,美国学者洛温菲尔德(Lowenfeld)于1977年主编的一套"国际经济法丛书"与日本学者樱井雅夫于1979年发表的《国际经济法研究——以海外投资为中心》,以国际直接投资的法律问题为中心,辐射国际贸易、国际货币等其他领域的法律问题进行研究;1989年问世的由德国学者霍恩(Horn)主编的一套"跨国经济法丛书",已经转向以国际金融的法律问题为中心,辐射国际投资、国际贸易等其他领域的法律问题进行研究。

(二)国际金融法的本质

国际金融法作为上层建筑,反映了货币资金超越国境而流动的国际性或跨国经济关系的性质。国际金融法的本质特点具体体现于其主体、客体和渊源中。

1. 国际金融法的主体。主体即发生法律关系的当事者。国际金融法的主体,既有国家、地区和国际组织,也有从事跨国经济活动和使用外汇或参与外汇活动的个人、法人或非法人单位。现汇价实行独立浮动和盯住美元的一些货币国,由其中央银行通过抛售或购进美元来调节市场汇价,参加外汇买卖的有国家和个人、法人或非法人单位。现在一国政府到另一国家和地区发行公债已很寻常,西方投资者则是各国政府所发国际债券的主要客户。中国即为美国国债的一个最大买家。联合国和世界银行等国际组织也在发行国际债券,供个人、法人或非法人单位购买。

一个地区能否成为国际金融法的主体是有条件的,即需视其是否具有相对独立的货币金融制度而定。如中国香港地区,由于具有相对独立的货币金融制度,因此,无论香港原是同英国还现是同中国其他地区的货币金融往来,既不被视为英国的、也不被视为中国的国内往来,而是作为国际货币金融往来对待。

个人、法人或非法人单位能否成为国际金融法的主体也是有条件的,即需视其是否与外汇打交道而定,凡使用外汇或参与外汇活动的个人、法人或非法人单位,都可成为国际金融法的主体。

2. 国际金融法的客体。客体即主体的权利义务所指向的标的。国际金融法的客体包括本国货币、外汇和跨国运转中的货币资金。

讲到货币,一个值得注意的问题即货币定义。货币定义尚未确定,而且是因国、因时而异。以美、英两国中央银行采用的货币定义而言,其货币层次所包括的范围已从金本位制时期为通货的8.15倍扩大到了目前的50倍。美国联邦储备系统1975年和1980年公布的货币定义(货币供应量统计指标)就大有变化。一国中央银行必须有自己切合国情的货币定义,用以分析货币供应量,才不致在控制通货膨胀问题上出现决策的失误。

中国人民银行决定,自2001年7月起,将证券公司客户保证金计入广义货币供应量(M_2);修订后 M_2 的统计口径为:M_1 + 居民储蓄存款 + 单位定期存款 + 单位其他存款 + 证券公司客户保证金。将中国现行货币供应量统计分以下三个层次:M_0,流通中现金;狭义货币 M_1,M_0 + 可开支票进行支付的单位活期存款;广义货币 M_2。

从法律上看,一国既有货币法、金融法与票据法、证券法,国际社会既有关于货币金融的条约、协议,也有票据公约与国际惯例,研究国际金融法就不能将其客体局限于一个极为狭小的范围。以外汇而言,按照中国《外汇管理条例》(1996 年)第 3 条规定,外汇即为不仅包括外国钞票和铸币,还包括外币有价证券(政府公债、国库券、公司债券、股票、股息票等)、外币支付凭证(票据、银行存款凭证、邮政储蓄凭证等)、特别提款权和欧洲货币单位,以及其他外汇资金。如果将国际金融法的客体限制到了一个极为狭小的范围,其内容必然残缺不全,不利于适用。据此,本国货币、外汇和跨国运转中的货币资金都应是国际金融法的客体。

3. 国际金融法的渊源。渊源即法律形式,是指用以表示法律规范的形式。国际金融法除有《国际货币基金协定》、《国际复兴开发银行协定》等多边条约和一国对外缔结的双边货币金融协定以及各国金融法等国际法与国内法的渊源外,大量渊源则是以下述带约束性建议、任意性惯例与辅助性合同规定的形式出现,可称之为"准渊源"。准渊源即准法律规范,具有以下特征:①它是自律规范,存在于不同层次的世界层面、地区层面和当事人层面。②它存在于金融私法如金融合同法,也存在于金融公法如银行法。③它不同于软法。软法为任意法,不遵守软法并不构成违法或非法行为,其实施是靠舆论压力而非制裁。准法律规范则是为法律规范采用并为法律确认其效力的规范。在国际金融领域,法律规范主要是为自律规范提供根据与法律效力支持,并作为维护金融秩序、平息金融风暴、保障金融安全的最后手段而发挥其权威作用。有关法律规范与准法律规范在国际金融层面上的相互结合,即构成实际意义上的和当代意义的国际金融法。

(1)带约束性建议。国际清算银行巴塞尔委员会成员国于 1988 年 7 月 15 日达成的《统一国际银行资本衡量和资本标准》协议(《巴塞尔协议》),对于巴塞尔委员会的成员国属于国际协议,而对于非成员国即属于带约束性建议。《巴塞尔协议》要求各成员国银行监管机构以注释本或官方声明在国内公布,使之成为国内法,以监管本国跨国银行活动;巴塞尔委员会希望非成员国自动引进"巴塞尔体制",以改善其银行资本状况,可以无须法定,也可以仅对某些问题加以法定;该委员会并希望世界各地从事国际金融业务的银行,在其国内制度未作实质性改变前,即为实施《巴塞尔协议》采取必要步骤,适时调整其资本构成,进而促成"巴塞尔体制"在世界上更多国家得以实施,以确立起国际金融领域的法律秩序。自 1993 年 1 月起,世界上已有

100多个国家开始实施《巴塞尔协议》。[1] 现中国亦面临是否自动接受《巴塞尔协议》的抉择。因为,它对于像中国一类非巴塞尔委员会成员的国家,作为建议,亦非可接受可不接受,其约束性即表现于它已相当于公认的“及时性”(应时需而形成的)国际惯例。

(2)任意性惯例。1976年七国(美、英、法、德、意、日、加)关于出口信贷的君子协定,由各国自愿接受、自愿遵守。对于国际商会《托收统一规则》(第522号出版物)、《合同担保统一规则》(第325号出版物)和《跟单信用证统一惯例》(第500号出版物)等,当事人在订立的合同中规定适用的,即对当事人有约束力。对于国际证券商协会(AIBD)、塞德尔(Cedel)、欧洲清算组织(Euroclear)共同拟定的《ACE惯例规则》,在欧洲债券市场进行交易的各方均自动接受。

(3)辅助性合同规定。合同中的支付条款和票据、证券中的有关约定,可以成为一种当事人自治或自律的辅助性规范,以补充法律的不足,并加强法律的效用。现国际借贷合同即主要靠合同性规定调整。某家商业银行的实务惯例或习惯做法,如为客户所接受,也成为当事人之间的一种合同性规范而被遵守。国际信用卡系按各国、各地区银行之间订立的协议书办理。证券交易所与期货交易所的规章制度,则构成场内交易各方的自律规范。

三、金融创新与21世纪国际金融法

第二次世界大战后出现的欧洲美元,将货币金融的发展推向高峰,出现了离岸金融市场。货币金融与投资金融相结合,将银行信贷推向证券化,出现了电子金融市场。货币金融、投资金融进而与贸易金融相结合,出现了金融创新与衍生金融市场。投机者通过操纵金融市场,可以使一国的货币贬值、经济发展倒退、人民生活水平下降,并触发社会动乱和导致政府倒台。金融的稳定已关系到一国的经济安全与国家安全。

(一)金融创新的由来与影响

在理论上解释“金融创新”(financial innovation),可从追逐利润、化解风险[2]经济创新等方面找到说明。

脱媒(disintermediation)[3]对西方传统银行业的冲击,源于1972年的《史密森协定》开始失效、布雷顿森林制度崩溃后的主要西方国家货币的汇率浮动剧增与1982年国际债务危机形成后的利率波动加剧,大量资金游离银行去追逐市场暴利,借款人只要肯出高利都可在这个市场上获得所需贷

---

[1]《国际金融研究》1993年第7期,第61页。

[2] 风险分金融风险与法律(政治)风险两大类:金融风险包括信用风险、集中风险、市场风险、流动性风险、操作风险、声誉风险、利率风险、汇率风险;法律(政治)风险包括法律风险、国家风险或转移风险。

[3] 脱媒是指银行业存放款媒介作用的减小,表现为存款储户与借款客户的减少。

款和资金。在西方国家,遇本币汇率下滑,中央银行的市场干预无效,即常采取高利率政策;遇本币汇率过度上浮,常采取低利率政策,对利率管理政府都抓得较紧。西方国家为促进商业银行的稳健经营,又都相当重视对银行资本充足率的监控。银行为摆脱脱媒的困境,逃避监管和化解风险,为资本保值增值,便尽量拓展不在资产负债表上反映的"表外业务"(OBS – Off – Balance Sheet Activities)。[1] 经济"创新",[2] 即转变经济增长方式,以市场的新需求为导向,合理配置资源和优化生产要素组合,运用于金融即优化金融资产组合。经济创新将优化生产要素组合作为工业经济新的增长点。现经济学家倡议将原被视为外部要素的"知识"也列入其中,并将之视为一种经济长期增长基础的力量,主张用"知识经济"取代工业经济的发展模式。工业经济的发展受到地球上物质资源有限的制约,而知识经济则具有取之不尽、用之不竭的人类智力资源,是一种可持续发展的新型经济。知识可以创新技术,减少对资源、劳力、时间、场地和资本的需求。知识经济的兴起和发展将成为 21 世纪的大潮,在金融领域即表现为金融创新。

自美国芝加哥商品交易所于 1972 年 5 月 16 日开设专做金融期货交易的国际货币市场以来,在西方金融市场上问世的创新金融工具已多达几十种。创新金融工具是由基础金融工具(汇率、利率、证券、信用)衍生而来,又有"衍生金融商品"(derivatives)之称。银行运用以下组合设计,从基础金融工具中派生出各种创新金融工具:

1. 创新工具与基础工具组合。汇率派生出外汇期货、外汇期权、杠杆式外汇交易、[3] 外汇基金票据(在香港市场)、货币互换(currency swap,一种换汇换利交易)与分期支付货币互换等创新金融工具。

利率派生出利率期货、利率期权与利率互换(一种只交换债务的利息支付而不交换其本金的交易行为)。它有:固定利率互换,浮动利率零息对浮动利率互换(zero coupon-for-floating swap)、浮动利率对浮动利率互换(float-ing-for-floating swap),可赎回利率互换(callable swap),可出售利率互换(purable swap),可延期利率互换(extensable swap),远期利率互换(forward

[1] 表外业务主要包括八类:①贷款承诺;②循环保证融资;③电子资金划拨;④透支;⑤信用证、福费廷与保付代理;⑥货币互换;⑦利率互换;⑧金融期货、期权。

[2] "创新"理论是奥裔美国经济学家熊彼特(Joseph Alois Schurnpeter,1883 – 1950)首先提出的,用以解释企业家根据新的市场需求,为追求最大利润,通过对生产要素进行重新组合,开发新产品,形成新的生产能力,对商业周期波动的影响。创新论在他去世后才为人们所重视,并被广泛应用于经济管理、企业生产与金融业,乃至一国的宏观经济调控,而风行世界。

[3] 杠杆式外汇交易,客户仅付不少于合同金额5%的按金作为买卖外汇的抵押,即被允许在没有外汇下作出沽空行为;如出现亏损,客户只需维持按金在一定水平(不少于合同金额的3%),银行即不会为客户平仓止损。

interest rate swap)、推迟利率安排互换(deferred rate-setting swap)、利率上限互换(rate-capped swap)、固定利率对浮动利率互换(又称最小—最大互换，mini-max swap)、远期利率协议(forward rate agreement)等。

证券派生出短期国库券期货、欧洲美元定期存单期货、商业票据(大公司为筹措短期资金而发行的无担保本票)期货、定期存单期货、中期国库券期货、长期国库券期货、房屋抵押债券期货、市政债券期货、股票期货、可换股债券(Cl-Convertible Instrument)等创新金融工具。

信用派生出信用拖欠掉期(credit default swap)、总收益掉期(total return swap)等创新金融工具。

2. 创新工具与创新工具组合，成为"再创新金融工具"。如期货与期权组合为期货期权，互换与期权组合为"互换期权"(swaption)。

3. 为一般创新金融工具附加条件，构成"特种创新金融工具"。如"两面取消期权"(binary double barrier knock out option)、"走廊式期权"(corridor option)。

创新金融工具因不同组合而花样翻新，但万变不离其宗，即期货、期权、互换、指数四个基本品种。其基本效用在于"套期保值"(海琴，hedge)。例如：

利率期货(interest future)。A、B双方在3月份约定，A从B借入1万英镑，9月份提款，年利率10%。A与B订立利率期货合同，即在于希望到9月份获得这笔贷款并预先将利率固定。到9月份，市场利率12%，A即避免付出超过的2%的利息；如在9月份市场利率为8%，A即节省付出2%的利息。A保证了获取这笔贷款的最低费用，即已为之套期保值。

外汇期权(foreign exchange option)。A在4月份以后有一笔瑞士法郎(SFr.)收入，买入一笔美元(US $)"看涨期权"或"买入期权"(call option)，金额5万美元，协议汇价US $1 = SFr. 1.3，到期日订为4月份以后某日，期权费US $1 = SFr. 0.02，使成本得以固定在6.6万瑞士法郎。当美元汇率上涨时，A即行使期权；当瑞士法郎升值，A即不行使期权，可以节省外汇成本。外汇期权可以做欧洲式的，也可以做美国式的。欧式期权对期权的买方何时可以行使期权是有限制的，即只能在到期日这一天向期权卖方宣布是否行使权利。美式期权是在到期日之前的任何一天都可以宣布是否行使权利。美式期权交易的买方具有较大的主动权和选择余地，因此付出的期权费也要高于欧式期权。

货币利率互换(currency interest swap)。A在英国通过银行NIFs(Note Issuance Facilities，商业票据发行设施)以固定利率发行10万英镑商业票据。B在美国向银行以浮动利率借进15万美元贷款。都是5年到期。A按市场汇价卖给B 10万英镑，收进15万美元，他们同意5年到期以同样汇价做反向交易,而不管当时的市场汇价如何。这笔货币利率互换交易的商业效用即在于,英国的 A 想以固定利率英镑换得浮动利率美元贷款,但不能进入美国市场去做;同样,美国的 B 想以浮动利率美元换得固定利率英镑贷款,又不能进入英国市场去做;A、B 货币利率互换,即可各以其原来的货币和利率付给贷款者而达到目的。

股票指数期货(stock index future)。A 在 3 月份同意卖出股市构成指数 100 点,在 9 月份交割。如在 9 月份股票指数下滑为 90 点,A 即赚得 10 点;如上升到 110 点,A 即亏 10 点。A 是预计股票价下滑,卖出股票指数期货即望能为其手中的股票套期保值。股票指数期货交易不是到期交割股票,而是进行现金结算,付出或收进"差价"(the difference in price)。

以上期货、期权、互换和指数等各种创新金融工具交易,只要当地法律允许,银行都可自己做,也可介入顾客所做的这类交易而从中收费获得经济效益。

顾客为化解金融风险,银行为绕开法律障碍,还从办理贸易支付的传统金融业务(汇付、托收、信用证业务)衍生出福费廷、保付代理和备用信用证等创新金融业务。

福费廷(forfaiting)一词,来源于法语的"à forfait"(放弃权利)。在福费廷业务中,出口商放弃外国买主出具的远期商业汇票的债权并将其无条件转让给银行,银行放弃对出口商的追索权给予贴现;出口商从外国买主的远期付款中通过银行的贴现获得现金,外国买主从贴现银行处获得延期付款便利。在福费廷业务中采用的远期商业汇票经有关银行或政府机构背书而具有无条件可转让的担保。

传统的托收全凭付款人的商业信用,风险较大。1988 年 5 月渥太华外交会议通过《国际保付代理公约》供开放签字。银行和金融机构经办"保付代理"(factoring),保证了托收的安全。

备用信用证(standby letter of credit)是美国银行为绕开银行法不允许银行从事出具保函而拓展的一项创新金融业务。由于适应了新的市场需求,世界各国已广泛采用于服务贸易领域(如国际借贷与工程承包等)。

创新金融工具与创新金融业务,适应了新的市场需求,优化了金融资产组合,化解了风险,拓展了银行业务,增加了收益。

创新金融市场,除了期市"场外交易"(OTC)、银行提供的"循环承销设施"(RUF$_s$)与"商业票据发行设施"(NIF$_s$)、在欧洲债券市场上兴起的"欧洲商业票据计划"发行等场外交易市场,还有有组织的交易所场内交易市场。场外交易期市的交易合同可随时订立,通常是采用特定标准格式的主协议,由成交者提交交易确认书或书面载明交易细节的备忘录。国际掉期经纪人协会(ISDA)、伦敦银行家协会(BBA)、纽约外汇委员会(FEC of NY)、法国银行业协会(FBA)等都各印制有其特定标准格式的主协议。交易所场内交易市场的一切交易合同均在会员之间订立,场外投资者必须通过某个会员才能进行场内交易。场内只按标准量或整块成交(股票在 1 万股以上)。

创新金融技术主要是交易与支付的电子化、网络化。

金融工具(业务)的创新,带来金融市场和金融技术的创新。金融工具(业务)、金融市场、金融技术的创新,使得管理机构不得不相应也改变其监管办法,进行金融监管创新。金融创新这一概念的外延即包括金融工具(业务)创新、金融市场创新、金融技术创新与金融监管创新。

金融创新带来融资走向证券化,即银行信贷转向买卖证券和银行直接参与证券买卖,银行既是投资者又是顾客代理人;市场走向全球化,即商业银行在全球都设立分支机构,从事跨国经营,将全球金融市场紧密地联系到了一起;成交手段和支付手段走向电子化。

金融创新导致金融市场竞争加剧,风波迭起。1994－1996 年,国际金融界接连传出世界著名银行被收购或者损失惨重的爆炸性新闻:有 129 年历史的美国基德投资银行,在 1994 年冬由于一个债券交易人员的操作不慎和违法,致使该行重大亏损,一蹶不振,为普惠证券公司低价收购,在国际金融市场上消失。1995 年 2 月,英国有 233 年历史的巴林银行,由于在新加坡的一个不守法的交易人员做日经股票指数期货投机交易损失 11 亿美元,该行声誉一落千丈,濒临破产,为荷兰 ING 财团低价收购,使荷兰财团轻而易举地打入了梦寐以求的英国金融市场。同年 8 月,又发生日本大和银行纽约分行行员做美国公债交易,损失 10 亿美元,该行信用等级下降,纽约分行被美国监管当局查封。1996 年 6 月,日本住友商事职员擅自作大笔期铜交易,住友损失 18 亿美元以上。西方银行家按照其"垄则无争"、"大则不倒"和"快则生效"的经验,把银行正推向集中、大型、高效的发展之路。

金融创新对现阶段发达国家和发展中国家金融市场的影响是不尽相同的。

金融创新对发达国家金融市场的积极影响是,银行业因脱媒带来的困难得到缓解,启动了金融服务业与先驱性电子信息产业的大发展,促成了银行业的革新,传统的银行业务得到了刷新,金融机构展现出集中、大型、高效的新姿;金融创新迫使监管机构不得不去顺应市场规律而改变其管理的方式方法。金融创新对发达国家金融市场的消极影响是,导致泡沫经济(如在日本)[1]

---

[1]　泡沫经济(bubble economy)指虚拟资本膨胀,好像增加了财富,实际上却造成资源配置失衡,抑制实体经济的发展,形成虚假经济繁荣,股价、地价暴跌,金融业和工商业都相继陷入萧条。

股市震荡(如在美国)[1]、汇率波动(如美元、德国马克和日元),以及投向生产部门的直接投资相对减少,追逐投机暴利的游资大增,一旦失控有可能触发一场新的世界经济大危机。

金融创新对发展中国家金融市场的积极影响,与发达国家类似。由于有的国家监管机构不顾本国国情,照搬西方的管理方式方法,消极影响比在西方更大。这些国家金融市场采用的是伦敦市场 LIBOR,本币汇率是盯住美元,不是根据市场供求变化浮动,而是官方强行干预,加上外汇储备有限,又已解除外汇管制,投机商一兴风作浪,更易导致大的金融动荡。现全球有1.5 亿美元游资出没于伦敦、纽约、东京等国际金融中心,投机造市以觅暴利。[2] 1994 – 1995 年之交的墨西哥金融危机,即导源于境外游资的大量涌入。以美商在墨投资而言,450 亿美元中,200 亿美元为证券投资,投向生产部门的直接投资仅 250 亿美元,其主辅总量投资 44% – 56% 的比例远远偏离在 25% – 75% 之间的合理结构。墨比索与美元挂钩,此一固定汇率又一直由政府加以干预,造成比索价值比实际价值高出 30% 左右。墨西哥已解除外汇管制,比索自由兑换。1994 年 2 月到 1995 年 2 月,美国联储为紧缩货币政策,对过热经济降温,连续 7 次提高短期利率,美资纷纷流出墨西哥,多达 100 多亿美元。1994 年 12 月 20 日比索贬值 15%,继之不到 10 天汇率一路下滑,比索价值剧跌 50%,墨外汇储备从 170 亿美元锐减至 61 亿美元。经有美国、加拿大等参加的国际货币基金一揽子贷款提供 180 亿美元的国际财政支持,才止住了比索跌势。[3] 西方大投机商乔治·绍罗什,在世界巨富排名榜上居第 131 位,个人家产 25 亿美元,他与人合作创立的量子基金会股本至 1993 年已达 90 亿美元。乔治·绍罗什在伦敦、纽约国际金融中心专门从事金融投机活动。1994 年底,他加入大手抛空墨西哥比索抢购美元的行列,引发墨西哥金融危机。1997 年 2 月起,他又加入强攻泰国铢的恶性投机行列,导致 7 月 2 日泰国中央银行宣布放弃长达 24 年之久的泰铢与美元挂钩,改行市场浮动汇率,泰铢贬值 20%。一些与泰国一样已解除外汇管制的东南亚国家也受到波及,菲律宾比索贬值 9.8%,印尼盾贬值 9%,马来西亚林吉特贬值 6%。7 月 22 日马来西亚总理马哈蒂尔已不点名地指责乔

---

[1]　1987 年 10 月 19 日(星期一),纽约股市一开盘就出现跌风,交易板上全部显示出出售信号,股民恐慌,纷纷抛售手中的股票。这一天纽约股市即暴跌 508.32 点,降幅达22.62%,超过了触发经济大危机的 1929 年 10 月 28 日黑色星期五暴跌 12.82% 的纪录。市场受纽约股市影响,美元汇价大跌,金价飞涨,这场由纽约股市引起的金融危机席卷了西方世界,被称作"黑色星期一",也称"股票十月风潮"。

[2]　"东南亚金融风暴"(连载之六),载《法制日报》1997 年 9 月 11 日。

[3]　"墨西哥金融危机小议",载《国际商报》1995 年 1 月 10 日;"墨西哥金融危机的根源与教训",载《参考消息》1995 年 1 月 19 日。

治·绍罗什说:投机自由已经成为一种赋予某位富人强迫独立国家向他低头的政治武器。8月5日泰国内阁同意接受国际货币基金的救助计划。参加 IMF 主持的援泰计划的有中国、中国香港、马来西亚、新加坡、印尼、韩国、日本、澳大利亚等国家和地区,以及亚洲开发银行,共承诺向泰提供160亿美元贷款,其中,中国和中国香港同意各提供10亿美元贷款。港元对美元实行联系汇率,但外汇储备充足,到1997年6月底已达820亿美元,居世界第5位,有实力稳定其汇率,香港也就没有受到由泰铢触发的东南亚货币贬值浪潮的波及。[1] 这场危机历时长达一年半。到1999年11月19日韩国总统才宣布,韩国彻底克服了在1997年底发生的金融危机。

(二)对策与新世纪国际金融法

由于金融创新对不同类型国家金融市场的影响不尽相同,各国所采对策即不宜千篇一律或相互抄袭。

发达国家是金融创新的先行者,它们是怎样应对的呢? 自1994年以来,欧盟和英、日、美等国已开始采取重新修订银行法的大动作,正形成一股浪潮。巴塞尔委员会在1988年7月公布《巴塞尔资本协议》之后,1997年1月和4月又相继推出了《利率风险管理12原则》与《有效银行监管的核心原则》的征求意见稿。

欧盟各成员国已批准《马斯特里赫特条约》(以下简称《马约》)及在1999年1月1日建立经济货币联盟。1993年11月1日正式生效的《马约》和建立的经济货币联盟推行独立中央银行体制,将维持货币稳定订为中央银行的首要目标,中央银行的基本任务是:①制定和实施货币政策;②从事外汇买卖;③掌管官方外汇储备;④促进支付系统运转。中央银行的独立地位,不受政府与其他团体干预,禁止中央银行为政府提供透支和其他信贷便利。为实施《马约》有关规定,英国工党政府已于1997年5月宣布修订银行法,英格兰银行独立于财政部,不受财政政策的制约而独立行使货币政策,使之摆脱政治因素的影响,增加货币政策的透明度;将利率调整大权由财政部转移到英格兰银行;对商业银行的监管职能由英格兰银行转交给贴近市场的自律组织证券和投资局行使。又通过将《金融服务法》修订为《金融服务和市场法》(Financial Services and Markets Act),将证券和投资局改组为一个超级监管组织——金融服务局。

日本参议院1997年6月11日正式通过新银行法修订案,废除了大藏省对银行业务的行政命令权,以增强日本银行(中央银行)的独立地位,自主行使货币政策,并强化日本银行对商业银行的监管职能,为1998年3月解除对商业银行业务限制,允许银行、证券、保险业务交叉经营提供法律依据。这

---

[1] 香港《新报》1997年8月12日社论:"融资助泰为人为己……"。

成为日本 1942 年制定银行法以来的首次大幅修订。2001 年 1 月 6 日日本内阁新机构启用,大藏省已更名为财务省。

美国参、众两院分别通过了由参议员 Phil Gramm、众议员 James A. Leach 和 Tom Bliley 三人联名提出的《金融服务现代化法》(Financial Service Modernization Act)法案,经总统签署于 1999 年 11 月 12 日颁布、2000 年 3 月 11 日生效实施。本法也称"格拉姆—利奇—布莱利法"(G-L-B Act),成为美国金融业经营和管理的新银行法。该法第 1 条即废除格拉斯—斯蒂格尔法对银行、保险公司和证券公司业务不得交叉的限制。G-L-B 法使美国金融业进入了一个新时代,一些集商业银行、证券和保险业务于一身的多元化金融集团大量涌现,客户在一家银行或公司内即可办妥所有的金融交易。但客户也增加了可能对其隐私权和商业秘密遭到损害的担心,因新银行法可能让金融集团分享有关顾客账户的私人信息。拆除金融"防火墙"(格拉斯—斯蒂格尔墙)、强化"中国墙"(信息隔离制度)才能与银行向集中、大型、高效发展的趋势合拍。

为强化世界各国,特别是发展中国家新兴市场经济的金融稳定,巴塞尔委员会公布的《巴塞尔核心原则》、《巴塞尔资本协议》(全称《统一国际银行资本衡量和资本标准协议》,通称《巴塞尔协议》)与《巴塞尔利率风险管理原则》等指导未来银行监管工作的重要参考文件,已为金融监管创新建起一个监管体系框架,将最终形成"巴塞尔体制"。在这一新的国际银行监管体制中,《巴塞尔核心原则》构筑了对银行资本监管、市场风险监管和表内、表外业务监管的全方位监管的基础。《巴塞尔资本协议》界定了为各监管当局所接受的各类形式的资本,依相对风险大小规定了表内和表外业务的风险权数,根据风险资产的种类为银行确定了 4% 的一级资本和 8% 的总资本(一级与二级资本之和)的资本充足率要求。《巴塞尔利率风险管理原则》的主旨是强化商业银行的稳健经营,为利率风险构筑五道防线:①加重银行董事会及高层管理人员对利率风险发挥监管作用的职责,建立起独立于银行其他业务的风险管理机制,避免利益冲突,明确责任分工。②明确风险管理政策及监控规程,要求监控先行,银行在新产品和新业务推广采用之前即须针对其风险已经制定了必要的监控规程和控制手段,并在采用之前应由董事会或得到董事会授权的委员会批准。③拥有风险测算与监控系统,使风险头寸保持在银行内部风险管理政策所许可的范围内,银行所能接受的利率风险限额总和须经董事会审批。④保持控制机制的独立性,银行应定期进行本行利率风险程序的独立性评审,其结果应向有关监管机构通报。⑤监管机构能定期获取充足信息。

巴塞尔委员会于 1997 年 4 月发布的征求意见稿《巴塞尔核心原则》(全称《有效银行监管的核心原则》)提出了同时适用于十国集团和非十国集团

国家的对银行有效监管体系要素组合的 25 条核心原则(最低要求与基本参考标准)和在实施时可以运用的各种手段,要求各国监管者根据各自的法定职权尽快订出有针对性的实施计划,包括审查现有安排是否与原则相符及如有重大不符确立改进时间表,以加强一国及国际金融稳定。《巴塞尔核心原则》除先决条件,由权力、法规、手段(技术)、信息四要素构成。有效银行监管即符合 25 条核心原则的体系先决条件和要素组合。

有效银行监管体系的先决条件包括:参与银行监管的各个机构有明确的分工和目标。并享有操作上的自主权,具有适当的银行监管法律框架和监管者间的信息分享及为信息保密的安排等(涉及原则 1)。

监管权力要素的最低要求为:发照有序,银行机构变化经过审批,外国银行市场准入的东道国与母国的双重批准,监管者有权对银行采取纠正措施和作出处理有问题银行的适当安排,有权反对危害存款人利益的任命等(涉及原则 2 – 5、22 – 25)。

监管法规要素的最低要求为:符合《巴塞尔资本协议》与《巴塞尔利率风险管理原则》的参考标准,能督促银行建立起完善的内部控制制度,能促成金融部门遵守法律和稳健经营、防范和化解风险、在金融部门内部形成较高的职业道德与专业水平,能防止银行有意或无意地被罪犯所利用等(涉及原则 6 – 15)。

监管手段(技术)要素的最低要求为:具有持续监管的形式、手段(技术)和各项安排,有能力对银行进行并表监管和实施全球性并表监管等(涉及原则 16 – 20)。

监管信息要素的最低要求为:银行能严格执行"了解你的顾客"的政策,并保持完备的会计记录和向公众发布其业务活动的信息,监管者能真实公正地了解银行,东道国与外国银行母国监管当局有权分享所需信息等(涉及原则 21,兼及原则 15 和原则 25)。

《巴塞尔核心原则》是建立有效银行监管体系的基础,是最低要求,不妨碍各国有权根据当地银行市场的特点及风险和整体状况完善其监管体系。

在银行与顾客之间,顾客了解银行,银行不完全了解每个顾客,形成非对称信息分布。在监管者与银行之间,银行了解监管者,监管者不完全了解每家银行,形成非对称信息分布。为改善这种非对称信息分布,巴塞尔体制强调银行要"了解你的顾客",监管者能获取银行充足信息,在监管者间(包括东道国与外国银行母国的监管者之间)能共享信息,凭信息进行监管。正像中国古代军事家孙武所主张的"知己知彼,百战不殆"。实践表明,监管的有效性主要并不表现在银行的越轨行为难逃法网,而是在于能促成银行的自律和稳健经营,化解风险,主动配合监管,达到法律与自律的完善结合。巴塞尔体制所体现的是凭信息监管,法律与自律结合以自律为主的创新监管思想。此一监管思想是对"监管—逃避监管—再监管"的陈旧思想的扬弃。

布雷顿森林制度崩溃,由政府控制的固定汇率制亦崩溃,汇率转由市场控制。能查明谁在操纵市场,是政府对金融市场实现有效监管的关键,就得凭借信息。实现有效银行监管将成为政府从投机者手中夺回市场管理权的一场持久的拉锯战。国家和政府对金融业和金融市场的监管,从狭义上理解,即一个主权国家凭借其国家权力和行政权力依法对本国经济和金融进行宏观调控,对金融业和金融市场进行监督和管理;从广义上理解,除本国政府依法实施的监管外,还包括各国基于协议实施的合作监管,以及金融市场上从业组织和从业人员的自律,使国家和政府得以对本国的金融业和金融市场有效地实施监督和管理。

巴塞尔体制的基本特征即自律,强调各国自主立法和从事国际业务的银行自我管理。巴塞尔文件仅为审慎监管确立了基本参考标准和最低要求。

已显端倪的新世纪国际金融法,将以公法、私法与自律的三大规范形式面世。作为新世纪国际金融法体系组成部分的自律规范属于准法律规范,即法律所规定采用并为法律所确认的规范。这种自律规范有以下不同层次:

(1)世界层面的自律规范,如巴塞尔文件;

(2)地区性监管组织,如阿拉伯银行监管委员会、加勒比银行监管组织、拉丁美洲和加勒比银行监管当局协会、东非和南非银行监管组织、中欧和东欧国家监管组织、海湾合作理事会银行监管委员会、银行监管者离岸组织、中亚地区性监管组织,东新澳银行监管论坛、中西亚银行监管官委员会等公布的有关文件,构成中间层面的自律规范;

(3)基层层面的自律规范包括在国际金融市场上流行的伦敦国际金融期货交易所(LIFFE)和芝加哥商业交易所(CME)等实施的章程和规则,以及国际掉期经纪人协会(ISDA)、英国银行家协会(BBA)、纽约外汇委员会(FEC of NY)和法国银行业协会(FBA)等制定和推行的标准格式主协议条款[1]以及

---

〔1〕 包括以下主要条款:①履行(Exercise);②确认书(Confirmations);③支付和结算(Payments and Settlement);④税收返计还原(Tax grossing-up);⑤自愿停止交易(Voluntary close-out);⑥市场破坏(Market disruption);⑦指数中断或修改(Discontinuation or modification of an index);⑧指数更正(Corrections to an index);⑨调整与超常事件(Adjustments and extraordinary events);⑩说明与保证(Representations and warranties);⑪责任(Undertakings);⑫违法终止(Termination for illegality);⑬违约事件(Events of default);⑭停止交易(Close-out);⑮不可抗力(Force majeure);⑯计算代理人(Calculation agent);⑰杂项(Miscellaneous);⑱法律与法院(Law and forum)。

从事国际业务的银行内部控制制度。[1]

便于监管实施并有助于维护市场经济秩序与公平解决违约、侵权等争议的国内法,包括:规范银行活动的银行法,规范交易所和交易行为的行政法规,规范自动化交易和支付的电子金融法(Electronic Finance Law),惩处金融犯罪的刑事法律,以及一整套商事法律,如公司法、破产法、合同法、消费者和投资者保护法等公法和私法规范。与货币金融有关的国际条约,如《国际货币基金协定》、世界银行集团诸协定、建立欧洲经济货币联盟的《马斯特里赫特条约》等多边条约和一国对外缔结的双边货币金融协定,以及国际商会等制定和推行的有关托收和信用证的统一规则等构成新世纪国际金融法的国际公法规范与国际惯例。

在新世纪国际金融法律体系中,公法规范是为私法规范、自律规范提供法律根据与法律效力支持,并作为平息金融风暴、维护金融稳定的最后手段而存在的。

国际货币基金和世界银行均已责成其成员国遵守巴塞尔委员会公布的《有效银行监管的核心原则》,并为遵守核心原则的评定报告提供了"样本",[2]向各成员国推荐。巴塞尔委员会1999年10月公布的《核心原则实施方法》,又将国际货币基金和世界银行推荐的该"样本"列作附件,供普遍采用。"样本"要求对25条核心原则逐条评定,现将其对"原则6"的评定例示如下:

"原则6:银行监管当局必须为银行反映其业务风险设定最低资本充足率要求,并必须定义资本构成,注意其承担损失的能力。对国际性活跃银行,这些要求须不低于《巴塞尔资本协议》所设定的。

说明:《银行法》第9条规定风险权数资本比率不应低于8%。《银行法》第10条规定常规按自有资本和从属资本计算,并定义为合格资本。适用于银行的资本规则,该国是在单一制(银行)基础上而非在统一(并表)(银行集团)基础上发放许可证。对市场风险无资本要求。银行必须每季向监管当局报告其资本充足率和构成。如资本充足率跌低于8%,法律授权监管当局启动所谓'加强监管程序'。按该程序,监管当局可以采取一些保护银行及其合同方的措施,包括撤销许可证。

---

[1]　主要内容:①组织结构(职责的界定、贷款审批权限分离和决策程序);②会计制度(对账、控制单、定期试算等);③双人原则(不同职责的分离、交叉核对,双重控制和双人签字等)。

　　中国人民银行1997年5月16日发布《加强金融机构内部控制的指导原则》,要求金融机构实行,并要求在中国境内注册的外资、中外合资金融机构亦参照本指导原则建立健全其内部控制机制。

[2]　对一个假设国家的遵守《核心原则》的评定报告格式。

评定:对核心原则6,该国基本上未遵守。实行核心原则6,虽有些部分高于其主要标准,但其他重要部分仍未达到。信用风险的资本充足率要求是和《巴塞尔资本协议》相一致,并适用于所有银行,高于最低标准的银行。当银行低于最低资本比率时也有监管行动的明确程序,并且评定者已确定该程序实际上已适用于几个实例。报告资本比率完全经常并提供适当数量信息。尽管有多数国际性活跃银行发生重大市场风险的事实,对市场风险全无资本要求。有迫切需要草拟必要的规章条例、指南,和对市场风险引入资本要求的报告形式。此外,监管当局需要对监管这些活动开发必要的技能。最后,对统一的(并表的)银行组织无资本充足率要求。考虑到该国银行集团构成的数量增多,统一的资本充足率要求应在优先的基础上引入(也见核心原则18)。

我们判断的'基本上未遵守',基于对《巴塞尔协议》实行的两点主要不足:缺少对市场风险的资本费用,并且资本要求也未在统一的银行组织基础上适用。"

在发达国家,从金融工具(业务)创新、金融市场创新、金融技术创新到金融监管创新这一过程的发生,有如随波逐流、水到渠成,几乎是自发的,乃发达金融市场中的创新工具和业务这头猛兽冲破传统的牢笼而狂奔的必然结果。尽管金融监管创新是有意识采取的,但在很大程度上亦属被迫采取的行动。从1975年的第一个《巴塞尔协议》、1983年的第二个《巴塞尔协议》到1988年的《巴塞尔资本协议》,再到1997年的《巴塞尔利率风险管理原则》和《巴塞尔核心原则》,即系针对自20世纪70年代以来一家银行倒闭殃及整个银行业的"多米诺骨牌效应"(Domino Effect)到90年代以来世界上一些历史长久的著名银行接连发生损失惨重的事件而步步为营地形成的。西方监管者的金融意识日益强烈,已认识到现代经济的核心是金融、百业之首是金融,发达的市场经济是以银行为其发动机与阀门,阀门失灵整个经济就会失控。西方日益加强中央银行的独立性,以及商业银行的全能性与稳健经营,将实施货币政策的重点从控制信贷规模转向对汇率、利率的严格控制,即系出于强烈金融意识的考虑。1982年酿成的国际债务危机并促使发达国家监管当局感悟到,在全球化的金融市场,无论是发达国家还是发展中国家,任一国发生金融危机都有可能危及世界金融稳定。"一荣俱荣、一损俱损"的国际金融意识还促使发达国家在创新金融监管方面主动与发展中国家谋求合作,[1]一些发达国家和发展中国家并在 1994 – 1995 年之交的墨西哥金融危机和 1997 年 7 月的泰国金融动荡中,参加国际货币基金的一揽子贷款计划行动,联手提供国际财政援助,以支持币值不稳的墨西哥比索和泰国铢。

金融创新的浪潮冲击到发展中国家时,这些国家监管机构则是被动接受形成于西方市场的惯例,所采对策亦多照搬西方监管措施。由于经济与市场的发达程度不同,国情不同,适用于发达国家的监管措施并非都适用于发展中国家的市场。发展中国家对于金融创新只能坚持循序渐进,对已在发达国家推广采用的创新金融产品(或业务),不能一概盲目加以推广采用,还得视其是否有利于本国经济与金融业的发展,对其带来的风险能否承受(外汇储备是否充足)、对之是否能监控得住(管理水平与之匹配吗),对一时尚难以承受其风险和监控不住的创新金融工具(或业务),只能积极为之创设环境和条件,而不宜赶潮贸然行事。

(三)对中国的重要启示

中国现阶段虽已解除对经常项目的外汇管制,但仍维持对资本项目的外汇管制,对境外的金融创新浪潮也就有了道堤防,使之冲击不到境内金融市场。但这道堤防仍堵不住国际游资通过短期境外借款和混入经常项目的渗入。[2] 当前脱媒为中国银行业所带来的困扰,较之 20 世纪 70 年代西方国家的银行有过之无不及。[3] 经济规律不以人们意志为转移,也非人力所能抗拒,只有去认识它并加以利用。中国对国际游资应不是堵而是利用,中国银行业要摆脱脱媒亦只得走金融工具(业务)创新、金融市场创新,金融技术创新到金融监管创新之路。汲取其他发展中国家走金融创新之路的教训,中国只能循序渐进,摸着石头过河。石头摸完了,河也就过了。从而,需要采取以下法律对策:

1.增强金融意识,摆正金融在现代经济与百业中的主导地位,将之确定于金融法制中。

---

[1] 如巴塞尔委员会在制定《有效银行监管的核心原则》过程中,十国集团国家监管当局密切合作,并邀请智利、中国、香港地区、墨西哥、俄罗斯、泰国的代表参加组成联合小组起草,巴西、匈牙利、印度、印度尼西亚、韩国、马来西亚、波兰、新加坡也积极参与了这项工作。这是在 1975 – 1988 年起草三个《巴塞尔协议》过程中所不曾有过的。

[2] 国际游资混入经常项目结汇,如境外游资直接以个人或侨汇名义汇入,进入我国 A 股市场和本币债券市场操作。1996 年底,上海、深圳证券市场过度投机,出现股市泡沫,原因之一就在于境外证券资本入境炒作,哄抬股市、债市,获利后迅速外逃所致。

[3] 中国在 1990 – 1996 年的 7 年间,有 6 年总储蓄率为负数,客户在银行取款的总数超过存款总数,出现了国内资本大量外流和境外吸收国内储蓄的情况。为扭转过量的资本输出,经国务院批准,中国证监会于 2001 年 2 月 19 日发布了境内居民可投资 B 股市场的决定。

前些年,一些地方为建设项目所作的财政担保,以及信托投资公司、农村合作基金、城市信用合作社的不良贷款等,正在逐渐成为地方政府的债务负担。各中国人民银行分行应当落实《中国人民银行金融监管责任制暂行办法》,积极采取措施,以创建金融安全区。有了地方的金融安全,才有全国的整体安全。2001 年初重庆市已确立地方金融的全方位监管体系。中国人民银行重庆营业管理部、中国证监会重庆证券监管办事处和中国保监会重庆保险监管办事处建立了监管联席会议制度,在相互交换行业统计数据、行业发展动态和行业监管信息的基础上,共同研究当地金融业改革发展中的重大问题,并为当地和上级主管部门提出政策建议;共同协商解决银行、证券、保险业务创新及交叉领域的监管问题,防止监管冲突或监管真空,从而达到提高监管效率、防范和化解金融风险、改善金融服务,以促进地方金融业的健康发展。银行、证券、保险三方分别设立了联席会议办公室作为日常联络机构和信息资料交换部门。

2. 以第一届货币政策委员会在 1997 年 7 月 31 日诞生为契机,逐步增强中国人民银行执行货币政策的独立性,并通过修订银行法将之肯定下来。

3. 为中国商业银行的全能化积极创设法律环境。场外证券市场,商业银行不去占领而交由非银行金融机构去经营,势将步西方"投资机构化"后尘,监管机构更难加以监控,银行更无法充分发挥其对整个经济充当发动机与阀门的关键性作用,最终难免导致宏观调控失灵,乃至落空。"投资机构化"是导致西方银行脱媒的重要原因之一。投资机构成了脱媒的个人投资者的最大收容所。一些巨大的投资机构,如证券公司、投资银行、养老基金、共同基金(美国的 MMMF 自 1975 年的 33 亿美元猛增至 1979 年的 452 亿美元)和保险公司、房地产公司等,成为证券市场上从事股票和债券买卖的批量交易者或整块交易者(交易量在 1 万股以上),占据主导地位。据初步估计,自 1984 年以来,各种投资机构拥有的股票占股票交易的比重:英国 77%、日本 73%、美国 39%;拥有的政府长期债券占债券交易的比重:英国 80%、日本 98%、美国 88%。投资机构化导致国际游资大量涌入证券市场,人为地哄抬价格,造成虚假的经济繁荣。股市过热为西方经济带来更多不稳定因素。中国商业银行亦需全能化,走集中、大型、高效发展之路,才能适应银行业证券化、全球化与革新化的新形势。西方银行家从垄断市场以获取超额利润出发推行银行"集中化"。"垄则无争",在社会主义市场经济中,适度的"垄"可减少无序竞争亦属不争的事实。就世界而言,金融全球化已使得发展中国家的银行面临两种选择,要么通过兼并或合并来增强竞争力,要么就被发达国家的大银行挤出国际金融市场或遭淘汰。加入 WTO,中国的对外开放将由有限范围和有限领域内的开放转变为全方位的开放,由以试点为特征的政策性开放转变为按在 WTO 中承诺的时间表开放,由单方面为主的自我开放转变为中国与 WTO 成员之间双向的相互开放。为适应金融全球化发展和中国加入 WTO 融入全球经济的需要,中国已允许一些混业经营的金融企业存在,其中较具代表性的已有中国国际信托投资公司和中国光大集团等,它们既经营实业,又经营银行、证券等金融业。中国第一家银行保险公司[1]——中法人寿保险有限责任公司也已于 2006 年 3 月 23 日正式对外开业。

4. 在加入世界贸易组织前后,一手抓法律、一手抓自律,法律与自律并举,整顿好现有证券市场秩序和恢复期货市场正常秩序,为金融工具创新创设推广采用的法律环境。

5. 我们亟待加强对新世纪国际金融法展开研究,为构建具有中国特色的理论框架,为繁荣未来的国际金融法学做出自己的贡献。我们应在马克思主义指导下,引进经济学中的创新论(the theory of innovation)与非对称信息论(the theory of dissymmetric imformation),形成法律与自律结合以自律为主的银行监管与国际金融法学的特色理论。

总之,必须高举邓小平建设有中国特色社会主义理论的伟大旗帜,依法治国,深化改革,扩大开放,进一步提高利用外资和外汇储备的水平,坚持可持续发展战略,不断增强自力更生的能力与综合国力,以做到在任何金融风暴中都能稳坐钓鱼船。

第二节 国际金融法的学科体系与研究方法

一、国际金融法的学科体系

国际金融法的学科体系,即对其内容所采用的结构形式和安排。一门学科,确立其体系至关重要。体系确立得不当,就会影响到学科内容的完整性、系统性与科学性。体系确立得当,才能把学科的各方面内容有机地组合在一起,既无重复、遗漏,又相互衔接和相互补充,体现出内容的完整、系统与科学安排。《巴塞尔协议》、WTO《服务贸易总协议》及其《金融服务附录》、《国际货币基金协定》已构成当前支撑全球国际金融秩序的三大支柱。对国际金融法的学科体系,与国际金融法所要确立的三个方面的法律制度相对应,可将之划分为三个既相互联系又相对独立的部分。

1. 国际投资金融法,以《巴塞尔协议》为中心,包括世界银行集团诸协定、国际清算银行章程与巴塞尔协议、区域性开发银行协定、各国银行制度、

---

[1] 银行保险公司即银行或邮政通过设立、控股或参股成立的保险公司。银行保险(bancas-surance)是在银行与保险公司之间通过股权联结进行的一种经营安排。

国际借贷与担保制度、商事合同的统一规则与电子商务合同规则、各国证券制度与 ACE 惯例规则,以及金融信托制度等。

2. 国际贸易金融法,以 WTO《服务贸易总协议》及其《金融服务附录》为中心内容,还包括国际支付的票据制度、票据公约、任意性惯例与国际保付代理、信用卡与电子金融法、商业保险制度、商品期货与金融期货的交易制度等。

3. 国际货币金融法,包括各国货币制度、各国货币之间的法律关系(外汇安排与外汇管制)、国际货币基金协定,以及尚游离于国际法律秩序之外的黄金与跨国货币的法律问题等。

二、国际金融法的研究方法

研究国际金融法,应以法律为依据,着眼于应用,下功夫对一些有关货币金融的重要法律性文件,包括条约协议、各种惯例、通用合同条款和外国有关法律和判例、中国涉外法规,作一概括而又比较完整、准确的了解,并用以解决中国改革开放中面临的有关法律问题。

国际金融法是一门介乎于法律与实务的应用类学科,不懂实务就无从联系实际和把握有关法律规定与实务惯例、合同条款的精神实质,并应用于实践。因此,需要结合实务进行研究。

《巴塞尔协议》的出台,对国际银行确立了一套量化监管标准,将银行资本与资产业务风险挂钩,通过风险加权与资本充足率的测算,以核查银行的资本状况与经营能力。因此,对于国际金融法的研究方法也需作相应的更新,要结合使用定量分析的研究方法。研究国际金融法需要掌握数学工具、具有运用数学的能力。新巴塞尔协议 80% 的内容表述是涉及数学概念与数学模型的。数学模型包含数学公式、图形和具体算法。巴塞尔协议对国际性活跃银行的最低资本要求为 8% 的资本充足率,对各种金融风险用概率统计的数学方法分析,对金融衍生产品用随机微分方程式计算风险价值。我们学法的可以不知道具体运算,但不能不知道其所表示的遵守要求或法律要求。从事金融实务管理工作的,则不仅应知道与业务相关的数学模型所表示的法律要求,还应知道其具体运算乃至结合管理实务自己设计所需的数学模型。在银行实务管理中,要用 VaR(风险值)技术量化风险、为金融交易设定头寸限额与配置银行成本费用。从事银行监管工作的,要用巴塞尔协议设定的监管公式复核各银行提交的业务信息报告报表中数据是否符合遵守要求。学生的大学阶段教育,不能不顾及其毕业后的就业出路。就国际金融法的教学研究而言,我们对本科生研究生,是要以毕业后既能从事教学科研、又能胜任政法、对外经贸和国际金融等法律实务与管理工作为培养目标。学生的大学阶段教育与中学阶段教育是衔接的。我们过去的中学数学课本是严格囿于初等数学范围——代数、几何、三角。实际上,初等数学与高等数学、基础数学与应用数学并无严格界限。今天的中学数学内容,到高中即已涉及微积分与概率统计等原来认为是属于高等数学与应用数学的范围。现在中学生的数学水平已经超过过去的中学生。国际金融法涉及的数学概念与数学模型(公式、图形、算法),老师只需加以点拨,学生便能领会。比如,为什么能用随机微分方程式算出期权的价值:我们都看过动画片(卡通片),一幅一幅的画面是不会动的,为什么卡通看上去会是动的?因为动画是由许许多多在透明薄版上画成的图片组成,每幅图片上画着一点点逐渐微小变化的动作,当以每秒钟几十幅的速度播放这些图片时,整体上看去那画自然就动起来了。观察动态中的微小变化就是"微分",连接一系列的微小变化使整体动起来的就是"积分"。积累了期权的价值变动的相关数据,可设计出微积分方程式加以求解。所得结果只是数值,还不是风险值。因价值变动有两种趋势,一是涨,一是跌。还得运用概率统计将之设计成随机微分方程式的数学模型才能解出。"随机"即以不同的概率采取不同的变量。新巴塞尔协议对信用风险采用的风险参数(相关变量)为拖欠收支差、拖欠机率、拖欠损失、有效到期日;市场风险采用的相关变量为利率、汇率、资产价格。通过设定的相关变量与资产价格的函数关系所算出的最终计量结果(风险值)是逼近真实数值的。由于其最大置信区间只能设定为99%,超过真实数值的可能性还存在1%。风险值即风险数额或银行可能面临的最大损失数额。金融风险对银行来说,关系到它的盈亏和维持经营,控制金融风险也就成为银行经营管理的核心一环。如营业部门将未来一周内置信区间设定为99%的风险值报告给了银行主管为150万美元。主管即会意识到在正常市场环境中未来一周内银行的最大损失不会超过150万美元,超过的可能性只有1%。主管即可把此一风险值报告使用于交易限额和资本配置。现在的本科生研究生只要懂得了这个道理,就能设计和计算。他们在高中数学课做的微积分应用题,大体都是按"阅读数据→建立数学模型→求解→作答"这4个步骤进行训练的,所以他们能设计和计算。数学是各种科学的基础。马克思研究过微积分,留有一批笔记。今已将《数学手稿》作书名,出版了单行本。马克思在《数学手稿》中即提到多用数学方法研究经济。我们具有了运用数学的能力,可以改进认识问题的思维方式和掌握精确的研究方法(定量分析)。而我们以往习惯的思维方式是囿于定性分析。如辅之以数学方法去研究国际金融法,即可找到新感觉、激发新思路和开拓新境界、抓住新课题,使自己的研究再上一个新台阶。

三、国际金融法的研究意义

研究国际金融法的意义,可从金融与法律两个方面及其交汇点来考察。

(一)从金融方面考察

金融业在一国国民经济的四大产业中,是经济起飞的推进器。当代资本主义国家的每次经济衰退,无不自银行倒闭始,再次的经济复苏,又无不以银行的扭亏为盈作转机。有的发展中国家的经济起飞,即首先是由于在该国搞活了金融,乃至已经形成一个国际金融中心。金融是现代经济的核心。金融业同国民经济中的其他产业相比,资本回报周期最短,经济效益最快,最能影响或带动其他三大产业的发展。工、农业都要经过"投资—原料(或种子)—产品—资本回报"这么一个长的周期;商业也要经过"投资—商品—资本回报"这么一个次长的周期;而金融业一投入,资本即可得到回报。

金融秩序是一个法制秩序。国内金融是一个有法制的秩序,国际金融也是一个有法制的秩序,并非处于法制真空。正因为金融秩序是一个有法制的秩序,所以,必须研究国际金融法。

(二)从法律方面考察

因为金融是现代经济的核心,如何为之创设一个有利于其发展的法律环境,也就成为法律研究中的一项重大课题,并需要为之开设一门相对独立的法律学科。

一个国家能否成为国际金融中心以及这个国际金融中心的地位如何,并非凭经济实力,而主要是凭法律环境。以伦敦、纽约、东京三大国际金融中心为例,按经济实力排序为美、日、英,按国际金融中心的地位排列,则为伦敦、纽约、东京。1990 年全球国际债券交易总量 6.2 万亿美元,其中 60%是在伦敦成交的。1990 年各国国民生产总值,英国刚过 1 万亿美元,美国为5.39 万亿美元,日本为 2.94 万亿美元。据纽约联邦储备银行 1995 年 9 月19 日公布的一份研究报告,到 1995 年 4 月份,纽约外汇市场的交易量每天达 2 440 亿美元,同期伦敦外汇市场每天 4 640 亿美元。纽约之所以赶不上伦敦,即在于美国的法律环境已不如英国的优越。坦内孔(Tennekoon)在1991 年发表的《国际金融的法律与管制》一书中有如下论证:

1. 美国联邦储备银行于 1968 年起实施 Q 条例,限制银行提高存款利率,导致跨国公司将存款大部分存到了伦敦。1980 年美国出台《放宽对存款机构的管制与货币控制法》,Q 条例对银行存款利率的限制虽已放宽,但流去境外的银行存款已成为跨国货币在境外循环而不再返回,伦敦也就成了一个欧洲美元的集散地。

2. 美国联邦储备银行迄今仍实施 Q 条例,要求银行吸收 4 050 万美元以内的存款需交存 3%的储备金,4 050 万美元以上的存款需交存 12%的储备金。银行要将吸收存款额的 3%或 12%的金额作为无息的储备金交存于联储,从而也就要减少银行付给存户的利息、增大银行发放贷款的成本。

3. 英国的法律环境原也有不如美国之处。按照传统的英国法,只承认"双名"票据(由出票人与付款人共同负责的票据),不承认"单名"票据(只由出票人或发行人一人负责的票据)。20 世纪 60 年代在美国兴起的可以上市的商业票据,80年代中期传到欧洲才有欧洲商业票据的问世。欧洲商业票据都是"单名"票据,而且还都是通过电脑记账、转账结算进行发行与流通的"无纸债券"。由于法律环境决定了纽约为对内交易与离岸交易严格分开的内外分离型的国际金融中心,兴起于美国的商业票据也就不可能转化为欧洲商业票据。英国随着1986年《金融服务法》的实施,1989年修订《公司法》和1990年修订《银行法》,"单名"票据也获得承认。1990年仅伦敦的国际债券交易量即达到了全球国际债券交易总量的60%。1999年1月1日欧元问世后,伦敦城以美元和欧元标价的国际债券约各占发行总额的44%。

4.英国的证券制度一直以自律为主、法制为辅,证券只要符合证券交易所挂牌条件即可上市。美国的证券制度则是以法制为主、自律为辅,证券在美国上市要受到比较严格的法律限制。1964年起美国还课征利息平衡税,对购买外国债券的投资者要课征2.75%-15%的利息平衡税。尽管利息平衡税在美国实际上已于1972年废除,但伦敦国际债券市场的交易量则已从1972年的52亿美元上升到1988年的1758亿美元。据统计,1963-1988年的25年间,伦敦市场共发行欧洲债券1.1万宗,失败的仅有36宗。

如果以发展中国家的新加坡、巴林、巴哈马3个国际金融中心而言,它们的经济实力均不如发达国家,但新加坡开放了亚洲美元市场,巴林开放了石油美元市场、巴哈马为离岸金融交易免税,也就为国际金融中心的形成创设了法律环境。因此,可以这么讲,国际金融中心的投资环境不是天然的,而是仿真的人造投资环境,主要是由法律为之创设的。

(三)从中国方面考察

中国共产党第十四届三中全会于1993年11月14日通过《关于建立社会主义市场经济体制若干问题的决定》提出:"在本世纪末初步建立起新的经济体制,是全党和全国各族人民在新时期的伟大历史任务。"新的经济体制即十四大明确提出的建立社会主义市场经济体制,发展金融市场是当前培育市场经济体系的一个重点或重点之一。金融市场体系则是由资本市场、证券市场、货币市场、外汇市场、保险市场和期货市场等综合形成的一个整体。使金融市场形成一个"统一、开放、竞争、有序的大市场",除深化改革、培育和发展市场体系外,还得加快对外开放步伐,"依照我国国情和国际经济活动的一般准则,规范对外经济活动,正确处理对外关系,不断提高国际竞争能力","必须有完备的法制来规范和保障","做到改革开放与法制建设的统一,学会运用法律手段管理经济"。为实现"本世纪末初步建立适应社会主义市场经济的法律体系",就得"从中国国情出发,借鉴世界各国包括发达资本主义国家的一切反映社会化大生产和市场经济一般规律的经验"。2000年10月11日中共十五届五中全会通过的《中共中央关于制定"十五"计划的建议》提出:"从新世纪开始,我国将进入全面建设小康社会,加快推进社会主义现代化的新的发展阶段。""有步骤地推进银行、保险……等服务领域的开放","合理利用国际金融机构和外国政府贷款,严格监督外债融资,防范外债风险"等,均已提上议事日程。2005 年 10 月中共十六届五中全会通过的"十一五"规划建议更进一步提出:要积极发展股票、债券等资本市场,加强基础性制度建设,建立多层次市场体系,完善市场功能,提高直接融资比重。稳步发展货币市场、保险市场和期货市场。健全金融市场的登记、托管、交易、清算系统。完善金融监管体制,强化资本充足率约束,防范和化解金融风险。规范金融机构市场退出机制,建立相应的存款保险、投资者保护和保险保障制度。稳步推进利率市场化改革,完善有管理的浮动汇率制度,逐步实现人民币资本项目可兑换。经济决定法律,邓小平 1991 年视察上海时讲过:"金融很重要,是现代经济的核心。"我们需要加强国际金融法研究,可以不言而喻。

"由于种种复杂的原因,在我们的国家,对社会科学却存在着种种的误解和忽视。'重理轻文'的广为流行就是一个显著的表现。而我国社会科学滞后于时代的演进和社会发展步伐的状况,更加剧了这种现象。"[1]国际金融法是一门属于法学领域的社会科学。社会科学与自然科学同为科学,是完全可比的。在美国纽约证券交易所的一块牌子上即镌刻着一段话:有限责任制的创造,可以说像瓦特发明蒸汽机那样具有划时代的意义。有限责任的创造是社会科学特别是法学研究的成果和英国早期公司法判例的功绩。

马克思指出,股份公司的成立,"使生产规模惊人地扩大了,个别资本不可能建立的企业出现了。"[2]"假如必须等待积累了使某些单个资本增长到能够修建铁路的程度,那么恐怕直到今天世界上还没有铁路。但是,集中通过股份公司转瞬之间就把这件事完成了。"[3]马克思在写给恩格斯的一封信中还进而明示:股份资本是"导向共产主义"的"最完善的形式"[4]。在我们坚持走和平发展道路建设中国特色社会主义的今天,"卫星上天"与加强社会科学研究同等重要。特别是现代化金融与数学、计算机、法律已紧密结合在一起,不"文理并重"也是加强不好国际金融法研究的。

■ 思考题

1. 什么是国际金融法? 国际金融法的主体、客体与渊源是什么? 国际金融法与

---

〔1〕 奚广庆:《中国社会科学家自述》,前言,上海教育出版社 1997 年版。
〔2〕 马克思:《资本论》第 3 卷,人民出版社 1975 年版,第 493 页。
〔3〕 马克思:《资本论》第 1 卷,人民出版社 1975 年版,第 688 页。
〔4〕 《马克思恩格斯全集》第 29 卷,人民出版社 1972 年版,第 299 页。

国内金融法的联系与区别。

2. 国际金融法律秩序现状。

3. 国际金融法研究方法的改进问题。

4. 为什么要研究国际金融法?

上篇

国际投资金融法

第二章　国际银行与巴塞尔协议

■ 学习目的和要求

　　注意了解政府间国际金融组织、跨国银行、集团银行三种类型的国际银行的法律问题,以及巴塞尔协议与中国等问题。

第一节　世界银行集团

　　世界银行集团包括国际复兴开发银行、国际开发协会、国际金融公司三个金融机构(均属联合国专门机构)和解决投资争议国际中心、多边投资担保机构二个非金融机构。

　　世界银行集团的上述五个机构均具有相对独立的法律人格,其中的三个金融机构并与国际货币基金一样同属联合国专门机构。值得注意的是,国际复兴开发银行、国际开发协会、国际金融公司所享有的豁免与特权,与国际货币基金享有的豁免与特权相比,并非完全相同。国际货币基金享有完全的司法豁免,成员国对基金的资产不能进行任何司法或行政上的扣押、没收、征用和征收,只有当基金作为原告表示放弃司法豁免时,才能对之进行诉讼。世行集团的三个金融机构并不享有完全的司法豁免,它们的资产可以作为诉讼一方经法院判决后进行扣押或没收,只是这种扣押或没收需在法院终审判决之后进行。中国于 1980 年 5 月 15 日恢复在世行集团三个金融机构的代表权。1981 年 6 月 15 日中国外交部已致函联合国秘书长,通知中国政府承担把《联合国专门机构的特权和豁免公约》(中国 1979 年加入)适用于国际复兴开发银行、国际开发协会和国际金融公司的义务。

一、国际复兴开发银行与国际开发协会

(一)国际复兴开发银行

　　国际复兴开发银行通称"世界银行"(以下简称"世行"),是根据 1944 年 7 月与《国际货币基金协定》同时缔结的《国际复兴开发银行协定》建立的,于 1945 年 12 月 27 日与国际货币基金同时在华盛顿成立,1946 年 6 月 25 日开始营业和发放贷款,1947 年 11 月 15 日起成为联合国的一个专门机构。

　　世行宗旨是通过提供中长期贷款或投资,解决成员国战后恢复和发展

经济的部分资金需要。其成立之初,主要为欧洲国家从战时经济过渡到和平经济提供资金;以后不久,即转为主要向发展中国家提供开发资金。现世行是按照 1965 年修订的《国际复兴开发银行协定》及其《附则》(1980 年修订)开展活动,按照 1985 年修订的《国际复兴开发银行贷款协定和担保协定通则》发放贷款。

世行成立以来进行的主要活动:①由世行向成员国政府或经政府担保的私人企业提供贷款;②由世行提供担保或参加商业银行对成员国企业的贷款。由世行牵头与商业银行共同向一借款企业提供贷款,兴起于 20 世纪 70 年代,称"共同融资"(cofinancing);[1] ③由世行派遣调查团到借款国进行考察,并向发展中国家派出常驻顾问,向各成员国分发世行的各种报告、报表和出版物。

世行最高权力机构是理事会,由成员国派理事和副理事各一人组成(实际上由国际货币基金正、副理事兼任),每年与国际货币基金联合召开年会。世行设执行董事会,负责领导日常业务工作,有的执行董事也由基金执行董事兼任。世行设行长作为行政首脑。银行及其官员不得干预任何成员国的政治事务,其一切决定也不应受有关成员国政治性的影响。

按规定,世行成员国必须同时是国际货币基金成员国。至 2002 年,世行已有 183 个成员国。世行的每个成员国拥有 250 票基本票,每认一股(10 万美元,现已改为 10 万特别提款权)增加一票作为补充票。任何成员国得随时以书面形式通知世行总办事处退出世行。成员国如不履行任何对世行的义务,经半数以上理事并持有总投票权过半数的表决,得暂停其成员国资格。该国自暂停成员国资格之日起 1 年后,除非以同样的多数表决恢复其资格,即自动终止成为世行成员国。任何成员国在丧失国际货币基金成员国资格 3 个月后,亦自动丧失其为世行成员国的资格,除非世行理事会以总投票数 3/4 的多数通过决议允许该国仍为世行成员国。

(二)国际开发协会

国际开发协会是根据 1960 年《国际开发协会协定》建立的,又称"第二世界银行",同年 9 月 24 日在华盛顿世行总部开业。它也是联合国的一个专门机构,按照《协定》及其《附则》(1981 年修订)开展活动,按照《国际开发协会开发信贷协定通则》(1985 年修订)发放贷款。

国际开发协会宗旨是促进世界上欠发达地区的经济发展,提高其生产率和生活水平。其组织机构名义上同世行一样采取三级结构:

---

[1] 第一笔共同融资是 1975 年由世行与以美洲银行为首的 16 家商业银行共同向巴西国营钢铁公司提供的 1.5 亿美元贷款,世行提供 9 500 万美元,16 家商业银行共同提供 5 500 万美元。

1.理事会——最高权力机构;

2.执行董事会——负责日常业务工作的机构;

3.以经理为首的工作人员组成的办事机构。

实际上,协会与世行是一个机构、两块牌子。世行的理事会、执行董事会和办事机构也就是协会的理事会、执行董事会和办事机构,世行行长兼任协会经理,协会一切日常工作均由世行有关人员处理。由于在财务上协会又是一个相对独立的实体,世行每年向协会收取一笔管理费,以弥补因兼营协会业务而增加的开支。

按规定,凡世行成员国均可参加协会。至1998年底,协会已有160个成员国。每一成员国拥有500票基本票,每认一股(5 000美元,此项美元以1960年1月1日美元的含金量和成色为准)增加一票作为补充票。

(三)硬贷款、软贷款与混合贷款

世界银行贷款,短期6个月,中期3－5年,长期12－20年(含3年宽限期),基本上是借什么货币还什么货币。在长期贷款中用本国货币偿还不得超过3年;对已生效未支用部分的贷款,每年收承诺费0.75%;对已使用的部分,采用可变利率,每半年或一年随市场变化调整一次。按规定,贷款如系向私人企业提供,必须有借款国政府担保,由政府与世行签订担保协定。贷款的使用接受世行监督。世行发放的贷款条件严格,称"硬贷款"(hard loan)。

国际开发协会贷款,贷款期原为50年,自1988年起已改为40年(混合贷款中的软贷款为35年),含10年宽限期;贷款不计利息,对已生效未支用部分每年收0.5%的承诺费,对已支用部分收0.75%的手续费,而且可以用本国货币偿还。协会的贷款条件优惠,称"软贷款"(soft loan)。

世行与协会共同发放的软硬搭配的贷款,称"混合贷款"(blend)。

按照世行和协会自1990财政年度起实行的新规定:以1983年美元价值计算,人均国民生产总值(GNP)在545美元以下的国家,可以获得软贷款;人均国民生产总值在545－1 070美元之间的国家,可以获得混合贷款;人均国民生产总值在1 070美元以上的国家,只能获得硬贷款。马拉维、印度、斯里兰卡、巴基斯坦、多哥和中国,虽然当时人均国民生产总值在545美元以下,仍只能获得混合贷款。1981－1998年的17个财政年度,世行和协会累计向中国提供混合贷款303.59亿美元,其中,世行硬贷款205.75亿美元(占67.77%),协会软贷款97.84亿美元(占32.23%)。

(四)世行贷款协定

成员国欲获世行贷款,需与世行订立贷款协定。按照《国际复兴开发银行贷款协定和担保协定通则》规定,贷款协定应包括《通则》有关条款、补充附件和补充协定。成员国与世行订立的贷款协定不同于国际借贷合同之

处,主要有以下三个方面:

1. 在贷款协定的订立和生效方面。在协定订立之前,缔约双方,特别是借款国,必须做好准备工作。通常要经认定与选定项目、可行性研究与评估、谈判三个阶段。谈判以世行提出的贷款协定草案为基础,经借款国和世行相互表示接受和认可后,由借款国授权的代表与世行行长正式签字。协定并非一经签字立即生效,而要经借款国政府批准,有资格的官员出具法律意见书或证明书,以及协定规定的一些先决条件落实之后,才由世行向借款国发出通知,自通知的生效日期起生效。

2. 在贷款协定的性质和效力方面。贷款协定是国际组织与成员国之间订立的一种双边条约,要交联合国秘书处登记。按照《通则》第1(2)条规定,在贷款协定与《通则》规定发生冲突时,贷款协定优先适用。《通则》第10(1)条规定:"任何国家或其政治分支尽管其法律有相反的规定,贷款协定和担保协定所规定的银行、借款人和担保人的权利义务应根据协定条款有效并必须执行。"即贷款协定和担保协定与国内法发生冲突时,贷款协定和担保协定优先适用。

3. 在提款方面。按照1974年10月《世界银行贷款和国际开发协会信贷提款指南》,当一项贷款或开发信贷协定生效时,世行或协会并不是将贷款或信贷的金额支付给借款人,而是将全部金额记入贷款或信贷账户的贷方。只有在为之而提供贷款或信贷的项目需要支付货款或服务费用时才能从账户提款。按照1977年3月《世界银行贷款和国际开发协会信贷采购指南》,通常情况下,世行要求借款人通过所有成员国和瑞士的供应商和承包商都能参加的国际竞争性投标来采办货物和工程建筑;借款人本国的制造商和承包商可以单独投标,也可以与外国的制造商和承包商联合投标,但世行不赞成这样的招标条件:不与当地公司联合就不能投标。

二、国际金融公司

国际金融公司是根据1955年《国际金融公司协定》建立的,1956年7月24日在华盛顿世行总部开业,为联合国一个专门机构。公司宗旨是鼓励成员国,特别是欠发达地区成员国的生产性私营企业的增长,促进经济发展,并以此补充世行的活动。

国际金融公司宣布遵循以下原则提供贷款或投资入股:

1. 国际金融公司可以其资金对成员国领土内的生产性私营企业(即使该企业内有政府或其他公共机构的利益)进行投资。如果该成员国政府表示反对,公司即不向该成员国这类私营企业提供资金。

2. 公司只向具有健全的资本结构、一定的管理能力和能获利的项目提供资金。

3. 公司对私营企业的投资入股,不超过该企业资本总额的25%,并且不承担对该企业的管理责任,一般也不行使拥有的投票权,除投资于开发银行,通常也不担任投资入股企业的董事职务。

4. 公司只向投资大部分由私人资本承担的企业投资入股,而且通常是没有公司的参与,该企业就无法获得必需的私人资金。

5. 公司向企业提供资金不需要政府担保,因此,公司只资助那些对收回投资的收益有适当安排的私营企业。

国际金融公司的贷款对象以制造业、加工业和开采业为主;期限 7 – 15 年,利率 6% – 7%,高的可达 10%,借哪种货币就归还哪种货币;对已拨付部分的贷款收取利息,对未拨付部分每年收取 1% 的承诺费。国际金融公司在任何成员国领土内的投资所得或接受投资人应付给公司的资金,应执行该成员国领土内普遍实施的外汇限制管理办法。

按规定,凡属世行成员国均可加入国际金融公司。至 1998 年底,公司已有 174 个成员国。每一成员国拥有 250 票基本票,每认一股(1 000 美元,以黄金或按以黄金定值的美元交纳)增加一票作为补充票。国际金融公司的红利,在理事会安排下,按成员国持有的股金比例分配,并按公司决定的办法用一种或几种货币分配。

国际金融公司的组织机构同国际开发协会基本上一样,世行的理事和执行董事也就是公司的理事和执行董事,世行行长兼任公司总经理。公司与协会不完全相同之处是,公司除少数机构和工作人员由世行相应机构和工作人员兼任外,还设有它自身的执行副总经理等一批专职工作人员。由于公司有部分工作和工作人员仍由世行机构和工作人员承担,世行每年向公司收取一笔服务费和支持费。

中国与国际金融公司的关系正在进一步发展。国际金融公司向中国企业提供的第一笔贷款,即 1985 年 10 月在北京签订的向中法合资的广州标致汽车有限公司提供贷款的协议。1999 年经中国人民银行批准,国际金融公司对上海银行参股投资 1 亿股(每股 2.12 元人民币),占上海银行总股本的 5%;国际金融公司指派 1 名人选进入上海银行董事会。2000 年 10 月国际金融公司在北京与中国万杰集团签订一项价值 1 500 万美元的贷款备忘录,用于山东淄博市万杰医院装配治癌先进医疗设备。至此,国际金融公司已向中国企业提供近 40 个贷款项目,贷款总额超过 10 亿美元。

三、解决投资争议国际中心

解决投资争议国际中心(ICSID,以下简称"中心")是依 1965 年 3 月在世行主持下于华盛顿缔结的《解决国家与他国国民之间投资争议公约》(《华盛顿公约》),于 1966 年成立的。作为为解决投资争议提供调解与仲裁便利的常设国际组织,中心本身并不直接参加调解或仲裁,而由按公约有关规定依案临时组成的调解委员会或仲裁庭进行调解或仲裁。加入《华盛顿公约》,并不意味着东道国政府与外商发生的投资争议必须提交中心管辖,争议双方的同意是中心行使管辖权的基础。至 2001 年,该公约已有 148 个缔约国。

中心设有行政理事会和秘书处、调解人小组和仲裁人小组。行政理事会由各缔约国代表组成,一国一票。世行行长为行政理事会当然主席,但无表决权。秘书处处理日常事务;秘书长由世行副行长兼任,充当办事机构行政首脑,负责接受和登记提交调解或仲裁的申请。调解人小组和仲裁人小组实为中心保存的两份名单。每一缔约国有权指派 8 人分别参加调解人小组和仲裁人小组,行政理事会主席有权指派 10 人,供案件当事人从中选择人员组成受理该案的调解委员会或仲裁庭。提交中心受理的案件,平均费用为 10 万美元到 30 万美元。对于中心开支,如收入的调解费、仲裁费不能抵支时,属于世行成员国的缔约国应各按其在世行的认股份额比例摊交超支部分。

解决投资争议国际中心虽非联合国专门机构,但有独立法律人格,享有政府间国际组织的特权与豁免。

中国驻美国大使于 1990 年 2 月 9 日代表中国政府签署了《华盛顿公约》。该公约已于 1992 年 7 月 1 日经全国人大常委会决定批准。

四、多边投资担保机构

(一)机构的宗旨、法定资本、组织与地位

多边投资担保机构(MIGA,以下简称"机构")是依据 1985 年在汉城[1]召开的世界银行年会 10 月 11 日通过的《建立多边投资担保机构公约》,于 1988 年 6 月 8 日在华盛顿世行总部成立的,其宗旨是为外国私人投资提供政治风险担保。该公约规定,机构只对在发展中成员国领土内所作投资予以担保;承保的政治风险包括外汇险、征收险、战争险和违约险;如投资者与东道国政府联合申请,董事会经特别多数票通过,可将承保范围扩大到上述四种风险以外的其他特定政治风险(如针对投资者个人的恐怖主义和绑架行为等予以承保);可以申请机构担保的合格投资者,原则上须为东道国以外的成员国国民,依投资者与东道国政府的联合申请,董事会经特别多数票通过,可将合格投资者扩大到东道国国民或在东道国注册的法人,但其所投资产应是从东道国境外移入的;机构在与投资者订立担保合同前,须经东道国认可,认可既包括对机构的介入(予以担保),也包括对机构的介入范围(担保的风险种类)的认可。如同加入《华盛顿公约》一样,一国加入了《建立多边投资担保机构公约》,不等于必须同意机构对外商在该国的投资予以担保,对外商的某个具体投资项目由机构承保尚需经东道国政府认可。

---

〔1〕 Seoul,首尔。

机构法定资本为 10 亿特别提款权,分 10 万股,每股 1 万特别提款权。机构财务适用自我维持与共同负担两项原则。所谓自我维持,即机构应用保险费及其他收入来维持其活动经费。所谓共同负担,即由各成员国共同认缴不同份额的股本供作机构从事担保业务的基金,盈利共享、亏损共担(按认股份额比例分摊)。

机构设理事会,由每一成员国指派 1 名理事和 1 名候补理事组成,为最高权力机关。理事会应推选 1 名理事为主席,现机构理事会主席实际上是由世行行长兼任(无表决权)。理事会任命董事,董事不少于 12 名,负责日常工作。总裁也由理事会任命,在理事会控制和董事会指导下带领一批职员办理日常事务。机构实行加权投票制,每成员国拥有 177 票基本票,另按每股增加一票补充票。公约附表 A 将成员国划分成两类,发达国家为一类,发展中国家为二类。两类国家的认股加起来各占机构法定资本的 50%,两类国家的表决权加起来也是各占 50%。

中国参加了公约的产生和机构的建立的全过程。作为创始国之一,中国于 1988 年 4 月 28 日签署并批准公约、加入机构。到 1996 年 6 月底,已有 155 个国家参加机构。机构自创立到 2000 年 11 月,已对包括中国在内的 75 个发展中国家出具 70 亿美元的政治风险保单,促成了共计约 360 亿美元与境外直接投资相关的项目。

机构虽非联合国专门机构,但具有独立法律人格,享有类似于国际货币基金的完全司法豁免,机构的财产无论在何地和为何人所保管,均免受搜查、征用、没收、征收或其他行政或立法行为上的任何形式的扣押。如机构认为豁免会妨碍公正原则,并认为放弃豁免不会损害机构利益时,机构也可放弃其豁免权。

(二)《建立多边投资担保机构公约》与中国投资环境的改善

由资本输出国官方向海外私人投资提供保险,是在第二次世界大战以后随着美国政府对"马歇尔计划"的实施而发展起来的。在国际政治和经济相对稳定的情况下,各资本输出国陆续兴办的这种保险对国际资本向发展中国家和地区的流动起到了一定的促进作用。但是,作为执行本国政府对外经济政策的手段,这种保险不可避免地存在着各种各样的局限性,且不断地遇到来自私人兴办的投资保险机构的有力竞争。近年来,随着世界局势的急剧变化和国际债务危机的日益加深,国际资本从发展中国家向发达国家"回流"的情况十分严重。与此同时,一些债务国开始了将对外债务转化为对举债国国内投资的尝试。在这样的背景下,《建立多边投资担保机构公约》(以下简称公约)生效,"多边投资担保机构"(以下简称机构)正式成立并开始营业。机构的存在和运作固然不可能从根本上扭转由于国际形势不稳定所导致的"回流"趋势,但毕竟为资本输出国与资本输入国双方开拓了一个新的合作领域,为国际投资活动的展开提供了一个良好的磋商场所。

中国于 1988 年 4 月 28 日和 30 日分别签署和核准了公约,是机构的创始国之一。在 20 世纪 80 年代,中国的经济建设取得了巨大成就,在全国范围内初步形成了一个改革开放、稳定发展的良好投资环境。因此,在这 10 年当中,共有累计约 155 亿美元的国际资本流入中国,占整个国际流动资本总额的 2%(在发达国家之间流动的占 80%,流入其他近 100 个发展中国家和地区的占 18%),中国实际上已成为公约成员国中潜在的最大东道国。

当前中国一些地区在向外商投资提供优惠条件方面出现了层层加码、竞相增益的情况。笔者认为,优惠条件的扩大只能影响投资者对投资地点的选择,并不能从总体上决定其投资规模的大小和投资期限的长短,而此二者则取决于中国宏观投资环境的好坏。投资保险对改善宏观投资环境有重大影响。在中国良好投资环境的形成过程中,投资保险确实起到了积极作用。现在中国不仅已经有了关于外商企业的法律,还同几十个国家签订了双边投资保护协定,同美国、加拿大分别通过换文确认了投资保险与投资保证协议;1983 年,中国人民保险公司公布了《投资保险(政治风险)条款》,开办了承保外商来华投资的征用险、战争险和外汇险等三项政治风险业务。利用公约来进一步改善中国的投资环境,不仅必要,而且可能。只要中国能够长期地、连续地保持政治稳定和经济稳定的大局,公约对中国投资环境的积极影响便将日益显露,渐次增强。

中国政府在审查机构承保的对华投资时,可以从三个方面做好"防患于未然"和"补救于事后"的准备。

关于东道国政府的认可:

《公约》第 15 条规定:"在东道国政府同意机构就指定的承保风险予以担保之前,机构不得缔结任何担保合同。"

按机构的承保程序,投资者(申请者)首先要向机构递交"投资担保申请"(申请表栏目主要包括关于申请者、投资、投保险别等各种情况)。中国政府负责管理外商直接投资具体事务的部门为对外经济贸易部[1]下设的外国投资管理司。笔者认为,该司需要设置兼职或专职人员负责审理机构转来外商"投资担保申请",并提出具体意见,便于政府答复机构是否"认可"其承保。这一工作要求高效率。因《公约》第 38 条(b)项规定:"当机构在采取任何行动前需征求会员国的同意时,除非该会员国在机构给它的通知中规定的合理期限内提出反对意见,否则即可认为该会员国已经同意。"机构可以采用任何迅速的官方通讯工具请求这类同意,东道国政府在通知中

---

〔1〕 根据十届全国人大第一次会议 2003 年 3 月 10 日通过的《关于国务院机构改革方案的决定》,组建商务部,不再保留对外经济贸易部。

规定的合理期限内答复。中国政府负责同机构联系的为财政部世界银行司,在财政部世界银行司与对外经济贸易部外国投资管理司之间需要密切配合。

在审查机构转来的投资担保申请时,需要区分两类:"初步申请"与"确定性申请"。"初步申请"是申请者直接向机构递交注册的投保申请;"确定性申请"则是申请者经过事先同机构官员磋商之后才递交的不可撤销的投保申请。申请者如决定不填写"初步申请"表格,经与机构磋商即可直接递交"确定性申请",向机构注册。对于"初步申请",我方可以向机构反馈"认可"的建议意见;对于"确定性申请",则只能表明予以"认可"或拒绝"认可"。

这里所说的"认可",既包括对机构介入(承保)的认可,也包括对机构的介入范围(承保风险种类)的认可。因此,我方对机构的答复必须在经过了以下六个方面的实质性审查或核查之后才能作出:

1.审查申请者(投资者)在中国的投资情况或其资信情况。

2.核查申请者(投资者)母国与中国是否已经签订双边投资协定。对来自无双边协定国家的投资,在认可其向机构的投保时须持谨慎态度。

3.审查申请投保的在华投资是否合格。

(1)应审查其投资形式是否合格。如对外商在华兴办独资企业的投资或股份投资,外商在华的合资企业、合作企业中的投资,外商在华的外国企业分支机构或其他设施中的财产所有权,外商企业中的股权持有者对该企业提供的 3 年以上期限的贷款,外商对外国银行向合资或合作企业提供的 3 年以上期限贷款所作出的担保等产权直接投资;或经机构董事会特别多数票通过的,同机构已经承保或将要承保的特定投资有关的其他中长期贷款,均可考虑认定其为合格投资。对我方企业同外商订立的产品分成(补偿贸易)合同、承包合同(包括利润分成合同和管理合同)、商标和专利技术等特许协议、技术引进合同或许可证协议、交钥匙合同、经营性租赁协议等,凡期限不短于 3 年的,也可考虑认定其为合格投资。

(2)应审查其投资内容是否合格。外商投入的资金应是可兑换货币。外商如将其在华投资所获人民币利润作再投资,我方仍应把它列入符合要求的范围内加以考虑。投入的项目应为具有货币价值的不动产或动产(包括有形的和无形的),如机器、专利、工艺、技术、技术服务、管理诀窍、商标和销售渠道等,均需用货币表示。用货币表示投入的资产,即应考虑价值的公正性。

(3)应审查投资是否为新投资。对于外商在华投资来说,只有其扩大或发展原有投资项目的再投资或申请担保时准备来华的投资,才合格于机构的承保条件。

4.审查申请者是否投保了"征收和类似措施险"与"违约险"。对于申请机构承保"征收和类似措施险"的,应查明其投保"范围"。我方虽不能控制这个范围,但可以建议机构将其所承保的特定投资损失尽可能地缩小。对于在"确定性申请"中投保"征收和类似措施险"的范围和数额过大的,则可把调低其"初保额"、增大"备用担保额"作为"认可"条件。[1] 对于申请机构承保"违约险"的,凡不属于直接同中国政府订立投资合同者,均应一概拒绝"认可"。

5.审查申请者填报的投资期限与其产权和非产权直接投资期限或贷款和担保期限是否协调一致。

6.对于在投资担保申请中写明已向中国人民保险公司投保投资险(政治风险)的,经查明后均应予以"认可";对于写明已向其本国海外私人投资保险机构投保的,经查明该国保险机构已向机构申请订立共保合同的,可酌情予以"认可";而对于可能构成双重保险的申请则应当拒绝"认可",以避免与已同中国达成《投资保险协议》的国家(如加拿大)和机构发生代位权双重纠葛。

关于机构承保的风险:

按照《公约》第11条关于"承保险别"的规定,机构可以担保下列五种风险中的一种或几种所导致的损失。在这方面也存在着一些应当引起我方足够重视的问题。

1.货币转移险。"货币转移险",是指"东道国政府采取的任何措施限制其货币兑换成可自由使用货币或被保险人可接受的另一种货币,以及汇出东道国境外,包括东道国政府未能在合理的时间内对该被保险人提出的此类汇兑申请采取行动"。

货币转移险在资本输出国海外私人投资保险中又称"外汇险",通常发生于东道国因国际收支困难,实行外汇管制,禁止或限制外国投资者将原本、利润与其他合法收入兑换成外汇转移出东道国境外的场合。外汇管制权属于一国主权,一国有调整其货币金融的排他权力,这是国际法上公认的原则。一国在实施外汇管制时,只要不违反其所承担的条约义务,他国就没

---

[1] 在"确定性申请"中,申请人所请求担保的"初保额",即有效担保额,可以高达初步投资的90%;"备用担保额",为计划的未来进行的投资,或为未来保留于投资项目中的收益所请求的担保额。东道国政府对"确定性申请"投保"征收和类似措施险"中的投保数额过大的,以调低其"初保额"、增大"备用担保额"作为"认可"前提,是否有违对于"确定性申请"只能表示"认可"或拒绝的规则? 应当认为是不违反的。因为,东道国政府并未单方面削减其初保与备保的总额,仅系将有效担保额控制到较小数额内,当申请人计划的未来投资到位时仍一并成为有效担保,从而不构成在总体上或原则上对机构的为之承保的拒绝。

有理由反对。正因为如此,资本输出国才将外汇险列为政治风险,并特设保险机构予以承保。

如果中国政府认可机构承保某外商在华投资的"货币转移险",即有可能发生以下两个问题:

(1)2001年修订的《中外合资经营企业法》第11条第1款规定:"外国合营者在履行法律和协议、合同规定的义务后分得的净利润,在合营企业期满或者中止时所分得的资金以及其他资金,可按合营企业合同规定的货币,按外汇管理条例汇往国外。"一旦中国政府采取了外汇管理的新措施,使外国合营者不能将"分得的净利润"汇往国外,即形成上述所谓"货币转移险"。在这种情况下,已向机构投保的外国合营者首先便要在中国依法寻求行政救济。如果该外国合营者有违反法律、协议、合同规定的行为,那自然另当别论,否则"行政救济"仍应作出准许该外国合营者将"分得的净利润"汇往国外的裁定。《中外合资经营企业法》是一项重要法律,其效力是高于一般"条例"的。中国自2000年7月1日起施行的《立法法》规定:"法律的效力高于行政法规。"

(2)按国务院于1986年发布的《关于中外合资经营企业外汇收支平衡问题的决定》,合资企业如非出于未按合同规定完成其所承担的出口创汇任务而出现外汇收支不平衡的,有关机关应负调剂解决之责。如果我国有关机关未依法恪尽其调剂解决之责,致使外国合营者不能依法将"分得的净利润"按合同规定的货币汇往国外,亦即形成上述所谓"货币转移险"。在这种情况下,当投保的外国合营者按机构的指示将所获人民币存入机构的账户或机构所指定的任何人士的账户时,我方应准许并予以合作。

《公约》第11条(b)款规定,机构所承保的风险,"在任何情况下都不包括货币贬值"的风险。

2. 征收和类似措施险。"征收和类似措施险",是指东道国政府所采取立法作为,或者行政的作为或不作为,实际上剥夺了被保险人对其投资的所有权或控制权,或从中得到的大量收益。

如果中国政府认可机构承保某外商在华投资的"征收和类似措施险",面临的问题将是比较复杂的。机构所承保的"征收和类似措施险",并不限于东道国政府所采取的征用、国有化、没收、查封、扣押和冻结资产的措施。当然,它不包括司法机关在行使其职能时所采取的措施。公约规定,东道国政府为管理其境内的经济活动而通常采取的普遍适用的非歧视性措施不在机构所承保的"征收和类似措施险"之列。例如,善意地征收普遍税、关税,控制价格,制定并实施环境和劳工立法,采取其他调整经济以及维护公共安全的措施,等等。但是,只要这一系列调整措施的积累效果与征用相等同,机构便也将予以承保。

针对上述情况,中国政府对机构承保"征收和类似措施险"一事需从以下两个方面加强防范:

(1)在"认可"时即需查明承保"范围",并尽可能地对机构施加影响,使它缩小对有关投资的此种风险损失的承保范围和数额。如机构所承保的"损失"过大,我方还可把调低"初保额"、增大"备用担保额"作为"认可"条件。值得注意的是,在中国政府不认可机构承保"违约险"的情况下,投保人便很可能将经中国政府批准的合营企业合同中所含保证外商利润的兑换和转移、减免税费、给予出口许可或允许未来法律不适用于合同等内容,解释为中国政府所承担的义务,并将中国合营者的违约行为解释为政府以违约形式而采取的某种措施。对此,我方只有事先努力向机构施加影响,使它对有关投资的此种风险损失的承保范围和数额尽可能地有所缩小,才能在事后获得较为有效的补救。

(2)一旦出现发生"征收和类似措施险"的迹象,我方即应采取主动,消除隐患。政府有关部门在收到外商投诉后即应主动纠正失误,解决问题,或责成中国合营者将外商投诉作为合同争议提交仲裁或司法解决。机构所担保的措施,不包括法院和仲裁庭的判决、裁决。中国法院和仲裁庭只要能做到积极配合行动,使公正合理的判决、裁决得以自作出之日起的90日内有效地被执行,便不致构成真正的风险。

3. 违约险。"违约险",是指"东道国政府不履行或违反与被保险人签订的合同,并且①被保险人无法求助于司法或仲裁机关对其提出的有关诉讼作出裁决,或②该司法仲裁机关未能在担保合同根据机构的细则所规定的合理期限内作出裁决,或③虽有这样的裁决但未能执行"。

资本输出国海外私人投资保险业是不承保违约险的。对违约险的承保为机构所首创。美国海外私人投资公司所承保的违约,是在东道国政府违约并实际剥夺投资者从投资中的受益时,才把它作为征用险来对待的。机构之所以要将违约列为一种风险来加以承保,其目的在于增强东道国政府与外国投资者所订立的投资合同的稳定性。东道国政府与外国投资者之间订立的投资合同,通称"经济特许协议",西方学者称之为"国家契约"。通过这种合同,东道国政府给予外国投资者在约定的地区和期限内投资从事自然资源开发或公共设施建设的特许。作为这种合同的当事者之一的东道国政府,既能够以与私人(投资者)平等的身份出现,又是最终的主权所有者,因此,这种合同便带有某些不稳定因素。机构对"违约险"的承保将使外国投资者的安全感有所增强,乃至敢于向东道国的大规模开发项目进行投资,其积极意义是明显的。从近年其他发展中国家政府利用同外国投资者订立经济特许协议引进外资和技术的实践看,只要协议的条款订得公平合理,其效果并不坏。中国政府也开始有了与外商订立"BOT"协议的积极尝试。

4. 战争和内乱险。"战争和内乱险"，是指"东道国境内任何地区的任何军事行动或内乱"，但不包括"具体针对投保人的恐怖主义行为和类似活动"。

战争和内乱的发生往往非东道国政府所能控制，它给投资者造成的损失由机构负责赔偿，不能因此而代位向东道国索赔，除非东道国另行承担有条约义务（如中国在 1986 年同英国签订的《关于促进和相互保护投资协定》）。对外商向机构申请投保在华投资的"战争和内乱险"一事，我方应当区别回应。如果来自中国对之承担有条约义务的国家（如英国）的投资者投保此种险，我方必须谨慎对待；如果来自其他国家的投资者投保此种险，则不妨一概例行"认可"。

5. 其他特定的非商业性风险。"其他特定的非商业性风险"，是指除上述货币转移险、征收和类似措施险、违约险、战争和内乱险以外的，"经投资者与东道国的联合申请，董事会特别多数票通过"的其他特定的非商业性风险。其他特定的非商业性风险可能包括具体针对投保人的恐怖主义行为，如绑架等活动。我方可以考虑投资者在这方面的合理要求，与之联合申请由机构承保"其他特定的非商业性风险"。

机构所承保的上述五种风险，在内容上可能是互相重叠的。一个风险事实，如东道国政府的违约，既可以被认为是违约险，也可以被认为是征用和类似措施险或货币转移险。在这种情况下，机构允许投保者以其中任何一个险种索赔，但须以投资者已投保这些险种为前提。

需要防范的是，外国投资者可能会将我方未予认可的违约险混入已予认可的其他风险中提出索赔要求。我方为此可以利用公约中关于当地救济的规定。机构对投保者的担保并不是绝对的，如损失的造成可归责于投保者自身，或可归责于担保合同订立之前东道国政府推行的某项措施，那么，机构也并不负责赔偿。此外，中国涉外行政诉讼制度的日臻完善也将有利于各种风险的杜绝。

关于机构的代位求偿：

《公约》第 18 条(a)款规定："在对被保险人支付或同意支付赔偿后，本机构应代位取得被保险人对东道国和其他债务人所可能拥有的有关承保投资的权利或索赔权。担保合同应规定关于代位的条款。"(b)款还规定："上述(a)款规定的本机构的权利，全体会员国应予承认。"由于机构的代位权应与其赔偿损失的范围相符，投资者如将未保部分投资损失也委托给机构向东道国求偿，则须经东道国同意。如果遇到这种情况，中国政府予以"同意"是可取的，否则便难免遭受双重索赔。因东道国并不能由于机构已经对投资者进行了赔偿而免除自己对投资者未加投保的那一部分损失所应承担的赔偿责任，而机构在其承保范围内向投资者赔偿损失后还将以自己的名义利用代位权向东道国索赔。

《公约》第 57 条(b)款允许机构同有关东道国事先订立双边协定,对机构的代位求偿问题作出具体安排。据此,中国政府可通过双边协定就机构的代位求偿问题与之达成如下协议:

1. 机构行使代位权的范围。在中国政府对外缔结的双边投资保护协定中,被规定为应该提交国际仲裁的争议问题均仅限于有关赔偿的数额,其他争议问题均被规定为由中国司法机关予以解决。同样,在中国同机构达成的协议中,也应将机构行使代位权的范围限于解决赔偿数额问题。

2. 机构的代位资格与代位条件。机构对于“征收和类似措施险”的范围界定得相当广泛,机构所承保的各种风险又可能互相重叠难以确切区分,因此,对机构的代位资格与代位条件,均须通过协议加以具体明确。如果某种风险的发生系出自归责于投保者的原因,如果投保者在与机构订立担保合同前已预先同意免除了中国政府对之应负的损害赔偿责任,投保者便无资格向机构索赔,机构自然亦无资格代位向中国政府求偿。机构向中国政府的代位求偿,应以机构已向投资者赔偿损失为前提。在机构同意向投保者提供赔偿而数额待定的情况下,它就尚不具备代位求偿的条件。另外,“不干涉东道国内政”是机构行使代位权的另一个重要前提。

3. 中国政府对机构的代位求偿,按确定数额以人民币支付。机构可将这笔资金用于行政和其他开支,或经中国政府同意挪作他用,如将人民币卖给其他机构(如国际贷款机构)、其他投资外商或购买中国出口商品的外国进口商。中国政府可承诺在这方面同机构进行合作,并提供便利。这样做是符合《公约》第 18 条(c)款规定的。如果机构提出物的代位,要求在对投保者作出赔偿给付后,对于原担保合同所规定的担保标的残余物取得所有权,中国政府可以承诺给予机构对之进行处置的便利。

4. 中国政府在中国人民保险公司同机构订立分保合同后,应对机构分保的代位权给予承认。外国海外私人投资保险机构如申请同机构共保其本国人的在华投资,事先须经中国政府同意,否则中国政府将不承认其代位权。

5. 相互协商程序与情报交换。向机构投保的外商如提出风险损失索赔的请求,可以先向中国主管当局投诉。中国政府可以直接与机构联系或直接会谈,以寻求圆满的解决办法。为此,双方应随时交换为实施本协议所必需的情报。

6. 中国政府同机构按本协议不能解决的代位求偿争议,按公约附件 2 (《关于第 57 条机构与会员国之间争端的解决》)规定的程序去加以解决。

以上协议的达成,无疑有利于机构代位权的行使和我方权益的维护。即使在进入利用公约附件 2 程序时,协议也还是至关重要的。因为依照该程序组成的仲裁庭的管辖权亦不得侵犯已达成的协议的管辖范围,而已达成的协议也处在仲裁时所要适用的法律之列。

　　需要指出的是,探讨中国政府对机构承保外商在华投资一事所应采取的对策,维护中国的合法权益,决不等于消极防范。从积极意义上讲,这种探讨同时也就是对如何加强与机构的全面合作、如何进一步改善中国投资环境的探讨。"防患于未然"和"补救于事后",既是为了维护我方的合法权益,也是为了维护投资者的合法权益,同时还是为了充分尊重机构的权威地位。实践已经表明,只要各方都能本着积极的合作精神,严格地按公约办事,问题总是可以得到圆满的解决。

　　1991 年 11 月,中国政府与机构已先就外国投资的法律保护、东道国货币的使用,以及担保项目的审批程序,达成三个协定,从而使机构具备了正式开展在华业务的条件。到 1993 年 6 月底,中国政府已批准机构方面提出的以下五个项目的担保申请:①中美合资烟台特种润滑油公司;②中美合资苏州莱得利制药有限公司;③中美合资天津万达有限公司;④中美合资武汉康地种鸡有限公司;⑤中美合资康地农业发展(汉鄂)有限公司。

　　由于《公约》第 13 条关于"合格的投资者"的规定有除东道国以外会员国的自然人或法人有资格取得机构的担保,同时,"根据投资者和东道国的联合申请,董事会特别多数票通过,可将合格的投资者扩大到东道国的自然人,或在东道国注册的法人,或其多数资本为东道国国民所有的法人。但是,所投资产应来自东道国境外"。这就解决了来华投资的国籍复杂的跨国公司和外国企业,以及已取得中国法人资格的外商投资企业或华侨及港澳同胞作为投资者申请机构担保的问题。1995 年春节前夕,中共中央总书记江泽民在题为《为促进祖国统一大业的完成而继续奋斗》的重要讲话中,提出了八项重要看法和主张,其中的第五项有"赞成在互惠互利的基础上,商谈并且签订保护台商投资权益的民间性协议"的内容,从而利用机构担保台商在大陆的投资,也具有可行性。

　　如前所述,在一个政治、经济状况相对稳定的国际新格局正式形成之前,国际资本从发展中国家向发达国家"回流"的趋势是难以扭转的。但是,机构的存在和运作确实明显地起到了推动一部分资金朝着某些国内局势比较稳定的发展中国家流动的良好作用。从这个意义上讲,公约对改善中国投资环境的积极意义就更是不言自明的了。

第二节　区域性开发银行

　　在联合国体系内,属于政府间国际金融组织的区域性开发银行有亚洲开发银行、非洲开发银行和美洲开发银行。

一、亚洲开发银行

亚洲开发银行(Asian Development Bank)(以下简称亚行)。1965 年 3 月联合国亚洲及远东经济委员会(今联合国亚太经社委员会)第二十一届会议与会国签订《建立亚洲开发银行协定》,1966 年 8 月生效,同年 12 月开始营业,总行设在马尼拉。亚行宗旨是为本地区的经济发展筹措资金,发放贷款,与联合国及其专门机构以及其他国际组织进行合作,以促进区内经济的发展。现亚行与世界银行集团和国际农业发展基金组织等分别签订了合作协定。

亚行资金主要由两个部分构成:①成员国缴纳的股本。自 1986 年 3 月 16 日中国成为亚行成员,亚行核定资本已从 171 亿美元增到 184 亿美元。中国认缴股本 114 000 股,其中,13 691 股为实缴,100 309 股为待缴,每股 1 万美元,按 1966 年 1 月 31 日美元含金量和成色计算;实缴股本平均分 4 年交清,每笔款项的 43.46% 用亚行规定的可兑换货币支付,56.54% 用人民币交付。中国共认股 11.4 亿美元,约各为日本和美国的一半,居第三位。我国台湾地区于创行时加入,到 1982 年底,共认股 1.03 亿美元。中国于 1985 年 11 月 28 日向亚行提出的认股申请书,以台湾改称"中国台北"为条件,这一模式并不对其他任何国际组织构成先例。到 1994 年底,亚行共有 55 个成员,其中,39 个是亚太区域国家和地区,16 个是区外国家(包括北美和西欧国家);②特别基金。这为亚行资金的另一个构成部分,创设于 1974 年,旨在以优惠条件向成员国提供贷款。该基金来源于成员国政府的捐款,每三年认捐一次,到 1993 年底,认捐总额达 150.256 亿美元,其中,已交付 7 628 万美元(包括不能用于贷款的赠款)。

亚行的贷款业务包括普通资金贷款与特惠贷款、技术援助贷款、私营项目贷款、联合融资与担保四类。

1. 普通资金贷款与特惠贷款。普通资金贷款的资金来源于普通资金(股本金),其利率是基于已发放贷款的平均费用,每半年调整一次,调整时间分别为 1 月 1 日和 7 月 1 日。亚行 2001 年 1 月 3 日宣布,该行美元贷款的年利率已从原来的 6.53% 提高到 6.7%,其他货币贷款的年利率从 5.68% 降低到 5.5%;这次宣布的贷款利率从 2001 年 1 月 1 日起执行,有效期至同年 6 月 30 日。利用普通资金贷款,亚行对未提取的贷款部分收取 0.75% 的承诺费。普通资金的还款期为 10-25 年,包括宽限期 4-5 年。为防止再度发生亚洲金融危机,亚行于 1999 年 12 月 16 日创设紧急贷款,应受到危机威胁的国家请求发放,采用比亚行筹资利率高 4% 以上的利率,还款期短于普通资金贷款。

特惠贷款的资金来源于特别基金,人均国民生产总值低且偿贷能力有限的国家才能申请亚行特别基金的特惠贷款,其期限为 40 年(包括 10 年宽限期),只收取1%的手续费,不计利息。社会经济发展水平居中的中低收入国家可以申请普通和特惠混合贷款。

2.技术援助贷款。该贷款资金来源于特别基金。以其中由日本提供的日本特别基金而言,到1998年6月30日日本向特别基金已捐赠5.3258亿美元。日本特别基金以赠款和股本投资方式,通过融资或联合融资对发展中国家私营项目提供技术援助。

3.私营项目贷款。该贷款重点为支持金融调整、资本市场、基础设施发展和非重点工业项目。到1997年,亚行已向私营项目提供没有政府担保的贷款0.45亿美元、股本投资0.743亿美元。该项贷款,亚行每投资1美元,可带动其他投资者或贷款人的投资10美元。

4.联合融资与担保。使用亚行贷款的采购,均须遵守《贷款采购准则》,通过国际竞争性招标进行;对合同金额量不足以吸引外国供应商和承包商参加国际竞争性投标的,可采取其他采购形式,包括国际采购和国内竞争性投标等形式进行。

亚行采行三级结构和加权投票制。理事会为最高权力机构,决定接纳新成员,变动银行股本,选举董事和总裁、副总裁,修改章程等。理事会每年召开一次年会。谁认缴股本多,投票数也多,只有20%的票数是在成员之间均分,80%的票数是按认缴股本比例分配。到1994年底,亚行总资本已增到301亿美元,其中,已缴股本31亿美元,余为待缴;日本的投票权占总投票权数的21.753%,美国占11.058%,中国占4.779%,印度占4.702%,中国香港占0.737%,中国台北占1.110%。理事会由各成员国各派1名理事和1名副理事组成,重大问题要理事会75%的票数才能通过。董事会行使理事会授予的权力,负责管理银行业务,由12名董事组成,其中,8名代表区内成员,4名代表区外成员。行内设有各种业务部门和办事机构,由行长领导,行长由总裁兼任。

《建立亚洲开发银行协定》第49条规定,亚行具有完整的法律人格,特别是有全权:①签订契约;②取得与处置动产和不动产;③提起诉讼。第50条规定,亚行对一切形式的法律程序均享有豁免,但由于亚行行使其借款权、债务担保权、买卖或包销债券权而引起的案件除外;亚行财产,不论在何地和由何人所持有,在对亚行作出最后宣判之前,均不得施以任何形式的没收、查封或强制执行。

中国加入亚行后,指定中国人民银行为中国对亚行的官方联系机构和亚行在中国的保管行,负责中国与亚行的联系及保管亚行所持有的人民币和在中国的其他资产。"有给有取",是中国参加国际金融组织所遵循的一般原则。到1994年底,亚行已向中国提供贷款40.75亿美元,并在四个私人项目中投资。[1] 由亚行提供 5 300 万美元的海南农业与自然资源发展项目贷款协定,1996 年 9 月在马尼拉由海南省政府与亚行签订。到 1998 年 6 月底,中国已向亚行技术援助特别基金捐赠达 60 万美元。中国加入亚行,可以密切同亚太地区成员的经济、金融关系,并可利用这一渠道筹集部分资金,这对加速中国社会主义现代化建设,扩大同亚太地区的经贸往来有着积极作用。

二、非洲开发银行

非洲开发银行(African Development Bank)(以下简称非行)。《建立非洲开发银行协定》于 1963 年 8 月 4 日签订于苏丹首都喀土穆,1964 年 9 月 19 日生效,非行于 1966 年 7 月 1 日开业,总行设在科特迪瓦首都阿比让。非行宗旨是为成员国的经济和社会发展提供资金,使成员能在物质上自给;帮助非洲大陆制定发展的总体战略,协调各国的发展计划,优先帮助发展区域性合作,以实现非洲经济一体化。非行与世界银行集团和国际农业发展基金组织等分别签订了合作协定。非行于 1979 年 5 月 17 日修订建行协定,接受区外国家为成员国。现非行共有 76 个成员国,其中,区内国家 52 个,区外国家 24 个。

非行使用自己的记账单位。60 年代建行时,每一记账单位相当于当时的 1 美元,法定资本 2.5 亿记账单位。随着 1979 年修订建行协定,法定资本已扩大到相当 50 亿美元,区内成员国认股 2/3,区外成员国认股 1/3,股本须用黄金或可兑换货币交纳。非行发放的普通贷款,期限 10－18 年(包含 3－5 年宽限期),利率分高低两档,借款已动用部分交付 1% 的手续费,未动用部分交付 0.75% 的承诺费。贷款只向区内成员国提供。非行在 1987 年已将资本增至相当 170 亿美元,并增设优惠贷款(软贷款),以满足非洲经济恢复优先项目贷款的需要。

非行 1998 年决定增加 35% 的资本总额,已从当时的 240 亿美元增加到 320 亿美元。该行现有 53 个非洲地区内成员国和 24 个区外成员国。经过这次增资,区外股东的资本份额已增加到占 40%。

非行实行三级结构和加权投票制。最高决策机构为理事会,由各成员国各委派 1 名理事组成,每年召开一次年会。银行业务由理事会选出的董事会负责,每月召开一次例会。董事会有 18 名董事,其中,区内国家 12 名,区外国家 6 名。董事会选举产生总裁(兼任行长),总裁只能由非洲人担任,主持银行具体业务工作。每一成员国有 265 票基本票,另加补充票,每一股加一票。

中国于 1985 年 5 月 9 日接受《建立非洲开发银行协定》,成为非行区外

---

[1] 王贵国:《国际货币金融法》,北京大学出版社 1996 年版,第 323 页。

成员国。根据惯例,非行贷款项目均在成员国中招标实施。加入非行,可为中国海外公司承包非行贷款建设项目增加商业机会。

三、美洲开发银行

美洲开发银行(Inter – American Development Bank),又称泛美开发银行或泛美银行。《建立美洲开发银行协定》于1959年4月8日签订,同年12月生效,1960年10月1日开业,总行设在华盛顿。该行宗旨是为集中美洲国家力量,对需要资金的地方提供资助,以促进区内各国经济的发展。该行与世界银行集团和国际农业发展基金组织等分别签订了合作协定。

该行建行法定资本为10亿美元,到1982年底已增加到300亿美元。各成员国交纳股本时,一半用黄金或美元,另一半用本国货币。该行还通过向西方16国借款和发售中、长期债券筹集资金。美洲开发银行于2001年1月发行20亿美元全球债券,半年息为5.375%,期限5年,所筹资金用于该行拉美和加勒比成员国的各项经济和社会发展计划。

该行发放的贷款分两种:①普通贷款,期限15 – 30年,利率每年调整一次(年利率未超过8%),必须以所贷货币偿还,对未提取的贷款部分,每年收取1.25%的承诺费;②特别贷款,期限可长达40年,并含10年以下宽限期,利率不超过2%,主要用于援助拉美不发达国家开发其本国资源。

该行现有成员国43个(区内27个,区外16个),采行三级结构与加权投票制。理事会为最高权力机构,由每成员国委派1名理事和1名候补理事组成,每年开会一次。执行董事会管理银行业务,由理事会选举12名董事组成,其中,8名由拉美成员国选出,4名由北美和区外成员国选出。董事会需代表75%多数票的董事通过才能作出决议。总裁兼行长,由董事会选举,在董事会指导下处理银行日常工作。每一成员国拥有135票基本票,另每认一股(1万美元)增加一票补充票。美国在该行认股最多,掌握有35%的票数。

第三节　跨国银行与离岸金融市场

第二次世界大战后伴随着跨国公司的涌现而发展起来的跨国银行,促成了资金运转的全球化。在一些开放国际金融,对经营跨国货币的银行业务不予法律管辖,并允许少征税和免征税的国家和地区,相继出现了各种类型的离岸金融市场。

一、跨国银行

按照联合国跨国公司中心对跨国银行所下的定义,在5个或5个以上国家设有分支机构的银行称"跨国银行"(Transnational bank)。按这一标准统计,到1975年全世界即已有跨国银行84家,其中,美国22家,英国10家,日本 10 家,法国 7 家,联邦德国 5 家,加拿大 5 家,其余 25 家分属其他国家;上述美、英、法、德、日、加六国占有跨国银行全部资产的 76%。这 84 家跨国银行在海外共有 3941 个分支机构,其中,28% 分布在离岸金融市场,33% 分布在发达国家,39% 分布在发展中国家和地区。如美国的花旗银行,到 1982 年底,其分支机构已遍布 94 个国家和地区,60% 的职工在海外机构工作,海外贷款占该行所吸收存款的 70%。在中国的外资银行即多属跨国银行。

在两次世界大战以前,宗主国银行在殖民地遍设分行。到 1910 年,英国有 72 家殖民银行和 136 家分行,荷兰有 16 家殖民银行和 68 家分行,德国有 13 家殖民银行和 70 家分行,通过这一金融网络,强化了宗主国的殖民统治和经济掠夺。当代的跨国银行与战前的殖民银行已显然不同:①当代跨国银行的分支机构已全球化,其金融触角伸向全球各个角落,并非像殖民银行那样限于其政治势力范围之内;②资金运转全球化。跨国银行的资金既可在全球范围内水平运动,又可在地区范围内垂直运动,纵横转移,四通八达。也非像殖民银行那样仅限于在其政治势力范围之内运转。

二、离岸金融市场

各种类型的"离岸金融市场"(off – shore financial market),为跨国银行提供着宽松的经营环境。

1. 内外分离型市场。以纽约、新加坡、巴林和东京的离岸金融市场为代表。这类市场是把国内交易与离岸交易严格分开,离岸交易只对外进行。1975 年巴林颁布《离岸银行业条例》,准许外国银行在巴林设立离岸银行,经营非居民的外汇业务,并取消外汇管制;从事离岸金融业务的银行可免交所得税,也无须交存储备金。巴林即成了一个位于波斯湾的颇具规模的离岸金融市场和石油美元中心。1986 年 11 月 28 日,日本政府决定在东京开设离岸金融市场,12 月 1 日正式开业,规定经营离岸金融业务的银行要承担保证贷出的资金不向日本国内回流的义务。

2. 内外一体型市场。以伦敦和香港的离岸金融市场为代表。在这类市场中,内外交易可以同时进行。

3. 避税型市场。以加勒比海地区的开曼和巴哈马的离岸金融市场为代表,在这类市场中,多不进行实际交易,主要是为了避税而通过该市场拨转借贷资金。巴哈马首都拿骚,是一个只有 12 万人口的小岛,到 1978 年已有 285 家外国银行的分支机构和信托公司,成为世界上一个重要的境外美元市场。在巴哈马,离岸银行除交纳注册费和营业许可证费外,各种离岸交易一律免税。

在中国,离岸金融是与在岸金融(境内金融)相对而言,银行的离岸金融是从事非居民之间的业务,即外国贷款者、投资者与外国筹资者之间的业务。深圳招商银行于 1989 年 5 月获中国人民银行和国家外汇管理局批准开办离岸金融业务,并获深圳市税务局给予的开办离岸金融业务的各项优惠。该行设立有离岸业务部,其境外、境内外汇业务分开,在会计上分别立账,境外业务单独记账和核算。深圳工商银行和农业银行也于 1994 年 4 – 5 月经中国人民银行和国家外汇管理局批准相继开办了离岸金融业务。1996 年 5 月,深圳发展银行、广东发展银行深圳市分行又获国家外汇管理局批准成为离岸业务试点行。到 1997 年 6 月,深圳已开办离岸国际金融业务的 5 家银行吸收离岸存款余额达 21.5357 亿美元,发放离岸贷款余额达 18.9843 亿美元。在深圳离岸存款总额中来自境外中资企业和外资企业的存款各占56.7% 和 39%,而投放给境外中资企业和外资企业的贷款则分别占离岸贷款总额的 57% 和 42%。在 1994 年底,深圳招商银行并获批准在新加坡成功发行 5 000 万美元的大额存款单,开拓了新的离岸资金来源。从开办离岸业务以来,香港市场的客户和资金量一直占深圳离岸业市场客户总数和资金总量的 90% 以上。1996 年一季度,离岸业务实现利润 1 242 万美元,占深圳几家经营离岸业务银行外汇业务利润总额的 38%,成为它们增创非贸易外汇收入的一条有效途径。

为深化金融体制改革,完善我国金融体系,推动国内离岸金融市场发展,加强对银行经营离岸银行业务的监管,规范银行经营离岸业务的行为,中国人民银行于 1997 年 10 月 23 日发布了《离岸银行业务管理办法》。本办法共四章、38 条,各章要点如下:

1. 总则(1 – 7 条)。对本办法所称经营离岸银行业务的"银行"、"离岸银行业务"和"非居民"加以定义;对离岸银行业务经营的币种和银行经营离岸银行业务的监管机关及其职责加以规定。

2. 离岸银行业务的申请(8 – 17 条)。包括对银行经营离岸银行业务的批准及开办条件、申请应提交的文件和资料、取消经营资格和停办离岸银行业务等事宜的规定。

3. 离岸银行业务管理(19 – 30 条)。规定银行管理离岸银行业务的原则、制度和管理离岸账户(包括离岸账户和在岸账户间的资金往来)等有关事宜,以及银行向外汇局的报表、报告和外汇局对银行经营离岸业务的检查、考评。

4. 附则(31 – 38 条)。

(1)对违反本办法的,由外汇局依《外汇管理条例》相应条款规定进行处罚,构成犯罪的依法追究刑事责任。

(2)外资金融机构经营离岸银行业务,另行规定。

(3)本办法由国家外汇管理局负责解释。

(4)本办法自 1998 年 1 月 1 日起施行。

第四节　集团银行

一、集团银行的兴起

集团银行(group banking)兴起于20世纪60年代中期,为一种新型银行辛迪加(banking syndicate),是由多家银行共同投资兴建的从事国际金融业务的合资银行。

旧型银行辛迪加,又称国际银团,是依放贷项目的临时组合。如1896年(清光绪二十二年)美、英、法、德四国银行结成国际银团,合伙向清政府贷款白银2亿两,换取湖广铁路修筑权,是殖民主义经济侵略的一种手段。旧型银行辛迪加在今天的国际金融市场上仍为流行,但其作用已与第二次世界大战前明显不同,国际银团正在承担起为独家银行所无法承担的巨额贷款,以适应国际上大规模的资金需要。中国银行东京分行1986年7月18日在东京开业后,即首次参加一宗日元辛迪加贷款,中国银行为总额76.5亿日元的国际银团贷款提供19亿日元资金,借给加拿大出口发展公司,牵头银行为日本的住友银行和劝业互助人寿保险株式会社。

新型银行辛迪加的集团银行,乃合资银行,而非为提供贷款的临时组合。集团银行的参加行可以在本国金融市场互为对方提供业务方便,可以通过集团银行进入本行无法打入的外国金融市场。到1984年,世界上已有150多家集团银行。

二、集团银行的类型

目前已存在以下三种类型的集团银行:

1. 以国籍不同的银行为股东建立的集团银行。1964年世界上出现的第一家集团银行即米兰国际银行,是以英国的米兰银行和标准特许银行、加拿大的多伦多自治领银行、澳大利亚商业银行等三个不同国籍的4家银行为股东,以吸收欧洲资金,对英联邦企业提供中期贷款为主要经营业务,行址设在伦敦。1976年建立的沙特投资银行有5国股东,沙特股东占股65%,美国股东占股20%,日本、英国与联邦德国股东各占股5%,行址设在沙特阿拉伯首都利雅得。

2. 以国籍相同的银行为股东,在国外开设的集团银行。如1970年,日本的富士、三菱、住友、东海四家城市银行与山一、大和、日兴三家证券公司合资在伦敦开设的日本国际投资银行。

3. 政府间国际金融组织参股的集团银行。如按1991年10月18日厦门国际银行与亚洲开发银行及一些外国金融机构签署的《厦门国际银行外资参股协议》,亚行、日本长期信用银行和美国赛诺金融有限公司向厦门国际银行[1]参股2亿港元,共拥有厦门国际银行1/4股份。

第五节 国际清算银行与巴塞尔委员会

一、国际清算银行

(一)国际清算银行的建立

第一次世界大战后,德国战争赔款原由一个特设的赔款委员会执行。按照当时美国代表道威斯(C. G. Dawes)策划制定的"道威斯计划",自1924年起,德国第一年赔付10亿金马克,以后逐年增加,一直赔付58年,到1928年,德国赔款增至年付25亿金马克,德国声称国内发生经济危机,已无力照赔,要求减少。美国支持德国的要求,又由杨格(O. D. Young)策划制定"杨格计划"。协约国为执行"杨格计划",决定建立国际清算银行取代原来的赔款委员会,执行对德国赔款的分配和监督德国财政。

协约国1930年1月20日在海牙会议上签订国际协定,由英、法、比、德、意、日六国中央银行和代表美国利益的银行团(摩根、纽约花旗、芝加哥花旗三家商业银行组成)[2]联合建立国际清算银行,行址设在瑞士巴塞尔。英、法、比、德、意、日六国政府与瑞士政府达成协议,由瑞士承诺向国际清算银行颁发建行特许证。特许证规定:国际清算银行具有国际法人资格,免税,瑞士不征收、征购、扣押和没收该行资产,准许该行进出口黄金和外汇,享有外交特权与豁免。

国际清算银行开创资本5亿金法郎,[3]分20万股,每股2 500金法郎,由六国中央银行和美国银行团七方平均认缴。由于1929-1933年世界经济危机,1931年德国停付赔款。1932年在洛桑会议上协约国同意停止向德国索取赔款,"杨格计划"告终。为执行该计划建立的国际清算银行开始转向办理各国中央银行之间的清算业务。由于该行在第二次世界大战期间曾与

---

[1] 厦门国际银行是中国改革开放以来成立的第一家中外合资银行,1985年11月28日在厦门经济特区开业。该行是由中国工商银行福建省分行、福建投资企业公司、厦门经济特区建设发展公司和香港泛印集团有限公司合资组建,注册资本8亿港元,其厦门、香港、澳门三个总分支机构分别按中国和当时的港英、澳葡当局的法律规定开展金融业务。1991年经亚印等参股后,原合资方共拥有厦门国际银行3/4的股份。

[2] 后来,美国银行团持有的国际清算银行股份均为摩根银行一家收购。

[3] 金法郎为由法国、瑞士、比利时、意大利4国组成的拉丁货币联盟于1865年12月成立时,以拿破仑金币为基础发行的含金量0.29032258克的金币。1914年第一次世界大战爆发,法、比、意均将流通中的金法郎全部收回,改用银行券,实行战时必需品配给制和严格的外汇管制,仅瑞士仍沿用金币,从而又有瑞士金法郎之称。进入20世纪70年代,黄金官价废除,已由各国和有关国际组织自行确定金法郎与其他货币的比价。按照国际清算银行1984年年报,该行当时使用的金法郎与美元的比价为1金法郎等于1.94149美元。

纳粹德国合作,将其保存的捷克国家银行黄金卖给了德国国家银行,违反中立法,1944 年 7 月布雷顿森林会议决议关闭该行。事后由于美国欲利用该行实施援助欧洲战后复兴的马歇尔计划而未将决议付诸执行。国际清算银行又成为欧洲经济合作组织、欧洲煤钢联营、黄金总库等国际经济组织的金融代理人而继续营业。

(二)国际清算银行现状

1969 年 12 月国际清算银行修改章程,宗旨改为促进各国中央银行之间的合作,并向之提供更多的国际金融业务的便利,在国际清算业务方面充当受托人或代理人。银行资本增为 15 亿金法郎,分 60 万股,每股仍为 2 500 金法郎。认缴股本通过金法郎计值这一黄金条款保值,按瑞士金法郎含金量折成瑞士法郎缴交。现国际清算银行 4/5 的股份掌握在各成员国中央银行手中,1/5 为私股(由各国中央银行转让给私人),[1]但私股股东无权参加股东大会。表决权采行股份比例分配制,按各成员国中央银行认缴的股份比例分配,一股一票,表决时,不计实际掌握有多少股份。1996 年 9 月 8 日国际清算银行决定接纳中国、印度、韩国、新加坡、巴西、墨西哥、俄罗斯、沙特阿拉伯和我国香港等 9 个国家和地区的中央银行或货币当局为新成员。这是国际清算银行 25 年来首次扩大成员名额;原有 32 名成员中有 26 家欧洲国家中央银行,其余 6 家为日本、加拿大、澳大利亚、土耳其和南非的中央银行与代表美国利益的摩根银行。事实上,现世界上绝大多数国家的中央银行都与国际清算银行建立了业务关系。国际清算银行已成为当今除联合国体系的国际货币基金和世界银行集团外的一个最重要的世界性国际金融组织,被人们称做各国中央银行的银行。

国际清算银行以各国中央银行、国际组织(如万国邮政联盟、国际红十字协会等)为业务对象,不办理私人业务。它对联合国体系内的国际货币金融机构起着有益的补充作用。现世界各国的国际储备约有 1/10 存放于国际清算银行。各国中央银行在该行存放的外汇储备,存放币种可以转换,可以随时提取,无须声明理由。这对一些国家改变其外汇储备构成、实现多样化,提供了一条有效途径。在国际清算银行存放黄金储备,不收费,而且可供抵押,可从国际清算银行取得黄金价值 85% 的现汇贷款。国际清算银行还代理各国中央银行办理黄金购销业务,负责保密。由于国际清算银行在经营中具有上述特色,甚受各国中央银行的欢迎。

国际清算银行以股东大会为最高权力机关,每年 6 月份在巴塞尔召开

---

[1]　国际清算银行于 2001 年 1 月 8 日在巴塞尔召开的特别股东会议,已修改章程,购回由于历史原因由私人机构所持有的国际清算银行股份。出席本次特别股东会议的已有 43 个成员国和地区的中央银行行长和货币当局总裁。

年会,通过年度决算、资产负债表和损益计算书、利润分配办法和接纳新成员国等重大事项的决议。除各成员国中央银行行长或代表作为有表决权的股东参加股东大会外,所有与该行建立业务关系的中央银行代表均被邀请列席。董事会由13名董事组成,其中,5名董事为创始国中的英、法、比、德、意5国中央银行行长担任,1名董事由这些创始国指定,另7名董事由认股的其他成员国中央银行推举产生。现该行董事会董事全为西欧国家中央银行行长。董事会每月召开一次例会,审议银行日常业务工作,决议以简单多数票作出,票数相等时由主持会议的主席投决定票。由于美国联邦储备管理委员会派代表列席董事会议,故有"巴塞尔俱乐部"之称。

(三)中国与国际清算银行的关系

中国人民银行自1984年起即与国际清算银行建立业务关系,办理外汇与黄金业务,成为联系国。国际清算银行股东大会召开年会时,中国人民银行代表被邀列席,这为中国广泛地获取世界经济和国际金融信息,沟通与各国中央银行之间的关系,提供了一个新的场所。中国的外汇储备和黄金储备有一部分存放于国际清算银行,这对中国人民银行灵活、迅速、安全地调拨外汇、黄金储备十分有利。自1985年起,国际清算银行已开始向中国提供贷款。现中国已成为国际清算银行的正式成员。

国际清算银行在中国香港设立的亚太地区办事处于1998年7月11日正式运作,负责加强该行与亚太地区各中央银行及货币管理当局的合作,包括召开亚洲央行会议和为区内央行提供金融服务等。

二、巴塞尔委员会

跨国银行和集团银行的涌现及一些地方离岸金融市场的形成,冲破了原有的国际金融格局。原来的国际融资主要由政府间贷款、国际清算银行融资、国际货币基金和世界银行集团贷款构成,现跨国银行、集团银行和离岸金融市场的融资额每年要比政府贷款和政府间国际金融组织贷款的总和高出10多倍,而这种新的国际融资活动,一直尚无有效的国际监督和管理。为防止国际债务危机出现,促使国际银行界不得不考虑对经营国际金融业务的银行进行国际监督的必要性,并设法建立有效的国际金融法律秩序。经英格兰银行倡议,在国际清算银行主持下,1975年2月成立了"巴塞尔银行规章条例及监管办法委员会"〔以下简称"巴塞尔委员会"(Basle Committee)〕〔1〕 该委员会于 1975 年 9 月例会中通过《对银行的国外机构的监督》的原则性规定,此即第一个《巴塞尔协议》。这份文件被国际银行界称为"神圣公约"。该委员会于 1983 年 5 月例会对 1975 年"神圣公约"进行了修改,通过了修改后的巴塞尔协议——《对银行的国外机构的监督原则》,此即第二个《巴塞尔协议》,又称"新神圣公约"。

上述两个"神圣公约"都提出了一项指导性原则要求,即任何海外银行机构都不能逃避政府监管,而监管必须有效和适当,从而奠定了国际监管的基础。但上述两个"神圣公约"存在不少缺点和漏洞,主要是对国际监管无可行标准,措施无力,同时,各国按其各自利益行事,无法普遍有效实施。1986 年 1 月,美国联邦储备管理委员会、联邦存款保险公司和财政部货币监理署三家联邦监管机构提出了以银行的经营风险为衡量资本充足率的基础,向国内银行业征求意见,并同英格兰银行磋商。英格兰银行与美国三家联邦监管机构达成协议后,于 1987 年 2 月共同向巴塞尔委员会提出了"美英建议"(全称为《美国联邦银行监管机构和英格兰银行对资本基础和资本充足率评估的统一建议》),为巴塞尔委员会接纳,从而有 1987 年 12 月《巴塞尔建议》的正式散发,并在此基础上形成了第三个《巴塞尔协议》。

值得一提的是,国际金融法律文件中以《巴塞尔协议》(Basle Agreement)相称的较多,除上述三个《巴塞尔协议》外,还有出席国际清算银行 1961 年 3 月例会的成员国中的英、法、德、意、荷、比以及瑞典、瑞士 8 国中央银行代表口头达成的一项不成文的《巴塞尔协议》,〔2〕等等。本章下节探讨的《巴塞尔协议》则专指在 1987 年 12 月《巴塞尔建议》(Basle Proposals)基础上,经过 6 个月咨询期而缔结的 1988 年《巴塞尔协议》(全称为《统一国际银行资本衡量和资本标准协议》)。对这一国际性文件,十国集团各国中央银行代表同意将之称为《巴塞尔协议》,理由是因其并不具有确定的国际法性质,仅为从事国际金融业务的银行提供了国际协调标准;而在美国有关国

---

〔1〕 巴塞尔委员会自 1977 年起由英格兰银行业务监管处主任库克(P. Cook)担任第二任主席,在他担任主席期间又称"库克委员会"(Cook Committee)。该委员会第三任主席为 H. J. 马勒。1991 年 7 月美国联邦储备管理委员会 E. 杰拉尔德·科里根任第四任主席,又称"巴塞尔银行监管委员会"。巴塞尔委员会由十国集团成员国的中央银行行长与银行监管机构代表组成。十国集团成员国包括美、英、法、德、意、日、加、荷、比、瑞典和瑞士 11 国。另外,卢森堡和西班牙也为该委员会成员国。该委员会每季度召开一次例会,在巴塞尔国际清算银行举行,并由该行为之提供秘书处,向世界各国有关方面散发文件。
〔2〕 该项君子协定规定,当某国发生货币危机时,其他国家要采取必要的援助措施,贷给该国所需要的黄金或外汇,以维持同美元的汇率。

内法中则将之称作《巴塞尔协定》(Basle Accord),赋以确定的国际法性质。[1]

第六节 《巴塞尔协议》与中国

一、从《巴塞尔建议》到《巴塞尔资本协议》及其最新修订

(一)从英美建议到巴塞尔建议

1986年1月,美国联邦储备管理委员会、联邦存款保险公司和财政部货币监理署3家联邦监管机构提出了以银行的经营风险为衡量资本充足率的基础,向国内银行界征求意见,并同英国英格兰银行进行磋商。英国英格兰银行与美国3家联邦监管机构达成协议后,于1987年2月共同向国际清算银行巴塞尔委员会提出"美英建议"(全称为《美国联邦银行监管机构和英格兰银行对资本基础的资本充足率评估的统一建议》),为巴塞尔委员会采纳,并于1987年12月以《巴塞尔建议》形式通过国际清算银行正式向国际银行界散发。

《巴塞尔建议》主旨和基本内容如下:

1. 序言:表明主旨是将银行资本与信用风险(不偿还风险)挂钩,为从事国际业务的银行确立最低资本标准,不影响各国银行监管机构可自行采用要求更高的资本标准的安排。

2. 资本构成:建议将银行的资本构成分为两级,"一级资本"包括股本和公开的储备金,"二级资本"包括未公开的储备金、重估价储备金、通用贷款损失准备金、带债务性质的资本证券(如带固定股息的优先股)和长期债券(如5年期以上金融债券)。

3. 风险权数:建议将银行资产风险定为"无风险"到"十足风险",即0、10%、20%、50%和100%的5个风险权数;对资产负债表外项目采用0、20%、50%和100%的4个风险加权系数(信用风险换算率)。[2]

对表外项目像掉期、期权和期货交易项目的利率和汇率变动,因银行并不承担其合同全部面值的信用风险,遇违约事件,损失的仅是用于替换现金流动的成本,允许其风险加权系数从以下两种方法中择一采用计算:①巴塞尔委员会大多数成员国所采用的计算这类项目信用风险的方法,折为市价,

---

[1] 辛西姆·C·利希滕斯坦:《统一国际银行资本衡量和资本标准》引言,1991年美国《国际法律资料》第30卷,第967页。值得注意的是,巴塞尔委员会在2004年6月公布的新协议,已以"Basle Accord"相称。"Accord"含有"神圣公约"之意。

[2] 例如,表外项目的履约担保,其风险加权系数为50%,银行要为一客户提供风险权数为100%的本金100元的履约担保,依8%的资本充足率,即8%×100%×50%=4%的风险权数计算其资本准备金,100×4%=4元。

按维持合同期间的潜在风险计算,使区别于表外一般项目,特别是区别于那些风险很小的表外项目。②有些国家有时还采用,按合同类型和期限,以每一合同项下本金面额为基础,比照信贷去计算的方法。

4.目标标准比率:建议将银行资本与风险资产的目标标准比率定为8%(其中,"一级资本"占4%),允许在5年过渡期内(1987年底到1992年底)各银行对其资本基础作必要调整,以达到这一水准。

5.实施安排:建议的咨询期为6个月;各银行可在其本国国内监管制度未作实质性改变前,即为正式实施本建议自动采取必要步骤,适时调整其资本构成。

(二)《巴塞尔资本协议》

经过6个月咨询期后,在《巴塞尔建议》的基础上形成1988年7月15日经巴塞尔委员会12国中央银行行长达成的《统一国际银行资本衡量和资本标准协议》(以下简称《巴塞尔资本协议》)。该协议与建议相比,除无咨询期外,改动主要有二:

1.对风险权数,协议已于信用风险之外专列"国家汇划风险"(外汇险),并明定将"经济合作与发展组织"(OECD)[1]或与国际货币基金签订有《借款总安排》(GAB)的所有国家,[2]划为一组国家,简称OECD,其余国家划为另一组国家,简称"非OECD国家"。对"OECD"采用无风险(0)或低风险权数(20%),对"非OECD国家"一律采用高风险权数(100%)。

2.协议以1988年7月至1992年底为过渡期。

(三)协议的第一次修订

1991年2月巴塞尔委员会公布《对巴塞尔资本协议的修订建议》,向各国银行监管机构和国际银行界散发。

修订建议对通用贷款损失准备金可以列入"二级资本"的条件规定为:①为应付特别损失或资产贬值不能通用于弥补未来其他损失而创设的准备金,不得列入;②一切用于弥补预知的(无论国内或国外的)贬值的准备金,不得列入;③各国银行监管当局采取措施保证一切资产的贬值能得到弥补,

---

〔1〕 经济合作与发展组织(OECD)于1961年建立,创始国有奥地利、比利时、加拿大、丹麦、法国、德国、希腊、冰岛、爱尔兰、意大利、卢森堡、荷兰、挪威、葡萄牙、西班牙、瑞典、瑞士、土耳其、英国和美国。1964年以来,先后有日本、芬兰、澳大利亚、新西兰、墨西哥、捷克、匈牙利、波兰和韩国等加入。

〔2〕 《借款总安排》(GAB)签订于1962年,参加的先后有12国(比利时、加拿大、德国、法国、意大利、日本、荷兰、瑞典、瑞士、英国、美国和沙特阿拉伯)。1997年1月与国际货币基金签订《新借款总安排》(NAB)的除原有12国外,还另有13个国家和地区参加,包括澳大利亚、奥地利、丹麦、芬兰、挪威、西班牙、卢森堡、韩国、科威特、马来西亚、新加坡、泰国和我国香港。

并保证只将非用于弥补资产贬值或应付特别损失的通用贷款损失准备金列入资本基础。

修订建议并规定:够条件列入"二级资本"的通用贷款损失准备金不得超过"二级资本"的 1.25% ;同时,将实施修订协议的过渡期延长到 1993 年底,自 1994 年 1 月 1 日起正式生效。

(四)协议的第二次修订

《巴塞尔协议》衡量资本充足率的公式为:

资本充足率 = 总资本/风险资产×100%

协议出台后,西方商业银行同时从两个方面着手以保证和提高其资本充足率:①采取"分子政策",增加作为分子的资本,如扩股增资或银行合并;②采取"分母政策"或抑制作为分母的风险资产,如降低权重风险资产、优化风险资产组合或售出高风险资产,走拓展表外业务、开发金融创新工具和避险之路。

1988 年《巴塞尔资本协议》对银行风险的界定尚限于违约不偿还的信用风险,没有涉及市场风险,如利率、汇率的变动或银行所持有价证券的价格改变等直接有损银行财力的风险。为弥补这一缺陷,1994 年 7 月巴塞尔委员会对协议再次进行了修订,并于 1995 年 4 月公布《巴塞尔协议:对表外项目潜在风险的处理》,基本内容如下:

处理远期、掉期、购买期权和类似衍生工具合同需要特别注意,因银行没有暴露如对方违约这些合同的票面足值的信用风险,而只是暴露了其取代现金流动的潜在成本(合同表示的积极价值或正价值)。尽管市场上的金融工具有各种各样,但计算它们信用风险的原则基础则是相同的,可采用如下方法:

1. 通用收支差法。十国集团各监管当局认为,计算表外项目信用风险的最佳方法是,依其盯住市场价计算信用收支差,采用一个追加系数去反映合同剩余期的潜在未来信用收支差,即按其账上暂定本金总额依下表所列追加系数算出其合同剩余期的潜在未来信用收支差,使其达到符合市场风险的资本要求:

合同剩余期	利率	外汇和黄金	股票	除黄金外的贵金属	其他商品
1 年或 1 年以内	0.0%	1.0%	6.0%	7.0%	10.0%
1 年以上到 5 年	0.5%	5.0%	8.0%	7.0%	12.0%
5 年以上	1.5%	7.5%	10.0%	8.0%	15.0%

远期、掉期、购买期权和类似衍生工具合同,按其他商品合同对待。无潜在未来信用收支差的合同按单一货币浮动汇率/浮动利率掉期计算,这些

合同的信用收支差只依其盯住市场价计算。

2. 原始收支差法。一些国家监管当局在最长不超过 12 个月的过渡期内,可以自主决定,允许个别银行采用更简单的原始收支差法,直到实施符合市场风险的资本要求。采用原始收支差法计算合同期内的潜在未来信用收支差,其信用风险换算率可适用下表所列两套中的一套:

合同期	利率合同	外汇和黄金合同
1 年或 1 年以内	0.5%	2.0%
1 年以上到 2 年	1.0%	5.0%(2% +3%)
每增加 1 年	1.0%	3.0%

对利率合同,是依合同期还是依合同剩余期,各国监管当局可自主决定;对外汇和黄金合同,换算率只能按原合同期。

3. 双边轧差。对双边轧差交易,采用通用收支差法的可作如下处理:①银行可将轧差交易附属于替换交易,将银行与其对方之间的于约定结算日交割特定货币的任何债务,自动与所有该结算日同种货币和其他债务合并或作其他形式替换,创设为单独的法定债务。发生违约,非违约方即停止交易轧差,由一方支付他方。②银行须备有若干书面、合理的法律意见书,分别说明所涉交易项下轧差协议在各有关管辖区的执行力。③银行对有关管辖区法律的可能变化须保持审视。

对双边轧差交易,也可采用原始收支差法,直到实施符合市场风险的资本要求。即在不超过 12 个月的过渡期内,用于计算双边轧差交易的信用风险换算率可适用下表所列:

合同期	利率合同	外汇合同
1 年或 1 年以内	0.35%	1.5%
1 年以上到 2 年	0.75%	3.75%(1.5% +2.25%)
每增加 1 年	0.75%	2.25%

4. 风险加权。对远期、掉期购买期权和类似衍生工具合同,无论是采用通用收支差法还是原始收支差法,在银行计算其潜在未来信用收支差时,均须依对方是属哪组国家的,像对合法担保和抵押那样予以风险加权,属"OECD"的,加权 50% ,属"非 OECD 国家"的,加权 100% 。

(五)协议的第三次修订

1996 年 1 月巴塞尔委员会公布《巴塞尔资本协议:市场风险修正案》,自公布日起到 1997 年底为过渡期,自 1998 年 1 月 1 日起银行须按修正案计算市场风险。

修正案将市场风险定义为:银行交易簿上因利率、汇率变动导致的风险。修正案引进"三级资本"概念,允许以"三级资本"作为应付市场风险的部分资本金。"三级资本"指符合以下条件的到期日至少为 2 年的"次级债务":必须是无担保、不能提前偿还的债务;必须有条款保证,当银行如偿还该债务会使资本充足率降至最低要求以下时,即使债务到期,银行也不还本付息。"三级资本"只能用于应付市场风险,而且用于应付市场风险的"三级资本"最高不得超过"一级资本"的 250%。修正案对各种金融工具和资产组合中的总体市场风险,均分别具体规定了其特别风险的资本金要求。如对股票指数期货的特别风险的资本金要求定为 2%,等等。

修正案还推出了一套新的资本衡量方法,在推行原有的标准化衡量方法的同时,允许银行在满足规定的定性及定量标准的前提下,采用内部风险价值模型来计算其市场风险所需的资本要求,巴塞尔委员会并为此发布了《运用内部模型和"回返测试"方法计算市场风险资本要求的监管框架》文件,以规范内部模型方法的运用。

从《巴塞尔资本协议》及其几次修订可以看到,巴塞尔委员会对国际银行的资本监管,已步入从静态的信用风险到动态的市场风险进行全面监管的阶段。《巴塞尔资本协议》为国际银行的资本营运设定了日趋合理的统一标准,有助于防止"监管套利"(arbitrage of regulation),进一步保障公平竞争和稳定全球金融体系。

鉴于《巴塞尔资本协议》现有的计算资本充足率办法是将银行所有信贷视为风险资产,1999 年初巴塞尔委员会提出了一个贷款分类建议,要求银行根据风险程度,将其信贷分为以下四个级别,以此计算资本充足率:

1. 向信贷评级为 Aaa 级及其他财务健全的企业借款人提供的贷款,只将 20% 列为风险资产。

2. 提供给评级较次的企业的贷款,只将 50% 列为风险资产。

3. 向财务实力差的企业提供的贷款,100% 列为风险资产。

4. 向破产和已实际破产的企业提供贷款所引致的风险资产,按相当于有关贷款总额的 1.5 倍计算。

巴塞尔委员会于 1999 年 6 月 3 日发布《新的资本协议征求意见稿》,准备以之取代《1988 年巴塞尔资本协议》。

修改资本协议的背景:①资本监管是银行监管的核心内容。近年金融创新如信贷证券化在发达国家大量涌现。虽然 1988 年资本协议对发展中国家仍然适用,但对发达国家活跃的国际性银行而言,由于信贷证券化的发展,该协议已难以全面充分反映银行所面临的风险。因 1988 年资本协议主要针对信用风险,虽日后修改涵盖了市场风险,但对其他风险仍无明确规定。②发达国家活跃的国际性银行,其业务已日益扩张至证券业和保险业,多元化金融集团在发达国家已经涌现。资本监管除需要涵盖整个银行集团的风险外,巴塞尔委员会还有必要与证监会国际组织和国际保险协会加强合作,协调"金融集团联合论坛"(The Joint Forum on Financial Conglomerates)有关规定,以保证采用相同的资本充足率标准。再次修改资本协议,就是要使之能跟上金融创新与风险管理实践发展的步伐,有能力迎接日益复杂的金融创新的挑战,保持金融体系的安全与稳健运作。

出台新的资本协议对发展中国家亦具重大意义:①有利于发展中国家借鉴发达国家的经验,不重复其走过的弯路,而形成自己的金融监管后发优势。②到 21 世纪,对银行除要求资本充足率外,发达国家还可能以资本监管的完善与否为由,限制他国银行的市场准入。只有遵循新的资本协议从事经营才能为本国银行走向世界铺平道路。③1988 年资本协议规定银行资本充足率最低应为 8%,从表面上看,世界上很多银行现都已符合此一要求,但实际上不少银行的资本充足率是假的,一旦将其呆账评估进去,实际资本充足率就不够了。出台新的资本协议,加强国际监管合作,增加信息交换的透明度,已为当务之急。亚洲金融危机发生后,由美国牵头,在发达国家 G-7 和 G-10 的基础上,组成了一个 G-22 小组,就是 G-7 加上 15 个国家和地区,包括中国香港、新加坡、中国、马来西亚、印尼、泰国、韩国、墨西哥、阿根廷、巴西、智利、南非、波兰、澳大利亚、新西兰,共同研究解决国际金融体系中存在的问题。发展中国家参与修改资本协议,既属必要,也为可行。

(六)巴塞尔资本协议的基本精神

理解《巴塞尔协议》的基本精神,需要抓住其核心——资本充足率与风险权数。资本充足率为协议所要求的银行资本与其资产的比率不低于 8%。银行资本包括核心资本与从属资本,在 8%的资本充足率中,要求至少 4%为核心资本,其余才可以是从属资本。"资产"这个概念,是指在银行的资产负债表中的资金占用。"资产"(asset)与"财产"(property)并非等同,"财产"的范围较"资产"为窄。"资产"可以是属于银行所有的,也可以是非属银行所有但可供银行运用的资金(如吸收的客户存款),而"财产"则只能是具有产权的资产。在银行资产负债表中可列为"资产"的有现金、投资、对他人的债权(应收款)、房地产、预付费用,等等。预付费用可以未来收益形式收回,故可在资产负债表中列入资金占用。银行资产负债表中的总资产,反映着银行的经营规模。《巴塞尔协议》要求不低于 8%的资本充足率,即要求银行的总资产(经营规模)不得超过其核心资本的 25 倍或核心资本与从属资本之和的银行资本的 12.5 倍。

风险权数,可以将之理解为《巴塞尔协议》所允许的银行发放特定信贷的资本准备金折扣率。协议规定有 0、10%、20%、50%、100%等五个风险权数。风险权数为 0 的信贷,可以不提取资本准备金;风险权数为 10%的信贷,资本准备金可打一折;风险权数为 20%的打二折;风险权数为 50%的可打对折;风险权数为 100% 的不打折。而风险权数与资本充足率是联系在一起的。例如,银行发放一笔 1 000 万元信贷,按照资本充足率要求必须备足 80 万元资本准备金;而这笔信贷的风险权数如果为 50%,资本准备金打对折,备足 40 万元即可发放;如果风险权数为 100%,资本准备金不打折,即非备足 80 万元不得发放。《巴塞尔协议》就是通过资本充足率与风险权数的量化标准来约束国际银行的放贷规模和经营规模,对从事国际业务的各国商业银行的活动进行国际监督管理,以建立起国际金融领域的法律秩序或一个有序的国际金融市场。

二、新巴塞尔协议述评

(一)要旨

新巴塞尔协议文件全名:《国际统一资本衡量和资本标准修订体制》,是巴塞尔银行监管委员会 2004 年 6 月发布的一份有关银行资本的新协议,又有"新资本协议"或"巴塞尔二号协议"之称(下文简称"新协议")。[1]

1."前言"。"前言"(Introduction)为第 1 – 19 段(paragraph)和 1 个"本文件结构"(Structure of this document)图表,包含以下要旨:

(1)说明新协议出台经过、修订 1988 年协议的根本目的和这次修订的重要创新及其设计,以及如何实施新协议。

"前言"第 6 段指出,"本修订体制的重要创新是更多使用各银行内部系统提供的风险评定作为资本计算的输入数据。在采取此一步骤时,本委员会(巴塞尔委员会——译注)也提出了设计的一套具体最低资本要求以保证这些内部评定的完成。"新协议重要创新之处正是今后各国银行业监管之重点所在——凭信息监管。

(2)说明新协议较 1988 年协议更具"风险感受性"(risk sensitive)的一些重大变化,包括对预定损失(Expected loss)和意外损失(Unexpected loss)的处理方法,以及对"证券化收益差"(Securitisation exposures)的处理方法,等等。"前言"同时指出,"本委员会也保留了 1988 年资本充足率体制的主要成分,包括对银行持有总资本对风险权数资产至少占其等值的 8% 的普遍要求;1996 年关于市场风险处理的《市场风险补充规定》[2](引进"三级资本"概念允许以"三级资本"作为应对市场风险的部分资本金——译注);以及合格资本定义。"

(3)说明为新协议的成功履行,巴塞尔委员会还要从事的一些工作。

(4)通过"本文件结构"图表说明正文划分的四个部分(Part):第一部分"适用范围"(Scope of Application);第二部分"第一大基本要素——最低资

---

〔1〕　资料来源:E – mail:publications@ bis. org. 、website:www. bis. org/bcbs/pub1/index. htm.

〔2〕　即 1996 年 1 月巴塞尔委员会公布的《巴塞尔资本协议:市场风险修正案》。

本要求"(The First Pillar – Minimum Capital Requirements);第三部分"第二大基本要素——监管审核程序"(The Second Pillar – Spervisory Review Process);第四部分"第三大基本要素——市场纪律"(The Third Pillar – Market Discipline)。三大基本要素即支撑"巴塞尔体制"(Basle framework)的三大支柱。

"前言"未谈的 9 个附件(Annex),亦为文件内容的重要组成部分,特别是其中的附件 9"简单的标准方法"(The Simplified Standarised Approach)。从文件篇幅上看,英文本"前言"和正文四个部分共 190 印刷页,附件 9 只有 12 印刷页。可以这么说,附件 9 是对整个文件内容最简约的高度概括。

此外,"前言"和四个部分的 166 条注释也均为整个文件不可分割的内容。

2."第一部分:适用范围"。这部分为第 20 – 39 段和 1 个"本体制适用新范围说明"(Illustration of new scope of application of this framework)图表,包含以下要旨:

"前言"强调,"本修订体制是为确立国际性活跃银行(internationally active banks)的最低水平设计的。"这部分说明,本体制在统一的基础上既适用于较高水平多层次金融集团控股公司的国际性活跃银行,也适用于低水平的国际性活跃银行(包括国内银行和证券公司)。也就是说,含有一家国际性活跃银行的金融集团内的所有银行、证券公司和其他金融实体及其有关的金融活动(如该金融实体可能涉及的附属于银行业务而含有金融租赁、发行信用卡、有价证券管理、投资顾问、托管保管服务和其他类似活动的),都应在完全统一的基础上适用本体制。"对那些当前不符合要求的国家,规定一个 3 年过渡期作完全局部统一的适用。"

值得注意的是,新协议适用的金融实体不包括保险实体、金融活动不包括保险活动。在衡量各银行资本时,在原则上是扣除各银行在保险附属机构中的股本和其他监管资本投资(包括在各保险实体中的具重要性的少数股权投资)。对有些十国集团国家保留现有的风险权数处理方法(将保险附属机构的业主风险承认为包含在整个金融集团内风险,由有关银行运用标准方法加给不低于 100% 的风险权数),作为一种例外。

此外,银行在某个商业实体中的投资达银行资本的 15% 和这类投资总额达银行资本 60% 的,也须从银行资本中扣除;银行低于前述的重要程度在持有少数和多数股权及控股的商业实体的投资,由有关银行运用标准方法加给不低于 100% 的风险权数。

以上银行投资扣除是 50% 从一级资本和 50% 从二级资本扣除。总之,应着眼于全集团确定银行资本充足率和防止双重资本计算。

3."第二部分:第一大基本要素——最低资本要求"。这部分的篇幅在整个文件中占到80%左右,内容包含:最低资本要求的计算(第40-49段),信用风险——标准方法(第50-210段),信用风险——内部评级根据方法(第211-537段),信用风险——证券化体制(第538-643段),操作性风险(第644-683段)和交易簿发行(第684-718段)。

新协议不仅接受各银行在交替使用标准监管"梳理"(Haircut,现金折扣率)和自身估算处理中利用设计的"VaR models"(各种风险值模型),还为资本计算提供了许多数学公式。如何运用这些公式计算银行资本,附件5"说明实例:按照监管公式计算信用风险调节的效果"(Illstrative Example:Calculating the Effect of Credit Risk Mitigation under Supervisory Formula)有个涉及抵押担保比例涵盖的实例,现对其部分略加介绍以为管窥。

一家银行接受100欧元证券抵押品贷给对方100欧元,即收支差(E);该银行接受证券抵押后未将之出借,从而与梳理(Hc)无关;该银行做这笔交易的一个条件是以对方提供80欧元银行担保(C),现金担保与梳理(Hc)无关;接受的证券抵押、现金担保与贷放均同为欧元,与货币配错梳理(Hfk)无关。将以上数据输入公式:

$$E* = Max\{0,[E \times (1 + Hc) - C \times (1 - Hc - Hfx)]\}$$
$$= Max\{0,[100 \text{欧元} \times (1+0) - 80 \text{欧元} \times (1-0-0)]\}$$
$$= Max\{0,[100 \text{欧元} - 80 \text{欧元}]\}$$
$$= 20 \text{欧元}$$

此即风险调节后的收支差,亦即这笔交易的风险权数资产。

按照资本充足率,这笔交易的"SF capital requirement"(监管公式资本要求)应为:20欧元×8% = 1.6欧元,将各项数据输入公式 Capital requirement = (E*/E) × SF capital requirement = (20欧元/100欧元) × 1.6欧元 = 0.32欧元。

此例说明,这家银行做这笔交易,经过信用风险调节后的"资本要求"(Capital requirement)可从8欧元宽减到1.6欧元,再宽减到0.32欧元。

"更多使用各银行内部系统提供的风险评定作为资本计算的输入数据"是新协议的重要创新。在文件的这部分有一半以上内容就是关于"内部评级根据方法"(Internal ratings-based approach)的,还推荐各银行利用计算机Excel(一种微软软件)中的NORMSDIST和NORMSINV函数(见文件注67)。

这部分为银行资本计算提供了标准方法和内部评级根据方法,前者是银行监管使用,后者为银行内部使用,通过下面第三、四部分的"监管审核程序"和"市场纪律"以保证使之符合"最低资本要求"。

新协议除将监控的风险从"信用风险"(credit risk)扩展到"市场风险"(market risk),还扩展到了操作性风险(operational risk)。"操作性风险定义为产生于不适当的或失败的内部操作方法、人员和系统或来自外部事件的损失风险。"(第 644 段)附件 7"明细的损失事件类型分类"(Detailed Loss Event Type Classification)并就内部欺诈,外部欺诈,雇佣惯例和工作场所安全,客户、产品和业务惯例,对实物资产的损害,业务破坏和系统失败,履行交割和程序管理等七大类损失事件分别作了定义和分三个层次加以列举。

4."第三部分:第二大基本要素——监管审核程序"。这部分为第 719 - 807 段,第 719 段即开宗明义阐明了所含要旨:"本部分讨论由本委员会采取的有关银行业风险,包括关于除别的以外,在银行业账上利率风险、信用风险(压力检测,拖欠定义,残余风险和信贷集中风险),操作风险,加强跨界通报与合作及证券化是监管审核的主要原则,风险管理指引以及监管透明度和会计责任。"这部分末尾列有巴塞尔委员会自 1996 年 1 月以来至 2003 年 2 月发布的"涉及监管审核程序指引"的 20 个文件(其中,属最后文本的 17,征求意见稿 3)目录。

各国监管当局遵循实施监管的严密程序是国际性活跃银行和银行界履行新协议质量的保证。

5."第四部分:第三大基本要素——市场纪律"。这部分为第 808 - 826 段。新协议以凭信息监管为重点,对各银行的信息披露也就成监管的重中之重。作为第三大基本要素的市场纪律"充分有力保证适用本体制各银行采用的披露要求"和"各国监管当局有一系列措施能使用于要求各银行作此类披露。有的此类披露使用特定方法和证明合格标准或使用特定合同和交易的认可。"(第 808 段)"遇披露符合证明合格标准,按照第一大基本要素获得较低风险权数和/或适用特定方法,反之,会受到直接制裁(不容许其适用较低风险权数或特定方法)。"(第 812 段)

新协议的要求是聚焦于披露银行资本充足率,与更广的会计要求和证券监管的上市要求相协调而不冲突。"一家银行应当决定的披露都是基于与重大性概念相关的。会被认为重大性信息,如其遗漏或误述可能改变或影响为作出经济决策目的信赖那个信息的使用者。"披露是否充分的标准为由金融信息"使用者检验"其是否满足定性判断需要。(第 817 段)披露应在每半年一次的基础上发布,有的必须在每季一次的基础上披露资本充足率及其构成(一级资本、总资本和总法定资本);总之,各银行应尽可能快地公布重大信息,不得迟于国内法类似要求设置的截止时间。(第 818 段)

这部分以 13 个表格的形式详列了适用范围,资本结构,资本充足率,信用风险(含 3 表),信用风险调节,证券化,市场风险(含 2 表),操作性风险,银行业账上财产状况和利率风险的定性披露与定量披露具体要求,还在其一系列注释中附加定义和解释说明。

(二)履行

履行新协议,银行是运用 VaR(风险值)技术管理风险和配置资本达到所要求的总体资本充足率,实施符合所要求标准的 KYC(了解客户)方案达到遵守有关法律、规章条例、行业守则和银行业务合同的新协议目标;银行监管当局对各银行是凭信息运用监管公式审核、现场检查和各辖区监管当局之间的共享信息与合作,落实新协议。

1.运用 VaR(Value – at – Risk)技术。为应对 20 世纪 90 年代初的金融灾难,G – 30(30 人小组——由主要工业国高层银行家、金融专家和学术界人士组成的一个咨询小组)在 1993 年 7 月发表报告,倡议全球金融机构一致采用建立在数学模型基础上的"VaR(风险值)"技术来衡量风险和控制、处理风险。1994 年后在一些国际性活跃银行即已陆续采用内部风险管理系统。[美]菲利普·乔瑞(Philippe Jorion)在《风险价值》(Value at Risk)第 2 版(2001 年)中举有个"用 VaR 控制法律风险"的例子:"一些银行要求其交易员以 VaR 限制为基础得到对方的签名。例如,超过 100 万美元的 VaR 限制的交易,必须经客户机构的财务总监批准才能进行。超过这一水平的其他交易,比如说 500 万美元的交易,在财务总监签字的同时必须有高级管理者的签字。这一做法使客户以后很难以损失是金融混乱造成的为借口。"[1]随着 VaR 技术广泛运用于量化风险、为金融交易设定头寸限额和配置银行资本费用,促成巴塞尔委员会将 1988 年协议应用风险权数资产确定银行资本充足率修订为新协议的以信用风险内部评级系统作为实施的基石。新协议规定:"已经监管当局批准使用内部评级根据方法的各银行,可以依靠其自身内部风险成分评估为计算收支差确定资本要求。风险成分包括衡量的拖欠机率、拖欠损失、拖欠收支差和有效到期日。"(第 211 段)以特别贷款为例:

(第 276 段)尽管各银行有待使用附件 4 规定的控制标准设计其为各监管种类的特别贷款的自身内部评级,每个监管种类大体应与下面概述的一系列外部评级相应:

强的	好的	满意的	差的	拖欠的
BBB⁻ 或更佳	BB⁺ 或 BB	BB⁻ 或 B⁺	B 至 C⁻	不适用

(第 378 段)特别贷款(不属高浮动性商业房地产的)风险权数如下:

强的	好的	满意的	差的	拖欠的
5%	10%	35%	100%	625%

新协议将银行资产区分为银行业账簿资产和交易簿资产,前者主要是客户账户贷款,后者主要为衍生产品交易客户账户资产。不同资产等级适用

---

〔1〕 转引自陈跃等译:《风险价值 VaR》,中信出版社 2005 年版,第 415 页。

不同的风险资本费用。

（第 710 段）如对政府债券的特定风险资本费用为：

外部信用评级	特定风险资本费用
AAA 到 AA⁻ A⁺ 到 BBB	0 0.25%（剩余期 6 个月以下的） 1%（剩余期 6 个月至 24 个月的） 1.6（剩余期 24 个月以上的）
所有其他	8%

（第 576 段）对证券化收支差风险权数资产按下表确定的适用风险权数乘以风险资产余额数估算：

长期评级类

外部信用评级	AAA 到 AA⁻	A⁺ 到 A⁻	BBB⁺ 到 BBB⁻	BB⁺ 到 BB⁻	B⁺ 及以下或未评级
风险权数	20%	50%	100%	350%	资本扣除

内部评级系统是巴塞尔委员会 1998 年 9 月文件《银行业组织内部控制系统的体系》所要求建立的内部控制系统的发展和完善。1998 年文件为银行内部控制系统确立的目标是：①业务活动的有效性（作业目标）；②财务和管理信息的可靠性、完整性与及时性（信息目标）；③遵守适用的法律和规章条例（遵守目标）。新协议为内部评级系统加进了配置资本费用的资本目标，并利用 VaR 技术将之完善成为一个独立的信用风险内部评级系统。

内部评级系统现已成为银行的独立风险管理部门用以监测交易者和整个金融机构的风险程度和配置资本费用的一个中间系统，而有别于前台交易系统和后台结算系统。接受新协议的银行用这个系统衡量风险和披露信息，用这个系统设立交易员和交易单位的头寸限额，用这个系统配置不同交易员、交易单位产品和整个金融机构的资本费用。监管当局也主要通过各银行的这个系统去实现对该银行的资本监管。

1974 年发生的德国赫尔斯塔银行（Herstatt Bank）破产事件，促成巴塞尔委员会的诞生。15 年后公布的 1988 年协议作出应对银行结算风险——信用风险的资本充足率要求。对银行的遵守最低资本要求进行监管成为巴塞尔协议的核心内容。现接受新协议国家的银行监管当局或经其认可的外部信用评级机构使用标准方法对银行的资本充足率进行检测已主要使用各种数学模型，利用简化的数学结构（公式或具体算法等）进行计算或加以控制、处理。

为完善银行的内部资本评定，巴塞尔委员会 2001 年 8 月文件《银行内部审计和监管当局与审计师的关系》要求银行、外部审计师和监管当局相互信任,建立合作关系。"监管当局、外部审计师和内部审计员的合作以所有有关各方做得更有效率和更有效为目标,合作可以基于监管当局、外部审计师和内部审计员的定期会晤。"(2001 年 8 月文件"原则 18")基于银行与监管当局之间的合同协议,该银行聘用的外部审计师并可为监管当局完成任何工作,使监管当局对该银行的资本监管更好达到目标。

2. 实施 KYC(know - your - customer)方案。自 20 世纪 80 年代以来,海盗、国际诈骗与贩毒等刑事犯罪和腐败公害日益猖獗,据估计,每年约有 1 万亿美元的非法所得在世界各地"洗净"。打击国际洗钱活动已成为联合国和各国立法、司法当局以及巴塞尔委员会和各国银行监管当局十分关注并着力解决的一个大问题。

1988 年《联合国禁止非法贩卖麻醉药品和精神药物公约》(《禁毒公约》,我国 1989 年 9 月 4 日已批准加入)将"剥夺从事非法贩运者从其犯罪活动中获得的收益"作为缔约宗旨之一,责成各缔约国应制定可能必要的措施,包括"授权其法院或其他主管当局下令提供或扣押银行记录、财务记录或商业记录。任一缔约国不得以保守银行秘密为由拒绝按照本公约规定采取的行动。"2000 年联大通过《联合国打击跨国有组织犯罪公约》(我国 2000 年 12 月 12 日已签署该公约),要求该公约所有签字国在法律上采取协调措施,打击有组织犯罪、腐败和洗钱等非法活动;要求签字国废除阻碍对犯罪分子进行调查取证的银行保密法和允许设立匿名银行账户或使用假名开设银行账户的法律;要求建立金融情报系统,实现各签字国之间的信息资源共享。2003 年联大通过《联合国反腐败公约》(我国 2003 年 12 月 10 日已签署该公约),将可以定罪的腐败行为规定为贿赂、贪污、挪用公款、权力影响交易、窝藏、滥用职权、资产非法增加、对犯罪所得洗钱、妨害司法等九种,还就建立和完善境外追逃、追赃机制方面规定了针对性措施。我国已在自 1997 年 10 月 1 日施行的新《刑法》中将"洗钱"列为犯罪,并规定了相应的刑罚。但现有的小国如列支敦士登,对违反银行保密法泄露客户账目情况的仍一概坚持追究刑事责任和对洗钱采取放任态度;洗钱业还成了离岸金融中心太平洋岛国瑙鲁的主要财源,无论个人还是公司,只要交足5 000美元费用就可在该地开设银行账户,仅俄罗斯一国 1998 年在那里就散失 700 亿美元。

鉴于以上情势,巴塞尔委员会在 2001 年 10 月公布由跨国银行业务工作小组(由巴塞尔委员会和银行监管离岸小组的成员联合组成)完成的《银行的客户评鉴说明》,并将 1988 年发表的《防止犯罪为洗钱目的利用银行系统》、1997 年发表的《有效银行监管的核心原则》和 1999 年发表的《核心原则方法》有关反洗钱规定摘录,以及金融行动特别工作组(FATF 是一个有 29 个成员国和 2 个地区性组织参加的政府间国际组织)提出的有关反洗钱建议摘录分别列为《银行的客户评鉴说明》附件。这个文件现已构成新协议内涵的一个组成部分。需注意的是,银行 KYC 方案的内容并非仅限于反洗钱,还涉及对高风险账户客户的"评鉴说明"(due diligence)。KYC 方案的主要要素包括:①接纳客户方针;②验明客户身份;③对客户账户可疑活动和交易以及高风险账户的动态监测;④风险管理。银行需要对现有客户有关信息记录定期审视,保证保持最新记录及相关资料;发现某客户有重大信息欠缺,须及时采取步骤尽可能获得所有相关资料,特别是在发生重大金融交易时或客户依据的文件要求有重大变化时或者开户方式有重大变化时,应及时这么做。与客户的金融往来发生后或该客户销户后,银行应保留该客户有关记录至少 5 年,必要时并可为解决争端,为在当地发生的行为或可能引起刑事起诉的金融调查提供证据。实施 KYC 方案是银行健全风险管理和内部控制的一部分,如提供验证依据,限制和控制在资产和资格上的风险收支差,包括管理项下资产。遇已开户客户出现了解问题无法解决时,该银行应停止其账户返还已收存他的款项。如一家银行有理由认定某开户申请人被另家银行拒绝开户时,即当对该开户申请人加强实施评鉴。银行绝不应为一个坚持匿名或使用假名的人开设账户。对本人不直接出面在银行开户的申请人已有增加,如他们使用信函、电话或因特网电子银行业务设施,开户行应要求其提交与当面申请开户客户一样的补充资料文件,并要求首笔存款须通过其在另家银行的记名账户办理。政府间国际组织金融行动特别工作组(FATF)和一些国家银行监管当局对法定和行政安排不符合反洗钱国际标准的国家和辖区已列出名录。各银行对列入名录国家和辖区的金融往来需特别注意防范。

各金融机构及其职工如向有关当局诚实报告其怀疑,即使非确切知晓项下犯罪活动与无论是否实际发生非法活动,不应因其违反由合同或者由规章条例或行政规定的保密限制而被追究刑事或民事责任。一家银行及其从业人员可能由于未遵守"了解客户"的强制性标准或疏于实施 KYC 方案而承担刑事责任或受到银行监管当局责令停止有关业务(或撤销许可、取消任职资格)等特定处罚。

银行监管当局应责成各银行有充分的适当业务方针、流程和程序,包括严格的"了解客户"规则,提高金融部门的道德和职业标准,防止银行被国际或国内不法分子所利用。各国银行监管当局能够直接或间接共享相关司法当局通报有关可疑金融交易或实际金融犯罪活动的信息。如一国非为其他机构去完成,其银行监管当局应拥有防范和打击金融诈骗和反洗钱的专家队伍和专业手段。

(三)新巴塞尔协议组成部分的系列文件综述

巴塞尔委员会 2004 年 6 月发布的《新资本协议》"第三部分:第二大基本要素——监管审核程序",正文末尾所列巴塞尔委员会自 1994 年将银行信用风险以外的金融衍生市场风险等各种有关风险(包括电子银行业务的风险管理)也纳入统一监管框架以来到 2003 年发布的"涉及监管审核程序指引"的 20 个系列文件,乃新协议组成部分和不可分割的内容。这 20 个文件的目录如下:

1.纳入市场风险的资本协议补充规定 B 部分(1996 年 1 月最后文本);

2.有效银行监管的核心原则(1997 年 9 月最后文本);

3.核心原则实施方法(1999 年 10 月最后文本);

4.衍生市场的风险管理准则(1994 年 7 月最后文本);

5.利率风险管理原则(1997 年 9 月最后文本);

6.电子银行的风险管理(1998 年 3 月最后文本);

7.内部控制系统的体系(1998 年 9 月最后文本);

8.银行与高举债经营机构往来的健全实务(1999 年 1 月最后文本);

9.加强公司治理(1999 年 8 月最后文本);

10.流动性管理的健全实务(2000 年 2 月最后文本);

11.信用风险管理的原则(2000 年 9 月最后文本);

12.外汇交易清算风险管理的监管指南(2000 年 9 月最后文本);

13.利率风险管理和监管的原则(2001 年 1 月征求意见稿);

14.电子银行的风险管理原则(2001 年 5 月征求意见稿;2003 年 7 月最后文本);

15.银行内部审计和监管当局与审计师的关系(2001 年 8 月最后文本);

16.银行的客户评鉴说明(2001 年 10 月最后文本);

17.银行监管当局与银行外部审计师的关系(2002 年 1 月最后文本);

18.处理差质银行的监管指南(2002 年 3 月最后文本);

19.跨国电子银行业务活动的管理和监管(2002 年 10 月征求意见稿;2003 年 7 月最后文本);

20.操作风险管理和监管的健全实务(2003 年 2 月最后文本)。

以下分四个系列择要加以综述——

Ⅰ.核心原则系列

《有效银行监管的核心原则》

巴塞尔委员会于 1997 年 9 月发布《巴塞尔核心原则》(全称《有效银行监管的核心原则》),提出了同时适用于十国集团和非十国集团国家的对银行有效监管体系要素组合的 25 条核心原则(最低要求与基本参考标准)和在实施时可以运用的各种手段,要求各国监管当局根据各自的法定职权尽快订出有针对性的实施计划,包括审查现有安排是否与原则相符及如有重大不符确立改进时间表,以加强一国及国际金融稳定。《巴塞尔核心原则》除先决条件,由权力、法规、手段(技术)、信息四要素构成。有效银行监管即符合 25 条核心原则的体系先决条件和要素组合。

《巴塞尔核心原则》是建立有效银行监管体系的基础,是最低要求,不妨碍各国有权根据当地银行市场的特点及风险和整体状况完善其监管体系。

《核心原则实施方法》

《巴塞尔核心原则》(核心原则)发布后,很快变成了各银行审慎管理和各国银行监管的全球准则。绝大多数国家已认同核心原则并加以贯彻。巴塞尔委员会考虑到,贯彻的第一步是要评定一国银行监管遵守原则的现状。由于缺乏必要资讯,巴塞尔委员会决定不由它去评定,而由各国自身和外部方面去做,或者由来自一国的监管专家去评定另一国。巴塞尔委员会 1999 年 10 月发布《核心原则实施方法》,供作评定使用,并由十国集团和非十国集团国家、国际货币基金和世界银行高层监管官员组成一个核心原则联络组,为之提供咨询。

国际货币基金和世界银行已要求成员国政府及其银行监管当局按照核心原则对其本国银行的遵守现状进行评定。国际货币基金和世界银行并为各国如何进行评定提供了一个样本。这个样本即国际货币基金和世界银行工作人员组成的评定组对个别国家遵守核心原则现状进行评定所写评定报告的格式。

巴塞尔委员会将上述样本列为《核心原则实施方法》附件加以推荐,表示将在核心原则联络组内与非十国集团国家以及国际货币基金、世界银行密切合作。

《核心原则实施方法》对 25 条核心原则,逐条分别提供了遵守评定应按照的主要标准与附加标准。样本将遵守程度划分 7 类:①未遵守,且未进行达到遵守的努力;②未遵守,已在进行达到遵守的努力;③基本上未遵守,且未进行达到遵守的努力;④基本上未遵守,已在进行达到遵守的努力;⑤大体上遵守,但未进行达到遵守的努力;⑥大体上遵守,并在进行达到遵守的努力;⑦遵守。

《核心原则实施方法》指出,贯彻核心原则始于遵守评定,但完成了这个评定并非终极目标;继之,应是使银行监管当局(在一些情况下是政府)着手对其本国的银行监管作出有针对性的改进。

《银行的客户评鉴证明》

核心原则要求银行严格执行"了解客户"(KYC)的规则。巴塞尔委员会 2001 年 10 月发布《银行的客户评鉴证明》文件。文件指出,银行对新的和现有客户的评鉴说明是执行此规则的关键一环。文件提供的了解客户体例能成为各监管当局确立本国实务与各银行设计自身方案的基准。

了解客户与反洗钱密切关联。政府间国际组织金融行动特别工作组将"洗钱"是定义为"便利伪装其非法来源的犯罪所得",并对促进反洗钱的国际合作提有40条建议。文件将有关建议摘录已列为附件2,加以推行。

《核心原则实施方法》为遵守核心原则15"了解客户"所确立的主要标准与附加标准,则不仅限于反洗钱,还进而将之作为有效管理银行风险的关键要素,要求各银行将所设计的为客户所接受的方法提升为一个对客户身份识别和风险管理的方案(KYC方案),对高风险账户或以高成本吸纳的客户账户并要求作出更为严格的评鉴说明(包括超前监测该账户发生的可疑交易活动)。

银行做好客户评鉴说明,有利于安全和稳健经营其业务:①可以防止和减少银行成为犯罪载体或受害者,维护银行信誉与整个金融体系的稳定;②可以构成银行健全风险管理与加强内部控制的一个组成部分(如提供验证依据;限制和控制在资产和客户资格上的风险收支差,包括管理其项下资产),防止和减少银行的操作风险、集中风险和法律风险。而其中的任何风险都能对银行产生重大成本开支(如存户的撤资、向银行索赔、资产被查封和冻结,以及贷款损失和卷入刑事诉讼被处罚金)。

做好客户评鉴证明应含以下要素:

1. 明定客户接纳方针:应考虑诸如客户背景、国别来源、公开的或高层地位、关联账户、业务活动或其他风险指标。对高风险客户,如资金来源不明的人与政治性人物,应对之作出更高要求的评鉴说明。银行须随时发现有关某客户的重大信息欠缺,并采取步骤保证尽可能获得所有相关信息。

2. 验明客户身份:客户已经开户,出现验明身份问题无法解决时,银行应当对之销户和退还已收的存款。银行决不应为一个坚持匿名或给予一个方便名字的客户开户。银行在接纳一个政治性人物的存款之前应查清其来源。有的客户希望通过电话和电子银行业务系统开户,对这类非面对面客户,应要求其补充提交与面对面客户一样的身份证明,并要求其首笔存款是通过该客户在另家银行的记名账户办理。银行不应保持匿名账户或显属假名账户。

3. 动态监测:银行应建立账户的等级或分类制,便于对级别、类别设限的账户交易活动予以监测和控制。对较重要的客户应定期加以审核。账户销户后,银行应保留客户身份文件及其复制件至少5年;交易发生后,还应保留所有交易记录至少5年。

4. 风险管理:银行对客户可疑交易的报告途径应书面明定,并传达至全体员工知晓。银行员工如怀疑某客户资金来源于犯罪活动,应向有关当局报告。凡是向当局诚实报告其怀疑的,受到法定保护,不得以其违反合同或保密法以及规章条例或行政规定的信息披露限制而受到责任追究。

Ⅱ. 风险管理系列

自1992年1月巴塞尔委员会时任主席适时发出银行高层管理需要更大

注意发生自金融衍生市场风险的警示以来,巴塞尔委员会自身也开始考虑到了对各种金融衍生市场风险的监管问题,并寻求与证券、会计国际组织及其他监管当局进行合作以增进整个金融体系的稳定。为指引各国银行监管的这方面工作,巴塞尔委员会1994年7月发布《衍生市场的风险管理准则》文件。这是巴塞尔委员会将银行金融衍生市场风险和利率风险管理等纳入统一监管框架所进行的工作。继后,巴塞尔委员会还将操作风险和电子银行风险管理纳入了统一监管的框架。

《操作风险管理和监管的健全实务》

巴塞尔委员会2003年2月发布《操作风险管理和监管的健全实务》文件,分四部分,包含10项原则:

1. 发展适宜的操作风险管理环境(原则1—3)。

(1)银行董事会应对建立起能履行操作风险管理职责的体制负责,使重大操作风险能在该体制内得到有效控制。

(2)独立履行职责的内部审计应涵盖核实操作风险的有效控制。

(3)高层管理与各级员工均应明确划分其对操作风险管理的职责,并与其薪酬挂钩。

2. 操作风险的验明和评定、监测和控制/调节(原则4—7)。

(1)银行应运用好验明和评定其操作风险的各种工具,如自我风险评定和记分卡(将定性的评定转换为量化的度量)。

(2)监测结果应纳入报告,分发各级管理层和有关领域的银行部门。报告应完全反映验明的问题,并应就未解决的问题驱动及时采取改正行动,使风险能得到适当控制/调节。

3. 监管任务(原则8—9)。

(1)监管当局应支持银行开发和使用更好的技术工具去管理其操作风险。

(2)根据银行对操作风险的评定报告审核其总的资本充足率。

4. 披露任务(原则10)。

银行应披露其操作风险管理体制,使客户与合同方可判断其是否能有效验明、评定、监测和控制/调节操作风险。

《电子银行的风险管理原则》

鉴于银行业机构已向客户办理电子服务交割与远程业务多年;电子资金划拨系统以及以公开方式存取的自动柜员机收付现金已成全球性装置;电子银行业务能量的迅速发挥既带来利益也带来风险。巴塞尔委员会2003年7月发布《电子银行的风险管理原则》文件,针对电子银行服务的根本特点提出14项原则,以指引银行将其现行风险监视的流程扩大到涵盖其电子银行业务活动,以保证电子银行业务活动的安全与稳健从事。文件指出,对电子银行的风险管理问题,一个尺寸适合全体的方法是没有的。

14 项原则分以下三类:

1. 董事会和管理层监视(原则 1—3):银行董事会和管理层对开展电子银行业务活动须作前期方略的审视和计划完成的动态评定,否则,会冒低估和/或高估电子银行业务运作成本的风险;应监视安全控制基础设施的开发与运作,保证系统和数据来自内外威胁的安全;应对电子银行业务依存的代理关系方和其他第三方作好全面的和动态的评鉴说明与监视,并有适当的责任区隔设计与应变计划。

2. 安全控制(原则 4—10):保证电子银行业务安全,对于授权及其控制、不得拒绝履行、数据与交易的完整性、职责划分、审计追踪和主要银行信息的保密这一全流程都要有具体管理,并能为争端解决保留和提供证据。

3. 法律和信用风险管理(原则 11—14):银行应保证在其网址上提供充分信息,便于客户在进入银行业务交易系统之前能作出信息判断,并采取措施保证为客户保密,具有业务继续的应变计划与偶发事件的回应计划。

《跨国电子银行业务活动的管理与监管》

作为《电子银行的风险管理原则》补充,巴塞尔委员会于 2003 年 7 月同时发布《跨国电子银行业务活动的管理和监管》文件。文件对跨国电子银行业务活动的定义为"在一国的银行对他国居民提供交易的在线银行业产品或服务"。文件着重解决两个问题:①划分各银行对于跨国电子银行业务的风险管理责任;②母国如何实现对跨国电子银行业务活动的有效监管和对这类业务活动在各有关监管当局之间进行持续合作,不增加不应有的监管负担和不应有的障碍,以满足客户需求。

1. 跨国电子银行业务活动的风险管理(原则 1—2):①在从事跨国电子银行业务活动之前,银行应对客户潜在国作出适当的风险评定和评鉴说明(附上法律适用的法律意见书),并为此类活动确定一个有效的风险管理方案。②意欲从事跨国电子银行业务活动的银行,应在网址上提供充分信息,方便潜在客户判断其公司性质、母国和是否获得监管当局许可。

2. 跨国电子银行业务活动的监管。①母国监管当局应保证其关于跨国电子银行业务活动的监管标准和在外国辖区适用的法律具有充分的透明度。②母国监管当局与外国监管当局分享信息,在适用法律和监管标准上密切合作。

Ⅲ. 内部控制系列

《银行业组织内部控制系统的体系》(或《银行机构内部控制体系框架》)

作为加强银行监管的健全风险管理实务指引的组成部分,巴塞尔委员会 1998 年 9 月发布《银行业组织内部控制系统的体系》(又称《内部控制的体系》)文件。文件指出,一个有效的内部控制体系是银行健全风险管理实务的一个主要部分和银行安全、稳健作业的一个基础。银行内部控制流程要达到的目标有作业目标、信息目标和遵守目标(遵守适用的法律和规章条例),将历史上曾为减少欺诈和错误的机制[1]扩大到有效控制银行业组织面临的各种风险。文件概述了银行监管当局评估银行内部控制体系有效性所遵循的13项原则。这13项原则分为以下四类:

1.管理监视和控制意识养成(原则1—4)。

(1)银行董事会对保证建立和维持充分有效的内部控制体系承担最后责任。董事会内建立有一个独立的审计委员会协助董事会履行其职责。

(2)高层管理对贯彻董事会认可的决策,以及设定的有效验证、衡量、监测和控制银行面临风险的流程和配备具有必要经验技能的合格人员从事作业具体负责。

(3)在银行作业组织内各层次人员中养成一种加强内部控制和提高职业道德的意识。所有雇员均需在作业中有效履行其职责,并将发现的违规操作报告给相应的管理层。

(4)经常进行各种测试,确定哪些风险是银行可以控制的而哪些是控制不了的;对于那些银行控制不了的风险,必须作出决定是否承受或者撤销其有关业务活动或紧缩其范围,使内部控制体系始终保持其有效性。

2.控制行动和责任区隔(原则5—9)。

(1)控制行动包括高层审核、行动控制、实物控制、遵守收支差限额、批准和授权、核实和调整,并将之作为日常作业的一个组成部分与全体有关人员日常职责的一个组成部分。

(2)有个有效的内部控制体系适于区隔人员职责而引起的所加责任冲突(如让一人既负责前台又负责后台交易职责)。

(3)有个可靠的信息系统涵盖银行的全部重大活动,并有必要的内部审计追踪。对电子信息系统和信息技术的使用,银行需有效控制;并需建立一个场外的业务全新开始和应变计划的设施,对这一设施定期检测,保证在意外灾难事件中的功能发挥。

(4)高层管理要建立有效的通讯线路,保证必要的信息能向上、向下在全银行内畅通。

3.监测行动和纠正不足(原则10—12)。

(1)对各种主要风险的监测应成为银行日常活动的一个重要部分,并由

---

〔1〕 历史上曾有的内部控制机制包括:①组织结构(职责的界定、贷款审批权限分离和决策程序);②会计制度(对账、控制单、定期试算);③双人原则(不同职责的分离、交叉审核、双重控制和双人签字)。

各营业部门和财务部门定期评估。

（2）内部审计应成为上述动态监测内部控制体系的一个重要部分。内部审计独立履行职责，发现内部控制不足或无效的应通报有关人员，严重问题要报告高层管理和董事会。

4. 监管当局对银行内部控制体系的评估（原则13）。

监管当局不仅要评定银行内部控制体系的有效性，还要评估其对高风险领域的控制情况。监管当局审核银行内部控制体系有效性要与现场测试相结合，并在及时的基础上与银行董事会和管理层讨论监管所关注的内部控制问题与改进建议。监管当局也可以外部审计替代现场测试。

《银行内部审计和监管当局与审计师的关系》

巴塞尔委员会2001年8月发布《银行内部审计和监管当局与审计师的关系》文件，作为处理银行监管问题与加强监管工作所作努力的一部分。内部、外部审计师与监管当局之间的密切合作，能使监管最优化。文件包含20项原则，可分以下七类：

1. 内部审计的职能（原则1—4）。

（1）董事会保证银行建立和维持一个充分有效的内部控制体制，并对验明其有效性负最后责任。

（2）高层管理具体对银行所面临风险的验明、衡量、监测和控制流程的开发和有效运转负责，至少一年向董事会报告一次。

（3）内部审计部门协助高层管理和董事会有效恪尽其前述责任，并负责特别调查。

2. 内部审计的原则（原则5—7）。

（1）独立原则：内部审计必须独立于每天的内部控制流程进行审计活动。

（2）有章可循原则：银行应有内部审计章程以确立内部审计的目标和范围、在银行业组织内的地位、权限、责任以及与其他履行内部控制职能部门的关系。

（3）公平原则：内部审计要能摆脱倾向性和干扰去完成任务，并寻求避免一切利益冲突。内部审计部门人员所承担的任务要定期转换；新进的内部审计部门人员，近12个月内不应履行审计职能。内部审计部门不得卷入银行作业或执行银行内部控制措施，其任务只能是追踪审计核查实效。

3. 内部审计的专业权限与活动范围（原则8—10）。

（1）内部审计部门有权查阅银行的任何记录、档案或数据，只要是与其履行职务有关。

（2）银行的每项活动和每个部门均可列入内部审计范围。内部审计部门在完成任务中应充分考虑法律和规章条例（包括银行监管当局发布的文件)规定规范银行业务。

(3)内部审计部门应定期审核银行的资本水平。监管当局在审核和评估一家银行的资本充足率评定时,可以内部审计部门所做的审核为依据。

4.内部审计的程序和管理(原则11—12)。

(1)内部审计包括但不限于财务审计、守法审计、作业审计与管理审计。审计计划应遵照审计循环原则订明审计时限和次数,如每3年循环审计一次。该计划应经银行首席执行官或者董事会或其审计委员会批准。完成每项审计工作应有审计方案,包括工作目标、大纲和措施。每项工作完成后应作出书面审计报告。

(2)内部审计应由一个配有专职人员的内部审计部门从事,部门负责人应保证遵守内部审计师协会发布的《内部审计专业实务准则》,保证内部审计部门人员的训练有素和拥有其专业权限。部门负责人要向银行高层管理以及董事会和/或审计委员会定期报告。

5.内部审计部门与监管当局、外部审计师的关系(原则13—16)。

(1)监管当局应评估银行内部审计部门工作质量,如满意,可以使用其内部审计报告作为验证银行内部控制体系和审核银行资本评定的依据。

(2)监管当局应与银行内部审计人员定期磋商,讨论对银行风险的验明和衡量问题,以及银行内部审计与外部审计的合作范围问题。监管当局还可安排在其监管下的各银行内部审计部门负责人定期开会磋商与监管当局通力合作的问题。当内部审计部门负责人被银行免职时,监管当局应考虑会见他/她。

(3)监管当局要鼓励银行内部审计部门与其外部审计师之间的磋商;内部审计部门负责人应保证其部门完成的工作不与外部审计师有不必要的重复;银行的财务决算表是由外部审计师单独负责审计。

6.监管当局与银行外部审计师的关系(原则17—18)。

(1)由外部审计师完成监管当局指派的工作应有法律与合同基础。

(2)监管当局可安排与银行内部审计人员、外部审计师定期会晤。

7.审计委员会与内部的审计工作转出(原则19—20)。

(1)银行在董事会内常设审计委员会。在该委员会内应至少有3名非现任或前任高层管理的董事会成员;有管理层人员参加的,不应构成该委员会中的多数。外部审计师人选由银行审计委员会向董事会推荐,并决定和审核外部审计师的聘用期与条件。监管当局可定期会见银行审计委员会主席。

(2)银行可以通过订立书面合同让工作转给单位完成部分的或全部的内部审计工作,但不允许安排其完成银行财务决算表的制作。工作转给单位必须是具有适当知识和专门技能的、合格的、财务健全的专业服务公司。

Ⅳ. 公司治理系列

《加强银行业组织的公司治理》

巴塞尔委员会鉴于,如无健全的公司治理,银行监管也不能发挥其作用,并且,健全公司治理还有助于增进银行管理层与银行监管当局之间的合作,共图金融体系的安全和稳定。巴塞尔委员会 1999 年 9 月发布《加强银行业组织的公司治理》(又称《加强公司治理》),以指引银行业公司董事会与高层管理组成的管理结构完善化。

文件指出,好的公司治理取决于银行的董事会和高层管理。董事会成员应合格于其职位并了解其履行职责不受管理层和外界不应有的影响;在董事会可建立一些特设的委员会,如风险管理委员会、审计委员会、薪酬委员会、人事提名委员会,等等;董事会应利用审计工作独立核查收自管理层有关业务操作与银行业绩的信息。高层管理是公司治理的关键部位,高层管理应由一家银行负责人员的核心小组构成,须包括财务主管、部门首脑和首席审计师;即使在最小的银行,其主要管理决定应由一人以上共同作出("四只眼原则")。

加强公司治理要维护股东权益,不损害存款人利益,在内部、外部交易的公司活动中杜绝违规违法操作与贪污受贿等腐败行为。

监管当局对管理不善和经营亏损的差质银行应抓紧处理。

《处理差质银行的监管指南》

巴塞尔委员会 2002 年 3 月发布《处理差质银行的监管指南》(《指南》)。《指南》对差质银行的定义为"一家银行,其流动性或清偿力是亏损或将是亏损的,除非在财源、风险表象、业务方略指导、风险管理能力和/或管理质量上有大的改善。"差质银行是个全球现象,具有共同的问题,并有丰富的监管教训供吸取。在过去,由于缺乏应变安排和对处理的技术缺乏了解,往往造成监管行动的延误而带来的成本更高。这是《指南》发布的意义所在。银行监管当局为对其监管下各银行现状了如指掌,需要建立监管评级制度,对各银行分级监管。许多国家是运用"骆驼"(CAMEL)变量评级方法(C 资本充足率、A 资产质量、M 管理质量、E 收益质量、L 流动性)。

银行监管当局对差质银行应订出详尽和具体的纠正行动计划(应变计划)。对问题不太严重和银行管理层是自动执行计划的合作情况(如积极执行应变计划,以提供或盘活新的来源资金和恢复资本),可以不对之采取正式行动;否则,即须执行重组计划(由监管当局指定监理人履行银行常务董事会职责,取代管理层和接管银行运作),或者以对不履行的处罚约束银行,从"道义上的劝告"、下达"中止令"(要求停止不安全或违规的操作业务)、警告、罚款,直到关闭银行和撤销营业许可证。对无力清偿是紧迫的差质银行,就要采用替代办法,包括与优质银行兼并或由其接管、收购和代偿债务,或者启用桥梁银行技术处理与财政援助;如无投资者愿意涉足或偿还存款人的成本较其他选择为小,则偿还存款人(全额或部分),关闭和进行清算。如差质银行为国有银行或外国银行,监管当局还需从政治与金融两方面考虑,解决问题的方式可能有所不同,所需时间也可能更长。

兼并或接管:一般可采用由一家优质银行将之兼并或接管,使负担不转嫁到纳税人头上。当一家私营银行自身不能解决其差质问题时,兼并或接管应安排在早于差质银行资产价值散失耗尽之前进行。要求接管者资本充足,而且其管理层有能力设计和履行重组方案。遇差质银行控股股东不情愿出售股份而延缓兼并或接管时,监管当局可考虑指定监理人去执行重组计划。

收购和代偿债务:当对差质私营银行不能立即实现兼并或接管时,即可考虑采用收购和代偿债务办法。收购和代偿债务是由取得银行收购失败银行的资产(全部或部分),而非其设立的特许权,因而需要启动清算程序。监管当局要防止收购者以可疑目的(如洗钱)取得银行,有责任审查收购者的可靠性,并有权拒绝收购申请。

桥梁银行:差质银行由给予许可的当局关闭而将之置于清算底下,重组的新银行称做"桥梁银行",由清算人给予许可和控制。清算人自由决定将资产和债务移交给清算人控制的桥梁银行。桥梁银行的设计是为清算人能评估和售出银行允许第三方同意收购的这段时间空隙充当"桥梁"。

财政援助:在个案基础上,中央银行可以考虑为差质银行提供补充流动资金,或者由政府为之提供补充清偿资金,称"开业银行援助",这是在挽救体系性危机的情况下可能适用的补充措施。

亏损资产管理:在以上处理办法中,除全部差质银行由另家机构取得,尚余的亏损资产和其他不良资产需加管理。有效管理办法为隔离,将差质或其他不良资产剥离到银行的某个部门、附属机构或资产管理公司,由私人投资或政府注资,称做"好银行—坏银行"隔离;管理差质和其他不良资产的隔离公司称"坏银行",保留下来的部分称"好银行"。

关闭和清算:做此处理,在有存款保险的国家,由存款保险公司偿还存户,存户在清算中取得一般债权人地位。关闭银行意味着股东失去投资和员工解雇,非迫不得已不宜采用这一最后手段。

(四)短评

新协议将金融与数学、计算机、实务、法律规章融为一体,包罗法人公司融资、交易和销售、零售银行业务、商业银行业务、支付和结算、代理服务、资产管理和经纪佣金八大类金融活动管理的方方面面,称得上一部金融管理及其法律规章的小百科全书。它是全球银行界实务经验的宝贵结晶和人类先进生产力发展以科技为基础的经济文明的组成部分。我们理应重视新协议和吸纳新协议。当然,这不等于我国银行界现在就要接受它和履行它,因为条件尚不成熟。

1. 新协议规则太复杂,有的地方也太含糊,尚待加以研究和理解。国外一位金融专家甚至说:"没有人百分之百地理解巴塞尔 2 号协议或它的含义。"在未完全理解它之前就冒然接受它和付诸实施显然不合适。

2. 接受新协议和实施新协议需付出高的成本。一家银行要安装起能够收集并处理为评估其风险所需大量数据的计算机系统加上随后的大量保养费用,据国际清算银行统计,即使对最大的国际银行来说,也将高达其今后 4 年每年技术与经营总预算的 7.5%;对发展中国家的较小银行来说,这笔开支将接近其今后 6 年每年该项总预算的 15%。而且,接受和实施新协议所要求的资本基础更高,高到可能要求一家银行在其现有基础之上增加 45%的资本。

于我们国家,相对来说,接受和实施新协议所欠缺的,可能还不是经费和技术方面的硬件,而是相关知识和人才方面的软件。同时,我国商业银行目前正处在实施股份制改造的攻坚阶段,理顺产权关系为当务之急。

但是,必须看到新协议所构建的银行监管和金融管理的体制代表着先进的发展方向,这条路是我们迟早得走的。与其被动地晚接受,不如主动地早接受;与其观望等待晚实施,不如创造条件早实施。

1. 这是经济全球化、金融国际化的大势所趋。《巴塞尔协议》(Basle Agreement)与《国际货币基金协定》(Articles of Agreement of the International Monetary Fund)、WTO《服务贸易总协议》(General Agreement On Trade in Services)及其《金融服务附录》(Annex On Financial Services)已构成支撑全球国际金融秩序的三大支柱。坚持和平发展道路的我国金融要融入经济全球化的国际金融中去就只能接受它,好像我们只能生活在这个星球上别无选择一样。

2. 无情的市场竞争已不容我们消极拖延。从 2005 年起我国已进入WTO 后过渡期,中国只能加速融入包括金融服务贸易的世界贸易体系。到2006 年底,我们就得取消对外资银行所有权、经营和设立形式,包括对其分支机构和许可证发放施加的限制,允许外国银行向中国客户提供人民币业务,给予外国银行国民待遇。新巴塞尔协议既已出台,我国银行界不遵守,但国内国际融为一体的金融市场会遵守;一国银行监管当局可以自由决定不在其本国银行界遵守新协议,但不能阻止金融市场的遵守。为市场所遵守的规则,不遵守的银行难免会为市场所惩罚,客户可能转向被认为资本充足、操作稳健安全的竞争对手,而在市场上受到冷落。

3. 出于我国银行界自身现代化建设、科学化管理和优化信用环境与法律环境的紧迫需要,也不容我们观望等待。至少,现在就得迈开抓紧造就一批懂得巴塞尔协议规则和金融法律规章、懂得金融数学和模型设计、懂得操作和保养银行内部计算机系统的专家人才队伍的第一步。

在银行中使用信用风险内部评级方法和计算机系统是实施新协议的基石。如果我国银行界准备接受和履行新协议，就得及早在各商业银行建立起自身的信用风险内部评级系统并逐步完善其数据库。只有在这上面力争主动，到时才不被动。新协议要求"不管一家银行是否使用外部、内部或组合数据来源，或结合三者使用于其拖欠机率评定，对至少一个来源的项下历史观察期须至少长达 5 年。"（第 463 段）对法人公司拖欠收支和拖欠损失的估算无论如何不得短于 7 年历史观察期（第 472 段和第 478 段）。

从世界范围观察，新协议出台后，不少国家的监管当局现尚未把握住凭信息监管的重点，不是把注意力集中到"开发一套银行系统和控制的审核程序，保证足以为资本计算的基础服务"。"将遵守最低要求作为一家银行有能力对资本计算全面完成提供谨慎输入数据的一种保证手段"，只是为监管而加强监管。据普华会计师事务所和金融创新研究中心 2005 年 2 月 23 日公布的一项调查显示，全球银行界认为，过度监管已成为金融行业面临的最大风险；由于过多的监管会提高进入壁垒，最终"造成显著的市场集中并抑制竞争力"。这也是值得我们国家注意的一个动向。

三、《巴塞尔协议》的法律影响

《巴塞尔协议》虽仅对巴塞尔委员会成员国具有约束力，但其所确立的"巴塞尔体制"（basle framework）也为欧共体成员国和众多非巴塞尔委员会成员的国家所接受。现它究竟属于契约性质还是法律性质，一时尚无定论。但是可以肯定，它是具有约束性的建议，即非属于可以接受也可以不接受的建议。它已作为一项公认的国际惯例而存在，到 1993 年 1 月全世界接受和实施《巴塞尔协议》的国家已达 100 多个即为明证。刊登在 1993 年 5 月 24 日《金融时报》上的《深圳市银行业风险监管暂行规定》，是中国自动接受和实施《巴塞尔协议》的第一个地方性规定。该规定要求深圳市金融机构的资本充足率在 1993 年底达到 6%，1994 年底应达到 8%，1995 年以后商业银行的资本充足率应达到 8% － 12%，非银行金融机构的资本充足率应达到 12% － 16%。中国自 1995 年 7 月 1 日起施行的《商业银行法》已明定，商业银行贷款应遵守资本充足率不低于 8% 的资产负债比例管理的规定。《巴塞尔协议》已作为一项公认的国际惯例而存在，是有其原因的：

1. 自欧洲货币、亚洲货币和石油美元等各种跨国货币相继问世以来，国际金融已取代国际贸易成为对世界经济发展起推动作用的最活跃的市场，而国际债务危机的潜在威胁又影响着国际银行业的稳定性。《巴塞尔协议》通过将银行资本与信贷风险、外汇风险和市场风险挂钩，规定出银行资本与风险资产的比率，借以约束银行充实其资本和紧缩放贷规模，保证公平竞争,稳定国际金融,因而能得到各国银行监管机构的接受。

2. 由于商业银行业务的国际化,要求对从事国际金融业务的商业银行的活动进行国际监管,也就需要有一个国际标准与之相适应,而《巴塞尔协议》正适应了这一需要,确立了合理可行的国际监管标准。

3. 如果某个国家未按协议要求对其本国商业银行实行监管,该国商业银行在海外的业务活动即有可能受到歧视性待遇,这一严重后果也促使许多国家自动接受协议。

可以预见,《巴塞尔协议》的出台,与《国际货币基金协定》对国际货币领域的法律影响虽尚难相提并论,但其对联合国体系外的国际金融领域的法律影响则无论如何不容忽视。《巴塞尔协议》从以下两个方面结束了国际金融领域无法律秩序的历史:

1.《巴塞尔协议》对国际金融关系的主体,特别是对从事跨国业务的国际银行资格提出了法律性要求。按照协议,银行资本与风险资产的比率总的要求不得低于8%,这一标准是到1992年底从事跨国业务的商业银行必须达到的。此一法律性要求已促使许多大银行都在采取相应措施以提高其资本充足率。按照1989年底国际清算银行的统计,1 000家大银行中,无一家符合协议要求的这一标准,其中,排在第一位的日本住友银行,资本充足率仅为3.59%;排在第11位的瑞士联合银行,资本充足率为7.16%,是最接近协议要求的,也未达标。这种状况很不利于公平竞争与稳定国际金融。如一家银行的资本充足率为8%,8元资本只放贷100元;另一家银行的资本充足率为4%,4元资本即放贷100元,8元资本放贷200元,这样无约束地扩大放贷规模的竞争就失去了公平性。在协议的法律性要求下,为取得从事跨国金融业务的银行的公认资格,现国外银行依其本国对《巴塞尔协议》的官方注释本或官方解释本,或依其新颁布银行法的规定,正采取各种措施以提高各银行的资本充足率,或增资或紧缩放贷,或实行合并以集中银行资本。协议对国际金融关系主体作出统一的法律性要求,有利于国际统一监管,也有利于银行之间的公平竞争。以美国为例,20世纪80年代全国有1 086家银行破产倒闭。1989年1月27日美国联邦储备管理委员会公布了《实施巴塞尔协定法案》,按照协议对银行资本充足率的要求加强监管。现据美国联邦存款保险公司调查统计,1991年美国商业银行利润总额为179亿美元,1992年为320亿美元,1993年为434亿美元,1995年第二季度已增加到创纪录的120亿美元。

2.《巴塞尔协议》对国际金融关系的客体,通过巴塞尔体制的实施确定了国际监管对象。在巴塞尔体制下,风险权数是对一项业务中的银行资本与不同风险资产的不同比率要求。协议规定出风险权数的资本比率,将银行资本同信贷风险与国家汇划风险挂钩,从而改变了以往商业银行发放贷款不加控制的状况。如果某家银行恣意扩大放贷规模,尤其是过多发放风险权数高的贷款,则必然达不到协议规定的资本充足率。《巴塞尔协议》以风险权数来调节放贷规模的做法并非创新,事实上,英国、我国香港等国家和地区早已开始了这方面的尝试,只是各个国家和地区所持的标准不一,无法统一实施国际监管。协议统一规定的风险权数,主要通过以下两个方面来发挥其约束放贷规模的作用:①通过风险权数来确定贷款的利率和计收利息。风险权数越高,则利率越大,所收利息越多。据联合国开发计划署公布:发展中国家在 20 世纪 80 年代实际支付的利率达 17%,而工业化国家所付利率只有 4%;②通过风险权数的量化标准,核定贷款银行的资本金额,使资本充足率不得低于 8%。这样,对风险权数高的贷款,银行就需要有较多的资本准备金与之相适应。如一家银行向发展中国家放贷 2 000 万美元,风险权数为 100%,那么,所需资本准备金应为 160 万美元。反之,如将这笔贷款发放给风险权数仅为 20% 的 OECD 国家,则资本准备金仅需其1/5。

四、对中国实施《巴塞尔协议》的探讨

(一)中国实施《巴塞尔协议》的必要性

协议对像中国一类非巴塞尔委员会成员的国家,尽管仍属于建议,但属于具有约束性的建议,即非可以接受也可以不接受的建议。其约束性表现为:

1. 到 1993 年 1 月,世界上已有 100 多个国家接受和实施《巴塞尔协议》,它已相当于公认的国际惯例。中国金融机构欲从事国际金融业务,必须自动接受协议。否则,即难以为往来的对方所认同。

2. 中国金融业要实现现代化、国际化,与国际金融市场沟通、接轨,只有自动接受协议,才能得到国际银行同业的合作,否则,即将加大中国金融机构进入国外金融市场的难度,同时也将加大中国国际筹资的成本。

3. 到 1994 年初,在中国的外资、中外合资金融机构(跨国银行、集团银行)已近百家。中国金融机构只有按《巴塞尔协议》行事,才能对等地要求外国在中国的金融机构也按协议行事,进行公平竞争,以避免其对中国金融业的冲击。

4. 中国已于 1994 年 4 月 15 日在乌拉圭回合最后文件和《世界贸易组织协定》上签字。按照在乌拉圭回合达成的《服务贸易总协议》(GATS – General Agreement on Trade in Service)及其《金融服务的附录》所规定的国民待遇与法规透明度等要求,中国对外资金融机构的监督管理,即需实施统一的银行监管标准,而《巴塞尔协议》正好设置了这么一个国际认同的、公开的统一国际监管标准。协议将金融机构从事市场活动的最终成果,运用资本充足率这一量化标准去统一衡量,达到对各国金融机构的业务状况与经营能力作出公正评价,达到各国银行业之间的协调一致,形成一个有秩序的国际金融市场。

（二）中国实施《巴塞尔协议》的难度

在中国金融机构中实施协议的难度比其他国家可能大一些，主要是由于：

1. 中国金融业长期建立在高度集中的计划经济的基础上，金融机构普遍缺乏风险意识，国家对金融机构亦无风险责任的过硬要求，发生风险损失由全民承担。国家则待金融机构在资产业务中的风险日积月累，过几年来次大调整或治理整顿。这种做法已经形成一种惯性，要将之改变，远非一日之功。清理企业三角债，清了旧的，新的三角债又卷土重来，即为一例。这与《巴塞尔协议》富有弹性的规范化与量化的监管作法大不相同。

2. 银行法制尚未健全。中国金融机构为总行一级法人制，下属分支行均非独立承担民事权利义务的主体和自负盈亏的金融实体。国有专业银行在未完全转变为商业银行时，它们要执行国家的政策性要求，政策性贷款占压着银行大量信贷资金，银行利润得如数上交中央财政，不得少交或不交，不得用于充实银行资本。1991 年，银行为企业垫付的政策性亏损达 470 多亿元，银行垫付的企业铺底流动资金 1 300 多亿元，共占用银行贷款资金总额的 20% 左右。信贷资金的财政化，已成为中国阻碍银行业走向商业化的一道难关。

3. 中国长期实行产品经济，金融商品单一，银行很少发行长期金融债券，缺乏与核心资本配套的从属资本，以加宽银行的资本基础。目前国际清算银行测算出的中国各国有专业银行的资本充足率，基本上仅为核心资本与总资产的比率。在国际竞争中，其他国家金融机构的等量核心资本，由于有从属资本为之配套，其经营规模可以大于中国金融机构 1 倍，而其资本充足率并不低于中国。

（三）中国实施《巴塞尔协议》的途径和措施

1. 中国在贯彻《商业银行法》时，应将所引进的《巴塞尔协议》所确立的一套规范化和量化的银行监管标准切实付诸实施。

2. 深化金融体制改革，加快国有专业银行向国有商业银行的转化进程，按照《巴塞尔协议》设置的规范与量化标准，强化对各项资产业务的风险管理。另设政策性银行，承担发放政策性贷款任务，避免信贷资金的财政化。

1994 年，中国已组建三家政策性银行：①国家开发银行，注册资本金 500 亿元；②中国进出口银行，注册资本金 33.8 亿元；③中国农业发展银行，注册资本金 200 亿元。

3. 与企业破产制度的推行和银行经营机制的转轨同步，金融机构可以通过业务证券化，适量增加长期金融债券的发行；同时开放贷款转让市场，把企业难以归还的部分长期贷款转让出去，运用好抵销权与法律手段解决三角债问题;对银行现有房地产等按现值重估,以增加银行从属资本,使之与核心资本配套,提高资本充足率。

1998年2月28日第八届全国人大常委会第三十次会议已通过国务院提请审议的《财政部发行特别国债补充国有独资商业银行资本金》的议案:财政部将定向发行特别国债,总额2 700亿元,所筹资金拨补中国工商银行、中国农业银行、中国银行和中国建设银行等国有独资银行资本金,使其资本充足率达到《商业银行法》和《巴塞尔资本协议》规定的8%。此外,中资金融机构海外分支机构可按照国家外汇管理局发布的自1998年1月1日起施行的《境内机构发行外币债券管理办法》有关发行离岸性外币债券的规定,将其所筹资金用于境外发展业务。

1999年4月20日中国信达资产管理公司在北京成立,这是一家具有独立法人资格的国有独资企业。其注册资本金为100亿元,由财政部全额拨付,专门经营从建设银行剥离出来的不良信贷资产,负责接收、管理和处置,并以最大限度保全资产、减少损失为主要经营目标。其经营范围包括:收购并经营建设银行剥离的不良资产;债务追偿,资产置换、转让与销售;债务重组及企业重组;债权转股权及阶段性持股,资产证券化;资产管理范围内的上市推荐及债券、股票的承销;直接投资;发行债券,商业借款;向金融机构借款和向中国人民银行申请再贷款;投资、财务及法律咨询与顾问;资产及项目评估;企业审计与破产清算;经金融监管部门批准的其他业务。国务院决定,免征该公司收购、承接、处置不良资产过程中的一切税收。该公司业务由中国人民银行监管,涉及中国人民银行监管范围以外的金融业务,由相关业务主管部门监管。中国信达资产管理公司的成立,即为从处置剥离中国建设银行不良资产开始试验的一项金融改革的重要举措。1999年10月15日成立了中国东方资产管理公司,以收购、管理、处置中国银行剥离的不良资产;1999年10月19日成立了中国华融资产管理公司负责收购、管理、处置中国工商银行剥离的不良资产。已成立的中国长城资产管理公司,负责收购、管理、处置中国农业银行剥离的不良资产。将不良资产剥离,有助于整体提高商业银行的经营管理水平,以期将之办成资本充足、经营规范、资产优良和效益增进的现代化商业银行。国务院于2000年11月1日正式公布施行《金融资产管理公司条例》,以规范国务院决定设立的收购国有银行不良贷款、管理和处置国有银行不良贷款形成的资产的国有独资非银行金融机构的活动。2001年5月24日中国信达资产管理公司与德意志银行还就建立中外合资公司处置不良资产在北京签署合作框架协议,启动了通过合资方式批量处置不良金融资产的有益尝试。中国借鉴美国RTC(重组信托公司)的经验,把银行不良贷款分离出来,成立金融资产管理公司,已使商业银行的经营状况有很大转变,仅在2001年,商业银行不良贷款的比例就下降有 3% 。

中国证监会于 2000 年 11 月开始发布系列《公开发行证券公司信息披露编报规则》，以规范公开发行股票的商业银行、保险公司、证券公司的信息披露行为，鼓励金融企业发行上市扩充其资本金。中国民生银行股份有限公司 A 股 2000 年 12 月 19 日已在上海证券交易所挂牌上市。

4. 金融机构要转变经营思想与经营方式，大力拓展表外业务，完善综合性服务功能，并在自主经营业务中处理好表内、表外与各项资产的优化组合问题，力争不投入资金而能增加收益和以同等投入获取更多资本回报，以提高自身的经济效益。中国实行银行与证券分业管理原则。商业银行拓展中介服务业务，如发展信托、租赁、担保、证券、咨询、资信评估等表外业务，可以通过集团化的形式进行。

■ 思考题

1. 成员国与世界银行、国际开发协会订立的贷款协定与国际借贷合同有何不同？

2. 在中国建设离岸金融市场或国际金融中心的法律环境问题。

3.《巴塞尔协议》的基本规定及其法律影响。中国应当如何积极应对新的《巴塞尔资本协议》？

第三章　银行制度

■ 学习目的和要求

注意了解各国银行体制和存款保险制度、银行与客户的法律关系,以及金融业的国际化与革新化的法律问题。

第一节　境外的银行体制

一、西方国家的银行体制

西欧最早的银行是 1508 年在意大利威尼斯成立的。1694 年世界上最早的股份银行——英国的英格兰银行成立。当年英王颁发的《英格兰银行特许法》也就成为世界上最早的银行法。英国依 1844 年《英格兰银行条例》,确立英格兰银行为发行银行券的中央银行。英国 1990 年《银行法》表 2 规定,被获准为银行的机构必须至少拥有下列一些项目的"银行业务设施" (banking facilities) :

1. 以英镑或一些外币为本位币的现金和存款账户设施;

2. 以透支或借贷为形式的金融设施;

3. 为国内外客户提供外汇服务的设施;

4. 办理汇票、支票和本票的金融设施;

5. 为公私团体提供金融咨询服务的设施。

英格兰银行系按照申请者的经营范围和银行业务设施情况,核发给经营全面性业务执照或有限制的营业执照。美国 1974 年修订《银行法》,为美国银行经营欧洲货币业务创设了法律条件。1981 年 12 月 3 日经美国联邦储备管理委员会批准,已经有了一批符合条件的商业银行,开设专门经营欧洲货币业务的"国际银行业务设施"(IBF)。现美国际纽约州外,已有 11 个州立法允许美国银行与外国银行分行开办"国际银行业务设施"。

西方国家的银行体制是以中央银行为头、商业银行为主体、各种专业银行(包括政策性银行)和非银行金融机构为两翼组成的一个统一整体。

（一）中央银行

20 世纪初,世界上只有 18 国有中央银行,现设立了中央银行的国家已有 172 个。

中央银行由于具有特殊职能,其地位不同于一般银行:

1.中央银行是发行银行。国家制定的银行法授予它以独占发行货币的特权。

2.中央银行是国家银行。国家依法授予它以各种其他特权,如充当国库、管理资金、调节货币流通、干预外汇市场、控制信贷规模、确定利率、保管国际储备、协调国家财政收支,以及代表国家政府参加国际货币金融会议和对外缔结货币金融协定等特权。

3.中央银行是银行的银行。它是以一般银行为其业务对象,而非以企业、个人为对象,如收集商业银行的存款储备金、充当最终贷款人、主持商业银行之间的票据清算并检查其业务、对之进行监督管理等。

具备了上述发行银行、国家银行和银行的银行这三个要件,才具有中央银行的金融职能。

西方国家中央银行产生的方式基本上有两种:①从商业银行中分化出来,不再办理对企业、个人的金融业务,经国家依法授权专施中央银行的职能。如英国的英格兰银行。②由国家依法新建专施中央银行职能的金融机构。如根据联邦德国议会1957年7月26日通过的《联邦银行法》,同年8月1日在法兰克福开业的德意志联邦银行。

西方国家中央银行的资本构成形式有:①资本全部属于国家。如英格兰银行和法兰西银行,均原属于股份银行,1946年分别被英、法两国政府收归国有。1957年成立的德意志联邦银行亦属国有。②一部分资本属于国家,其余部分属于私人股份。如日本银行,国家持股55%,私人股份占45%。③第一次世界大战前,美国尚无中央银行,而是依1864年《国民银行法》由国民银行发行银行券。1913年国会通过《联邦储备法》,建立联邦储备系统。美国联邦储备银行资本既不属于国家也不属于私人,而是属于参加联邦储备系统的各会员银行。美国按照《联邦储备法》将全国划分为12个联邦储备区,每个区在指定的城市设立一个联邦储备银行。这12个联邦储备银行组成联邦储备系统,由联邦储备管理委员会统管。联储吸收各商业银行为会员银行。到1974年底,联储有会员银行5 780家,其中,国民银行4 706家,州银行1 074家。当时,有8 685家州银行未参加联储。未参加联储的州银行均属小银行,吸收的存款总额不到全美商业银行存款总额的20%。参加联储的会员银行,按其资产和公积金总额的6%认缴其所在联储区联储银行的股份(其中,实缴3%,待缴3%),会员银行认购的股份每年可获得6%的股息。联储系统的最高权力机构为设在联邦政府内的联邦储备管理委员会和各区联储银行的董事会。联邦储备管理委员会有7名委员,均由总统提名经参议院同意后任命,其中,主席、副主席各1名。各区联储银行设董事会,有9名董事,其中6名由区内会员银行选出(银行界和工商界各3

名),另外 3 名由联邦储备管理委员会任命(其中 1 名担任董事会主席并兼任联邦储备管理委员会代表,2 名任董事会副主席)。各区联储银行设总经理 1 名、副总经理若干名,总经理和第一副总经理须由联邦储备管理委员会任命。

西方国家中央银行与政府的关系有以下三种情况:①中央银行相对独立于政府,直接向国会或议会负责,行长由总统或国家元首任命,在执行货币金融政策上不受行政干预。如美国的联储、德国的德意志联邦银行和瑞士国家银行等。②中央银行隶属于政府。如英国的英格兰银行,原属于私人股份银行,1946 年英国工党政府将之收归国有,由财政部接收全部私股,用政府公债换得私人股东中全部股票;财政部把每年的全部税收存放于英格兰银行,由该行按政府预算办理国防费用、社会福利基金和社会公共建设等所需开支,还为政府发行金边债券以弥补预算赤字。③中央银行相对独立于财政部。如法国的法兰西银行,既像其他国营企业一样每周要向财政部报告资产负债情况,又像其他商业银行一样要遵守税法,但财政部向法兰西银行借款必须经过议会批准。

西方各国中央银行对货币的控制与调节都采取以下三项基本政策,被喻为"三大法宝":①贴现政策(discount policy)。即通过调高或调低"贴现利率"(discount rate)以达收缩或扩大市场货币信用的目的。由于金融市场各种利率的变动均以中央银行的贴现利率为准,并随贴现利率而浮动,因而足以影响整个市场上"银根"[1]的松紧,从而达到对市场货币信用的宏观调控。②存款准备金比率政策(reserve requirement on deposit policy)。银行均被允许作"信用扩张"(credit expansion),即可以在收进存款时只保留规定比率的存款准备金(如 1∶7 或 1∶9,等等),其余全部资金都可以通过放贷或投资的形式加以运用,以增加银行获得的利息和收益。由于存款准备金比率为银行现金准备需与存款总额维持的一定比例,中央银行即可以通过提高或降低银行存款准备金比率的规定来收缩或扩大市场货币信用。例如,中国人民银行自 1998 年 3 月 21 日起对存款准备金制实行改革,将准备金存款账户与备付金存款账户合并,并将法定存款准备金比率由 13% 下调至 8%;自 1999 年 11 月 21 日起,将存款准备金比率再由 8% 下调到 6%,以进一步提高金融机构的资金流动性,使金融机构可用资金增加近 2 000 亿元人民币,以支持经济增长。③公开市场活动政策(open market operation policy)。指中央银行通过买进或卖出有价证券和外汇干预市场。有时,几国中央银行还联手干预外汇市场。如 1985 年 9 月 22 日,美、英、法、德、日五国财

---

[1] 银根即金融市场上资金的供应。如市场上资金需求大于供应,市面紧张,就叫"银根紧",反之,就叫"银根松"。

长和中央银行行长在纽约普拉扎旅馆开会达成《普拉扎协议》(又称《广场协议》),共同干预外汇市场,使美元汇价下落,其他货币汇价上涨,以实现"超级美元"的"软着陆"。会议后,五国中央银行协调行动,以抛售美元为手段,影响美元汇价下落。

以上"三大法宝"有时可以连续采用或同时并用。如美国联储于 1958 - 1959 年经济衰退期间,三次降低贴现利率(自 3.5% 降到 1.75%),五次变更存款准备金比率(自 1：7 降到 1：9),并通过公开市场活动购进 30 亿美元的政府债券。

(二)商业银行

西方国家的商业银行都是私营的,有分行制与单一制之分。美国的商业银行分国民银行与州银行。1980 年美国国会通过的《放宽对存款机构的管制与货币控制法》规定,国民银行(national bank)由联邦财政部货币监理署注册发照,州银行由各州注册发照。所有国民银行均为联储会员银行,州银行自愿参加联储。国民银行与成为联储会员的州银行必须将所吸收的存款投保于联邦存款保险公司(FDIC),未成为联储会员的州银行自愿投保。联邦存款保险公司是依 1933 年《格拉斯 - 斯蒂格尔法》(《紧急银行法》)建立,供银行为客户的存款承保。1991 年美国实施《联邦存款保险公司改进法》,为联邦存款保险公司增加资本,以增加对银行客户的存款保护。美国州银行基本上实行单一制,有 12 个州禁止商业银行设分行,20 个州严格限制设分行的地区。州银行受联邦法与州法双重管辖,国民银行只受联邦法管辖。到 1978 年底,美国有 4 564 家国民银行和 10 148 家州银行。美国还有一种埃奇法银行,是根据《联邦储备法》第 25 节(a)项设立并经联邦注册的银行。其名称来源于 1919 年根据参议员埃奇(W. Edge)提出的《埃奇法案》(Edge Act of Corporation)对《联邦储备法》的修订。该法案是为解除不准商业银行跨州开设分行的限制而提出的。1978 年《国际银行业法》允许外国银行在美开设埃奇法银行。一家银行已可以依法在所在州之外各州开设一家或多家埃奇法银行。现美国的银行一般都是通过这一途径扩展其跨州经营业务的。到 1979 年 6 月,美国已有埃奇法银行 66 家。埃奇法银行的发展,是对单一制的突破。英国商业银行实行分行制。据 1966 年统计,英国最大的 5 家商业银行即拥有分支行共 8 000 个。英国标准特许银行在世界各地即拥有分支行 2 000 个,它在香港的分行即"渣打银行"。[1] 在英国的银行体制中,还有清算银行的设置,到 1979 年,在英国注册的清算银行有 13 家,其中伦敦 6 家、苏格兰 3 家,爱尔兰 4 家。只有这 13 家清算银行在英格兰银行监管下才能办理票据交换和国际结算,其他任何银行均须在这 13 家清算

---

〔1〕　"渣打"即"Charter Bank"中的"Charter"音译,原即"特许银行"。

银行中的任何一家或多家开立往来账户。世界各国的银行如持有英镑外汇,就得在伦敦的一家清算银行中开立账户储存,以便在使用英镑作为支付手段时得以进行结算。除英国外,还有法国、意大利、联邦德国、加拿大和澳大利亚等多数国家的商业银行采取分行制。它们的商业银行在其国内只有为数不多的数家,但分支行遍及全国各地和国外。在实行分行制的国家,大商业银行处于垄断地位,中小商业银行的分支机构较少,很多金融业务得委托大商业银行代办,从而处于依附地位。

西方国家的商业银行与各国的工商企业都建立了极为广泛的信用联系。商业银行既是各种商业存款的主要吸收者,又是工商企业贷款的主要供应者。商业银行还承办国内汇兑业务;拥有雄厚外汇资金和在国外有分支机构或与国外银行建立有业务往来的商业银行,还充当营汇银行,办理国际汇兑业务。商业银行通过票据交换和非现金结算,掌握了绝大部分的货币流通,使之在整个市场经济的结算网络中占据主体地位。

(三)专业银行与非银行金融机构

西方国家的各种专业银行与非银行金融机构主要有:

1. 储蓄银行与邮政储蓄。储蓄银行的作用是鼓励居民储蓄和积累长期资金。为便于广泛吸收社会上小额、分散、闲置的货币资金,储蓄银行的机构也广为分布。由于储蓄存款具有总体稳定的性质,银行可以把广泛吸收到的居民储蓄存款供作向工商企业发放中长期信贷的资金来源。

邮政储蓄在 1861 年首创于英国。现世界上以日本的邮政储蓄业务最为发达,日本居民的储蓄率在西方国家中曾是最高的。据国际货币基金和世界银行主办的《金融与发展》1986 年 12 月号披露:经合组织成员国私人储蓄率平均数为 15.6%,日本 22.7%,美国 10.4%。1990 年日本居民的储蓄率降至 14%,在西方国家中已非最高。

2. 投资银行。投资银行是以经营公司股票、债券等投资证券的场外交易为主的银行,办理对工商企业的投资业务,包销或经销公司企业发行的投资证券,以吸收社会资金,满足公司企业对固定资金和长期资金的需要。投资银行的名称亦多样,有的并不叫银行而是叫公司,如投资公司、信托公司、金融公司、证券公司,等等。

3. 其他专业银行与非银行金融机构。这类专门经营某一方面金融业务的金融机构主要有政策性银行(如进出口银行)、外汇专业银行、农业银行、信用合作社与保险公司等。

在金融全球化的推动下,原先实行专业银行制的美、英、日等国又在向德国式的全能银行制转轨:①全能银行可以经营商业银行的存、贷款及结算业务,经营投资银行和保险公司的业务,又可以经营信托业务,并持有非金融公司的股份。②全能银行业务范围广泛,利于形成规模经济。③全能银行的业务分散化和收入来源多元化,利于分散风险和降低风险。④全能银行能为客户提供多方位、多元化的一条龙服务,密切了银行与客户的关系,也很受客户欢迎。

二、香港和澳门的银行体制

(一)香港的银行体制

香港在 1948 年、1964 年先后颁布过两部《银行条例》。1986 年《银行条例》已将《存款公司条例》并入,把银行划分为三类:持牌银行、限制服务银行和接受存款公司。三类银行的划分标准主要是按照资本额和在港从事存款业务历史的长短来划分。持牌银行最低实收资本额 1.5 亿港元,在港从事存款业务有 10 年以上历史。限制服务银行最低实收资本额 1 亿港元,在港经营存款业务已有 3 年历史。接受存款公司最低实收资本额 2 500 万港元。到 1989 年底,香港有持牌银行 165 家(其中,31 家在香港注册、134 家在海外注册),限制服务银行 36 家,接受存款公司 202 家。

香港经营金融业务的除上述三类银行外,按照《放款人条例》,还允许个人或合伙经申领放款人牌照后在规定的地点经营放款业务。按照《钱币找换条例》,还允许个人或合伙经申领专门的营业执照后开办"两替店"(经营小额外币找换业务的店铺俗称),其钱币找换的币种、汇率(买入价与卖出价),均应逐日挂牌于店头,但禁止经营 10 万港元以上的大额兑换业务(这项业务属于银行的外汇买卖业务的范围)。

香港无中央银行,采行起源于 19 世纪中期英、法等国海外殖民体系的货币局制度[1]发行货币。按照《外汇基金条例》与《汇丰银行章程条例》、《渣打银行章程条例》,以立法形式授权给汇丰和渣打两家银行协助港府发行港钞(发钞比例,汇丰占 85%,渣打占 15%)。到 1991 年底,两行共发行 440 亿港元。港府通过调整外汇基金的存额,就能影响汇丰和渣打两行的存放款规模,进而影响港币的供应量与汇率。1983 年 10 月至今,香港一直实行联系汇率,港府外汇基金按 1 美元兑换 7.8 港元的联系汇率向汇丰、渣打两行发放负债证书,两行按此联系汇率用外汇存入外汇基金账户,发行相应的新港钞。发钞的印刷成本费用由港府负担,发钞银行承担储存、保管、运输等行政费用。如发钞行收回发钞不再流通,可向港府领回等值美元,港府收回负债证书。当香港外汇市场的自由汇率低于或高于联系汇率时,外汇基金就要求汇丰和渣打两行通过公开市场活动业务影响自由汇率,使之回

---

〔1〕　进入 20 世纪 90 年代,有的主权国家为恢复和稳定国内经济和重建其货币体系,也有改采货币局制度发行本国货币的,如阿根廷、立陶宛和爱沙尼亚等国。这是一种将货币发行完全置于货币局外汇储备限制底下的制度;中央银行制度,其货币发行则不受外汇储备的限制。

到或接受联系汇率。在两行的账户上,表现为美元被港元赎回或港元被美元支持投放市场。

1993 年 1 月中国银行获港府批准,于 1994 年 5 月开始在香港参加发钞,发行 60 亿港元现钞,占流通量的 10%,到 1997 年增至 30%。中国银行每发行 7.8 港元现钞,按规定向外汇基金提交 1 美元储备,换取港府发给的负债证书。

香港的银行存款利率由香港银行公会管理。按照《银行公会条例》规定,由银行公会制定并公布持牌银行的统一存放款利率的最高限额和最低限额。各银行的具体利率只能在规定的统一最高利率以下或统一最低利率以上进行竞争。

(二)澳门的银行体制

1902 年 8 月 2 日,葡萄牙大西洋银行分行在澳门正式开业,从 1905 年起具有发行和管理澳门货币的专有权力。大西洋银行是中文名称,其葡文名称为"葡萄牙海外汇理银行"。中国内地去澳门开业的,当时还只有钱庄、银号,主要经营存、贷款业务。1970 年 8 月 26 日澳门当局颁布葡国第 411/70 号法令《信用制度及金融机构管制法令》,此即澳门第一个银行法,对各类信用机构的设立、经营范围、遵守规则、禁止事项、罚则和接受银行监察处监察等作了规定。随该法的颁行,本地银号纷纷转为银行,外地银行也有去澳门设分行的。

1977 年 4 月 11 日澳门当局宣布,澳门元(澳币)不再盯住葡萄牙埃斯库多,改与港元挂钩,当时的官价定为 100 港元 = 107.5 澳门元,市场汇率波动幅度不超过大西洋银行牌价的 1%。澳门无外汇管制,港元在当地自由流通,对本外币携出入均无限制。1999 年回归前夕,澳门元与几种外币的汇率约为:100 港元 = 103 澳门元,100 美元 = 800 澳门元,100 澳门元 = 103.5 元人民币。

1982 年 8 月 3 日澳门当局颁行银行法;同年 10 月 30 日又颁行《澳门发行机构规章》,成立澳门发行机构,取代 1964 年成立的银行监察处,从大西洋银行收回了发行澳门纸币的权力,成为官方发行和管理澳门货币及监察银行的机构,发行仍授权大西洋银行代行。澳门发行机构的职能:①银行的管理人;②货币、金融及兑换市场的指导兼协调人;③黄金、外币及其他对外支付工具的储备总库;④在货币、金融及兑换方面充当总顾问;⑤对货币、金融制度下各机构活动的监督、协调及稽查。澳门发行机构的设定资本为 100 万澳门元,可因澳门当局拨款及其他财产收益和储备金或纯利而增加。1993 年 7 月 5 日,澳门当局颁布 32/93/M 号法令,核准澳门金融体系法律制度,引进巴塞尔委员会的监管原则。

现澳门有银行 28 家,连同其分支机构共 95 家。中资南通银行 1987 年 1

月 1 日起改称中国银行澳门分行；中国银行被授权发行的 5 种面值(10 元、50 元、100 元、500 元和 1 000 元)澳门元钞票 1995 年 10 月 16 日已开始流通。1999 年 12 月 20 日澳门回归，中国银行澳门分行和大西洋银行被授权共同发行总量为 22 亿澳门元的一套新版纸币，逐步更替旧版；中国银行和大西洋银行发行的纸币分别使用各自不同的票面图案，在逐步收回旧版纸币之前，新旧版纸币同时流通。

澳门的信用机构分两类：①货币信用机构，如澳门发行机构、邮政储蓄机构、商业银行。②非货币信用机构，如各类基金、财务公司、银行控股公司和租赁金融公司等。

按照澳门 1982 年银行法(新的《信用制度及金融机构管制法令》)，开设银行及其他信用机构须经总督批准，总督聆听澳门发行机构意见后得对银行信用机构采取非常措施。

早年在中国广东一带人们对"保险"称"燕梳"(insurance 的音译)，迄今澳门居民仍称保险公司为"燕梳"公司。澳门于 1989 年颁布《核准澳门货币暨汇兑监理署通则》，以 AMCM(澳门货币暨汇兑监理署)取代 IEM(澳门发行机构)，充当澳门的金融、保险活动管理机构。澳门回归后，根据特区政府发布的行政法规，自 2000 年 2 月 15 日起澳门货币暨汇兑监理署正式更名为澳门金融管理局，该机构的葡文缩写"AMCM"仍保持不变。

1993 年 3 月 31 日第八届全国人大第一次会议通过、自 1999 年 12 月 20 日起实施的《中华人民共和国澳门特别行政区基本法》第 107 条规定："澳门特别行政区的货币金融制度由法律规定。澳门特别行政区政府自行制定货币金融政策，保障金融市场和各种金融机构的经营自由，并依法进行管理和监督。"第 108 条规定："澳门元为澳门特别行政区的法定货币，继续流通。澳门货币发行权属于澳门特别行政区政府。澳门货币的发行须有百分之百的准备金。澳门货币的发行制度和准备金制度，由法律规定。澳门特别行政区政府可授权指定银行行使或继续行使发行澳门货币的代理职能。"第 109 条规定："澳门特别行政区不实行外汇管制政策，澳门元自由兑换。澳门特别行政区的外汇储备由澳门特别行政区政府依法管理和支配。澳门特别行政区政府保障资金的流动和进出自由。"

三、伊斯兰银行

伊斯兰银行(穆斯林银行)以银行贷款不收利息为特色，主要通过投资合同、竞争合同与利润合同三种形式发放贷款，同时，为客户提供诸如建立账户、办理支付和支票往来，以及提供担保等业务，收取服务费或手续费。伊斯兰银行兴起于 20 世纪 70 年代中期，到 1982 年，在一些伊斯兰国家共建立了 28 家伊斯兰银行。伊斯兰银行颇受伊斯兰国家政府和商界欢迎，其分支机构已设到巴哈马、纽约、伦敦和日内瓦等，成为西方国家商业银行在金融业务上的竞争对手。

伊斯兰银行是通过与工商企业订立以下形式的合同发放贷款的:

1. 投资合同。合同规定,在共负盈亏的合同关系范围内,银行与企业共同对某个项目投资,银行从企业主的盈利中按合同约定的百分比分红,也按合同约定的这一百分比承担企业主经营该项目所发生的亏损。

2. 竞争合同。合同只约定贷款行与企业主的利润分成比例,亏损由企业主一方承担。

3. 利润合同。该合同在银行与进口商之间订立。合同对银行出钱买进的商品转让给进口商作出规定。这种贷款主要是商人为从外国进口商品筹借外汇资金。

第二节　中央银行的法律地位 与存款保险制度

一、中央银行的法律地位问题

关于中央银行的地位与任务的问题,近年已成为人们关注的热点。此种关注,不是发古人之幽思,像拿破仑曾经坚持的那样,中央银行应如何掌握在政府手中,不越雷池一步;此种关注,关系到如何去有效地实现一国的长期经济目标[1]有人认为,中央银行的独立性应与短期的政府压力绝缘,这样才能更富成效地致力于长期经济目标的实现。也有人认为,仍应当由政府当局对经济目标的实现负责,这较之中央银行更靠得住。这一认识上的分歧,已反映于有关中央银行的各国立法中。一些国家的中央银行法,是把中央银行的任务加以列举,除均含稳定币值与维持汇价外,其他任务也有列入,如维持充分就业〔美国《联邦储备法》Section 2A,澳大利亚《储备银行法》§10(2)(b)〕,促进发展〔肯尼亚《中央银行法》§4,斯里兰卡《货币法令》§5(d)〕,增进安全与稳健的金融体制〔塞拉利昂《银行法》§5(c)〕。

(一)西方分析中央银行法律地位的新理论

传统的西方行政法理论是建立在 18 世纪法国政治哲学家孟德斯鸠(Charles Louis de Secondat Montesquieu)"三权分立"(separation of three powers)论基础上的。孟德斯鸠主张立法、司法和行政三权须分授不同的人或团体独立行使,才能避免专制。这一精神已贯穿于很多西方国家的宪法中。近年在西方行政法理论上,对"三权分立"论已出现反对将之绝对化和神圣化的挑战,兴起了一种"三权配置"(blend of three powers)的新说。

在现代国家,立法工作量如此之巨,以至于议会没有足够的精力和时间

---

〔1〕　Introduction,R. C. Effros:Current Legal Issues Affecting Central Banks (Vol. 3),IMF, 1995.

去过问处理所有的具体事务。[1] 而各类行政机构处理具体事务的长处则
有目共睹:各类行政机构都是按其要完成的特定具体任务和要实现的特定
社会目标而设立,其人员配备为非政治性的实务专家,具有处理有关具体事
务方面的专门知识和专业经验。因此,在理论上三权可依各类行政机构的
任务和目标作以下不同配置,如可以①仅行使行政权限,或②行政权限和司
法权限或行政权限和立法权限混合配置,或乃至③三种权限混合配置。[2]

　　按照"三权配置"说,中央银行是一个行政机构,而且是一个相对独立于
政府的行政机构,应被法律授予符合其相对独立性的行政、立法和司法三权
混合配置的专门权限。即它在履行其行政职能中,不仅可以解释有关立法、
制定有关专项法律的实施细则和规章制度、确立从事各种金融业务许可标
准,并可受理有关申诉和检举、进行有关调查和起诉违法或实施行政处罚,
因这些立法和司法权限的拥有都是中央银行履行其专项行政职能所不可或
缺的。由于中央银行的业务活动可以扩及国家对国家或政府间国际金融组
织,从而中央银行还应可能或多或少地被法律授予其为别的行政机构所无
的外交权限。

　　从实际考察,由于国情不同,法律各异。有的国家法律规定,中央银行
(如美国联储)负责银行监管;有的国家法律则将银行监管的权限授予另一
行政机构而非中央银行。例如:在加拿大,金融机构监管局设于财政部,由
它负责银行监管;在德国,银行监管由联邦银行监管局负责,但其行使监管
时又需与德意志银行密切合作。如财政部负责银行监管,中央银行即无须
制定约束银行业的法规;[3] 如中央银行无权对违法者实施处罚而只能进行
劝说,则中央银行即不行使司法权限。[4] 在同一国家,随法律的改变,中央
银行的权限也有改变。英国于1946年对英格兰银行实行国有化,货币政策
由财政部制定,财政大臣在这方面的权力之大被视为"第二首相"。1987年
财政大臣芬森在回答英格兰银行与财政部是什么关系时曾直截了当地说:
"我负责作决定,英格兰银行负责执行。"英格兰银行原也不负责监管英国的
银行,只能就监管事宜对银行进行劝说。但英国作为欧共体成员国要执行
欧共体有关银行业的一系列指令,应使其法律和对银行的监管与一体化的
要求一致。英国1979年《银行法》授权英格兰银行监管银行,英格兰银行对
银行的监管才从以劝说的非正式方式转变为具有法律约束力的正式要求。

　　近年,在西方银行法理论上,除有"三权配置"说的兴起外,还从古生物

[1]　J. F Garner, Administrative Law,49(6th ed. 1985).
[2]　John H Reese:Administrative Law Principles and practice,74(1995).
[3]　如日本旧《银行法》是将"在本法规定事项之外,有关本法规定的许可、认可或同意的申请
　　程序,提出文件的程序及其他为实施本法所必要的事项",委任由大藏省令规定。
[4]　如法国《银行法》规定的纪律制裁是由依法专设的银行委员会行使,处罚由法院判处。

学引入了"进化趋同"（evolutionary convergence）论。斯蒂芬·J·古尔德（Stephen J. Gould）在 1993 年发表的《自然史的沉思》（Reflections in Natural History）一书中，用古生物"鱼龙"（lchthyosaur）（外形如鱼的爬行动物）标本来说明自然界"进化趋同"现象，即独立地、适当地反映了在一种共同生活环境和生活方式中的游弋和爬行两个不同特征的进化趋同。按照这种理论，不同种类动物，尽管遗传不同，却面临共同的外部挑战，在功能上相互仿效，天长日久即可趋同于类似的进化。

按照"进化趋同"论，已具有几十年、乃至几百年历史的各国中央银行，近年已愈益面临共同的金融环境，如金融创新、金融市场全球化与金融电子化；也就是说，各国中央银行正愈益面临共同的外部挑战。由于各国中央银行的公认行为模式正在形成，即增强中央银行的独立性或自律性，与之对应，也同时全面强化了中央银行所承担的责任。

增强中央银行独立性的主张，现在西方已日益占据上风并成为主流，但独立性并非意味中央银行可以不对其行为负责。目前，西方各国正兴起的银行法修订浪潮，即系朝着增强中央银行的独立性与全面加给中央银行以足够责任的方向在推进。

（二）中央银行的独立性

所谓中央银行的独立性，是要使中央银行与政府或内阁的短期政治压力绝缘，而能致力于更富成效的长期社会目标。如欧共体成员国已批准的《马斯特里赫条约》（以下简称《马约》），即已对 1999 年 1 月 1 日正式开始运作的欧洲中央银行的独立性作了明确规定："欧洲货币联盟内的所有成员国中央银行及其决策机构的成员不得向任何欧共体机构、组织、成员国政府以及其他机构寻求或接受指令。""欧洲中央银行体系的主要目标是保持币值稳定。"为此，各成员国政府应采取相应措施，建立必要的法律体制，以保证中央银行能够独立地执行货币政策。欧洲中央银行由两个层次组成：一个是欧洲中央银行本身；另一个是包括欧洲中央银行和各成员国中央银行在内的欧洲中央银行体系。所有参加欧洲货币联盟的成员国中央银行都按照其人口和国内生产总值的大小向欧洲中央银行认股。按照《欧洲中央银行与各成员国中央银行体系地位的议定书》，中央银行的基本任务应是：①制定与实施货币政策；[1] ②管理官方外汇储备；[2] ③从事

---

〔1〕 在欧洲中央银行体系由欧洲中央银行制定统一货币政策，交各成员国中央银行执行。

〔2〕 按照《马约》规定，所有成员国应把一定的外汇储备移交给欧洲中央银行管理；对剩下的外汇储备，各成员国中央银行应遵循欧洲中央银行所制定的指导原则进行管理。

外汇买卖;[1]　④促进支付系统运作。中央银行完成上述四大任务时均保持独立性,不受政府与其他团体干预,欧洲中央银行仅有义务向欧洲议会、欧盟财长理事会、欧盟委员会和欧洲理事会等欧盟机构和组织提交年度报告。禁止中央银行为政府提供透支和其他信贷便利,禁止在一级市场上购买政府债券。中央银行财务必须由外部独立审计。

（三）中央银行的责任

与增强中央银行的独立性相对应,加给中央银行的责任亦应是全面的和足够的。

1.中央银行对立法部门（国会或议会）的责任。在多数西方国家都要求中央银行必须依法向立法部门提交经过独立审计的财务报告。在美国,联储必须一年两次向参、众两院的银行委员会报告工作。在英国,英格兰银行行长定期出席下院财政委员会和选举委员会,但它作为法人不直接回答议会质询,按英国宪制是由财政大臣向议会负责。在法国,法兰西银行行长每年向总统和议会报告工作。

2.中央银行对行政部门（政府或内阁）的责任。在有的西方国家,中央银行依法向政府或内阁负责,由政府或内阁任命中央银行行长。旧《日本银行法》规定,日本银行总裁、副总裁由内阁任命,日本银行由主管大臣（大藏大臣）监督,主管大臣得命令日本银行报告有关业务及财务状况。在美国,联储管理委员会7名委员均由总统提名,经参议院同意后任命。

3.中央银行对司法部门（法院）的责任。在国际公法上,中央银行享有豁免权,非经国家放弃豁免或出于其本国法律规定允许的情况,任何国家的法院不得对中央银行提起诉讼。

中央银行如放弃豁免,法院可以依法受理对中央银行的诉讼并追究其法律责任,在美国和英国依一般法律程序,在法国依行政法诉讼程序进行。

4.中央银行对公众的责任。中央银行要对立法、行政、司法部门负责,这只是中央银行责任的一个方面;另一个方面的责任即还要对公众负责,以加大制定和实施货币政策的透明度和维护公众的知情权。

如美国联储主要通过以下方式增强其制定和实施货币政策的透明度:①每日发布有关信息,每周公布联储财务状况,每月公布有关政策法规;②举行新闻发布会;③允许公众到联储听会;④以年报披露审计报告。

中央银行的法律地位,就是法律授予它以相对的独立性,业务活动不受

---

〔1〕　按照《马约》规定,欧洲中央银行在汇率政策方面没有独占的决定权,欧盟财长理事会与欧盟委员会分享部分权力。当欧洲中央银行决定对外汇市场进行干预时,可以动用自己的外汇储备直接入市,也可以指定各成员国中央银行联合行动。欧元理事会于1998年6月4日成立,由首批欧元区11国财长组成,它有权讨论欧元同美元、日元的汇率等问题。

外部干预,同时,法律也加给它以全面的和足够的责任,不仅要分别对议会、政府和法院承担与履行其由法律授予的专项行政、立法和司法权限混合配置相对应的责任,还要对公众承担责任,以保证其制定和实施货币政策的透明度和维护公众的知情权。

二、存款保险制度

西方银行体制的存款保险制度有三种类型:①政府设立的存款保险机构。如:美国根据 1933 年《格拉斯—斯蒂格尔法》成立联邦存款保险公司(FDIC)。美国成立联邦存款保险公司的目的有三:一是保护存款人,特别是小额存款人,不致遭受银行倒闭带来的损失;二是保护银行及整个金融体系,使之不致遭受银行挤提所造成的严重损失;三是提高对银行的监督质量,凡参加 FDIC 投保银行都必须接受 FDIC 的检查和监督。FDIC 的保险基金包括财政部拨款 1.5 亿美元和各联邦储备银行按其资本盈余的 50% 认股。到 1984 年,FDIC 的保险基金已达 172 亿美元;在紧急情况下,FDIC 有权向财政部借入 30 亿美元。凡是在联邦政府注册或在州政府注册且为联储系统会员的银行,都必须向 FDIC 投保。目前,美国约有 98% 的商业银行都已参加 FDIC 投保。存款保险标的包括各种美元存款和外币存款,在最高险额 10 万美元内提供保险。20 世纪 80 年代,美国有 1086 家银行倒闭,FDIC 用于倒闭储贷机构的存款人的保险赔偿达 1 000 多亿美元。进入 20世纪 90 年代,FDIC 的职能已不仅是对破产银行实施事后处理和补救,还负起了监督职能,即实施事前的风险防范。与其他国家的单一存款保险费率制不同,现美国已实行与风险挂钩的保险费率制,即差别费率制,对资本充足率低的银行要求交纳较高费率的保险费,目的在于促使其自动降低风险资产比率,从事稳健经营。英国按 1979 年《银行法》设立存款保护局。存款保险基金是由各存款银行按规定的基数摊缴存放于存款保护局在英格兰银行开设的账户。英国的最高保险限额为 2 万英镑,只对承保存款总额的90% 进行赔偿。②政府与银行协会联合组成存款保险机构。如:1971 年日本实施《存款保险法》,规定存款保险基金由政府和银行协会各负担一半;日本的最高保险限额为 1 000 万日元。③银行协会自办存款保险。如:1976 年联邦德国银行协会建立的存款保险基金,即来源于保险费的积累,对非银行存款基本上实行全额保护。

据英国《银行家》杂志 1991 年 9 月 4 日提供的资料,现世界上已有 30 个国家和地区建立了存款保险制度,其中 2/3 为强制保险,1/3 为自愿保险。

1998 年 6 月 21 日已发生中国人民银行公告关闭海南发展银行事件。建立存款保险制度也已提到中国银行业的议事日程。

第三节 银行与客户的法律关系

一、银行与客户法律关系的确立与终止

银行客户,即申请以自己名义在银行开设现金账户或存款账户,并获银行接纳者。自客户开设账户时起,银行与客户的关系即有效确立。

银行与客户之间的关系为一种合同关系。1848 年弗利诉银行经理希尔案:[1]英国初审法院将银行与客户的关系推定为代理人与本人的关系,为上诉法院推翻。上诉法院主张,银行与客户的关系为债权债务的合同关系。客户存入银行的钱不再为账户持有者所掌握,银行可自由处置客户存款,用于放贷营利,而仅按规定利率付给客户利息。银行按其意志处置客户存款,仅承担在客户取款时须以银行自有资产作偿付的合同责任,所以,不能推定为代理关系。如推定为代理关系,则银行仅属代为保管客户的钱,这笔钱就只能按客户本人的意志处置,事实上并非如此。

银行与客户的关系可由任一方单方面终止。客户一方,可以要求银行偿付账户结余撤销账户而终止其同银行的关系。银行一方,在终止同私人客户的关系时,如属于活期存款,银行可以随时结付客户存款本息终止关系;如属于定期存款,银行中途终止关系,客户有权要求开户行给付应得的预期利息。对于商人客户,银行可以要求客户以偿还其账户借差的方式终止关系,但有责任在合理期间通知商人客户。1923 年昌盛公司诉劳埃德银行,[2]英国法院主张,银行应合理通知商人客户终止关系,其通知期的长短取决于能让商人客户有时间重新安排其商务并告知其商务顾客。银行与客户的关系终止,双方责任即终止,但银行为客户保密的责任除外。

私人客户死亡,其继承人在取得遗嘱认证书前不得向银行取款。如死亡客户账户上有透支,其继承人应以继承的遗产偿还银行,但继承人不以其本人财产对死亡客户的银行透支承担责任。银行承付死亡客户生前签发的支票,到收到客户死亡通知时终止付款,不取决于银行未获知的死亡事实。

二、银行与客户的相互责任

(一)银行对客户的责任

银行与客户的关系一经确立,银行即须对客户承担以下责任:

1. 执行客户支付委托或命令的责任。银行一方面承担遵照客户支付命令作支付的责任,另一方面承担对不符合客户支付命令的不予支付的责任。如银行作了超出客户支付命令范围的支付,不得借记客户账户,其责任应由

---

〔1〕 A. Arora：Practical Business Law, Macdonald and Evans Ltd, 1983, pp. 170 – 171.

〔2〕 A. Arora：Practical Business Law, Macdonald and Evans Ltd, 1983, p. 185.

支付行自负。

2. 结账的责任。银行有责任定期为客户结账或应客户的请求为之结账。银行的账目有误,如已被客户善意使用,银行无权要求更正。1909 年霍兰诉曼彻斯特和利物浦地区银行,[1]原告在被告行的活期存折上登有 70 英镑贷差,实际上仅存 60 英镑。原告向被告行签发了一张支取 67 英镑的支票,为被告行拒付。英国法院主张,银行通常有权更正错账,但一经客户作善意使用,银行即无权更正。

3. 保密责任。银行负责为客户保密,但有三种例外:①强行法要求的披露。如客户与银行发生争讼,或银行与客户的担保人发生争讼时,在诉讼中举证。又如银行保守秘密原则不适用于税务机关;②出于社会责任的披露。如不披露即会助长欺诈或违法犯罪,给国家或社会造成损害;③经客户明示或默示认可的披露。如银行为客户出具资信证明。

4. 业务熟练与合理小心的责任。客户要求银行业务熟练、小心的程度应合理。这与客户对银行承担自我保护的责任相联系。

(二)客户对银行的责任

客户对银行承担以下责任:

1. 客户承担偿还在开户行的透支和为银行提供的服务合理付费的责任。

2. 客户对银行承担自我保护的责任。客户如发现有人伪造他的支票,应及时通知银行,同时,不为他人伪造支票从自己账户取款提供可乘之机。1827 年杨格诉银行经理格尔特,[2]原告留给其妻几张经签字的空白支票,妻嘱他人去银行取款,他人未遵所嘱数额而多取以饱私囊。英国法院判决,这不能归责于银行的疏忽。

关于客户的自我保护责任,在英国有两个对立的判例[3]尚无定论:1918 年伦敦联合证券银行起诉麦克米伦,法院支持银行,因被告客户在所签发的支票上留有可供涂改的空白。1932 年格林斯起诉地区银行,法院支持客户,因支票被涂改不能归责于客户在支票上留有可供涂改的空白。争论焦点集中在数字与数字之间间隔多宽才算留有空白。笔者认为,这样的争论是永远难以得出结论的,应当对客户是否已尽自我保护之责和银行是否已尽合理小心核查之责,以事实为依据,综合加以判定哪方应负主要责任。

三、抵销的法律问题

借款人违约不偿还本息,对银行贷款人来说,最有效的补救办法莫过于

---

[1]　A. Arora:Practical Business Law, Macdonald and Evans Ltd. ,1983,p. 179.

[2]　A. Arora:Practical Business Law, Macdonald and Evans Ltd. , 1983,pp. 183 – 184.

[3]　A. Arora:Practical Business Law, Macdonald and Evans Ltd. , 1983,p. 184.

"抵销"(set off),即将借款人账户上存款划归银行以抵销债务。抵销引起的法律问题有:

1. 银行不得将客户存款用以抵销未到期的借款。因此,如客户存款已经到期,而其借款尚未到期,银行仍应让客户提取存款;银行如要扣留客户存款,得请求法院对借款人发出执行令。为策安全,香港的银行在发放贷款时总要求由担保人签署债务抵销书,遇借款人不履行债务,银行可据以将担保人账户上的存款用以抵销。

2. 一家银行不得用母公司借款人的子公司存款抵销母公司债务,因为母、子公司为分立的法律实体。

一客户在一家银行借款,在该行的分行存款,借款到期则可用在分行的存款抵销客户未如期偿还的借款。但迄今尚无判例表明是否可以全球抵销。为策安全,银行贷款人在国际借贷合同中总要求订入抵销条款:"依本合同,借款人在银行存款可以抵销借款人的任何到期债务,包括借款人在本行世界各地分行和以任何币种承担的到期债务。"

3. 抵销通知问题。在英国、德国、瑞士和北欧国家,行使抵销权时要求银行通知债务人,否则抵销无效。在法国和奥地利,允许银行单方面行使抵销权,无须事先通知债务人。

4. 抵销的法律适用问题。英国主张适用法院地法,因其属于程序问题。北欧国家主张应依主要诉权而定,因主要诉权属于行使抵销权一方,应适用银行存款法;法国和意大利主张适用累加法,即同时适用借贷合同准据法与银行存款法。这在国际私法领域还是个有待解决的问题。

第四节 中国的银行体制

一、中国的银行改革

中国的第一家带资本主义性质的现代银行是 1897 年(清光绪二十三年)5 月 27 日在上海开业的中国通商银行[1] 这以前,中国只有钱庄和外国银行的分行,其中比较重要的外国银行有英国的丽如(1845 年)、麦加利(1858 年)、汇丰(1867 年),德国的德华(1889 年),日本的横滨正金(1893 年)等银行。

银行对建设有中国特色的社会主义十分重要。列宁说:"没有大银行,社会主义是不能实现的。"[2] 全国解放前夕,解放区已经在华北银行、北海

---

[1]　中国通商银行原为商股,1935 年因滥发银行券发生挤兑,由官僚资本渗入官股。解放后,官股由人民政府接管,成为中国人民银行领导下的公私合营银行。

[2]　《列宁选集》第 3 卷,人民出版社 1972 年版,第 311 页。

银行和西北农民银行的基础上合并组建了统一的全国性银行——中国人民银行,该行于1948年12月1日成立,并在全国统一发行人民币。中国的银行体制改革目前正向两个方面深化:①建立和完善一个以中央银行(中国人民银行)为龙头、国有政策性银行和国有专业银行为主体,包括非银行金融机构的国内银行体制;②1985年4月国务院发布《经济特区外资银行、中外合资银行管理条例》,允许在经济特区开设外资银行和中外合资银行。中国的总体银行体制是国内银行与"两资"(外资与中外合资)银行(跨国银行与集团银行)并存。

1983年9月国务院发布《关于人民银行专门行使中央银行职能的决定》,明确了中国人民银行是国务院领导和管理全国金融事业的行政机关,是中国的中央银行,各国有专业银行是国务院直属局级的经济实体。1984年1月1日,在中国人民银行专门行使中央银行职能的同时,新建中国工商银行办理原由中国人民银行承担的一般银行业务(工商信贷与储蓄业务),为中国的银行体制改革迈出了重要一步。

1986年1月7日国务院颁布并实施《银行管理暂行条例》,规定银行和其他金融机构的性质、地位、职能作用,划分银行管理的职责权限和相互关系,制定了有关金融业务的管理办法。

中国人民银行是国务院领导和管理全国金融事业的国家机关,是国家的中央银行。其主要职责:①拟定全国金融工作的方针政策、金融法规草案和制定金融业务基本规章;②掌握货币发行,管理存款贷款利率,制定人民币对外币的比价,管理外汇、金融和国家外汇储备、黄金储备;③审批专业银行和其他金融机构的设置或撤并,对它们的业务工作进行领导、管理、协调、监督和稽核,并管理全国的保险事业;④集中管理信贷资金、现金和金融市场,经理国库,代理发行政府债券;⑤代表政府从事有关的国际金融活动。

1998年11月15日中共中央、国务院决定对中国人民银行管理体制进行改革,撤销省级分行,跨行政区设置9家分行。

根据全国人大2003年3月10日通过的政府机构改革方案,从中国人民银行分拆重组而成的"中国银行业监督管理委员会"(银监会)成为政府直属机构,实现了央行的货币政策与银行监管职能的分离。由银监会、证监会、保监会构成的分业监管体制,是中国金融业深化改革的又一重要步骤。

中国的五大国有专业银行即中国银行[1]中国工商银行、中国人民建

---

[1] 中国银行的前身为大清银行。1904年清廷户部奏请成立"大清户部银行",1908年更名为"大清银行",是中国近代开设的首家国家银行。辛亥革命后,大清银行清理结束,1912年另组为中国银行。解放后,中国银行成为国有专业银行之一。

设银行，[1]中国农业银行和中国投资银行。各专业银行均为独立核算的经济实体。各专业银行总行及经批准设立的分支机构,分别由中国人民银行总行、分行发给《经营金融业许可证》,并按《工商企业登记管理条例》办理登记手续,领取营业执照。为适应建立社会主义市场经济的新形势,国有专业银行正向国有商业银行转化。

1986 年 11 月国务院决定恢复实行股份制的交通银行。该行创建资金 20 亿元,其中,一半由中国人民银行投资,另一半由地方和企业、个人集资,实行以公有制为基础的股份制。该行已于 1987 年 4 月 1 日正式营业,成为与国有专业银行平行的全国性综合银行。

中国国际信托投资公司于 1979 年 10 月 4 日成立,是国家从事引进外资、举办信托投资等经营外汇业务的金融机构和国有企业。中信实业银行即中国国际信托投资公司(集团)所属的外向型综合性银行,于 1987 年 4 月经中国人民银行报请国务院批准成立。

1992 年 2 月 9 日,国务院批准成立中国光大银行,作为中国光大(集团)总公司全资附属国有金融企业。1996 年 10 月 31 日亚洲开发银行向光大银行参股 2 000 万美元,光大银行放弃国有金融企业地位,改采股份公司形式,以专门从事对外贸易和发展不动产的 130 家国有大中型企业、事业单位为主要股东,光大集团控股 51%,其他股东持股 46%,亚洲开发银行持股 3%。

1994 年,在社会主义市场经济目标已经确立和金融体制改革深化的形势下,中国先后成立了国家开发银行、中国农业发展银行和中国进出口银行等 3 家政策性银行。今后,根据经济体制改革和市场经济发展的需要,中国不仅可能设立其他政策性银行,而且还可能设立政策性非银行金融机构,如社会保险公司和存款保险公司等。

1998 年 12 月,中国投资银行整体并入国家开发银行。经中国人民银行批准,国家开发银行与中国光大银行签订协议,中国光大银行于 1999 年 3 月 18 日起整体收购原中国投资银行的债权债务,并收购原中国投资银行 29 个分支行所属的 137 家营业网点。原中国投资银行各分行则并入国家开发银行作为其分行,办理国家开发银行总行在中国人民银行批准的业务范围内授权的业务。

保险业与联合监管:

1949 年 10 月成立的中国人民保险公司,除办理国内保险业务外,还办

---

[1] 1996 年国务院和中国人民银行批准了由中国人民建设银行提出的将行名改为"中国建设银行"的要求。

理国外保险业务。其总公司下设中国财产保险公司、太平保险公司[1]和中保再保险有限公司。中保再保险有限公司专营港澳和新加坡等地的海外保险和再保险业务。

经国务院决定,在原中保再保险有限公司基础上改建、于1999年3月18日成立的中国再保险公司,具有完全独立的法人资格,为国有独资专业保险公司;同时,在原中保人寿保险有限公司基础上改建成立中国人寿保险公司,承办人寿保险、健康保险和意外伤害保险的保险业务。

现中国已有国有独资保险公司4家(中国人民保险公司、中国人寿保险公司、新疆建设兵团保险公司和中国再保险公司),股份制保险公司9家,外资、合资保险公司13家。

1998年11月18日成立了中国保险监管委员会(中国保监会),作为国务院直属事业单位,按国务院授权履行行政管理职能,依法统一监管全国保险市场。中国保监会在各地成立办公室。为利于适当拓宽保险资金运用渠道,1999年10月26日中国证监会和中国保监会宣布,经国务院批准,对保险公司购买证券投资基金间接进入证券市场的方案已付诸实施。

为及时解决分业监管中的政策协调问题,中国人民银行、中国证监会和中国保监会三大监管部门已于2000年9月决定建立监管联席会议制度。监管联席会议的主要职责即:研究银行、证券和保险监管中的有关重大问题;协调银行、证券、保险业务创新及其监管问题;协调银行、证券、保险对外开放及监管政策;交流有关监管信息等。联席会议可根据某一监管方的提议不定期召开,三方联席会议成员轮流担任会议召集人。

2000年11月16日,中国保险行业协会在北京成立。协会通过了《中国保险业公约》,以完善政府监管、行业自律与保险公司内部控制三者有机结合的现代保险业管理体系。

其他非银行金融机构:

中国的非银行金融机构,除保险公司、中国国际信托投资公司外,还包括地方信托投资公司、金融租赁公司、农村信用合作社、城市信用合作社,[2]以及经中国人民银行批准设立的其他金融机构(如企业集团财务公司等)。1986年3月邮电部设立的邮政储汇局,其主要职责即组织实施邮电部与中国人民银行签订的邮政储蓄和汇兑业务的有关协议。中国邮政自1992年7月1日恢复办理国际邮政汇款业务,到2000年3月,已与美国、日

---

[1] 解放后,上海的私营保险公司全行业转为公私合营,1956年合并成一家公私合营太平保险公司,专营海外保险业务。

[2] 根据《商业银行法》,农村信用合作社可改建为农村合作商业银行;城市信用合作社可改建为城市合作银行(到1998年6月一律改名"商业银行股份有限公司",简称"某市商业银行")。

本、法国、巴西、泰国等 20 个国家的邮政部门建立了合作关系。现全国已有 232 个邮局可以办理外币的汇入、汇出,近 5 万个邮局可以解付人民币汇款。由国家邮政局与法国国家人寿保险公司合资组建的中法人寿保险有限责任公司已于 2006 年 3 月 23 日对外开业,注册资本 2 亿元人民币,双方各持股 50%。该公司属于银行保险(bancassurance)经营模式,而且带中国特色;在西方,银行保险的主体为银行与保险公司,不包括邮政部门。

外汇业务与境外金融机构:

作为外汇专业银行的中国银行,在香港、澳门、伦敦、新加坡、卢森堡、纽约、开罗、悉尼、东京、巴黎等国际金融中心均设有分行或代表处,并已同世界上千家银行的总行及分支机构建立了代理关系。1998 年 12 月 18 日,中国银行米兰分行开业,至此,中国银行在 22 个国家和地区设立了 554 家海外分支机构;中国银行在国内的分支机构超过 1.5 万个。该行已开通"环球收付清算系统"(BOC GLOBAL NICS),从国外汇入一笔合格汇款,通过该系统当天就可到达客户所在地分支行并输入受益人账户。

随着改革开放形势的发展,现国内其他银行外汇业务的发展也很快。为促进和保证银行业务国际化的健康发展,国家外汇管理局于 1993 年 1 月 1 日公布、1993 年 7 月 1 日起实行《银行外汇业务管理规定》和《非银行金融机构外汇业务管理规定》,同时废止 1990 年 12 月 30 日公布的《外汇指定银行外汇业务管理规定》和 1987 年 10 月 1 日公布的《非银行金融机构外汇管理办法》。银行经营外汇业务须向国家外汇管理局申领《经营外汇业务许可证》后,方可经营下列部分或全部外汇业务:①外汇存款;②外汇贷款;③外汇汇款;④外汇借款;⑤发行或代理发行股票以外的外币有价证券;⑥外汇票据的承兑和贴现;⑦外汇投资;⑧买卖或代理买卖股票以外的外币有价证券;⑨自营或代客外汇买卖;⑩外币兑换;⑪外汇担保;⑫贸易、非贸易结算;⑬资信调查、咨询、见证业务;⑭国家外汇管理局批准的其他外汇业务。

经中国人民银行批准成立,在中国境内注册的中国信托投资公司、融资租赁公司、财务公司、证券公司、保险公司和其他金融公司等非银行金融机构,须向国家外汇管理局申领《经营外汇业务许可证》后,方可经营下列部分或全部外汇业务:①外汇信托存款;②外汇信托放款;③外汇信托投资;④外汇借款;⑤外汇同业拆借;⑥外汇存款;⑦外汇放款;⑧发行或代理发行外币有价证券;⑨买卖或代理买卖外币有价证券;⑩自营或代客外汇买卖;⑪外汇投资;⑫外汇租赁;⑬外汇保险;⑭外汇担保;⑮资信调查、咨询、见证业务等。

现中国的金融业国际化已经形成以中国人民银行为领导,四大国有专业银行和交通银行占主导地位,以中信实业银行、蛇口招商银行、广东发展银行、深圳发展银行和福建兴业银行等为辅的金融格局。

1990 年 4 月 13 日,中国人民银行发布施行《境外金融机构管理办法》,并明确了设立或收购境外金融机构的审批管理机关,规定了设立境外金融机构的有关程序,为合理、有效地管理境外金融机构提供了法律依据。

二、外资金融机构管理

外资金融机构属于国际银行中的跨国银行与集团银行。在中国立法上,将跨国银行称作外资银行,将集团银行称作合资银行,外资银行与合资银行统称外资金融机构。以往,中国是用一个条例、一个规定和一个办法对外资金融机构实施管理,即 1985 年 4 月国务院发布的《经济特区外资银行、中外合资银行管理条例》、1987 年 6 月中国人民银行发布的《关于经济特区外资银行、中外合资银行业务管理的若干暂行规定》和 1990 年 9 月中国人民银行发布的《上海外资金融机构、中外合资金融机构管理办法》。现由国务院发布、自 1994 年 4 月 1 日起在全国统一施行的《外资金融机构管理条例》对外资金融机构实施管理,上述仅施行于经济特区与上海的条例、规定与办法同时废止。

《外资金融机构管理条例》是在《巴塞尔协议》正式生效后实施的,它具有以下两个特点:

1. 结合国情并遵循公认的国际惯例管理外资金融机构。《条例》第 25 条规定:"外资银行、合资银行、外资财务公司、合资财务公司的总资产不得超过其实收资本加储备金之和的 20 倍。"此即结合了中国国情,便于在中资与外资金融机构之间进行公平竞争,对外资金融机构也要求以其核心资本(实收资本加储备金)承担风险,并以之约束其经营规模。

2. 除按照资本充足率的量化标准对外资金融机构实施监管外,并遵循中国外资立法有关外商投资企业注册资本与投资总额比例的要求,从严掌握。《条例》第 32 条规定:"外资银行、合资银行、外资财务公司、合资财务公司的实收资本低于注册资本的,必须每年从其税后利润中提取 25% 予以补充,直至其实收资本加储备金之和等于其注册资本。"即最终要求外资金融机构的核心资本应与其注册资本一致,从而较以往对外资金融机构实施的监管办法更为合理,也更具透明度和更便于对之实施监管。

1999 年 6 月 1 日,中国人民银行公布《外资银行外部审计指导意见》:要求从事外资银行外部审计的会计师事务所应有 20 名以上注册会计师;有一定数量熟悉国际银行业务、具有较高外语水平的注册会计师。一家外国银行一般应聘请同一家会计师事务所负责其在华全部业务的审计。注册会计师应参照 1997 年 5 月 16 日中国人民银行颁发的《加强金融机构内部控制的指导原则》和 1998 年巴塞尔委员会《银行机构内部控制体系框架》确定的原则,审查外资银行内部控制制度是否是以使外资银行正确编制报表和是否按照已设立的控制系统进行日常运营管理。注册会计师应参照 1998 年 5 月

5 日中国人民银行颁发的《贷款风险分类指导原则》,评价外资银行内部资产分类标准的执行情况和外资银行的呆账准备金计提方法的合理性,并判断当期呆账准备金是否充足。外资银行应在会计年度结束后 90 天内完成该项外部审计并提交所在城市中国人民银行分支机构。

第五节　金融业的国际化与革新化

一、商业银行市场准入的法律问题

商业银行市场准入的条件,各国国内立法大多是从资本、人员和其他条件 3 个方面加以要求:①最低资本额。各国对最低资本额的要求不尽相同。英国的特许银行最低资本为 500 万英镑、美国国民银行注册资本最低额为 100 万美元。②合格人员。各国一般都要求经营管理人员必须具有良好的品行、充分的专业能力和相应的工作经验等。③其他条件。各国一般都要求有健全的组织机构和管理制度、合法的章程、符合要求的营业场所、安全防范与其他业务设施等。纵观世界,回顾历史,对商业银行的市场准入存在过以下不同法律原则:①自由主义或放任主义。法律对商业银行的市场准入无条件限制、无申请核准手续和登记注册程序,即依事实而存在,非依法律而创设。②特许主义。如英格兰银行即系 1694 年依英国议会决议以英王特许而设立。③准则主义。设立商业银行只要符合法律规定的设立条件即可申请注册。

现随商业银行业务的国际化,进入他国金融市场并在境外广设分支机构的日益增多,东道国的市场准入问题纳入了多边贸易谈判内容,各国已普遍改行核准主义。即设立商业银行除具有法律所规定的条件外,还须报请金融监管机关批准之后,才能申请登记注册和公告设立。

对于市场准入,美国一直奉行"国民待遇",用美国国会议员的话说:"在我们的游戏场,得按我们的规则玩。"1994 年以来,美国参众两院正在加紧起草"金融服务公平贸易法",要求联邦主管部门在别国不给予美国金融机构"国民待遇"的情况下,也对该国的金融机构不予适用"国民待遇",以增强美国在对外进行金融服务贸易谈判中的地位,为打开美国金融机构进入外国市场大门的努力提供法律依据。这种在立法上作茧自缚的做法,为许多外国商业银行在美国拓展业务造成障碍,因为美国仍实施的是 60 年前制定的《格拉斯—斯蒂格尔法》(Glass – Steegall Act),即 20 世纪 30 年代经济大危机期间出台的《紧急银行法》(1933 年),禁止银行业兼营证券业,将之作为一道金融防火墙。这正降低了美国作为世界上主要国际金融中心的地位。[1] 1995 年 6 月,美国退出了在世界贸易组织主持下已经历 18 个月多边谈判的"全球金融服务贸易协议",后在世界贸易组织内除美国一国外达成"一揽子市场准入行动纲领",有效期是 1996 年 8 月 1 日至 1997 年 12 月 31 日。美国之所以退出谈判,即拒绝承诺在金融服务领域提供最惠国待遇。美国的目标是坚持要求那些对美国具有商业利益的国家现即完全开放其金融市场,提供国民待遇,而广大发展中国家则坚持《服务贸易总协议》所允许的发展中国家逐步实现服务贸易自由化的要求。

市场准入的国民待遇标准,已经日益成为束缚金融市场国际化的桎梏。欧共体通过 1993 年 1 月 1 日起生效的 2 号银行业指令,纳入"互惠条款"(reciprocity clause),正大力倡导市场准入新惯例,即欧共体准许非欧共体国家银行进入欧洲市场,要求对方国家给予欧共体成员国银行市场准入以"互惠"为前提。原来,许可进入欧共体国家市场是遵循所在国的国内法,这个与那个成员国的立法是不同的。欧共体 2 号银行业指令是推行单一许可制,即成员国 A 得许可一家来自经成员国 B 许可的第三国(非欧共体国家)X 的银行开设分行,尽管 A 与 X 两国间本无互惠协定。2 号银行业指令的生效,已使现存于大部分欧共体国家对外缔结的双边互惠协定变得不起作用,现互惠是要求以欧共体为基础的互惠。欧洲委员会于 1988 年在起草 2 号银行业指令第一稿时即说明,开放欧洲市场,旨在加强同非欧共体国家和加强在关贸总协定体系内争取互惠待遇的谈判地位,增加欧共体国家银行进入第三国的竞争机会,推动全球金融市场的自由化。欧共体 2 号银行业指令有关"第三国"(非欧共体国家)的要求包括:各成员国向欧共体报告该国银行在第三国开设分行或从事业务活动所面临的一般困难,由欧洲委员会对第三国给予欧共体国家银行的待遇,定期加以通报。在上述定期评审的基础上或在任何可采用的其他信息的基础上,欧洲委员会可采取以下两种方式,以保证改善欧共体国家进入第三国市场的状况:①当欧共体给予第三国银行有效市场准入,而第三国未给予欧共体国家银行以比得上的市场准入时,欧洲委员会可以建议欧洲理事会,就获取比得上的竞争机会的问题,与该第三国磋商;问题未解决前,对来自该第三国银行在欧共体国家开设分行的申请,予以搁置;②除磋商外,可以限制或搁置所有来自该第三国银行的申请 3 个月,欧洲理事会还可按同该第三国磋商的进展情况,将上述制裁再

---

〔1〕 美国联邦储备委员会于 1996 年 12 月 20 日已决定,提高商业银行经营股票和债券的收入比例,将规定允许该项收入占银行总收入的 10% 提高到 25% ,这成为美国扩大商业银行经营业务范围的一项新举措。1999 年 11 月 12 日,美国总统已签署经国会通过的《金融服务现代化法》,使之成为法律,废除《格拉斯—斯蒂格尔法》对银行、保险公司和证券公司业务不得交叉的限制。

延长 3 个月,直到问题获得解决为止。为维护欧洲金融市场的稳定性,"互惠条款"并不追溯适用于 2 号银行业指令在 1993 年 1 月 1 日生效前已在欧洲市场开业的外国银行。欧共体对于"互惠待遇"是作为一项新惯例予以倡导和推行的。这一新惯例的实质,即欧共体所奉行的市场准入"共同标准"。欧共体有 12 个成员国,其经济发展与金融发达程度并非划一,也有相对落后的。他国金融机构要进入欧共体市场,即可先选择其金融发达程度与之差距最小的成员国,一旦进入,也就进入了欧共体市场。

　　总之,我们的银行要去境外开拓业务,就得研究对方国家或地区市场准入的法律问题。现中国开展国际经济合作的原则是相互开放与平等互利。无论是"国民待遇"还是"互惠",都得以相互开放为前提,不能是我给你市场准入,而你对我实行保护主义,并且应当承认中国是一个发展中国家,不能以对待发达国家的标准要求中国。

二、电子资金划拨的法律问题

(一)问题的提出

　　现各国商业银行正在厉行革新化或电子化。一些银行在营业厅内外和一些商业销售中心装置自动柜员机,用以接受存款与支取现金;银行自动清算系统的终端机已安装到一些零售商店。对于电子资金划拨的好处,有人将之概括为 ABC:Advancement of producting(提高经营效率),Better Management(改进管理状况)and Customer Services(改善对顾客的服务)。

　　现全球银行兼并之风愈演愈烈,商业银行正以追求大型化为时尚。[1]新技术发展和电子货币的存款和取款越来越多。据预测进入 21 世纪,电子转账与电话联系有可能最终取代银行业为客户提供的传统的"面对面"或"柜台"服务的方式。现中国银行业也提出了"科技兴行"的口号,致力于以计算机为基础的电子化。1995 年下半年,中国工商银行全面开通国内电子汇兑系统,每天平均业务量达 7 万笔,资金流量 100 亿元,企业通过工商银行汇划资金,由过去的 4 天已缩短为 1 天。

　　全球商业银行电子化之风刮自美国。美国联储于 1937 年建立的"联储电划系统"(Fed Wire),开创时使用的是电报、电话手段,到 1973 年已完全实现电子化。美国 12 个联储区的联储银行都有为本地区银行间清算服务的电子计算机系统,全美中央系统设在弗吉尼亚州库尔佩珀。用电子计算机系统划拨资金和办理清算,每天发生涉及巨额总量的成千上万笔电子划拨

---

[1]　总部设在纽约的花旗金融公司与旅行者金融公司于 1998 年 4 月 6 日宣布实行合并,兼并金额高达 820 亿美元,新成立的花旗集团公司成为全美仅次于大通曼哈顿银行的第二大金融集团。花旗集团总资产将达 7 000 亿美元,业务遍及 100 多个国家。该集团将花旗金融公司的银行业务和旅行者金融公司的证券、保险业务集于一身,开创了美国金融界"一条龙服务"的先河。

资金,尽管其中的绝大多数未出现任何问题,但是由于缺乏完备的法规处理随时可能发生的问题,也产生了一些意想不到的法律后果。总之,随着电子资金划拨的普及,已经日益面临有待通过立法解决的重大问题。

1985年11月21日,纽约银行电子计算机系统出现严重问题。按照设计,该系统只能承担3.2万宗政府债券发行的清算工作量,当发行宗数超过这个承担能力时,其数据库就会失灵,而政府债券经纪人仍能源源不断地向该系统发指示,当日一天透支额共高达300亿美元。国外资料[1]表明,通过电划系统办理收付,万一出现问题即可能带来某些始料未及的后果和有待处理的损失赔偿责任。1973年,美国发生埃弗拉案:原告为芝加哥商人,他卖大批货物给巴西公司,长期租船运送。租船合同规定,租船人提前1个月预付月租金,否则,船主有权解除合同。租船人(芝加哥商人)通过芝加哥大陆银行电划租金给巴黎银行船主账户。这一电划过程是:芝加哥大陆银行借记芝加哥商人账户,电告该行伦敦办事处电划到日内瓦瑞士银行,指示其划入巴黎银行贷记船主账户。1973年4月25日,芝加哥商人电告大陆银行,指示将2.7万美元预付的下月租金电划给巴黎银行船主账户。4月25日夜芝加哥大陆银行电告伦敦办事处。26日晨大陆银行伦敦办事处反复按动日内瓦瑞士银行营业部电传号码,由于接收机太忙,只得另按瑞士银行外汇部电传号码。瑞士银行外汇部未能直接将这笔预付租金款项划入巴黎银行船主账户。27日租船人收到船主解除租约通知,理由是未收到预付租金。芝加哥商人通过大陆银行查询,瑞士银行营业部将款项电划巴黎银行被拒收。仲裁裁决,船主有权解除合同,如欲维持原合同,租船人得加倍付给船主租金。芝加哥商人只得与船主加签租用同船附约,将费率提高1倍。费率的这一改变,租船人将蒙受210万美元的利润损失。芝加哥商人与大陆银行发生争讼,并发展为与瑞士银行的争讼,绵延至1982年,争讼焦点即谁对这一事件承担责任和承担什么样的责任。瑞士银行如为其错误处理承担责任(外汇部接收了电传全文已构成接受),其责任额即划拨的一笔2.7万美元;瑞士银行如为其错误处理承担损失,则要赔偿210万美元。受理本案二审的美国联邦第七巡回法庭判决,瑞士银行不应为埃弗拉案的合同损失承担赔偿责任,因这一损失非瑞士银行所能预见。判决令银行界松了一口气,却使原告芝加哥商人大失所望!由于与埃弗拉案类似的大案难以杜绝,电子资金划拨的无法律秩序状态已经令银行界和广大银行客户为之不安!

(二)美英立法动向

1.美国。美国法律界为填补这一真空的早先努力是由美国法律协会与

---

[1] R. C. Effros: A Primer on Electronic Funds Transfers (Nobert Horn: The Law of International Trade Finance, Kluwer, 1989, p. 161).

律师协会共同草拟一部"新支付法典"。自1980年至1983年6月2日,"新支付法典草案"已三易其稿,构想将电子资金划拨与支票支付纳入同一法典,把《统一商法典》第3编商业票据与第4编银行存款和收款中有关支票的规定抽出来,纳入一部兼容支票与电子资金划拨的"新支付法典"。但美国银行界与众多法律工作者对该草案不屑一顾,视为一项徒劳的法规改革。因为支票属于"纸票据",而电划属于"无纸票据"(声音的或视觉的票据),对于截然不同的二者无可能适用同一规则。

继后,美国法律协会与律师协会另起炉灶,构想在《统一商法典》第4编银行存款和收款中增设"4A"部分,另拟《统一商法典》第4A编——资金划拨"草案。1989年发表最新修订的《统一商法典》第4A编——资金划拨"草案文本,分主旨与定义,支付命令的签发与接受,接受银行对发送方支付命令的执行、支付,杂项规定等五个部分。文本中的标号"4A101"即指"4A"草案第一部分主旨与定义的第1条(余类推),简略标题:"本编可标题为统一商法典——资金划拨"[1]。由于"4A"草案主要是反映银行界要求,对银行客户和社会公众权益的保护还有待平衡,迄今尚未定稿,预计在其最终完成前还将有所修改。

以下就"4A"草案1989年正式文本的五个部分逐一加以评介:

(1)主旨与定义。"4A–104"将"资金划拨"定义为,指支付命令发送方把存放于商业银行账户的资金,通过一条线路划入受益方开户银行,以支付给受益方的一系列转移过程。在这一过程中,①必须至少有一家银行参与其间。在银行系统之外的资金划拨不适用"4A"规则,而是由普通法和制定法管辖,如"联储电划系统"适用1978年美国国会通过的《电子资金划拨法》[2](Electronic Funds Transfers Act)。②"4A"规则仅适用于贷方的资金划拨,并不包括借方的资金划拨。借方划拨是发送方命令开户行将支付人资金划拨到自己账户,例如,电力公司按规定收取电费,通过用户与开户行的事先安排,接受电力公司命令支付给该公司。但"4A"规则并不适用于这类借方划拨。现随借方划拨量在银行系统中的日益增加,人们有理由怀疑"4A"规则的起草者是否明智。③在美国,消费者的电子资金划拨已有联邦1978年《电子资金划拨法》加以适用,为避免法律冲突,"4A–108"规定:"本编不适用于受联邦1978年《电子资金划拨法》管辖的资金划拨。"

---

〔1〕　Article 4A of the Uniform Commercial Code——Fund Transfers (1989 Official Text),R. C. Effros:Current Legal lssues Affecting Central Banks (1992),Vol,I,IMF,Appendix Ⅲ.

〔2〕　该法规定:"电子资金划拨"(EFT)是指不以支票、期票或其他类似票据的凭证,而是通过电子终端、电话、电传设施、计算机、磁盘等命令、指示或委托金融机构向某个账户付款或从某个账户提款;零售商店的电子销售安排、银行的自动提款交易、银行客户通过银行电子设施进行的直接存款或提款等,均为"电子资金划拨"或"资金电子转移"。

（2）支付命令的签发与接受。"4A-201"规定了银行可以采用核实支付命令完备方法的"安全程序"。客户向银行发送的支付命令必须符合"安全程序"，并自行承担违反"安全程序"的风险，除非客户能举证证明违反"安全程序"是由于银行的疏忽或者是由于银行方面所致，所受损失才自客户转由银行承担。"4A-202"规定，接受支付命令的银行有责任核实发送方身份无误，同时有权自己拒绝接受。"4A-212"规定，接受银行不是发送方的代理人或所接受的支付命令受益方，除非本编另有规定或当事人事先有明示协议，接受银行不为其他人的行为负责。

（3）接受银行对发送方支付命令的执行。接受银行有责任依"4A-302"规定执行或传送所接受的支付命令。如银行接受了支付命令没有执行或执行有错误，依"4A-305"规定承担责任；责任额限于支付命令数额加利息、划拨费用与代理人费用，不得再追索其他损失赔偿。"4A-305（C）"明确规定，其他损失赔偿包括后果损失（合同损失），必须是在发送方与接受银行之间事先有明示协议加以规定才得追偿。

（4）支付。"4A-406（a）（ⅱ）"规定，受益方的银行对受益方的支付，其数额等于受益方的银行所接受的支付命令数额，但不得多于发送方支付命令数额。这在实际操作中就会出现如原发送方欠受益方 100 万美元，他命令 X 银行划拨 100 万美元给 Z 银行贷记受益方账户。这笔资金划拨经 Y 银行中转，Y 银行扣除 10 美元服务费，贷转 Z 银行 999 990 美元，Z 银行将之贷记受益方账户，原发送方对受益方岂不还欠 10 美元？ 如何解决这一问题，从"4A"草案中尚找不到答案。表明草案还设计得并不严密，存在漏洞。

（5）杂项规定。"4A-501（a）"：除本编另有规定，资金划拨各方权利义务可以由当事人各方的协议改变。表明"4A"规则属于任意性规范，仅供当事人选择适用。"4A-502"规定，银行不得以与债权处理无关的理由拒绝支付给受益方；而且，债权处理仅适用于受益方对受益方银行的负债，受益方银行无责任为任何其他银行作债权处理（如行使抵销等）。依"4A-503"规定，法院只能依法扣押原发送方或受益方的划拨资金，不得扣押中转中的电划资金。"4A-507"法律选择，（a）款，除双方对法律另有选择，按以下规则确定适用的法律：①支付命令发送方与接受银行之间的权利义务，受接受银行所在地法律管辖。②受益方的银行与受益方之间的权利义务，受受益方银行所在地法律管辖。（b）款，如各方协议选择由特定法律管辖，不要求应选择与支付命令或资金划拨具有合理联系的法律。（c）款，资金划拨系统可以选择由特定法律管辖以下事项：①通过系统传送支付命令或划拨资金的参加银行之间的权利义务，或②任何方利用系统涉及的若干方或所有各方的权利义务。按"4A-507（e）"规定，如资金划拨通过多个系统，各系统选择适用的法律冲突，争议事项应适用与之具有最密切联系的系统所适用的法律管辖。目前,在美国电划资金的系统即有联储控制的公共支付系统"联储电划系统"(Fed Wire)和私方支付系统"纽约银行间电划清算系统"(CHIPS)、"环球银行金融电信协会系统"(SWIFT);在国际上还有"英国票据交换所自动收付系统"(CHAPS)、"银行自动清算系统"(BACS)、"邮汇系统"(POS)和"销售点电划系统"(EFT—POS)等多个系统,各个系统均有其适用的特定法律或规则。问题发生于哪个系统,即按哪个系统适用的法律或规则解决。

例如,英国 BACS 与美国 CHIPS 适用的规则即有不同。英国判例,蒙诉巴克利国际银行案(1977 年).[1]巴克利银行客户赫尔斯塔特电告银行划拨 12 万英镑到原告蒙的账户,蒙也为该行客户。经当晚 BACS 清算后,赫尔斯塔特账上已无结存和丧失偿付能力,银行又从蒙的账户将 12 万英镑划回赫尔斯塔特账户。蒙控告银行,既已将这笔款贷记其账户即无权又借记于他的账户,因这笔款是不能被撤回的。法庭判决,发生于闭市后与次日开市前的这笔款的划去划回是有效的,这为 BACS 规则所允许。美国判例,德布吕克公司诉汉诺威制造商信托银行(1979),法庭对类似于前述英国判例的案情所作判决,结果则截然不同,因 CHIPS 规则对作出的贷转即不再允许撤回。

2.英国。英国"票据交换所自动收付系统"(CHAPS)清算规则,[2]除清算时间表外,共 12 条:①总则;②CHAPS 收付;③不包括的收付;④会员责任;⑤收付线路;⑥补正分类电码;⑦错误发送的收付;⑧授权无效;⑨所列不详的收付指示;⑩截止与清算程序;⑪系统的完整性;⑫备用/突发性安排。

CHAPS 规则要点如下:

(1)CHAPS 限于票据交换所会员之间传送收付信息,并一律按《编码实施守则》编码。非会员组织只有与会员有代理安排的才得使用系统。系统清算规则按英国法与银行实务惯例解释,标名《编码实施守则》、《用户入门须知》、《CHAPS 入门软件功用说明书》、《CHAPS 线路程式》与《核实实施守则》等文件所载规则,对会员亦均具权威性与约束力。会员间出现争议,不能相互协商解决的,除另有规定者外,任何一方均可提交票据交换所总监察裁定,所涉会员必须向总监察提供证据。总监察不能作出裁定或任何一方对裁定不服,可以提交"CHAPS 和伦敦城清算理事会"裁决,裁决为终局的。

(2)英格兰与威尔士的每个营业日为上午 9 时半到下午 3 时。系统出

---

〔1〕 Chris Reed:Electronic Finance Law, Woodhead – Faulkner(Publishers) Ltd. ,1991,pp. 26 – 27.

〔2〕 载《巴特沃思银行业手册》,1989 年,第 381 – 388 页。

现故障或必要例外情况时,总监察有权下令提前闭市。每个营业日一闭市即转入清算程序。

使用系统的每笔收付必须是数额在 7 000 英镑或以上,保证为当天清算的、不可撤销的、无条件的英镑收付,并经付款人会员于闭市前标明盖戳注销时间的,否则,不得接受。

对一笔错误发送的收付,必须采用"补正分类电码"立即退回,而且在任何情况下均不得迟于次营业日中午 12 时,否则处以罚息。经过相互协议,对不接受的收付也可随时采用系统以外的通讯手段退回,但不得迟于次营业日中午 12 时。

(3)清算程序。闭市时每个会员必须向其他会员发出"最后正常收付"信息和向英格兰银行发出"等待清算"信息。但闭市后 5 分钟内如未收到自其他会员发来的"最后正常收付"信息,应截止接收,并向总监察报告,由总监察指示该会员发出"强制清算"信息。英格兰银行按各会员报送数字进行清算。遇两个会员之间信息脱节发生的强制清算,一般采用收款人会员数字,如缺少收款人会员数字时即采用付款人会员数字。信息脱节发生的争议问题,于系统外采用争议双方同意的方法解决。

如一会员在闭市后 15 分钟内未自英格兰银行处收到已知晓其发出的清算信息,该会员经与总监察磋商后,可以将其作"强制簿计"的信息输入系统。

各会员的 CHAPS 收付于每周星期二进行一次结算。

(4)会员责任。

第一,每个会员必须遵守 CHAPS 规则。每个会员凡接受一项"CHAPS 线路程式",均应保证其内在逻辑性,并经客户核实,然后由总监察统筹安排。

第二,只要营业日当天时间容许即须对所收到的收付信息作进一步处理。

第三,收款人会员须尽快通知客户,并于当天贷记客户账户,不管银行与客户之间有何日常安排。

第四,每个会员必须于闭市前接收所有经付款人会员标明盖戳注销时间的收付。

第五,每个会员必须保证是采用 CHAPS 软件,发送的信息并能为对方接收到。

第六,一个会员一旦有理由预料发往另一个会员的收付信息总量有可能超出系统的承担能力时,必须及时向 CHAPS 业务委员会发出警告。

此外,每个会员还须对其自备银行业务收付程序软件负责,并保证其所作的任何改变均无损于 CHAPS 联网系统的完整性;再者,每个会员还须保存入门存档信息 7 年,以备总监察查询。

（5）规则修订。任何会员与总监察均可提出 CHAPS 规则的修订建议,但须书面向 CHAPS 业务委员会主席递交。经该主席与全体会员磋商并征询 CHAPS 技术委员会意见后,由业务委员会向"CHAPS 和伦敦城清算理事会"提出修订案文。理事会本着审慎原则予以采纳或否决;予以采纳的,在实施前应通知到每个会员。

非会员用户对 CHAPS 规则的修订建议必须通过会员提出。

（三）国际立法动向

在国际上,国际标准化组织(ISO)的银行金融服务业委员会为电划制定的"标准术语",已为国际认同。国际商会（ICC）[1]的银行业委员会正在拟订一个"银行间支付规则草案",旨在解决为位于不同国家银行之间划拨资金发生的损失赔偿提供保险的问题,以减少银行客户的疑虑,发生损失时能补救于事后。ISO 与 ICC 两个国际组织所考虑的问题虽有不同,但均系以促进国际银行界放弃传统采用的支票支付,而改用电划为共同目标。

联合国国际贸易法委员会（UNCITRAL）于 1972 年通过"联合国国际汇票与国际本票公约草案",1987 年通过该公约草案修订本,并提交联合国大会于 1988 年 12 月 9 日正式通过,供开放签字。迄今为止,在该公约上签字的国家仅有前苏联和加拿大、美国等,批准国尚未达生效要求的 10 国数目。委员会于 1984 年着手起草的"联合国国际支票公约",由于国际银行界倾向采用电划取代支票支付,即使完成"支票公约草案",也将作用不大。现委员会对这方面的工作已作重心转移,秘书处于 1986 年发表了国际支付工作小组起草的《电子资金划拨法律指南》,供各国立法参考。由于《指南》属于探索性文件,仅回答了为电划拟订合适规则需要考虑的诸多因素,所以,1986 年委员会在决定由秘书处发表《指南》同时,还决定起草一部"国际资金划拨标准法"。从 1992 年 5 月首次公开的该标准法第一草案看,共 18 条,其中,第 1 - 15 条已经委员会第 24 次会议讨论,第 16 - 18 条还只是委员会的国际支付工作小组第 22 次会议讨论的案文,尚待委员会以后的会议讨论。[2] 以下就标准法草案从总体上作一评介:

通过电划办理支付取代支票,在国际银行界已成确定不移的大趋势。

---

[1] ICC 在世界上 140 个国家和地区拥有会员。1994 年 11 月 8 日,国际商会接纳了在中国新建立的"中国国家委员会"（ICCC）为会员。中国国家委员会为一民间组织,创始会员 162 个,包括了中国一些最大的企业和组织,以中国国际商会为牵头机构。中国国家委员会章程规定:"将通过各种合理方式提高中国商界及中国政府及其机构对国际商会制定和倡导的规则、惯例、例行等的认识,并促进中国商界对其规则、惯例等的采纳和使用。"

[2] Draft UNCITRAL Model Law on International Credit Transfers, R. C. Effros: Current Legal Issues Affecting Central Banks (1992), IMF, Vol. 1, Ap. Ⅳ.

原因是电划可以用比"纸票据"少得多的费用划拨巨额资金(目前在美国对一笔电子资金划拨,无论数额多大,商业银行收费 8 - 12 美元不等),[1]而且十分迅速,但需解决可靠性问题。现电划发生较多的问题为迟延传送或误传。到目前为止,电划的可靠性较之"纸票据"尚略逊一筹,也就是说还并不十分理想。使用"纸票据",出现了错误,通常还有个允许的期限采取其他补救办法,而采用电划则很难有纠正错误的回旋余地,因错误而造成的损失也更大。前述埃弗拉案中,划拨一笔 2.7 万美元的资金,合同损失 210 万美元,即为例证。现"标准法"是以国际统一实体法形式出台,还是以并列两个或三个不同规则条文来反映各国不同主张,任当事人择用,尚未定案。对"标准法"的适用范围则已确定,它将不适用于票据(包括汇票、本票、支票和托收等);再者,它将仅适用于信用贷转,并非覆盖任何种类的欠款划拨。国际欠款划拨仍将以电开信用证办理。"标准法"对接受银行的义务持如下态度:银行自一个非银行客户收到支付命令,如该客户在其账户上无足够信用,银行无义务执行;再者,接收银行不执行他国银行传送的支付命令时,无须说明理由,但规定有一个答复期,要求于收到当天答复。英国 CHAPS 要求在以小时计的极短时间内接受或答复;有些国家对答复期则有几天、几个星期,乃至几个月的不同主张。"标准法"将答复期作为一项国际统一实体法规则对待,目的即在于防止各国的不同主张冲突。"标准法"对银行的补救责任,规定了归还或追索、支付迟延利息;还规定补救不取决于在当事人之间是否存在合同关系。因电划是一个作资金划拨的系列转移过程,原发送方与受益方客户同一系列的中转银行之间并非都存在合同关系。"标准法"对银行的损失赔偿责任限于承担直接损失,即以等于划拨的资金额为限,不包括间接损失,如合同损失或后果损失。最后需要提及,"标准法"也不解决当事人的最终债权债务问题,因这属于各有关国家法律管辖的范围。从而,"标准法"在其最后一条(第 18 条)作出有关法律冲突的如下规定:

1. 支付命令发生的权利义务,由当事人选择适用的法律解决,无选择时适用接收银行国家的法律。

2. 适用 1 款时应不影响管辖支付命令实际发送方国家法律管辖的事项。

3. 适用本条,①一国不同的州适用不同的法律时,对所在州的法律应予考虑;②位于不同州的银行分支机构,视同位于不同国家的银行。

(四)结论

美国统一商法典(UCC)"4A"草案和国际商会(ICC)"银行间支付规则"

---

[1] 中国工商银行建成的全国资金汇划清算系统网络,企业和个人现金汇款可在 1 分钟内即时到账,按 1% 收取手续费,最高每笔收取 50 元人民币封顶。

草案,联合国国际贸易法委员会(UNCITRAL)"国际资金划拨标准法"草案等,在最终通过以前,无疑还需要经过多次修订才能定案。因此,对于各草案已经提出的条文,其规定得是否完善或合理可行并非重要,其重要性在于它们已经提出了一个在不久的将来得以实现世界各国和各个不同电划系统相互接轨、联网的可供研究和讨论的基础。中国需要不失时机地在各国有专业银行向商业银行转轨的过程中,积极开辟电划业务和完善本国的电划系统的硬件和软件建设,并将电子资金划拨及早提上立法议事日程。

■思考题

1. 中央银行的法律地位问题。

2. 与商业银行在整个市场经济结算网络中的主体地位相适应,银行体制改革的世界主流趋势是什么?

3. 银行与客户的关系及其相互责任的法律问题。

4. 抵销的法律问题。

第四章　国际借贷与担保

■ 学习目的和要求

　　注意了解国际借贷合同、借贷担保、辛迪加贷款与国际借贷的证券化、商事合同统一规则与电子商务合同规则、出口信贷,以及中国对涉外商业贷款与外汇担保的管理等法律问题。

第一节　国际借贷合同与担保

一、一般国际借贷

国际借贷要由借贷双方订立借贷合同。近年来,一般国际借贷合同不仅在内容上已逐渐形成若干共同条款,而且各贷款行已形成一些习惯做法(银行实务惯例)。一般国际借贷合同的共同条款分金融和税收条款、声明和保证条款、消极担保条款、违约救济和法律适用条款四大部分。

（一）金融和税收条款部分

这部分条款主要规定合同生效的先决条件、贷款提取、贷款用途、保险、贷款偿还、贷款额度和货币选择、利息和费用,以及税收等内容。

1. 合同生效的先决条件。国际借贷合同一般都不是签字时立即生效,而是规定在借款人向贷款人提交所要求的各种法律文件之后才生效,贷款人才发放贷款。要求借款人提交的各种法律文件包括:①担保书或抵押文书;②一切必备的授权书副本;③一切必备的政府批准书和外汇管理机关批准书的副本;④借款人组织机构的成立文件,如公司企业章程等;⑤律师意见书。借款人提交上述为贷款人所要求的各种法律文书,构成合同生效的先决条件。商业银行对有的借款国,还要求它提交国际货币基金的备用安排通知,作为合同生效的先决条件之一。

2. 贷款提取。本条款规定的内容包括期限和地点。贷款提取期限通常规定为借款人应在提款前若干天通知贷款人。贷款提取地点即贷款人的义务履行地和贷款人的付款地。

3. 贷款用途。本条款规定,借款人应将合同项下的全部贷款用于特定用途。一般国际借贷,不似项目贷款,对用途并不加限制,但规定不得用于非法目的则属于通例。

4. 保险。本条款规定,借款人应将其资产向声誉良好的保险公司投保。作此规定,在于遇借款人公司企业资产遭受投保范围内的损失时,贷款人能代位(取代投保人地位)获得保险公司的赔偿,收回贷款。

5. 贷款偿还。本条款规定贷款的期限,并规定如借款人提前偿还,应付给贷款人一笔升水(追加利息),以补偿贷款人未获预期利息收益的损失。

期限包括利息期、偿还期与宽限期3个期限。利息期规定按哪天市场利率确定利息,在多长期限内(如3个月或6个月)调整利率一次,一般均采用浮动利率。偿还期如规定为5年,即指在5年内边使用边偿还。宽限期是在长期贷款中规定的签订合同后开始偿还的期限。在宽限期内,借款人使用贷款可以只付利息而不必还款,过了宽限期即边使用边偿。宽限期的有无及其长短,随贷款人是否给予借款人优惠及其优惠程度而定,宽限期一般为1-3年不等。

6. 贷款额度。本条款规定贷款总金额及所提供的币种。

7. 货币选择。本条款规定,在每一个利息期届满,不仅利率改变,所贷币种也可以改变。有的贷款行规定,所贷币种可以由借款人自选,但应在利息期届满前10天内通知贷款行;有的贷款行规定,借款人可以从贷款行开出的可供选择的币种清单中选定。

8. 利息和费用。依什么利率计收利息,由借贷双方依金融市场行情商定或依贷款行的规定确定。通常以LIBOR为基础商定或确定。LIBOR即伦敦金融市场逐日挂牌公布的伦敦银行同业一年期内拆放利率。LIBOR加上不等的加息率,构成贷款计收利息的利率。除利息外,借款人还需支付管理费(收费率0.5%左右)和其他杂费(收费率0.5%-1%不等)。在新加坡和香港金融市场所采用的新加坡银行同业拆放利率(SIBOR)与香港银行同业拆放利率(HIBOR),均系从LIBOR派生而来。在美国金融市场则适用纽约银行优惠放款利率(prime rate)。

9. 税收。本条款通常规定,借款人的一切支付不得受税收影响。在任何有关支付及借贷合同的应纳税款方面,借款人要补偿给贷款人。通过这一规定,将税收负担转嫁给借款人。

(二)声明和保证条款部分

这部分条款包括借款人对其法律地位、财产状况和商务状况的声明,并保证其声明的真实可靠。

1. 关于借款人法律地位的声明:①保证借款人是依法注册成立的公司企业,具有良好的信誉,并有订立借贷合同、经营有关业务的合法权限;②保证签订和履行借贷合同不违反借款人所在国法律,也无同借款人与第三者所签担保合同相抵触之处,即保证无牵连债务之累;③保证借款人已取得政府许可,包括借款人已取得外汇和向国外汇出的许可;④保证合同债权具有法律上的有效性,如日后由于法律改变使合同债权的有效性出现问题,应由借款人承担风险,称"四季青保证"。

2. 关于借款人财务状况和商务状况的声明:①保证借款人经过审计师审定的最新决算表是真实地反映了作出决算日的财务状况,以及截至该日为止的财务年度内的经营状况,同时,保证在上述账目上不存在任何没有披露的重大负债;②保证没有卷入财产诉讼,也没有被提起财产诉讼的威胁或发生违约态势;③保证保持一定金额的最低资产净值、负债与产权比率、流动比率、外债清偿比率。贷款人通常都要求在借贷合同中订明这些比率,以保证借款人持有足够的流动资金和外汇,如期还本付息。

(三)消极担保条款部分

国际借贷通常都设定双重担保,即贷款人除要求借款人寻找担保人提交担保书,或在借款人资产和收益上设置担保物权等以设定积极担保外,还都要求在借贷合同中设定消极担保。消极担保条款的典型约定为:"在偿还贷款前,借款人不得在其资产或收益上设定任何质权、抵押权或其他担保物权,也不得允许这些担保物权继续存在。"通过这一约定,以保证贷款人行使其要求借款人偿还贷款的权利不致被排列于设有担保物权的其他债权人权利之后。通过这一约定,还可以间接限制借款人以同一资产和收益再作抵押,过度举债。与上述约定同时订入合同的还有比例平等条款,使借款人进一步向贷款人承担义务,即必须保证贷款人与其他所有无担保权益的债权人是处于比例平等的受偿地位。

(四)违约救济与法律适用条款部分

这部分条款主要规定违约事件、违约救济、法律适用与管辖等内容。

1. 违约事件条款。本条款是将各类可能发生的违约事件加以列举,规定贷款人可以采用违约救济条款所规定的救济方法来维护其合法权益。所列举的违约事件分三类:①直接违约事件。指借款人不按期支付本金、利息和费用,违反声明与保证等事件;②交叉违约事件。指借款人由于其他借贷违约而被其他贷款人宣布贷款加速(提前)到期立即偿还时,即构成交叉违约,本贷款人亦有权随即宣布给予借款人的贷款也加速到期立即偿还;③先兆性(报警性)违约事件。指借款人出现丧失偿付能力、商务状况有重大不利变化等事件。出现这类事件,贷款人也可提前收回贷款。

2. 违约救济条款。本条款是规定出现任何一类违约事件时贷款人拥有的内部和外部救济方法。内部(借贷合同规定的)救济方法有:①中止借款人提取贷款;②解除借款人尚未提取的贷款;③宣布贷款加速到期立即偿还。这三种方法可以择一采用或一并采用。外部(有关国家法律规定的)救济方法可以包括:①解除借贷合同;②要求赔偿损失;③要求履行借贷合同,支付已到期的本息。这三种方法多不能一并采用,因不能既要求解除合同又要求履行合同,要求赔偿损失并不比要求履行合同支付已到期本息所获更多,只有解除合同与要求赔偿损失这两种方法得以并用。借贷合同中的违约救济条款,都是把内部救济方法与外部救济方法累加订入,以防止借款人把内部救济方法解释为惟一救济方法而排除诉诸法院解决的可能性。

对于国际借贷争议,贷款人通常都不愿提交仲裁,而是直接诉诸法院解决。这是由于:①仲裁是排除法院解决的。中国对涉外仲裁也持这一主张,按《合同法》规定,涉外合同当事人没有订立仲裁协议,或者仲裁协议无效的,才得向人民法院起诉。贷款人通常都以诉诸法院解决争议作为最后救济方法,所以都不愿在借贷合同中订入仲裁条款。因为仲裁裁决遇借款人不自动执行时,还得申请法院强制执行,故不如一开始就直接向法院起诉;②仲裁具有不公开性。贷款人总希望将借款人违约公开化,将之置于诉讼威胁之中,以迫使其顾及会引起交叉违约的连锁反应而不得不屈服于贷款人的要求,走撤诉和解之路;③仲裁裁决在某种程度上带有妥协性。仲裁对其他商事争议是适宜的,使双方交易得以维持和继续下去,而贷款人对违约借款人所要求的则不是维持和继续借贷,而是要如数收回本息。正由于国际借贷争议的最终解决乃诉诸法院,从而在合同中订入法律适用与管辖条款也就成了通例。

3. 法律适用与管辖条款。本条款规定解决合同争议适用哪国法律,交由哪国法院管辖。国际借贷不像国际贸易那样有《联合国国际货物销售合同公约》可供统一适用。贷款人总是力求避免受借款人国法律和法院管辖,而要求选择适用借款人的外国法解决合同争议和由外国法院管辖,并将之视为决定性的,否则即不愿成交放贷。但是,借款人即使接受了外国法作为合同准据法和外国法院对合同争议的司法管辖,也并非就丧失了本国法律保障。这是由于:①对外国法院判决的承认和执行要受到借款人国法律的制约;②尽管有合同准据法,但合同中有的事项仍属于"无选择"范围,仍须受借款人国法律管辖;③外汇管制。《国际货币基金协定》要求各成员国得相互合作采取措施,使彼此的外汇管制条例能够有效实施。《巴塞尔协议》也承认国家汇划风险乃政治风险。因此,无论合同准据法为哪国法,只要受理法院或执行法院将该项借贷合同作为违反有关国家外汇管制条例的"汇兑合同"对待,该项合同即不被强制执行。如借款人国外汇管制条例要求借款人用当地货币代替外币偿付贷款人,即使是外国法院亦有义务承认借款人国的外汇管制条例效力,除非该国条例不符合《国际货币基金协定》。基于上述原因,当今国际借贷仍能普遍遵循当事人合同的自律和各自国家的法律协调进行,国际借贷合同以外国法为准据法亦并不妨碍借贷双方成交。

中国自 1999 年 10 月 1 日起施行的《合同法》在第 12 章借款合同中作有如下规定:

1. 合同的形式、内容与担保。借款合同是借款人向贷款人借款、到期返还借款并支付利息的合同。借款合同采用书面形式,但自然人之间借款另有约定的除外。借款合同的内容包括借款种类、币种、用途、数额、利率、期限和还款方式等条款。订立借款合同时,贷款人可以要求借款人提供担保。担保依照中国《担保法》的规定。

2. 借款人与贷款人责任。订立借款合同时,借款人应按照贷款人的要求提供与借款有关的业务活动和财务状况的真实情况。贷款人未按照约定的日期、数额提供贷款、造成借款人损失的,应赔偿损失。借款人未按约定的日期、数额收取借款的,应按约定的日期、数额支付利息。贷款人按约定可以检查、监督借款的使用情况。借款人应按约定向贷款人定期提供有关财务会计报表等资料。借款人未按约定的借款用途使用借款的,贷款人可以停止发放借款、提前收回借款或解除合同。

3. 利率和利息。办理贷款业务的金融机构贷款的利率,应按照中国人民银行规定的贷款利率的上下限确定。借款人应按约定的期限支付利息。对支付利息的期限没有约定或约定不明确,依本法有关规定仍不能确定,借款期限不满 1 年的,应在返还借款时一并支付;借款期间 1 年以上的,应在每届满 1 年时支付,剩余期间不满 1 年的,应在返还借款时一并支付。借款的利息不得预先在本金中扣除。利息预先在本金中扣除的,应按实际借款数额返还借款并计算利息。

4. 借款期限、提前偿还借款与展期。借款人应按约定的期限返还借款。对借款期限没有约定或约定不明确,依照本法有关规定仍不能确定的,借款人可以随时返还;贷款人可以催告借款人在合理期限内返还。借款人未按约定的期限返还借款的,应按约定或国家有关规定支付逾期利息。借款人提前偿还借款的,除当事人另有约定的以外,应按实际借款的期间计算利息。借款人可以在还款期限届满之前向贷款人申请展期,贷款人同意的,可以展期。

5. 自然人之间的借款合同。自然人之间的借款合同,自贷款人提供借款时生效。自然人之间的借款合同对支付利息没有约定或约定不明确的,视为不支付利息;对支付利息有约定的,借款的利率不得违反国家有关限制借款利率的规定。

二、欧洲美元借贷

欧洲美元借贷合同与一般国际借贷合同的内容基本相同,不同之处即在于合同内增订了对贷款行利益的特殊保护条款部分。欧洲美元借贷,贷款行是在伦敦银行同业市场吸收对应存款后才放贷,以 3 个月或 6 个月为一个利息期。贷款行在每个利息期都要随行就市调整一次利率。下一利息期的利率是按照贷款行期前两个营业日贷款成本而定。确定的基础即伦敦银行同业市场报价利率,以在该市场从事交易的几家参考行当天伦敦时间上午11时(成交高峰)美元拆放利率报价的平均数加一定利差(加息)。贷款行收益即表现在超过 LIBOR 对应的存款利率的加息上。因此,贷款行在与借款人订立的欧洲美元借贷合同中都要增订以下两项对其利益的特殊保护条款:

1. 无效或非法(行为)条款(illegality clause)。本条款规定,如由于适用法律、条例或规则的改变,或由于政府当局对其解释和管理措施的变化,使得贷款行继续维持贷款,或使贷款行筹措供贷资金成为非法时,则贷款行的义务即告终止,借款人应立即归还贷款。但贷款行应将上述变化的情况以书面形式通知代理行,由代理行及时转达借款人。通过订入此项条款,使贷款行的利益因法律风险转嫁给了借款人而得到保全。

2. 替代借款利率条款(substituted rate of borrowing clause)。本条款规定,在确定利息日,由于无参考行报价,代理行应通知贷款行和借款人,在30日内商定出一个为各方所接受的替代利率。如在30日内商定出了一个替代利率,该利率即适用于新利息期。如在30日内未能就替代利率达成协议,借款人必须提前还款。通过订入此项条款,使贷款行的利益因金融风险转嫁给了借款人而得到保全。

三、借贷担保

借贷中流行的担保有信用担保、见索即付担保、物权担保、浮动担保等积极担保与混合担保方法。其中,信用担保与见索即付担保统称人的担保,物权担保与浮动担保统称物的担保。

(一)信用担保与见索即付担保

信用担保是由担保人向贷款人保证,当借款人不履行债务时,由担保人代负履行责任。信用担保的成立,系由借款人与担保人订立委托合同、担保人与贷款人订立担保合同(担保书构成借贷合同的附件),或由担保人在借贷双方订立的借贷合同上签字承担担保人责任。担保范围包括借款人对贷款本金、利息和费用的如期如数偿付。担保成立后,担保人作为从债务人,在主债务人借款人不履行其债务时,即应代替借款人向贷款人负履行之责。除上述方式外,贷款人也可采用要求借款人找银行充当担保人开立银行保函的方式。银行保函,即银行应客户(保函申请人)的请求,向保函受益人(贷款人)开立的、担保申请人正常履行借贷合同规定的债务;如申请人未能履行其债务,由银行承担向受益人履行经济责任的保证函件。这种银行保函属于合同从属性担保,英文用"guarantee",有两个合同,一个为主债务人与债权人之间的借贷合同,另一个才是担保行与债权人之间的担保合同(银行保函)。国际商会于1993年制定有《合同保函统一规则》(524号出版物),可供选择适用。

见索即付担保是 20 世纪 50 年代在国外银行界兴起的一种新型信用担保。它是担保人应借款人请求而与贷款人订立的一项独立合同,由担保人向贷款人承担见索即付义务。这种担保属于独立性担保,英文用"indemnity"["赔偿担保",只一个合同,即担保行与受益人之间的担保合同(银行保函)]。见索即付担保中,担保行承担第一性付款责任,只要受益人索赔即须付款,不管申请人是否同意付款,也无须调查商务合同履行的事实。迄今,尚无哪一个国家对于这种担保合同(银行保函)作出规定,而是以"无名合同"(合同法中未规定名称的合同)相称。国际商会于 1978 年 6 月 20 日公布的《合同担保统一规则》(325 号出版物),[1]对见索即付担保亦无明文规定,但 325 号出版物适用于"任何担保、保函、赔偿函、保证或类似的义务的承担,不论其使用何种名称或用何种措词来表达'担保'这一名称",并允许当事人"在担保文书或此种担保的任何修改文件中另有不同的明示规定"。因此,现银行提供见索即付担保的通行做法是:担保行应借款人的申请,向贷款人开出保函,在声明适用 325 号出版物时排除其第 9 条规定;或者在未声明适用 325 号出版物时于保函中明示规定向受益人(贷款人)承担见索即付义务。325 号出版物第 9 条规定,要求担保人付款必须提出理由。适用 325 号出版物排除了这条规定,担保行开出的保函就构成见索即付担保或无条件担保。只要银行开出的这种保函送达贷款人并且无异议,担保合同即告成立。旧型信用担保,担保人是在借款人违约并经执行无结果时才向贷款人承担履行债务之责,即借款人为主债务人,担保人为从债务人。见索即付担保是借款人与担保人同为主债务人,只要贷款人要求担保人代为履行债务即必须履行,从而形成一种新型信用担保方法。国际商会于 1991 年 12 月 3 日已公布为这种新型信用担保方法单独制定的《见索即付担保统一规则》(458 号出版物)。

现银行保函已趋向以开立见索即付保函为主。这是由于:从受益人来讲,可确保自身权益不致因商务合同纠纷而受损失,趋向要求银行开立见索即付保函;从担保行来讲,也不愿被卷入商务纠纷中去,影响自身信誉,愿意办理见索即付保函。现银行还愿保持自身能够判断付款条件是否成立的独立性,凭单付款,不问事实,而为受益人开立备用信用证,即银行担保还趋向于信用证化。

需要提及的是,在国际工程承包中,有的业主要求承包人经银行开立无条件保函(见索即付保函),使受益人(业主)无须说明任何理由就可向担保行索赔,即使承包人完全履行了承包义务,受益人(业主)仍可凭见索即付保函无理索赔。承包人如接受了业主的经银行开立无条件保函的要求,即无

---

[1] 国际商会 1978 年 325 号出版物已为 1993 年 524 号出版物所取代。

异于"自杀",故在国际工程承包中又称无条件保函为"自杀性保函"(suicide bond)。从而尽管在国际借贷中借款人可以接受办理见索即付保函,但在国际工程承包中,承包人则不宜接受业主的此一要求。

(二)物权担保与浮动担保

1. 物权担保。即在借款人或第三者的特定资产上或物权上为贷款人所设定的一种优先受偿权,通常以订立抵押或质押合同等形式设定。在借贷中,物权担保有不动产担保、动产担保和收益让与担保。

(1)不动产担保。即在土地或房产等不动产上设置的担保物权。在国际借贷中,由于贷款人一般难以实现对借款人国境内的不动产的持有,加上各国法律对变卖不动产都有比较严格的限制,因此,其使用的不多。现中国开放了房地产业,借款人以房地产供作抵押已成为可能。

(2)动产担保。即借款人或第三者以其动产(包括票证)所作履行债务的担保,分动产质押与动产抵押。

动产质押是借款人将动产的占有(如票证、货物等)移交给贷款人作为履行债务的担保,如借款人不履行其债务时,贷款人可以将已移交其占有的动产申请法院加以拍卖而得到抵偿。但国际借贷在某些情况下采用动产质押往往行不通,如工商业贷款,借款人要继续使用其机器设备、原材料和货物等进行生产经营,如因借贷而将这些动产的占有移交给贷款人,借款企业就无法继续办下去,于是才有动产抵押的采用。

动产抵押即借款人不是将动产移交贷款人占有,而是将动产的所有权凭证移交给贷款人供作担保,借款人仍保留对该动产的占有和使用。动产抵押有效成立后,贷款人在借款人不履行债务时,即可申请动产所在地法院拍卖抵押物,以出售所得价金抵偿债款。

(3)收益让与担保。又称未来收入抵押,是借款人将其对第三者依特定法律关系所能收取的款项让与贷款人收取作为还债的担保。依特定法律关系所能收取的款项,如电厂供电给用户收取的电费、厂商出售货物给买主收取的价金、工程承包商从业主处收取的月工程进度款,等等。

2. 浮动担保。又称浮动抵押,是一种特殊类型的物权担保,是借款人以其现有的和未来取得的全部资产(包括不动产、动产和收益)为贷款人的利益而设定的一种非固定担保。供作浮动担保的标的物,可以包括企业的厂房场地、机器设备等固定资产,原材料、库存物资等流动资产,以及应收款项等未来收入的所有资产。在设定浮动担保时,担保物并非固定,即借款人仍可以在其生产经营中自由处置已供作担保之用的资产,只是在借款人违约时或借款人企业清盘时,才以借款人当时拥有的所有资产固定化为特定担保物,并由贷款人指派接管人接管借款人企业,或拍卖,或继续经营。在此之前,担保物处于不定状态,时增时减、时进时出,不同于以特定资产供作固定担保的一般物权担保,故称浮动担保或浮动抵押。现建设工程项目贷款或公司企业的巨额借款多采用浮动担保,借款人一时难以拿出与之相应的固定担保物,就可以其建设工程项目和公司企业现有的全部投资和未来取得的全部收入供作担保。

以上信用担保与物权担保,可以单独采用,必要时也可以合并采用。如中国银行于 1987 年 4 月 24 日公布的《中国银行对外商投资企业贷款办法》规定:以信用担保的贷款,借款合同应附有中国银行认可的、担保企业出具的还款保证书;以物品担保的贷款,借款合同应附有由借款企业出具的经中国银行认可的抵押品作为还款保证的书面凭证;中国银行认为必要时,企业应当提供信用加抵押担保。这种信用加抵押担保,与前述积极担保与消极担保合并采用所形成的双重担保性质相同,并不构成一种独立的担保形式。

(三)混合担保

混合担保的设定起因于提供浮动担保的借款人仍可自由处置其已供作担保的全部资产,而且还可以在其个别资产上设定具有优先效力的固定担保,如将之再质押或抵押给其他债权人。贷款人为加强其权益保护,总要求借款人先就其建设工程项目或公司企业的固定资产设定固定担保,然后再就其余资产补充设定浮动担保,并利用借贷合同中的消极担保条款的规约阻止借款人将之再质押或再抵押,从而有混合担保的设置。混合担保即固定担保、浮动担保与消极担保的结合采用,构成项目贷款和银团贷款的一种独立的担保形式。

1. 担保书。国际借贷中所使用的担保书,又称还款保证书,按贷款人要求一般均含以下内容:

(1)持续担保条款。本条款规定,担保人所提供的担保是持续的担保;并规定担保书是不可撤销的。由于中长期国际借贷均属于循环贷款(边使用边偿还),订入这一条款在于防止担保人的担保义务随借款人的部分还款而相应减少,而日后借款人的再提款得不到有效保护。

本条款还规定,担保人不得因延长贷款期限或借贷合同的修改而解除担保义务。订入这一内容以确保担保人承担持续担保义务。

(2)直接追索条款。本条款规定,在借款人违约时,贷款人向担保人的追索无须以先向借款人追索为前提,并规定由贷款人出具的有关借款人所欠金额的证明,对担保人是一项终局性的证据。

本条款还规定,担保人的担保义务不受借贷合同无效或不能强制执行的影响。

(3)代位限制条款。本条款规定,在贷款本息全部偿还以前,担保人不得行使代位权。

(4)法律适用与司法管辖条款。贷款人一般要求担保书所适用的法律与借贷合同所适用的法律相一致,并要求担保书所发生争议也交由借贷合同所约定的法院管辖。

此外,如贷款人要求设定见索即付担保,在担保书中还得订入立即追索条款,以排除担保人可能享有的"先诉抗辩权"。先诉抗辩,即担保人可以贷款人必须先向借款人追索为理由而进行的抗辩。

2. 抵押合同。抵押合同具有以下法律特征:①抵押合同从属于借贷合同,抵押合同是依赖于主债务合同而存续的。②抵押合同设置的抵押种类是多样的,可以设置固定抵押、浮动抵押、未来收入抵押。③抵押合同规定的受押人实施抵押权的手段是多样的,有变卖抵押资产、分割出售抵押资产、收回作为抵押资产的外欠应收款、接管借款人公司企业、行使抵销权等。④抵押合同规定抵押人应承担的一系列义务,如收回外欠债务的义务;将抵押资产中约定部分转让给抵押权人的义务;维护和保养抵押资产的义务,并为此约定保险的种类;交纳所有涉及抵押资产的各种税款的义务;未经受押人同意不得在抵押资产上另行设置其他物权担保的义务;按照受押人的要求采取一切措施与行动以确保受押人的权利得以实现的义务等。

3. 有价证券质押合同。有价证券质押合同具有以下法律特征:①有价证券质押合同的标的物为各种有价证券。有价证券包括:货币证券(汇票、支票、本票),财物证券(栈单、提货单、货运凭证),投资证券(股票、债券和商业票据)。②供作质押的有价证券需转交给受押人占管;需要通知出票人或发行人的,质押人在质押合同生效后应立即向出票人或发行人发出已将证券移交给受押人的通知。③有价证券质押合同为从合同,其存续的惟一基础和依据是质押人与受押人之间存在着有效的借贷合同。④有价证券质押合同实施质押权的手段包括:强制执行有价证券,出售、转让或以其他方式处置有价证券,或行使作为有价证券受让人享有的一切权利与救济等。⑤有价证券质押合同规定质押人的一系列义务,如有向受押人转让有价证券的义务;除了为了质押合同的质押目的外,不以任何方式处置证券,不在证券上设置其他担保的义务;不解除出票人或发行人在证券中的义务及其违反证券规定的责任的义务等。

(四)安慰信

"安慰信"(letter of comfort),多由母公司为其子公司借款而向贷款人出具,有的国家政府在其附属机构向外借贷时,有时也向贷款人出具这种文件。"安慰信"来源于20世纪70年代以前德国企业为规避政府对由母公司担保的子公司借贷要征收2%的投资资本税,而以出具"安慰信"(又称"赞助人声明")相取代。[1] 德国在1972年已取消该项征税,但"安慰信"一直

---

[1]　Philip Wood:Law and Practice of International Finance,Sweet and Maxwell Ltd.,1980,p. 307.

沿用迄今,并广行于西方金融界。现采用"安慰信"已非为避税,而是为规避承担明确的担保义务。由于"安慰信"关系到出具人资信,一般不会违反其诺言,故也为贷款人所接纳。

"安慰信"按其内容可分以下三种:①赞成借款人计划。由母公司向贷款人声明,它已知道并赞成子公司的借款计划。这种"安慰信"在法律上不具多大效力,其惟一作用是防止母公司日后否认它知道子公司借款的事实;②承诺保持股权。母公司向贷款人承诺,它在子公司未还清贷款期间保持它在子公司的股权。但在法律意义上,它不等于在子公司无清偿能力时由母公司负责其债务,因此,贷款人并不能据此取得对母公司的追偿权;③支持。母公司向贷款人保证子公司有能力履行借贷合同项下的义务。这种"安慰信"虽与保证无异,但由于内中并无明确条款,在法律上亦难以执行。这已为1988年"克林沃特"(Kleinwort)案的英国上诉法院判决所证明。[1]

第二节　项目贷款与辛迪加贷款

一、项目贷款

国际借贷中的项目贷款都是数额巨大的长期贷款,多由国际银团提供。项目贷款具有以下优点:

1. 项目贷款可以把每个投资者承担的风险限制到一定范围。如一家钢铁公司具有专有技术和经销产品能力,项目总投资需10亿美元,一旦此项目开发失败,其风险就会导致该公司破产。该公司如作为项目发起人申请项目贷款,其风险就不致全部落到该公司头上。

2. 项目贷款能产生杠杆效应,下小本办起大项目。贷款银行也愿为项目开发承担部分风险,因放贷于项目的银行比置身于项目之外在商业竞争中能争取到更多金融机会,高风险能从高利润中获得补偿。

3. 项目贷款属于表外业务,如一家公用事业公司欲承建和经营一个发电厂,这家公司就要在其资产负债表内借记巨额承建费。如果贷款行愿提供项目贷款,充当其全部电力产品的买方,即可将"照付不议条款"(hell or high water clause)订入项目贷款合同中。对于贷款银行和借款人公用事业公司就都属于表外业务了。东道国政府对开发项目在税收上一般都给予优惠。

项目贷款是通过订立一批关联合同来进行的。借款人要依投资合同成立一家独立的项目公司(project company),以便贷款人在项目资产上设定担保物权。国际银团的参加行要订立合同为提供项目贷款专门成立一家独立

〔1〕 王贵国:《国际货币金融法》,北京大学出版社1996年版,第564－565页。

法律实体的金融公司,由金融公司转贷给项目公司。因此,项目贷款除要借贷双方为贷款本身订立借贷合同外,有关当事人还要订立与之相关联的项目合同,包括借贷合同、金融公司合同、担保合同、长期购买合同、先期购买合同等,形成一个合同群。这一合同群的结构有二联式、三联式或四联式。

二联式是最简单的合同群结构,由借贷合同与担保合同构成,即借贷合同—担保合同。由独家银行提供的贷款,采用这一形式。

三联式合同群结构是由贷款人(独家银行或银团)同借款人项目公司订立的借贷合同、担保合同,以及项目公司与买方订立的长期购买合同构成,即借贷合同—担保合同—长期购买合同。长期购买合同即包购合同,通过该合同将项目产品包销给订约买方,然后用该合同项下的收入偿付贷款本息。

四联式合同群结构是由银团参加行订立合同组建金融公司,金融公司与借款人项目公司订立借贷合同、担保合同,以及项目公司与买方订立的先期购买合同构成,即金融公司合同—借贷合同—担保合同—先期购买合同。先期购买合同即预购合同,以银团组建的金融公司为买方,通过该合同将项目产品货款抵偿贷款本息。

二、辛迪加贷款的法律问题

(一)放贷银团的性质与辛迪加贷款协议内容特点的形成

辛迪加贷款(loan syndication; syndicated loan),是国际金融业为发放一宗巨额贷款,由"牵头行"(lead bank)征集多家银行临时组成一个"银团"(bank consortium),各自按其承担份额,分别向借款人放贷。从而,辛迪加贷款协议通常都是一份由"各参加行"(participants)分别同借款人订立的贷款协议汇集而成的总协议。该协议明定:"根据本协议的条款和条件,每家参加行在此分别地而不是共同地同意通过其贷款机构向借款人发放承借的贷款。"这在实务中称作"直接参与"(direct participation)的辛迪加贷款。由于牵头行是独立的,既不是借款人的金融代理,也不是其他参加行的金融代理,它仅代表其自身利益,因此,牵头行只需考虑其自身得失,而非考虑借款人或其他参加行的得失。即使其他参加行从牵头行与借款人的放贷交易谈判中受益或受损,亦与牵头行无关。牵头行既不因其他参加行从中受益而得到回报,也不因其他参加行从中受损而承担什么责任,只是借款人愿将已与牵头行谈妥的条件,作为与其他参加行签订协议的条件。如果该宗交易发生损失,其他参加行不能向牵头行索赔,只能按签订的贷款协议向借款人求偿。总之,放贷银团仅是为提供一宗巨额贷款而临时组成,在参加行之间互不承担连带责任,各负其责。亦即任一参加行不履行辛迪加贷款协议的行为,不构成其他参加行的违约行为;任一参加行未能履行其义务,亦并不解除其他参加行所应承担的义务,任一参加行对其他各行的义务履行均不承担责任。放贷银团与合伙、合营的性质都不相同,它只不过是依协议"联营"做成一宗巨额放贷交易而已。20世纪80年代中期兴起了国际贷款转让市场,"间接参与"(indirect participation)的辛迪加贷款现已日益流行,这将于下面的国际借贷证券化中讲到,本目只论述"直接参与"的辛迪加贷款。

辛迪加贷款协议与一般独家贷款行与借款人之间订立的"欧洲货币贷款协议"(Eurocurrency loan agreement)的条款大部分相同,[1]主要区别即在辛迪加贷款协议中还含调整各参加行之间关系的一类条款,从而形成其内容特点。

(二)辛迪加贷款安排过程中的法律问题

一般欧洲货币贷款是由借款人与独家贷款行谈判达成协议。借款人欲获得为独家银行所无力承担或无意独家承担的巨额贷款,即得首先委托一家银行为之筹组放贷银团,或有某家银行主动出来愿为借款人筹组放贷银团,这已成为国际金融界通行的一种做法。借款人首先与牵头行进行借贷谈判,初步达成协议后即向之发出筹组放贷银团的委托书。

1. 委托书(mandate)。获得借款人委托书的银行为牵头行,又称"经理行"(manager)。如有几家经理行,则由一家担任"主经理行"(lead manager),其他经理行为"共同经理行"(co-managers)。牵头行获得借款人委托书是否即确立了它们之间的权利义务关系呢? 这是一个尚有争议的问题。在实践中,绝大多数的委托书均只要求牵头行"尽最大努力"(use its best efforts)筹组放贷银团,从而难以认定各方确立了什么权利义务关系,委托书仅是牵头行经借款人授权为之物色参加行的书面依据。由于在英国法上,对一项商事协议是否确立了当事人之间的权利义务关系,允许抗辩推定,因此,如委托书中有各方权利义务的明示规定,诉讼时受理法院即会将接受委托书作为一项协议对待。所以,在实践中,牵头行通常均要求借款人在其所提交的委托书中以"尽最大努力"表示,这样,诉讼时受理法院才会确定将之作为仅具道义上的约束对待。

2. 条件书(term sheets)。牵头行接受借款人委托书后,即需一面着手物色感兴趣的"潜在参加行"(potential participants),一面与借款人就借款基本条件作进一步谈判。牵头行对参加行的征集目标通常为10-1 000家银行不等。牵头行制作的条件书即为借款人所同意的基本条件,如贷款的金额、货币、用途、期限、利率、先决条件、约定事项、放弃豁免权以及准据法与司法管辖,等等。条件书一般不宜过分详尽,应当留有商量余地,以不妨碍牵头行在筹组放贷银团过程中得以便宜行事为当。所谓"留有商量余地",也就是要留有讨价还价余地,而讨价还价的热点问题即利息。在辛迪加贷款中,

---

〔1〕 欧洲货币贷款协议通用条款参见本章第一节二目"欧洲美元借贷"。

借款人需要的是中、长期巨额贷款,而贷款行在欧洲货币市场上只能筹集到3个月、6个月或1年的短期资金,因此,贷款行需要通过欧洲货币市场不断更新其放贷资金。从而,利息对借款人来说是贷款的代价,少了筹借不到资金,多了可能导致无利可图乃至亏本;利息对贷款行来说是为发放一宗贷款而筹集资金所要花费的成本加"利差"(margin),利差太少即无利可图。在筹组放贷银团物色对象的活动中,对回复表示感兴趣的潜在参加行,牵头行即将条件书电传给它。值得注意的是,尽管条件书纯属一项商事建议而非"发盘"(offer),并不具有法律效力,但借款人对其要表示同意的借款条件仍需字斟句酌。正如伍德(Wood)所说:"以正式文本为准"的措辞,在对簿公堂时,并不足以推翻往来函电中所表示的意思,即使本无意将之正式化。[1]

3. 信息备忘录(information memorandum)。在牵头行筹组放贷银团过程里所制作和传送的文件中,最具争议性的即信息备忘录。信息备忘录是牵头行向潜在参加行通报的有关借款人的财务、经济和政治状况信息。它的材料尽管是由借款人提供的,由于是以牵头行名义传送,因而对牵头行具有严肃法律意义。一份完整的信息备忘录应包括以下内容:

(1)牵头行声明。通常作如下声明:牵头行是经借款人授权筹借资金而提交这份信息备忘录的;备忘录中有关资料和对未来前景的预测,全部是由借款人提供的,已经借款人向牵头行确认。按照借款人要求,备忘录是以保密方式仅向有选择的一些金融机构提供。潜在参加行应在作出是否参加银团的决定时,对借款人的财务状况、信誉、地位、性质等作自己独立的调查、评估。在未征得借款人同意之前,备忘录中的任何资料,无论是全部的还是部分的,不得用于其他任何目的,只能用于决定是否参加银团的目的。

(2)借款基本条件与借款人情况介绍。借款基本条件为条件书重述,介绍的借款人情况包括:①借款人公司企业成立时间、历史、性质(是国营还是私营及其他、是否独立法人)、业务范围、内部组织机构;②借款人的子公司情况;③借款人过去经营管理、生产和产品销售情况,以及对已经签订的合同履行情况等。

(3)附件。借款人向牵头行提交的书面声明:①信息备忘录中的内容是真实的、完整的;②信息备忘录是代表借款人准备的;③借款人认可信息备忘录中的内容,并为之负责任;④授权并要求牵头行代表借款人向潜在参加行提供,同时愿意协助潜在参加行对借款人作调查、评估。

在实践中,遇有借款人不能够或不愿意向各行提供的某些情况,各行即只能独立地对之作调查。牵头行为避免承担相应责任,亦乐于将这类情况留给潜在参加行去独立地对借款人作调查。

---

[1] Law and Practice of International Finance(1980),Sweet & Maxwell,p. 256.

信息备忘录基本上类似货物交易中的一项"卖方文件"（selling document）；但绝不同于发行公司债券的"募债说明书"（prospectus），伍德在其专著中对这一点有充分论证。[1] 信息备忘录的法律意义与"潜在责任"（potential liability），取决于其所含信息的性质与分发的情况。牵头行对借款人所提供的有关信息，如果认为只是代借款人散发，而忽视了可能引起的自身责任，即会带来法律后果。1976 年美国发生了"科洛科特朗里斯案"（Colocotronis Case）；[2] 几家地区银行参加了贷款给科洛科特朗里斯船运集团的辛迪加，控诉牵头行"欧美银行业公司"（EABC），称牵头行在提供的信息备忘录中有不实说明，并遗漏重大事实，诱使原告参加了放贷银团。本案后来以牵头行全额免除各参加行的参加责任，由 EABC 全额承担这宗巨额贷款了结。本案判决震动了欧洲银行界。

牵头行为避免潜在责任，国际金融市场时下已兴起由借款人自行制作信息备忘录的实践，牵头行表明自己只是"照转"，"各银行可以独立地对借款人的财务、经济和政治状况作判断"。有的将之订入日后正式签订的辛迪加贷款协议中，形成以下免责条款："每家银行对借款人和担保人应进行独立调查，并对其资信独立作判断。"但该项免责条款的效力如何，仍取决于管辖的法律。现大多数国家的法律并不承认这一免责条款的效力，因其无异于表明所提供的信息备忘录原本就是虚假的。以英国法院的态度而言，按照英国法，尽管订有该项免责条款，仍不免除欺诈性错误说明的责任；对于疏忽性错误说明，在合乎情理的情况下才得以判决免责。因此，尽管可以在信息备忘录和日后签订的辛迪加贷款协议中订入免责条款，牵头行对于其经手的信息备忘录，仍须持谨慎态度。[3] 由于牵头行在制作信息备忘录时尽管持应有的谨慎，仍较难克服以下困难：①牵头行获取借款人重大机密信息的困难；②牵头行不同业务部门之间对同一借款人放贷产生的利益冲突，有道"中国墙"[4]存在；③在辛迪加贷款协议生效前，信息备忘录中所述情况可能发生变化。伍德在其专著中提出建议：[5] 牵头行可以完全不用散发信息备忘录，特别是遇借款人为大家所熟悉，或潜在参加行本身就掌握借款人资信情况时，尤无必要。但伍德的这一建议并未引起国际银行界的积极

---

〔1〕　Law and Practice of International Finance (1980), Sweet & Maxwell, p. 257.

〔2〕　Mc Donald: International Syndicated Loans (1982), p. 126.

〔3〕　G. A. Penn, A. M. Shea, A. Arora: The Law and Practice of International Banking (1987), Sweet & Maxwell, p. 124.

〔4〕　中国墙（Chinese Wall），为罗斯福总统当年在一次演讲中对旧中国所奉行的闭关锁国政策的一种说法。后来美国和西方银行界即用以形容金融机构中不同业务部门之间因利益冲突而构筑的一道无形屏障。

〔5〕　Law and Practice of International Finance (1980), Sweet & Maxwell, p. 260.

回应,牵头行在筹组放贷银团过程中迄今仍一直是以提供信息备忘录作为共同实践。

4. 关于错误说明。传统观点对"错误说明"(misrepresentation)的解释,是仅限于对事实所作的误述,而现在已有扩及"夸张"(puffing)、"意见"(opinion)、"预测"(forecasts)和对"法律的说明"(statement of law)之势,即在信息备忘录中作出的所有说明和陈述,都将受到同等严格对待。有关意图的陈述,如有关借款人取得贷款的用途和借款人未来的资本结构等,说明人如果是"夸张"其意图而作的这种陈述,亦构成"错误说明"。对事实所发表的"意见",如被证实是错误的,说明人亦有可能承担作出这种"错误说明"的责任。对于一种"预测"或构想,亦要求应包含使这种预测或构想变为合理现实的实在可能性,也就是说,亦应有作出这种预测或构想的根据或基础。关于"法律的说明",如对一国的外汇管制或税法等作出不够全面或不够准确的表述,亦有可能构成"错误说明"。再者,当潜在参加行要求作出解释时,说明人如"保持沉默"(keep silence),在这种情况下的沉默亦有可能构成"错误说明"。对于说明作出时正确,但后来变为不正确的,牵头行或借款人有责任对此作出更正说明,否则,也构成"错误说明"。

(三)辛迪加贷款协议若干特定条款的法律意义

在辛迪加贷款协议中调整各参加行之间关系的特定条款,主要包括以下内容:

1. 关于"代理行"(agent bank)。在许多辛迪加贷款协议中,对牵头行与代理行的区分界限是模糊的,因为牵头行常兼任代理行。当然,并非所有放贷银团的牵头行都要兼代理行,有的也由另家银行为代理行,或以一家由银团为放贷而组建的金融公司代理。代理行经签订的辛迪加贷款协议授权,得以各参加行名义代表放贷银团为一定的作为与不作为。因此,代理行具有双重身份。作为放贷银团的一家参加行,它具有与其他参加行相同的权利义务;作为放贷银团的代理人,它又在经授权的范围内,可以代表各参加行(包括其自身),从事各参加行与借款人之间的借贷往来活动。放贷银团授予代理行的权限由辛迪加贷款协议明定,是个事实问题而非法律问题。值得注意的是,在实践中,辛迪加贷款协议所授予代理行的权限通常极其有限,从而代理行所承担的责任也并不大。这是由于一家银行充当代理行的所获收益,只是由借款人支付的一笔为数不多的服务费,仅够支付往来电讯、信函等花费,各参加行亦无理由让代理行承担重大责任;再者,各参加行均为一些具有较强财务实力与经营能力的大银行,它们也不愿将较多业务委托给一家代理行办理,总希望保持自行决断与自行其是的自主性。在这种背景下,在辛迪加贷款协议中调整各参加行之间关系的条款里得以出现"鸵鸟条款"(ostrich clause)。该条款一般规定:代理行没有义务对借款人履行贷款协议中的义务负责;代理行亦无义务对借款人遵守贷款协议中的规定或遵守与贷款协议有关的任何其他文件中的规定,作出保证或提出询问;不能因为代理行的一个业务部门知道借款人出现违约事件,便认为代理行知道借款人出现了违约事件;对代理行偶然得知的情况,不得认为代理行知道存在这种情况;只有经有关专家鉴定才能作出结论的事项,在结论作出前,亦不得认为代理行知道该事项的存在;代理行没有义务审查自借款人处收到的有关借款人的财务状况的文件是否准确或是否完整等。代理行要求在辛迪加贷款协议中订入"鸵鸟条款",还出自便于以之为"利益冲突"作辩解。如代理行另向借款人贷放一笔款,独立于辛迪加贷款之外,当发现借款人对辛迪加贷款出现违约征兆时,即可赶先从借款人处收回其另笔贷款。

代理行在被授权的范围内正当履行其职责而发生的损失和产生的费用,须由银团作出相应的补偿,除非是因代理行自身过错所致。这种补偿,由其他参加行按其在贷款总额中所占份额比例分担。

按照辛迪加贷款协议中的"登记簿条款",由代理行在贷款协议有效期内保存有关贷款的"登记簿"(又称"统制账户"),随时记录持有该贷款份额的参加行的名称、本金金额、货币、利息、管理详情(包括地址、电传号码、账号等)。如某参加行根据辛迪加贷款协议的规定,向合格受让人转让了该行所持有的"可转让贷款证"(TLC)中所表示的份额,代理行还应在"登记簿"上注明这些 TLC 的系列号码、生效日期,以及所有其后的再分割和转让情况。

代理行发出的辞职或被撤换通知可以在不迟于 30 天前随时通知各参加行和借款人。发生代理行辞职或被撤换,"多数贷款权银行"(majority banks)有权获得借款人优先同意,由其指定接替代理行;如多数贷款权银行没有指定接替代理行,视具体情况,卸任代理行有权在发出辞职或被撤换的通知后 30 天内,以各参加行名义自行指定接替代理行,而无须借款人同意。由于有关代理行事项订于辛迪加贷款协议中,为借款人所认同,因此,如发生代理行辞职或被撤换,银团指定的接替代理行亦应为借款人所承认。

代理行仅是各参加行和银团的代理人,而非借款人的代理人,它对其他参加行和银团尽其应尽的义务。放贷银团中每家参加行与代理行之间的关系虽是一种本人和代理人之间的关系,但由于存在"鸵鸟条款",在通常情况下借款人并不得以任一参加行不履行义务而诉代理行,代理行亦不得以任何理由诉借款人;再者,代理行既不是其他参加行的受托人,也不是借款人的受托人,因此,无论是其他参加行违反贷款协议还是借款人违反贷款协议,代理行均不承担任何责任,除非在辛迪加贷款协议中另有规定。协议中另有规定的情况,如代理行应当将从银团收到的贷款资金转账和将已经确定的利率通知借款人等。

　　由于代理行与其他参加行的关系为代理人与本人的关系,按照代理法一般原则,代理人不得在本人不知晓的情况下秘密获利,所获利润必须归本人。再者,代理行秘密获利,无论被代理的银团是否遭受损失,无论代理行自身是否承担风险,无论在辛迪加贷款协议中是否有规定,均不影响秘密获利事实的成立。如有的辛迪加贷款协议规定,代理行除取得协议中规定的服务费外,也可因为借款人进行其他关联交易取得佣金。这种协议规定因违反代理原则在法律上是无效的,如果涉讼,其取得的这种佣金应归银团。当事人是不能通过自行约定以改变法律所规定的原则的。

　　2. 关于多数贷款权银行。多数贷款权银行是指承担放贷总额50%以上份额的各参加行。由于辛迪加贷款的贷款本金的交付是分期的,因此,多数贷款权银行亦指当期承担支付贷款本金和借款人未提取的承诺总额50%以上份额的各行,或承担日后当期承诺总额50%以上份额的各行。多数贷款权银行的英文名词为"复数"(majority banks)而非"单数"。多数贷款权银行在放贷银团中具有特别地位,凡辛迪加贷款协议中未明定的任何事项,代理行即得按照多数贷款权银行的指示行事。代理行只可以抵制违反任何管辖法律或任何官方指示的行动或意见,或服从于认为其意见或行动符合于该法律或指示的任何人。多数贷款权银行对辛迪加贷款在某些方面处于控制地位。多数贷款权银行意见对其他参加行具有约束性的范围主要包括:当借款人违反贷款协议时是否放弃采取相应措施的权利;[1] 是否同意放宽承诺条件对借款人的约束;是否同意放宽贷款协议中借款人所作的消极担保的约束;在出现违约事件时,是否要求借款人提前还款或给借款人以"宽限期"。[2] 为保护其他参加行权益,在辛迪加贷款协议中通常也规定对某些事项的决定须经全体参加行一致同意才对各参加行具有约束性。这类事项主要包括:对于贷款利率所作的任何变动,减少或改变贷款的金额,增加银行应承担的贷款义务,推迟贷款本金、利息或有关费用的支付时间等。

　　3. 关于资金分享条款。这是调整各参加行之间关系的又一项重要条款。各参加行为达到资金分享目的,现在辛迪加贷款协议中兼采以下两种方法:

　　(1)在参加行之间作"份额转让"(sharing by assignment)。如一家银行

---

〔1〕 在实践中,当借款人只有某种轻微违约行为时,贷款人也可以不采取任何相应措施。只要借款人信用仍然良好,贷款人可以放弃权利或"弃权"(waiver)。弃权可以用书面作出,也可以用口头或行动表示,如照旧为之提供贷款或不采取行动。

〔2〕 借款人出现延迟还款的违约,在辛迪加贷款协议中常规定给予借款人一个"宽限期"(grace period)。如在该期限内贷款人收到还款,或借款人作出了相应的支付,即不构成违约,或虽构成了违约事件但不作违约处理。宽限期以收到贷款人通知后的5天、7天、14天或15天为期,规定不一。

收到借款人归还的本息,无论是通过"抵销"(set - off)、诉讼、抵押物处置或任何其他方式,与银团中其他参加行相比较,在比例上大于其实际占有的贷款比例时,该行应立即购买借款人按照贷款协议仍欠其他银行的本息总额,以在银团中重新建立一种贷款份额的比例关系。

(2)在各参加行之间"重新分配归还的贷款资金"(redistribution of payment)。如一家银行收到借款人归还的本息,无论是通过抵销、诉讼、抵押物处置或任何其他方式,与银团中其他参加行相比较,在比例上大于其实际占有的贷款比例时,该行应向代理行作出资金支付。这笔资金的数额应使代理行能够按照平等原则使所有参加行分担的借款人所欠贷款本息的损失获得一定补偿。

上述资金分享条款仅作为备用条款而设置。除辛迪加贷款协议另有规定外,任一参加行没有义务必须使抵销权或抵押权使该行与银团其他参加行之间的资金分享条款得以实施。

关于各行的独立调查与单独行动:

该条款规定,各参加行可以独立了解情况,基于获得的文件和信息认为适宜,可以自行对借款人的业务活动和财务状况进行调查,并自行分析和决定依贷款协议采取行动或不采取行动;各参加行可以单独向借款人起诉或追索,但该行在单独采取行动之前必须通知所有参加行。

(四)贷款行对抵押物的清污责任问题

现各国对环境保护的要求已日益严格,责任人可能会承担环境保护法下涉及巨额投入的清污费用。以往,辛迪加贷款通常是就借款人的重要资产先设定固定抵押,再就借款人其余资产与未来收益补充设定浮动抵押。贷款行会不会承担抵押物所在地环境保护法下的清污责任,已日益被各银行列为信贷风险分析的一项重要内容。为谨慎起见,时下许多贷款行已不太热衷于要求借款人提供厂房、机器设备或矿山、油轮等抵押物,而是转向注重于要求借款人提供信用担保。遇到接受抵押物的情况,也多要求抵押人在抵押合同中作出有关环境问题的保证和补偿承诺,以预防承担因不可预见的环境问题而产生的清污责任风险。但这仍非万全之计,因遇借款人财力衰竭或破产,在其资产上设置抵押权的贷款人,即有可能成为承担环境清污责任的"替罪羊"。作为辛迪加贷款的参加行,不仅应尽可能避免接受可能导致清污责任的抵押物,还应尽可能避免被视为借款人公司的"影子董事"(shadow director)而导致承担清污责任。如果银行仅为借款人提供财务管理咨询,仅从事监督借款人对贷款资金的使用及其现金账户、应收账户等活动,根据通例均不被视为真正参与了借款人公司的管理活动。再作进一步的干预,如银行以参加企业管理作为发放贷款的条件,就难免要被视为借款人公司的"影子董事"了。

贷款行对接受抵押物可能要承担清污责任的问题,进入20世纪90年代以来,在美国已经有了几起这方面案例。[1] 从国际上看,关贸总协定乌拉圭回合最后文件和世界贸易组织协定已于1994年4月15日在北非摩洛哥古城马拉喀什正式签字,环境保护已经列为下轮多边贸易谈判的一项重要议题。从国内看,中国已经实施了《环境保护法》及其一系列配套的法律、法规,并先后公布了一批环境质量标准与污染物排放标准。随着国际大气候对于环境保护的升温,中国对已颁行的这些法律、法规与环境标准的执行亦必将日益强化。因此,在银行向企业发放贷款的业务中,需要对接受抵押物可能引起的清污责任问题重视起来,将其作为信贷风险分析的一项重要内容。

(五)中国的国内银团贷款

辛迪加贷款也就是银团贷款。这项由多家银行联合贷放一宗巨额贷款的融资方式,并非仅运用于国际借款,也可运用于国内贷款的发放。1995年5月,由中国人民建设银行广州分行牵头,与建行上海分行、建行总行营业部和信托投资公司、建行南京分行、建行河南分行、建行江苏分行组成银团,向广州南沙电厂提供了一宗1 762万美元的外币贷款,用于引进发电机及有关电器设备。1998年12月25日,由渣打银行上海分行牵头安排的上海轮胎橡胶(集团)股份有限公司8 000万元人民币一年期银团贷款协议在上海签字,为一宗由中外银行共同参加的人民币银团贷款,参加银行有:渣打银行上海分行、广东发展银行上海分行、华夏银行上海分行、上海银行浦东分行、东方汇理银行上海分行和上海巴黎国际银行;该宗人民币银团贷款由上海轮胎橡胶(集团)股份有限公司的母公司上海华谊(集团)公司提供不可撤销的信用担保。

中国人民银行于1997年10月7日已发布施行《银团贷款暂行办法》,共七章40条,各章要点如下:

〔第一章〕总则(1-6条)

1. 宗旨和根据:为规范银团贷款业务,充分发挥金融整体功能,更好地为企业特别是国有大中型企业和重点项目服务,促进企业集团壮大和规模经营的发展,分散和防范贷款风险,根据《贷款通则》第56条的规定,[2]制定本办法。

---

〔1〕 Fleet Factors Case, Bergsoe Case, Ploger Case, Mirabile Case, Tanglewood Case, Guidice Case, Constal Casting Case, etc.

〔2〕 中国人民银行发布、自1996年8月1日起施行的《贷款通则》第56条规定:银团贷款应当确定一个贷款人为牵头行,并签订银团贷款协议,明确各贷款人的权利和义务,共同评审贷款项目。牵头行应当按协议确定的比例监督贷款的偿还。银团贷款管理办法由中国人民银行另行规定。

中国的国内银团贷款与国际银团贷款均系通过订立银团贷款协议进行，其最大的不同之处在于：国际银团贷款可以是直接参与的，也可以是间接参与的，其协议是遵循国际惯例和由当事人自治订立；中国的国内银团贷款只能是直接参与，其协议也只能遵循中国人民银行发布施行的《银团贷款暂行办法》订立，该办法未尽事宜才可由当事人在协议中订立。从而，二者的主要区别有：①国际银团贷款的筹组，借款人要提交委托书、条件书和信息备忘录；中国的国内银团贷款的筹组，借款人只需提出借款申请书和书面委托，按中国人民银行规定的贷款利率和办法办理，其利率无须当事人另行议定。②国际银团贷款的牵头行是由借款人与某家银行的双向择定；中国的国内银团贷款的牵头行原则上由借款人的主要贷款行或基本账户行担任。③国际银团贷款的代理行仅是各成员行和银团的代理人而非借款人的代理人，协议授予代理行的权限极其有限，所承担的责任也并不大，还允许其辞任或被撤换；中国国内银团贷款的代理行，由于一般由借款人的牵头行担任，而牵头行即借款人的主要贷款行或基本账户行，从而具有双重代理身份，即既担任各成员行和银团的代理人，又担任借款人的代理人，还依法充当贷款管理人。④国际银团贷款协议是一本由各成员行分别同借款人订立的贷款协议汇集而成的总协议书，含有多数贷款权银行条款和资金分享条款；中国的国内银团贷款协议则是一份由各成员行共同与借款人订立的单一贷款合同，由于牵头行所占贷款份额一般最大，作为代理行为双重代理身份，贷款的发放和本息收回均由代理行办理，不含多数贷款权银行条款和资金分享条款。⑤国际银团贷款，借款人与贷款人的争议通过诉讼解决；中国的国内银团贷款，借款人与贷款人的争议可以申请仲裁或向人民法院起诉，并由中国人民银行充当管理机关接受贷款协议的备案。

2. 定义和管理机关。①银团贷款是由获准经营贷款业务的多家银行或非银行金融机构，采用同一贷款协议，按商定的期限和条件向同一借款人提供资金的贷款方式。②国内银团贷款的参加者为境内中资银行和非银行金融机构；适用于符合贷款条件、数额较大的中长期贷款和短期贷款、人民币贷款和外币贷款。境内获准从事人民币业务的外资银行参加的国内银团贷款，依照本办法执行。③国内银团贷款协议签订后，代理行必须将该协议的副本送所在地人民银行分支机构备案。人民银行要积极为银团贷款筹组创造条件，银团贷款在涉及跨地区、跨行业和投资计划等问题时，有关方面应积极给予支持和解决。

3. 一般原则。①发放银团贷款必须遵守国家的有关金融法律、法规，符合国家的产业政策和信贷政策。②银团贷款借贷各方必须重合同、守信用。③参加银团贷款的金融机构应遵循自愿协商、互惠互利，并按出资比例或按协议约定享受权益和承担风险的原则。

〔第二章〕银团贷款的筹组(7－13条)

1. 对象和条件。银团贷款的主要对象是国有大中型企业、企业集团和列入国家计划的重点建设项目。借款人、贷款人必须符合《贷款通则》关于借款人、贷款人的各项基本条件和要求:①借款人申请贷款,应具备产品有市场、生产经营有效益、不挤占挪用信贷资金、恪守信用等基本条件,并应符合有关要求。②贷款人必须经中国人民银行批准经营贷款业务,持有中国人民银行颁发的《金融机构法人许可证》或《金融机构营业许可证》,并经工商行政管理部门核准登记。

2. 筹组银团。由借款人或有关金融机构提出,双方协商同意后,借款人向有关金融机构提出正式书面委托。该有关金融机构凭书面委托向同业发出组团邀请。

3. 牵头行、代理行和其他成员行及分工。①牵头行为银团贷款的组织者或安排者,原则上由借款人的主要贷款行或基本账户行担任,其所占银团贷款的份额一般最大。代理行是银团贷款协议签订后的贷款管理人,一般由借款人的牵头行担任,也可由银团各成员行共同协商产生。成员行为参与银团贷款的金融机构。②在银团贷款中,牵头行、代理行与其他成员行均是平等的民事权利义务主体。银团贷款项目由牵头行评审,也可由银团各成员行自行评审,采用何种评审方式由银团成员行协商确定。银团成员行在评审贷款项目时,有权要求借款人向其提供用于评估、审查项目所需的有关材料;借款人有义务如实向成员行提供贷款所需材料和接受查询。牵头行和代理行有义务如实向其他成员行通报借款人的有关情况。

〔第三章〕银团贷款的发放和收回(14－24条)

1. 贷款分担。银团贷款采取"认定总额、各成员分担"的方式办理,分担金额按"自愿认贷、协商确定"的原则进行。

2. 银团贷款协议。银团贷款成员应共同与借款人、保证人签订银团贷款协议。该协议是借贷双方根据有关法律、法规,经过协商所签订的单一贷款合同。银团贷款各有关当事人代表应分别在贷款协议上签字,并加盖各单位的公章。银团贷款协议应具备以下条款:①贷款协议当事人的基本情况,主要包括借款人、牵头行、代理行、其他银行、保证人的名称及住址;②定义和解释,对协议中特定用语的含义进行界定和解释;③与贷款合同有关的约定,包括贷款种类、贷款用途、金额、利率、贷款期限、还款方式和还款资金来源、保证条款等;④各成员行承诺的贷款额度及贷款划拨时间;⑤代理行的权利与义务;⑥有关银团会议的召集及银团会议决定的约定;⑦违约责任;⑧其他法律、法规要求或当事人认为应约定的条款。

3. 贷款的发放、利息、费用。①银团贷款根据贷款种类分别按相应的贷款管理办法办理,按人民银行规定的贷款利率和办法计收利息。②除利息外,银团贷款成员行不得向借款人收取其他任何费用。银团贷款所发生的费用支出,由代理行承担或由银团成员协商解决。

4. 贷款的发放和本息收回,由代理行办理。①贷款发放时,各成员行应按协议的规定,将款项划到借款人在代理行的专门账户。②本息的收回,由借款人按照协议规定及时归还代理行,代理行即时按比例划付到各成员行。③贷款到期,借款人应按期如数归还贷款本息。如不能按期全额归还银团贷款时,对归还的部分,代理行应依照协议规定,根据成员行的贷款份额按比例分别划归各成员行。逾期部分的罚息由代理行按人民银行有关规定统一向借款人计收。

5. 银团贷款必须实行担保。当借款人不能按期归还本金时,银团有权按照法律规定以抵押物或质物折价或者以拍卖、变卖该抵押物或质物的价款优先受偿,或者由保证人按照贷款协议的规定履行债务或承担责任。

〔第四章〕牵头行和代理行的职责(25－27条)

1. 牵头行的主要职责。①接受借款申请书,认定银团贷款总额及贷款种类;②向相关金融机构发出组团邀请及借款申请书(副本)和有关材料,规定反馈期限,并集中其反馈意见;③负责贷款协议的协商、起草、签署等工作;④组织召开银团会议,协商确定代理行及其他需要共同商定的问题或事项;⑤指定专人负责银团贷款具体事务。

2. 代理行的权利和义务由贷款协议规定。其主要内容:①严格执行银团贷款协议,并按照协议保证银团贷款各成员行之间的利益,不得利用代理行的地位损害其他成员行的合法权益;②严格按照贷款协议有关规定,发放和收回协议项下的全部本金和利息;③对审定同意发放的银团贷款总额及各成员行分担的贷款金额,逐笔进行登记,收回时亦同;④办理银团贷款担保手续;⑤设立企业银团贷款专门账户,将借款人支付的利息和归还的本金,按比例即时归还成员行;⑥收集有关银团贷款的实施情况,并定期向银团贷款成员行通报银团贷款的使用和管理情况;⑦办理银团委托办理的有关银团贷款的其他事项。指定专人负责银团贷款具体事务。

〔第五章〕银团贷款的管理(28－32条)

1. 代理行。负责银团贷款协议签订后向所在地人民银行备案以及组织与实施工作。代理行必须对银团贷款的使用情况进行认真的检查和监督,落实各项措施,核实经济效益和还款能力等有关情况,定期向成员行通报贷款使用情况,按时通知还本付息等有关事项,并接受各成员行的咨询与检查。

2. 牵头行。负责协助代理行跟踪了解项目的进展情况,及时发现银团贷款项目可能出现的问题,并尽快以书面形式通报成员行,召开银团会议共同寻求解决办法。

3. 成员行。必须严格按照贷款协议的规定,及时足额划付贷款款项;按照贷款协议履行其职责和义务。

4. 借款人。必须按照银团贷款协议的有关规定,保证贷款使用,及时向代理行划转贷款本息,如实向银团贷款成员行提供有关情况。

〔第六章〕违约处理(33－36 条)

1. 借款人的违约行为及处理。借款人有下列情况之一的,构成违约行为:①所提供的有关文件被证实无效;②未能履行和遵守协议所规定的义务及所作的承诺;③未能按协议规定支付利息和本金;④以假破产等方式逃避银行债务,逃避银行监督;⑤违反《贷款通则》和银团贷款协议规定的其他违约行为。对于借款人的违约行为,经指出不改的,代理行负责召开银团会议对其作出处罚。银团会议协商后的处罚决定,以书面形式通告借款人及其保证人。其处罚可依法采取停止贷款、提前归还贷款等办法。必要时,向人民法院提起诉讼。

2. 贷款人的违约行为及处理。贷款人有下列情况之一的,构成违约行为:①银团贷款成员行收到代理行按协议规定的时间发出的通知后,未按协议规定划付款项的;②银团成员行擅自提前收回贷款的;③借款人归还银团贷款而代理行不如约给成员行划付款项的;④贷款人其他违反《贷款通则》和银团贷款协议的行为。对贷款人的违约行为,在限期内不予纠正的,借款人或成员行可以申请仲裁或向人民法院提起诉讼。

〔第七章〕附则(37－40 条)

1. 本办法未尽事宜由银团贷款各当事人在银团贷款协议中订立。

2. 设在境外的金融机构参加的国际银团贷款不适用本办法。

3. 本办法由中国人民银行总行负责解释与修改。

三、国际借贷的证券化与贷款转让市场的法律问题

(一)贷款转让市场的兴起与国际借贷的证券化

1973 年以后,石油提价,发达国家推行贸易保护主义,对初级产品的需求锐减,导致发展中国家的贸易条件恶化,国际贷款利率日益提高,到 1982 年下半年西方商业银行停止放贷,债务国随即陷入外债还本付息增加而无力偿还的困境,一场空前的国际债务危机终于酿成。[1] 在《巴塞尔协议》约束下,西方商业银行紧缩放贷规模,增加投资证券的品种与发行,大力扩展"表外业务"。贷款转让,在银行资产负债表上不影响储备金与资本金的减少,称做"表外业务"。通过贷款转让,一家银行可将其发放的贷款转让给另一家银行,以对冲其对另家银行的负债,进行资金平衡。贷款转让有利于银

---

〔1〕　History of the Debt Crisis, Robert C. Effros: Current Legal Issues Affecting Central Banks, Vol. 1, IMF,1992,p. 67.

行调整其放贷的利率结构与期限结构,盘活债权。如银行发放某笔利率较低的贷款,当市场利率上浮时,即可将收益低的贷款债权售出,再捕捉较高收益的商业机会;银行发放某笔期限较长的贷款,当资金周转发生困难时,可以将期限长的贷款债权售出,重新获得资金来源,银行的资本状况亦得以改善。从而有贷款转让市场的兴起。

贷款转让发源于 20 世纪 70 年代初在美国问世的"住宅贷款债权信托"。一些住宅金融公司将所持有的以居民个人为对象的住宅贷款债权信托给银行,由银行以受托人身份发给"受益权证书"。住宅金融公司可以将银行发给的"受益权证书"转让第三者,使原已固定的债权转化为流动资金。以后由住宅金融公司收取发放给个人的住宅贷款本息,转交受托银行发付给持"受益权证书"的最终受益者。美国"住宅贷款债权信托"的做法传入欧洲辛迪加贷款市场后,20 世纪 80 年代中期出现了 TLC(可转让贷款证)、TLI(可转让贷款票据)、TPC(可转让参加证)等一批新品种的投资证券,使得间接参与的辛迪加贷款得以膨胀起来。[1]

TLC(Transferable Loan Certificate)——可转让贷款证。近年出现的辛迪加贷款协议已含 TLC 条款,规定借款人和银团不可撤销地授权银团代理行发行辛迪加贷款协议规定的与根据贷款协议已贷出或将要贷出的贷款的TLC;借款人不可撤销地授权银团代理行将借款人传真签字附加在每份 TLC上,各参加行不可撤销地授权代理行以其名义签署在每份 TLC 上。在实践中,每份 TLC 均载明本金数额与规定偿还日期,打折发行,购买者可以在到期日按其面值以特定货币或多种货币获得偿还;TLC 持有者可以背书将 TLC转让给他人。

TPC(Transferable Participating Certificate)——可转让参加证。按照 TLC具有的再分割性,辛迪加贷款参加行可以与买方行达成协议,由买方行发行TPC,出售给第二买方行;第二买方行可以背书转让给第三买方行。

TLI (Transferable Loan Instrument)——可转让贷款票据。按照辛迪加贷款协议含有的登记簿条款,由代理行保存有关贷款的统制账户,随时记录持有该贷款份额的参加行的名称、本金数额、货币、利息与其他事项(包括地址、电传号码、账号等),以及所有其后的再分割和转让情况。TLI 上面有借款人传真签字和充当"登记机构"的代理行签章。TLI 即借款人对在"登记机构"的"登记持有人"承担债务的票据,内含借款人的无条件承诺,按 TLI面值金额支付给任何"登记持有人"。各参加行可以将其所持贷款份额内的TLI 通过"登记机构"出售,将其所承担的贷款份额转让给任何"登记持有

〔1〕 Ravi C. Tennekoon: The Law and Regulation of International Finance, Butterworths, 1991, pp. 116 - 123.

人"。

到1992年,仅伦敦贷款转让市场的年交易量即已超过1 000亿英镑。在国际金融领域,贷款转让市场之所以得以形成和发展起来,既有经济上的原因,也有法律上的原因。

从经济上考察,贷款行充当卖方,由于卖出贷款债权的银行对其所售贷款债权仍承担追索本金和利息的义务,或负有监督借款人偿还本息以维护购买这种投资证券的投资者利益的责任,从而使购买者对所购证券可能承担的风险大为降低。发行人可以将所发证券的利率订得比公司债券低,乃至比原贷款利率低,但仍不乏买方,因其比较安全。银行通过出售贷款,不仅盘活了债权,而且发行人不增加费用负担,银行尚有利可图。

从法律上考察,在国际银行之间相互转让贷款债权,可以重新确立司法管辖关系,便于对被告借款人执行债务或对借款人行使抵销权。贷款人欲为其债权强化保护,重新确立司法管辖关系乃属一途。按照《法国民法典》第14条规定:"不居住在法国的外国人,曾在法国与法国人订立契约者,由此契约所产生的债务履行问题,得由法国法院受理;其曾在外国订约对法国人负有债务时,亦得被移送法国法院审理。"外国贷款人将其债权转让给一家法国银行,即重新确立了司法管辖关系。在重新确立了司法管辖关系的情况下,对于银行贷款人来讲,借款人违约不偿还本息,其最简便而又最为有效的补救办法,则莫过于"抵销"(set off),即将借款人账户上存款划归银行,以冲销债务。国际商业贷款的借款人从事生产经营,无不在其本国或他国银行设有存款账户。借款人无存款账户的一家贷款行,将贷款转让给了借款人设有存款账户的银行,借款人违约不偿还本息,即将逃不脱受让银行抵销的行使。为解开三角债债务链,英国1986年《金融服务法》(The Financial Services Act)已将贷款转让定为投资业务予以管理;1989年2月英格兰银行为进一步贯彻《巴塞尔协议》而发布《贷款转让与证券化》公告(Loan Transfers and Securitisations),为在伦敦形成和发展起一个贷款转让市场创设了法律环境。

英格兰银行《贷款转让与证券化》公告,宣布了对于贷款转让所涉各银行的监管政策,规定三种转让方法:①代替,即撤销原贷款合同而以新贷款合同取代,将卖方对借款人的一切权利义务转移给买方(新贷款人)。②转让书,即转让贷款的买、卖各方订立书面转让合同,向借款人发出贷款转让通知。不通知借款人的为隐名转让。③附股参与,即仅将原贷款项下收益从卖方转交给买方,另无其他权利义务从卖方转移给买方。"附股参与"不是法律术语,而是对通过背靠背资金安排方式的贷款出售的市场用语。附股参与的买方存在双重风险:如A银行对×公司发放的一笔贷款以附股参与方式卖给B银行,×公司破产,清算结果1英镑只获50便士,B银行也就只能得到 50 便士;如 A 银行破产,清算结果 1 英镑只获 1 便士,但 A 银行还负有其他债务,因此,即令×公司全部归还贷款,B 银行也最多能 1 英镑获 1 便士,如×公司也破产无归还,B 银行即一无所获。

采用以上各种方法的贷款转让均可能因涉及其他国家法律,如管辖项下债务国家的法律、借款人或担保人居住地或注册地的法律、买方居住地或注册地的法律、债务支付地的法律、代理行注册地的法律,等等,而出现法律冲突。例如,采用"代替"或"转让书"的方法转让贷款,在实行外汇管制的国家需要取得新的许可;在法国,不仅合同要符合法定格式,还需经过"执行官"鉴证;在英国,未交纳印花税的贷款合同,不得诉请法院执行,等等。为避免采用"代替"和"转让书"转让贷款引起的法律冲突,公告允许各银行开办"可转让贷款设施"(TLF),发行 TLC(可转让贷款证)、TLI(可转让贷款票据)、TPC(可转让参加证)等新品种的投资证券。即将贷款转让导入证券市场,实行证券化,英国法还对发行 TLC、TLI、TPC 豁免管辖,使之能进入欧洲债券市场。

公告所宣布的政策,其目的在于保证:①贷款出售得以将权利义务有效地从卖方转移给买方;②转让所涉各方得以充分知晓其所承担的责任和风险;③对于买方或卖方的任何重大风险问题均能在英格兰银行统一监管下的各银行得到适当处理。为进一步贯彻《巴塞尔协议》,英格兰银行对经营贷款转让的各商业银行采取以下措施,以实行统一监管:

1. 采用代替方法转让贷款,对该贷款的风险资产比率即不再计算卖方的,而改计买方的。

2. 对于隐名转让,必要时仍可将该贷款的风险资产比率计于卖方。

3. 对于附股参与,视具体情况,如能提供正当理由,可以将该贷款的风险资产比率计于附股参与者。

4. 各银行转让未提取的承付贷款,只有转让是通过"代替"或通过为借款人所知晓的该义务已由卖方转让给了买方的"转让书"作出时,该项未提取的承付贷款才不计算卖方的风险资产比率。采取隐名转让或附股参与方法的,对于未提取的承付贷款均不再计算卖方的风险资产比率,而改计为买方对潜在借款人的收支差。

5. 转让贷款的业务风险在实行证券化后将更突出,应当通过内部审计予以谨慎评估和监控,并将之列入各银行向英格兰银行提交的财务报表内容加以监控。对于不计算在风险资产比率内的任何允许的业务风险,则要求为这种风险直接提供资本保证金。

在国际金融领域,自 1989 年以来,还与贷款转让市场平行发展起来了一个"布雷迪债券"市场,两市场互为补充,将世界上的投资者大规模卷入了发展中国家的外债市场。为缓解国际债务危机,曾出现许多新建议。[1]
1989年3月10日美国财政部长尼古拉斯·布雷迪宣布美国一项关于减免
发展中国家部分外债的新计划,称"布雷迪计划"。其主要内容是:国际货币
基金和世界银行筹措一笔特别储备金,为西方债权国银行减免债务国的部
分本金和利息提供财政支持,同时鼓励西方商业银行提供新贷款,以促进债
务国进行经济结构改革和发展经济。"布雷迪计划"出台后,负有1 700亿美
元外债的拉美国家如墨西哥、阿根廷、委内瑞拉和巴西等,自1989年以来相
继发行"布雷迪债券"用以偿还西方商业银行贷款。到1993年底,拉美的公
司和政府已先后发行价值330亿美元的"布雷迪债券"。由于世界投资者的
抢购,"布雷迪债券"交易量在1993年已猛增到2万亿美元,比1992年增加
2倍。1993年"布雷迪债券"的平均市盈率达44%,比购买国内债券收益更
高,已经进入伦敦、纽约和东京证券市场销售。据估计,5年之后,"布雷迪债
券"市场将比美国的公司债券市场的规模还大。"布雷迪债券"市场不同于
贷款转让市场之处,在于由国际货币基金与世界银行注入一笔特别储备金
才得以启动。

(二)在中国建立贷款转让市场的法律机制探讨

三角债在中国近年来的经济生活中普遍存在。A企业因B企业无法归
还欠款,为维持生产经营向C企业借贷,C企业又对D企业负债。在A、B、
C、D四家企业的债务链中,A既是B的债权人,又是C的债务人;C既是A
的债权人,又是D的债务人。以往中国解决三角债问题,主要是由行政干
预,经国有专业银行投入一笔政策性放贷资金来解开这一债务链,辅之以银
行转账结算的方式,将三角债调整为对债。如B欠A10万元债款,A欠C10
万元债款,通过开户银行转账将之调整为B欠C,将A从这一债务链中解脱
出来。近年,有的地方还出现了建立不合法的专业讨债公司和债主依法向
人民法院申请发出"讨债公函"等做法。但是,对追偿贷款金融机构已不再
享有特权,最高人民法院在《关于企业或个人欠国家银行贷款逾期2年未还
应当适用民法通则规定的诉讼时效问题的批复》中已经指出:国家专业银行
及其他金融机构系独立核算的实体,与借款的企业或公民之间的关系是平
等主体之间的债权债务关系,若向法院请求保护其追偿贷款权利时,应当适
用民法通则关于诉讼时效的规定;确已超过诉讼时效期限,且没有诉讼时效
中止、中断或者延长诉讼时效期间情况的,法院可判决驳回其诉讼请求。据
此,银行发放的贷款超出期限2年后才追偿的,其权利已不能得到法律保
护。

---

[1] New Proposals for the Debt Crisis , Robert C. Effros: Current Legal Lssues Affecting Central
Banks, Vol. 1, IMF, 1992, p. 79.

《民法通则》第七章关于诉讼时效的规定有:向人民法院请求保护民事权利的诉讼时效期间为2年,法律另有规定的除外;诉讼时效期间从知道或者应当知道权利被侵害时起计算;超过诉讼时效期间,当事人自愿履行的,不受诉讼时效限制;在诉讼时效期间的最后6个月内,因不可抗力或者其他障碍不能行使请求权的,诉讼时效中止,从中止时效的原因消除之日起,诉讼时效期间继续计算;诉讼时效因提起诉讼、当事人一方提出要求或者同意履行义务而中断,从中断时起,诉讼时效期间重新计算等。

现有的企业为逃避银行债务,而利用银行之间的竞争多头开户,到处套取银行信用。据统计,全国各专业银行每年因这类多头开户造成的资金损失已达数亿元乃至10亿元之巨。安徽某地有家食品加工企业,拖欠当地工商银行多达800万元贷款长期不还,另在当地农业银行开了一个账户,将工行户头上的资金几乎全部转到了农行户头上,把800万元贷款长期挂在工行,成了难以追回的债款。但多头开户又将成为客观必然,因有些工业企业的重大项目一家银行承担不了贷款业务,只可由多家银行来共同贷款。

当然,对于三角债的解决,能够做到防患于未然才是积极办法。自1994年11月煤炭部率先在全国采行"三不"政策(不付款,不发煤;不见银行汇票,不发煤;不还欠款,不发煤),已初见成效。1995年第一季度,国有重点煤矿的货款回收率已高达95%。尽管如此,基于多方原因,仍很有必要在现有办法之外增辟途径,在中国建立起通过贷款转让市场以解决三角债的法律机制。

在邓小平建设有中国特色社会主义的理论指导下,经过10多年改革开放,中国经济体制已发生巨大变化,计划经济体制逐步向社会主义市场经济体制转换。在完成中国共产党十四大提出的建立社会主义市场经济体制的伟大历史任务中,中国需要借鉴世界各国,包括资本主义发达国家的一切反映社会化生产和市场经济一般规律的经验,使国内经济与国际经济实现互接互补。在改革深化、开放扩大的新形势下,金融的地位已大大改变,从经济的附属变成了整个经济的中心,成为政府对经济进行宏观调控的总阀门。中国共产党第十四届三中全会于1993年11月14日通过的《关于建立社会主义市场经济体制若干问题的决定》(以下简称《决定》),已将发展金融市场列为当前培育市场体系中的重点之一。在今日中国,培育起一个贷款转让市场的必要性与紧迫性已不容置疑。

在深化金融管理体制的改革中,现有专业银行要逐步改变为国有商业银行,商业银行要实行资产负债比例管理和风险管理。由于发育中的证券市场容量有限,不可能是所有改股份制的企业都发行股票集资。香港的股份制企业有1万家以上,发行股票的也就300多家;日本股份制企业有10万家,发行股票的仅2 000多家;而且,在香港、日本的股份制企业发行的股票能上市并在证券交易所场内交易的,又都还是少数。今后,中国企业仍得以通过银行间接融资为主,并不是依靠发行股票、债券直接融资。培育起一个贷款转让市场,有利于银行盘活债权和改善资本状况,增强商业性。

国有企业改革在朝着摆脱对行政机关的依赖和国家解除对国有企业承担无限责任的方向迈进。自1993年1月1日起,中国已开始施行《企业财务通则》和《企业会计准则》,企业贷款利息可直接计入成本,允许企业折旧加速,这就为企业归还贷款提供了相当一部分资金来源,加上取消"国营企业调节税"和"两金"(国家能源交通重点建设基金、国家预算调节基金)等其他一些改革政策的出台,使企业税后还贷能力大为增强。培育起一个贷款转让市场不仅已经有了可行性,而且只有这样才能真正把企业从三角债债务链中解脱出来,落实企业对出资者承担资产保值增值的责任;企业长期亏损、资不抵债而依法破产时,出资者只以投入企业的资本额对企业债务负有限责任,实现企业在市场竞争中的优胜劣汰。

随着一些市场中介组织的发展,特别是场内、场外证券交易自律性运行机制的建立,培育起一个贷款转让市场,可以为投资证券的交易增添新品种,吸引境内、境外更多的游资,繁荣证券市场,为企业生产经营和国家现代化建设筹集到更多长期相对稳定的巨额资金,加速国民经济的发展。

国家体改委对解决国有老企业债务过重提出的对策中,已经包括"改贷款为投资"和"将债权转为股权"等内容,从而也产生了如何得以实现将多方对同一企业的贷款适当加以集中,以转化为债权方对该企业的投资或股权的新问题。

总之,在中国建立起贷款转让市场的法律机制,已经显得十分迫切。

要培育起一个贷款转让市场,得为之创设一个相应的法律环境。在第十四届五中全会1995年9月28日通过的《中共中央关于制定国民经济和社会发展"九五"计划和2010年远景目标的建议》提出的"加强经济法制建设,建立和完善与新体制相适应的法律体系"中,应当包含改革、完善执行债务的司法制度,并建立起通过抵销以消灭债的有效机制。欲在中国建立起抵销行使的有效机制,则需从国情出发,借鉴外国在这方面的立法经验。

英国法要求抵销行使方事先通知对方,并要求银行在对公司客户行使抵销时必须经过公司客户的书面授权,即值得中国重视。中国企业如作为国际借贷的借款人,应当争取在借贷合同中规定:非事先取得借款人同意,贷款人不得将其权利转让他人,且此种权利转让,不得增加借款人负担。这样,可以借助合同法的保护,防止对外负债落入一个对我方不友好的或税负更重的国家债权人之手。按照国家1993年12月19日公布、自1994年7月1日起施行的《公司法》第180条规定:"公司提取的法定公益金用于本公司职工的集体福利。"因此,应当禁止以属于公司企业职工集体福利的款项用于抵销公司企业的债务。时下已经发生外贸公司为出口产品的国内生产厂家充当银行贷款保证人，贷款银行不向借款厂家讨债，而月月扣保证人的迟延利息，甚至连本带利一起从保证人账户划拨等滥用抵销的事情。按照《担保法》，保证本指保证人和债权人约定，当债务人不履行债务时，保证人按照约定履行债务或承担责任的行为。为杜绝上述滥用抵销的现象，亦应从法律上要求抵销行使方事先通知被抵销方，并要求银行在对公司客户行使抵销时必须经过公司客户的书面授权。在1995年5月20日至26日在维也纳国际会议中心召开的联合国国际贸易法委员会第二十八次会议上通过的《独立担保和备用信用证公约草案》中，亦采纳了只有在征得受益人同意的情况下，担保人/开证人才能行使抵销权的案文。我国的法律与将在日后正式出台的《独立担保和备用信用证公约》保持协调一致，也属必要。

大陆法系国家的立法经验亦值得中国重视，它们将抵销规定在民法与破产法中。大陆法系国家对行使抵销的条件，在民法中一般均作如下规定：①须双方互负债务，即债务应系存在于两个民事主体之间；②须给付的种类相同，如数额不同，可部分抵销，数额较多的债权人在抵销后对余额有请求权；③须债务的性质可以抵销；④须均到清偿期，但允许债务人自愿放弃其期限利益；⑤抵销的行使须不违反法律规定与合同约定。如《联邦德国民法典》第395条关于对公法人债权的抵销规定："对帝国或邦的债权以及对行政区和其他地方团体的债权，仅在抵销人应履行的给付和应得到清偿的债权在同金库办理时，始准许为抵销。"又如《法国民法典》第1295条对合同约定的效力规定："债务人无保留地同意债权人以债权让与第三人者，其同意前对让与人所得主张的抵销不得对受让人再行主张。债务人曾收到债权让与的通知但未表示同意者，在通知后债务人对让与人所发生的债权不得主张与其债务抵销。"上述两法例表明，行使抵销不仅要求符合法律规定，还要求不违反合同约定。

中国《民法通则》对于"抵销"尚无具体规定。按照1994年3月9日最高人民法院《关于银行、信用社扣划预付货款收贷应否退还问题的批复》，银行通过扣划预付货款收贷行使"抵销"，系以《民法通则》第72条有关财产所有权转移的规定为法律依据。《批复》指出："预付款人将预付货款汇入对方当事人账户后，即丧失了该款项的所有权。因此，该款项被银行、信用社或者其他金融机构扣划还贷后，预付款人无权向银行、信用社或者其他金融机构请求返还。""如果银行、信用社或者其他金融机构明知借款人无履行合同的能力，而与其同谋或者怂恿其通过签订合同收取预付货款还贷的，预付款人可以直接要求银行、信用社或者其他金融机构返还已经还贷的预付货款。"再者，"银行、信用社或者其他金融机构对预付款人承诺专款专用而又扣划该款项还贷的，预付款人也可直接要求银行、信用社或者其他金融机构返还被其扣划的预付货款。"

《民法通则》第 91 条规定："合同一方将合同的权利、义务全部或者部分转让给第三人的,应当取得合同另一方的同意,并不得牟利。"由于任何一个市场都是买卖各方牟利的场所,上述规定对贷款转让市场在中国的形成不能不产生遏制作用或消极影响。

以前在中国通过"抵销"消灭债,只可按照破产法进行。1986 年全国人民代表大会常务委员会通过的《企业破产法(试行)》,因《全民所有制工业企业法》于 1988 年 8 月 1 日起施行,该法也已于同年年内开始试行。《企业破产法(试行)》第 33 条规定："债权人对破产企业负有债务的,可以在破产清算前抵销。"就借贷而言,按照破产法上述原则,借款人企业一旦进入破产清算,其所有剩余资产均被冻结,听候法院依破产程序在所有债权人之间清偿分配,贷款银行即不得再擅自扣减借款人企业的存款。还值得注意的是,与民法中的抵销权相比,破产法中的抵销权具有以下特征:

1. 破产法中的抵销权,其主体仅限于破产债权人。即在破产程序中,只有破产债权人才享有抵销权,破产人和破产管理人均不享有抵销权。这与民法中双方债权人均得互相主张抵销的规定不同。

2. 破产法中的抵销权,用来抵销债务的债权不受给付种类和期限的限制。即无论破产债权人对破产人所欠债务的给付种类是否相同、期限是否届满,均可行使抵销,这也与民法中的规定不同。只是对于非金钱的给付,或虽为金钱的给付但其数额待定或给付系以外币确定其数额时,均须以破产宣告时的标准进行评价而确定其数额后才得行使抵销。为此,日本《破产法》第 22 条对非金钱债权及不确定数额规定有评价制度。我国《企业破产法(试行)》第 31 条规定："破产宣告时未到期的债权,视为已到期债权。"因此,对未到期的债权也可行使抵销;但以贷款而言,由于未到期的利息不属于破产债权,对未到期的利息则不得抵销。

由于破产法中设定的抵销亦应是源出于民法中的债的消灭,因此,欲在中国培育起一个贷款转让市场,仍需首先在民法中完善关于消灭债的抵销的具体规范,否则,这个市场终将难以存在并有序运行。总之,为使贷款转让市场得以在中国存在和发展创设一个法律环境,已亟待提上我们国家的立法与司法的议事日程。

3. 就债权银行而言,尽管行使抵销为消灭债务企业所欠债务的一种办法,但对于已经资不抵债的债务企业,拥有抵押权的贷款银行欲减少呆账损失,则应援用《民事诉讼法》第 199 条的规定,以债权人身份向人民法院申请宣告债务企业破产还债。湖北省武昌县一家合资企业,以设备作抵押,先后从工商银行武昌县支行获取 70 万元流动资金贷款。到 1994 年 5 月,该企业实际资产只有 139 万元,而负债高达 225 万元。县支行向人民法院申请宣告该企业破产还贷。法院接受了银行申请,宣告该企业破产。经过破产清算,最后作出裁定,依照抵押权人享有对抵押设备优先受偿的原则,县支行收回贷款 63 万元,对这家拖欠贷款本息的呆账减少损失 27%,即为一例。

目前抵销的法律适用状况已见改善,自 1999 年 10 月 1 日起施行的《合同法》已将"债务相互抵销"作为合同权利义务终止的情形之一(见该法第91 条)。该法对"抵销"设有专条(第 99 条)规定:"当事人互负到期债务,该债务的标的物种类、品质相同的,任何一方可以将自己的债务与对方的债务抵销,但依照法律规定或者按照合同性质不得抵销的除外。""当事人主张抵销的,应当通知对方。通知自到达对方时生效。抵销不得附条件或者附期限。"该法第 100 条还规定:"当事人互负债务,标的物种类、品质不相同的,经双方协商一致,也可以抵销。"

第三节 适用于金融合同的统一规则与电子商务合同规则

一、《国际商事合同通则》

(一)《国际商事合同通则》的由来及适用

《国际商事合同通则》(以下简称《通则》)(Principles)由国际统一私法协会起草、1994 年 5 月理事会最后通过并出版。1980 年成立起草工作组,历时 14 年。

国际统一私法协会成立于 1926 年 4 月 20 日,其通用名称缩写 UNIDROIT 为法文缩语,原属国际联盟系统附属机构,1940 年 4 月 21 日按照一项政府间多边协议《国际统一私法协会章程》重建,成为一个独立的政府间国际组织,现也不是联合国体系内的机构,中国于 1985 年加入;现该协会共有 58 个成员国,遍布 5 大洲,代表各不同法系和经济政治制度以及发达程度的国家。迄今尚未加入 1980 年《联合国国际货物销售合同公约》的英、日两个主要发达国家亦为国际统一私法协会成员国。由该协会起草、通过和出版的《通则》,较之"CISG 公约"(《联合国国际货物销售合同公约》)更具普遍性与适用性。协会理事会成员有中国外经贸部条法司司长。《通则》起草工作组成员有中国外经贸部条法司副司长王振普和该司副处长黄丹涵,他们由中国政府派出、以个人身份参加《通则》起草工作,并提出了有益的意见和建议。

自 1964 年以来,由协会制定并被其成员国外交大会通过的公约已有 7个,最近的 1 个即 1988 年《国际保付代理公约》;协会参与制定的由其他国际组织如联合国国际贸易法委员会通过的公约有 10 个。这 17 个国际统一私法的公约,已生效的只有 3 个,绝大多数都还尚未生效。已生效的 CISG

公约,参加国虽达 48 个之多,迄今也还有英、日尚未加入。在当今主权国家林立(仅联合国即已有成员国达 189 个)的国际社会,指望靠缔结公约来统一私法实无异于缘木求鱼。《通则》出台标志着协会在国际上统一私法另辟蹊径的一个新开端。这一蹊径即借助于非立法方式统一或协调各国私法。

各国商人都希望买卖兴隆,不希望受到国际上因各国立法不同而产生的法律冲突困扰。国际货物买卖喜欢按照国际商会制定和倡导的《国际贸易术语解释通则》成交。按国际贸易术语成交,买卖双方洽谈交易订立合同,只需用几个缩写的英文字母符号,如用 CIF 表示 CIF 合同、用 FOB 表示 FOB 合同,等等,即可确定双方当事人各自所应承担的责任、费用和风险,而不必花费过多的时间和精力再去一一敲定许多繁琐的合同具体条款。银行担保也出现了备用信用证化趋势。备用信用证目前适用的还是国际商会制定倡导的《跟单信用证统一惯例》和《备用信用证惯例规则》,而不是适用哪种特定的法律。国际贸易法委员会起草的《联合国独立担保和备用信用证公约》还尚未生效。适用国际商会统一惯例,开证银行只凭单证相符规则履行付款责任,而且全由自主决定,不致受到借贷双方发生的商事诉讼的连累,因银行开出备用信用证不像保函那样构成法律意义上的担保。各国商人现对采用非立法方式形成的规则的趋向愈来愈明显。

国际商会(ICC)1919 年 10 月创立于巴黎,作为民间国际组织以非立法方式制定和倡导的商事规则已有影响很大的 1933 年《跟单信用证统一惯例》(现行文本为 UCP 500,1994)、1936 年《国际贸易术语解释通则》(现行文本为 Incoterms 2000)和 1958 年《托收统一规则》(现行文本 URC 522,1996)。ICC 在 1997 年 6 月还制定有《国际销售示范合同》。现 ICC 在世界上 140 个国家和地区拥有会员。1994 年 11 月 8 日,国际商会接纳在中国建立的"中国国家委员会"(ICC China)为会员。ICC China 为一中国民间组织,创始会员 162 个,包括国内一些最大的企业和组织,以中国国际商会(即中国贸易促进委员会)为牵头机构。ICC China 章程规定:"将通过各种合理方式提高商界及中国政府及其机构对国际商会制定倡导的规则、惯例、例行等的认识,并促进中国商界对其规则、惯例等的采纳和使用。"

继民间国际组织 ICC 之后,政府间国际组织有在国际清算银行体系内,经英格兰银行倡议,1975 年 2 月成立的巴塞尔委员会,通过"巴塞尔协议"以非立法方式制定和倡导国际银行监管规则,已产生有三大巴塞尔原则:资本充足率原则(1988,即《巴塞尔资本协议》)、利率风险管理原则(1997,包括 11 个原则)、核心原则(1997,即《有效银行监管的核心原则》,包括 25 个原则)。1996 年,中国人民银行与香港货币当局一起被接纳为国际清算银行成员,并一起被邀请参加了核心原则的联合起草小组工作。巴塞尔原则比 ICC 商事惯例规则更具权威性与适用性,既可作为法律规则供各国将之转化为其国内法,也可作商事规则供各国监管当局与国际银行自主选择采用。

国际统一私法协会的《国际商事合同通则》正是在以上背景下于1994年问世的。

国际统一私法协会、国际商会和巴塞尔委员会制定和倡导的法律规则和/或商事规则,势将成为新世纪国际商法的基础,而与比较国际商法和国际商事公约共存。

国际商事合同(International Commercial Contract)指具有国际性与商事性的合同。《通则》主张,只要合同中所有相关因素中有一个或以上因素不是仅与一个国家有关的合同,即为国际合同;只要一方或多方当事人具有商人身份和/或合同交易具有商事性质的合同,即为商事合同。商事合同外延不仅包括货物买卖、技术转让,还扩及服务贸易,如借贷/担保、海上运输和保险、工程承包、旅游等专业服务合同,而且,还包括国际投资合同与经济特许协议。其外延比现行的国际经济贸易合同广,还包括金融合同。

《通则》可以适用于一切国际商事合同;国内商事合同当事人也可以同意适用《通则》。但商事合同不包括消费者合同,因消费者合同在不同法系中都适用一些特殊规则,为保护消费者,这些特殊规则大部分带强制性;商事合同是当事人自愿成交的约定,其适用规则大部分属任意性的。

《通则》具有法律规则与商事规则的双重性质。这一性质表现为:

1. 国际商事合同当事人可以明示选择《通则》作为法律规则管辖合同,以之取代某一具体的特定国内法与1980年《联合国国际货物销售合同公约》(CISG公约)。但这一选择要与当事人也同意将其合同项下所产生的争议提交仲裁,才更具可行性。也就是说,在商签合同订入法律适用条款时,同时要订入仲裁条款,以排除法院管辖,才更具可行性。因法院管辖,《通则》也不能排除国际私法的适用,其结果可能是《通则》亦只有在某一具体的特定的国内法的限度内才适用于当事人。结合仲裁条款订入适用《通则》的法律条款的可行性即在于,1985年《联合国国际商事仲裁示范法》与1965年《关于解决一国与他国国民投资争端公约》(《华盛顿公约》)均允许当事人选择"法律规则"而非某一具体的特定的国内法作为仲裁裁决的基础。《通则》问世,使国际借贷合同只通过诉讼解决的状况有了突破的可能,即只要贷款银行与借款方同意适用《通则》解决合同争议,也就为在合同中订进仲裁条款扫除了障碍。我国银行和企业法人作为国际借贷合同的贷款方或借款方以及担保或被担保方,选择仲裁方式解决争议尤为最佳选择。因为,通过诉讼方式解决争议,即有可能适用到境外法律。当今世界,法系较多,中国法与其他哪个法系都不搭界。而且,境外既有制定法也有判例法。对境外法律的举证较为困难,法律查明的成本甚高。外方当事人并有可能利用法律的差异事先即已设下法律陷阱。选择仲裁方式,在法律适用上只要双方当事人同意,适用什么法律规则和国际惯例均可,而且,仲裁裁决的执行也较之法庭判决更为容易。

2.《通则》作为商事规则,在三种情况下更便于解决订约当事人之间的意见分歧与合同争议:①国际商事合同当事人对选择某一特定的国内法作为适用法的意见分歧不能达成一致时,实践中常规定合同由"法律的一般原则"或者"国际贸易习惯和惯例",或由"商事规则"管辖。但究竟什么是"法律的一般原则"或"习惯和惯例"或"商事规则"呢? 认识仍很不一致。在这种情况下即可以《通则》取代。②合同虽已选择由某一特定的国内法管辖,而该国内法却不为某一方当事人和/或法官、仲裁员所熟悉,要找到有关法律文件和/或对之进行研究所要付出的精力和/或代价太大,法庭、仲裁庭对这种情况是适用当地法;如当地法不为合同双方所接受时,亦可以《通则》取代。③国际货物销售合同当事人同意适用 1980 年 CISG 公约,遇该公约未明确解决的属于公约范围的问题,为保持其在世界范围内以统一法适用的原有特性,亦允许以国际统一的原则来解释和补充公约。什么是国际统一的原则? 在这种情况下,《通则》也可作为一个最佳的适用者。

鉴于《通则》兼容不同法系的一些通用法律规则和吸收了国际商事活动中广泛采用的国际惯例和商事规则,便于统一适用的优点,它还可作为未来各国国内立法和国际立法在一般合同法领域或是针对一些特殊类型的商事交易起草立法时的一个范本。《通则》中的术语均有意避免使用现存于各法系中的独特术语,而是尽可能使用在实践中广为人知的、适于作为国际统一的术语予以采纳。《通则》也未使用判例,而是采举例的方式,适于作为国际的通例对待。以《通则》为范本立法,在处理有关对外经贸关系方面更能符合国际趋势。

《通则》虽不是一个国际公约,不具强制力,由于参与起草者的广泛性,而且起草工作组成员都由各国政府派出,尽管都是以个人身份参加,但作为已经协会理事会通过的一种官方国际文件,具有说服力的权威则毋庸质疑。因此,《通则》既可充当法律规则,也可充当商事规则;既可作为国内或国际立法的范本供各国自主参照,也可由国际、国内商事合同当事人自愿选择适用。《通则》与 1980 年联合国 CISG 公约和 1997 年 ICC《国际销售示范合同》都有不同。CISG 公约是单一性的法律规则,《国际销售示范合同》是仅适用于货物销售的单一性的商事规则。

《通则》具有多种功能,可以作为各国有关立法的范本采用,可以作为国际商事合同当事人选择适用的规则,商法工作者可将之作为案头工具书,商法学习者可将之作为教科书和参考书,还可将之作为专业英语资料常加翻阅。

由于《通则》的非强制性,国际商事合同当事人可自愿选择适用或不适用。选择适用《通则》,也可根据各自的情况,对《通则》某些具体条款规定可以简单地做全部排除或部分排除,以适合自己交易的特殊需要。但选择适用《通则》,不得减损《通则》中的强制性规定。《通则》中具有强制性的规定一般都已明定其强制性,如关于"诚实信用和公平交易原则"(Principle of Good Faith and Fair Dealing)的规定等,数量很少。而且这类强制性规定反映的是在大多数国内法中也同样具有强制性的行为准则。如果合同当事人连这为数很少的强制性规定也希望取消,选择适用《通则》就无任何实质性意义了。

再者,即使选择适用《通则》,一些由各国制定的带强制性的法律规定,如反托拉斯法、价格法、外汇管制条例、外贸法,等等,这些国内法的强制性规定以及国际私法规范的效力仍优于《通则》规定。《通则》并非对抗各国的立法,而是旨在协调和统一各国的私法。因此,《通则》不得否定由主权国家自主制定的,或为履行国际公约而制定的,或被超国家机构(如欧盟)所采行的强制性规定。

进而,国际商事合同当事人在选择适用《通则》时,也可以自由约定以某一特定的国内法作为补充。这种条款可约定为:"本合同适用《通则》的规定,并以×国法律作为《通则》的补充";或是"本合同的解释和履行依《通则》的规定,《通则》没有明确规定的问题,则依×国法律。"

(二)诚实信用和公平交易原则

《通则》将"诚实信用和公平交易"(Good Faith and Fair Dealing)作为一项基本原则,于〔第1章〕总则中加以规定,并贯穿于以下各章有关规定中,要求每一当事人必须遵循这一原则行事。而且,凡属于通则之内但又未被明确的问题,亦应尽可能按通则确定的此一基本原则来处理,使之具有填补漏洞的功能。

《通则》对此一基本原则同时赋予了强制性,除表现为当事人不得通过合同加以排除或限制外,还表现为《通则》将之规定为当事人的义务。《通则》确立此一基本原则,旨在以此来保证商事合同关系的公正性,尽力消除当事人之间的事实上不平等,保护弱者,达于真正互利。经济实力差或无知、缺乏经验和谈判技巧的当事人,以及处于不利地位的当事人,均属《通则》保护的弱者。发展中国家当事人与发达国家当事人订立国际商事合同,选择适用《通则》无疑为一最佳选择。

对《通则》所确定的此一基本原则,并非按不同国家法律体系中所采用的一般标准来适用,而必须按国际商事的特殊情况去解释和适用,并使之能为各个不同法系所接受。诚实信用(Good Faith)和公平交易(Fair Dealing)是两个概念,又融为一体,构成一项完整的原则。《通则》对诚实信用和公平交易均未给定义,但通过一些实例仍给人以一个清晰的概念。

〔第 1 章 a〕诚实信用

例 1：A 同意 B 可在 48 小时内考虑是否接受其要约。当 B 在期限临近届满前决定接受时，正值周末，A 办公室传真机和自动电话均未开通，故无法向 A 传递这一信息。A 未能确保其办公室在整个 48 小时内均能接收信息的做法，即有违诚实信用。这一实例表明，说话不算话，便是不诚实、不守信用。

例 2：在银行 A 与客户 B 商定的信贷合同有效期内，A 事先没有任何通知亦无正当理由（B 并无交叉违约等情况），突然不加说明地拒绝向 B 继续提供贷款，致使 B 的生意蒙受重大损失。尽管合同中有允许银行可以决定借款客户加快偿还条款，仍有违诚实信用原则。这一实例表明，银行虽然形式上并不违约，但实质上是陷客户（弱者）于困境，亦属不诚实、不守信用。

〔第 1 章 b〕公平交易

例：在一份关于供应和安装某一特殊型号生产线的合同中有条规定，卖方 A 就该生产线的技术所做的任何改进，均有义务通知买方 B。即成交的不是静态技术而是动态技术。合同订立后，A 又专设了一个独立实体的全资附属公司 C 来负责该种特定型号生产线的生产。1 年后，B 了解到有项重要的技术改进未得到 A 的通知。A 称他不是不通知，而是他不负责这种特定型号生产线的生产。此即有违公平交易原则。这一实例表明，设法规避合同义务，便不是公平交易。

《通则》在其〔第 1 章〕总则中所确立的诚实信用和公平交易此一基本原则，贯穿于以下合同的订立〔第 2 章〕、合同的效力〔第 3 章〕、合同的解释〔第 4 章〕、合同的内容〔第 5 章〕、合同的履行〔第 6 章〕和不履行〔第 7 章〕等各章有关规定。

〔第 2 章〕合同的订立

一方发出要约，他方承诺接受，合同即订立。对要约可否撤销，普通法主张可以撤销，大陆法多数国家主张不可撤销。《通则》对这一问题的处理，是以要约可撤销为规则，不可撤销为例外来加以协调和统一。《通则》规定了两个重要例外：一为要约已含不可撤销的表示；另一为要约人有充分理由认为该要约为不可撤销的，并已依赖该要约行事。对两个例外的肯定即系基于诚实信用和公平交易原则的适用。

例：A 是一古董商，他要 B 在 3 个月内完成修复 10 幅画的工作，价格不超过一个具体的金额。B 告知 A，为决定是否承诺接受该要约，需要对 1 幅画先开始进行修复，然后在 5 天内给出明确答复。A 同意了。基于对 A 的信赖，B 马上就开始了修复工作。A 在这 5 天内便不得撤销要约。

《通则》对商签合同持谈判自由或缔约自由（Freedom of Contract）原则，但这一原则亦得服从诚实信用和公平交易的基本原则，即不得进行"恶意谈判"(Negotiations in Bad Faith)。"恶意谈判"为《通则》引进的一个新术语，包含两层意思：一层意思是指一方是在无意与对方达成协议的情况下开始或继续谈判；另一层意思是指恶意中断谈判或随意突然无正当理由地中断谈判。《通则》并规定，恶意一方应对因此给另一方所造成的损失(负利益，Negative Interest)承担责任，但责任方不赔偿因订立合同而可能产生的"正利益"(Positive Interest)。负利益指"信赖利益"(Reliance Interest)，正利益指"预期利益"(Expectation Interest)。

例1：A 为从 B 银行的分行获得贷款进行了长时间的谈判。在最后时刻，该分行才说明它无权签约，因总行 B 已决定不批准给予 A 贷款，而 A 本可以同时从另一家银行获得贷款。为此，对于 A 因谈判导致的费用支出以及在从其他银行获得贷款前这段延误期内本可得到的利益(信赖利益或负利益)，有权从 B 处获得补偿。

例2：A 向 B 保证，如 B 准备投资 15 万美元，向 B 授予专营许可。此后两年时间，B 为订立该项合同做了大量筹资的努力，且一直信赖将会得到 A 授予的专营许可。当 B 已筹齐所要求的资本金时，A 突然中断谈判。按照诚实信用和公平交易原则，B 有权要求 A 补偿其为准备订立合同所发生的费用。

在谈判订立合同中，一方以保密性质提供的信息(该方已明确声明其信息属秘密)，基于诚实信用和公平交易原则，无论此后是否达成协议订立合同，另一方有义务不予泄露，也不得为自己的目的不适当地使用这些信息。《通则》规定，违反保密义务的救济可以包括根据另一方泄露该信息所获得的利益予以赔偿。《通则》的这种规定是参照了近年在国际技术转让市场上兴起的一种获得"选择权协议"(Option Agreement)的实践。该协议即约定，在一定期限内，由潜在的技术供方向受方按协议的范围和步骤披露技术的内容和有关资料，受方保证在这个期限内作出成交或不成交的选择，并承担不把所获技术内容泄露给第三方的义务；如不成交，自己也决不使用该技术，并退回所有技术资料。

例：B 和 C 都是空调系统生产商，A 要安装空调系统，邀请 B 和 C 提出要约。B 和 C 在各自的要约中均提供了与其空调系统功能相关的技术细节，目的在于显示产品的优点，这就不属秘密信息。A 决定拒绝 B 的要约只与 C 继续谈判，并可以自由利用 B 要约中所提供的信息，以促使 C 以更优惠条件售与。但如 B 在其要约中已声明其所提供的技术信息属于秘密不得泄露，那么，A 就不得在与 C 的谈判中使用该信息。

《通则》对合同形式无要求，采行"形式自由原则"(Principle of Freedom of Form)，以适应当代贸易无纸化和网络化的趋势，只要口头证据或其他视听证明能为有关司法程序所接受即可。基于诚实信用和公平交易原则，《通则》对合同中以书面订立并以书面变更的条款也规定有一个例外，即如一方的行为使对方产生信赖并依此行事，他方将因其行为不得援引书面条款而否定合同的存在。

例：承包商 A 与学校 B 书面签订建一幢教学楼合同，规定该楼第二层的承重能力必须足以承受设置图书馆，并规定有以书面方得变更条款。事后，B 口头同意该楼第二层为非承重结构。A 按此变更完成了施工，B 也看到了施工过程并未提出任何反对意见。但在验收时 B 却对此反对。在这种情况下，B 即无权援引书面条款，因 B 的口头变更产生了 A 的合理信赖并依此行事。

〔第 3 章〕合同的效力

基于诚实信用和公平交易原则，《通则》将本章有关"欺诈"（Fraud）、"胁迫"（Threat）和"重大失衡"（Gross Disparity）导致合同无效的规定明示具有强制性，当事人不得在订立合同时将其排除或修改。

欺诈既可以是陈述虚假事实，也可以是对事实真相不披露，目的在于诱导对方犯错误，并因此从对方错误的损失中获益的行为，而且性质是严重的。在刑法中，对骗取数额较大的公私财物的行为定诈骗罪。如仅是广告或谈判中的言过其实，不构成欺诈，只构成错误。"错误"（Mistake）和欺诈的区别有二：①性质不同。错误是对订立合同时业已存在的事实或法律所做的不正确的假设；欺诈则是陈述虚假事实或隐瞒事实真相。如 A 和 B 在订立一辆汽车的买卖合同时，没有也不可能注意到该车已同时被盗，即双方当事人都错误地相信了在订立合同时的标的物的存在，但实际上已经灭失；如 A 已知其汽车被盗还与 B 订立卖车合同，性质就变了，属于欺诈。②《通则》有关欺诈的规定，当事人不得以约定将其排除或修改；而有关错误的规定则不具强制性，即一方当事人的错误也可以不构成他宣告合同无效的理由，就是说仍得履行，否则要承担不履行的责任。

例：A 认为某一幅画系不太有名的 C 画家作品，并将其以这类画的公平价格卖给了 B。后来发现这幅画实为另一著名画家作品。对此，A 即不得以其错误为由宣告他与 B 的合同无效。A 是寄希望于他对某一事实所做的估计是正确的，他就同时要承担事实并非如此时所发生的风险，因这种错误与订立合同时存在的事实无关。在期货交易所的看涨期权与看跌期权合同的订立都是如此，尽管一方当事人估计错误，合同仍受法律保护。

基于诚实信用和公平交易原则，属于合同传达或履行中的错误，一方当事人是否有权更正或他方当事人是否仍有权要求继续，则应视情况而定：

例1：意大利当事人 A 要求英国一家律师事务所 B 提供法律咨询，得到的电报答复是 B 每小时的报酬为 150 英镑。而实际上 B 交给英国邮电局的电报稿上原是每小时 250 英镑。谁都知道在电报中数字经常会被发错，因此应认为 B 已估计到了这种风险,从而无权更正。

例 2:客户按银行通知的错误贷差数提走款项加以动用,银行无权更正。如客户尚未动用,银行则有权更正:客户 A 通过电报查询得知他在银行账户上有 2.1 万美元结存,实仅 1.1 万美元。A 签发一张 2 万美元的支票支付旅馆费用,银行回电改正了结存数额,A 改签一张 1.1 万美元支票给旅馆获得付款即属这种情况。

胁迫是指受胁迫人除按对方所提条件签约外再无其他合理选择的情况。不论胁迫行为本身是合法(如起诉)与非法(如败坏名声),也不论胁迫行为所针对的是财产还是声誉。

例 1:A 未偿还 B 的贷款,B 威胁要提起违约之诉,意图迫使 A 同意 B 以特别优惠的条件租用 A 的仓库。A 被迫与 B 签了租仓合同,这种情况下所签的合同 A 有权宣告无效。

例 2:俱乐部球队队员威胁老板,除非他们本赛季剩下的 4 场比赛的获胜奖金比原订的奖金额提高 1 倍,否则将罢赛。老板被迫接受了队员要求。这种情况下,老板有权宣告此一新合同无效,因罢赛将导致球队自动降级,使俱乐部声誉受到严重损害,构成胁迫。

重大失衡指一方不公平地利用了他方的经济困境或紧急需要谋取不正当的过分利益。

例:A 利用 B 急于改造技术摆脱困境,以明显过分的高价卖给 B 一条过时的生产装配线。B 发现其所支付的价款相当于购进一条先进的生产装配线价格后,有权宣告所签合同无效。

〔第 4 章〕合同的解释

《通则》主张合同应根据当事人各方的共同意图予以解释;找不到共同点弥合分歧时,应根据通情达理的人的理解;并以使全部条款有效为宗旨进行解释,而不是排除其中一些条款的效力。

例:A 是一家商业电视网,B 是一家电影影片发行商,合同规定:B 定期向 A 提供一定数量的影片,由 A 在其电视网下午时间播放。后来发生争议,B 坚持只要是它已发行放映的影片,即使是儿童不宜的三级片也可以提供;A 坚持所供影片必须是当局许可所有人观看的。由于 B 的理解将导致整个合同无效,即应优先考虑 A 的解释。

诚实信用和公平交易原则贯穿于合同的解释,体现在两个方面:①引入对合同条款提议人不利规则;②允许依此原则补充"空缺条款"(Omitted Term)。

例 1:承包商 A 为 B 建造一座工厂。合同条款由 A 起草,规定:"对由于承包商或其雇员的疏忽所造成的所有损失和费用,以及他方由此提出的对于物质财产损失、死亡或人身伤害的赔偿请求,承包商均应承担责任并予赔偿。"A 的一个雇员在下班后操作 B 的工厂设备并造成毁损。A 对此否认其负有责任,认为合同规定仅适用于其雇员在执行受雇职务时所为的行为。这种情况,即应按对合同条款提议人不利规则进行解释,也应包括 A 的雇员在下班后非执行职务时的行为。

例2:一项特许营销合同规定,被授权人在合同终止后一年内不得从事类似的营销。尽管该合同未确定这一禁止性规定的适用范围,根据诚实信用和公平交易原则,即应将适用范围限定在被授权人所经营的特许营销范围内以补充此空缺。

〔第5章〕合同的内容

《通则》允许双方当事人的合同义务可以是明示的,也可以是默示的。对于默示义务,即可来源于诚实信用和公平交易原则,如通知的义务、在履行中相互合作的义务等。

例1:A 与 B 签订了一项合作完成某项复杂研究的合同。该研究对 A 来说是很费时的,但在未完成研究之前,B 决定放弃该项合作。这种情况,即便合同中并无如何处理的规定,B 仍应有义务毫不迟延地将其决定通知 A。

例2:A 国一艺术画廊向 B 国一私人收藏家购得一幅名画。这幅画非经 B 国当局许可不得出口,而合同规定的是由 B 申请此项出口许可。B 无办理申请手续方面的经验,遇到重重困难,而 A 却熟悉这方面手续。这种情况下,尽管合同没有规定,A 亦有义务向 B 提供帮助。

〔第6章〕合同的履行

作为民商法上的概念,债是按合同约定或依照法律的规定在当事人之间产生的特定权利、义务关系;享有权利的一方称债权人,其权利称债权,负有义务的一方称债务人,其义务称债务。《通则》规定,债权人有权拒绝接受部分履行和提前履行债务,但基于诚实信用和公平交易原则,均应以债权人的拒绝有"合法利益"(Legitimate Interest)为条件,只要部分履行和提前履行带来的额外费用由债务人承担。

例1:一家航空公司承诺在某一确定日期从意大利将 25 辆汽车运到巴西。履行到期时,某些客观情况使这家航空公司在一次飞行中腾出足够仓位发生困难。该公司向汽车购买者提出一周内连续运送两次,并能证明这样不会给汽车购买者带来不便,因其汽车在一周之前不实际使用,带来的额外费用由航空公司承担。这种情况下,债权人即无拒绝部分履行的合法利益。

例2:交货日期是 5 月 15 日,A 无合法利益拒绝 5 月 10 日接受货物,只要是比原定交货日期多出 5 天的额外费用由 B 承担并允许 A 于 5 月 15 日支付货款。

〔第 7 章〕不履行

《通则》基于诚实信用和公平交易原则,对不公平的免责条款的援引、对增加不合理负担的强制履行与不合理的替代交易,设定了限制;并设定了减轻损害的责任和允许将约定金额减少至一个合理数目等规则。

例 1:对不公平的"免责条款"(Exemption Clause)援引的限制:会计师 A 负责办理 B 的账目,合同中有条规定,对于 A 履行合同中的任何错误所导致的后果不承担任何责任。由于 A 的一个严重错误使 B 多交付 100% 的税款。这种情况下,A 即无权援引上述本来就不公平的免责条款。

例 2:对增加不合理负担的强制履行的限制:一艘油轮在一场风暴中沉没,尽管把它从海底打捞上来是可能的,但船东需支付的打捞费用大大超出油轮本身的价值,货主即无权强制船东履行运输合同。

例 3:对不合理的"替代交易"(Replacement Transaction)的限制:按通常做法,供应商违约,客户都不会要求强制履行,而是向其索赔,另寻渠道获得所需货物。如另寻渠道是不合理的,依《通则》仍可强制履行。如一个发展中国家的 A 公司急需从东京的 B 公司购买一台标准类型的机器,交付了 10 万美元货款,但 B 违约没有交货。尽管 A 还可以从日本其他渠道购得这种机器,由于 A 公司的国家外汇短缺,也耗费不起额外的时间和精力,依《通则》,A 仍有权要求 B 交付机器。

例 4:减轻损害的责任:5 月 2 日 A 要求旅游代理商 B 为其在巴黎预订一间 6 月 1 日的客房,价格为 500 法国法郎。5 月 15 日 A 得知 B 还没有预订到,当日如采取行动,可以订到 600 法郎的房间,一直拖到 5 月 25 日才另托他人预订,这时已只能订到 700 法郎的房间。由于 A 没有负起减轻损害的责任,就只能从 B 处得到 100 法郎而非 200 法郎的赔偿。

例 5:允许将约定金额减少至一个合理数目:A 与 B 签订一份购买机器合同,约定每月支付 3 万法国法郎,分 48 次付清;并规定,如 A 未交付某一次分期付款,允许 B 立即终止合同,除有权要求归还机器外,还有权占有已交付的货款和得到其他分期付款抵作损害赔偿金。A 未交付第 11 次分期付款,B 按合同规定扣留了 A 已交付的 30 万法郎,除要求归还机器外,还要求 A 支付未付的 38 次付款共 114 万法郎作为赔偿。对这种情况,《通则》允许减少这笔约定的金额,因它已大大超出了 B 所受实际损害的收益。

(三)合同的履行与不履行

1. 标准条款和格式合同问题。按"标准条款"(Standard Terms)订立合同或双方采用"格式合同"(Forms),尽管不同于一般情况下订立的合同,但作为合同仍可受《通则》管辖。标准条款是指一方为通常和重复使用的目的而预先准备的条款,又称格式合同,在实际使用时不与对方谈判,为对方接受即订立合同;对一方或双方以标准条款订立合同,均为按标准条款订立合同。双方在载有标准条款合同正面签字表示接受的,为明示采用;如在双方间存在某种习惯做法或惯例时,可以为默示采用。如期货交易所适用的标准合同,只要在其场内成交即表明双方默示采用;在其他交易场合,当事人是否构成对标准合同的默示采用,即须准备标准条款一方证明这些条款在以前的交易中已被惯常采用。

例:供方将其准备的标准条款已印成文件向用户发出要约。用户承诺接受要约,但未表示要遵照标准条款,这些标准条款即不能在合同中采用,除非供方能证明用户知道或应知道供方只打算以其标准条款订立合同,或者能证明这些条款在以前对其他用户的交易中已被采用。

基于保护缺乏经验当事人的诚实信用和公平交易原则,《通则》规定了一个重要的例外,即标准条款虽然整体上被客户接受,但如接受方对其中某些条款的内容、语言和表达方式所产生的效果不能合理预见,接受方对这类"意外条款"(Suprising Terms)仍有权不受其约束,只有准备标准条款的一方已提醒接受方注意该"意外条款",而接受方仍表示接受,才不容对该条款的有效性提出质疑。

例1:A 为一家旅行社,所做广告摘登的标准条款给人印象是由其承担有关旅行一揽子服务,包括行李托运和旅馆的食宿供应。基于 A 的标准条款,B 预订了一趟旅行。虽然 B 对标准条款做了整体接受,但 A 仍不得基于其中的一项规定:"对于旅馆的食宿供应,本社只是作为旅馆经营者的代理人行事。"而对不能保证食宿供应不承担任何责任,因该条款属于见诸合同书面未出现于广告中摘录的"意外条款"。

例2:A 是在 X 国经营业务的一家保险分公司,其总公司为在 Y 国注册成立的一家公司。A 的标准条款包括50条,以小字印刷,其中有一条规定 Y 国法为适用法律。除非该条款以醒目的字体或以其他任何能提醒接受方注意的方式表达,否则即属"意外条款",因 X 国的投保人不可能理所当然地预见在其自己国家从事经营的保险公司的合同条款中竟存在一条指定外国法为适用法律的事。

在商事活动中,双方互为要约人和受要约人的情况也为常见,卖方使用其订单反面的"一般销售条件",买方使用其订单反面的"一般购买条件",二者如有冲突之处优先适用哪方的,形成格式合同之争。《通则》对这一问题的处理是意思一致原则。如双方未就其标准条款以外的事项达成任何协议,按照要约和承诺一致原则,即根本未订立合同;如双方均未对彼此的标准条款提出反对意见就开始履行,则合同视为已订立,这种情况下适用最后指定原则处理冲突。而不能凭借哪方的标准条款载有"如未经我方书面确认,接受订单者所做承诺中与我方标准条款相冲突的内容视为无效",或者在其发出要约或接受要约时已经声明"仅愿以自己一方的标准条款订立合同",来处理"格式合同之争"(Battle of Forms)。

最后指定原则(The Last Shot Doctrine)指适用当事人最后发出或引用的条款来解决格式合同之争的原则。

例:A 向 B 订购一台机器。A 所利用订单反面印有 A 的"一般购买条件"。B 收到后对 A 发出一份订单反面印有 B 的"一般销售条件"。据此,A 向 B 最后发出了订购机器的型号、价格、支付方式和交货时间、地点的通知。后 A 又试图撤销这笔交易,声称从未与 B 订立任何合同,因对应适用的合同条款未达成一致。按照《通则》,这种情况合同已经订立,适用 A 向 B 最后发出的订购通知与双方格式合同实质内容相同的标准条款来处理这笔交易。

2. 艰难情形与不可抗力问题。《通则》采用"艰难条款"(Hardship Clause)以取代国际法上使用的"情势变迁"(Change in Circumstances)与不同法系国内法上所使用的"合同落空"(Frustration of Contract,普通法)、"合同基础消失"(德国法)和"意外事件"(法国法)等条款。《通则》之所以采用"艰难"一词,是由于它在国际商事活动实践中已广为人知。按照合同约束力一般原则,是要求必须尽可能履行合同,并且不管履行方可能承受的负担如何,或者合同的履行对于该方已变得没有意义,仍必须履行合同。如果将此一般原则绝对化,全不顾艰难情形的例外,则有违诚实信用和公平交易的基本原则。《通则》持一般原则要服从基本原则的主张。将艰难条款引进合同法是《通则》的一大贡献。

《通则》对"艰难"的定义为发生了根本改变合同双方均衡的事件,而且这种事件是发生在订立合同之后。合同订立后如当事人之间的义务发生"重大失衡"(Gross Disparity)事件,合同当事人可以援引"艰难条款"(Hardship Clause),将之作为要求重新谈判的理由。

例1:1989 年 9 月,前民主德国电子商品商 A 向另一前社会主义国家 X 国的 B 购货,B 将于 1990 年 12 月交货。1990 年 11 月 A 通知 B 这批货对他已无任何用途,因东西德统一后从 X 国进口这样的货已无市场。这种情形,依《通则》A 即有权援引艰难条款。

例2:A 同 B 订立的买卖合同中,价格以 X 国货币表示。在合同订立时,X 国货币对其他主要货币已在缓慢贬值。1 个月后,X 国一场金融危机导致该货币大幅度贬值80%。因 X 国货币大幅度贬值速度不可能预见,当事人可援引艰难条款;如只贬值百分之几并未超过50%,则非根本改变了合同双方的均衡,且属意料中事,当事人仍无权援引艰难条款。

如合同双方均衡的根本改变发生在只完成部分履行时,则艰难条款仅能对将待完成的履行部分适用。

例1:A 和 X 国的废品处理公司 B 订立合同,规定了 4 年期限和每吨废品的固定价格。订立合同 2 年后,X 国的民众环保运动促使 X 国规定了比前价格高 10 倍的废品存放场地费用。这种情况下,B 仅可就合同期限中剩下的 2 年援引艰难条款。

《通则》是基于诚实信用和公平交易原则设置的艰难条款,旨在保护处于不利地位的当事人(弱者),非处于不利地位的当事人不得援引。

例 2:专做某一地区海上保险的 A 公司向那些与其签订了保险合同其中包括战争险和国内叛乱险的投保人要求追加额外的投保费,以弥补在该同一地区的三个国家同时爆发战争和叛乱后所显露出的更大风险损失。A 即无权援引艰难条款要求重新谈判增加投保费,因依保险合同中的战争险和叛乱险条款,只要不是爆发了核战争,本应由保险公司承担这些风险损失。

援引艰难条款只能作为要求重新谈判的理由,处于不利地位的当事人亦无权停止履行,只有重新谈判不能在合理时间内达成协议时,任何一方当事人可诉诸法庭(包括仲裁庭)。法庭(包括仲裁庭)可以作出决定,为恢复合同双方的均衡,或修改合同,或在确定的日期并按确定的条件终止合同。

在实际中某种情形可能同时既可视为"艰难情形"(Hardship),又可视为"不可抗力"(Force Majeure)。出现这种情形,处于不利地位的当事人可以选择寻求何种救济:如欲使其不履行获得免责,可以主张不可抗力;如欲寻求重新谈判修改合同,可以主张艰难情形。主张不可抗力与主张艰难情形其效果是不同的。

例 3:出口商 A 同意向 X 国进口商 B 供应 3 年啤酒。合同订立后 2 年,X 国施行禁酒令,禁止买卖消费酒精饮料。

B 如主张艰难情形,即可毫不迟延地说明理由要求与 A 重新谈判,提出修改合同价格建议,便于向其价格很低的邻国转售。进行 1 个月磋商后毫无结果,B 诉诸法庭。法庭如认为终止合同是合理的,即可决定 B 向 A 支付仍在途中的最后一次交贷的货款后终止合同。

B 如主张不可抗力(合同订立后,履行障碍非他所能控制、所能预见和所能避免或克服),对不履行免责,即可将此情况通知 A,并支付仍在途中的最后一次交货的货款后终止合同。由于不可抗力免责为合同中既定条款,即无须经过重新谈判或法庭(包括仲裁庭),节省钱和时间精力。

二、电子商务合同规则

联合国国际贸易法委员会(UNCITRAL)第二十九次会议于 1996 年 6 月 20 日通过决议,建议各国从优考虑采用《电子商务标准法》(Model Law on E-lectronic Commerce)或修改法律,以适应对取代纸质形式的通讯和信息存储适用统一法律的需要。该标准法为电子商务合同确定了以下统一规则:

1. 书面形式:当法律要求信息为书面的,则数据电文符合该要求,只要其所含信息用于以后引证为可存取的。采用国可将排除适用的情况规定于其立法中。

2. 合同的订立和生效:在合同订立的条件中,除当事人另有协议外,要约和要约的接受可用数据电文表示。用数据电文订立合同的,即不得仅以其为数据电文表示的理由而否认其有效性和执行力。

3. 数据电文发出与收到的时间和地点:①除始发人与收件人另有协议外,数据电文进入收件人或发出数据电文的始发人控制外的系统时,即为发出。②除始发人与收件人另有协议外,一份数据电文的收到时间依以下规定决定:如收件人已为旨在接收数据电文指定信息系统,则接收发生于该数据电文进入指定信息系统之时,或如该数据电文进入了非指定系统的收件人的某个信息系统,则为收件人检索到该数据电文之时;如收件人未指定信息系统,则接收发生于该数据电文进入收件人的某个信息系统之时。③除始发人与收件人另有协议外,一份数据电文被认为已发自始发人的营业地,并认为收件人于其营业地接收。如始发人或收件人的营业地不只一个,营业地即为与项下交易具有最密切联系的营业地,或无项下交易即为其主营业地;如始发人或收件人无营业地,即为其习惯居住地。

4. 关于电子商务合同的签章:该标准法尚无具体规定。联合国国际贸易法委员会第三十三次会议(1998 年 6 月 27 日至 7 月 10 日)讨论的《电子签章统一规则草案》尚待定稿。联合国公布的《电子交易基本法方案》自1999 年 7 月 1 日起实行,该方案建议通过网络等进行商品买卖的当事人,如已有电子署名,就同在纸文件上记名盖章或署名一样具有法律效力。现电子签章已经实际运用到了国际条约的签署,如 1999 年 8 月 20 日智利和阿根廷两国总统签署加强双边合作的国际条约,即系两国总统使用各自的签名卡在电脑上完成的。

中国自 1999 年 10 月 1 日起施行《合同法》,对电子商务合同的处理规定与联合国国际贸易法委员会所倡导的统一规则是一致的。由于中国的电子通讯与网络商务尚处于发展中,加上统一规则也处于倡议阶段,诸如电子商务合同要约的撤销和电子签章等问题仍均无确定的明细规范加以解决,犹待未来的实践。因此,中国《合同法》第 33 条规定:当事人采取数据电文形式订立合同的,可以在合同成立之前要求签订确认书。签订确认书时合同成立。对于书面形式、要约与承诺(即接受)、合同订立的时间和地点等问题的处理,中国《合同法》的有关规定均采用了统一规则。例如:

1. 按中国《合同法》第 11 条规定,书面形式是指合同书、信件和数据电文(包括电报、电传、传真、电子数据交换和电子邮件)等形式。

2. 按中国《合同法》第 16 条、第 25 - 26 条等各条规定,当事人订立合同采取要约、承诺方式。要约和承诺的到达时间,采用数据电文订立合同,收件人指定特定系统接收数据电文的,该数据电文进入该特定系统的时间,视为到达时间;未指定特定系统的,该数据电文进入收件人的任何系统的首次时间,视为到达时间。承诺到达要约人时生效。承诺生效时合同成立。

3. 按中国《合同法》第34条规定,采用数据电文形式订立合同的,收件人的主营业地为合同成立的地点;没有主营业地的,其经常居住地为合同成立的地点;当事人另有约定时,按照其约定。

第四节 出口信贷

一、出口信贷类型

出口信贷(export credit)是各国为支持本国商品出口,以低利率对本国出口商或外国进口商给予的贷款。这种出口信贷通常由政策性银行(进出口银行)发放,对于其利率与商业银行市场利率的差额,银行可向政府申请利息补贴,故又称为半官方贷款。出口信贷分卖方信贷、买方信贷、福费廷与混合贷款。

(一)卖方信贷

卖方信贷是由出口国银行向本国出口商提供,出口商凭交货证件获得贷款,垫付资金,允许买方赊购。国外买方订货时只需付占合同金额15%的预付款额,以后分期付款(包括利息)。买方付款后,卖方再归还放贷银行。

(二)买方信贷

买方信贷是由出口国银行直接向国外买方或买方国银行提供,用以向出口国购买货物。国外买方与出口国公司企业订立贸易合同后,付占合同金额15%的预付款额,其余向出口国银行申请贷款。出口国银行是向买方国银行提供贷款的,买方国公司企业即凭其与出口国卖方订立的贸易合同向本国银行逐件办理使用买方信贷的具体手续。中国银行作为买方国银行,自1978年12月以来,已与英国、法国、比利时、瑞典、澳大利亚、挪威、加拿大、阿根廷、联邦德国、意大利等一批出口国银行分别订立了买方信贷协议[1]。

(三)福费廷

自1965年开始,联邦德国和瑞士在与东欧国家和发展中国家的大型设备出口贸易中,兴起"福费廷"(forfaiting),现已流行于西方出口国。福费廷是出口信贷中卖方信贷的一种发展形式。福费廷是由进口地银行在进口商提交的付款票据(汇票或支票)上加签银行担保,即"背书担保"(aval),出口

---

[1] 1994年成立的中国进出口银行,作为卖方国银行,1996年3月与秘鲁国民银行签署7 000万美元的出口买方借贷框架协议;同年8月与肯尼亚工业发展银行签署1 000万美元的出口买方借贷框架协议,由中国进出口银行对肯尼亚从中国进口机电产品、成套设备等资本性货物提供金融支持。

商凭加保的长期票据向出口地银行贴现。加保期为 6 个月至 10 年不等,加保金额一般在 10 万美元至 5 000 万美元之间,付款方式为每半年一次,加保期如为几年的可以允许有一年宽限期。

（四）混合贷款

出口信贷中的混合贷款是由外国政府与商业银行联合向借款国贷款,用于购买该外国货物,属于出口信贷中买方信贷的一种发展形式。混合贷款是由政府赠款和低息或无息贷款(软贷款)与商业银行的硬贷款按一定比例搭配提供,而且属于项目贷款,视借款国提出的项目情况而定。

二、出口信贷君子协定

自 20 世纪 70 年代起,资本主义国家为了摆脱经济衰退,竞相采取出口信贷等优惠措施以刺激本国的出口。以联邦德国为例,1973 - 1975 年外贸顺差分别达 330 亿马克、508 亿马克、373 亿马克,其货物出口一直保持在全部产品的一半以上。为缓和、协调各国在出口信贷中的矛盾,1976 年 7 月,美、英、法、德、意、日、加等西方七国政府首脑在巴黎会议口头达成"出口信贷协定":按照进口国的富裕程度,将之分为发达国家、中等国家与发展中国家三类,分别定出不同的最低预付款额、最低利率和最长偿还贷款期限。

1978 年 2 月,经济合作与发展组织(OECD)的 24 个成员国[1]在巴黎总部开会,同意自 1978 年 7 月 1 日起,用新的国际性"关于官方支持的出口信贷安排"取代 1976 年的"出口信贷协定"。新安排对于进口国富裕程度的分类为:国民收入人均 3 000 美元以上者为富有国家,1 000 - 3 000 美元者为中等收入国家,1 000 美元以下者为低收入国家,信贷额度最高为合同金额的 85% (亦即最低预付款额不低于 15%);统一贷款期限为 2 - 10 年,协调出口信贷利率定为 7.25% - 8%。1985 年 1 月,经合组织又修订了利率(如下表)。

国家分类	2 年至 5 年以下	5 年至 8 年半以下	8 年半至 10 年以下
低收入国	9.85%	9.85%	9.85%
中等收入国	10.7%	11.2%	11.2%
富有国	12%	12.2%	不适用

由于以上协定和安排均系由各国自愿遵守的,违反了也不受制裁,故统称"君子协定"。

三、出口信贷国家担保制

外国政府为支持出口,对本国出口商或商业银行向外国进口商的信贷

---

[1] 到 1996 年 11 月由于波兰和韩国的加入,经合组织已有 29 个成员国。

特设专门机构进行担保。当外国进口商拒付时,国家担保机构按承保额进行赔偿。其担保项目和承保金额分以下两类:

1. 政治风险。可承保合同金额的 85% - 95%,如因政变、战争或政府法令变更等遭受损失,可给予赔偿。

2. 商业风险。可承保合同金额的 75% - 85%,如因进口国通货膨胀、货币贬值或进口商丧失偿付能力而遭受损失,可给予赔偿。

出口信贷国家担保制,各国做法不尽相同。有一些国家的政府保险机构只承保政治风险和由于外汇管制不能转移外汇的风险,而商业风险则由私营保险公司承保;另一些国家,两类风险全部由政府保险机构承保;还有一些国家是由私营保险公司代政府办理承保业务。从而实施出口信贷国家担保制的机构各国不一:美国为进出口银行;法国为外贸保险公司;意大利为国家信贷保险公司;英国承保出口信贷的政府机构为工贸部下设的出口信贷担保局;联邦德国则由政府委托赫尔梅斯信贷保险公司承保出口信贷。

到 1992 年,中国人民保险公司已试办出口信用保险 3 年,承保短期出口信用综合险,业务涉及世界 70 多个国家和地区。为促进和扩大本国出口,我国于 1992 年 9 月公布了《中国银行出口买方信贷试行办法》。

第五节　中国对涉外商业贷款与对外担保的管理

一、涉外商业贷款管理

(一)对外商投资企业的贷款

中国于 1987 年 4 月 24 日公布施行的《中国银行对外商投资企业贷款办法》,其基本内容包括:

1. 中国银行在办理贷款时,应与借款企业签订贷款合同。除中国银行同意者外,企业与中国银行签订的贷款合同及附件等法律文件的有效文字为中文,适用法律为中华人民共和国法律。

2. 为支持外商企业的生产经营活动,中国银行按照国家的政策,对外商企业的建设工程及生产经营所需的资金办理下列各种贷款:①固定资产贷款。即用于基本建设项目和技术改造项目的工程建设费,技术、设备购置费及安装费。分中短期贷款、买方信贷、银团贷款、项目贷款。②流动资金贷款。即用于企业在商品生产、商品流通及正常经营活动过程中所需资金的贷款。分生产储备及营运贷款、临时贷款及活存透支。③备用贷款。是指按企业申请的特定用途,经中国银行审查同意安排待使用的贷款。④外汇抵押贷款。是指按中国人民银行 1986 年 12 月 12 日发布的《关于外商投资企业外汇抵押人民币贷款的暂行办法》办理。在中国注册的外商企业,可以以其自有的外汇(包括从境外借入外汇)作抵押,申请办理人民币贷款。如贷款未到期,抵押单位不得提前归还贷款。贷款到期后,抵押单位应归还原数额人民币贷款,受托银行退回原数额抵押外汇,不受汇率变动的影响,相互也不计利息。到期不能归还人民币贷款的,抵押外汇归银行所有。银行对抵押单位发放的人民币贷款,最高不得超过抵押品按抵押日国家外汇管理局公布的人民币汇价(买入价)所计算的数额。

除外汇抵押贷款外,上述各种贷款均分人民币贷款与外币贷款两类;外币包括美元、英镑、日元、港元、德国马克和中国银行同意的其他可兑换货币。

3. 外商企业申请使用贷款必须具备的条件如下:①企业已经取得中国工商行政管理机关发给的营业执照,并在中国银行开立账户;②各投资者按期缴足合同规定的出资额,并经在中国注册的会计师验资,出具验资报告;③企业董事会作出借款的决议和出具授权书;④企业固定资产投资项目,已由国家计划部门批准;⑤企业有偿还贷款能力,并提供可靠的还款、付息保证。

4. 固定资产的贷款期限,不超过 7 年,个别特殊项目经中国银行同意可适当延长,但不得超过企业营业执照限定的经营期结束前 1 年。流动资金贷款期限,不得超过 12 个月。抵押贷款的种类和期限分短期和中长期两种,短期贷款的期限有 3 个月、6 个月、1 年,中长期抵押贷款为 1 年以上,但最长不得超过 5 年。中国银行对外商企业的人民币贷款利率,按中国银行规定的国营企业贷款利率执行;外币贷款利率,按中国银行总行制定的综合利率执行,但借贷双方也可以根据国际市场利率协商确定。使用外国买方信贷和其他信贷的利率,以其协议利率为基础加一定利差确定利率。

5. 外商企业向中国银行申请贷款时,如中国银行认为需要担保的,企业必须提供经中国银行认可的担保。借款企业向银行提供的担保有两种:①信用担保。即借款企业向中国银行提供资信可靠、有偿付债务能力的金融机构、企业及其他单位出具的保证偿还贷款本息的不可撤销的保函。②抵押担保。即借款企业将其财产和权益抵押给银行,作为偿付银行贷款本息的担保。可供作抵押的财产和权益有房产、机器设备、库存的适销商品、外币存款或存单、可变卖的有价证券和票据,以及股权和其他可转让的权益。企业办理抵押担保,必须与中国银行签署抵押文件,抵押必须经中国公证机关公证,企业的抵押物品必须向中国保险公司投足额保险。

中国银行认为必要时,企业应当提供信用加抵押担保。

6. 外商企业向中国银行申请贷款,首先应提交借款申请书,并按规定提供相应的证明和资料,一般包括项目建议书、可行性研究报告、合同、章程、工商管理局颁发的营业执照,以及有关财务计划、产供销合同、书面担保凭证等。如外商企业申请基建贷款,还要提供基建项目建议书和基建计划设计任务书等有关资料。中国银行根据企业提供的证明和资料,对企业的资信、产品的生产和销售、企业的经济效益和还款能力等进行审查评估,经中国银行审查同意后,企业与中国银行签订贷款合同,开立账户,按贷款合同办理贷款手续。以信用担保的贷款,贷款合同应附有担保单位出具的经中国银行认可的还款保证书;以物品担保的贷款,贷款合同应附有借款企业出具的经中国银行认可的抵押物品作为还款保证的书面凭据。

7. 外商企业向中国银行申请使用贷款,必须按照贷款合同规定按期如数偿还贷款、支付利息和费用。对不遵守贷款合同的企业,中国银行有权根据贷款合同,视违约情节,采取以下措施以维护其权益:①限期纠正违约事件;②停止发放贷款;③提前收回贷款;④通知担保人履行担保责任。

如企业逾期不能偿还贷款和支付利息,中国银行从逾期之日起加收20%–50%的罚息。此外,企业以信用担保贷款的,由担保单位负责偿还所欠贷款本息和费用;企业以抵押担保贷款的,中国银行依据法律规定,有权优先以抵押物的折价或变卖抵押品的价款来偿还贷款的本息。

(二)境内机构借用国际商业贷款

国家外汇管理局发布、自1998年1月1日起施行《境内机构借用国际商业贷款管理办法》(1991年9月26日国家外汇管理局发布的《境内机构借用国际商业贷款管理办法》同时废止)。新办法要点如下:

1. 总则:①国际商业贷款是指境内机构向中国境外的金融机构、企业、个人或其他经济组织以及在中国境内的外资金融机构筹借的,以外币承担契约性偿还义务的款项。出口信贷、国际融资租赁、以外汇方式偿还的补偿贸易、境外机构和个人外汇存款(不包括在经批准经营离岸业务银行中的外汇存款)、项目融资、90天以上的贸易项下融资以及其他形式的外汇贷款视同国际商业贷款管理。②中国人民银行是境内机构借用国际商业贷款的审批机关,它授权外汇局具体负责对境内机构借用国际商业贷款的审批、监督和管理。③境内机构借用国际商业贷款应经外汇局批准。未经外汇局批准而擅自对外签订的国际商业贷款协议无效;外汇局不予办理外债登记,银行不得为其开立外债专用账户,借款本息不准擅自汇出。④对外借用国际商业贷款的境内机构仅限于经外汇局批准经营外汇借款业务的中资金融机构或经国务院授权部门批准的非金融企业法人。⑤关于借用国际商业贷款的条件、责任、成本控制、季度报告和接受外汇局检查的规定。⑥未经外汇局批准,境内机构不得将借用的国际商业贷款存放境外、在境外直接支付或转换成人民币使用。

2. 中长期国际商业贷款:①指1年期以上(不含1年)的国际商业贷款,包括1年期以上的远期信用证。②借用该项贷款应列入国家利用外资计划。③关于申请和报批程序。

3. 短期国际商业贷款:①指1年期以内(含1年)的国际商业贷款,包括同业外汇拆借、出口押汇、打包放款,[1]90天以上365天以下的远期信用证等。②该项贷款不得用于长期项目投资、固定资产贷款和其他不正当用途。③外汇局对之实行余额管理,境内机构申请的短贷指标由外汇局按年度进行核定。④中资金融机构对外开立的90天以上365天以下远期信用证,按外汇局核准的该机构报送的远期信用证管理办法开立,不占用短贷指标;非金融企业法人向境内外资金融机构申请开立90天以上365天以下远期信用证,占用短贷指标。⑤不实行短贷指标余额管理的非金融企业法人借用短期国际商业贷款,应逐笔报外汇局批准,并占用所在地的短贷指标。

4. 项目融资:①指以境内建设项目名义在境外筹借外汇资金,并仅以项目自身预期收入和资产对外承担债务偿还责任的融资方式。其性质应当是不需要境内机构以建设项目以外的资产、权益和收入进行抵押、质押或偿债,不需要境内机构提供任何形式的融资担保,债权人对于建设项目以外的资产和收入没有追索权。②规模纳入国家借用国际商业贷款指导性计划。③条件应具竞争性,并应经外汇局审批或审核。

5. 境内机构的海外分支机构借用国际商业贷款:①中资金融机构对其每个海外分行(指中资金融机构在境外依当地法律设立的非独立法人的分支机构)的海外融资总量,应于每年2月底前报外汇局备案。②海外分行一次性筹资等值5 000万美元以上(含5 000万美元)的国际商业贷款,应事先由其总行(总公司)报外汇局批准。海外分行在境外所筹资金只能用于海外业务发展,未经外汇局批准,不得调入境内使用。③中资企业在境外设立的分公司及其他经营机构,经总(母)公司授权,以总(母)公司名义对外借款,视为总(母)公司的对外借款,其总(母)公司应按规定在境内办理有关报批手续。

6. 法律责任:违反本办法的,由外汇局责令改正或收回批件,并给予处罚;构成犯罪的,依法追究刑事责任。

7. 附则:外商企业借用国际商业贷款,无须经外汇局审批和列入国家计划,本办法有关项目融资和海外分支机构借用国际商业贷款的规定亦不适用于外商企业,外商企业可自行委托境外金融机构或境内外资金融机构办理国际商业贷款的保值业务。境内机构向中资银行离岸业务部门借用的外汇贷款,视同国际商业贷款管理。

二、提存公证

按照《担保法》,提存发生在以下情况:①抵押人转让抵押物所得价款,

---

[1] 打包放款(packing loan),银行为出口方提供的一种短期贷款。

向与抵押权人约定的第三人提存;②出质人要求质权人将质物提存;③质权人将拍卖、变卖质物所得价款,或者将质押票据兑现的价款或提取的货物,向与出质人约定的第三人提存;④以知识产权的财产权利供质押担保的出质人,将所得的转让费、许可费向与质权人约定的第三人提存。为预防和减少债务纠纷,维护经济流转秩序,根据《民法通则》(1987 年 1 月 1 日起施行)和《公证暂行条例》(1982 年 4 月 13 日发布施行),司法部于 1995 年 5 月 16 日发布施行《提存公证规则》。其要点如下:

1. 定义:提存公证是公证处依照法定条件和程序,对债务人或担保人为债权人的利益而交付的债之标的物或担保物(含担保物的替代物)进行寄托、保管,并在条件成就时交付债权人的活动。

2. 法律效力:①以清偿为目的的提存公证具有债的消灭和债之标的物风险责任转移的法律效力;②以担保为目的的提存公证具有债务履行和替代其他担保形式的法律效力。

3. 管辖:①提存公证由债务履行地的公证处管辖;②以担保为目的的提存公证或在债务履行地申办提存公证有困难的,可由担保人住所地或债务人住所地的公证处管辖。

4. 保管:①公证处应验收提存标的物并登记存档;②公证处应在指定银行设立提存账户,并置备保管有价证券、贵重物品的专用设备或租用银行的保险箱;③对不能提交公证处的提存物,公证处应派公证员到现场实地验收。验收时,提存申请人(或其代理人)应在场,公证员应制作验收笔录,并应将验收笔录交提存人核对,由公证员、提存人及其他参与人员在验收笔录上签名;④公证处有保管提存标的物的权利义务。公证处不得挪用提存标的。提存期间,提存物毁损、灭失的风险责任由提存受领人负担,但因公证处过错造成毁损、灭失的,公证处负有赔偿责任。公证处未按法定或当事人约定条件给付提存标的给当事人造成损失的,公证处负有连带赔偿责任。根据人民法院、仲裁机构的裁决或司法行政机关决定给付的,由此产生的法律后果由作出决定的机构承担。

5. 外国人、无国籍人在中国境内申办提存公证,适用本规则。

三、对外担保管理

根据《担保法》和国家有关对外汇管理行政法规的规定,中国人民银行制定了《境内机构对外担保管理办法》,于 1996 年 10 月 1 日发布施行,1991 年 9 月 26 日公布的《境内机构对外提供外汇担保管理办法》同时废止。《境内机构对外担保管理办法》要点如下:

(一)制定目的

为促进对外经济技术合作,支持对外贸易发展,促进劳务输出和引进国外先进技术、设备及资金,顺利开展对外金融活动,规范对外担保行为,加强对外担保的管理,制定本办法。本办法亦适用于对外反担保。

(二)定义

1. 本法所称对外担保,是指中国境内机构(担保人),除境内外资金融机构外,以保函、备用信用证、本票、汇票等形式出具对外保证,以法定的财产对外抵押,以法定的动产和权利对外质押,向中国境外机构或境内外资金融机构(债权人或受益人)承诺,当债务人(被担保人)未按合同约定偿付债务时,由担保人履行偿付义务。担保人不得以留置或定金形式出具对外担保。对境内外资金融机构出具的担保视同对外担保。

2. 本法规定的担保人为:①经批准有权经营对外担保业务的金融机构(不含外资金融机构);②具有代为清偿债务能力的非金融企业法人,包括内资企业和外商投资企业;③除经国务院批准为使用外国政府或国际经济组织贷款进行转贷外,国家机关和事业单位不得对外担保。

(三)对担保人的要求

1. 金融机构的对外担保余额、境内外汇担保余额及外汇债务余额之和不得超过其自有外汇资金的 20 倍。非金融企业法人对外提供的对外担保余额不得超过其净资产的 50%,并不得超过其上年外汇收入。

2. 内资企业只能为其直属子公司或其参股企业中方投资比例部分对外债务提供对外担保:①贸易型内资企业在提供对外担保时,其净资产与总资产的比例原则上不得低于 15%;②非贸易型内资企业在提供对外担保时,其净资产与总资产的比例原则上不得低于 30%。

3. 共同要求:①担保人不得为经营亏损企业提供对外担保;②担保人为外商投资企业提供对外担保,应坚持共担风险、共享利润的原则,同时,被担保人的对外借款投向必须符合国家产业政策,未经批准不得将对外借款兑换成人民币使用;③担保人不得为外商投资企业注册资本提供担保;④除外商投资企业外,担保人不得为外商投资企业中的外方投资部分的对外债务提供担保。

(四)管理机关与审批

1. 中国人民银行授权国家外汇管理局及其分、支局(外汇局)为对外担保的管理机关,负责对外担保的审批、管理和登记。

2. 审批权限:①为境内内资企业提供对外担保和为外商投资企业提供 1 年期以内(含 1 年)的对外担保,由担保人报其所在地的省、自治区、直辖市、计划单列市或经济特区外汇管理分局审批;②为外商投资企业提供 1 年期以上(不含 1 年)的对外担保和为境外机构提供对外担保,由担保人报经其所在地的省、自治区、直辖市、计划单列市或经济特区外汇管理分局初审后,由该外汇管理分局转报国家外汇管理局审批。

3. 审查:①外汇局在审批担保人为中国境外贸易型企业提供对外担保

时,应审查被担保人的贸易规模、资产负债比例、损益情况,核定被担保人应接受的对外担保上限;②外汇局在审批担保人为中国境外承包工程型企业提供对外担保时,应审查被担保人的承包工程量、工程风险、资产负债比例、损益情况,核定被担保人应接受的对外担保上限。

（五）程序

1. 报批。担保人办理担保报批手续时,应向外汇局提供要求的资料。经外汇局批准后,担保人方能提供对外担保。担保人未经批准擅自出具对外担保,其对外订立的担保合同无效。

2. 订立合同。担保人提供对外担保,应与债权人、被担保人订立书面合同,约定担保人、债权人、被担保人各方的下列权利和义务:①担保人有权对被担保人的资金和财产情况进行监督;②担保人提供对外担保后,债权人与被担保人如需修改所担保的合同,必须取得担保人同意,并由担保人报外汇局审批;未经担保人同意和外汇局批准的,担保人的担保义务自行解除;③担保人提供对外担保后,在其所担保的合同有效期内,应按担保合同履行担保义务。担保人履行担保义务后,有权向被担保人追偿;④担保人提供担保后,在担保合同的有效期内债权人未按债务合同履行义务的,担保人的担保义务自行解除;⑤担保人有权要求被担保人落实反担保措施或提供相应的抵押物;⑥担保人有权收取约定的担保费。

3. 登记。担保人提供对外担保后,应当到所在地的外汇局办理担保登记手续:①非金融机构实行逐笔登记制。非金融机构提供对外担保后,应自担保合同订立之日起15天内到所在地的外汇局填写《对外担保登记表》,领取《对外担保登记证书》。履行担保合同所需支出的外汇,须经所在地的外汇局核准汇出,并核减担保余额及债务余额。非金融机构的担保人应自担保项下债务到期、担保义务履行完毕或出现终止担保合同的其他情形之日起15天内,将《对外担保登记证书》退回原颁发证书的外汇局办理注销手续;②金融机构实行按月定期登记制。金融机构在每月后的15天内填写《对外担保反馈表》,上报上月担保债务情况。金融机构的担保人应对担保项下债务到期、担保义务履行完毕或出现终止担保合同的其他情形,按月办理注销手续;③担保期限届满需要展期的,担保人应在债务到期前30天到所在地的外汇局办理展期手续。

（六）处罚

担保人未经批准擅自出具对外担保或担保人出具对外担保后未办理担保登记的,由外汇局根据情节,给予警告、通报批评、暂停或撤销担保人对外担保业务等处罚。

■**思考题**

1. 按照银行实务惯例,一般国际借贷合同包含哪些共同条款? 欧洲美元借贷合同还包含哪些特殊保护条款?

2. 国际借贷合同适用有哪些担保方法? 在中国如何办理提存公证?

3. 直接参与的辛迪加贷款协议中调整各参加行间关系的特定条款的法律意义。

4. 间接参与的辛迪加贷款与国际借贷证券化的法律问题。

5.《国际商事合同通则》的性质与适用。

第五章　证券制度与证券市场国际化

第一节　证券制度

一、证券与证券市场

（一）证券

证券有广、狭二义。广义证券包括有价证券与证据证券，如下表：

证券 ｛ 有价证券 ｛ 货币证券：汇票、支票、本票
　　　　　　　　 财物证券：栈单、提货单、货运凭证
　　　　　　　　 投资证券：股票、债券、商业票据
　　　 证据证券：借据、收据、保险单

狭义证券仅指有价证券中的投资证券（股票、债券），由证券法调整。财物证券由民商法、海商法与运输法调整。证据证券中的借据、收据由民法调整，保险单由保险法调整。广义票据与广义证券同义，狭义票据指货币证券（汇票、支票、本票），由票据法调整。

所谓"投资"，即人们对预期会带来收益的资产的购买行为。证券投资，即投资者对股票、债券、商业票据一类金融资产的购买行为。本章即探讨由证券法和证券制度调整的投资证券。

1. 股票。股票是在投资者与接受投资者之间表示投资入股的一种凭证，故属于投资证券。有的股票带有流通性，可以上市买卖，从而有别于另一种投资入股凭证的认股证书。认股证书也可转让，但转让与上市是有区别的，只有上市股票才能在证券交易所作场内交易。

股票的一般特征：①股票持有者即公司股东，股东只就其出资额对公司债务负责；②股票属于上市股票的可以上市，但不得退股要求公司还本；③股东有权获取股息，分得红利，有表决权的股东还可以出席股东会行使投票的权利；④股票价格是浮动的，其票面价值与市场价格是不一致的，可高可

低,公司倒闭时可能成为一张废纸。

2. 债券。债券是在投资者与接受投资者之间表示债权债务的一种凭证,故属于投资证券。债券中有一种"可换股债券",发行公司规定该债券持有者有权按一定价格将之转换为公司股票。债券中还有一种彩券,即非债权债务凭证,而属于一种有奖募捐凭证。证券法是调整作为投资证券的股票、债券。在美国,彩券是由发行它的州政府颁布的专门法规调整的。

美国加利福尼亚州 1985 年开始发行彩票。加州《彩票法》规定:52.7% 的彩票收入作为奖金发放;至少 34.4% 以上的收入要投入从幼儿园到社会学校的公立教育系统。截至 2001 年,彩票发行 16 年来为加州公立教育系统筹集有 130 亿美元经费,主要用于教师的工资开支和购买图书资料以及课堂内使用的计算机。

在中国,民政部自 1998 年 9 月 24 日起发布施行《中国福利彩票发行与销售管理暂行办法》。本办法将"福利彩票"定义为,为筹集社会福利事业发展资金发行的、印有号码、图形或文字,供人们自愿购买并按照特定规则取得中奖权利的凭证。民政部是全国福利彩票的管理机构,民政部授权中国福利彩票发行中心具体承担福利彩票的统一发行、统一印刷和统一销售管理工作。省、地、县人民政府民政厅、局是本行政区域福利彩票的管理机构。省、地、县民政厅、局设立的福利彩票发行销售机构为本地福利彩票的惟一销售管理机构,具体承担本地区福利彩票的统一销售管理工作。

3. 赎回权。公司在发行"优先股"[1] 和债券时,常规定"赎回权"(redemption),便于在筹资环境改善时提前赎回高利息的债券和高股息的优先股,以节约成本。经济效益好的公司,在发行优先股和债券后,通常都要定期从盈利中提取一部分供作清偿基金,以备足钱来偿付债券本息和优先股股息。在公司盈利水平比估计的高时,还会拿出更多的钱存入清偿基金,用以行使将部分优先股和债券提前赎回的权利。公司行使赎回权购回的股票,称"库存股票"。公司的已发股票和库存股票加在一起构成该公司的总股本和永久性投资。

4. 公司发行股票、债券的利弊。公司发行股票,一不构成外债,二不办理退股,获得永久性投资,这是其利。发行股票就增加股份,老股东持股比例即相对降低,他们对公司的控制权亦相对削弱,这是其弊。

公司发行债券,可借以渡过资金短缺的难关,一旦盈利可以行使赎回

---

[1] 优先股是与普通股相对而言,分积累优先股(俗名储蓄股)、非积累优先股、可转换优先股(在一定条件下可转换为普通股)、积累可转换优先股、参与优先股(在公司盈利达到一定水平之上时,有权参与分红)。优先股股东一般无表决权,但也有公司章程规定,除储蓄股外的其他优先股股东可以享有表决权。

权,又无债一身轻,这是其利。发行债券,无论盈亏都得分期付息、到期还本,特别是在公司经营持续不佳的状况下,发债愈多负债愈大,可能加速倒闭,这是其弊。

以上是就私营公司而言。如就中国的国有企业而言,有的则以改股份制,通过发行股票、债券筹资较为理想,只要控制住公股不低于占51%,国家就能始终保持控制权。再者,股份投资或股权投资,通过发行人民币特种股票(B股),还可以拓宽中国对外资的利用;并可以把国有企业已发债券通过改组为股份有限公司将之转换为B股卖给外国投资者。

(二)证券市场

1. 发行市场。发行市场又称一级市场或初级市场,是发行公司与承销商(投资银行)之间的市场。

2. 交易市场。交易市场又称二级市场。上市即证券在证券交易所场内进行的买卖。证券交易所通常都有上市交易单位的规定,如以100股为交易起点,不是一个单位的零股买卖是在交易所场外进行而不进入场内。

3. 自由市场。自由市场又称三级市场。零星证券和非上市证券的买卖,在投资银行或证券公司柜台进行,而不进入证券交易所场内,属于场外交易。自由市场并非允许进行黑市交易。

4. 电话市场。电话市场又称四级市场或邮购市场。证券交易通过电讯联系进行或邮递办理交割。

二、各国证券法

(一)证券法的概念

证券法是一国调整证券交易的法律规范的总称。

证券法与公司法是一对孪生姊妹。一国的证券法与公司法是两个交叉的法律,公司法中有关股票、债券的规范也属于证券法的范畴,即证券法与公司法两个法律的这一部分规范是相互衔接、相互补充和共同适用的。一国的证券法与公司法均既属于国内法,又属于涉外法。

证券法与投资法是两个相邻的法律,投资法调整直接投资,证券法调整间接投资。

(二)证券法的法律性质

随着证券市场的国际化,一国发行的证券可以流入其他国家;证券说明书如刊载在报刊上,而该报刊可行销全球,从而发生了证券法的域外适用。如出现争讼,一国法院在认定某国证券法是否可作域外适用时,首先要看该国证券法有无可适用于域外的明文规定。如日本《证券交易法》(1985年修订)第2条定义中的"有价证券市场",即申明是包括国外的。再者,无论一国证券法有无明文规定可以适用于域外,一般还可依照以下三个原则来认定该国证券法的域外效力:

1. 属地原则。即一国对于其领土内发生的行为拥有管辖权。

2. 属人原则。即一国对其国民在世界上任何地方的违法犯罪行为有权依法惩处。

3. 保护原则。即违反证券法的活动尽管发生在该国境外,但在该国国内产生了损害结果时,该国有权依法制裁。

证券法所具有的域外适用性,具体体现于它所调整的法律关系的主体和客体中。

(三)证券法主体

证券活动,就发生纵向法律关系的当事人而言,有证券业的管理者与被管理者,包括国家、个人、法人或其他经济组织;就发生横向法律关系的当事人而言,则有形形色色参与证券活动的当事人,包括:

1. 发行人。①一国政府为弥补国际收支逆差或财政预算赤字,或为国营大型工程建设项目筹措资金,在国内外证券市场上发行公债;②国际金融组织通过发行国际债券筹集资金,用以支持其开发援助计划;③其他政府间国际组织(如联合国)为解决财政困难发行国际债券;④银行和其他金融机构、公司企业,为筹集资金和增加经营资金或扩展业务,发行股票、债券。

在证券交易中,国家政府与政府间国际组织均须以放弃特权和豁免,而以私债务人身份承担还债之责为先决条件,才得进入证券市场。从而,国家政府在证券活动中由于发生的法律关系不同而具有不同身份,在纵向关系中为特权者,在横向关系中为一般债务人。

2. 经理人。在证券市场上发行证券,发行人均指定投资银行充当经理人。如经理人为多家投资银行,由发行人指定其中的一家为主经理人。在证券市场上的所谓"投资银行",是泛指那些参与证券交易的各类金融机构,主要是一些证券公司,并非一定是银行。

3. 承购人和推销人。承购人可以由经理人同时担任。承购人将发行的债券全部认购或部分认购下来,然后交推销人转售给投资者。推销人的任务即在于向投资者推销债券。承购人也可以同时担任推销人。对非兼为承购人的其他推销人,对未推销出去的债券不承担承购责任。充当承购人与推销人的也多为投资银行。

4. 律师。有发行人和经理人各自指定的两类律师。发行人要指定发行人所属国律师提供有关证券的发行是否符合发行人国法律的咨询意见;还要指定发行地国律师提供有关证券的发行是否符合发行地国法律的咨询意见。经理人要指定发行地国律师负责起草有关证券上市的各项协议文件;还要指定发行人所属国律师向经理人提出律师意见书,说明按照发行人国法律,经理人为之发行证券所从事的经理活动是否合法。律师都仅就其本国法提供咨询意见。

5. 会计师。参与证券说明书与注册申报书、发行公司财务报表、统计资料的编制与审查。

6. 投资者。证券购买者包括个人、法人或其他经济组织、社会组织。

7. 受托人。分两类：①债券持有人指定代表其行使债权和担保物权的受托人，股票持有人委托办理过户登记和保管股票的受托人。这一类受托人一般均由信托投资公司或银行的信托部充当，律师事务所和会计师事务所也有充当受托人的。②发行人指定代表其向债券持有人还本付息或出售债券收取现金与核查保存债券抵押物的受托人，一般由银行担任；银行也向受托代理公司发放股息。

8. 清算人。充当国内债券与外国债券交易清算人的为经营场内交易的证券交易所或经指定的清算银行。充当欧洲债券交易清算人的为设在布鲁塞尔的"欧洲清算组织"（Euroclear）与设在卢森堡的"塞德尔"（Cedel，票据交换结算体系工作中心）两个特设清算组织。

（四）证券法客体

证券交易的标的即股票、债券。

股票可以在国内证券交易所上市，也可以在国外证券交易所上市。现在纽约股票交易所挂牌上市的 1 500 多家著名公司股票，即有日本"索尼"（Sony）公司等著名外国公司股票。1992 年 10 月 9 日，中国华晨汽车股份有限公司股票也已在纽约股票交易所挂牌上市。1993 年 6 月 19 日，中国证券监督管理委员会、香港证监会、香港联交所、上海证券交易所、深圳证券交易所 5 个机构在北京共同签署《证券事务监管合作备忘录》，内地已有 9 家大型国有企业发行的股票准备在香港上市，将之称为 H 股。中国公司已经在内地发行的人民币特种股票（B 股），即专门以外国投资者为销售对象。上海真空电子器件股份有限公司发行的 B 股，据《中国统计信息报》1992 年 3 月 12 日报道，已为世界上 24 个国家和地区的 230 名投资者所持有。自 1990 年 11 月法国东方汇理银行设立"海外中国基金"以来，香港已出现 20 个"海外中国基金"机构，在纽约、伦敦、卢森堡也已有"海外中国基金"问世。这些基金机构均以收购中国的 H 股、B 股和在香港上市的"中国概念股"作为投资对象。这种共同基金具有小额可以投资、分散投资风险、专家经营管理等优点，颇受海外投资者欢迎。

在第二次世界大战前已有国内债券与外国债券。马克思指出："公共信用制度，即国债制度，在中世纪的热那亚和威尼斯就已产生，到工场手工业时期流行于整个欧洲。"[1]外国债券即发行人通过某外国证券市场发行的以该外国货币为面值的债券。如自 1992 年以来以非日元的亚洲国家或地

---

〔1〕　马克思：《资本论》第 1 卷，人民出版社 1975 年版，第 872 页。

区货币在香港和新加坡挂牌上市发行的"龙债券"。又如 1993 年 7 月 28 日中国国际信托投资公司在纽约市场首次发行的 5.2 亿美元"扬基债券"。在第二次世界大战后,自第一笔欧洲债券于 1961 年 2 月 1 日在卢森堡上市后,又出现了一种新型国际债券,这种新型国际债券发行人属一国,债券面值可以使用第三国货币或某种联合货币(如 ECU),乃至跨国货币(如欧洲美元),可以在另一国或多国发行。如 1985 年 5 月中国银行在欧洲货币市场发行的欧洲(德国)马克债券,同年 9 月在东京市场发行的欧洲美元债券,以及 1986 年 11 月华福公司在新加坡市场发行的亚洲美元债券等,均属新型国际债券。

三、外国的证券制度

外国的证券制度有两种模式。英国模式的证券制度,以证券市场参加者的自律为基础,辅以法律管制;美国模式的证券制度,在法律管制的基础上辅以证券市场参加者的自律。

(一)英国模式的证券制度

1. 英国证券制度的形成及其影响。伦敦在 1698 年开始出现证券交易,在街头各咖啡馆进行。1773 年,伦敦新乔纳森咖啡馆开始成为进行证券交易的固定场所,从此,分散的街头证券交易逐渐集中到新乔纳森咖啡馆进行。1802 年,英国政府正式批准新乔纳森咖啡馆为伦敦证券交易所。该交易所在其长期从事的证券交易中逐步形成了一套相当完备的自律体制。现英国共有 7 个证券交易所分处各地,伦敦证券交易所起着中央证券市场的作用,它的一切证券交易活动均按照习惯形成的自律体制运作。国家有关单行法规和司法判例,对证券活动主要采取间接调整,适用于惩处违法犯罪和从宏观上将之纳入国家所要求的法制轨道。

英国模式的证券制度对英联邦国家及英国属地的影响较大。如新加坡独立后,其证券制度仍沿袭英国模式,以自律为基础,以《公司法》、《证券业法》和依该法建立的证券业委员会发布的行政命令为补充。香港的证券市场也是以香港联合交易所(联交所)制定的《联交所规则》进行自律,以前港英当局公布的《公司条例》和《证券条例》为补充。

2. 英国证券市场的自律机构。

(1)各证券交易所协会。协会以在本交易所大厅内从事场内交易的经纪商和中间商为会员组成,实际上即该交易所股份有限公司的股东会。协会将会员大会通过的各项自律规则,汇编在一本名为《证券交易所管理条例和规则》的文件中。协会领导机构为理事会,由会员大会选举产生。政府债券的经纪商(专门从事英格兰银行所发公债交易的经纪商,通称金边债券经纪商)为协会当然会员,但无表决权。

1986 年 10 月 27 日,伦敦证券交易所宣布实行"门户开放",称作"大爆炸"(Big Bang)。"大爆炸"原系天文学上有关宇宙起源的说法,被借用以表示伦敦证券交易所为开放市场设计的若干规章制度于 10 月 27 日生效,同时场内的屏幕自动报价系统也于这一天启用。"大爆炸"即指伦敦证券市场在技术上、操作上和规章制度上的一次空前的、令人震惊的和影响深远的大变革。

"大爆炸"前几周,1986 年 9 月,伦敦证券交易所与"国际证券章程组织"(ISRO)宣布合并。"国际证券章程组织"是在伦敦经营欧洲债券和外国债券、外国公司股票的交易商自律组织,共有 187 名会员(其中,美国证券公司 45 家,日本 43 家,英国 38 家),与伦敦证券交易所合并后全部转为改组的伦敦国际证券交易所会员。无论是英国还是美国,西欧大陆各国的证券交易所,以往都是男人俱乐部,不吸收女会员。现伦敦国际证券交易所也有了几名女会员。原来的伦敦证券交易所主要是金边债券市场,改组前的 1985 年金边债券还占其总交易量的 67%。现在的伦敦国际证券交易所,在 1989 年 9 月随着奥尔索斯爵士的退休,在英国具有 200 年传统的最后一位政府债券经纪商也退出了交易所,在交易所内已由马伦证券公司代理买卖金边债券。由于不能满足英国政府的财政需要,英格兰银行已与伦敦国际证券交易所磋商,另辟一个新的金边债券市场,由英格兰银行指定一批证券公司充当"金边债券市场发行人"(GEMM),用发行人自身账户,既为客户作经纪商,又作自营中间商进行交易。英格兰银行要求"金边债券市场发行人"必须是伦敦国际证券交易所会员,投放场外的金边债券交易量不得超过其场内交易量的 25%。因此,所谓新辟的金边债券市场,即一个综合场内、场外交易的市场。

"大爆炸"主要内容包括:允许外国证券商为交易所会员;取消"单一资格"会员制,允许交易所会员可一身兼任经纪商和中间商,二者业务可以交叉,从事双重交易;取消固定佣金,实行自由议定等。伦敦证券交易所所进行的这次大变革,实际上美国早在 20 世纪 70 年代中期就已付诸实践。自1975 年 5 月 1 日起,美国纽约证券交易所即已将固定佣金改成议定佣金,并于"5 月 1 日"后几周国会通过《证券法修正案》,确定取消固定佣金,并规定任何符合条件的证券商均有权成为证券交易所会员,而且可以在场内进行双重交易(代客交易与自营交易)。美国各大证券交易所相继启用自动报价系统。英国将美国的这一套做法移植于伦敦城,同其自律为主、法制为辅的传统相结合,产生了比在美国更大的效应。美国的经验可谓"墙内开花墙外香"。正如美国学者波塞(Poser)在其《国际证券管制》(1991)一书中所说:"新的英国规章设计借鉴于美国,但比美国的更实用、更高明。"

(2)英国企业收购和合并问题专门小组。1968 年由英格兰银行提议组成,起草并解释和执行《伦敦城企业收购与合并准则》。专门小组以各证券交易所代表为成员,专门小组只对《准则》负责。《准则》虽不具有法律约束力,但违反者将失去其在各证券交易所的市场。

(3)英国证券上市理事会。1978 年由英格兰银行提议成立,14 名理事中有 10 名为各专业协会代表(如证券交易所协会、英国证券经纪商协会和中间商协会、英国票据承兑业协会)、3 名理事代表投资者和社会公众、1 名理事担任证券上市理事会主席(由英格兰银行任命)。理事会负责解释和监督实施各证券交易所协会公布的《证券交易所管理条例和规则》。理事会下设一个由 5 名委员组成的常设委员会,负责调查处理证券业的投诉。

3. 英国证券市场的自律规则。

(1)证券商与客户的自律规则。英国证券业长期遵循的惯例是证券经纪商与中间商的活动分开(1986 年 10 月伦敦证券交易所的改革已取消经纪商与中间商的界限,二者业务可以交叉)。经纪商为代理人,从客户或通过银行接下证券交易的委托单,然后根据这些委托单同中间商进行交易,不允许经纪商之间直接发生交易。中间商为专业的,只在交易所大厅内同经纪商进行交易,不允许中间商同一般公众发生交易。对经纪商和中间商的资格每半年审查一次,必须通过证券交易所主持的考试。捐客是在场外充当一般公众与经纪商之间的中介人,无资格进入场内进行交易活动。公众委托经纪商卖出证券时,须预先交付证券或找一家银行为之提供担保,保证交割时能交付售出的证券;委托经纪商买进证券时须预先付保证金或找一家银行为之提供担保,保证成交后能交付价款。

(2)证券挂牌上市的自律规则。证券上市必须获得证券交易所报价部的批准。发行人在申请证券上市时,须符合证券交易所的批准要求,并遵守与之达成的上市协议。各证券交易所协会所制定的上市规则包括三个部分。

第一,上市说明书规则。要求上市说明书必须由发行人的会计师、介绍上市申请的经纪商、经销该证券的投资银行共同起草,并须在说明书中对发行人资本充足与否表示意见;发行人公司的董事要对上市说明书的编制及其真实性负责,并接受证券交易所报价部的严格审查;上市说明书连同上市申请表必须在英国两家全国性日报上刊登。

第二,连续披露规则。要求在证券上市以后,发行人须不间断地披露一些非经常性或对证券价格具有敏感性的资料、年度和半年度的财务报表、公司董事会有关红利和利息分配的决定、公司盈亏状况和资本结构变化等。各种财务报表的格式内容按《公司法》(1989 年)规定。

第三,行动规则。要求上市公司的董事会未经股东会批准不得发行新股票和改变公司的控制权,董事与公司之间订立的合同应接受公众检查,股东会通过决议必须进行无记名投票等。

（3）场内交易的自律规则。各证券交易所协会制定的场内交易规则包括普通规则与大额交易规则。

第一，普通规则。要求场内所有证券交易必须在次日或近日内完成交割；1 年划分为 24 个清算期，每期期末进行一次清算。

第二，大额交易规则。在大部分证券为少数几个大额投资者购买时，必须经证券交易所报价部批准，未经批准，禁止在场内从事证券的大额交易；在获准进行大额交易时，经纪商必须向报价部随时报告所有交易详情，中间商必须将一部分证券投入市场作现货买卖，保证各种证券在市场上不至于绝迹。

（4）场外交易的自律规则。要求证券交易所会员在场外经营各种证券交易须经交易所理事会同意。

英国票据承兑业协会建立的计算机情报交换系统为所有的证券场外交易者（包括商人银行和社会公众）提供信息服务。

4. 英国对证券市场的法律管制。英国除《公司法》外，并无单行管制证券市场的专门法规，只有一些分散的制定法，如《1944 年投资业务管理法》、《1973 年公平交易法》、《1976 年限制性贸易惯例法》、《1984 年股票交易上市管理法》和《1985 年防止欺诈（投资）法》等。为促进伦敦证券交易所的开放和英国证券市场的改革，政府已颁布《1986 年金融服务法》（The Financial Services Act）以取代上述一些法案中的过时规定。从《1986 年金融服务法》、《公司法》（1989 年修订）和一些行政规定与司法判例中，可以概括出以下四个方面的内容：

（1）《1986 年金融服务法》。《金融服务法》（The Financial Services Act）于 1986 年 10 月 27 日"大爆炸"后 10 天经下院通过。1981 年英国工贸部聘请英国法学家高尔（Gower）检阅现行保护投资者法规，提出新的立法咨询意见，以适应英国证券市场门户一旦开放需要加强对投资者进行保护的新形势。1984 年 1 月工贸部发表高尔报告，高尔在报告中所推荐的新法即"金融服务法"的雏型。1985 年 1 月工贸部发表白皮书，作为政府立法建议，并将之提交下院。依《金融服务法》建立起三级管理体制：一级为内阁成员的工贸部国务大臣。二级为证券和投资局。该局不是政府机构，属于半官方机构，其成员不是由证券商选举，而是由工贸部国务大臣与英格兰银行共同指派。现 10 名成员中有 4 名文官、2 名证券交易所人员、1 名新闻记者、3 名投资业从业人员。三级机构即各自律组织。依照《金融服务法》，从事投资业的公司或个人，须经证券和投资局批准或经该局认可的自律组织批准。对未经批准擅自在英国境内从事投资、保险、银行业务的外国公司，工贸部和财政部国务大臣有权对之发出禁令。

"大爆炸"是开放市场，《金融服务法》是加强对投资者的保护，伦敦证券市场也就像一块磁铁,将美、荷、瑞(士)等国大公司股票都吸引到了该市场进行交易,对西欧大陆和美、日的证券市场影响巨大,加剧了世界资本市场的竞争。迄今,伦敦不仅保住了欧洲债券市场的中心地位——70%的欧洲债券交易商集中于伦敦,而且保持了与纽约、东京并驾齐驱的势头。

(2)公司法有关规定。要求证券发行说明书或募股书的内容必须符合《公司法》的规定,公司各种财务报表必须符合《公司法》规定的格式内容。

(3)大额证券发行的排队制度。1979年英国已取消外汇管制,但对大额证券发行仍要求必须得到英格兰银行的批准。这种批准即被称作证券发行的"排队制度"(queuing system)。按照英格兰银行规定,在英国证券市场发行英镑证券,发行额在300万英镑以上者,必须事先通知英格兰银行,由该行将之列入新发行的等待名单,其正式发行日(生效日)由政府债券经纪商确定。欧洲英镑债券的发行不排队,但仍要求发行人事先通知英格兰银行。

(4)判例法。英国通过司法判例将对内幕交易的禁止扩大适用于域外,如禁止英国居民在国外证券交易所内传播内部信息,禁止内部人员对在国外上市的英国证券进行交易,禁止英国人把内部信息通过电讯等手段传递出去并利用于在国外进行的证券交易。

(二)美国模式的证券制度

1. 美国证券制度的形成及其影响。纽约华尔街证券交易发源于1792年5月17日24名商人相约在华尔街一棵大梧桐树下进行交易的"美国梧桐树协议"。1793年证券交易移到华尔街顿丁(又译汤迪)咖啡馆进行。1817年纽约商人建立"纽约证券和交易管理处",1863年改名"纽约证券交易所",并一直沿用至今。

美国的证券法起源于堪萨斯州充斥欺诈企业的发起人,其欺诈的虚妄程度有如兜售具有绝对所有权的"蓝天"。该州1911年颁行《证券管理法》,即通称"蓝天法"。在以后的2年内,美国相继有23个州制定《证券管理法》。在州证券法律制度的基础上,美国联邦于1933年制定《证券法》,1934年公布《证券交易法》(即证券法实施细则),形成美国的双轨制——在美国,证券活动既要遵守州法,又要遵守联邦法。美国在对证券交易进行法律管制的同时,证券活动的参加者还通过证券交易所规章、发行人征募书、承销协议和财务代理协议等进行自律。

美国模式的证券制度对第二次世界大战后的日本、西德和我国台湾等国家和地区影响甚大。

在第二次世界大战后,日本按照美军占领当局要求,以美国证券法为蓝本,于1948年4月13日颁行《证券交易法》,在强化立法的同时,也保持了战前证券交易所的自律体制。《证券交易法》授权大藏省主管证券交易活动。大藏省设证券交易管理处,负责有关证券政策的制定并监督实施,该处一名副总裁兼任中央证券市场的东京证券交易所监理官。

战后西德的证券制度,既模仿美国强化对上市证券的法律管制,又推行非上市证券的自律体制,并保持其一些特色:

(1)德国对证券市场的管制,由联邦统一立法、各州具体贯彻和监督实施,不像美国那样实行双轨制。

(2)对于上市证券以《证券交易法》为基本准则;对非上市证券,在银行进行柜台交易,依照德国银行联邦协会的非上市证券常务委员会编纂的《关于非上市证券的习惯和惯例》自律。

(3)德国《银行法》实行全能银行制度,即银行不仅从事商业银行的金融业务,同时也作为投资银行从事证券交易活动。按照联邦德国《关于政府批准发行无记名和记名债券法》,赋予银行以同公众进行债券场外交易的独占权利。德国的证券制度,证券经纪商只允许在证券交易所大厅从事场内交易,将上市证券一律置于法律管制之下,场外交易则交由银行垄断。战后的德国各类债券一般均能如期付息还本,公众的购买热情也高。美国在1929 -1933年世界经济危机中,有9 000多家商业银行倒闭和停业,不少经济学家将之归咎于银行经营证券投资业务。1933年美国《紧急银行法》(《格拉斯-斯蒂格尔法》)明文规定,银行业务与证券业务分开,即商业银行只能买卖政府债券,不能从事发行、认购、经理包销证券等投资银行之业务。后来,美国商业银行均另设信托部经营证券业务,实行独立核算。在日本,兼办信托业务的银行又被称作信托银行。1992-1993年,美联储开始批准5家国民银行经营证券业务,从而始见松动。

2. 美国联邦证券法。1933年《证券法》确立股票、债券上市必须进行发行注册。免除联邦注册的只有私募证券、不出州境的证券、未超过规定发行额的小额证券,以及各级政府债券,但是外国政府在美国证券市场发行债券不免除联邦注册。无论是否可以免除联邦注册,任何证券的出售只要与州际商务和邮政有关,联邦《证券法》有关反欺诈的规定均适用之,即严禁制作虚假的或欺诈的发行说明书与不真实的说明,如发生这种行为,就要对有关责任人处以罚金或监禁,或两罚并处。如投资者能举证证明,在证券发行说明书或征募书中所披露的主要信息资料有不全或不实之处,并因购买该证券而受到损失,有权向发行人索赔;索赔诉讼必须向法院提出,法院才有权判决损失赔偿,不能向证券管理机构提出。

1934年《证券交易法》主要包括:

(1)建立证券交易委员会与全国证券交易协会。证券交易委员会为联邦独立机构,在全国9个证券活动区的每个区设立一个分会。该委员会被授权制定有关证券的政策和证券市场的规章,并负责实施;办理联邦证券交易所和从事跨州经营的经纪商、自营商、财务代理行等的注册登记。全国证券交易协会受证券交易委员会领导。1990年美国证券交易委员会公布的S条例,为该委员会对所许可的国际证券的发行条件与所遵循的政策的新反映。全国证券交易协会负责管理场外交易。该协会在全国13个管理区设分会。该协会除贯彻执行证券交易委员会的政策、规章外,还制定和监督实施场外交易的管理制度。该协会提供电子计算机化的统计系统、报价系统和转账结算系统,指导证券投资方向和监视场外交易量与交易价的起落变化,防止不法行为的发生。该协会实行会员制,负责会员注册,主持注册考试和注册审查,监督、检查会员的日常经营活动。

(2)发行公司报告制度。公司发行上市证券,必须双注册——向证券交易委员会进行发行注册和向上市的证券交易所进行交易注册。发行公司承担连续披露责任,即除在注册申报书中披露有关信息资料外,经发行注册和交易注册后,发行公司还须按年度或季度提交有关财务报告,以保持原始注册中的信息资料与当前情况相衔接。如股东提出要求,发行公司还须向股东提供有关报告资料。

(3)禁止性规定。禁止性规定主要由反垄断条款、反欺诈条款和反内幕交易条款构成。

反垄断条款的主要内容包括:①禁止为了影响市场行情,不转移证券所有权而买空卖空;②禁止为了影响市场行情,连续以高价买入或以低价卖出某种证券;③禁止为了影响市场行情,互相恶意串通,以约定价格大量买进或卖出某种证券。

反欺诈条款的主要内容包括:①禁止在证券市场上无实际成交意思但空报价格,欺骗交易对手;②禁止编造和散布影响市场交易秩序和市场行情的流言;[1]③禁止向交易对方和公众提供有关证券发行和交易的虚假信息;④禁止采取蒙骗、威吓等不正当手段引诱或胁迫交易对方和公众买进或卖出证券。

反内幕交易条款是禁止公司的内部人员或关系户利用职位之便,获取不为公众所知,一旦公布便对证券价格产生重大影响的信息,在证券交易中谋利。

3. 美国证券交易的自律体制。美国证券交易的自律体制由证券交易所规章制度与当事人之间的各种协议两部分组成。

(1)证券交易所规章制度。现美国共有18个联邦证券交易所,纽约证

---

〔1〕 美国发生一起利用电子邮件进行证券欺诈的案件:一名23岁的大学生马克·雅各布,在2000年8月25日炮制了一条假消息,声称伊姆莱克斯公司的收益报告有问题,其首席执行官已因此辞职。他冒充有关人员用一封电子邮件发向一个新闻网站,被几家媒体转载。投资者闻讯纷纷抛售持有的该公司股票,仅几分钟时间,伊姆莱克斯公司股价就从每股113美元下滑到65美元。雅各布被指控为散布流言进行证券欺诈。

券交易所起中央市场作用,证券交易所规章制度也以纽约证券交易所章程最具有代表性。

纽约证券交易所实行会员制,其章程规定的会员有五种:①佣金经纪人。为客户买进或卖出证券,从中收取佣金;②独立经纪人。承办接自佣金经纪人的经纪业务和接自那些没有取得会员资格的证券商的经纪业务;③竞争性证券交易商。利用自己或公司账户资金,以营利为目的进行各种证券买卖;④特种证券交易商。除从事与竞争性证券交易商同样的证券买卖外,还承担着执行交易所指令调节场内供求而买进卖出的特殊任务;⑤特种证券交易经纪人。承办接自其他经纪人的各种证券经纪业务,但不直接接受客户的经纪业务。纽约证券交易所章程对会员的管理规定有注册申请制度、报告制度与会费制度。该章程还规定有股票发行注册(挂牌)制度、交易注册制度和交易管理制度等。对违反规章制度的会员,交易所有权给予暂停交易、取消交易资格,乃至取消会员资格的处罚。交易所的组织机构及其改组等事项,也由章程规定。

(2)当事人之间的各种协议。

第一,承销协议(the underwriting agreement)。在发行人与债券承销人之间订立,主要内容包括:债券发行的本金、利率、发行价格与认购价格、承销人向发行人支付债券发行收入款项的时间与方式、律师对发债提出的律师意见、发行人的财务状况与违约责任,以及有关由于本债券发行而引起的法律纠纷的解决应适用的法律等。

第二,承销人协议(the agreement among underwriters)。在承销人之间订立,主要规定参加债券承销集团的各投资银行之间的权利义务,它们各自对发债总额应承购的金额及未完成认购应承担的责任等。

第三,财务代理协议(the fiscal agency agreement)。在发行人与充当财务代理的银行或信托公司之间订立,主要规定财务代理人负责办理债券流通、对债券利息的支付、对债券的赎回及对遗失和被窃债券的处理等事宜,发行人按规定的比例和数额向财务代理行或信托公司支付佣金。

(三)英美证券立法比较

1. 英国证券立法。证券市场是与资本主义市场经济伴随而生的。英国作为老牌资本主义国家,其证券市场的发展历史也最为长久。英国早期对从事"国库券"(exchequer bills)经纪业的经纪人进行管制,颁布过一个《1697

年法》,[1]有效期3年,1700年延长有效期至7年,1707年该法失效。当时英国颁行该法建立起证券市场的直接原因完全是出于筹集军费的需要。自1492年哥伦布踏上美洲新大陆起,西欧列强为抢占海外殖民地,开始争夺海上霸权。1588年,英国击败西班牙无敌舰队,1652－1674年又三次对荷兰作战,终于战胜一个又一个竞争对手,成为"日不落"大英帝国。商人趁机相继自英王处获得特许,组建海外贸易公司,专营海外某一地区商业。商人向投资公众募集股本,利用已经形成的证券市场,以发行股票换取国库券作为手段,导致证券市场秩序大乱,1720年终于酿成"南海泡沫"(south sea bubble)事件。南海公司创建于1711年,主要与西班牙所属美洲各地进行奴隶买卖。1718年英王乔治一世出任该公司董事长,1720年获议会批准,承揽大部分国债经销,替政府偿还这部分国债。该公司即以股东可以所持股票换取国库券为诱饵操纵股价,内阁也有几位大臣收受贿赂卷入其间。一时成千上万居民抢购南海股票,不少人甚至倾其家产与终生积蓄从事这场交易。南海股票指数自1720年1月的128.5点暴涨至8月的1000点。不少投机商人未经特许也纷纷组建公司,发行股票。到同年9月,受法国西印度公司股价暴跌之风[2]波及,南海股票指数跌至124点,造成许多投资者破产。为防范此类事件重演,英国议院通过了《泡沫法》(Bubble Act,1720)。该法规定,未经法律授权或英王特许,发行股票办公司是非法的。

由于英国是将经营贸易公司作为向海外扩张殖民势力和巩固殖民统治的一个重要工具,为适应其推行此一国策的需要,1825年又废止《泡沫法》,相继颁布《1844年股份公司法》(Joint Companies Act of 1844)、《1856年股份公司法》和《1862年公司法》(Companies Act of 1862),逐步确立起公司披露责任,防止欺诈,以保护股东整体权益,激发公众投资热情。对因发行人虚假陈述而受到损害者,在普通法上给予包括撤销认购合同和损害赔偿,在衡平法上包括解除订购合同和恢复原状的救济。开了英国和西方国家为公司立法的先河。继后,《1916年盗窃法》(Theft Act of 1916)第32(1)条,将以对事实作虚假陈述的方式欺诈性地引诱他人认购或购买投资证券者定为盗窃罪,追究刑事责任。

第二次世界大战结束后,英国为谋求战后的经济重建与复兴,着手恢复和重建股票市场秩序。战后各发达股市最为突出的问题均已非早期市场那

---

〔1〕《1697年法》要点:①适用范围。适用于伦敦城从事国库券经纪业的经纪人。②从业许可。经纪人须从伦敦城高级市政官员法庭申领到有效期为1年的从业许可证,并宣誓在交易中恪守诚实信用,不得有任何欺诈。③交易管理。经纪人在为其自己或为客户完成一笔交易后3天内,须将有关细节记入由其保管的登记簿。④处罚。未经许可从事经纪业的,任何人均可对之起诉,并可获罚金一半的奖励。
〔2〕英国势力扩张取得海上霸权,法国西印度公司在商业竞争中亦大受挫折。

样赤裸裸的简单的操纵和欺诈,而是带隐蔽性和信息性的内幕交易活动。英国以往的立法对证券的发行行为进行了规范,战后立法则进而对交易行为也加以规范,强化对投资者权益的保护。英国出台了《1948 年公司法》和《1958 年防止欺诈(投资)法》。《1980 年公司法》增订第 5 编有关内幕交易规定。1983 年英国工贸部大臣发布《证券交易商(执照)条例》〔Dealers in Securities(Licensing)Regulations〕。1985 年英国出台管制证券市场的《公司证券(内幕交易)法》〔The Company Securities(Insider Dealing) Act〕的单行法规。1986 年伦敦城"大爆炸"(Big Bang),为英国证券市场带来了一场全面革新,同时颁布了规范投资业的《金融服务法》(The Financial Services Act)。《1958 年防止欺诈(投资)法》于 1988 年 4 月 29 日《金融服务法》生效时废止。1989 年英国再次修订公司法,颁布《1989 年公司法修订法案》,与 1985 年《公司证券(内幕交易)法》互为补充,以同时强化对证券发行与交易的管制。但长期,英国仍维持对证券监管以自律为主、法律为辅的特色。英国有统一的公司法,对于证券发行行为由公司法加以规范,对于证券交易行为主要由市场自律,辅之以实施禁止内幕交易的单行法规增强管制。英国《金融服务法》第 48(1)条明确规定:"国务大臣有权制定管理获得授权者的投资业务行为规则,但该规则不适用于与投资业务有关的经许可的自律组织的成员或经许可的专业团体发给有合格证书的人员,该类人员或持有合格证书的人员,在从事投资业务时,受该组织或团体的规章约束。"

2. 美国证券立法。1776 年美国脱离英殖民统治宣布独立,1783 年结束独立战争,1865 年结束南北战争。政府出于筹集军费需要发行国债。杰伊·库克创建的库克投资银行包销大量国债,兜售于全国,为北方军的胜利立下汗马功劳。到 19 世纪末,各州为发展经济和公用事业,州政府也发行债券筹资,州证券市场普遍形成,商人发行股票筹建公司亦随之盛行。在历史上,商业银行与投资银行均同出古代货币商一源,二者是合二为一的。独立后的美国,内萨尼尔·普莱姆于 1826 年创建专门从事投资业的普莱姆—伍德—金投资银行,包销政府债券和股票,开了银行业与证券业分离的先河。美国早期的银行均兼营证券业,银行业与证券业是融合在一起的,到 1929 年 10 月纽约股市大崩溃前夕,美国的银行已达 3 万家,证券市场火暴,银行的证券信用放款高达 70 亿美元。投资者中有 40% 的人均为"信用交易者"。1929 年 9 月,纽约股市指数升至 569.49 点后一路下跌,银行加紧回收证券信用放款,众多投资者筹集不到现金还贷,只得抛售手中股票,使下滑的股市雪上加霜,狂跌不止,终于导致 1929 年 10 月 24 日纽约证券交易所关门。纽约股市的大崩溃,触发了整个资本主义世界的经济大危机。1933 年罗斯福出任美国总统,推行"新政"(New Deal),全面强化政府对经济的干预。国会通过了弗吉尼亚州参议员卡特·格拉斯(Carter Glass)和阿拉巴马州众议员亨利·斯蒂格尔(Henry Steagall)联合提议的《银行法》第16条、第20条、第21条和第32条的修订案,通称《紧急银行法》或《格拉斯—斯蒂格尔法》(Glass - Steagall Act),将商业银行与投资银行分离,建起一道金融"防火墙"(fire wall)或"格拉斯—斯蒂格尔墙"(Glass - Steagall Wall)。原兼营证券业的商业银行,如花旗银行、大通银行等,不得不将其附属的证券公司分离出去;原兼营银行业的投资银行,如摩根银行等,只得另组建一家摩根—斯坦利证券公司,本身则专营银行业而成为一家商业银行。罗斯福的"新政",在整顿金融秩序方面,除出台《格拉斯—斯蒂格尔法》外,并出台《1933年证券法》(Securities Act of 1933)和作为其实施细则的《1934年证券交易法》(Securities Exchange Act of 1934),用以规范州际证券发行与交易的活动。由于美国各州有公司法,但无联邦公司法,故联邦证券法也就不仅规范州际证券交易,也规范州际证券发行。

美国对于证券发行与交易的管制一开始是着力于反欺诈和反操纵。《1933年证券法》除规定"说明书中要求的内容和资料"(information required in prospectus)外,还有关于"欺诈性州际交易"(fraudulent interstate transactions)的规定。《1934年证券交易法》除进一步规定反操纵外,并授权"证券交易委员会"(SEC)制定有关禁止任何证券"操纵或欺诈"的规则。自70年代以来,美国证券市场相继推出一系列革新措施,如允许经纪人与交易商业务交叉或"经纪人—交易商"从事经营,等等。为解决"利益冲突"(conflicts of interest)和保护投资者权益,现美国已形成一个"内幕交易法"(the law of insider trading)的"法群"(a body of law),辅以市场自律,以管制证券市场。迄今,美国仍保持其无联邦公司法和在金融业设置两道墙,[1]以法律为主,自律为辅的证券监管特色,对证券的发行与交易均由证券法加以规范,而以市场自律作补充。

最后需要指出:股市的非正常波动,并非总是出于发行者与交易者的违法操纵、欺诈和进行内幕交易所致。如被称做"黑色星期一"的1987年10月19日纽约股市道·琼斯工业股票指数一天内暴跌508点,跌幅22.6%,远远超过1929年经济大危机时的跌幅,股票面值损失5 000亿美元,则系出自美国投资结构的改变与其他经济因素。因此,对于股市秩序还需综合治理,亦非一味加强监管即可奏效,"法律万能"与"自律万能"的观点均不切合实际。

四、中国的证券制度

在1999年7月1日《证券法》施行以前,中国证券制度在法律方面,已

---

〔1〕　一道墙为起"防火"作用的"格拉斯—斯蒂格尔墙",另一道墙即起"信息隔离"作用的"中国墙"。

公布了一批有关债券、股票发行与交易管理的条例与办法,以及《公司法》有关股份发行、上市的规定,国务院关于股份有限公司境内上市外资股的规定和境外募集股份及上市的特别规定等;在自律方面,上海和深圳两地证券交易所分别公布有一系列规章制度。《证券法》实施后,中国对证券市场的管理体系正式确立,它包括以中国证监会及其派出机构为主的全国集中统一监管和以中国证券业协会为主的行业自律性管理,以贯彻"法制、监管、自律、规范"的方针。以下分七个部分加以概述:

(一)证券的发行、交易与证券业管理的规定

改革开放以来,在中国上市的投资证券主要是国库券、金融债券、企业债券和股票。

《国库券条例》、《企业债券管理条例》、《证券公司管理暂行条例》和《证券交易所管理暂行办法》主要对各种证券作以下几方面规定:

1. 额度管理。国有专业银行发行金融债券,由其总行编制发行计划报中国人民银行批准,再由该专业银行层层下达发行额度,未经批准不得擅自突破。

国务院于 1993 年 8 月 2 日发布施行《企业债券管理条例》(1987 年 3 月 27 日国务院发布的《企业债券管理暂行条例》同时废止),本条例适用于境内具有法人资格的企业在境内发行的债券,但金融债券和外币债券除外。企业发行短期融资债券,仍按中国人民银行有关规定执行。由国家计划委员会会同中国人民银行、财政部、国务院证券委员会拟订全国企业债券发行的年度规模和规模内各项指标,报国务院批准后下达各省、市、自治区、计划单列市人民政府和国务院有关部门执行。未经国务院同意,任何地方、部门不得擅自突破企业债券发行的年度规模,并不得擅自调整年度规模内的各项指标。

2. 利率管理。国库券、建设债券的利率由财政部、人民银行、国家计委协商,提出意见报国务院审定。市政建设债券利率由当地政府参照建设债券利率规定。金融债券利率由中国人民银行统一规定。对企业债券实行最高限额利率,即其票面利率不得高于银行相同期限居民储蓄定期存款利率的 40% ,在限额内由各地人民银行根据当地情况审批。

3. 债券资金投向管理。国库券资金主要用于弥补国家财政赤字和解决先支后收的资金周转需要。建设债券资金用以解决国家重点建设项目投资资金的不足。金融债券资金主要用于发放特种贷款,提供给新投资企业不足 30% 的铺底流动资金,以及经济效益好的扫尾项目和纳入国家计划的能源、交通、原材料基本建设投资项目。

企业发行债券所筹资金应按审批机关批准的用途,用于本企业的生产经营,不得用于房地产买卖、股票买卖和期货交易等与本企业生产经营无关

的风险性投资。

4. 发行管理。企业发行企业债券必须依照法定程序进行审批；未经批准的，不得擅自发行和变相发行。中央企业发行企业债券，由中国人民银行会同国家计划委员会审批；地方企业发行企业债券，由中国人民银行省、市、自治区、计划单列市分行会同同级计划主管部门审批。企业发行企业债券必须符合规定的条件，并应制定发行章程。章程应包括规定的内容，向审批机关报送规定的文件。发行企业应公布经审批机关批准的发行章程，并可向经认可的债券评信机构申请信用评级。企业发行企业债券的总面额不得大于该企业的自有资产净值。任何单位不得以财政预算拨款、银行贷款或国家规定不得用于购买企业债券的其他资金购买企业债券；办理储蓄业务的机构不得以所吸收的储蓄存款用于购买企业债券。

5. 证券市场管理。

(1)证券上市交易的审批。除政府债券上市交易经国务院批准外，其他证券上市交易均须由发行人提出申请，报中国人民银行审查。由哪一级人民银行批准发行即由哪一级人民银行批准上市交易。

(2)企业债券的承销和转让。企业发行债券应由证券经营机构承销；企业债券的转让，应在经批准的可以进行债券交易的场所进行；非证券经营机构和个人不得经营企业债券的承销和转让业务。

(3)证券上市交易的方式。限于现货交易，禁止期货交易。现行证券交易，除有证券交易所的可作场内交易外，其余均采用柜台交易方式（包括自营买卖和代理买卖）。目前，国家仅批准深圳证券交易所与上海证券交易所两家证券交易所开业。

6. 证券业管理。

(1)证券业经营范围。承销各种证券，自营、代理买卖证券，提供证券交易柜台，承办各种证券的财务代理业务，承办证券的保管、登记、鉴证、代办过户等业务，以及提供证券买卖的结算服务。

(2)专营证券业机构的设立审批。设立证券公司必须符合以下条件：①确有需要；②有独立法人资格和完备的组织章程；③有经营证券业务的专业人员；④有符合规定的最低实收货币资本。证券公司的设立须报经中国人民银行批准。

(3)兼营证券业务的审批。目前，中国是采行银行业与证券业分业管理的原则，银行除自销其发行的金融债券、代销政府债券、充当证券业务中的财务代理外，并不兼营其他证券交易业务，兼营证券业务的均为信托投资公司。无论银行或信托投资公司，均须在中国人民银行批准的范围内兼营证券业务，不得擅自扩大其兼营的证券业务范围，禁止经营借贷证券的业务和以自身发行的证券办理抵押、贴现等业务。

中国人民银行、中国证监会于 2000 年 2 月 13 日联合发布《证券公司股票质押贷款管理办法》,已允许符合条件的证券公司以自营的股票和证券投资基金券作质押向商业银行贷款。本办法规定,股票质押贷款期限最长为 6 个月;利率参照中国人民银行规定的金融机构同期同档次商业贷款利率执行,并可适当浮动,最高上浮幅度为 30%,最低下浮幅度为 10%。贷款人在发放股票质押贷款前,应在证券交易所开设股票质押贷款业务特别席位,专门保管和处分作为质押物的股票。2000 年 3 月 31 日,中国工商银行向广发证券公司发放了首笔期限为半年的 1 368 万元人民币股票质押贷款。

(4)证券业主管机关。中国人民银行及其分行是证券业主管机关,负责领导、管理、监督、指导、协调所辖范围内的证券市场的业务活动。

1998 年全国证券市场监管体制改革中,将原国务院证券委员会的职能、中国人民银行履行的证券经营机构监管职能划归中国证监会,对全国证券市场实行集中统一监管和垂直领导。中国证监会作为国务院直属事业单位,成为全国证券、期货市场的主管部门,国务院证券委员会被撤销,中国证监会在部分中心城市设立证券监管办公室。

为促进证券市场的对外开放和对内搞活,中国已采取以下法律措施:

1998 年 5 月 28 日,中国证监会公布《股票发行审核程序》,要点包括:①人民币普通股(A 股)发行审核程序分为预选和审批两个阶段。先由中国证监会下达股票发行家数指标,地方政府或国家有关产业部门在指标内推荐预选企业并报送企业预选申报材料。企业申报材料经审核合格的,经有关人员组成的发行审核委员会审议通过后,中国证监会根据市场情况确定企业股票发行的具体时间。②人民币普通股(A 股)配股审核程序分地方政府初审、中国证监会受理和审核、配股审核委员会审议和核发准予实施配股的批文等步骤。③境内上市外资股(B 股)发行审核程序也分预选和审核两个阶段。B 股公司增资发行 B 股,比照 B 股首次发行审批阶段的程序办理。

1999 年 4 月 22 日,中国证监会发布施行《外国证券类机构驻华代表机构管理办法》规定:在中国境外依法设立的投资银行、商人银行、证券公司、基金管理公司等从事证券类业务的金融机构,可依本办法在中国境内获准设立并从事咨询、联络、市场调查等非经营性活动的驻华代表机构。

中国证监会于 1999 年 9 月 8 日下发了《关于法人配售股票有关问题的通知》。现一些国有企业,尤其是国有大型企业集团,已在积极组建自己的证券部,准备投资股票二级市场,通过收购进行资产重组。

为充分借鉴国际标准,提高银行证券保险行业上市公司审计结果的公平性和可靠性,确保公开披露信息的质量,保护投资者合法权益,并为加强此类公司上市后的监督提供充分可靠的依据,中国证监会和财政部共同制定并于 2001 年 1 月 12 日发布了《境外会计师事务所执行金融类上市公司审计业务临时许可证管理办法》。本办法规定:银行证券保险行业上市公司应同时聘请中外各一家会计师事务所分别提供会计报表审计服务。中国证监会和财政部对在境外注册的会计师事务所执行银行证券保险行业上市公司审计业务实行临时许可证管理。境外事务所申请临时许可证,应向中国证监会和财政部申请,经其批准后方可执行业务。该类临时许可证有效期为1年。境外会计师事务所执行银行证券保险行业上市相关业务的过程中违反中国法律的,应根据中国的法律追究其责任。

经国务院批准,中国证监会于2001年2月19日发布境内居民可投资B股市场的决定。中国证监会和国家外汇管理局并就此于2001年2月21日联合发布了《关于境内居民个人投资境内上市外资股若干问题的通知》。按照本通知,境内居民个人可以使用在境内商业银行的现汇存款和外币现钞存款购买B股,但不得使用外币现钞和其他外汇资金购买B股;经中国证监会批准经营B股业务和经国家外汇管理局批准经营外汇业务的证券公司和信托投资公司,其总部和每一家分支机构均可办理B股业务。

下面再概述国务院发布施行的《股票发行与交易管理暂行条例》与《刑法修正案》有关证券犯罪与刑罚的补充修改,以及国家外汇管理局发布施行的《境内机构发行外币债券管理办法》。

国务院于1993年4月22日发布施行《股票发行与交易管理暂行条例》,要点如下:

1. 在中国境内从事股票发行、交易及其相关活动,必须遵守本条例。股票的发行与交易,应遵循公开、公平和诚实信用的原则;应维护社会主义公有制的主体地位,保障国有资产不受侵害。国务院证券委员会(证券委)为全国证券市场主管机构,中国证券监督管理委员会(证监会)为证券委的监管执行机构。

中国证监会于1996年3月21日发布《关于授权地方证券、期货监管部门行使部分监管职责的决定》,并发出通知授权北京市证监会等24家地方监管部门行使《决定》规定的监管职责。目前,已由中国证监会在国家计委、国务院证券委确定的年度股票发行总规模内,按"总量控制、限报家数"的原则,向各地、各有关部门下达年度发行上市企业家数,以推动国有大中型企业利用证券市场筹集资金和转换机制,并促进证券市场的健康发展。

2. 股票发行人必须是具有股票发行资格的股份有限公司。本条例对公开发行股票的条件、程序和招股说明书以及承销办法,均作出具体规定。

3. 股票交易必须在证券委批准的可以进行股票交易的证券交易所进行。本条例除对股票上市的条件和办法具体加以规定外,还规定:"未经证券委批准,任何人不得对股票及其指数的期权期货进行交易。"

4. 任何个人不得持有一个上市公司5%以上的发行在外的普通股。任何法人直接或间接持有一个上市公司发行在外的普通股达5%时,应于3个工作日内向该公司、证券交易场所和证监会书面报告并公告。

5. 股票发行采取记名式。证券保管、清算、过户、登记机构应接受证监会监管。

6. 关于上市公司信息披露的具体要求。上市公司应将要求公布的信息刊登在证监会指定的全国性报刊上,并在证券交易场所指定的地方报刊上公布有关信息。

7. 对违反本条例规定的单位和个人,证监会有权进行调查和处罚。违反本条例规定,给他人造成损失的,应依法承担民事赔偿责任;构成犯罪的,应依法追究刑事责任。

上市公司和证券交易所或者其他证券业自律性管理组织的会员及其工作人员违反本条例规定,除依照本条例规定给予行政处罚外,由证券交易所或者其他证券业自律性管理组织根据章程或者自律准则给予制裁。

8. 与股票发行或交易有关的争议,当事人可按协议的约定向仲裁机构申请调解、仲裁。证券经营机构之间以及该机构与证券交易场所之间,因股票发行或交易引起的争议,应由证券委批准设立或指定的仲裁机构调解、仲裁。

9. 本条例用语含义。人民币特种股票发行与交易、境内企业直接或间接到境外发行股票和在境外交易、证券经营机构和证券交易所的管理,其具体办法均另行规定。公司内部职工持股也不适用本条例。

经国务院批准,国务院证券委员会(证券委)于1993年9月2日发布施行《禁止证券欺诈行为暂行办法》,要点如下:

1. 证券欺诈行为。证券欺诈行为包括证券发行、交易及相关活动中的内幕交易、操纵市场、欺诈客户、虚假陈述等行为。

2. 罚则。对实施内幕交易行为者,没收非法所得,处5-50万元罚款,并依国家其他有关规定追究其责任。

对实施操纵市场行为者,单处或并处警告、没收非法所得、罚款;对已上市的发行人有操纵市场行为者,可暂停或取消其上市资格。

对实施欺诈客户行为者,单处或并处警告、没收非法所得、罚款、限制或暂停其证券业务,或撤销证券经营业务许可;实施欺诈客户行为,给投资者造成损失的,应依法承担赔偿责任。

对实施虚假陈述行为者,单处或并处警告、责令退还非法所筹资金、没收非法所得、罚款、暂停或取消其发行、上市资格;对与虚假陈述有关的直接责任人员,单处或并处警告、没收非法所得、处3-30万元罚款,并撤销其从事证券业务的许可或资格。

3. 调查与实施处罚。对违反本办法的单位和个人,中国证券监督管理委员会(证监会)有权进行调查或会同国家有关部门进行调查;重大案件由国务院证券委员会(证券委)组织调查。社会公众举报证券欺诈行为以及其他证券违法行为,经查证属实的,对举报人给予奖励。

对调查证明确有违反本办法的单位和个人,证监会有权单独实施处罚或会同国家有关部门实施处罚。证券委指定其他机构处罚的,受指定的机构也可以在职权范围内实施处罚。

为强化惩治破坏证券、期货交易的内幕信息和操纵市场等犯罪,全国人大常委会于1999年12月25日通过《刑法修正案》,对《刑法》作有如下补充和修改:

将第180条修改为:证券、期货交易内幕信息的知情人员或非法获取证券、期货交易内幕信息的人员,在涉及证券的发行,证券、期货交易或其他对证券、期货交易价格有重大影响的信息尚未公开前,买入或卖出该证券,或者从事与该内幕信息有关的期货交易,或者泄露该信息,情节严重的,处5年以下有期徒刑或者拘役,并处或者单处违法所得1倍以上5倍以下罚金;情节特别严重的,处5年以上10年以下有期徒刑,并处违法所得1倍以上5倍以下罚金。单位犯前款罪的,对单位判处罚金,并对其直接负责的主管人员和其他直接责任人员,处5年以下有期徒刑或者拘役。

将第181条修改为:编造并传播影响证券、期货交易的虚假信息、扰乱证券、期货交易市场,造成严重后果的,处5年以下有期徒刑或者拘役,并处或者单处1万元以上10万元以下罚金。证券交易所、期货交易所、证券公司、期货经纪公司的从业人员,证券业协会、期货业协会或者证券期货监督管理部门的工作人员,故意提供虚假信息或者伪造、变造、销毁交易记录,诱骗投资者买卖证券、期货合约,造成严重后果的,处5年以下有期徒刑或者拘役,并处或者单处1万元以上10万元以下罚金;情节特别恶劣的,处5年以上10年以下有期徒刑,并处2万元以上20万元以下罚金。单位犯前款罪的,对单位判处罚金,并对其直接负责的主管人员和其他直接责任人员,处5年以下有期徒刑或者拘役。

将第182条修改为:有下列情形之一,操纵证券、期货交易价格,获取不正当利益或转嫁风险,情节严重的,处5年以下有期徒刑或者拘役,并处或者单处违法所得1倍以上5倍以下罚金:①单独或合谋,集中资金优势、持股或者持仓优势或者利用信息优势联合或连续买卖,操纵证券、期货交易价格的;②与他人串通,以事先约定的时间、价格和方式相互进行证券、期货交易,或者相互买卖并不持有的证券,影响证券、期货交易价格或证券、期货交易量的;③以自己为交易对象,进行不转移证券所有权的自买自卖,或者以自己为交易对象,自买自卖期货合约,影响证券、期货交易价格或证券、期货交易量的;④以其他方法操纵证券、期货交易价格的。单位犯前款罪的,对单位判处罚金,并对其直接负责的主管人员和其他直接责任人员,处 5 年以下有期徒刑或者拘役。

国家外汇管理局发布、自 1998 年 1 月 1 日起施行《境内机构发行外币债券管理办法》(1987 年 9 月 28 日中国人民银行公布的《中国境内机构在境外发行债券的管理规定》同时废止),要点如下:

(1)定义:①境内机构是指中国境内的企事业单位、国家机关、社会团体、部队等,包括中资机构(含金融机构)和外商企业。②外币债券是指以外币表示的、构成债权债务关系的有价证券。外币的可转换债券、大额可转让存单、商业票据(发行主体为满足流通资金需求所发行的、期限为 2 - 270 天的、可流通转让的债务工具)。期限在 1 年以内的(含 1 年)为短期外币债券,期限超过 1 年的(不含 1 年)为中长期外币债券。

(2)监管:①中国人民银行是境内机构发行外币债券的审批机关。它授权外汇局具体负责审批和监管。②对中资机构发行外币债券实行计划指标管理,外商企业在境外发行可转换债券以外的外币债券不实行计划指标管理。境内机构发行外币债券应经外汇局批准。未经批准,擅自签订的发债协议无效;外汇局不予办理外债登记,银行不得为其开立外债专用账户,本息不得擅自汇出。

(3)有关申请、审批、备案、季报、外债登记、账户管理与保值等事项的具体规定。

(4)发行离岸性外币债券:中资金融机构海外分支机构经总行(总公司)授权、以总行(总公司)名义发行外币债券,以及经批准办理离岸业务的中资银行发行离岸性外币债券,应由其总行(总公司)按本办法报外汇局批准。发债所筹资金仅能用于境外,不占利用外资计划指标。

(5)禁止与罚则:①境内机构在境外发行外币债券后,未经外汇局批准不得将发债所筹资金存放境外或在境外直接支付,不得转换为人民币使用。②地方政府不得对外申请评级和发债。③违反本办法的罚则。

(6)适用:①以发债方式进行的项目融资,其债券的发行按本办法执行。②财政部经国务院批准代表国家发行外币债券不适用本办法。③外资金融机构在境外发行外币债券,不适用本办法。

(二)公司法有关公司债券的规定

中国自 1994 年 7 月 1 日起施行的《公司法》有关公司债券的规定如下:

1. 发行公司债券必须符合下列条件:①股份有限公司的净资产额不低于人民币 3 000 万元,有限责任公司的净资产额不低于 6 000 万元。②累计债券总额不超过公司净资产的 40%。③最近 3 年平均可分配利润足以支付公司债券一年利息。④筹集的资金投向符合国家产业政策。⑤债券利率不得超过国务院限定的利率水平。⑥国务院规定的其他条件。

发行公司债券筹集的资金,必须用于审批机关批准的用途,不得用于弥补亏损和非生产性支出。凡有下列情形之一的,不得再次发行公司债券:①前一次发行的公司债券尚未募足的;②对已发行的公司债券或其债务有违约或迟延支付本息的事实,且仍处于继续状态的。

2. 公司债券发行程序:①股份有限公司、有限责任公司发行的公司债券,由董事会制定方案,股东大会或股东会作出决议,向国务院证券管理部门提交要求的法定文件报请批准。②发行公司债券的申请经批准后,应公告债券募集办法(载明公司名称、债券总额和债券票面金额、债券利率、还本付息期限和方式、债券发行起止日期、公司净资产额、已发行的尚未到期的公司债券总额,以及公司债券的承销机构等主要事项)。③公司债券上必须载明公司名称、债券票面金额、利率、偿还期限等事项,并由董事长签名、公司盖章。④公司应置备公司债券存根簿。

3. 公司发行可换股债券,除要求具备发行公司债券的条件外,还应符合股票发行的条件。发行可换股债券还应在募集办法中载明具体的转换办法。债券持有人对转换股票或不转换股票有选择权。债券上须标明“可转换公司债券”字样,公司债券存根簿上应载明可转换公司债券的数额。国务院证券委员会于1997年3月25日已发布施行《可转换公司债券管理暂行办法》。

4. 公司债券的转让应在依法设立的证券交易场所进行,转让价格由转让人与受让人约定。记名债券,由债券持有人以背书方式或法定的其他方式转让,由公司将受让人的姓名或名称及住所记载于公司债券存根簿。无记名债券,由一债券持有人在依法设立的证券交易场所将该债券交付给受让人后即发生转让的效力。

全国人大常委会2005年10月27日,同时审议通过《公司法》和《证券法》的修订案,修改后的两法于2006年1月1日开始施行。上述1、3两项内容已经修改从《公司法》转入新《证券法》的新增条文。

(三)公司法有关股份发行、上市的规定

中国自1994年7月1日起施行的《公司法》有关股份发行、上市的规定如下:

1. 股份发行。

(1)股份与股票。股份有限公司的资本划分为股份,每一股的金额相等,采取股票的形式。股票为公司签发的证明股东所持股份的凭证。股票采用纸面形式或国务院证券管理部门规定的其他形式,载明下列主要事项:①公司名称;②公司登记成立的日期;③股票种类、票面金额及代表的股份数;④股票编号。股票由董事长签名,公司盖章。发起人的股票应标明“发起人股票”字样。股份有限公司登记成立后,即向股东正式交付股票,公司登记成立前不得向股东交付股票。

（2）普通股发行。本法仅对普通股作了规定,对发行普通股以外的其他种类的股票,由国务院另行规定。股份发行实行公开、公平、公正的原则,必须同股同权、同股同利。同次发行的股票,每股的发行条件和价格应相同。任何单位或个人所认购的股份,每股应支付相同价格。股票发行价格可按票面金额,也可超过票面金额,但不得低于票面金额。以超过票面金额为股票发行价格的,须经国务院证券管理部门批准,以超过票面金额发行股票所得溢价,列入公司资本公积金。

公司向发起人、国家授权投资的机构、法人发行的股票,应为记名股票,并应记载该发起人、机构或法人的名称,不得另立户名或以代表人姓名记名。对社会公众发行的股票,可以为记名股票,也可以为无记名股票。公司发行的记名股票,应备置股东名册,记载下列事项:①股东的姓名或名称及住所;②各股东所持股份;③各股东所持股票的编号;④各股东取得其股份的日期。公司发行的无记名股票,应记载其股票数量、编号及发行日期。

（3）新股发行。公司发行新股,必须具备以下条件:①前一次发行的股份已募足,并间隔1年以上;②公司在最近3年内连续盈利,并可向股东支付股利(公司以当年利润分派新股,不受此项限制);③公司在最近3年内财务会计文件无虚假记载;④公司预期利润率可达同期银行存款利率。

程序要求:①公司发行新股,股东大会应对下列事项作出决议,即新股种类及数额,新股发行价格(可根据公司连续盈利情况和财产增值情况确定其作价方案),新股发行起止日期,向原有股东发行新股的种类及数额;②股东大会作出发行新股的决议后,董事会必须向国务院授权的部门或省级人民政府申请批准;属于向社会公开募集的,须经国务院证券管理部门批准;③公司经批准向社会发行新股时,必须公告新股"招股说明书"[1]和财务会计报表及附属明细表,并制作认股书;④公司向社会公开募集的新股应由依法设立的证券经营机构承销,签订承销协议;[2]⑤公司发行新股募足股款后,必须向公司登记机关办理变更登记,并公告。

2. 股份转让。股东持有的股份可以依法转让,转让其股份必须在依法设立的证券交易所进行。

（1）记名股票的转让。记名股票由股东以背书方式或法定的其他方式转让,由公司将受让人的姓名或名称及住所记载于股东名册。股东大会召

---

〔1〕 中国证监会 1997 年 1 月 6 日已公布实施《招股说明书的内容与格式》,要求在中国境内公开发行股票的发行人,在申请公开发行股票时,应按本准则编制"招股说明书",作为发行人向中国证监会申请公开发行申报材料的必备部分。

〔2〕 国务院证券委员会于 1996 年 6 月 17 日已发布实施《证券经营机构股票承销业务管理办法》。

开前 30 日内或公司决定分配股利的基准日前 5 日内,不得进行股东名册的变更登记。记名股票被盗、遗失或灭失,股东可依《民事诉讼法》规定的公示催告程序,请求人民法院宣告该股票失效。经人民法院宣告该股票失效后,股东可以向公司申请补发股票。

(2)无记名股票的转让。由股东在依法设立的证券交易场所将该股票交付给受让人后即发生转让的效力。

(3)其他规定。"发起人股票"或发起人持有的本公司股份,自公司成立之日起 3 年内不得转让。公司董事、监事、经理应向公司申报所持有的本公司的股份,并在任职期内不得转让。国家授权投资的机构可依法转让其持有的股份,也可以购买其他股东持有的股份。

公司不得收购本公司的股票,但为减少公司资本而注销股份或与持有本公司股票的其他公司合并时除外。公司依法收购本公司股票后,必须在 10 日内注销该部分股份,依法办理变更登记,并公告。再者,公司不得接受本公司的股票作为抵押权的标的。

3. 上市公司。

(1)股票上市条件。本法所称"上市公司"是指所发行的股票经国务院或国务院授权证券管理部门批准在证券交易所上市交易的股份有限公司。股份有限公司申请其股票上市必须符合下列条件:①股票经国务院证券管理部门批准已向社会公开发行;②公司股本总额不少于人民币 5 000 万元;③开业时间在 3 年以上,最近 3 年连续盈利。原国有企业依法改建而设立的或本法实施后(1994 年 7 月 1 日后)新组建成立,其主要发起人为国有大中型企业的,可连续计算;④持有股票面值达人民币 1 000 元以上的股东人数不少于 1 000 人,向社会公开发行的股份达公司股份总数的 25% 以上。公司股本总额超过人民币 4 亿元的,其向社会公开发行股份的比例为 15% 以上;⑤公司在最近 3 年内无重大违法行为,财务会计报告无虚假记载;⑥国务院规定的其他条件。

(2)股票上市程序。①股份有限公司申请其股票上市交易,应报经国务院或国务院授权证券管理部门批准,依法报送有关文件;②股票上市交易申请经批准后,被批准的上市公司必须公告其股票上市报告,并将其申请文件在指定的地点供公众查阅;③经批准的上市公司的股份,依法上市交易。经国务院证券管理部门批准,公司股票可以到境外上市;④上市公司必须依法定期公开其财务状况和经营情况,在每会计年度内 6 个月公布一次财务会计报告。

(3)暂停与终止股票上市。上市公司有下列情形之一的,由国务院证券管理部门决定暂停其股票上市:①公司股本总额、股份分布等发生变化而不再具备上市条件;②公司不按规定公开其财务状况或对财务会计报告作虚假记载;③公司有重大违法行为;④公司最近3年连续亏损。

有下列情形之一的,由国务院证券管理部门决定终止其股票上市:①公司作虚假财务会计报告或有重大违法行为,后果严重的;②公司股本总额、股份分布发生变化或亏损情况在限期内未能消除,不具备上市条件的;③公司决议解散、被行政主管部门责令关闭或被宣告破产的。

新《公司法》突出了对公司治理结构的要求,健全了董事会制度,强化了监事会职权,并专节设置"上市公司组织机构的特别规定",就上市公司购买出售重大资产或重大担保,设立董事、董事会秘书、关联董事回避制度,均做了规定;完善了信息披露制度,细化了法律责任。

（四）股份有限公司境外募集股份及上市的特别规定

国务院于1994年8月4日发布施行《关于股份有限公司境外募集股份及上市的特别规定》,其要点如下:

1. 立法依据。根据1994年7月1日起施行的《公司法》第85条(股份有限公司向境外公开募集股份的具体办法由国务院作出特别规定)、第155条(公司股票到境外上市的具体办法由国务院作出特别规定),特制定本规定。

2. 境外上市及其形式。境外上市,是指股份有限公司向境外投资人发行的股票,在境外公开的证券交易场所流通转让。在境外上市的股份简称"境外上市外资股"。

经国务院证券委批准,可以向境外特定的、非特定的投资人募集股份,其股票可以在境外上市。境外上市外资股采取记名股票形式,以人民币标明面值,以外币认购(如H股以港元认购);可以采取境外存股证形式或股票的其他派生形式(如N股——在国外发行以美元或其他外币认购的B股所采"美国存托凭证"ADR或"全球存托凭证"GDR的形式)。

3. 境外上市办法。

（1）股份有限公司向境外投资人募集股份并在境外上市,应按国务院证券委要求提出书面申请并附有关材料,报经国务院证券委批准。

（2）国有企业或国有资产占主导地位的企业,按国家有关规定改建为向境外投资人募集股份并在境外上市的股份有限公司,以发起方式设立的,发起人可以少于5人;该公司一经成立即可发行新股。向境内投资人发行的股份(简称"内资股"或A股),采取记名股票形式。

（3）公司发行境外上市外资股和内资股的计划,董事会可作分别发行的实施安排,自国务院证券委批准之日起15个月内分别实施。在一般情况下应分别一次募足;有特殊情况不能一次募足的,经证券委批准,也可以分次发行。

（4）公司发行计划确定的股份未募足的,不得在该发行计划外发行新股。公司调整发行计划的,由股东大会作出决议,经国务院授权的公司审批部门核准后,报证券委审批。公司增资发行境外上市外资股与前一次发行股份的间隔期间,可以少于 12 个月。

(5)公司分别发行境外上市外资股和内资股的计划,应在公司各次募集股份的招股说明材料中全面、详尽披露。对已批准并披露的发行计划进行调整的,必须重新披露。

(6)经证券委批准,公司发行境外上市外资股,可以与包销商在包销协议中约定,在包销数额之外预留不超过该次拟募集境外上市外资股数额15%的股份。

4. 公司章程。

(1)证券委会同国务院授权的公司审批部门,可以对公司章程必备条款作出规定。公司章程应载明公司章程必备条款所要求的内容,不得擅自修改或删除。

(2)公司章程应载明公司的营业期限。公司的营业期限可以为永久存续。

(3)公司章程对公司及其股东、董事、监事、经理和其他高级管理人员具有约束力。公司及其股东、董事、监事、经理和其他高级管理人员可以依据章程主张权利,提出仲裁或提起诉讼。

公司其他高级管理人员包括公司财务负责人、董事会秘书和公司章程规定的其他人员,他们对公司负有诚信和勤勉的义务,应遵守公司章程,忠实履行职务,维护公司利益,不得利用在公司的地位和职权为自己谋取私利。

5. 外资股股东与股东名册。依法持有境外上市外资股,其姓名或名称登记在公司股东名册上的境外投资人,为公司的境外上市外资股股东。境外上市外资股的权益拥有人,可依境外上市外资股股东名册正本存放地或境外上市地法律规定,将其股份登记在股份的名义持有人名下。股东名册为证明境外上市外资股股东持有公司股份的充分证据,除有相反证据者外。境外上市外资股股东遗失股票,申请补发的,可依名册正本存放地法律、证券交易所规则或其他有关规定处理。

公司可以将境外上市外资股股东名册正本存放在境外,委托境外代理机构管理;副本应置于公司住所。受委托的境外代理机构应随时保证股东名册正、副本的一致性。外资股股东名册正本的更正需依司法裁定作出的,可由名册正本存放地有管辖权的法院裁定。

6. 股东大会。公司召开股东大会,应于会议召开 45 日前发出书面通知。拟出席的股东应于会议召开 20 日前将出席会议的书面回复送达公司。

持有有表决权的股份5%以上的股东,有权以书面形式向公司提出新的提案,列入该次会议议程。

按大会召开前20日收到的书面回复计算,拟出席会议的股东所代表的有表决权的股份数达到总数1/2的,公司可以召开股东大会;达不到的,公司应于5日内将会议拟审议的事项、会议日期和地点以公告形式再次通知股东,经公告通知,公司可以召开股东大会。

7. 会计师事务所。公司应聘用符合国家有关规定的独立的会计师事务所审计公司的年度报告,并复核公司的其他财务报告。公司应向其聘用的会计师事务所提供有关资料和答复询问。

公司聘用、解聘或不再续聘会计师事务所由股东大会作出决定,并报中国证监会备案。会计师事务所的聘期自公司本次股东年会结束时起至下次股东年会结束时止。解聘,应事先通知会计师事务所。会计师事务所提出辞聘的,应向股东大会说明公司有无不当情况。

8. 外汇事宜。

(1)公司向境外上市外资股股东支付股利以及其他款项,以人民币计价和宣布,以外币支付。

(2)公司所筹集的外币资本金的结汇和公司向股东支付股利以及其他款项所需的外币,按国家有关外汇管理的规定办理。

(3)公司章程规定由其他机构代为兑换外币并付给股东的,可依公司章程的规定办理。

9. 公司的信息披露。

(1)公司所编制的向境内外公布的信息披露文件,内容不得相互矛盾。

(2)分别依照境内外法律、法规、证券交易所规则的规定,公司在境内或境外不同国家和地区披露的信息有差异的,应将差异在有关的证券交易场所同时披露。

10. 争议解决。外资股股东与公司之间,与公司董事、监事和经理之间,外资股股东与内资股股东之间发生的与公司章程规定的内容以及公司其他事务有关的争议,依公司章程规定的解决方式处理。适用中国法律解决争议。

11. 合作监管。国务院证券委或其监管执行机构中国证监会,可以与境外证券监管机构达成谅解、协议,对股份有限公司向境外投资人募集股份并在境外上市及相关活动进行合作监管。

(五)股份有限公司境内上市外资股的规定

由国务院发布,自发布之日(1996年1月1日)起施行《关于股份有限公司境内上市外资股的规定》。中国人民银行、上海市人民政府于1991年11月22日发布的《上海市人民币特种股票管理办法》,中国人民银行、深圳市人民政府于1991年12月5日发布的《深圳市人民币特种股票管理暂行办法》同时废止。《国务院关于股份有限公司境内上市外资股的规定》要点如下：

1. 一般规定。

(1)宗旨。为规范股份有限公司境内上市外资股的发行及交易,保护投资人的合法权益,根据《公司法》有关规定,制定本规定。

(2)境内上市外资股。股份有限公司发行的境内上市外资股,采取记名股票形式,以人民币标明价值,以外币认购、买卖,在境内证券交易所上市交易。境内上市外资股是与内资股相对而言,发行境内上市外资股的公司向境内投资人发行的股份,简称内资股,采取记名股票形式。

发行境内上市外资股,包括以募集方式设立公司发行境内上市外资股和公司增加资本发行境内上市外资股。境内上市外资股投资人限于:①外国的自然人、法人和其他组织;②中国香港、澳门、台湾地区的自然人、法人和其他组织;③定居在国外的中国公民;④国务院证券委员会规定的境内上市外资股其他投资人。境内上市外资股,应提供证明其投资人身份和资格的有效文件。

(3)批准。经国务院证券委员会批准,股份有限公司可以发行境内上市外资股;但拟发行境内上市外资股的面值总额超过3 000万美元的,国务院证券委员会应报请国务院批准。国务院证券委员会批准发行境内上市外资股的总额应控制在国家确定的总规模内。

(4)公司章程。持有同一种类股份的境内上市外资股股东与内资股股东,依照《公司法》享有同等权利和履行同等义务。公司可以在公司章程中对股东行使权利和履行义务的特殊事宜,作出具体规定。

公司章程对公司及其股东、董事、监事、经理和其他高级管理人员(包括公司财务负责人、董事会秘书和公司章程规定的其他人员)具有约束力。公司的董事、监事、经理和其他高级管理人员对公司负有诚信和勤勉的义务。

(5)监督管理。国务院证券委员会及其监督管理执行机构中国证监会,依照法律、行政法规的规定,对境内上市外资股的发行、交易及相关活动实施管理和监督。国务院证券委员会可以根据本规定制定实施细则。[1]

2. 发行。

(1)条件。以募集方式设立公司,申请发行境内上市外资股的,应符合下列条件:①所筹资金用途符合国家产业政策;②符合国家有关固定资产投资立项的规定;③符合国家有关利用外资的规定;④发起人认购的股份总额不少于公司拟发行股本总额的35%;⑤发起人出资总额不少于1.5亿元人

---

[1] 国务院证券委员会1996年5月30日已发布《股份有限公司境内上市外资股规定的实施细则》,于《规定》施行之日(1996年1月1日)起同时施行。

民币;⑥拟向社会发行的股份达公司股份总数的 25% 以上。拟发行的股本总额超过 4 亿元人民币的,其拟向社会发行股份的比例须达 15% 以上;⑦改组设立公司的原有企业或作为公司发起人的国有企业,在最近 3 年内没有重大违法行为;⑧改组设立公司的原有企业或作为公司主要发起人的国有企业,最近 3 年连续盈利;⑨国务院证券委员会规定的其他条件。

公司增加资本、申请发行境内上市外资股的,除所筹资金用途符合国家产业政策、符合国家有关固定资产投资立项的规定、符合国家有关利用外资的规定外,还应符合下列条件:①公司前一次发行的股份已经募足,所得资金的用途与募股时确定的用途相符,并且资金使用效益良好;②公司净资产总值不低于 1.5 亿元人民币;③公司从前一次发行股票到本次申请期间,没有重大违法行为;④公司最近 3 年连续盈利。原有企业改组或国有企业作为主要发起人设立的公司,可以连续计算。以发起方式设立的公司首次增加资本,申请发行境内上市外资股的,还应符合拟向社会发行的股份达公司股份总数的 25% 以上(拟发行的股本总额超过 4 亿元人民币的,其拟向社会发行股份的比例达 15% 以上)的规定。⑤国务院证券委员会规定的其他条件。

(2)程序。申请发行境内上市外资股,按照下列程序办理:①发起人或公司向省、自治区、直辖市人民政府或国务院有关企业主管部门提出申请,由省、自治区、直辖市人民政府或国务院有关企业主管部门向国务院证券委员会推荐;②国务院证券委员会会同国务院有关部门选定可以发行境内上市外资股的公司;③被选出的公司将本规定要求提供的文件提交中国证监会审核;④经中国证监会审核符合条件的,报经国务院证券委员会批准。拟发行境内上市外资股的面值总额超过 3 000 万美元的,国务院证券委员会应报国务院批准。经批准后,公司方可发行境内上市外资股。公司发行境内上市外资股与发行内资股的间隔时间可以少于 12 个月。

(3)提供文件。以募集方式设立公司,申请发行境内上市外资股的,应向中国证监会报送下列文件:①申请报告;②发起人姓名或名称,发起人认购的股份数,出资种类及验资证明;③发起人会议同意公开发行境内上市外资股的决议;④国务院授权的部门或省、自治区、直辖市人民政府批准设立公司的文件;⑤省、自治区、直辖市人民政府或国务院有关企业主管部门的推荐文件;⑥公司登记机关颁发的《企业名称预先核准通知书》;⑦公司章程草案;⑧招股说明书;⑨资金运用的可行性报告。所筹资金用于固定资产投资项目需要立项审批的,还应提供有关部门同意固定资产投资立项的批准文件;⑩经注册会计师及其所在事务所审计的原有企业或作为公司主要发起人的国有企业最近 3 年的财务报告和有 2 名以上注册会计师及其所在事务所签字、盖章的审计报告;⑪经 2 名以上专业评估人员及其所在机构签字、盖章的资产评估报告。涉及国有资产的,还应提供国有资产管理部门出具的确认文件及国有股权的批准文件;⑫经2名以上律师及其所在事务所就有关事项签字、盖章的法律意见书;⑬股票发行承销方案和承销协议;⑭中国证监会要求提供的其他文件。

公司增加资本、申请发行境内上市外资股的,应向中国证监会报送下列文件:①申请报告;②股东大会同意公开发行境内上市外资股的决议;③国务院授权的部门或省、自治区、直辖市人民政府同意增资发行新股的文件;④省、自治区、直辖市人民政府或国务院有关企业主管部门的推荐文件;⑤公司登记机关颁发的公司营业执照;⑥公司章程;⑦招股说明书;⑧资金运用的可行性报告,所筹资金用于固定资产投资项目需要立项审批的,还应提供有关部门同意固定资产投资项目的批准文件;⑨经注册会计师及其所在事务所审计的公司最近3年的财务报告和有2名以上注册会计师及其所在事务所签字、盖章的审计报告;⑩经2名以上律师及其所在事务所就有关事项签字、盖章的法律意见书;⑪股票发行承销方案和承销协议;⑫中国证监会要求提供的其他文件。

(4)财务报告与信息披露。①公司应按国家有关规定进行会计核算和编制财务报告,并应聘用符合国家规定的注册会计师及其所在事务所,对财务报告进行审计或复核。②公司向境内上市外资股投资人披露的财务报告,按照其他国家或地区的会计准则进行相应调整的,应对有关差异作出说明。③发行境内上市外资股的公司应依法向社会公众披露信息,并在其公司章程中对信息披露的地点、方式等事宜作出具体规定。④发行境内上市外资股的公司的信息披露文件,以中文制作;需要提供外文译本的,应提供一种通用的外国语言文本。中文文本、外文文本发生歧义的,以中文文本为准。

3. 承销与代理买卖。

(1)承销与外汇账户。①公司发行境内上市外资股,应委托中国人民银行依法批准设立并经中国证监会认可的境内证券经营机构作为主承销商或主承销商之一。②发行境内上市外资股的公司,应在具有经营外汇业务资格的境内银行开立外汇账户。公司开立外汇账户按国家有关外汇管理的规定办理。承销境内上市外资股的主承销商应在承销协议约定的期限内,将所筹款项划入发行境内上市外资股的公司的外汇账户。

(2)代理买卖。境内上市外资股股票的代理买卖业务,应由中国人民银行依法批准设立并经中国证监会认可的证券经营机构办理。

4. 外资股股东权益及其保护。

(1)委托代理人。境内上市外资股股东可以委托代理人代为行使其股东权利;代理人代行股东权利时,应提供证明其代理资格的有效文件。

（2）过户登记与名义持有人。①境内上市外资股的交易、保管、清算交割、过户和登记,应遵守法律、行政法规以及国务院证券委员会的有关规定。②境内上市外资股的权益拥有人,可以将其股份登记在名义持有人名下。境内上市外资股的权益拥有人应依法披露其持股变动信息。

（3）流通转让。经国务院证券委员会批准,境内上市外资股或其派生形式(指股票的认股权凭证和境外存股凭证)可以在境外流通转让。

（4）股利支付与汇出。①公司向境内上市外资股股东支付股利及其他款项,以人民币计价和宣布,以外币支付。公司所筹集的外币资本金的管理和公司支付股利及其他款项所需的外币,按国家有关外汇管理的规定办理。公司章程规定由其他机构代为兑换外币并付给股利的,可以按照公司章程的规定办理。②境内上市外资股的股利和其他收益依法纳税后,可以汇出境外。

（六）自律性管理的组织及其规章制度

1. 证券业协会。1991 年 8 月 28 日具有独立社团法人资格的全国性证券行业自律性组织——中国证券业协会成立。它制定有《会员公约》和《证券业从业人员行为守则》等自律性管理规则。到 1998 年底,全国已有 32 家地方证券业协会,其中,省级 23 家,市级 9 家。

自 1999 年 7 月 1 日起施行的《证券法》设专章规定"证券业协会"后,依本法改组的中国证券业协会于 1999 年 12 月 16 日在北京成立。其目标和工作任务即:在中国证监会的指导和监督下,充分发挥协会的桥梁纽带作用;最大限度地维护会员的合法权益;树立会员自我约束、自我管理、自我控制、相互监督的意识;防范和化解经营风险,提高会员在国际、国内的竞争能力;积极探索和发挥协会的自律管理功能,为证券业健康有序、协调发展做出贡献。中国证券业协会于 2000 年 3 月 15 日颁布《关于禁止股票承销业务中融资和变相融资行为的行业公约》,以维护行业整体利益,减少一级市场的不正当竞争。该公约经协会常务理事会通过、报中国证监会批准,由有股票主承销资格的会员单位、法人代表签字,有效期 2 年,适用于中国境内有股票主承销资格的所有会员单位,对违反本公约的会员给予公开谴责和纪律处分。

2. 证券交易所。

（1）证券交易所章程。自 1999 年 7 月 1 日起施行的《证券法》设有专章规定"证券交易所"。《证券法》实施后,上海证券交易所第六次会员大会通过了新的《上海证券交易所章程》,获中国证监会批准实施。上交所新章程的主要特点:①进一步明确了证券交易所"是为证券的集中竞价交易提供场所、设施,履行国家有关法律、法规、规章和政策规定的职责,不以营利为目的,实行自律性管理的会员制法人。"②突出了证券交易所对会员的监督、管理职能,赋予其可对违规会员视情节轻重给予内部通报、公开批评、警告、罚款、限制交易、暂停自营或代理业务、取消会员资格等处分的权利。③体现了证券市场的集中、统一监管体制,规定证券交易所的非会员理事、总经理和副总经理等高级管理人员由中国证监会任命,并建立起对交易所及其高级管理人员的监督机制。

(2)交易市场业务试行规则。上海证券交易所理事会于 1990 年 11 月 26 日通过《交易市场业务试行规则》,其要点如下:①买卖证券限于现货交易,采用集中公开竞价方式;②进入交易市场的从业人员限于经交易所登记注册的证券交易员和交易所场务执行人员;③证券商交易员由各会员证券商派进场,须经交易所培训合格者方可出任交易员,交易员按规定着装,于开市前 20 分钟到场;④场务执行人员担任中介经纪人和监理人员,按规定时间着装和佩带标志进场;⑤上市证券限于国家发行的各类国债,省或相当于省级地方人民政府发行的各类建设债券,金融机构发行的各类金融债券和全国各地公开发行的企业债券、股票及各种权利受益凭证;⑥除国债和上海市人民政府发行的各类建设债券豁免上市申请外,其他证券上市均须由发行者向交易所提出申请,经审核符合规定条件者方准予在交易所上市;⑦交易所可对上市证券进行定期和不定期复核,复核中如发现上市证券不宜继续上市的,可暂停其上市,以至按规定终止其上市。对暂停(恢复)上市和终止上市的,均由交易所予以公告。此外,该规则还就委托买卖证券、证券商自营买卖证券、交易市场交易、竞价交易作业程序、拍卖和标购、行情告示与统计、清算交割、费用、仲裁、违规处罚和附则等作出规定。

(3)仲裁实施细则。上海证券交易所于 1991 年 4 月试行的《仲裁实施细则》规定:在交易所设立仲裁委员会,由投资者、上市公司、证券商、会计师事务所、律师事务所和本交易所代表组成;仲裁委员会设首席仲裁委员 1 人,由本交易所代表担任,负责召集主持仲裁会议;申请仲裁交易纠纷必须在申请书中写明申诉人姓名或单位名称、地址、工作单位或上级主管部门,被诉人姓名或单位名称、地址、工作单位或上级主管部门,申请的事由和要求;证券、证人姓名和地址;申请仲裁交易纠纷,应自知道或应当知道权利被侵害之日起 15 日内提出,超过期限一般不予受理;仲裁委员会确定受理的,即发通知要求被诉人在 15 日内提出书面答辩及相应人证、物证和有关材料;仲裁委员会可根据需要作出保全措施的裁定,双方当事人必须立即执行,否则,造成的损失由拒不执行者承担;仲裁委员会通过调解能解决争议的,即颁发调解书;争议如经调解无效,即进行仲裁,当事人无故不到场的可以缺席仲裁;仲裁决议由仲裁委员会集体评议通过、无记名投票表决作出;当事人对裁决结果持有异议,可提请证券主管机关进行复议或上诉人民法院。

(4)其他规章制度。上海证券交易所颁行的规章制度还有《工作人员守则》、《会员管理暂行办法》和《基金证券上市试行办法》等。

上海和深圳两交易所自 1996 年 12 月 16 日起建立价格涨跌停板制度，对在两所上市和交易的股票(含 A、B)股、基金类证券的交易实行 10% 价格涨跌幅限制，即在一个交易日内，除上市首日证券外，上述证券相对上一交易日收市价格的涨跌幅度不得超过 10%；超过涨跌限价的委托为无效委托，各会员单位均不得接受该项委托。

中国证监会在 1996 年 10 月已作出向证券交易所、期货交易所派驻督导员的决定，以加强对证券、期货市场的监管。督导员的主要职责是了解和反映证券、期货交易所和登记结算机构的工作动态，监督检查交易所和登记结算机构的业务、财务状况，观察证券、期货市场行情，分析和研究证券、期货市场的运行状况并及时向中国证监会报告。

上海证券交易所于 1998 年 4 月 1 日起实行《全面指定交易制度试行办法》，要求所有在上海证券市场从事证券交易的投资者，均应向沪市各证券营业部提交进入全面指定交易的申请，由接受申请的那家证券营业部作为其委托交易、清算的代理机构，该投资者并将所属证券账户指定至该机构所属席位后方能进行交易。否则，上交所电脑交易系统将自动拒绝其证券账户的交易申报指令，直到该投资者指定交易办理完成。

自 1998 年起，沪、深两地证交所均实施一项新的上市规则，对上市公司连续 2 年亏损、每股净资产低于股票面值的，对其股票交易予以"特别处理"。其内容包括：公司股票日涨跌幅度限制为 5%，中期报告必须经审计，股票的行情显示有特别提示(在其股票简称前面加上"Special Treatment"的缩写"ST"标记)。如一家公司因连续 2 年亏损被予以"特别处理"后，第三年仍然亏损，交易所将暂停其股票交易，并向证监会提交暂停上市建议。"特别处理"不是对公司的处罚，"特别处理"期间，公司的权利义务不变，目的是为了向投资者提醒风险，防止股市价格异常波动，以维护市场交易秩序和保护投资者利益。

1999 年 7 月 3 日深圳证券交易所发布《上市公司股票暂停上市处理规则》，为暂停上市的股票提供"特别转让"服务。作为特别转让的股票，其简称前冠以"PT"(Particular Transfer)，投资者可在每周星期五开市时间内申报买卖委托。

通过证券交易所 ST、PT 制的实施，市场对 PT 公司在规定期限内无法消除亏损而依法退市的结果已有心理准备，中国证监会于 2001 年 2 月 22 日发布施行《亏损上市公司暂停上市和终止上市实施办法》，正式建立了上市公司的退出机制，相当于纽约、纳斯达克、东京、香港等市场的上市公司"除牌"。按照本办法，连续亏损的上市公司暂停上市，中国证监会依法授权证券交易所决定;暂停上市的公司申请其恢复上市,由中国证监会发审委审核、中国证监会核准;暂停上市的公司终止上市,由中国证监会决定。本办法不仅适用于 A 股上市公司,也适用于 B 股上市公司。

(七)中国《证券法》

《证券法》自 1999 年 7 月 1 日起施行,结束了中国股市将近 9 年没有一个统一的证券法加以规范的历史,从国情出发,证券法所确立的中国的证券制度体现了以下的阶段性特色:

1. 中国的证券制度还是一个发展中的制度,与中国的证券市场还没有国际化相适应,证券法只适用于在中国境内的股票和公司债券等的发行和交易,而且仅限于以现货进行的交易,不包括期货、期权和期指等衍生品种,也不适用于国库券和金融债券等的发行和交易。境内公司股票供境外人士、机构以外币认购和交易的,仍适用国务院特别规定。

2. 对证券业和银行业、信托业、保险业实行分业经营、分业管理。对证券商按综合类证券公司和经纪类证券公司实行分类管理,禁止证券商为客户提供融资、融券交易,防止过度投机与恶性竞争。通过多种规定[1]限制游资进入二级市场,只容纳公众投资,以压缩市场规模,减少和化解市场风险。

3. 证券法将上市公司的"额度审批制"改为"核准制"。中国在还不具备条件实行"标准制"或"注册制"的情况下,厉行此种过渡办法以期收减少行政干预之效,使上市程序更加透明,使上市公司与中介机构的责任更加明确。

4. 对国内证券市场实施集中统一的监管体制,辅以依法设立证券业协会的自律管理。在集中统一的证券监管体制下,一切活动以证券法加以规范,只有在证券法没有规定的情况下才适用《公司法》等法律以及有关的行政法规。对证券发行和交易中的违法行为,主要适用证券法追究当事人的法律责任。体现于证券法中的特别规范与刑法规范的衔接点有三:①证券法对有关罪状的规定与刑法完全相同或基本相同的,即直接按照刑法规定追究当事人的刑事责任。②证券法比刑法规定得更加具体并有新的内容,如《证券法》把建议他人买卖证券列为滥用内幕信息的一种表现,此即刑法所无;又如刑法中对金融机构工作人员挪用公款的行为,行为对象仅限于"资金",证券法将"证券"也列作对象。③证券法对刑法规范的创新,如《证

---

〔1〕 如规定:①国有企业以及国有资产控股的企业不得炒作上市交易的股票;②禁止银行资金违规流入股市;③综合类证券公司必须将其经纪业务和自营业务分开办理;④证券公司的自营业务必须使用自有资金和依法筹集的资金;⑤客户的交易结算资金必须全额存入指定的商业银行,等等。

券法》第 176 条规定,证券公司承销或代理买卖未经核准或审批而擅自发行的证券,除承担其他法律责任外,构成犯罪的,依法追究刑事责任。这在刑法中则无相应规定。在②、③两个衔接点上,由于证券法是特别法,刑法是一般法,按照"特别法优于一般法"的法理,在追究证券违法行为人刑责时,证券法的特别规范应当优先适用。

中国全国人大常委会 2005 年 10 月 27 日同时审议通过《证券法》和《公司法》的修订案,修改后的两法于 2006 年 1 月 1 日开始施行。新《证券法》已拓宽证券市场创新的法律空间,将证券衍生品种的发行、交易纳入证券法的调整范围,丰富了市场产品;在坚持分业管理的前提下,增加了"国家另有规定的除外",为证券业和银行业、信托业、保险业的相互融合创造了条件;允许依法开展融资融券交易,允许现货交易以外的其他交易方式,使期货、期权等交易成为可能,丰富了交易机制;明确规定"依法拓宽资金入市渠道",将国有企业和国有资产控股的企业不得炒作股票的规定修改为"国有企业和国有资产控股的企业买卖上市交易的股票的,必须遵守国家有关规定",为各类合规资金投资证券市场提供了法律保障;规定公开发行的证券可申请在证券交易所上市,也可申请在国务院批准的其他交易场所转让,丰富了多层次的证券市场体系。

第二节　证券内幕交易的法律管制

一、美国对证券内幕交易的法律管制

美国证券制度以法律管制为主,它对证券内幕交易的管制已经形成一个包括联邦法(制定法、判例法、证券交易委员会——SEC 宣布的行政规则)、州公司法与商法的法群,统称"内幕交易法"(the law of insider trading)。正像一位国外学者所描绘,自 1942 年 SEC 宣布"10(b) – 5 规则"[1]以来,内幕交易法已经发育起来,并不断萌发分枝,今天它已非似一棵橡树,而更像一丛密林。[2]

美国内幕交易法结构如下:

1. 联邦法。专门管制证券的联邦制定法有 1933 年《证券法》与 1934 年《证券交易法》。1934 年证券交易法为 1933 年证券法的实施细则。为强化对证券内幕交易管制,20 世纪 80 年代美国国会还专门制定了《内幕交易制裁法》(1984 年)和《内幕交易与证券欺诈执行法》(1988 年)。内幕交易行

---

〔1〕　SEC 是根据 1934 年《证券交易法》10(b)(5)条制定的,从反欺诈扩展到对利用内幕信息进行的证券交易加以管制的行政规则。

〔2〕　Berhand Bergmans:Inside Information and Securities Trading,Graham & Trotman,1991,p. 41.

为同时触犯联邦邮件/电讯欺诈法令[1]与《诈骗势力与贪污团伙法》(RICO Act[2])的,并兼按有关法追究法律责任。

对于联邦制定法的解释,一般以该法颁行以来的判例为依据。为贯彻1934年《证券交易法》,SEC还据以宣布有10(b)-5规则[3](1942年)与14(e)-3规则[4](1980年)。

2. 州法。联邦证券法不排斥其他法或衡平法赋予当事人的权利或救济。内幕交易行为同时触犯州公司法与纽约州商法的,联邦证券法是作为适用有关州法追究法律责任的补充。[5]

美国属于普通法系,早在1891年即已出现有关证券内幕交易的衡平法判例。[6]1933年证券法、1934年证券交易法与1942年10(b)-5规则等制定法相继实施以后,美国判例对联邦证券法的发展起了重要推动作用。自1891年克罗韦尔诉杰克逊到1977年桑塔·菲实业公司诉格林[7],法庭均系基于信托关系的传统理论对内幕交易案进行判处,在适用制定法时又都主要适用的是1934年《证券交易法》10(b)条与1942年SEC宣布的10(b)-5规则。10(b)-5规则将披露公司重要信息作为高级职员、董事或被认为是内部人员的任何人从事证券交易的一项确定性责任,除非为了经营上的正当目的而将这些信息保密;[8]目的在于保护证券投资人能获悉有关证券市场与内部人员交易的适当情况,以防止公司的董事、主管与大股东等内部人员利用内幕信息谋取利益。此一时期判例存在三种主张:

(1)多数判例主张,已经公司登记入册的股东,他们对公司事务即应为"推定知晓"。因此,公司职员与一般股东之间的证券交易,只要不涉及欺诈或误述,即同一般交易无异。公司职员对股东负有的信托责任,并不包括有责任向股东披露涉及股票价值的未公开信息,从而股东亦无理由因公司职员未向之披露未公开信息而指控其有违信托责任。

(2)少数判例主张,董事的职位不允许他损害公司或股东的整体利益而谋私利,董事对股东负有信托责任。因此,董事在不对股东披露其所掌握的股票增值的重要信息的情况下,不得从股东处购进股票。

---

[1] 18 U.S.C. § 1341,1343.

[2] 18 U.S.C. § 1961-1968.

[3] 17 C.F.R. § 240、10(b)-5.

[4] 17 C.F.R. § 240、14(e)-3.

[5] 1933年《证券法》第16条:本法规定的权利和救济应是对任何所有其他可能存在于其他法律或衡平法的权利和救济的补充。

[6] Crowell v. Jackson,53 N.J.L. 656,23 A. 426,427(C. App. N.J. 1891).

[7] Santa Fe Inc. v. Green,430 U.S. 462,472-473(1977).

[8] Flamm v. Eberstadt,814 F. 2d 1169(7 th Cir. 1987):上市公司对拟议中的合并在未达成协议前可以保密,但如属非上市公司的收购信息则必须及时向投资者披露。

　　(3)折中主张,有些判例主张在特殊情况下,内部人员应向交易对手披露其所掌握的未列入财务报表或账册的对股价具有重大影响的公司信息;特殊情况包括公司重要资产的即将出售或计划合并,等等。

　　自20世纪70年代以来,美国证券市场已相继推出一系列革新措施,如允许经纪商与交易商业务交叉,等等。随着经纪商与交易商之间栅栏的拆除,证券公司、投资公司日益成为向客户提供综合服务的组织,有的并结成了金融集团,同时从事多种投资业务活动,从而"利益冲突"(conflicts of interest)丛生。为防止内幕信息不被滥用,以合理解决证券公司、投资公司等组织所存在的利益冲突,原流行于美国金融组织中不同业务部门之间存在一种无形屏障——"中国墙"(Chinese Wall)的做法在证券公司、投资公司中亦相继采用。它们为防止内幕信息从一个业务部门传到另一个业务部门,建立了一套保密的内部规章和程序。1974年斯莱德案[1]希尔松公司投资业务部门获知不利于一家客户蒂塔尔国际公司的敏感信息,当时希尔松公司门市部还在向客户兜售蒂塔尔公司股票。股民得知这一内情后,控告希尔松公司违反对客户应承担的信托责任。希尔松公司申辩,公司内部已建立严格保密制度,禁止各业务部门之间传送内幕信息,门市部对之一无所知,自无对客户违反信托责任可言。听审讼案的纽约南部管区联邦地区法院尽管驳回了希尔松公司所作"中国墙"辩护,仍向联邦上诉法院第二巡回法庭提出了以下问题:一家兼营投资与证券业务的公司获悉了不利于投资业务部门客户的内幕信息未向门市部客户披露,是否构成欺诈或误导?第二巡回法庭就此要求"法庭之友"(friend of the court[2])证券交易委员会澄清希尔松公司所作"中国墙"辩护的有效性。为维护处于革新中的证券业的正常经营,SEC向法庭建议承认"中国墙";同时指令对客户提供综合服务的证券公司、投资公司公布"限制名单",对于已经列入该名单的证券,门市部可以销售。1980年SEC进而宣布14(e)-3规则,正式作出三项行政规定:①"中国墙"是在防止内部信息被滥用的合理情况下建立;②援引"中国墙"作辩护,不适用于欺诈指控;③证券公司、投资公司也不得以自身账户利用所获内部信息从事证券交易。SEC是以14(e)-3规则作为1942年宣布的10(b)-5规则的补充。14(e)-3规则即旨在保证公平利用信息,以之确立信息责任。后来,SEC在1990年3月发表的一份题为《经纪人——交易商证券公司为防止重大不公开信息在部门间传播和被滥用而设计的制度与实施程序》的文件中,并要求"中国墙"的构成要件应包括:①有形隔离,将不同业务部门设于不同楼层或不同大楼;②建立有限制接触档案与计算机,以及国

---

〔1〕　Slade v. Shearson, Hammill & Co., 517 F. 2d 398(S. D. N. Y. 1974).
〔2〕　指与案件无关而被邀向法官提供意见的第三者或协助法庭解决问题的人。

际业务部门通讯的程序规则;③对有关敏感资料,强制使用密码或加密;④对被限制或被禁止的证券开列限制名单或中止名单,或监视名单;⑤完善监控设施,诸如对不同业务部门之间的电话实行监听等。

在1974年斯莱德案到1980年14(e)-3规则出台的这段期间,有1978年恰里拉案[1]需要提及。恰里拉为一批合并投标目标公司印刷投标资料,利用这些未公开信息在合并宣布前购进一些目标公司的股票而获利。法庭主张,10(b)-5规则旨在保证所有投资者都能公平利用重要信息,恰里拉凭借其特殊地位已成为"知情人"。该判例确立了"知情人"概念和滥用信息的法律责任或信息责任。后来,尽管在1980年恰里拉诉美国[2]中,联邦最高法院接受了恰里拉的申诉,并拒绝承认对先于"内幕信息"公布之前市场参加者的任何交易行为均须追究法律责任,恰里拉不是公司内部人员,否定了纽约南部管区联邦地区法院和联邦上诉法院第二巡回法庭对他的判决,但SEC在1980年宣布的14(e)-3规则所确立的信息责任并未因此而动摇。继之,在1982年德克斯案[3]中,联邦法院还进一步引入了"暂时知情人"概念,以强化信息责任。本案中德克斯为投资分析家,他从一家基金公司前雇员处听得该公司高估资产情况,经查实后告诉了投资者,使他们售出该公司股票。SEC将之按违反10(b)-5规则论处,德克斯不服向联邦上诉法院哥伦比亚特区巡回法庭申诉。法庭引入"暂时知情人"概念,如承销人、会计师、律师、投资顾问等均可成为"暂时知情人"。但"暂时知情人"构成信息责任,须查明未公开信息是为该人所探得或有理由推定为其探得;还须查明该人传播该信息是为获取利益或未来利益。在本案中,德克斯不构成信息责任。该判例已收入1983年《美国最高法院判例大全》[4]。可见,德克斯案尽管以SEC败诉告终,但该判例对"知情人"作了"惯常知情人"与"暂时知情人"的区分,将对信息责任问题的考虑进一步提到了联邦法院法官面前,从而有以下一些判例出现。1985年SEC诉马特里亚.[5]马特里亚为一家印刷厂雇用的校对员,他从校对雇主客户的印刷品中获悉了该客户将要接管的目标公司信息,利用以从事股票交易而获利,法庭判决没收其非法所得,马特里亚的上诉被驳回。1987年卡彭特诉美国[6]起源于1986年美

---

[1] U. S. v. Chiarella,450 F. SUPP. 95(S. D. N. Y. 1978);588 F. 2d 1358,1364 – 1366(2d Cir 1978).

[2] Chiarella v. U. S. 445 U. S. 222(1980).

[3] Dirks v. SEC,681 F. 2d 824,838 – 839(D. C. Cir. 1982).

[4] Dirks v. SEC,463 U. S. 646,665(1983).

[5] SEC v. Materia,745 F. 2d 197,201 – 203(2d Cir. 1984),cert den 471 U. S. 1053 (1985).

[6] Carpenter v. U. S. ,108 S. Ct. 316,320(1987).

国诉卡彭特:[1]卡彭特为《华尔街杂志》"华尔街之声"专栏作者,他利用收集到的内幕信息从事证券交易谋利,以违背新闻记者职业道德并触犯证券法被起诉,卡彭特不服判决上诉,1987 年联邦最高法院裁定维持原判。1990年美国诉威利斯:[2]威利斯为一医生,他从一个精神病人与其在公司担任要职的妻子叙家常中探得一些重要公司信息,利用以从事证券交易谋利,纽约南部管区联邦地区法院以威利斯违背医生职业道德并触犯证券法被追究法律责任。以上表明在追究内幕交易被告的法律责任中,联邦法院传统坚持的信托关系理论已有动摇,改采信息责任的判例正在陆续出现。可以这么说,主张信托责任的判例与主张信息责任的判例现在是同时并存;即令对同一案件的处理,也有因法官的意见分歧而难以定案的情况出现,这从 1990年美国诉切斯特曼[3]的听审中可以窥见。对切斯特曼案,联邦上诉法院"扩大法庭"(en banc[4])复审:马奥尼法官(Judge Mahony)主张,对被告不按信托责任处理是越权;卡尔曼法官(Judge Carman)认为,按欺诈论处尚需举证;迈因纳法官(Judge Miner) 主张按信息责任追究被告,即令其与发行人或持股人无信托关系,亦无市场操纵与误述等欺诈行为,仅以其滥用所掌握的未公开信息即可论处。[5]

上述现象的出现,即在于法制结构上的原因。美国采取三权分立与联邦制的多元法制结构。例如,美国废除奴隶制的联邦宪法第 13 条修正案,早在 130 年前的 1865 年美国内战结束后即获国会通过,密西西比州的种族歧视严重,一直反对该修正案,到 1995 年 2 月 16 日该州参议院才一致投票批准废除奴隶制。美国的司法制度是将全国按地理划分 13 个地区,在每个地区至少设一个联邦上诉法院地区巡回审判庭。各个地区的上诉法院巡回审判庭的判决互无约束力,导致美国判例法也缺乏统一性。美国管制内幕交易法是一个法群,且法源多头,对同一证券内幕交易行为,适用的法不同或责任源不同,即处理迥异;对有的被告,还追究证券法外的法律所加给的责任(如 RICO 法[6]等),则歧义更大。总之,美国现行管制证券内幕交易的法律适用与责任界限尚有诸多不确定处。以其主要适用的 1934 年《证券交易法》而言,对同样案情的内幕交易行为,有的是直接适用反内幕交易条款,也有适用反欺诈条款或反垄断条款;对同样案情的被告,由于联邦最高法院对内幕交易的起诉权是承认公诉权,不承认私诉权,而下级法院和州法院

---

[1]　U. S. v. Carpenter, 791 F. 2d 1024,1027 – 1034(2d Cir 1986)。

[2]　U. S. v. Willis,737 F. Supp. 269,274,276(S. D. N. Y. 1990)。

[3]　U. S. v. Chestman,903 F. 2d 75,80(2d Cir. 1990)。

[4]　en banc,在美国指对一重大上诉案扩大审判官人数进行的听审法庭。

[5]　B. Bergmans:p. 35,fn. 110.

[6]　RICO,诈骗势力与贪污团伙。RICO 法,18U. S. C. §1961 – 1968。

援引 1934 年《证券交易法》与 1942 年 10(b)－5 规则对私诉权又普遍给予认可,[1]从而仅有少量是被追究刑事责任,大量的则只追究民事责任。近年,美国内幕人员的作案量在以惊人速度增加(如 1992 年内幕人员作案 28起,到 1993 年前 8 个月即已上升至 41 起)。[2]一些公司内幕知情人往往只作一次性交易即不再露面。如 1993 年 7 月 SEC 起诉的原医药公司管理人员雷特勒·帕特(R. Part),他得知公司经营出现滑坡时,为避免 45 万美元的损失就抢先大量抛售该公司股票。有的作案人则系经常同一些在各大公司董事会拥有席位的大亨交换各类公司的内幕信息。为防范内幕交易,现美国不少证券交易所已设置计算机监测系统以监视可疑交易,并责成其雇员每月提交书面工作汇报和保证遵守证券法与有关信息保密的规章和实施程序,以强化市场自律去弥补法律管制方面的不足。

美国管制证券内幕交易的多元法制结构,对于中国所实行的多层次、一元化的社会主义法制的借鉴意义尽管不大,但其内涵从信托责任转向信息责任,转向对公平利用信息的维护,终归反映了证券市场参加者的扩大化与国际化,以及证券业的革新化趋势,对于社会主义中国发育中的证券市场加强管制内幕交易从立法上加以借鉴仍十分有益。内幕交易发生于市场,如何维护证券市场的公开性与公平性,以保障投资者权益,与一国、一地投资环境的优化相关联。再者,内幕交易发生了,如何补救于事后固然重要,而防患于未然尤为重要。以法律管制为主的美国着力补救于事后,以市场自律为主的英国则着力防范于未然。伦敦证券交易所于 1994 年 10 月 5 日已公布一份文件,[3]建议当某家公司股票价格的信息泄露时,这家公司的股票交易就应中止,以此来制止内幕交易,使之不致给投资者的利益造成损害,以保证包括基金投资者在内的所有投资者均能公平地利用公开的信息。中国证券市场管理需要法律与自律并重;管理证券内幕交易也须如此,既防患于未然,又补救于事后,即在借鉴英国的市场自律的同时,也得借鉴美国的法律管制。因此,很有必要探明美国内幕交易法中的内幕交易的构成要件、诉讼程序、处罚与救济。

"内幕交易是在未公开重要信息基础上从事证券交易。"[4]这在美国已获共识。按照美国内幕交易法,内幕交易的构成须同时具备以下要件:

1. 主体为知情人。知情人(insider)包括"惯常知情人"(traditional insider)与"暂时知情人"(temporary insider)。这在中国法上称做"内幕人员"与

---

[1]　B. Bergmans :p. 33 fn. 96.

[2]　《国际市场》1994 年第 6 期。

[3]　新华社电讯。

[4]　B. Bergmans:p. 17.

"非内幕人员"。[1] 1968 年 SEC 诉德克萨斯海湾硫磺公司判例,将"知情人"解释为任何直接或间接接触到"内幕信息"(inside information)的人。知情人不得将公司内幕信息泄露给投资界。这一判例已收入 1969 年《美国最高法院判例大全》。[2]

"惯常知情人"即 1934 年《证券交易法》第 16 条所指的内部人员,包括公司的董事、主管与持有占 10% 股份及以上的"大额持股人"(a large holder)。惯常知情人在 6 个月内购进又卖出其持有的本公司股票因而获得的利润,必须归还公司。大额持股人必须是在购进或卖出本公司股票时均持有 10% 或以上的股份;如系在短线交易中购进新股成为占 10% 股份的,不构成大额持股人;[3] 大额持股人可以通过清算使其持股达到占 10% 以下股份而免责。[4] 公司有权要求归还的短线交易利润,应按 6 个月内的最高价与最低价拉平计算数额。[5] 某公司控制两分公司,各分公司在另一家公司持股均未达到占 10% 股份,尽管某公司在另一家公司持股加起来已占 10% 以上股份,仍不作为大额持股人对待。[6]

1983 年伦德案判例[7] 对"暂时知情人"的解释为:尽管不属于惯常知情人,但一旦成为公司和股东的受托人的人,便可称之为"暂时知情人";基于他与公司和股东之间的特殊关系,亦暂时负有知情人责任。承销人、会计师、律师、投资顾问、印刷厂商及其雇员,以及所有偶尔接触内幕信息的人,均可以成为暂时知情人。1985 年里德案:[8] 里德从其担任一家公司董事的父亲处探得一项有关兼并的计划,用于从事证券交易获利,被提起公诉。基金投资者(组织)也可以成为信息责任的追究对象。[9]

2. 主观方面为故意和谋私利。前述德克斯案[10](1983 年),联邦最高法院认定德克斯不构成暂时知情人的信息责任的理由,即他对基金公司的

---

〔1〕　见 1993 年 4 月 22 日国务院发布的《股票发行与交易管理暂行条例》第 81 条(14)和 1993 年 9 月 2 日证券委发布的《禁止证券欺诈行为暂行办法》第 4 条。

〔2〕　SEC v. Texas Gulf Sulphur Co. , 401 F. 2d 833 (2d Cir. 1968), Cert. den. 394 U. S. 976 (1969).

〔3〕　Foremost-Mckesson Inc. v. Provident Securities Co. , 423 U. S. 232(1976).

〔4〕　Reliance Electric Co. v. Emerson Electric Co. , 404 U. S. 418(1972).

〔5〕　Smolowe v. Delendo Corp. ,136 F. 2d 231 (2d Cir. 1943).

〔6〕　Mayer v. Chesapeake Insurance Co. Ltd. ,877 F. 2d 1154(2d Cir. 1989).

〔7〕　SEC v. Lund,570 F. Supp. 1397,1403(C. D. Cal. 1983).

〔8〕　U. S. v. Reed,601 F. Supp. 685,699－703(S. D. N. Y. 1985).

〔9〕　SEC v. Monarch Fund,608 F. 2d 938,942(2d Cir. 1979).

〔10〕　Dirks v. SEC,463 U. S. 646,665(1983).

高估资产秘密并非故意探得,加以传播亦非为其谋私利或为其获取未来利益。[1] 行为人在主观方面须为故意和谋私利,从前述马特里亚案[2](1985年)、卡彭特案[3](1987年)与威利斯案[4](1990年)等判例中均相继得到表明。

3. 客体为公开、公平的证券市场秩序。内幕交易的证券为股票,包括普通股和优先股。遇公司濒临破产,债券也可能发生内幕交易。1982年皮兹伯格端饰公司诉巴蒂摩尔与俄亥俄铁路案:[5]联邦上诉法院第三巡回法庭认定,多数股东有责任及时披露实物债券可转换为现金债券的信息,因其足以影响到持有人作出决定,不披露即有违证券市场的公开性。

证券交易包括场内交易和场外交易,但不包括选择权(期权)交易,这已为一些判例所肯定,如1978年奥康尔与阿索克诉迪安股份有限公司,[6]1982年巴克曼诉波拉罗德公司,[7]1983年拉文索尔诉戴南密克斯总公司,[8]1987年斯塔克曼诉沃梅通讯公司[9]与多伊奇曼诉福祉公司,[10]等等。

"信息"(information),指足以影响具有一般专业知识的理性投资者的决定的消息。"重要信息"(material information),指足以影响证券价格涨落的消息。[11]"未公开信息"(nonpublic information),SEC1971年文件解释为"尚未以某种方式向投资公众普遍散发可资利用的信息"。[12]这较之以往多数判例所持的"凡经公司登记入册的股东,他们对公司事务即应为推定知晓"[13]的模糊主张已更为确定。前述1968年德克萨斯海湾硫磺公司判

---

[1] 审理本案的联邦最高法院法官布莱克门(Justice Blackmum)持不同意见,认为:"将困扰哲学家几个世纪的纯粹利他主义与个人私利的界限问题引入判例,没有理由相信法庭与执法的法官能比哲学家更容易解决它。"

[2] SEC v. Materia, 471 U. S. 1053(1985).

[3] Carpenter v. U. S. 108 S. Ct. 316,320(1987).

[4] U. S. v. Willis,737 F. Supp, 269,274,276(S. D. N. Y. 1990).

[5] Bittsburgh Terminal Corp. v. Baltimore & Ohio R. R. ,680 F. 2d 933,940 – 942(3d Cir. 1982)

[6] O' Connor & Assoc v. Dean Witter Reynolds Inc. , 529 F. Supp 1179, 1184 – 1185 (S. D. N. Y. 1978).

[7] Backman v. Polaroid Corp. ,540 F. Supp. 667,671(D. Mass. 1982).

[8] Laventhall v. General Dynamics Corp. , 704 F. 2d 407, 413 – 414(8 th Cir. 1983).

[9] Starkman v. Wamer Communications Inc. , 671 F. Supp. 297,301 – 307(S. D. N. Y. 1987).

[10] Deutschmann v. Beneficial Corp. , 668 F. Supp,358 (D. Del. 1987).

[11] B. Bergmans: p. 19.

[12] B. Bergmans: p. 8 fn3.

[13] B. Bergmans: p. 8 fn 3.

例[1]已经指出,知情人不得凭借其接触未公开信息的便利加以利用或传播。"未公开信息"(nonpublic information)与"内幕信息"(inside information)是同义语,一般互用。知情人对内幕信息的利用与否是个事实问题,应依证据认定。[2]

1975年托马斯诉罗布林实业公司[3]与1980年埃尔金德诉利格特与迈尔斯公司[4]等判例均指明,中介机构人员合法持有大量投资分析资料为职务上公开知晓,将之提供给投资公众采用,与利用内幕信息无涉。1985年怀南斯案[5]判例进一步表明,一个人可以通过某投资技巧、预测和实力等行为在证券市场上获取竞争利益,但一个人不得以欺诈的、偷窃的手段利用未公开信息等行为获取非法利益。

4. 客观方面为损害他人利益,这种损害与知情人的非法行为具有因果关系。美国有关这方面判例较多,仅以下面两案为例:

1976年福里德里奇诉布雷德福案:[6]联邦上诉法院第六巡回法庭即系以"知情人所作证券交易,既未影响申诉人作出投资决定,又未为其造成任何损害"为理由驳回上诉。

1989年利顿实业公司诉莱曼兄弟公司案:[7]一客户因按照投资银行提供的信息付出较高股价造成损失而起诉。纽约南部管区联邦地区法院驳回起诉,理由亦即目标公司实际上并未接受较低股价成交,股价的跌落是出于该公司本身高估其股值造成,从而不能归因于可以推定被告的行为为非法。

美国自1984年《内幕交易制裁法》[8]与1988年《内幕交易与证券欺诈执行法》[9]实施以来,程序更趋完备,处罚力度加大。

对内幕交易的处罚,除没收非法所得外,可以对自然人判处10年以下监禁,并处3倍于其利润不超过100万美元的罚金,对法人可以判处不超过250万美元的罚金。1988年《内幕交易与证券欺诈执行法》并规定,可给予举报人以高达罚金或赔偿金额10%的奖金。

对于内幕交易的公诉由司法部部长办公厅(代表美国)或SEC提起。对

---

[1]　SEC v. Texas Gulf Sulphur Co. , 401 F. 2d 833(2d Cir. 1968).

[2]　B. Bergmans:p. 19.

[3]　Thomas v. Roblin Industries Inc. , 520 F. 2d 1393,1399(3d Cir. 1975).

[4]　Elkind v. Ligett & Myers Inc. ,635 F. 2d 155, 156(2d Cir. 1980).

[5]　U. S. v. Winans, 612 F. Supp. 827,840 – 843(S. D. N. Y. 1985).

[6]　Fridrich v. Bradford , 542 F. 2d 307,318 – 320(6th Cir 1976),Cert. den. 429 U. S. 1053(1977).

[7]　Litton Industries Inc. v. Lehman Brothers Inc. , 709 F. Supp, 439, 443 – 449(S. D. N. Y. 1989).

[8]　Pub. L. 98 – 376,August 10,1984,98 Stat,1264.

[9]　Pub. L. 100 – 704,November 19,1988,102 Stat. 4677.

于需判处监禁的案件由司法部起诉,对仅需处以没收非法所得和罚金的案件,1984 年《内幕交易制裁法》已正式授权 SEC 直接向联邦地区法院起诉。

2000 年 3 月 14 日,美国证券交易委员会和联邦检察官向法院递交诉状,以内幕交易罪起诉 19 名被告。控方指出,这是美国首例利用因特网进行内幕交易犯罪活动的案件。案情如下:1997 年 5 月的某一天,纽约人约翰·弗瑞曼以"The Bren"的化名进入"美国在线"的网上聊天室并发出信息,寻找与自己一样在某股票上投资惨遭损失的人。他很快就找到了两人,一为肯塔基人库珀(保险代理商),另一为西弗吉利亚人俄斯汀(打印机制造商)。他们素不相识,只是在网上交流,从同病相怜,发展到意气相投,然后就一拍即合,做起利用内幕信息买卖股票的勾当。弗瑞曼的职业是计算机图形制作,除本职工作外,他当时还先后为两家大证券商高盛公司和瑞士信用第一波士顿公司兼职做文字处理工作。这样,他就有机会接触到这两家证券商正在操作之中的企业购并计划材料。此后的两年半里,一直到 2000 年 1 月止,弗瑞曼通过网上私人聊天室即时信息交换服务,将有关 23 宗企业并购的内幕信息传给同伙,由同伙据以进行股票和股票期权的买卖。他们事先约定,纯收入的 10% 归弗瑞曼。除此之外,弗瑞曼、库珀、俄斯汀三人还分别将内幕信息告知自己的一些亲朋,因而此案被告共 19 名之多。这伙进行股票交易所获非法利润共 800 万美元。

按照 1934 年《证券交易法》与 SEC 1942 年宣布的 10(b)-5 规则,证券交易的买方或卖方还可提起索赔诉讼,但起诉原告必须为有权起诉者。前述福里德里奇诉布雷德福 [1] (1976):被告从事的证券交易,既未影响原告的投资决定,又未为之引起损失,被驳回起诉,即属一例。对内幕交易的民事索赔,得以要求赔偿的损失限于直接损失或实际损失。这方面的判例如1965 年贾尼甘诉泰勒,1975 年哈里斯诉美国投资公司,1980 年斯特龙菲尔德诉 A&P 茶叶公司,[2] 等等。索赔数额以被告从事证券交易所赚得数额为限,如 1982 年哈克贝特诉霍尔梅斯判例 [3] 等,经多人索赔,其索赔总额已超出被告得利时,原告只能按比例分别获得赔偿,如 1981 年威尔逊诉康特奇电讯公司 [4] 等判例。

美国对证券内幕交易被告除追究刑事责任外,法庭还受理民事索赔。

〔1〕 Fridrich v. Bradford, 542 F. 2d 307, 318 - 320 (6th Cir 1976), Cert den, 429 U. S. 1053 (1977).

〔2〕 Janigan v. Taylor, 344 F. 2d 781, 786 (lst Cir. 1965), Cert. den. 382 U. S. 879 (1965); Harris v. American Investment Co. , 523 F. 2d 220, 227 (8th Cir. 1975); Strenfeld v. Great A & P Tea Corp. 496 F. Supp. 1084, 1087 (S. D. N. Y. 1980), affd 646 F. 2d 563 (2d Cir. 1980).

〔3〕 Hackbart v. Holmes, 675 F. 2d 1114, 1121 - 1122 (10 th Cir. 1982).

〔4〕 Wilson v. Comtech Telecommunications Corp. , 648 F. 2d 88, 94 - 95 (2d Cir. 1981).

美国联邦证券法规定的行政处罚,仅限于撤销在 SEC 的发行注册,而实际上SEC 对此项权力也甚少行使。[1] 美国的这种做法同其以法律管制为主的证券制度是相适应的。中国证券法目前对内幕交易则主要是追究行为人的行政责任和施以行政处罚,但要适应未来证券市场管理的法律与自律并重,完善对证券内幕交易行为在刑事、民事方面的法律责任的规定,则势在必行。因此,美国立法对中国立法的借鉴意义仍十分重大。

二、英国对证券内幕交易的法律管制

据考证,世界上第一起证券内幕交易即发生于 1814 年的英国。罗恩柴尔兹在伦敦城闭市前得知威灵顿在滑铁卢大败拿破仑,他利用这一未公开信息炒股大获其利。[2] 从而,英国法院早在 1856 年即已有了内幕交易的判例。[3] 早期英国普通法系基于信托关系只追究利用未公开信息从事证券交易的董事责任。再者,董事也系仅对公司承担信托责任,并不对股东个人承担披露义务。正如 1902 年的西瓦尔诉赖特的法庭判词所称:购方董事对卖方股东在交易洽谈中并不承担披露义务,因过早的披露可能有损公司最佳利益。而且,在当时英国法上亦无"内幕交易"的罪名,到 1973 年 2 月 4 日出版的《星期日泰晤士报》还以"伦敦城犯罪现象"相称。在早期英国法上,为什么基本上是以破坏信托关系作为从事内幕交易的责任基础,证券业理事会在 1981 年 6 月发表的《关于内幕交易声明》中阐明三点理由:①处于信托地位的人不应利用机密信息谋取个人利益,这有违优良职业道德;②内幕人员从事的交易也是不公平交易;③内幕交易败坏了证券市场的公共信用与国际信用。以泄密作为从事内幕交易的责任基础,则需符合 1969 年科科诉克拉克工程公司(Coco v. Clark Engineers Ltd.)判例所确定的三个条件:①信息本身有必要保密;②对信息输入方承担保密义务;③要求经许可才能将之提供使用。

在英国,内幕交易法制从普通法发展成为制定法,则是 1980 年的事。1980 年,英国修订《公司法》,增订第五编有关内幕交易规定,包括第 68 条至第 73 条,共 6 条。第 68 条规定,禁止内幕人员在交易所场内利用内幕信息从事证券交易。第 69 条规定,禁止公仆从事内幕交易活动。第 70 条规定,禁止场外内幕交易。第 71 条规定,对欧洲债券经理人的发行活动不适用第 70 条。第 72 条规定,对违反第 68 条、第 69 条的个人,可处以不超过 2 年的监禁或罚金,或二者并处;无陪审团参加的即决审判,可判处不超过 6 个月

---

〔1〕　美国 1934 年证券交易法(注释)十五,注销注册——转引自《中外金融法规大全》,中国金融出版社 1994 年版,第 956 页。

〔2〕　Bernhard Bargmans:Inside Information and Securities Trading, Graham & Trotman, 1991,p. 8.

〔3〕　加特赛德诉乌特勒姆(Gartside v. Outram)。

的监禁或不超过 1 000 英镑的罚金,或二者并处。第 73 条规定定义。

　　在英国,对于内幕交易的司法解决,均属于公诉案件,由工贸部代表英王起诉;被告除被追究刑事责任外,判决有罪的还得交付全部诉讼费用。但由于 1973 年《刑庭权力法》第 22(1)条规定,对判处不超过 2 年监禁的,可以缓期执行。从而,尽管英国内幕交易法有判刑规定,但实际执行中迄今并无一人因内幕交易犯罪而入狱的。例如 1986 年提起公诉的科里尔案,法庭对科里尔判处 12 个月监禁,缓期 2 年执行,并处罚金 2.5 万英镑,责令交付 7 000 英镑诉讼费用。在英国,对内幕交易行为以经济惩罚取代徒刑的倾向十分明显。在美国,对内幕交易犯罪,可判 10 年以下徒刑,[1]单处或并处 3 倍于被告得利不超过 100 万美元的罚金(对法人可判处不超过 250 万美元的罚金);除提起公诉,当事人还可提起私诉,向被告索赔。而欲在英国法院获取这种民事救济则是难以想像的。[2]　英国对证券市场是以自律为主、法律管制为辅。在 1983 年颁行的《执照交易商(业务行为)规则》中,英国即已将流行于美国证券业中的"中国墙"[3]引入,将之定义为:"建立的一种安排,借以使从事某一部分业务的人所获得信息,不被从事另一部分业务的人(直接或间接)所利用,从而得以确认,各个业务部分的分开决策没有涉及业务上任何人在该事情上可能持有的任何利益。"这一定义不仅为 1986 年《金融服务法》所重申,该法并授权证券和投资局(SIB)得采行以下规则:"经许可从事投资业的人,他在一部分业务中所获取的信息,能对其所从事的另一部分业务的客户保密。"现这一规则已经推广体现于 SIB 与包括各证券交易所和 FIMBRA(金融中间人、经理人、经纪人章程协会)等在内的各自律组织制定的各种职业行为守则中。在英国,对于内幕交易的问题,大量的是由市场自律解决,着力防范于未然。作为自律组织之一的伦敦证券交易所在 1994 年 10 月 5 日已公布一份文件,建议当某家公司股票价格的信息泄露时,就中止这家公司的股票交易,以保证所有投资者能够公平地利用公开信息。1980－1990 年的 10 年间,在英国按内幕交易法提起公诉的案件只有 20 件,其中,经法庭正式立案审理的不过 12 件。

　　1985 年英国出台《公司证券(内幕交易)法》,继后又按 1986 年《金融服务法》与 1989 年《公司法》对之作了修订,共 16 条,要点如下:

　　1. 内幕人员,包括三类个人:①与某公司有关系,或在 6 个月之前任何时候与某公司有关系,而掌握有关该公司证券内幕信息的个人;②与某公司

---

〔1〕　在 20 世纪 80 年代初,美国即已有数人因犯内幕交易罪被判刑入狱——Norman S. Poser: International Securities Regulation, Brown and Company, London, 1991, p. 163.

〔2〕　Michael Ashe and Lynne Coumsell: Insider Trading the Tangled Web, London Fourmat Publishing, 1990, p. 141.

〔3〕　在英国不称"中国墙",而是以"绿呢门"(green baize door)相称。

有关系,或在 6 个月之前任何时候与某公司有关系,而掌握有关另家公司证券内幕信息的个人;③企图或已作打算(无论是否会同他人)对某家特定公司作出收购发盘的个人。

2. 公仆或前公仆,包括:①拥有官职的或经王室雇用的个人;②证券交易所理事会或证券和投资局(SIB)的成员、职员或公仆;③依 1986 年《金融服务法》经许可的自律组织或清算所的职员或公仆;④英格兰银行的行长、副行长、董事、雇员和相当于雇员的个人,以及银行业监管局成员;⑤理事会、委员会、上诉法庭或劳埃德纪律委员会的成员;⑥垄断与兼并委员会的成员或雇员。

3. 对内幕人员和公仆的禁止:①禁止作为本人或代理人,在经许可的证券交易场所,如证券交易所、NASDAQ(全国证券交易商公会自动报价系统)、伦敦 QM(报价市场),买卖或同意买卖与其所掌握的内幕信息有关的证券。②禁止从事或通过场外经纪人从事禁止登广告的证券的交易。③禁止促成或诱使他人:一是在经许可的证券交易所买卖被禁止的证券,或通过场外经纪人买卖禁止登广告的证券;二是在英国境外非经许可的证券交易所买卖被禁止的证券。④禁止传递内幕信息给任何其他人,如他明知或按理应知道该其他人将利用他所提供的信息于:一是在经许可的证券交易所或在英国境外非经许可的证券交易所买卖被禁止的证券或禁止登广告的证券,或充当场外经纪人;二是促成或诱使另外的人从事上述活动。

4. 内幕信息接触者,指从内幕人员或公仆处获得内幕信息的个人,包括两类:①与内幕人员、公仆或前公仆有关系的个人;②与对某家特定公司作出收购发盘的内幕人员有联系的个人。

5. 对内幕信息接触者的禁止:①禁止作为本人或代理人在经许可的证券交易所买卖或同意买卖被禁止的证券(与其所掌握的未公开价格敏感信息有关的证券)。②禁止从事或充当场外商买卖禁止登广告的证券(他掌握其未公开价格敏感信息的证券)。③禁止促成或诱使任何其他人:一是在经许可的证券交易所从事或充当场外商买卖禁止登广告的证券;二是在英国境外非经许可的证券交易所从事被禁止的证券的交易。④禁止将内幕信息传递给任何其他人,如他明知或按理应知道,该其他人将利用该信息于:一是在经许可的证券交易所或在英国境外非经许可的证券交易所买卖被禁止的证券,或禁止登广告的证券,或充当场外经纪人;二是促成或诱使另外的人从事上述活动。

6. 内幕信息,包括:①个人由于与某家公司存在关系或担任公仆而掌握的信息;②有理由认定该人系由于其履行业务的地位,才能接触到的信息;③属于与证券价格有关的敏感未公开信息。由与一家公司的关系了解到的另家公司证券的信息,而且该两公司证券的价格是交互影响的,或对某家特定公司作出收购发盘的信息。

未公开,是内幕信息的重要特征。1987年英王诉菲茨威廉斯案:菲茨威廉斯为威斯敏脱城市金融公司董事,他将在中路实业公司所持股票卖给了对之感兴趣的威斯敏脱公司。法庭审理查明,威斯敏脱公司是根据公开信息作出收购中路实业公司股票的,判决菲茨威廉斯无罪开释。无立案报告的英王诉格林伍德与科里恩:科里恩女士为公平交易局秘书,被控告向其弟格林伍德传递内幕信息。经法庭查证,科里恩女士向其弟格林伍德传递的公平交易局文件,不属于机密等级,因而指控不能成立。

7. 未公开的价格敏感信息,指:①与发行公司有关的或直接、间接与发行公司有利害关系的特定事项;②非为一般惯常同证券打交道的人或一般将可能同该证券打交道的人所知;③为上述的人所知,即会对该证券价格产生重大影响。

1981年布赖斯案:布赖斯为爱丁堡一家合伙会计师事务所经理和温特博特姆信托公司经理,他利用会计师事务所经理身份代表第三者下单购进信托公司股票3 900股。次日,该信托公司公布改变基金结构消息后,其价格每股上扬40便士。布赖斯显然即系利用了未公开的价格敏感信息。

8. 例外,包括以下不视为内幕交易的行为:①内幕人员、公仆或内幕信息接触者不是为自身或为他人谋利益或减少损失,得为的任何特定事情;②内幕人员、公仆或内幕信息接触者作为破产清算人、接管人或受托人本着诚信操作所得从事的交易;③内幕人员、公仆或内幕信息接触者作为做市者(准备买卖未上市股票的经纪人)或股票经纪人本着诚信操作得为的任何特定事情;④作为个人的受托人或代表,或作为公司法人的受托人或代表,不是为谋个人利益或为他人减少损失,得为的特定事情;⑤某个人仅系由于掌握与某项特定交易有关的信息,不禁止他得为除促成和诱使他人成交以外的某些行为;⑥按照1986年《金融服务法》第48条的价格稳定规则行事的行为。

在英国法上,证券内幕交易行为的构成要件如下:

1. 主体,包括内幕人员、公仆与内幕信息接触者。内幕人员与公仆为"主要内幕人员",内幕信息接触者为"次要内幕人员"。

2. 主观方面,要求"明知"或"故意"。1989年英王诉黑尔斯:黑尔斯作为经营管理顾问参加了圣保罗公司与迈因特公司合并的谈判,在达成协议的当天他购进了迈因特公司股票。由于显属故意行为,法庭判处黑尔斯1.5万英镑罚金,并责令交付1 000英镑诉讼费。

1985年英王诉费希尔案:费希尔对获取汤姆森航线公司股权感兴趣,他找到汤姆森公司顾问克兰沃特·本森商量,并等待汤姆森公司对其收购竞价发盘作出反应。后本森将一切告诉了费希尔,在收购公布前,费希尔购进了汤姆森公司股票。法庭宣判费希尔无罪,理由即其所获信息非"故意探得",而系本森主动提供。

英国判例表明,被告以行动显示了本人并无利用内幕信息从事交易之意,法庭亦不予追究。1987年英王诉布里格斯:布里格斯为休韦公司非执行董事,他由于注意到了休韦公司正与两家公司洽谈收购一事,在收购公布前,他下了购进12.7万股休韦公司股票的订单。事后,他主动撤回10万股订单,由于股市调整另有2.7万股的订单未能撤回。陪审团主张对布里格斯无罪开释。

对于从事诚实交易的证券经纪商,法庭给予保护。1982年英王诉凯特尔与桑尼沃克案:凯特尔与桑尼沃克为一家代客买卖证券商的两名雇员,被指控在传播不适做卖出布洛克利公司股票消息时代客卖出了所持布洛克利公司股票。证据是凯特尔与桑尼沃克已从一名与布洛克利公司有联系的客户处获知,有人即将用升水购进布洛克利公司股票。法庭宣判凯特尔与桑尼沃克无罪,理由即他们是基于不相信所传播的该未公开的价格敏感信息才代客售出的。

至于被告在内幕交易中是否盈利,对罪名的成立并无影响,这点与美国法有所不同。1988年英王诉拉什布鲁克案:拉什布鲁克为米德兰兹无线电公司一附属机构前负责人,他在得知皮卡迪利无线电公司要与米德兰兹公司合并前两天购进皮卡迪利公司价值2万英镑的股票,这笔交易不仅未赚,反亏900英镑。拉什布鲁克仍被法庭判处2 000英镑罚金,责令交付750英镑诉讼费用。

3. 客体,包括12种违法证券活动:主要内幕人员从事与之有关系公司证券的交易[1]从事已与该公司成交或即将成交的公司证券的交易[2]促成或诱使他人从事内幕交易、为内幕交易传递信息;公仆作为主要内幕人员从事交易,促成或诱使他人利用获自公仆或通过公仆获取的内幕信息从事交易,为从事内幕交易传递获自公仆或通过公仆获取的内幕信息;次要内幕人员通过获自公仆的信息从事交易、从事提供信息人的公司证券的交易[3]、从事已与提供信息人的公司成交或即将成交的公司证券的交易;在

---

[1]　1985年英王诉黑尔登—史密斯案:黑尔登—史密斯为一家航运公司董事,他在公司进入清算前夕抛售该公司股票,被判处罚金3 000英镑,并责令交付2 000英镑诉讼费用。

[2]　1986年英王诉詹金斯案:詹金斯为英联邦航运公司主席私人秘书,他在英联邦航运公司对某家公司收购前夕购进该公司股票。在这之前,詹金斯还做有另笔非法交易,被判处1万英镑罚金,责令交付2 000英镑诉讼费用。

[3]　1987年英王诉鲁宾逊案:鲁宾逊购进5 000股商人房地产公司股票,被指控从事内幕交易,因该公司董事会主席为鲁宾逊姐夫。鲁宾逊被判处1 000英镑罚金,责令交付500英镑诉讼费用。

收购招标中作为主要内幕人员,或次要内幕人员从事交易。[1]

4. 客观方面,要求公诉人对被指控人的违法行为举证。1980 年 12 月至 1981 年 1 月英王诉布鲁克斯与汉考克;[2]1987 年英王诉霍利约克,希尔与马尔[3]等案,均因证据不足,被告被宣告无罪。

在证券内幕交易管制的国际合作方面,欧共体理事会 1989 年 11 月 13 日已发布加强成员国对管制证券内幕交易进行合作的指令,要求包括英国在内的各成员国在 1992 年 6 月 1 日前必须采取符合指令要求的国内法措施。早在 1986 年 9 月 23 日英国工贸部(DTI)还与美国证券交易委员会(SEC)签订加强对管制证券内幕交易进行合作的"谅解备忘录"(MOU),并已开始了这方面的实践。1986 年 11 月 3 日英王诉科利尔案:杰弗里·科利尔为摩根·格伦费尔商人银行高级职员,他就次日即将对 AE 公司发动收购攻势一事为该行客户霍利斯充当投资顾问。科利尔要其一位在美国的朋友于收购宣布前下单购进 AE 公司股票。这份订单传至伦敦市场,与凯曼岛公司成交(该公司售出订单所要的 AE 公司股票),而凯曼岛公司则系科利尔拥有利益的公司。科利尔还被指控与 1986 年发生的另笔非法证券交易有关,被英国法庭一并判处 12 个月监禁,缓期 2 年执行,并处罚金 2.5 万英镑,责令交付 7 000 英镑诉讼费用。伦敦国际股票交易所开除科利尔会籍。美国配合行动,按照美国 1934 年《证券交易法》第 10(b)条和 10(b)－5 规则,在 SEC 诉科利尔案中,判处永远禁止科利尔在美国从事证券发行业务。

三、中国对证券内幕交易的管理及其完善化问题

在 1999 年 7 月 1 日施行《证券法》前,中国管理证券发行与交易的全国性法规已有 1993 年 4 月 22 日国务院发布施行的《股票发行与交易管理暂行条例》(《条例》)和同年 9 月 2 日证券委发布施行的《禁止证券欺诈行为暂行办法》(《办法》)。《条例》、《办法》和《证券法》均有对证券内幕交易行为的处罚规定。下面即依据这些法律、行政法规,就证券内幕交易行为的责任基础,内幕交易行为的构成要件,对内幕交易行为人的调查、处罚程序与处罚,对证券经营机构从事内幕交易的防范以及法规的完善化等问题,分别加以探讨。

---

〔1〕 1980 年英王诉蒂瑟里奇案:蒂瑟里奇购进已被列为收购对象的约瑟夫公司证券,他是从其妻处获悉这一收购信息的。其妻担任为约瑟夫公司充当顾问的一家商人银行秘书。蒂瑟里奇夫妇分别被判处罚金 4 000 英镑。

〔2〕 布鲁克斯与汉考克分别为莱兰公司和苏特公司雇员,在苏特公司宣布购进莱兰公司冷压机前夕,两人进行了一笔有关两公司证券的交易。

〔3〕 霍利约克,希尔与马尔三人购进印刷械具公司股票,被指控从雇用他们的老板塔奇·罗斯处获知了收购该公司的发价。

（一）内幕交易行为的责任基础

根据《条例》规定的股票发行与交易的原则,中国将公开、公平和诚实信用地利用信息作为追究违反者滥用其信息优势的法律责任或信息责任的基础。

公开包括公开和公布信息资料。公开即依照《条例》规定应予披露的文件,必须备置于发行人及证券承销机构营业地和证监会,供投资人查阅;要求上市公司应将公司及董事、监事、高级管理人员和持有 5% 以上的发行在外的普通股股东所提交的报告、公告及其他文件,及时向社会公开,供投资人查阅。公布即依照《条例》规定应予披露的文件,刊载在证监会指定的全国性报刊上,同时在证交所指定的地方报刊上公布有关信息。《条例》专门规定,发生可能对上市公司股票的市场价格产生重大影响的重大事件时,上市公司应立即报告证交所和证监会,并向社会公布。

公平包括不允许内幕人员滥用信息优势和任何人超前滥用信息,以保证所有投资人能够公平地利用公开的信息资料。《条例》规定,在公司获准公开发行股票前,任何人不得以任何形式泄露该公司招股说明书的内容。因对信息资料利用的超前与滞后的这一时间差,亦构成不公平。《条例》并规定,对于为上市公司出具审计报告、资产评估报告、法律意见书等文件的有关专业人员,除在信息公布前不得购买或持有该公司股票外,即令在信息公开后的 5 个工作日内,也不得购买该公司股票。这一特别规定,即在于保证能为该公司信息资料的生手也提供一个熟悉它的机会,使之与已经知悉它的熟手处于公平地位。《条例》还规定,公司的董事、监事、高级管理人员,持有 5% 以上表决权股份的法人股东(包括该法人股东的董事、监事和高级管理人员),在 6 个月内购进卖出所持本公司股票而获得的利润,归公司所有。由于他们均处于惯常知情人地位,因此,不允许利用其信息优势通过短线交易谋私利。

诚实信用则不仅体现于上市公司应当真实、准确、完整、及时地上报和向投资人提供有关信息,无虚假和严重误导或重大遗漏,《条例》还特别要求,在任何公共传播媒介中出现的消息,可能对上市公司股票的市场价格产生误导性影响时,该公司知悉后,应立即对该消息作出公开澄清。

内幕交易行为有违公开、公平和诚实信用的原则,因此,《办法》也将之归属于一种证券欺诈行为加以禁止。

（二）内幕交易行为的构成要件

《办法》将内幕交易行为列举为:①内幕人员利用内幕信息买卖证券或根据内幕信息建议他人买卖证券;②内幕人员向他人泄露内幕信息,使他人利用该信息进行内幕交易;③非内幕人员通过不正当的手段或其他途径获得内幕信息,并根据该信息买卖证券或建议他人买卖证券;④其他内幕交易行为。美国法对内幕交易行为未予列举,而是由判例加以确定。英国法列举了12种内幕交易行为。中国法列举了4种内幕交易行为,这4种行为均系损害为中国证券法所确认和保护的社会关系,包括投资人正当权益与社会公共利益,或证券市场秩序的行为。

内幕交易行为的构成为主体、主观方面与客体、客观方面四个主、客观要件的总和。它是追究行为人法律责任(包括行政责任,以及刑事、民事、纪律的责任)的依据,是划分违法与不违法的准绳。主体指实施内幕交易行为并承担法律责任的人。主观方面指主体对其所实施的内幕交易行为和结果所具有的心理状态,有故意和过失两种。客体即指内幕交易行为所损害的、为证券法所确认和保护的社会关系或证券市场秩序。客观方面包括内幕交易活动与损害结果,而且二者间具有因果关系。内幕交易行为构成要件的具体内容,随各国证券法的具体规定而异。

在中国,根据《条例》和《办法》,证券内幕交易行为构成要件的内容包括:

1. 主体为内幕人员与非内幕人员。内幕人员指任何由于持有发行人的股票,或者在发行人或与发行人有密切联系的企业中担任董事、监事、高级管理人员,或由于其会员地位、管理地位、监管地位和职业地位,或作为雇员、专业顾问履行职务,能够接触或获取内幕信息的人员,具体包括:①发行人的董事、监事、高级管理人员、秘书、打字员,以及其他可以通过履行职务接触或获得内幕信息的职员;②发行人聘请的律师、会计师、资产评估人员、投资顾问等专业人员,证券经营机构的管理人员、业务人员,以及其他因其业务可能接触或获得内幕信息的人员;③依法可以对发行人行使一定管理权或监督权的人员,包括证券监管部门和审批机关的工作人员,以及工商、税务等有关经济管理机关的工作人员等;④由于本人的职业地位,与发行人的合同关系或工作联系,有可能接触或获得内幕信息的人员,包括新闻记者、报刊编辑、电台主持人,以及编排印刷人员等;⑤其他可能通过合法途径接触到内幕信息的人员。中国法中的"内幕人员",即美国法中所指的"惯常知情人"和英国法中所指的"主要内幕人员"。

通过不正当的手段或其他途径获得内幕信息的其他人员,构成非内幕人员。中国法中的"非内幕人员",即美国法中所指的"暂时知情人"和英国法中所指的"内幕信息接触者"或"次要内幕人员"。

在中国法中,内幕人员和非内幕人员均包括单位和个人。美国法中的知情人也包括个人和组织。英国法中的内幕人员仅指个人,不包括组织。

2. 主观方面包括故意和过失。故意即行为人对内幕信息的有意泄露或有意利用,或者是以不正当的手段或通过其他途径获得。以不正当手段获取包括窃听、窃取、偷拍、骗取、收买、劫持或胁迫等;通过其他途径获得,如在特定场合或公共场合的"言者无心,听者有意",拾得未公开的信息资料,或通过电脑系统盗用他人密码获取等。如在任何公共传播媒介中出现了可能对上市公司股票市场价格产生误导性影响的消息,该公司知悉后不立即对之作出公开澄清,即可推定该公司为故意任其以讹传讹。至于该公司是否已经知悉,则属于事实问题。但是,由于目前关于证券市场的新闻报道还不规范,在某种程度上为小道消息、谣言等提供了生存空间,使得所涉上市公司穷于应付或澄而不清,以致责任难辨。深圳市新闻出版局与深圳市证管办已于 1995 年初联合发文,规定有关重大信息的披露,必须在主管部门指定的报刊上发布,禁止新闻出版单位以稿谋私和误导股市。这无疑有助于纠正上述现象。中国证监会于 1996 年已下发《关于上市公司发布澄清公告若干问题的通知》。

过失即行为人无意泄露内幕信息或失密,导致他人得以利用该信息进行内幕交易。

值得注意的是,《条例》并未将行为人是否出于谋利列为必备条件,因而即令仅仅是泄露内幕信息使他人得以利用该信息进行内幕交易,或者是仅系根据内幕信息无偿地向他人提供买卖股票的建议的,均可追究法律责任。这与英国法相同,而有异于美国法。实际情况也如此,内幕交易的行为人(包括单位和个人),有的是以谋取利益或减少损失为目的,滥用其信息优势进行证券交易,也有的可能全系出于扰乱证券市场秩序,以达到其不正当目的或不可告人的目的,诸如恶作剧或报复泄愤,等等。

3. 客体为利用内幕信息进行证券交易而被扰乱的证券市场秩序。证券包括股票和具有股票性质、功能的其他投资证券(如可以换股的公司债券)。

证券交易包括场内交易和场外交易。

内幕信息指有关发行人、证券经营机构、有收购意图的法人、证券监管机构、证券业自律性管理组织,以及与其有密切联系的人员所知悉的、尚未公开的、可能影响股票市场价格的重大信息。

《证券法》将下列各项信息界定为内幕信息:①公司的经营方针和经营范围的重大变化;②公司的重大投资行为和重大的购置财产的决定;③公司订立重要合同,而该合同可能对公司的资产、负债、权益和经营成果产生重要影响;④公司发生重大债务和未能清偿到期重大债务的违约情况;⑤公司发生重大亏损或遭受超过净资产 10% 以上的重大损失;⑥公司生产经营的外部条件发生的重大变化;⑦公司的董事长,1/3 以上的董事,或经理发生变动;⑧持有公司 5% 以上股份的股东,其持有股份情况发生较大变化;⑨公司减资、合并、分立、解散及申请破产的决定;⑩涉及公司的重大诉讼,法院依法撤销股东大会、董事会决议;⑪公司分配股利或增资的计划;⑫公司股权结构的重大变化;⑬公司债务担保的重大变更;⑭公司营业用主要资产的抵押、出售或报废一次超过该资产的30%；⑮公司的董事、监事、正副经理或其他高级管理人员的行为可能依法承担重大损害赔偿责任；⑯上市公司收购的有关方案；⑰国务院证券管理机构认定的对证券交易价格有显著影响的其他重要信息；⑱法律、行政法规规定的其他事项。

不可能影响股票市场价格的一般信息，即不属于这种重大信息。但重大信息应包括真信息与假信息。假信息即在任何公共传播媒介中出现的可能对上市公司股票市场价格产生误导性影响的消息，在一般投资人真假难辨时，该公司知悉后不立即对之作出公开澄清，亦可能损害投资者合法权益和社会公共利益，扰乱证券市场秩序。至于运用公开的信息资料对证券市场作出的预测和分析，则不属于内幕信息。

4. 客观方面为行为人利用或泄露给他人利用内幕信息的行为，而且这一行为与对投资人正当权益和社会公共利益或证券市场秩序造成损害具有因果关系。

例如，当在一家报刊上出现了可能对某公司股票的市场价格产生误导性影响的消息时，该公司立即对之作了公开澄清，有股民仍对该消息信以为真，造成损失，即无权援引《条例》第77条规定，向法院提起对该公司的民事赔偿诉讼。1995年8月21日"鞍山－工"发出公告，就公司股票被媒介称为"外资收购概念股"一事作出澄清：前一时期，公司为解决技术引进和技术改造资金缺乏的矛盾，拟与外商合资合作，并与若干家外商进行了接触，但有关合资的方式、内容等条件尚待进一步探讨。公司及公司主要股东尚未就与外商合资合作之事办理任何实质性的报批手续，目前仅仍在进一步接触中。这样，如有股民仍按"外资收购概念股"买卖"鞍山－工"公司股票，造成损失，即无权对该公司提起民事赔偿的要求了。

内幕交易行为的构成即以上主体、主观方面和客体、客观方面四个要件的总和，一种行为必须同时具备上述四个要件，才构成证券内幕交易行为。

（三）对内幕交易行为人的调查、处罚程序与处罚

对违反《条例》和《办法》的单位和个人，证监会有权进行调查或会同国家有关部门进行调查，重大案件由证券委组织调查。社会公众举报属实的，对举报人给予奖励。对经调查证明确有内幕交易行为的单位和个人，证监会有权单独实施处罚或会同国家有关部门实施处罚。证券委指定其他机构处罚的，受指定的机构也可以在职权范围内实施处罚。

一种证券内幕交易行为可以分别构成行政责任、民事责任、刑事责任和纪律责任四项责任中的任一项责任，或同时构成其中的任两项、三项或全部责任。构成什么责任主要是基于以下三种情况：①主体的不同。如为一般自然人，即构不成纪律责任。如为法人，即令构成刑事责任，也不对之判处徒刑。②内幕交易行为的情节不同与行为人的态度不同。有的不追究刑事

责任仅是追究行政责任或民事责任、纪律责任,有的因情节严重、态度恶劣,可能多项责任一起追究。一般而言,凡判刑的官员均要受到开除公职的纪律处分。再者,构成民事责任与纪律责任的,在情节上,有的并不要求造成损害,如一方违约,即令未给对方造成损害,亦应负民事责任。又如泄密,即令未造成损害,亦得追究纪律责任。③触犯的法律不同。如行为人尚未触犯刑律,只是为他人造成了经济损失,就只追究民事责任。又如行为人只违纪,也就只追究其纪律责任。

(四)对证券经营机构从事内幕交易的防范与法规的完善化问题

《条例》第45条规定:"经批准从事证券自营、代理和投资基金管理业务中两项以上业务的证券经营机构,应当将不同业务的经营人员、资金、账目分开。"这表明,经批准,允许证券业经纪商与交易商,乃至与投资基金管理的业务交叉或兼营,即中国已允许存在像美国那样的"经纪人—交易商"。按照1990年11月27日上海市人民政府发布的《上海市证券交易管理办法》规定:"自营买卖是指证券经营机构以自己的名义和账户买卖证券的行为。""代理买卖是指证券经营机构受客户委托,代理客户买卖证券的行为。"据此,以"自营买卖"与"代理买卖"兼营而言,即存在证券经营机构的自身利益与其对客户的代理责任之间的冲突,以及证券经营机构对两个或两个以上客户所负代理责任的冲突。中国人民银行于1995年9月出台的《中外合资投资银行类机构管理暂行办法》规定,经中国人民银行批准,投资银行类机构可经营业务包括"基金的发起和管理"、"企业重组、收购与合并顾问"、"项目融资顾问"、"投资顾问及其他顾问业务"、"外汇买卖"、"境外企业、境内外商投资企业的外汇资产管理"等。现国内中资证券公司业务范围亦可比照执行。因此,如证券公司还兼营基金管理及其他,这种"利益冲突"还将更为尖锐复杂。对这一问题的防范与解决,《证券法》亦仅在原则上要求有规范的自营业务与经纪业务分业管理的体系,必须将经纪业务与自营业务分开办理,业务人员、财务账户均应分开,不得混合操作。仍然缺乏信息隔离方面的严格要求。中国人民银行于2001年1月12日发布施行的《信托投资公司管理办法》在其第五章"监督管理与自律"中已作规定:"信托投资公司的信托业务部门应当在业务上独立于公司的其他部门,其人员不得与公司其他部门的人员相互兼职,业务信息不得与公司的其他部门共享。"(第55条)。

对综合类证券公司的批准条件,需要在未来的行政法规中列举如下:

1. 申请机构应为公司法人,而非个体经营户或合伙;

2. 申请机构在其内部的自营、代理和投资基金管理各业务部门,均已经建立严格的信息保密的规章制度与实施程序,得以防止内幕信息被滥用;

3. 申请机构已经将其所经营的具有"利益冲突"的所有股票(或具有股

票性质、功能的证券)开列名单,及时对外公开或公布。

只有同时符合以上各条件的申请机构才得批准其从事证券自营、代理和投资基金管理业务中的两项以上业务。

除"防患于未然",未来的法规还需就"补救于事后"作出以下一些规定:

1. 对从事证券自营、代理和投资基金管理业务的两项以上业务的证券经营机构,允许其在一部分业务中所获取的信息能对其所从事的另一部分业务的客户保密,但该证券经营机构也不得利用内幕信息自营买卖所涉的股票。

2. 从事证券自营、代理和投资基金管理业务的两项以上业务的证券经营机构,进行内幕交易的,从严处罚;对于因此而受到损失的客户,加倍赔偿。

3. 客户对于这类证券经营机构以其进行内幕交易而提起的民事索赔诉讼,如果该证券经营机构能举证证明其已经建立起的信息保密的规章制度与实施程序为有效运作,而且也并未利用所获内幕信息自营买卖所涉的股票,可以免责。

从美、英两国确认"中国墙"的实践考察,其有效程度与证券经营机构的经营人员的职业道德水平高低成正比。为杜绝和减少"穿墙"事件的发生,证券经营机构应当真正成为一个自律性管理组织。为落实《条例》第 76 条所作以下规定:"上市公司和证券交易所或者其他证券业自律性管理组织的会员及其工作人员违反本条例规定,除依照本条例规定给予行政处罚外,由证券交易所或者其他证券业自律性管理组织根据章程或者自律准则给予制裁。"未来的法规还应当要求证券经营机构在其保密规章和自律准则中必须订入严厉而又切实可行的纪律制裁措施。英国在这方面的实践可资借鉴。

现中国自 2006 年 1 月 1 日开始施行的新《证券法》和新《公司法》,均加强了对投资者尤其是中小投资者合法权益的保护,补充完善了相应的制度,如建立证券投资者保护基金制度和强化对投资者证券与资金安全的保护措施;完善股东对公司事务的知情权,进一步明确上市公司股东、董事、监事、高级管理人员的诚信义务及民事责任;补充和完善了对内幕交易、操纵市场、欺诈客户等违法行为的民事赔偿制度。

第三节　商业票据与 ACE 惯例规则

一、欧洲债券市场与 ACE 惯例规则

（一）欧洲债券市场

欧洲债券（Eurobond）为一种新型国际债券,它具有以下特点:①债券货币不是发行地货币;②债券不仅在一国债券市场销售,而且遍及世界各地;

③由不同国家的投资银行组成辛迪加包销;④债券发行人可以是发行地人,也可以是外国人。这种国际债券显然不同于外国债券。外国债券是外国借款人以发行地国货币并只在发行地国发行,如在纽约以美元发行的"扬基债券"(Yankee)、在东京以日元发行的"武士债券"(Salnurai)、在伦敦以英镑发行的"牛狗债券"(Bulldog)、在西班牙马德里以比塞塔发行的"斗牛士债券"(Matador),等等。在债券市场上,欧洲债券的发行量现已远远超过外国债券。如1988年在英国发行的"牛狗债券"为238亿美元,发行的欧洲债券则已达1758亿美元。第一笔欧洲美元债券发行于1961年2月1日,在卢森堡证券交易所上市。亚洲美元债券市场为欧洲债券市场的一部分。亚洲美元债券由在新加坡营业的跨国银行与国际证券商在欧洲货币市场经销和代理支付。1980年新加坡财政部金融管理局与卢森堡银行业管理委员会商定了一个申请挂牌程序,使已发行的亚洲美元债券和欧洲美元债券能同时自动在两国证券交易所挂牌报价。欧洲美元债券与亚洲美元债券统称欧洲债券。

欧洲债券按期限分:①短期债券,一般为5年期;②中期债券,一般为6-7年期;③长期债券,期限8年或以上。

欧洲债券按利率分:①固定利率债券;②浮动利率债券,以6个月期LIBOR为基础再加一定加息率(加息率一般不低于0.25%)作为浮动利率,并在债券上规定一个最低利率,按市场利率变化进行调整,但不得低于这个规定的最低水平;③零利率,即以低于债券面值的价格或打折售出,到期以面值偿还。零利率债券均"无利息票"(X. C.)。

欧洲债券市场的特点:①采取私募(配售)的发行方式,并主要在票面货币国以外的国家销售;②由包销银团同时在许多国家配售给全世界投资者,记入非居民拥有的投资账户,利息无须扣缴所得税。从而买卖欧洲债券可使资金剩余者获得高于购买本国债券的收益,既满足了投资与储蓄的双重需要,又吸收了闲散资金;③欧洲债券无须经任何政府当局批准和注册登记即可发行。现外国的证券法对欧洲债券均不予法律管制,而给予管辖豁免。但一切证券活动无一可以在法律真空中进行。如欧洲债券在美国可以不按证券法的要求注册登记,并不免除投资者享有的法定救济。如发行人和经销人违反了美国《证券交易法》和证券交易委员会有关反欺诈的规定,购买人仍享有法定救济。但总的说来,欧洲债券市场尚无法律管制,只有自律体制。

(二)欧洲债券市场的自律体制

欧洲债券市场的自律体制由当事人之间订立的各种协议和"ACE惯例规则"两个部分构成。

1. 当事人之间的各种协议。

（1）包销协议。又称认购协议，在发行人与经理包销人之间订立。协议规定由经理包销人从发行人处承购债券，并通过债券说明条款、费用和补偿条款、发行人声明和担保条款，以及收盘条件等规定各方的权利义务，并定出协议的准据法。协议规定的准据法是用来解决争议的，不是规定债券。协议的收盘条件是规定经理包销人因国内、国际的金融、政治、经济情势变化或汇率变化以及外汇管制等情况，在规定的收盘日前可以随时通知发行人停止发行。

（2）经销团协议。以代表发行人的经理包销人为一方，与结成经销团的其他各方订立。协议规定发行程序和解决发行中争议所适用的法律。由于经销团成员分属不同的国家法制管辖，故协议中有免责条款，规定经销团某成员因其本国法律变化而不能经销时，并不违反已订立的经销团协议。

（3）委托书和金融代理协议。如委托人为债券持有人，即以委托书指定被委托人。被委托人对债券持有人负有信托义务，通过委托书规定，在什么情况下不召开债券持有人会议即有权代理债券持有人；并规定，出现发行人违约事件时，被委托人有权宣布债券加速到期或行使抵押权。如委托人为发行人，即订立金融代理协议。金融代理协议又称支付代理协议，在发行人与每个金融代理人之间分别订立。协议规定，由金融代理人办理债券的收款、付款和其他事项，如调换破损债券或为已毁失债券补发新债券等。

2. ACE 惯例规则。国际证券商协会（Association of International Bond Dealers，1969 年在苏黎世建立）、票据交换结算体系工作中心（Cedel，塞德尔 1970 年在卢森堡建立）、欧洲清算组织（Euroclear，1968 年在布鲁塞尔建立）三组织共同推行的 ACE 清算指示标准化程序，通称 ACE 惯例规则，自 1988 年 6 月 1 日起生效。

ACE 惯例规则要点：欧洲债券买卖双方必须在成交后次日发出清算指示；在接到对方关于有误的证实电后 48 小时内必须向对方查询，否则，损失自负；卖方交给买方的债券属于不合格债券时，买方有权索赔；卖方交割债券给买方如未按时收到价款，有权向买方索赔本息；卖方有债券供交割，如清算机构因买方未补足价款，使结算拖延，蒙受损失的卖方有权向买方索赔。

欧洲债券均通过设于布鲁塞尔的欧洲清算组织或设于卢森堡的塞德尔，按照"ACE 惯例规则"办理清算。欧洲清算组织和塞德尔在全球各金融中心又均指定其次级清算机构，按照"ACE 惯例规则"办理清算，因此，全球债券也并非全都要汇总到布鲁塞尔或卢森堡才能办理清算。

二、欧洲商业票据与欧洲票据

美国的商业票据传入西欧，在欧洲债券市场又有欧洲商业票据与欧洲票据的兴起。

（一）共同特点与发行方式

欧洲商业票据（ECP – Euro Commercial Paper）与欧洲票据（Euro Note），都是在欧洲债券市场上用以称呼为期7天至9个月的各种短期投资证券，它们具有以下共同特点：

1. 都是不记名形式，由发行人承诺支付持票人的票据，票据权利随票据交割转移。

2. 都是以每张面值50万美元（有时为100万美元）或10万英镑发行。

3. 都不带息票，而是打折发行。

公司发行欧洲商业票据和欧洲票据，可以获得短期资金，而且这种方式比向银行申请短期贷款手续要简便、费用也更低。

比较起来，以银行的"循环承销设施"（RUF）或"票据发行设施"（NIF）的方式发行欧洲票据，现已不如以"欧洲商业票据计划"的方式发行的多。以"循环承销设施"的方式发行欧洲票据，银行有承销义务，并有责任在卖不出去时买下来。以"票据发行设施"的方式发行欧洲票据，银行无承销义务，而是在发行人找不到认购的投资者时银行才转为贷款。以伦敦欧洲债券市场为例，1985年采用欧洲票据形式发行的225笔和采用"欧洲商业票据计划"方式发行的51笔，到1987年，前者为152笔，后者已增加到326笔。

（二）欧洲商业票据计划

利用"欧洲商业票据计划"发行欧洲商业票据，交易商（通常为3－5人的一个小群体）首先拟就条款，收购潜在发行人发行的票据作为本金，转售给最终投资者。该条款即"欧洲商业票据计划协议"。交易商找到发行人后，只需达成以下协议：何时发行、票据到期日、发行总额、发行价格（按票面打折，不附息票）。在"欧洲商业票据计划"付诸实施时，交易商与发行人可以共同发布简短的信息备忘录，介绍票据，包括货币、期限，以及发行人简况等。信息备忘录由交易商在发行前分发给潜在投资者。票据发行，由交易商在欧洲清算组织或塞德尔挂牌为全球票据（通常是在两个清算所指定的一家伦敦银行挂牌）。交易商承销全部票据，销售或分发给最终投资者，从最终投资者处收取价金，转交给发行人。所承销的票据如果销不出去，交易商可能在市场上丢面子，但不负法律责任。票据到期，发行人经交易商偿还本金。所有交易均记入交易商在欧洲清算组织或塞德尔开设的电子账户。两个清算所都是将"欧洲商业票据"在业务上作"优先票据"对待，因此，只要发行人不违约，一般不会产生重大法律问题。

欧洲商业票据实际上是一种电子票据或无纸票据，即非实物票据。英国于1989年修订后的《公司法》第207条规定，能证明的证券产权和转让无须书面。该条规定已于1991年11月1日生效。

现在中国已经出现非实物债券。财政部决定在1993年国债发行总量中划出 20 亿元人民币,作为非实物国库券发行,通过电脑记账、转账、结算进行流通,免去了券面的印刷、仓储、调运等环节和费用。

第四节　证券市场国际化的法律问题

一、证券市场国际化及其法律反映

(一)证券市场国际化

证券市场国际化以"跨交易所"(cross - exchange)与"跨境"(cross - border)进行证券交易为特征。探究这一趋势的源头,须从美国证券市场的变革谈起。

美国在 1978 年建成 ITS(Intermarket Trading System:市场间交易系统),这一计算机化通讯网络把全国八个大的证券交易所[1]的交易场连通。客户通过 ITS 可以按各交易场的最佳价交单买卖证券。尽管 ITS 尚不具有跨交易所成交功能,交易还是于所在证券交易所场内进行,但它将全国各类大交易所变成了一个统一证券市场,为跨交易所成交开辟了前景。

美国全国证券交易商协会自动报价系统(NASDAQ:National Association of Securities Dealers Automated Quotation System)于 1971 年建立,为 3 700 种国内外证券储存信息并传递最新价格行情。[2] 这一计算机化通讯网络沟通了各种证券的全国场外交易。在 1981 年引进计算机执行系统后,还使 NASDAQ 系统同时具有撮合成交功能。该系统传送的流动证券报价单在电脑屏幕上停留 15 秒种,供用户选择,要么成交,要么进入新的报价循环。如选择成交,用户将电脑鼠标器箭头移到最佳报价上,再一按鼠标器,那笔报价便从屏幕上消失。如事后有哪一方改变主意不予成交,该执行系统可以对出尔反尔的犯规者采取制裁行动,于 6 天内作出调查处理。NASDAQ 系统服务于全国证券交易商,并为跨境成交开辟了前景。

美国《1940 年投资公司法》(The Investment Company Act of 1940)禁止任何外国投资公司进入美国市场,除非经证券交易委员会(SEC)基于"特殊情况或安排的理由"予以许可。[3] 美国对外国银行的银行业与证券业的政策

---

〔1〕　纽约证券交易所(New York Stock Exchange)、美国证券交易所(American Stock Exchange)、中西证券交易所(Midwest Stock Exchange)、太平洋沿岸证券交易所(Pacific Coast Stock Exchange)、费城证券交易所(Philadelphia Stock Exchange)、波士顿证券交易所(Boston Stock Exchange)、底特律证券交易所(Detroit Stock Exchange)、辛辛那提证券交易所(Cincinnati Stock Exchange)。

〔2〕　按缩写语 NASDAQ 音译,又称那斯达克市场。

〔3〕　Norman S · Poser: International Securities Regulation – London's "Big Bang" and the European Securities Markets, Brown and Company, 1991, p. 375.

仍采用同其本国银行一样不得兼营的限制,坚持实施 1933 年制定的《格拉斯—斯蒂格尔法》(又称《紧急银行法》),奉行"国民待遇"。用美国国会议员的话说:"在我们的游戏场,你得按我们的规则玩。"[1]这一在政策上的作茧自缚,为许多外国商业银行在美开拓业务形成法律障碍,正降低着美国作为世界上主要国际金融中心的地位。[2] 为改变这种劣势局面,1999 年 11 月美国经国会通过和总统签署出台《金融服务现代化法》,本法第 1 条即废除《格拉斯—斯蒂格尔法》,促进银行、证券公司和保险公司之间的联合经营。

英国对于金融服务业则持开放政策。1986 年 10 月 27 日伦敦证券交易所宣布实行"门户开放",被称作"大爆炸"(Big Bang)。"大爆炸"前几周,伦敦证券交易所已改组为伦敦国际证券交易所,面貌为之一新。交易所设 5 个市场,即英国股票市场、国际股票市场、金边债券市场、公司债券市场、期货市场。这 5 个市场,除期货市场外,均通过屏基自动报价系统与屏基自动交易系统进行操作。屏基系统的场内终端机像一台 29 英寸彩色电视机,耗资 1 200 万英镑建成。会员证券商(包括加入交易所成为会员的外国证券商)通过电脑操作,或近在咫尺、或远隔重洋,与上述系统直接联网,在无声无息中即完成了"跨交易所"与"跨境"的证券交易。伦敦城已经将纽约、东京的证券市场联为一个国际统一市场。为拓展国内场外交易,英国于 1995 年初开始启用股票电子交易系统,供个人投资者使用。该系统无须交易商或中间商的介入,股票的交易与过户完全电子化,整个程序 7 秒钟即可完成。用户仅需付出 100 英镑购买软件,另支付每月 15 英镑的手续费,即可坐在家中的微机房买卖股票。该系统随时向用户发布行情。个人用户通过调制调解器发出买入或卖出股票的指令,还可以将自定价格输入系统,遇有对手时自动成交。系统对每笔交易收取成交额的 0.1% 为手续费。

瑞士由于许多客户被外国交易所拉走,致使巨额佣金流失,政府税收也受到威胁,正急起直追,经多年筹备,瑞士电子金融交易系统已于 1995 年内投入运行,取代目前连接苏黎世、日内瓦、巴塞尔三大交易所的电讯网络,淘汰落后操作方式。所有参加交易的会员证券商只需坐在自己的电脑显示屏前就可与交易中心进行联网操作,不仅可以随时获得所有牌价信息,而且可以借助分析手段,对买入或卖出行为给予确认。建成这套电子金融交易系统耗资 9 500 万瑞士法郎(苏黎世交易所分担 55%、日内瓦 30%、巴塞尔

〔1〕　见美国货币总监曼伯特·L·克拉克于 1991 年 1 月为下面著作所撰写的序言——Michael Gruson and Ralph Reiswer:Regulation of Foreign Banks—United States and International, Butterworth Legal Publishers, 1991.

〔2〕　20 世纪 80 年代,世界上 25 家最大的银行中有 3 家美国银行;进入 90 年代,50 家最大的银行中才有 2 家美国银行,而世界上 10 大银行中已无一家美国银行。

15%），使瑞士的三大交易所得以实现"跨交易所"和"跨境"从事交易。

1995 年 11 月已在美国设立的摩根·士丹利中国指数的成分股，经过调整，从上海、深圳两地上市的 B 股、香港上市的 H 股和纽约上市的 N 股中，选择 26 家公司股票（上海 11 家 B 股公司、深圳 7 家 B 股公司、香港上市的 5 家 H 股公司和纽约上市的 3 家 N 股公司）。

为适应证券市场国际化大趋势，中国也应有所举动。目前中国非公开发行的法人股转让已采用全国"证券交易自动报价"（STAQ：Securities Trading Automated Quotation）系统。STAQ 系统会员公司可将订单交给系统的销售部，由该部将订单报送做市商。做市商根据订单作出全部成交、部分成交或不成交的承诺。承诺一经发出，即为生效。发生转让后，由记录员将成交状况输入计算机，向系统会员公布，并向转让各方发出成交确认书。

（二）法律反映

证券市场国际化这一经济现象不能不反映于上层建筑的法律安排中。因为：①一国要促使证券交易走向国际化以引进外资，就须将调整和管理证券活动的一套规则向国际上普遍采用的规则靠拢；②交易所的会员资格须允许向外国证券商开放；③灵通的信息是使证券交易获得成功的条件，须保证信息交流的国际化以满足国内外投资者的要求；④国际金融市场上大量"游资"（hot money）的来去无踪，随时都有可能对本国证券市场产生巨大冲击，常会发生哄抬价格、制造混乱的事件损害广大投资者利益，不得不采取适合国情的强制措施。纵观世界，各国管制证券市场的法律正在相继摆脱不同法系的影响而趋同于保障开放证券市场和强化对投资者的保护。为积极推进证券市场国际化，各国有关证券的新立法已多以避免各自国家法律的冲突而达到协调为主旨，从而各国证券立法也开始在以下的方面显示出全球一致性：①由于电脑普遍适用于证券交易的报价、成交、交割、过户、清算的全过程，现大多数国家的证券交易规则均已作了相应的修订，以适应开放证券市场的客观需要。②为强化对投资者的保护，由美国证券法确立的证券发行与交易的公开原则，已日益为大多数国家的证券立法所采纳。同时，由美国判例发展而来的禁止内部人员利用内部信息从事证券交易谋取私利，近年已相继为各国接受为成文法。

英国在伦敦城"大爆炸"10 天后的 1986 年 11 月 7 日出台的《金融服务法》（The Financial Services Act），为调整提供综合性服务的证券商与其客户之间的利益冲突，已借鉴美国法引进有关"中国墙"（Chinese Wall）的规范。

该法授权"证券和投资局"（SIB）制定规则，要求被许可的投资业从业者将其在一部分业务经营中获得的信息向在其他业务中所接触的对象（包括客户）保密，以防止内部信息被滥用。

美国为协调与外国法的冲突，以减少其证券法域外适用的阻力，国会在

1990 年也通过了一项修订证券法法案,授权"证券交易委员会"(SEC)可对外国证券管理机构提供的证据保密,即如该外国证券管理机构决定并向证券交易委员会说明,证据的公开有违该国证券法要求,这类证据即可不予公开披露。美国证券交易委员会还正考虑制定一套既符合美国"公认会计准则"(GAAP),又达到"国际会计准则"(ISA)要求的折中方案,以施行于对证券的发行会计审核。

中国在 1994 年 7 月 1 日施行《公司法》、8 月 4 日发布施行《国务院关于股份有限公司境外募集股份及上市的特别规定》之前,为解决 H 股在香港上市的法律问题,并保护 H 股股东权益,与之进行合作监管,1993 年 6 月中国国家体改委与香港联合证券交易所联合制定《到香港上市公司章程必备条款》(简称《章程必备条款》),作为 H 股公司与香港法律接轨的桥梁,以解决两地有关法律差别的问题。为保护 H 股公司投资人权益,香港联合证券交易所在上市规则中专门为 H 股公司制定出特别规定,即上市规则第 19A 章;该章对原上市规则作出的附加、修订和豁免规定,H 股公司必须遵守,同时还要遵守上市规则的其余全部规定。为确保中国内地与香港的监管得到有效实施,增进合作,以保护 H 股投资人的权益,中国内地与香港五个证券监管机构(中国证监会、上海证交所、深圳证交所、香港证监会与香港证券联合交易所)于 1993 年 6 月 19 日签署监管合作谅解备忘录。现中国对内地国有企业股票去香港上市,即系按上述 H 股公司《章程必备条款》、H 股公司适用上市规则的特别规定和中国内地与香港监管合作谅解备忘录,作如下安排:

1993 年 6 月中国国家体改委与香港联交所联合制定《到香港上市公司章程必备条款》(简称《章程必备条款》),作为协调中国内地与香港两地法律冲突的途径。如有以下问题等即可按《章程必备条款》处理:

1. H 股只供外国、香港、澳门和台湾地区投资者认购和买卖,以解决按香港法律不能因个人的居留权或国籍而限制其买卖公司股份权利的冲突。

2. 财务状况报表须按中国会计标准和法规编制,如股票在香港联交所上市,还须按国际或香港会计标准编制。若按两种标准编制的财务状况报表有重要区别的,须注明该等区别,以解决中国内地与香港两地法律对公司财务的会计标准的不同规定的问题。

3. 公司必须代持有 H 股的股东委任收款代理人,收款代理人必须是按香港《受托人条例》注册的信托公司。通过收款代理人的安排,H 股股东只能向香港的收款代理人追讨股利或红利,其诉讼期限也就从中国法律规定的 2 年变成香港规定的 6 年,以解决其冲突。

4. 公司章程必须规定公司应设董事会秘书,由董事会委任,保证公司有完整的组织文件和记录,保证有权得到公司有关记录和文件的人和机构及时得到有关记录、文件,以填补中国公司法无秘书设置的明文规定的空白。

5. H 股股东与公司、A 股股东或其他人士的纠纷通过仲裁而非司法诉讼的方式解决。这样就避免了中国内地与香港两地法律制度的不同和无司法协助的障碍。

通过上述《章程必备条款》的这些规定,把中国法律中所没有的相应香港法律概念引入了 H 股公司,也就使 H 股投资者的权益能够得到与香港本地上市股票投资者同等程度的保障。

五个有关证券监管机构(中国证监会、上海证交所、深圳证交所、香港证监会和香港联交所)于 1993 年 6 月 19 日签署中国内地与香港监管合作谅解备忘录。香港联交所并在其上市规则内专门为 H 股公司制定一些特别规定(即附加的第 19A 章),以进一步协调中国内地与香港两地法律与监管规则的冲突,使之更具操作性:

1. 上市市值。香港本地上市公司的市值不少于港币 1 亿元,公众持股量不少于公司发行股份的 25% ,公众所持股份的市值不少于港币 5 000 万元。H 股公司的市值不少于港币 5 000 万元,H 股部分的发行量不少于已发行股份的 10% ,加上 A 股部分不少于发行股份的 25% 。

2. 发行价。香港本地上市公司所有股份的发行价均相同。H 股公司所发行的 H 股和 A 股(指中国大陆发行的人民币普通股)的发行价可以不同,但 A 股发行价不能低于 H 股发行价。

3. 保荐人。香港本地上市公司须在其上市后的 1 年内,保留聘用 1 名联交所认可的保荐人或其他专业财务顾问,向公司提供有关继续遵守联交所上市规则及上市协议的专业意见。H 股公司必须在其上市后 3 年内,继续聘用 1 名联交所认可的保荐人或其他专业财务顾问。

4. 类别股东大会。香港本地上市公司的重大决策只需由股东大会的出席股东表决通过即可。H 股公司的重大决策需要举行类别股东大会通过,即 A 股股东与 H 股股东分别举行股东大会表决通过有关决策。

5. 监管依据。香港本地上市公司受香港《公司条例》的监管。H 股公司受中国公司法和《到港上市公司章程必备条款》的约束。

6. 股东。香港本地上市公司的授权股本通常比发行股本大,以备日后扩大股本之用。H 股公司没有授权股本和已发行股本之分,二者数目相同,即注册资本。

7. 股息。香港本地上市公司没有规定以何种货币支付股息,H 股公司的股息则以外币支付。若因中国及国际(或香港)会计标准不同而导致得出不同盈利额,派息则以二者中的较低数字为依据。

中国正式出台的《公司法》于 1994 年 7 月 1 日实施后,由香港联交所公布修订其适用于 H 股上市的特别规定,于 1994 年 11 月 11 日起生效,使之与中国根据《公司法》发布的国务院关于股份有限公司境外募集股份及上市的特别规定以及新订 H 股公司《章程必备条款》保持协调。

1994 年《到境外上市公司章程必备条款》第二十章"争议的解决"第 163 条已规定有:"境外上市公司外资股股东与公司董事、监事、经理或者其他高级管理人员之间,境外上市外资股股东与内资股股东之间,基于公司章程、《公司法》及其他有关法律、行政法规所规定的权利义务发生的与公司事务有关的争议或者权利主张,有关当事人应当将此类争议或者权利主张提交仲裁解决。"

到 2000 年 10 月 18 日中国大陆在境外上市公司已达 100 多家,其中,在香港上市的 117 家,在美国上市的 21 家,在新加坡上市的 7 家,在英国上市的 5 家,在澳大利亚上市的 5 家,中国石化在香港、伦敦、纽约三地同时上市。

到 1998 年 8 月 19 日,中国证监会已同美国、新加坡、澳大利亚、英国、日本、马来西亚、巴西、乌克兰、法国、卢森堡等国的证券监督机构签订监管合作谅解备忘录。

证券市场国际化反映于各国在立法上的避免冲突、相互协调的趋势和实践表明,各国已非主要从国际私法和国际统一实体法方面去着力,而已另辟蹊径。因为要创制新的冲突规范和新的法律(包括缔结造法公约)以替代现存相冲突的各国国内法,未免过于奢望;而各国立法尽可能地通过不同方式求同存异,以保持协调,并允许那些可以不予协调的国内法律差异的存在,较为现实可行。当然,各国证券立法与政府政策之间的协调,由于各国经济的发展程度、市场开放程度与法律传统各异,还只能是一个渐进的过程,但必须保持和终将实现协调的趋势不可逆转。

二、国际证券市场热点法律问题

(一)各国证券市场的法律管制现状

纵观世界,各国管制证券市场的法律已经摆脱不同法系影响和突破传统代理法原则,而趋同于保障开放证券市场和强化对投资者的保护。一国所实施的证券制度则不外乎为美国模式或英国模式。美式证券制度以政府管制为主,市场自律为辅。英式证券制度以市场自律为主,政府管制为辅。美国模式影响及于德国、日本、韩国等国家和台湾地区,英国模式影响及于英联邦等国家和香港地区。

自 20 世纪 70 年代以来,美国相继推出一系列革新措施,诸如允许经纪商与交易商业务交叉、取消固定佣金率、开放"美国预托债券"(ADR)、启用"屏基"(Screen - based)自动报价系统与屏基自动交易系统等[1] 20 世纪 80 年代中期,英国政府采纳公司法教授高尔的建议《高尔报告》(Gower Re-

---

[1] ADR(American Depository Receipt)为美国商业银行对不能在美国上市的外国证券办理预托,持有 ADR 的美国投资者可据以分得股息、红利或利息,又称做"美国存托凭证"。

port），引进美国经验。伦敦证券交易所改组为伦敦国际证券交易所，一批新规章于 1986 年 10 月 27 日同天生效，被称作伦敦城"大爆炸"（Big Bang）。"大爆炸"仅 10 天，英国下议院通过《金融服务法》（The Financial Services Act，FSA），[1]公布《金融服务法》，对所有从事投资业的个人和公司团体实行许可制度与在"证券和投资局"（SIB）统一监督下的金融服务业的自律。所有从事投资业的个人、公司均须参加一个自律组织。这样的自律组织共有四个：FIMBRA（金融中间人、经理人、经纪人章程组织）、LAUTRO（人寿保险和单位信托规则组织）、IMRO（投资管理机构组织）、SFA（证券与期货机构）。该法也主要由证券和投资局、各自律组织和许可专业团体（如律师、注册会计师协会）自订规章加以实施。自订规章均要求贯彻：①诚信、公平地从事投资业务；②能为公众提供高效、稳健和最佳服务；③公平对待客户，避免利益冲突。英国一方面开放证券市场，屏基系统直接与纽约、东京市场联网，一方面实行新法，强化对投资者的保护。证券和投资局创设补偿基金（由各自律组织认缴），对因证券公司或商人银行丧失偿付能力而蒙受经济损失的私人投资者，可作最高不超过 4.8 万英镑的补偿。伦敦城（the city of London）[2]一下变成了一块大磁铁，将美国、荷兰、瑞士等国的大公司股票都吸引到了伦敦证券市场。[3]

欧共体国家，除英国和德国外，其他如法国、西班牙、意大利等国的证券交易所，原均系沿袭拿破仑时代以来的老章程，每个交易所的经纪商会员不过几十名，通常是由政府指定的民事公仆担任，不接纳外国会员，而且不接纳女会员，父亲的会员资格可以由儿子顶替，被称作"男人俱乐部"。[4]在法国、西班牙和意大利，经纪人佣金收费率由政府规定，场内沿袭古老的"喊价"交易方法；股市基本上为大的家族公司所垄断，意大利米兰证券交易所并以进行非法内部交易而著称。[5]意大利米兰证券交易所主席埃托内·富马格利说，米兰市场多次像脱缰野马，大的集团控制了市场，价格已被操

---

〔1〕《金融服务法》于 1986 年 11 月 7 日公布，分 10 个部分、212 节、附表 17。要了解该法可阅读 Andrew Whittaker：The Financial Services Act—A Guide to the New Law，1987，Butterworths.

〔2〕伦敦城指在伦敦市中心方圆 1.6 平方公里的伦敦金融区，有 76 个国家的 527 家银行。英格兰银行与伦敦证券交易所等也设于此。可以提供包括银行、律师、会计、印刷、计算机专家与投资顾问，以及证券发行等综合服务。

〔3〕门户开放前的伦敦证券交易所进行的主要交易不是公司股票而是金边债券。1975 年，金边债券占交易量的 72%，股票占 19%，其他占 9%；1985 年，金边债券还占交易量的 67%。

〔4〕美国证券交易所会员资格自 1975 年起已对妇女开放，伦敦证券交易所经改组为伦敦国际证券交易所后也吸收了几名女会员。

〔5〕Norman Poser：International Securities Regulation – Londons"Big Bang" and the European Securities Markets，Brown and Company，1991，p. 416.

纵,所有的投资者都像被钉在耶稣十字架上,备受折磨。1986 年的伦敦城"大爆炸"震撼西欧大陆国家,它们相继追随,出台新法,各证券交易所除旧布新,正增强与伦敦城的竞争力。美国法律教授诺曼·波塞(Norman Poser)在其一部专著[1]的"前言"中评论道:"大爆炸"的涟漪已扩及欧洲及欧洲之外。"大爆炸"是建立世界性资本市场竞争制度的一个重要步骤,其影响已为美、日和其他各国所感受。新的英国法规设计借鉴于美国,但比美国的更实用、更高明。

70 年代以来美国的锐意革新与 1986 年伦敦城"大爆炸",为证券市场带来了两大热点法律问题,即"中国墙"(Chinese Wall)与"收购"(take over)的法律问题。

随着经纪商与交易商之间栅栏的拆除,证券公司、投资公司日益成为向客户提供综合服务的实体,有的并结成金融集团,同时从事多种业务活动:①买卖证券,收取经纪佣金;②为客户管理账户;③管理互助基金或单位信托;④用自身账户从事市场发行以及其他证券交易;⑤为法人客户包销公募和私募证券;⑥提供金融咨询服务或充当投资顾问,为客户的"收购"和兼并牵线搭桥,等等,从而"利益冲突"(conflicts of interest)丛生,诸如作为包销人或包销集团,可以优先考虑自身利益,指使基金管理部门订购其所包销的新证券;作为市场发行人,可以指使充当佣金经纪人的业务部门将滞销证券向客户兜售;作为佣金经纪人,为多捞佣金,可以利用客户账户作过度交易,或挪用所保管的客户证券进行倒卖;从事投资业务部门,可以指使基金管理部门支持一方客户实现对另一方客户公司的"收购"和兼并;市场发行和其他交易部门,可以利用研究部门提供的信息报告,包揽能够获利的证券、脱手不能获利的证券,等等。为合理解决上述利益冲突与防止内部信息的滥用,才有"中国墙"法律问题出现。"中国墙"问题仅涉及证券公司、投资银行与客户之间的纷争,尚带个别性与局部性,而"收购"问题则涉及整个股市的稳定性,乃至一个国家的经济大局和资本主义国家执政党的地位。因为"收购"总是与炒股交织在一起,如属于敌意"收购"还将触发一场"收购"与反"收购"的恶战。1986 年 11 月 14 日纽约股市出现混乱不堪局面,行情暴跌,当天道·琼斯综合指数下降 43 点,以后两天持续平均每天下降 55 点。原因即出在有个名叫伊凡·博斯基的经纪人一年多来在暗中从事非法套利活动。他盯住那些即将倒闭要与其他企业合并或被兼并的公司股票,一有机会就将之以贱价大量购进,等到价格哄抬起来后再看准时机以高价抛出。常言道"几条泥鳅翻不起大浪",但就股市而言,即使一条泥鳅也有可能翻起

[1] International Securities Regulation – London's "Big Bang" and the European Securities Markets, Brown and Company, 1991.

大浪,恶化一国投资环境。1992 年 4 月曝光的印度股市丑闻,经纪人哈什迪·迈赫塔采用串通银行职员开假的证券收据,持以去另家银行骗取现金的手段,先后共骗取现金达 307.9 亿卢比,用于炒股票。他所从事的非法套利活动,往往投入 3 000 万卢比便能把一家濒临破产的公司股票市价哄抬 10 倍－100 倍,等到中小投资者争相抢购时再相机抛出,造成孟买股市的暴涨暴跌,有的股票价格甚至暴跌 50% 到 90%,数以 10 万计的股民损失惨重,连印度国家银行等财力雄厚的大户也损失好几亿美元。这次股价贬值约达 1.75 万亿卢比,相当于印度一个年度国民生产总值的 1/4。外国投资者对去印度作证券投资心存疑虑,执政党受到舆论和反对党猛烈抨击。

中国证券市场是进入 20 世纪 90 年代才建立和发育起来的。由于资本市场的世界性,国际证券市场面临的热点问题终将扩及中国。这里即旨在从美、英两国对于上述两大热点法律问题解决办法的比较中,探求中国需要借鉴的有益启示。

(二)"中国墙"的法律问题

"中国墙"的法律问题最早出现于美国。

英国在 80 年代初引进"中国墙"办法,在 1983 年颁行的《有执照交易商(业务行为)规则》中,将"中国墙"定义为:"建立的一种安排,借以使从事某一部分业务的人所获信息,不被从事另一部分业务的人(直接或间接)所利用,从而得以承认,各个业务部门的分开决策没有涉及业务上任何部分或任何人在该事情上可能持有的任何利益。"[1]这一定义已为英国 1986 年《金融服务法》所重申。[2]

英国下议院对政府提交的"金融服务法议案"进行辩论时,对新法是否纳入有关"中国墙"规定的问题存在三种不同意见:①工党议员反对,因为按照传统代理法不应允许代理人自身利益与本人利益有潜在冲突时从事代理;②一些大的"清算银行"(clearing bank)[3]和"商人银行"(merchant bank)[4]派遣

---

[1] 英国 1983 年《有执照交易商(业务行为)规则》§2(C)(8)。英国人习惯上不称"中国墙",而是称之为"绿呢门"。

[2] 英国 1986 年《金融服务法》§48②(h)、§48⑥。

[3] 清算银行又称"交换银行",直接参加票据交换所进行票据清算的银行。英国的伦敦银行票据交换所有 9 个成员银行,其中最大的清算银行为巴克莱银行、劳埃德银行、米特兰银行和国民威斯敏斯特银行。

[4] 商人银行存在于西欧大陆国家和英国,始见于 19 世纪,当时从事国际贸易的商人在商业活动之外,开始承兑不太出名的其他商人的票据。后来,许多商人便从商业活动中脱出身来专营商人银行。在英国,商人银行现还代理客户作为发行股票的发起人,替国内外客户保管证券,从事金融咨询和投资管理业务,与美国的"投资银行"(investment bank)类似。1996 年中国银行已决定在伦敦成立全资附属的商人银行——中国银行国际控股有限公司及下属公司——中国银行国际(英国)有限公司。

的院外说客鼓吹，新法应采取免除适用普通法代理原则的态度，否则，将妨碍证券业的正常操作与有效营运；③政府持折中立场，在拒绝完全放弃普通法代理原则适用的同时，主张按照 1983 年以来已经确立起来的给投资者以受益保护的原则，在新法中纳入有关"中国墙"的规定，既能稳定证券市场，又能活跃证券市场。最终下议院通过了政府提出的"金融服务法议案"。

《金融服务法》授权证券和投资局对建立"中国墙"可以采行以下特别规则："经许可从事投资业的人，他在一部分业务中所获取的信息，能对其所从事的另一部分业务的客户保密。"[1]如证券商的行为符合该规则，将不被视为有违"反欺诈"的规定。[2]新法的这些规定虽形成对常规的一种突破，但仍不允许援用"中国墙"作为证券商开脱其对客户应予承担的信托责任。《金融服务法》对于"利益冲突"的避免和解决，除引进"中国墙"外，还实行"分账管理"（从业者的自身账户与客户基金账户严格分开）与"极化"（Polarisation），将专销代理（只经销独家发行的证券）与独立中间人（可经销各种发行证券）加以分离，不允许一身二任。要求经许可从事投资业的商事组织严格执行内部规章与纪律：①禁止雇员利用客户信息谋私利，构成内幕交易罪的并追究刑事责任；②所有投资业务记录均须保存一个相当时期，以备检查；③讲究职业道德与遵纪守法。

美、英实践表明，建立"中国墙"，可以限制内部信息被滥用，但并不能从根本上解决证券业利益冲突问题，而且"中国墙"效用的发挥基本上是取决于从业人员的职业道德水准，在法律上仍须坚持证券商必须将有关业务中的利益冲突事实向客户披露，并要求其严格执行内部规章与纪律。

（三）"收购"的法律问题

英国像美国一样，近年出现了"收购"浪潮，而且"收购"规模愈来愈大。1988 年，英国大的兼并达 154 起，所涉总值达 720 亿英镑，1987 年为 460 亿英镑。这是由于 1986 年伦敦城"大爆炸"以来，美国投资银行已经加入了英国的"收购"；商业银行发放"夹层债"（mezzanine debt），[3]为"收购"融资进行支持。银行以高的衡平条件向公司接管人或收购人放贷融资，取得优先债权人地位，即在贷款协议中要求订入以下特定条款：①消极担保条款，禁止债务人出押；②限制债务人对财产作实质性处置；③限制债务人改变业务等。当债务人丧失清偿能力时，优先债权人可以申请负债公司改组或清算，或支持其实施重整计划。市场行话将这种介乎借贷与股权之间的融资称为

---

〔1〕《金融服务法》§ 48(2)(h)。

〔2〕《金融服务法》§ 47(1)、§ 48(6)。

〔3〕 Philip Wood：Law and Practice of International Finance(Series) – Subordinated Debt and State Loans, Sweet and Maxwell Ltd. ,1995. p. 39.

"夹层债"。"收购"需要解决的问题,即在于如何从法律上维护证券市场的稳定性与维护被收购公司的股东收益。

美国适用证券法解决"收购"问题。按照1934年《证券交易法》,收购股权的人必须向证券交易委员会报送"14D－1表"所要求的信息和证明,如收购人为法人还必须提交财务报表。[1] 由于有组织地大量收购某公司股票或有组织地向大批预期出售者收购股票也可构成"收购",因此,证券法还要求收购人将上报证券交易委员会的有关情况,向被收购公司的股东或被征求出售股票的持有人披露。《证券交易法》并规定,任何人对重大事实进行不真实的陈述或漏述重大事实,或从事与股权收购有关的任何欺诈、蒙骗或操纵行为,都是非法的。[2] 现美国对少于全部股权进行的收购,究竟可以少到什么程度即须接受证券法有关"股权收购"规定的管制,尚无明文规定。但按《证券交易法》规定,如果一家公司取得了另家公司股份的5%,其目的在于对那家公司进行股权收购,那么,这种意图必须公布;一旦股权收购终止,收购人对"14D－1表"应立即报送一份最后修正本,披露该表项目在内容上的一切重大变化,并写明股权收购已经终止,终止日期和此项股权收购情况。[3] 总之,美国对"收购"的管制尚非完善,其判例表明,证券法并不对被指控的收购人的不当行为提供补救,[4] 仍系承认其收购的既成事实。

英国对"收购"问题的解决办法与美国则有不同。在英国,"收购"价值超过3 000万英镑或兼并涉及市场特定商品或服务的1/4交易量时,才由政府机构"垄断与兼并委员会"处理。按照《公平交易法》规定,公平交易局局长(公平交易总监)要求潜在收购人和兼并人向工贸部大臣提交报告,由其决定是否交由"垄断与兼并委员会"处理。该委员会对受理的案件完成调查后如认为"收购"和兼并有违公共利益,有权阻止"收购"或为之附加条件。在英国,一般的"收购"与合并均由自律组织按照其自定规章处理。英、美两国均称自律组织为"自定规章组织"(Self－Regulatory Organization, SRO),各证券交易所与证券商协会等均属自律组织,各级市场自律组织的工作人员多为专业人员和不占政府编制的文职人员。

1968年,经英格兰银行提议组成"企业收购与合并问题专门小组",由其制定、解释和执行《伦敦城企业收购与合并准则》,简称"伦敦城准则"(City Code)或"收购准则"(Take Over Code)。专门小组由来自各证券交易所的12

---

〔1〕 美国1934年《证券交易法》第14条(d)①和14D－1表。

〔2〕 美国1934年《证券交易法》第14条(e)。

〔3〕 美国证券交易委员会根据1934年《证券交易法》第13条(d)①制定的"13d－1规则"和"13d－2(a)规则"。

〔4〕 《证券管理与证券法》(中译本),群众出版社1989年版,第232页。原著为荷兰克鲁尔—蒂凡特出版社1980年版:Regulation of Securities and Securities Law.

名代表和英格兰银行指派的主席、副主席和 1 名公众代表共 15 人组成。
1986 年《金融服务法》出台后,专门小组仍保持其独立性,并能依法与证券和
投资局以及其他自律组织对违反"收购准则"的收购行为联合进行调查,拥
有广泛行政调查权的工贸部为联合调查作后盾。专门小组的工作具有灵
活、实在、协商一致的特色,颇有成效。专门小组制定的"收购准则"包括 10
项一般原则和 38 项具体规则。普遍适用的 10 项一般原则为:①发生收购,
对同类所有股东须与发盘人的股东相同对待;②无论发盘人或受盘人均不
应将不适于告知全体股东的信息只提供给一些股东;③发盘人可以不宣布
发盘,除非他有充分理由相信他能将之坚持到底;④全体股东须获充分信
息;⑤送达股东的全部文件和广告均须按最高标准的谨慎与准确进行准备;
⑥各方必须避免对发盘人或受盘人的证券制造虚假市场;⑦未经股东批准,
受盘人董事会不得采取任何导致一项急切或有效的发盘失效的行动;⑧对
公司的控股必须讲究诚信,而不得对少数股东施压;⑨公司董事为股东提供
投资意见,需要考虑股东利益和雇员、债权人利益,而非董事自身利益;⑩对
一家公司进行收购或合并,必须向该公司全体股东发盘。[1]

　　当事人违反了上述一般原则的任一项,即使未违反具体规则,亦构成对
"收购准则"的违反。例如,被收购公司的董事为使收购人的发盘失效,不经
股东批准即向法院提起诉讼,这一行动尽管符合具体规则第 21 项规定的提
起诉讼活动可以不经股东批准,但违反了一般原则第 7 项(不得采取导致发
盘失效的行动),仍构成对"收购准则"的违反。专门小组在 1980 年还公布
了《事实上收购规则》,以防止"突然袭击",禁止袭击者通过加快市场收购行
动以事实上收购一家公司;除非遵守该规则,任何人不得在 7 日内收购取得
一家公司 10% 以上股票,只有是①从某一股东手中购得,或②通过投标发价
取得,或③发实盘购得,才可以不受 7 日之内的限制。

　　英国公司法对为被收购公司董事利益所作的"金色降落伞"(Golden
Parachute)[2]安排,规定了以下严格限制:①公司为退职董事作损失补偿是
非法的,除非经股东批准;②为被收购公司董事作未经股东批准的秘密补偿
是非法的;③获得补偿的董事应在传送给股东的收购发盘信息中加以披露。
英国税法规定,退职董事所获补偿在 3 万英镑以上者,须按照最高税率交纳
个人所得税。[3]

---

〔1〕　Norman S. Poser:International Securities Regulation – London's "Big Bang" and the European
　　　Securities Markets, Brown and Company, 1991,p. 261.

〔2〕　金色降落伞,指付给在一场"收购"战中准备离开被收购公司的董事的退职费。在公司被
　　　收购实现之前,有关最高层达成协议,被收购公司高级管理人员在免职或辞职时使其能
　　　带着金色降落伞体面而又安全着陆。

〔3〕　Norman Poser: pp. 280 – 281.

英国《金融服务法》为欺诈行为规定了刑事与民事责任,对未经许可从事投资业者定为刑事犯罪;受骗客户可对其追索已付款项或财物,并要求赔偿投资利息损失,等等。[1] 这些规定均可适用于收购人与投资顾问以及操纵证券价格者。在英国,对内幕交易行为,还可援引 1985 年《公司证券(内幕交易)法》处理。

美、英两国的实践表明,美国的证券法虽较其他资本主义国家的证券法更完备,但对于解决"收购"的复杂法律问题仍不免顾此失彼,诉诸法院的诉讼案仍旧不少。英国对于"收购"问题的解决,主要是适用自律组织制定的"收购准则"和"规则"等自定规章,加之在解释和执行上的"灵活、实在、协商一致",做法更为贴近市场实际,能够将问题解决于市场,诉诸法院的诉讼案也就不多。[2]

(四)对中国的启示

通过对美、英两国解决证券市场所面临的"利益冲突"与"收购"两大热点法律问题办法的比较,中国可以从中获取以下三点有益启示:

1. 美国经验的"墙内开花墙外香"告诉我们,美国的一系列革新措施,在其政府管制为主、市场自律为辅的证券制度下,所起作用有限。而美国经验被移植到了英国市场自律为主、政府管制为辅的证券制度下,则作用大显。伦敦城"大爆炸"的影响不仅已及于欧洲,也及于欧洲之外的日本和美国。

美、英两国经验告诉我们,开放证券市场与加强管制不是对立的,相反,加强管制为开放市场所必需。管制既以立法形式出现,更多是以市场参加者的自律和自愿安排的形式出现。中国对证券市场的管制已需两手抓,一手抓立法,一手抓自律。政府对证券市场的管制,有了各级自律组织作为得力助手,也才能落到实处。以英国伦敦城的企业收购与合并问题专门小组而言,它制定的"收购准则"和"规则"之所以有权威,即在于是"灵活、实在、协商一致"的产物,并有专门小组这样一个由政府工贸部为其后盾的自律组织专施解释和执行。对违反了"收购准则"和"规则"的收购人和被收购公司,由专门小组申诉委员会对之作出处理决定,加以公布,各证券交易所均拒绝为犯规行为提供服务。这一威慑,比政府主管部门给予的警告、罚款等行政处罚都更能为当事人所实在感受,难以对之满不在乎。

2. 尽管我们不宜照搬"中国墙"这一与今天社会主义中国开放形象已不相称的名称,但"中国墙"作为金融业和证券业中的一个特定专门术语的

---

〔1〕 在英国,这类民事索赔则是向有关自律组织投诉,非由法院受理。

〔2〕 1989 年迈罗可公司对金矿的"收购",发盘 35 亿英镑,为迄今欧洲规模最大的一次跨国兼并,所涉纷争,在英国也是适用市场自律的"收购准则"解决的。

定义与解决"利益冲突"的实施办法,中国立法仍需考虑引入。中国已经签字的乌拉圭回合多边贸易谈判最后文件中的《服务贸易总协议》(General Agreement on Trade in Service, GATS)和《金融服务的附录》,它们有关市场准入、国民待遇、透明度和最惠国待遇等基本要求均已为中国所接受,中国证券市场已将面对类似于伦敦城"大爆炸"的新局面。中国是发展中国家,按照 GATS,尽管可以根据自己经济发展水平,有步骤地去开放服务行业和证券市场,以实现服务贸易自由化,但开放金融服务行业和证券市场终归是迟早的事。中国证券立法及早吸纳有关"中国墙"规定,不仅有利于解决证券业中正趋表面化的利益冲突问题与活跃证券市场,而且也将有助于增强中国证券业在国际上的竞争力。

3. 中国证券市场要成为开放的、富有竞争力的市场,必须对外国证券商实行开放,这就不仅需要建立起适应市场经济需要的、更加完善的社会主义法制,而且政府对于证券市场的管制更加不能掉以轻心。政府要管好这个复杂多变的市场,无各级市场自律组织充当助手,必将事倍功半。自律组织与市场贴近,政府有各级市场自律组织作助手,自律组织有各级政府作后盾,有利于既稳定市场又活跃市场,美、英两国经验的精髓即在于此。英国的经验则尤为成功,20 世纪 60 年代以来,英国证券市场发生的讼案已经不多,而证券发行的成功率却很高,[1]即同其市场发育的比较健康与管理机制的比较完善而又贴近市场是分不开的。

国际资本市场,国际借贷已受到《巴塞尔协议》的制约,国际证券市场正在膨胀起来,外国投资者已开始将证券投资作为主要投资形式。据世界银行提供的数据计算,1995 年发达国家的平均"证券化率"(一国各类证券总市值与该国国民生产总值的比率)为 70.44%,其中,英国 128.59%、美国 96.59%、日本 73.88%;发展中国家的平均证券化率为 37.29%,其中,印度 39.79%。中国的证券化率,到 1997 年底为 23.4%。使中国证券市场及早成为开放的国际证券市场,是建立社会主义市场经济不可缺少的一个重要组成部分。美、英两国解决证券市场热点法律问题的经验卓有成效,对之加强研究无疑是有益的。

三、二板市场的全球化

美国 1971 年 2 月建立的那斯达克市场(NASDAQ),经多年发展,到 1995 年 8 月摩根斯坦利公司在该市场首次公开发售股票上市,并拉开了互联网上市股票的序幕。许多外国公司也纷纷选择那斯达克作为境外上市首选市场。由于它吸引了众多著名的高科技企业,树立了扶植创业企业形象,被视

---

〔1〕　在 1963 – 1988 年的 25 年间,伦敦市场共发行欧洲债券 1.1 万宗,失败的仅 36 宗。Ravi Tennekoon: The Law and Regulation of International Finance, Butterworths, 1991, p. 10.

为补充纽约证券交易所(第一交易系统和主板市场)的第二交易系统和二板市场。那斯达克市场由美国全国证券交易商协会主办,采行"做市商"(market maker)制度。买卖双方无须等待对方的出现,只要有做市商出面承担另一方的责任。做市商为每只股票的买卖提供报价。每只在那斯达克上市的股票至少有两家相互竞争的做市商主持交易。美国全国证券交易商协会拥有650多家证券公司会员。做市商均由会员担任。在那斯达克市场交易,实行严格自律,要求所有做市商的行为均须遵守其市场规范和职业道德。市场管理由协会组建的独立法人那斯达克股票市场公司负责。该公司有一个32人组成的董事会,由公众代表和专业人员各半数担任董事;对于市场纠纷尽量采取调解与仲裁解决,对违规者予以处罚。

那斯达克的上市方式分发起上市与买壳上市两种。发起上市为全新挂牌上市;买壳上市为购买一家已经上市并拥有有形资产的公司或已无资产的空壳公司,把经营资产注入那家公司上市。那斯达克的上市条件比较宽松,上市标准分有形资产1 200万美元和400万美元两个档次。前一档次,对于开发高新技术的企业,只要拥有1 200万美元的净资产,即使经营亏损也能上市;后一档次为小型资本市场。在纽约证券交易所的主板市场(第一交易系统)上市,要求公司的有形资产达4 000万美元,而高科技企业的无形资产比重大,较难达到在纽约股市上市的标准,那斯达克市场也就成为培育高科技企业成长的摇篮。那斯达克市场的发展很快,到1997年底在那斯达克上市的公司已达5 487家。美国所有高科技上市公司中,有96%的互联网公司,92%的计算机公司和81%的生物技术公司是在那斯达克上市。直接投资于那斯达克市场的个人投资者有1 100万人,持有股票占那斯达克市值的52%,各类基金等机构投资者持有股票占市值的48%。那斯达克正在成为一个全球化的二板市场。到1999年,那斯达克已同欧洲和亚洲等地股市签订了一系列合作协议,包括在欧洲建立那斯达克欧洲市场、在日本大阪建立那斯达克—日本交易市场,在中国上海设立那斯达克办事处,以及同香港联交所互换股市监管信息,等等。

二板市场具有以下特征:①门槛低。对公司历史业绩要求不严,而是着重于发展前景和增长潜力;对盈利要求也不高,甚至允许经营亏损或无形资产比重高的企业上市。②采行做市商制度。根据这一制度,所有为某种证券交易做市的做市商必须报出买入价和卖出价,并随时准备按照自己的报价进行交易;每家公司股票不只一家做市商,允许多家做市商为之做市,以保持市场竞争和稳定。如美国微软公司股票的做市商竟多达52家。③实行严格的自律监管与国际合作监管。④推行电子化交易,致力于证券市场的全球化。

二板市场起源于美国的那斯达克市场。由于它的成功运作和示范,现二板市场已成为全球资本市场的新的发展亮点。西欧大陆、英国、日本、加拿大和新加坡、马来西亚、韩国、泰国以及中国台湾、香港等地都相继创建了二板市场。

现二板市场的类型已有:①独立型的美国那斯达克市场。②平行式附属型的香港创业板市场:创业板与主板市场尽管同属香港联交所,但创业板拥有自己的机构和专职人员,它的运转独立于主板市场,是主板市场之外的一个全新集资市场。联交所允许创业板公司转至主板上市,也允许主板市场公司转到创业板上市,但都必须在原先的市场摘牌,并在另一个市场重新申请,符合上市规则后才可上市。③递进式附属型的英国伦敦证交所的AIM——另类投资市场(Alternative Investment Market)。在另类投资市场中,已符合主板条件的公司股票需转到主板市场交易。另类投资市场是一个培育公司上市再转到主板上市的跳板。

■**思考题**

1. 证券法的法律性质及其主体、客体。
2. 美、英两国的证券制度和对证券内幕交易的法律管制比较。
3. 欧洲债券市场的自律体制。
4. 国际证券市场的热点法律问题。

第六章　金融信托制度

■ 学习目的和要求

　　注意了解信托制度的沿革和金融信托制度,着重掌握信托贷款、金融租赁和投资基金的法制。

第一节　信托制度概述

一、信托制度沿革

　　信托制度是私有制和商品经济发展到一定阶段的产物,并随商品经济的发展而发展。在商品经济不断发展的条件下,社会经济关系日趋复杂,人们为有效从事某种经济活动以达其预期目的和经济效益,而又为自己能力所不及时,便将自己拥有的土地和其他财物、资金委托给有能力和可信赖的人或机构去管理,于是产生了信托制度和专门从事信托业务的机构和人员。

　　在西方,信托制度最早出现于 12 世纪的英国。当时宗教信徒死亡时常把土地等财物分为三份继承,妻和子女各继承一份,其余一份为"死手"(死者份额)赠送给教会,以求死后升入天堂。宗教团体持有的土地在英国为永久免税地。由于教会土地增加很快,为避免地税流失,英王颁布《死手条例》(Statute of Dead Hand or Statute of Mortmain),禁止教徒把土地赠送教会,否则予以没收。宗教团体便把获赠死者份额土地转交给俗人经营管理而只享用收益。当时英国普通法对土地转移限制极严,只允许长子继承,禁止遗赠他人,于是一些人也仿效教会做法将土地移交他人经营管理,使长子以外的其他子女得以享用收益。土地上的这种收益享用称"用益权"(uses)。为制止土地用益制(优斯制)的流行,英国议会于 1535 年通过《用益权法》(Statute of Use,又音译为《优斯法》)。

　　据此,普通法院即拒绝受理土地用益权的诉讼,当事人只得诉诸衡平法院,用益制也就成了衡平法上特有的物权制度(一种法律上的所有权)。1868 年产业革命兴起后,英国人为使自己手中金钱增值,大家将之凑在一起形成基金,委托给有经验的专家管理去投资于债券和股票,按一纸信托契约运作,以达增值目的,基金单位持有人凭信托契约享有权益和承担风险。1893 年英国颁行《信托财产法》(Statute of Trust Property),用益制终获制定法承认,并有了"信托"的名称,信托也从土地信托发展为资金及其他财物的金融信托,并相继传入美、日和其他国家。金融信托是与民事信托、贸易信托相对应的概念,是金融业务的一个组成部分。

二、金融信托

金融信托以代理他人运用资金、买卖证券、发行债券股票、管理财产等为主要业务内容。拥有资金或财产的单位和个人,为更好地运用和管理自有的资金和财产以获取较好经济效益,委托信托机构代其运用、管理或处理。

金融信托包括国内信托和国际信托。

国内信托,业务范围限于本国境内的信托,其业务内容可分为:①委托业务,包括信托存款、信托贷款和委托贷款、管理证券投资基金等。②代理业务,包括代理发行有价证券、代理收付款项、代理催收欠款、代理保管财物等。③租赁业务。④咨询业务,包括资信调查、投资咨询、金融咨询、介绍客户等。

国际信托,业务范围涉及国外的信托业务,如受托在国外发行债券、承办国外客户的咨询。

金融信托作为银行存贷款业务的补充,对促进经济发展具有重要作用:①有效地融通资金。吸收信托存款是银行信托部和专业信托公司聚集机关、团体和企事业单位闲置自有资金的重要方式。信托机构将被信托的资金运用于长期放贷或作有价证券投资,既使受益人获得了投资机会,又解决了用贷人资金不足的困难,促进市场经济的繁荣。②有效地融通财物。信托机构在信托期间可以按信托人的意图,以财物所有者的身份,直接管理和处理信托财产,通过开展代理、租赁、出售等形式,在法制允许的范围内进行处理,发挥银行业所发挥不了的作用。③发展金融服务业。银行信托部和专业信托公司业务的发展,拓宽了金融服务领域,为社会增加了就业机会。④提高经济效益。在经济体制改革时期,通过办理信托存贷款和信托投资等业务,可以变主管部门对所属单位的无偿拨款为有偿使用,变调拨关系为信托关系,有利于提高经济效益。⑤开展国际信托,可以增加利用外资、开展补偿贸易和国际融资租赁等业务,促进国内企业参与国际竞争与合作。

三、中国的金融信托制度

在中国,信托制度的萌芽早于西方。远在 10 世纪前的唐朝,由于商品经济的繁荣即已有了一种代富商巨贾保管金银财物的商号,称作"柜坊"。存户需用时,可以帖或用信物向柜坊支领。到宋代,由于官府对柜坊的取缔,到元朝已不复存在。至于金融信托,在中国则是到了 20 世纪 20 年代才开始出现。1917 年私营上海商业储蓄银行成立保管部,后改信托部。1921年上海出现私营专业信托公司,其业务主要经营房地产和买卖公债,也出租保险箱等。国民党政府官办的中央信托局成立于 1935 年,总部设在上海,国内各地设代理处、办事处和分局。

1949 年全国解放后,没收了官僚资本的信托机构。部分私营信托机构停业,其余于 1952 年同私营银行、钱庄一起实行全行业公私合营,组成公私合营银行。

改革开放以来,1979 年成立中国国际信托投资公司,接受外国的公司、企业和其他经济组织或个人的委托,直接投资于国内或为之办理信托投资业务。1986 年中国人民银行发布《金融信托投资机构资金管理暂行办法》,1987 年中国农业银行发布《信托贷款试行办法》和《融资租赁试行办法》,1991 年中国银行发布《信托咨询公司信托贷款办法》,1993 年中国人民银行公布《金融信托投资公司委托贷款业务规定》。自 1995 年 7 月 1 日起施行的《商业银行法》,确立"银行业与信托业、证券业、保险业分业经营、分业管理"的体制。

中国人民银行于 2001 年 1 月 12 日公布施行《信托投资公司管理办法》。

第二节　信托贷款

一、日本的贷款信托法制

日本于 1985 年 12 月 24 日修订的《信托法》规定,信托业非经主管大臣颁发的许可不得经营。信托业必须是资本金符合规定的股份有限公司方得经营。信托公司不得办理下列财产以外的信托业务:①金钱;②有价证券;③金钱债权;④动产;⑤土地及其固定物;⑥地上权及土地的租赁权。允许信托公司兼营下列业务:①保管业务;②债务担保;③介绍买卖不动产,介绍借贷钱款或不动产;④公债、地方债券、公司债券和股票的募集,以及受理以上有价证券的缴款或办理还本付息、支付红利等;⑤执行关于财产的遗嘱;⑥检查会计;⑦代理财产的取得、管理、处理和借贷,财产的清理和清算,催收欠款,清偿债务。

日本于 1917 年 4 月 1 日施行,经最后修订的《贷款信托法》,将"贷款信托"定义为由受托人根据同一信托契约,将收受的金钱,主要以贷款或票据贴现的方法一并运用,而将基于信托契约的受益权以"受益证券"表示的金钱信托。"受益证券"即基于有关贷款信托的信托契约所发生的受益权的证券,由受托人依本法规定发行。本法规定,受益证券为无记名式,但依受益人的请求得为记名式;记名式受益证券,依受益人的请求,得为无记名式。

二、中国的信托贷款办法

1986 年 2 月 24 日中国人民银行发布《金融信托投资机构资金管理暂行

办法》。本办法仅适用于人民币信托基金。信托投资或贷款分为委托和信托两类：①委托投资或贷款，系委托人指明项目的投资或贷款，为代理业务。投资或贷款的经济责任由委托人承担。资金由委托人提供，坚持先拨后用、先存后贷。②信托投资或贷款，是以信托机构自行筹措资金和自有资金进行的投资或贷款，由信托机构承担投资或贷款的经济责任。资金来源主要通过发行债券、股票和同业拆借等方式筹措。信托机构可在以下范围内吸收1年期以上（含1年）的信托存款：①财政部委托投资或贷款的信托资金；②企事业主管部门委托投资或贷款的信托资金；③劳动保险机构的劳保基金和科研单位的科研基金；④各种学会、基金会的基金。所有信托机构不得在上述范围以外吸收存款。信托机构应按人民银行规定向人民银行缴存存款准备金。委托存款（即委托人拨付指明项目的委托投资或贷款资金）与信托存款必须严格划分。本办法要求信托机构办理信托投资、贷款业务所需资金，坚持自求平衡的原则，量入为出，以资金来源制约资金运用，不得留资金缺口。信托机构要在人民银行开立账户。信托机构与人民银行资金往来的利率，按人民银行对专业银行的存贷款利率执行。

为规范委托贷款业务活动，加强对信托投资机构的资金管理，中国人民银行于1993年3月8日发布，自1993年4月1日起执行《金融信托投资公司委托贷款业务规定》。经人民银行批准经营委托贷款业务的其他金融机构也适用本规定。以前有关规定凡与本规定不符的一律停止执行。本规定要点如下：

1. 定义：金融信托投资公司（以下简称"信托公司"）的委托贷款，是信托公司作为受托人，按委托人意愿，用委托人资金以信托公司名义发放的贷款。委托贷款的对象、用途、项目、期限、利率、受益人均由委托人指定，其风险由委托人承担。

2. 规则：委托资金的来源和用途必须符合国家政策的规定。否则，信托公司不得接受委托。委托贷款的期限必须在3个月或以上。委托贷款未到期或到期后未收回，委托人不得要求信托公司返还部分或全部委托资金。信托公司不得接受银行及其他金融机构（保险公司、基金会除外）的委托办理委托贷款业务。委托资金要先存后贷、先拨后用。委托贷款未用部分按人民银行规定的单位活期存款利率计付利息，并缴存存款准备金。信托公司对委托人到期应收回的委托资金和日常应收利息，必须先收后划，不得垫付。信托公司按委托的金额和期限向委托人收取手续费。手续费每月最高不得超过3‰；付费方式、时间由双方协商确定。信托公司违反本规定的，按违反金额处以每日3‰的罚款；三次违反本规定的并处停办委托贷款业务。

3. 管理：人民银行计划资金部门要加强对信托公司委托贷款业务的日常管理，定期和不定期进行全面检查或抽查。

第三节　金融租赁

一、现代租赁市场

人类的租赁历史可追溯到公元前 2000 年,那时在世界文明发祥地之一的幼发拉底河流域就出现了富豪把土地出租的现象。公元前 18 世纪在古巴比伦产生的《汉穆拉比法典》第 42 - 43 条规定:"自由民佃田以耕,而田不生谷,则彼应以未尽力耕耘论,应依邻人之例以谷物交付田主。""倘不耕耘而任田荒芜,则彼应依邻人之例交付田主以谷物,并应将其所荒芜之田犁翻耙平,交还田主。"

英美的早期租赁起源于铁路、机器和电话设备的出租。1836 - 1849 年伦敦的第一条铁路——伦敦至格林威治线,被租给东南铁路公司经营;美国 1861 - 1865 年南北战争时期,麻西那里制鞋公司把制鞋机租给别的厂家;1879 年贝尔电话公司创办电话出租业务;1952 年舍思费尔德(H. Schoenfeld)在美国创办第一家专业租赁公司——美国租赁公司;1959 年在英国也出现了第一家专业租赁公司——阿里信贷公司。

现代租赁市场的参加者有银行和其他金融机构、租赁公司和厂商等。1952 年,美国建立世界上第一家专门经营租赁业务的公司,使企业不靠自己资金就能使用先进设备投产。到今天,美国每 10 家生产企业中,大约有 8 家是用租赁方式获得所需设备的。西欧各国和日本在 20 世纪 60 年代相继开设租赁市场。到 20 世纪 70 年代,国际租赁又在发展中国家与发达国家之间兴起。新加坡于 1972 年成立经营国际租赁业务的东方租赁公司。中国进入 20 世纪 80 年代后也开始引进国际租赁形式,1981 年建立了中外合资的中国东方租赁公司(中国国际信托投资公司出资 20%,北京机电设备公司出资 30%,日本东方租赁公司出资 50%)。1984 年,中国机械进出口总公司、中国技术进出口总公司、中国银行同日本三和银行、德国德累斯登银行建立了一家多边合营企业——环球租赁公司。

企业利用租赁市场更新生产设备,可以解决自身外汇短缺和资金不足的困难,收"借鸡下蛋,以蛋还债"之效,但所付租金一般要比借贷的利息约高 12% - 17%,长期支付租金又可能成为企业的一项沉重负担。按照财政部 1982 年 3 月 10 日下达的《关于租赁贸易的租金收入征收所得税问题的通知》和 1983 年 1 月 7 日下达的《关于外商从我国所得的利息有关减免所得税的暂行规定》,中国对设备租赁采取鼓励政策,企业租赁进口设备可以申请减免关税和工商统一税,承租企业新增利润可以先偿付租金后再纳税,对向我方企业出租设备的外商给予所得税优惠。

二、金融租赁形式

金融租赁即设备租赁,又称融资租赁、信托租赁。信贷租赁和杠杆租赁是金融租赁的典型形式。此外,还有自营租赁、回租租赁和转租租赁等形式。

(一)信贷租赁和杠杆租赁

信贷租赁又称平衡租赁,是由租赁公司提供租赁设备所需投资的20%–40%,其余80%–60%的资金由银行提供,租赁设备的所有权属于租赁公司,租赁公司将设备提供给承租人使用。

杠杆租赁是信贷租赁的一种特殊形式,又称代偿贷款租赁,属于一种抵押贷款的租赁形式,是由承租人选好所需设备,由租赁公司向银行申请贷款,购买承租人指定的设备作为租赁物,又将之抵押给贷款行,同时,指定承租人向贷款行支付租金以归还贷款。

(二)自营租赁

自营租赁又称直接购买租赁,是由租赁公司根据承租人提出的要求,并按照承租人选定的租赁对象先购进其所需用设备,再租给承租人使用;承租人分期支付租金,并负责维修、保养和保险等事宜,中途不得退租;租赁期满后,承租人有廉价留购其租赁设备的权利。

(三)回租租赁

回租租赁又称售后回租,是承租人将从制造厂商那里买进的所需设备或将自身原有的设备卖给租赁公司,再从租赁公司租回设备使用。其特点是承租人转让了设备的所有权,继续保留设备的使用权,既使原有生产继续进行,又更新了机器设备。

(四)转租租赁

转租租赁即再租赁,一般由租赁公司根据用户需要,先从其他租赁公司租进设备,然后再转租给承租人使用。转租租赁属于间接租赁,承租人一般要付高于直接租赁的租金。

上述各种形式的设备租赁,其实施一般均经历以下几个阶段:①选定租赁设备和委托租赁阶段。承租人选定租赁的设备后向租赁公司提交租赁委托书,载明需要租赁设备的品种、规格、型号、性能、制造厂家等。租赁公司经审核同意后,在委托书上签字盖章,表示接受委托;②谈判阶段。租赁公司在接受委托后,即与承租人一起洽购设备,进行技术谈判和商务谈判;③签订合同阶段。由租赁公司与设备供货厂商签订购买技术设备合同,同时与承租人签订租赁合同;④购买设备阶段。租赁公司向供货厂商付款后,供货厂商按合同规定将设备运交租赁公司或直接运交给承租人;⑤租赁设备使用阶段。承租人按租赁合同规定,向租赁公司支付租金,合同期满后,承租人按照规定或退租、或续租、或留购。

三、国际融资租赁公约

1988 年 5 月国际统一私法协会在加拿大首都渥太华举行外交会议通过《国际融资租赁公约》供开放签字。公约有的规定对承租人是有利的,如根据规定,在未能交付、迟延交付设备或交付的设备与供贷合同不符时,承租人可对出租人行使设备拒收权或解约权,而且在出租人对其违约作出补救之前,承租人有权保留依租赁合同应支付的租金。现有些租赁出口国对此尚持异议。公约有的规定又可能让承租人难以履行,如根据规定,承租人应承担无条件支付租金义务。这在承租人破产,法院禁止债务人继续偿还债务时就很难履行。有些租赁进口国对此还不敢贸然接受。该公约迄今尚未生效。

四、中国融资租赁办法与法律

中国农业银行于 1987 年 1 月 15 日发布《融资租赁试行办法》。凡经县以上有权机关批准,工商行政管理部门注册的企事业单位(承租人)为生产经营出口创汇或市场适销产品,购进成套生产流水线、单台机器设备、运输工具以及营业用器具,其资金不足,均可向中国农业银行各信托投资公司(出租人)申请办理融资租赁。租赁程序:①用户申请;②审查论证;③洽谈签约;④购置物件;⑤通知起租。租赁期限一般 2 - 3 年,最长不超过 5 年。租赁期内的租赁物件,以出租人名义投保财产险,保险费用由承租人负担。租赁期满,承租人交清全部租金,出租人可向承租人移交租赁物件,并收取租赁物件总成本 0.3% - 1% 的产权转移费,然后开出产权转移证明书,将产权转移给承租人。

中国自 1999 年 10 月 1 日起施行的《合同法》已于第 14 章融资租赁合同中作有如下规定:

1. 融资租赁合同是出租人根据承租人对出卖人、租赁物的选择,向出卖人购买租赁物,提供给承租人使用,由承租人支付租金的合同。融资租赁合同的内容包括租赁物名称、数量、规格、技术性能、检验方法、租赁期限、租金构成及其支付期限和方式、币种、租赁期届满租赁物的归属等条款。融资租赁合同应当采用书面形式。

2. 出租人根据承租人对出卖人、租赁物的选择订立的买卖合同,出卖人应按约定向承租人交付标的物,承租人享有与受领标的物有关的买受人的权利。租赁物不符合约定或不符合使用目的的,出租人不承担责任,但承租人依赖出租人的技能确定租赁物或出租人干预选择租赁物的除外。出租人、出卖人、承租人可以约定,出卖人不履行买卖合同义务的,由承租人行使索赔的权利。承租人行使索赔权利的,出租人应当协助。出租人根据承租人对出卖人、租赁物的选择订立的买卖合同,未经承租人同意,出租人不得变更与承租人有关的合同内容。

3. 出租人享有租赁物的所有权。承租人破产的,租赁物不属于破产财产。出租人应保证承租人对租赁物的占有和使用。承租人占有租赁物期间,租赁物造成第三人的人身伤害或财产损害的,出租人不承担责任。承租人应妥善保管、使用租赁物,并履行占有租赁物期间的维修义务。

4. 融资租赁合同的租金,除当事人另有约定的以外,应根据购买租赁物的大部分或全部成本以及出租人的合理利润确定。承租人应按约定支付租金。承租人经催告后在合理期限内仍不支付租金的,出租人可要求支付全部租金;也可解除合同,收回租赁物。

当事人约定租赁期间届满租赁物归承租人所有,承租人已支付大部分租金,但无力支付剩余租金,出租人因此解除合同收回租赁物的,收回的租赁物的价值超过承租人欠付的租金以及其他费用的,承租人可以要求部分返还。

5. 出租人和承租人可以约定租赁期间届满租赁物的归属。对租赁物归属没有约定或约定不明确,依本法有关规定仍不能确定的,租赁物的所有权归出租人。

中国人民银行于2000年6月30日发布《金融租赁公司管理办法》。本办法共六章,52条,各章要点如下:

(一)总则(1-4条)

1. 宗旨和依据:为促进我国融资租赁业的健康发展,加强对金融租赁公司的监管,依据《合同法》、《公司法》、《中国人民银行法》等有关法律、法规,制定本办法。

2. 金融租赁公司:本办法所称"金融租赁公司"是指经中国人民银行批准以经营融资租赁业务为主的非银行金融机构。其组织形式和机构适用《公司法》的规定,并在名称中标明"金融租赁"字样。未经中国人民银行批准,其他公司名称中不得有此字样。

3. 监管机关:金融租赁公司依法接受中国人民银行的监管。

(二)机构设立及变更(5-17条)

1. 申请设立条件的规定。其中,规定的最低注册资本为人民币5亿元,经营外汇业务的金融租赁公司应另有不低于5 000万美元(或等值可兑换货币)的外汇资本金。

2. 设立必须经过筹建和开业两个阶段。

3. 经中国人民银行批准,金融租赁公司可设立分支机构。

4. 金融租赁公司有本办法规定的变更事项之一的,须报经中国人民银行批准。

5. 金融租赁公司以法人为公司股东,不得吸收自然人为公司股东,但采取股份有限公司组织形式并经批准上市的除外;金融租赁公司可以吸收外资入股。

（三）业务经营（18－23条）

1. 经中国人民银行批准，金融租赁公司可经营下列本外币业务：①直接租赁、回租、转租赁、委托租赁等融资业务；②经营性租赁业务；③接受法人或机构委托租赁资金；④接受有关租赁当事人的租赁保证金；⑤向承租人提供租赁项下的流动资金；⑥有价证券投资、金融机构股权投资；⑦发行金融债券；⑧向金融机构借款；⑨外汇借款；⑩同业借款；⑪租赁物品残值变卖及处理业务；⑫经济咨询和担保；⑬中国人民银行批准的其他业务。

2. 适用于融资租赁交易的租赁物为固定资产。金融租赁公司经营租赁业务或提供其他服务收取租金或手续费。租金和手续费标准由公司和承租人协商确定。

3. 金融租赁公司作为受托人经营的委托租赁财产和作为转租人经营的转租租赁财产独立于金融租赁公司的其他财产。公司应对上述委托租赁、转租租赁财产分别管理，单独建账。公司清算时，委托租赁和转租租赁财产不作为清算资产。

4. 经营外汇租赁业务的金融租赁公司在境外或向境内外资金融机构筹借外汇资金、发行债券，向境外投资，须按国家外汇管理规定办理，并报中国人民银行备案。

5. 金融租赁公司必须按国家有关规定实行审慎会计原则和会计制度。

（四）监督管理（24－36条）

1. 金融租赁公司须建立健全内控制度（包括对各项业务的稽核、检查制度、定期审计制度、现金管理及控制等等），接受中国人民银行的现场检查和非现场检查。其业务经营须遵循本办法规定的资产负债比例（如资本充足率不得低于10%，等等），并按规定向中国人民银行提交财务会计报表、书面报告和资料，由法定代表人及直接经办人员对所提供的财务会计报表的真实性承担法律责任。

2. 金融租赁公司对股东租赁和其他融资逾期1年后，中国人民银行可责成金融租赁公司转让该股东出资及其他权益，用于偿还对公司的负债。

3. 中国人民银行对金融租赁公司实行年检制度。中国人民银行认为必要时，有权随时要求金融租赁公司报送有关业务和财产状况的报告和资料。中国人民银行对日常监管中发现的问题，可向公司的法定代表人和高级管理人员提出质询，并责令该公司限期改正或进行整顿。拒不改正或整顿的，中国人民银行可以取消该公司法定代表人或有关高级管理人员的任职资格。

4. 中国人民银行对金融租赁公司的设立、变更、撤销等重大事项实行公告制度。

5. 金融租赁公司可成立行业性自律组织,对金融租赁公司实行自律管理。中国人民银行认为必要时,可授权行业性自律组织行使有关行业管理职能。

6. 凡违反本办法有关规定者,由中国人民银行按《金融违法行为处罚办法》进行处罚。金融租赁公司对中国人民银行的处罚决定不服的,可依法提请复议或向人民法院提起行政诉讼。

(五)整顿、接管及终止(37—45条)

1. 整顿:金融租赁公司出现支付困难等紧急情况时,应立即向中国人民银行报告。公司出现本办法规定的情况之一的,中国人民银行可视情况责令其进行内部整顿或停业整顿。公司被责令整顿后,中国人民银行可对之采取本办法规定的措施。公司已恢复支付能力、亏损得到弥补、违法违规行为得到纠正时,可以恢复正常营业。整顿时间最长不超过1年。

2. 接管:金融租赁公司已经或可能发生支付危机,严重影响债权人利益和金融秩序的稳定时,中国人民银行可对之实行接管。接管由中国人民银行决定并组织实施。

3. 解散或撤销:①金融租赁公司出现本办法规定情况时,经中国人民银行核准后,予以解散。②金融租赁公司经营出现严重困难或有重大违法违规行为时,中国人民银行可依法对其予以撤销。

4. 清算和破产:①金融租赁公司解散或撤销后,依法成立清算组,按法定程序进行清算,并由中国人民银行发布公告。②清算组在清理财产时发现公司资产不足以清偿其债务时,应立即停止清算,并向中国人民银行报告,经其核准,向人民法院申请公司破产。

(六)附则(46—52条)

1. 本办法所称"融资租赁业务"、"回租业务"、"转租赁业务"和"委托租赁业务"的定义。本办法所称"租赁当事人"包括出租人、承租人、出卖人、委托租赁的委托人。

2. 本办法由中国人民银行负责解释:本办法自发布之日起施行。

第四节 投资基金

投资基金,在英国和中国香港、新加坡称"单位信托基金",在美国称"共同基金"或"互惠基金",在日本和中国台湾地区称"证券投资信托基金";中国内地称"证券投资基金"。

一、投资基金的管理

英国的单位信托基金由三方构成:

1. 基金经理人,即基金发起人和经营管理人——专业投资管理公司(以商人银行居多)。

2. 基金受益人，即购买和持有基金单位的投资人。

3. 基金信托人，即受托对基金各项资产的保管者和代表受益人对基金经理人投资活动的监督者。由基金信托人控制基金单位证明书的发出和注销，保管受益人名册记录，确保受益人的利益得到实现。基金信托人一般为银行或其附属公司，或按 1893 年《信托财产法》注册成立的信托公司。

单位信托基金三方当事人的权利义务，凭当事人订立的信托契约确定。该契约还规定单位信托基金成立的目标，投资政策和限制、派息的政策，估值和基金单位价格计算、账目的审核和报告、有关费用的计算和收取、宣传推广的管理、基金单位的发出和赎回办法以及信托人权限，等等，内容大同小异。

到 1986 年，英国已将投资基金纳入《金融服务法》的适用范围，由对财政部负责的证券和投资局统一实施以自律为中心的监管体制。任何想要从事投资基金活动的机构，均须首先取得相应行业协会的会员资格。一个机构获得了会员资格就可以发行单位信托基金，而无须得到批准。各协会均依据其本行业特点设定有本行业的一些投资限制。发行单位信托基金的机构在其章程或委托协议中，均须订明本基金投资遵守哪些限制，以此来维护金融市场秩序与投资者利益。

英式契约型单位信托基金于 1924 年传入美国，遂有了"马萨诸塞投资信托基金"(Massachusetts Investment Trust)的设立，改称"共同基金"或"互惠基金"(Mutual Fund)，由哈佛大学 200 名教授出资 5 万美元组成，宗旨是为投资者提供专业化投资管理，以"马萨诸塞金融服务公司"(Massachusetts Financial Services)为管理机构。这家共同基金发展到今天，资产已超过 10 亿美元，有 8.5 万投资者加入。管理该基金的马萨诸塞金融服务公司还管理着几十家其他共同基金，经营资产总额超过 150 亿美元。共同基金在组织形式上按《公司法》组建和运作，形成美式公司型基金，以股份有限公司问世。它与一般股份有限公司不同之处，是其所发行的股份为"可赎回股份"，与单位信托基金发行的基金单位相同。它与股份持有人的关系是公司与股东的关系，股东根据《公司法》享有权益和承担风险。在基金的经营管理方面，它既遵循《公司法》，单位信托基金所遵循的规则它也必须遵守。在美国，投资基金除受州《公司法》管辖外，也受联邦 1940 年《投资公司法》与1941 年《投资顾问法》管辖。在证交所上市的基金，买卖基金单位同买卖股票无异，还受联邦证券法和发售地有关州证券法约束。不上市基金，是直接同基金经理人进行买卖，而非买卖双方直接交易，价格亦由基金经理人按资产估值确定。各种基金组成行业公会，制定各种规章，既维护本行业利益，又维护市场秩序，实行行业自律。共同基金的全国自律组织为成立于 1940

年的投资公司协会。

二、中国的投资基金

中国对中资机构设立境外投资基金,中国人民银行在 1995 年 9 月 6 日发布有《设立境外中国产业投资基金管理办法》。境外投资基金 70% 应投资于中国境内国家产业政策支持的产业项目,不得以借贷形式在中国境内运用,也不得用于购买公开发行的人民币普通股票和人民币计值的政府债券。

关于中国对境内投资基金,深圳市在 1992 年 6 月曾颁布《深圳市投资信托基金管理暂行规定》。国务院证券委于 1997 年 11 月 14 日公布施行《证券投资基金管理暂行办法》。

中国证监会于 1999 年发布《证券投资基金信息披露指引》(《指引》)。《指引》规定,基金管理人、基金托管人、发行协调人、基金发起人、上市推荐人等基金信息披露义务人,应按准则的要求披露基金信息,保证公开披露文件的内容没有虚假、严重误导性陈述或重大遗漏,并对所披露的基金信息的合法性、真实性、完整性负连带责任。《指引》要求公开披露基金信息时,不得就基金业绩进行预测,不得保证获利和分担亏损或承诺最低收益,不得通过促销方式劝诱、利诱投资人购买基金,不得抵毁同行,不得刊登任何虚假或欺诈内容等。《指引》还对招募说明书、上市公告书、定期报告、临时报告、澄清报告与说明、信息事宜的管理以及违规处罚等作了具体规定。

中国人民银行于 1994 年发布《证券公司进入银行间同业市场管理规定》和《基金管理公司进入银行间同业市场管理规定》。允许符合条件的证券公司和基金管理公司进入银行间同业市场。

针对目前中国证券市场 90% 的交易量来自个人,而在国际比较成熟的市场机构投资者所占交易量通常超过个人投资者的状况,为积极发展机构投资者,中国证监会于 2000 年 10 月 8 日公布施行《开放式证券投资基金试点办法》。该办法共 39 条,对开放式基金的申请设立、基金托管人和管理人应履行的职责、开放式基金的注册登记、开放式基金的申购、赎回及收益分配等具体事项作了规定。要点如下:

1. 本办法是根据《证券投资基金管理暂行办法》的有关规定制定,自发布之日起施行。开放式基金活动与该活动相关的自然人、法人和其他组织,应遵守本办法;本办法未规定的,应遵守《证券投资基金管理暂行办法》及其他有关规定。

2. 开放式基金由基金管理人设立。申请设立开放式基金应遵守有关规定和符合规定的条件,并须经中国证监会审查批准。开放式基金为按本办法,在规定的场所和开放时间内,由投资人向基金管理人申请申购基金单位;或者应基金投资人的要求,由基金管理人赎回投资人持有的基金单位。

开放式基金的设立募集期限内,净销售额必须超过 2 亿元,最低认购户数必须达到 100 人。否则,该基金不得成立。基金管理人应承担募集费用,已募集的资金并加计银行活期存款利息,自募集期满之日起 10 日内退还基金认购人。

开放式基金可在基金契约及招募说明书中载明预期的基金规模,在达到预期的基金规模后,可不再接受申购申请。开放式基金成立初期,可以在基金契约和招募说明书规定的期限内只接受申购,不办理赎回,但该期限最长不得超过 3 个月。

基金管理人应于收到基金投资人申购、赎回申请之日起 3 个工作日内,对该交易的有效性进行确认。除本办法另有规定外(如不可抗力和证券交易所交易时间非正常停市,等等),基金管理人应自接受基金投资人有效赎回申请之日起 7 个工作日内,支付赎回款项。开放式基金单个开放日,基金净赎回申请超过基金总份额的 10% 时,为巨额赎回。巨额赎回申请发生时,基金管理人在当日接受赎回比例不低于总份额的 10% 的前提下,可以对其余赎回申请延期办理。

3. 开放式基金的基金托管人依法持有基金资产,并应采取适当、合理的措施,使基金管理人在各重要方面的运作,严格按照基金契约的规定等有关法律文件的规定进行。

4. 商业银行以及经中国证监会认定的其他机构,可以签订委托代理协议接受基金管理人的委托,办理开放式基金单位的认购、申购和赎回业务,如建立并管理投资人基金单位账户、负责基金单位注册登记、基金交易确认、代理发放红利和建立并保管基金投资人名册,等等。

另外,基金管理人可以根据开放式基金运营的需要,按照中国人民银行规定的条件,向商业银行申请短期融资。

中国证券业基金公会 2001 年 10 月 10 日发布《证券投资基金行业公约》和《证券投资基金业从业人员守则》,以加强自律管理。该公约规定:基金行业将以基金投资人利益为出发点,以取信于基金投资人、取信于市场、取信于社会为宗旨,坚持诚实信用,"公平、公正、公开"的原则,自觉维护证券市场健康、稳定发展。并严禁违反证券交易制度和规则,扰乱市场秩序;严禁贬损同行,以抬高自己;严禁从业人员为自己或与本人有利害关系的他人买卖股票;严禁以不正当手段谋求业务发展;严禁有损基金业形象的行为等法律法规和中国证监会禁止的行为。该守则要求:基金从业人员公平对待基金和基金投资人,依法保障基金投资人的合法权益;以基金资产的保值为目标,自觉维护证券市场的正常秩序,并禁止违反证券交易制度和规则,扰乱市场秩序等法律法规和中国证监会禁止的行为。

三、投资机构化与对冲基金对国际金融市场的冲击

投资基金除按组织形式可划分为"契约型基金"(contractual fund)、"公

司型基金"（corporate type fund）和"合伙型基金"（partnership fund）外，还可依以下不同标准划分：

按设立目标划分，有增长基金、收益基金、平衡基金。

按基金特色划分，有基金的基金、伞型基金、创业基金。

按基金单位发行额划分，有有限额基金和无限额基金。

按投资地域划分，有本地基金、海外基金、地区基金（如亚太基金、东南亚基金、欧洲基金、美洲基金）、某国基金（如英国基金、美国基金、中国基金）和环球基金。

按投资的金融工具划分，有股票基金、债券基金、货币基金、黄金基金和"认股权证基金"（Warrant Fund）。认股权证基金是对股票买卖具有期权性的一种投资基金。目前世界上最大的认股权证市场在日本，1991 年日本就已有 700 多家股份有限公司发行认股权证，总市值达 350 亿美元。日本公司发行的认股权证，其有效期限通常为 1 - 2 年，乃至永久，不仅在日本国内证券市场上市，而且在伦敦、纽约、苏黎世等地上市交易。日本做认股权证的基金不下 10 多家，其他国家也有一些做认股权证的基金。

按币种划分，有美元基金、英镑基金、港元基金、日元基金等。

按结构方式划分，有"封闭型基金"（closed end fund）和"开放型基金"（opened type fund）。封闭型基金是在组建时就确定了固定的资本额度，发行的受益凭证或股票满额后不再增发；投资者不能向基金增购或赎回份额，只能通过证券商在证交所买进、卖出持有的受益凭证或股票。开放型基金是在组建时不确定资本额度，发行的受益凭证或股票也不固定，可连续增发，投资者可随时直接从基金认购份额，也可随时从基金赎回份额，认购或赎回的基金份额按当时基金的资产净值计算每个份额的价值。

各种基金问世，导致投资机构化。以美国而言，机构投资者除有各种共同基金外，还有银行信托部、保险公司、养老基金和各种财团、基金会等。到1993 年底，各种共同基金即已有 4 558 家，资产总额超过 1.9 万亿美元，账户持有人 4 000 万，全美国约 1/5 的人口投资共同基金。投资基金在英国作为个人理财工具兴起，传到美国转变为大众化的间接投资工具。美国州的市政债券以共同基金为其主要买主，美国公司的主要持股者也为各机构投资者。到 20 世纪 90 年代中期，机构投资者已控制全美大中型企业 40% 的普通股、持有大型企业 40% 的中长期债券。

对冲基金（Hedeg Fund）起源于琼斯 1949 年在美国成立的琼斯对冲基金。琼斯利用银行贷款，同时购进那些"超卖"的股票和卖空那些"超买"的股票，以这种投资组合获取"对冲"保值、增值。这种对冲基金发展到今天已经失去其风险对冲性质而变成了一种投机基金。乔治·绍罗什（George Soros）是在国际金融市场兴风作浪的最大炒家。Soros 是他的匈牙利姓，其英文发音为"索罗斯",1930年出生于匈牙利一个犹太人家庭。1944年德国纳粹占领布达佩斯,他开始了东躲西藏的生活。第二次世界大战后,1947年他只身前往英国,1952年毕业于伦敦经济学院,在证券业做了几年见习生。1956年他带5 000美元去到纽约,1961年加入美国籍,在纽约金融界站稳脚跟;1969年以25万美元起家创设量子基金。他在欧洲的几位投资者与之合伙共投入600万美元。为别于1967年由罗杰斯在华尔街创设的老鹰基金,当时的量子基金取名双鹰基金。绍罗什以慈善家和直接投资者面目出没于匈牙利等东欧国家和俄罗斯,并对香港民主派组织提供政治捐赠,以开展其所谓的"建立开放社会"事业。

对冲基金又称套头基金、套利基金和避险基金,是投资于衍生金融商品、追逐最大收益的风险投资基金。对冲基金的管理者竭力规避严格的信息披露和市场监管规则的约束,并以高利息向银行借入巨资用于短期性投机经营。在美国,对冲基金并不向SEC(证券交易委员会)注册,SEC也不对之加以监管。在美国的对冲基金中,排在首位的即乔治·绍罗什管理的量子基金(集团总资产60亿美元),其次即朱利安·罗伯逊管理的老虎基金(总资产51亿美元)。美国现有1 115家对冲基金,其中约有1 000家属小型的,每家资产不超过1 000万美元,有的仅有一两人在办公室里营运。对冲基金吸收的投资者限于富人,如要求以个人名义加入,近2年的个人年收入至少应在20万美元以上;如以家庭名义加入,夫妇俩近2年的年收入至少应在30万美元以上;如以机构名义加入,净资产至少应在100万美元以上,被称作富人俱乐部。对冲基金并不登广告招揽投资者,而是通过以下秘密渠道吸纳:①依据从小圈子内获得的所谓"投资可靠消息";②直接认识某家对冲基金的管理人员;③通过别的基金(如养老基金、大学基金)转入。梅里韦瑟管理的"长期资本管理基金"(LTCM),对加入者并要求一次性至少投入1 000万美元,3年内不得撤资,管理者如何炒作不得过问。对冲基金在西欧受到严格监控,因而西欧投资者纷纷涌入美国对冲基金。

开始,对冲基金只投资于股票。比如选择一家国内某个行业股价最好的公司股票买进,以保证其价格会被有效提高;再选择买进一家与其同行业股价被低估得最厉害的公司的股票,其价格最终会上涨,从而获利。当这最好最差的两家公司被选定后,就不再在该行业中进行其他投资了。如做外国股票,投资德国股票的,就购买德国马克来支付买进的股票价款,然后再做一笔远期外汇交易卖出德国马克来防范货币敞口的风险。

1971年西方各国货币汇率开始实行浮动。对冲基金的投资机会大增。到20世纪80年代中期,货币期货、期权等衍生金融商品广为流行,对冲基金如鱼得水,大获其利。

20世纪90年代初置身于欧洲货币体系内的英镑,为维持蛇形安排,其汇率被人为地固定在一个较高水平,成为货币投机者发起攻击的目标。绍罗什的量子基金于 1992 年 9 月 15 日(英国人将这天称作黑色星期三)率先发难,在市场上大量抛售英镑买入德国马克。英格兰银行虽下大力抛出德国马克购入英镑、并配以提高利率措施,仍不敌量子基金等的冲击,短短 1 个月内英镑汇率下挫 20% ,被迫退出欧洲货币体系的蛇形安排而自由浮动。1993 年一年绍罗什一人即获暴利 11 亿美元。

1994 年绍罗什的量子基金对墨西哥比索发起攻击,使墨外汇储备告罄,不得不放弃与美元挂钩,实行自由浮动。

对冲基金是 1997 年造成亚洲金融危机的元凶。在亚洲金融危机发生之前,印尼、马来西亚、菲律宾、泰国和韩国的财政预算一直有盈余,通货膨胀率也一直保持低水平,外汇储备稳定或增长而非减少。对冲基金在东南亚等国发起攻击时,一天内最多可调集上千亿美元资金而这些国家中央银行一天最多只能投入干预汇市的资金几十亿美元。

1997 年 2 月绍罗什的量子基金大量抛售泰铢,导致 7 月 2 日泰铢放弃长达 24 年之久的与美元挂钩,改行市场浮动汇率,泰铢贬值 20% 。一些与泰国一样已解除外汇管制的东南亚国家货币也受到波及,菲律宾比索贬值9.8% ,印尼盾贬值 9% ,马来西亚林吉特贬值 6% ,触发亚洲金融危机。据一家国际金融研究所测算:日本有 400 亿美元贸易损失,经济增长减少 1.4% ;中国内地贸易损失达 210 亿美元、香港损失 140 亿美元。亚洲外国家,美国贸易赤字增加 350 亿美元,经济增长减少 0.7% ;欧洲有 390 亿美元的贸易损失,经济增长减少 0.6% ;拉美墨西哥贸易损失达 60 亿美元。这场金融风暴在不少亚洲国家并引起政府更迭:1997 年 11 月 6 日泰国总理差瓦立让位给川立派,1997 年 12 月 18 日金大中取代卢泰愚继任韩国总统,1998 年 5 月 11 日埃斯特拉达取代拉莫斯继任菲律宾总统,1998 年 5 月 21 日印尼总统苏哈托辞职,1998 年 7 月 12 日桥本龙太郎辞去日本首相职务。

绍罗什的量子基金和罗伯逊的老虎基金联手于 1998 年 8 月 14 日－28 日在香港股市发起攻击。绍罗什抛空 72 亿港元股票,企图在恒指期市获取暴利。8 月 21 日－30 日连续 10 天港府动用 88 亿美元外汇基金,累计用 690 亿港元将之变成对冲基金,下海与国际炒家在股市和期指市场上展开决战,买断炒家抛出的全部股票和恒指期权,将恒生指数由 6 600 多点拉抬至 7 800 多点水平,将港元兑美元稳守在 7.75 水平。这次,港府在期指市场赚得 20 亿港元,炒家损失 12 亿港元,维护了港元的联系汇率。港府这次如不入市干预,恒指可能从 6 000 点下跌至 4 000 点或更低,即可能重蹈 1983 年港人对前途失去信心的覆辙,情况将不堪设想。在初战告捷后,下一步为把炒家迫离期指市场,香港期货交易所作出三项规定,自 1998 年 8 月 31 日起实施:①对持有 1 万份以上恒指期货合约的客户,每份合约按金调高到 15% ,

由原来的 8 万港元加到 12 万港元;②对持有 250 份以上合约者必须呈报;③并呈报合约持有人身份。1998 年 9 月 7 日港府再次宣布,短期沽空交易没有及时报告者将被视为非法交易;进行非法交易 4 次者,监禁期限增加到 2 年。为维护自由港经济发展,港府在 8 月份的入市行动中,于期指市场获利 3.5 亿港元后已宣布完全撤离期市。外汇基金投资公司管理政府在入市活动中已购入的恒指成分股股票,以进行有计划的长线投资。该公司接受证券期货事务监察委员会的全面监管,遵守公开权益的规定,维护公平竞争,不以赚钱为目的,旨在稳定股市。为消除市场的不明朗,防止突发性金融风波,港府于 1998 年 9 月 14 日宣布,向本地银行实行以 7.75 港元兑 1 美元的保证汇率,至少维持半年之后,才检讨何时将这一保证汇率调整至 7.8 港元兑 1 美元。考虑到目前全球对冲基金资产总值高达 3 万亿美元,而港府官方外汇存底仅 960 多亿美元,要抵挡对冲基金的袭击又力有不逮,港府还在谋求西方大国的合作,以共同对付国际大炒家。

1998 年 10 月中下旬绍罗什写信给他的投资者称,他已打算将管理下的亏损最大的量子新兴增长基金关闭,同时将另两个亏损较小的基金(类星体国际基金和量子工业控投基金)合并,以渡难关。据分析,绍罗什亏损的主要原因有三:①对新兴市场国家股市、债市和汇市的预测接连失误;②目前国际上同类投机基金越来越多,炒作手法相似,竞争加剧;③东南亚一些国家和地区吸取以往教训,已掌握绍罗什大量炒作线索,对之加强了全面防范和围堵,使之无空可钻。

成立于 1993 年、总部设于美国纽约东北康涅狄格州格林威治的"长期资本管理基金"(Long–Term Capital Management, LTCM),本身仅 40 多亿美元资产,却向美欧大银行借贷 100 多亿美元。在美欧、东南亚、拉美和俄罗斯疯狂进行证券投机交易,买进、卖出各种证券(包括股票),面值高达 1.25 万亿美元。由于投机失利,到 1998 年 9 月初已亏损 1 000 多亿美元,濒临倒闭。代表美国富人利益的多数国会议员都支持对冲基金的发展,美国各大银行和证券公司也都反对对之加强监管。但由于银行过度放手向对冲基金放贷是造成对之失控的主要原因,巴塞尔委员会于 1999 年 1 月 28 日已发表报告,要求加强银行在对冲基金等高风险金融机构的风险管理。报告建议,针对投资对冲基金的风险,银行必须在整体的贷款风险管理框架内制定明确的政策和程序,建立健全信息搜集、贷款分析和监控手段;确定大宗证券交易以及金融衍生交易的风险限度和向对冲基金贷款的上限;在向基金追加贷款时,可以附加担保要求或提前取消契约等条款;同时密切注意基金的操作风险。在巴塞尔委员会报告的倡导下,现美国亦正采取以下措施加强对对冲基金、银行、经纪人等环节的监督:①由财政部长牵头的总统金融市场工作小组对证券交易委员会、商品期货交易委员会和纽约联储银行等监管机构之间的调查和监控工作加以协调,增进合作。②责成各类对冲基金增加经营透明度,责成银行控制对冲基金的信贷发放。

为发挥机构投资推动证券市场发展的积极作用,防止其暗箱操作的投机性,除使之具有透明度外,更重要的是还要将之完全纳入信托制度之内加以规范。为健全中国金融法制,继银行法、保险法和证券法颁行之后进而将信托法或以信托制度为基础的投资基金法列入立法议事日程,已为当务之急。[1]

中国证券业的开放,可以证券投资基金的走向开放作为国际化的起步。因这既属需要,也较为可行。从需要讲,开放证券投资基金将壮大中国证券市场的规模、增加基金品种,为吸收外资开辟新的渠道,为现代化建设提供新的资金来源。目前中国的高科技产业尚处于起步阶段,与已发达的美国高科技经济不同。启动中外合资与合作基金对高科技股的投资,对推动高科技产业发展亦属有利。从可行讲,只要将中外合资与合作基金限定在国内范围运作,即能进行有效监管。以中外合资与合作基金为纽带,还可找到一条统一 AB 股交易的途径。通过投资基金法,可以专章对中外合资与合作基金的组成条件、外资比例、上市(上柜)、投资对象限制、托管人与管理人及投资顾问、税收、外汇事宜、信息披露和监管等加以规定,将之规范化。

■**思考题**

1. 日本的信托法制。
2. 金融租赁的形式。
3. 英式契约型与美式公司型的投资基金比较。

---

[1]　2001 年 4 月 28 日全国人大常委会审议通过《信托法》,自 2001 年 10 月 1 日起施行。

中 篇

国际贸易金融法

第七章　金融服务贸易

■ 学习目的和要求

　　注意了解 WTO《服务贸易总协议》及其《金融服务附录》与《有关金融服务承诺的谅解书》，各国银行、证券、保险监管机构三方代表联合论坛公布的《多元化金融集团监管的最终文件》，以及美国《金融服务现代化法》与英国《金融服务和市场法》。

第一节　金融服务的国际协议文件

一、WTO 服务贸易总协议及其金融服务附录

　　《关贸总协定》(GATT)乌拉圭回合多边贸易谈判结束,各参加方于1994 年 4 月 15 日正式签署"世界贸易组织"(WTO)一揽子协议大小 28 个,[1]《服务贸易总协议》(GATS,简称《总协议》)即其中的一个,《金融服务附录》(Annex on Finance Services)构成《总协议》的整体组成部分。金融服务自此纳入世界贸易组织多边贸易协议之内。

　　(一)服务贸易总协议

　　1. 最惠国待遇。多边贸易协议将最惠国待遇规定为成员方的一般义务,《总协议》也不例外。《总协议》第 2 条有关最惠国待遇的规定包括以下三款:

　　(1)有关本协议的任何"措施",每一成员方给予任何成员方的服务或"服务提供者"的待遇,应立即无条件地以不低于前述待遇给予其他任何成员方相同的服务或服务提供者。"措施"系指由一成员方,不论是以法律、法规、规则、程序、决定、行政行为或任何其他形式所采取的任何措施。"服务提供者"系指提供一项服务的任何人(自然人或法人)。当一项服务不是直

　　---

[1] 这 28 个协议涉及的主要议题有:关税、非关税措施、热带产品、自然资源产品、原产地规则、装船前检验、反倾销、补贴和反补贴、技术性贸易壁垒、进口许可证程序、海关估价、政府采购、农产品贸易、纺织品和服装、免受进口损害的保障措施、统一的争议解决制度、总协定体制的运行、与贸易有关的投资措施、与贸易有关的知识产权、服务贸易、国营贸易、动植物检验、贸易政策审议机制、民用航空贸易、国际收支、奶制品贸易、牛肉贸易和世界贸易组织等问题。这 28 个协议已列入《建立世界贸易组织协定》及其附件。

接地由一法人所提供,而是通过诸如分公司或代表机构的"商业现场"(建立在一成员方境内的任何形式的业务或专业)的其他形式所提供,这类待遇应延伸到商业现场的提供,但不需延伸到服务提供者位于境外任何其他地区的服务提供。

(2)一成员方得保持与最惠国待遇不一致的措施,但该项措施必须经世界贸易组织部长级成员会议成员方3/4的批准,并列出目录。

(3)本协议的规定不得解释为可以阻碍任何成员方与其毗邻国家,仅限于方便彼此边境毗邻地区而交换当地生产和消费的服务所提供或赋予的利益。

2. 特定义务。《总协议》规定成员方承担的"特定义务"(specific commitments)为市场准入和国民待遇。

每一成员方承担市场准入的义务,即应允许其他成员方向其境内提供服务,如跨越国境的资本流动是该项服务的重要部分,则该成员方因而有义务允许进行这类资本流动;如接受通过在任何其他成员方境内的商业现场提供,则该成员方得允许有关的资本转移至其境内。

其他成员方的服务和服务提供者进入每一成员方的市场后,该成员方给予其他成员方的服务和服务提供者的待遇,不应低于给予其本国相同的服务和服务提供者。

(二)金融服务附录

适用《总协议》的金融服务包括哪些部门?《金融服务附录》(Annex on Finance Services)列有十六个部门:①直接保险;②再保险和再再保险;③保险中介;④辅助性保险服务;⑤储蓄;⑥借贷;⑦融资性租赁;⑧支付和货币交换服务;⑨担保和委托业务;⑩自有账户和消费者账户的交易;⑪参与各类证券发行;⑫货币代理;⑬资产管理;⑭金融资产的处理和清算服务;⑮金融信息服务;⑯顾问和中介等辅助性金融服务。

《金融服务附录》对《总协议》适用于金融服务的范围作了界定,《总协议》不适用于"政府当局为实施职能所需的服务"。这类"政府职能方面的服务提供"包括:①中央银行或货币权力机构或任何其他从事货币或汇率政策有关的公共机构所进行的活动;②构成社会安全和公共退休计划的法律体系方面的各项活动;③公共机构为财务担保或使用政府财政资金所进行的其他活动。再者,尽管有《总协议》其他条款,不能制止一成员方基于慎重的原因,包括对投资者、存款者、投保者或为金融服务提供者的信托义务拥有人所作的保护,或为保证金融体系的完整和稳定而采取的各项措施,如这些措施与《总协议》和条款规定有所不符,亦不能视作成员方逃避按《总协议》所规定应承担的义务或责任的借口。

《总协议》适用于金融服务,各国普遍关注和尚待解决的法律问题主要

有:

1.《总协议》有关承担市场准入与国民待遇的特定义务的规定,会不会有损一国保护其银行业和维护金融体系稳定的权益?

《总协议》的宗旨是,"在有透明度和逐步自由化的条件下扩大服务贸易,作为促进所有贸易伙伴和发展中国家经济的增长和发展的一种手段。"其条款规定是,允许每一成员方自行决定市场准入的自由化程度,可以不改变其现行有关服务贸易的法规,通过"承担特定义务计划表"(a schedule of the special commitments)列出对其他成员方的服务和服务提供者开放的部门,并依照表内所述的各种条件和资格,给予其他成员方的服务和服务提供者以同等市场准入的最惠国待遇,并给予他们不低于国内服务和服务提供者的国民待遇。再者,一国中央银行推行货币政策和汇率政策,监管当局对金融体系的宏观调控,属于政府职能的实施,并不受《总协议》约束,因而无须事先查明是否对《总协议》所要求的市场准入和国民待遇带来影响。《金融服务附录》已予明定,只要一成员方政府当局是"基于慎重的原因"而采取的各项措施,均可通过协调或其他办法取得其他成员方的确认,或被自动地认可。因此,应当认为,在金融服务领域,实施《总协议》与遵守和执行有关国内法规同等重要;承担《总协议》的特定义务,并无损于国家主权。

2. 在世界贸易组织范围内实行统一的争议解决机制,包括实施跨行业的贸易报复,此一做法是否也适用于金融服务?还是个有待世界贸易组织加以明确和解决的法律问题。

应当认为,实施跨行业贸易报复的做法是不能被允许实施到金融服务业的。金融服务非同于一般的货物进出口,其他成员方如对一成员方的银行业实施报复,不仅会破坏该国的金融体系,而且有可能危及世界金融体系的稳定。

3. 实施《总协议》的方法问题。1995 年 7 月 28 日,各成员方曾以"美国除外"的方式达成"一揽子市场准入行动纲领"。因美国在最后期限的前一天宣布退出了持续 18 个月的多边谈判,理由是在其他国家作出最大承诺之前,[1]美国不会在金融服务领域作出提供最惠国待遇的承诺。"一揽子市场准入行动纲领"于 1996 年 8 月 1 日生效,有效期到 1997 年底。1997 年经过近 9 个月的重开谈判,12 月 13 日最终达成《全球金融服务贸易协议》,有

---

[1] 当时,韩国承诺大幅度提高对外国银行、保险公司和证券公司的市场准入水平,巴西承诺允许外国银行参与其银行私有化进程并将由国家垄断的保险市场向外国资本开放,泰国承诺向 7 家特定的外国银行发放进入国内市场的许可证,菲律宾承诺允许外国保险公司进入国内市场,等等。

70 个成员方在表决中投了赞成票。[1] 该协议供开放签字,最迟不晚于 1999 年 3 月正式生效,投赞成票通过该协议的 70 个成员方承诺,保证使其银行、保险和证券市场对其他成员方开放。

以承担特定义务计划表的方法实施《总协议》,通过多边谈判达成协议,实践起来难度相当大。现美国已准备同时利用在乌拉圭回合中达成的《有关金融服务承诺的谅解书》(Understanding on Commitments in Financial Services,简称《谅解书》),与有关国家通过双边谈判缔结互惠协定,以谋求对方比在达成的多边协议中所承诺的更多、更大的市场开放。早在 1993 年乌拉圭回合谈判尚在进行时,美国即已着手同日本签订互惠协定,由日本作出具体承诺,向美国开放公共和私人养老金保险部门,其市场规模为 1 万亿美元。现美国国会已通过《1995 年金融服务公平贸易法》(Fair Trade in Financial Services Act of 1995)来推动对外缔结这方面的双边互惠协定进程。

(三)有关金融服务承诺的谅解书

《谅解书》是就乌拉圭回合参加方根据《总协议》规定的以承担特定义务计划表的方法以外的其他方法,就该协议下的金融服务作出"具体承诺"[2]达成的。其基本内容如下:

互惠的具体承诺必须是:①不与《总协议》的规定相抵触;②不损害成员方根据《总协议》规定的承担特定义务计划表的方法安排"具体承诺时间表"(schedule commitments)的权利;③其所产生的"具体义务"[3]应按最惠国待遇适用;④不设定任一成员方在《总协议》下承诺的自由化程度。

作出具体承诺的有利害关系成员方,应通过谈判并根据规定的条件和要求,按以下谅解在时间表中分别列出其在市场准入和国民待遇方面所作的具体承诺。

1. 市场准入。

(1)垄断权。每一有利害关系的成员方都应在其时间表中列出在金融服务方面现存的垄断权,并努力消除或缩小其范围。例如,如果美国与加拿大达成互惠协定,美国列出了实行垄断的市场和消除垄断的时间表,加拿大即得将各省实行的汽车保险垄断和消除此项垄断列入其具体承诺时间表。

(2)公共机构购买的金融服务。尽管《总协议》规定有最惠国待遇和国

---

〔1〕　投赞成票的包括美国、欧盟、日本、加拿大等发达国家,也包括巴西、印度、泰国、马来西亚等发展中国家。这 70 个成员方在世界贸易组织 132 成员方中虽仅占微弱多数,但它们的金融服务贸易总共占全球金融服务贸易额的 95% 。

〔2〕　《总协议》条款中的"特定义务"与《谅解书》中的"具体承诺"其英文措辞均系用的"special commitments"。

〔3〕　《总协议》条款中的"特定义务"与《谅解书》中的"具体义务",其英文措辞均系用的"special commitments"。

民待遇不适用于公共机构购买的金融服务,但每一有利害关系的成员方在其境内设立的金融服务供应机构在公共机构金融服务的购买与获取方面,享受最惠国和国民待遇。

(3)其他。诸如,跨境金融服务,对开放的金融服务部门可以扩及直接保险中的海运、商业航空、太空发射和运载,以及国际运输中的货物保险;任一有利害关系的成员方应允许其他成员方金融服务提供者通过包括获取现有企业等方式,在其境内设立或扩展"商业机构";[1]应允许其他成员方在其境内建立的金融服务提供者在其境内提供任何"新的金融服务";[2]不应采取措施阻碍信息传递或金融信息处理,包括以电子手段传递数据;应允许有关金融服务专家(包括法律专家)的临时进入;应努力消除或限制对其他成员方的金融服务提供者经营、竞争或进入成员方市场的能力有消极影响的措施;等等。

2. 国民待遇。

(1)任一有利害关系的成员方应许可在境内设立的其他成员方金融服务提供者使用公共机构营运的支付和结算系统,以及获取正常业务活动过程中所提供的官方基金再融资便利,但不授予获取该成员方惟一借贷机构融资的权利。

(2)任一有利害关系的成员方应许可在境内设立的其他成员方金融服务提供者加入行业自律组织、证券与期货交易市场、清算代理机构或其他别的组织和机构,以保证与本土金融服务提供者处于同等地位,或该成员方直接或间接地向此类机构给予提供金融服务的特权或优惠时,该成员方应保证此类机构对其境内的其他成员方居民金融服务提供者给予国民待遇。

(四)中国实施《总协议》

中国 2001 年 12 月 11 日正式成为 WTO 成员,我国的对外开放进入了新的阶段。加入 WTO,我国承诺遵守规则,履行义务,享受发展中国家的过渡期和相应的权利。中国的服务贸易市场将在加入后 1 至 6 年内逐步实施:在银行领域,经过 2 年过渡期后,外资银行可以向中国企业提供人民币本币业务服务;经过 5 年过渡期后,允许外资银行向所有中国用户提供人民币本币业务服务。在保险领域,允许设立外资比例不超过 50% 的合资寿险公司,加入 2 年后允许设立独资非寿险公司,加入后 3 年内取消地域限制,加入后 4 年内取消强制分保要求,加入后 5 年内允许设立独资保险经纪公司。在证

---

〔1〕 "商业机构"意指在任一有利害关系的成员方境内提供金融服务的企业,包括全资或部分拥有的子公司、合资企业、独资经营企业、分支机构、代理机构、代表处或其他组织。

〔2〕 "新的金融服务"是指尚未有任何服务提供者在某一特定成员方境内提供,但已在另一成员方境内提供的、具有金融特性的服务,其中包括与现有金融服务或服务提供方式相关的服务。

券领域,加入时允许设立合资证券投资基金管理公司,加入后 3 年内允许外资比例达到 49%,加入后 3 年内允许设立合资证券公司,外资比例不超过 33%,5 年后不超过 49%,经营范围方面,合资证券公司可承销 A 股、B 股和政府债券,3 年后合资证券公司可参与 A 股市场交易。

二、多元化金融集团监管的最终文件

目前在资本市场全球化过程中,各国为增强本国金融业竞争力,对分业经营的限制已开始放松,拥有多元化业务的金融集团正在大量涌现。现各国从事跨国经营的金融机构大多属于某个这种金融集团。这种多元化金融集团即以商业银行为依托,兼营银行和证券、保险等各种金融业务。为有效实现对多元化金融集团的监管,1993 年初,巴塞尔委员会、证监会国际组织和国际保险监管协会成立了一个三方小组,着手研究对大型多元化金融集团的监管问题。1996 年初,上述三家国际监管组织为进一步加强合作,建立了一个联合论坛,继续三方小组的工作。联合论坛由 13 个国家金融监管当局代表组成,各国银行、证券和保险监管机构的代表各占 1/3。1999 年 2 月,巴塞尔委员会、证监会国际组织和国际保险监管协会联合公布《多元化金融集团监管的最终文件》,提出了对多元化金融集团监管的指导原则。最终文件主要是针对大型多元化金融集团,联合论坛希望这个最终文件也适用于小型多元化金融集团和非国际化的金融集团的监管。按照最终文件提出的定义,多元化金融集团是指这样的企业集团:其主要业务至少涉足银行和证券、保险中的两个领域,从而接受两个以上监管机构的监管,需要达到不同的资本充足率。最终文件包括以下七个专题文件:

1. 金融集团资本充足率原则的文件。最终文件要求对金融集团资本的度量应符合以下五项原则:①应排除资本在集团内部的重复计算;②应发现和防止母公司发债用于拨付子公司资本金;③应排除利用非金融控股公司来实现资本的重复使用;④应能度量准金融业子公司从事各自业务所承担的风险;⑤应保证控股公司对子公司的正当干预和稳健管理。

当集团对附属金融机构具有相当的影响力(股权数量界限为 20% – 50%),在评价集团资本充足率时应采用按比例分摊的方式来并表计算。当金融性子公司受到集团的决定性影响(股权数量界限为超过 50%)时,在考虑集团资本时应 100% 地并表计算。

最终文件推荐可供选择的三种资本度量方法为分类度量方法、根据风险的汇总方法、根据风险的扣除方法。最终文件强调,现有的分业单一资本充足率要求仍然有效,推荐的方法是建立在现有的分业监管方法的基础之上的,是对现有方法的补充。各国监管当局可以选择采用推荐的三种度量方法之一。

2. 资本充足率原则的补充文件。说明实际应用被推荐度量方法中遇到的特殊情况和算例。

3. 关于金融机构所有者和管理人资格认证条件的文件。该文件供监管当局据以判断金融集团是否处于有效和审慎的管理之下。

4. 监管当局需要掌握和沟通有关金融集团信息的框架文件。最终文件将金融集团划为四类：①业务领域与法人结构不一致,实行集中管理的集团;②业务领域与法人结构一致,实行集中管理的集团;③业务领域与法人结构一致,实行分散管理的集团;④业务领域与法人结构不一致,实行分散管理的集团。监管当局可将监管对象归入某一类,有针对性地提出监管要求。

该文件的一个附件是金融集团情况调查问卷,另一个附件是监管机构在紧急情况下需要了解的监管对象信息。

5. 不同监管当局之间沟通信息的原则文件。最终文件建议将母公司的监管机构或某个主要子公司的监管机构作为一个金融集团的主要监管对象。

6. 关于三个监管当局之间设立监管协调人(机构)的文件。该文件规定了协调人(机构)的确定方式及其职责,便于在某些紧急情况下或非紧急情况下,某一监管当局可以充当协调人处理有关问题。

7. 对监管当局的调查问卷。通过调查问卷,便于各监管当局更好地了解同行的监管目标和监管方法。

第二节　金融服务监管的现代化与革新化

一、美国《金融服务现代化法》

美国于 1999 年 11 月 12 日正式颁布《金融服务现代化法》。该法宗旨即建立准许银行、证券、保险公司和其他金融服务提供者之间相互联营、管理审慎的金融体系,以加强金融服务业的竞争力。本法强化了对外国金融机构的国民待遇,不允许其获得比美国公司更优惠的待遇。本法共七章(分别为促进银行、证券公司和保险公司之间的联营;功能性监管;保险;单一储贷协会控股公司;隐私;联邦住宅贷款银行体系现代化;其他条款)、141 条,将美国 50 多个有关法律、法规进行整理和重述,汇辑进了这一个法律文件,成为美国金融业经营和管理的一个基本法律文件。其主要内容可概括为以下几个方面：

1. 鼓励银行、证券公司和保险公司之间的联营,加强金融机构之间的竞争：①银行与证券业联营,拆除《格拉斯—斯蒂格尔法》建立的金融"防火墙",为银行、证券公司的联营提供机构和人事方面的保证。②银行与保险业之间的联营,准许国民银行及其联营机构从事产权保险,以及货币监理署确认的授权产品范围内的保险销售。将以前银行只能通过银行控股公司以规避法律方式从事的上述活动合法化。

2. 强化银行业与商业的分离,实现金融体制的现代化:①单一储贷协会的现代化。本法规定协会可以从事提供更广泛的银行产品的业务;禁止商业机构控制储贷协会和收购原有的储贷协会;不再批准新的储贷协会。②不允许大型零售公司控制参加存款保险的银行。③改革联邦住宅贷款银行系统。④强化原有的禁止开办存款产品事务所的规定,杜绝大的银行控股公司从事某些社区只吸收存款而不放贷的活动。

3. 完善监管机构,加强金融监管:①授权有关监管部门在符合法律规范和原则的前提下,通过条例或命令对有关经营机构的资本、管理以及经营机构之间、经营机构与其子公司和联营者的交易加以限制或提出要求。②加强机构之间的信息共享,并为有关金融监管机构、联邦证券交易委员会、财政部和司法部之间信息共享的具体内容和程序作出规定。要求有关联邦监管部门在向监管对象索取数据时,应先从直接监管它的监管部门获取,以避免重复提供数据,防止重复备案和减轻经营性金融机构的负担。③建立联邦储备管理委员会和财政部之间的协商制度,规定在许多重要问题决定前,由联储与财政部之间进行协调,以避免冲突和发挥多重监管效力。④建立联邦保险监管机构,改变以往仅由各州对保险业进行立法和监管的状况。本法除对保险业经营作出一系列规定外,还强化了全国保险监管专员协会和全国保险代理商经纪人协会的监管职能,并在保留各州对保险业监管权的基础上建立起两个相互制约的联邦一级的保险监管机构。全国保险代理商经纪人协会理事由全国保险监管专员协会提名,总统任命;全国保险代理商经纪人协会主席由全国保险监管专员协会成员出任;全国保险监管专员协会对全国保险代理商经纪人协会的动议和作出的处罚决定有权审查。美国法要求建立相互协调、相互制约的几个联邦一级的金融监管机构,而不同于英国2001年4月1日生效的《金融服务和市场法》要求建立一个全国统一的超级监管机构——金融服务局的做法。

4. 强化对消费者的保护:①强化隐私权保护。本法规定每个经营性金融机构和监管部门有尊重客户隐私的义务。②强化金融产品方面的消费者权益保护。本法要求一切电子资金划拨的收费都必须在客户使用柜员机划拨前加以明示;保障妇女在接受金融顾问服务中的平等待遇。

5. 加强对小企业和农业企业提供金融服务。本法放宽了对联邦住宅银行的授权,准许社区小银行向联邦住宅银行借款和向小企业、农场放贷。

二、英国《金融服务和市场法》

（一）英国法的出台

英国《金融服务和市场法》（FSMA, Financial Services and Markets Act)[1]2000 年 6 月 14 日在议会完成最后立法手续后于 2001 年 4 月 1 日开始生效。FSMA 的出台，标志着英国金融服务监管体制自 1986 年《金融服务法》（下称"1986 年法"）确立的制定法框架下证券和投资局与各行业自律组织双重监管转变为制定法规范运作的单一监管体制，并确立了金融服务局（FSA, Financial Services and Authority）为单一监管机构的地位。此一重大变革是有其深刻经济背景的。

关贸总协定乌拉圭回合多边贸易谈判结束，各参加方 1994 年 4 月 15 日正式签署 WTO 一揽子协议，将金融服务纳入 WTO 的服务贸易范围，进一步推动了金融全球化。以资金为代表的金融资源已能在世界各国开放的金融市场之间自由流动，从资源的优化配置中寻求利润的最大化。金融全球化冲破了各国之间的金融壁垒，也打破了金融服务领域中的银行、证券、保险、信托的分业经营界限。为应对这一局面，增强本国竞争力，不少国家正相继放宽乃至取消对金融机构混业经营的限制。不少全球性大银行已通过收购、兼并与合并，重组为联营或混业经营的"多元化金融集团"（巴塞尔文件用语）或"金融控股公司"（美国法律文件用语）的现代化金融集团。英国启动的金融服务监管体制改革，通过 1986 年法确立双重监管体制。但实践表明，这不仅加大了监管成本，由于不同监管机构之间的协调难度反有碍于实施有效监管。通过出台 FSMA 确立起 FSA 的单一监管机构地位，即为适应当前金融全球化下对从事混业经营的金融控股公司和现代化金融集团实现有效监管的需要。

美国 1999 年 11 月 12 日颁布了《金融服务现代化法》，拉开了金融全球化下金融服务监管体制现代化改革的序幕。FSMA 是继美国法后厉行的此类改革，带有以下英国特色：

1. 美国的改革着眼于实现对现代化金融集团的监管，英国为保持其伦敦国际金融中心的执牛耳地位和增强竞争力，FSMA 所厉行的改革，还触及更深层次的革新化。金融全球化呈现出金融创新的趋势，大量金融衍生商品与金融衍生业务在国际金融市场上涌现，传统的金融商品与金融业务在进行重新包装。如将金融资产投放到资本市场和将资产证券化，并扩展到保险市场，通过发行巨灾保险债券（Catastrophe Bonds），把本由保险市场承保的风险转化为以流通债券为载体的新型风险分担。面临金融商品与金融业务之间的界限也为之打破的这一新情况，美国的多元监管体制势将较难

---

[1]　Financial Services and Markets Act 2000. www. hm – treasury. yov. uk. www. fsa. gov. uk.

应付裕如。爱尔兰的联合爱尔兰银行(AIB)在美国分行奥佛斯特银行(Allfirst Bank)的一名外汇交易员,自 2001 年初起做假的期货交易,至 2002 年初的一年时间至少有 1000 笔假交易,总计卷走银行 7.5 亿美元公款潜逃。这宗发生在美国金融服务业的贪污挪用大案,使爱尔兰的 AIB 损失巨额资金。英国革新其金融服务监管体制、设置单一监管机构即有可能更好地去评估和监测各类金融衍生商品和金融衍生业务的风险,减少金融犯罪和强化对消费者的保护,从而使公众对在英国运作的金融体系保持信心,增加金融市场对公众的吸引力。

2. 英国传统的自律体制本身在金融全球化、革新化下已日益暴露出其不相适应的内在缺陷。自律体制具有浓厚的行业色彩,由于监管者与被监管者均属同一行业,彼此间存在千丝万缕的利害关系,难以真正确保公正、公平地处理被监管者与消费者间的交易纠纷;由于行业间的传统壁垒,更难以真正确保公正、公平地摆平涉及跨行业混业经营的被监管者与消费者间的利益;加上在 1986 年法确立的双重监管体制下,由于证券和投资局与各行业自律组织各自的监管职能有所重叠,在协调方面存在诸多问题,不仅导致监管体制上的混乱,也加大了监管成本,日益让公众失去信任。英国施行 FSMA,亦存革故鼎新之意。

3. 英国早先是 1960 年 1 月 4 日建立的欧洲自由贸易区(EFTA)参加国,1972 年退出;1973 年 1 月 1 日又参加《罗马条约》的欧洲共同体。继随 EFTA 与欧共体的逐渐融合,缔结《罗马条约》的 12 国和挪威、冰岛、列支敦士登 1992 年 5 月 2 日在葡萄牙波尔图签订欧洲经济区(EFA)协定。缔结该协定国家(EEA 国家)的公司(EEA 公司),按照 EEA 适用的协定和欧共体单一市场指令(银行业协调指令、保险指令和投资服务指令)设定的条件,可在其他 EEA 国家设立分支机构或提供服务。英国出于与 EFTA、《罗马条约》和 EEA 的渊源与承担的国际义务,FSMA 还就对在英国从事金融服务业务的 EFTA 公司,条约公司和 EEA 公司以及在境外其他 EEA 国家从事金融服务业务的英国公司的监管与监管合作事宜,有一系列相应规定(如第十三部分 FSA 对外来公司的干预权以及附件 3EEA 护照权利、附件 4 条约权利和附件 6 入门条件,等等)。

(二)英国法的核心规定

FSMA 分 30 部分共 433 条,附件 22,加上经英王 2000 年 6 月 11 日御准的关于 FSMA 的说明性注释 870 条,如将之全部译成中文可达 30 万字。英国 1986 年《金融服务法》中译本(中国民主法制出版社 1997 年版)38 万字、美国 1999 年《金融服务现代化法》中译本(中国金融出版社 2000 年版)25 万字。英国 FSMA 较其 1986 年法精当,较美国法充实。FSMA 为其他国家的金融服务监管体制改革所提供的一条新思路,代表了当今金融服务监管体制变化的主流发展趋势,也更加适应金融全球化和现代化、革新化的时需。FSMA 既带英国特色,也具世界影响,很值得我们加以了解和研究。

　　FSMA 确立 FSA 的单一监管机构地位,集中地体现在其第一部分监管者(第 1－18 条)、第六部分正式上市(第 72－103 条)和附件 1 金融服务局、附件 7 金融服务局作为第六部分主管机构、附件 8 第六部分项下职能让渡等规定中。主要内容:FSA 设理事会作为最高权力机构,另设一个全部由非行政人员组织的委员会(非行政性委员会),负责审查 FSA 是否以最有效和经济的方式行使其职能并执行理事会各项决定,审查 FSA 内部财务管理,确定理事会主席和理事会中行政人员的报酬。据悉:现 FSA 的理事会所设职能部门有金融监管部门(包括金融集团监管部、保险业务监管部、银行与互助会社监管部、投资业务监管部、市场与交易所监管部、养老基金监管部、项目监管部),审批、执行与消费者关系部门和行政部门,FSA 的全部职工数近3 000人。FSMA 将 FSA 定性为公司法人(担保有限责任公司),但豁免其在名称中标明"有限责任"的公司法要求:FSA 履行其职能不被认为代表王室行使,其行政人员和职工也不被认为是王室仆人。

　　FSMA 带普遍适用性的"核心规定"(core provision)集中体现于以下部分和条款:

　　第五部分被监管活动的从事(第 56－71 条)和附件 2 被监管活动。主要内容:FSA 如发现被授权人从事有关被监管活动对履行职责不是个合适和正当的人,可对之发出禁止令,违反禁止令仍从事被禁止令所禁止的活动的人为犯罪,由于该违反受到损失的私人还可提起索赔诉讼。

　　第九部分庭审与上诉(第 132－137 条)和附件 13 金融服务和市场法庭。主要内容:①设置金融服务和市场法庭(在 FSMA 中称"法庭")。法庭按照上院院长大法官规定的程序规则运作。对 FSA 对有关事件所作决定不服的人有权将事件投诉法庭。法庭认为 FSA 决定适当的可免除对它的诉讼,而在判决中赋予 FSA 决定以执行效力。法庭对受理的起诉,可通知 FSA 在特定期间和上诉期间不得对投诉人采取行动。大法官可颁布条例实施法律援助计划,为对法庭判决不服的人向上诉法院上诉提供法律援助。上诉法院认为法庭判决在法律上有错,可将案件交回法庭重新庭审和判决,或由上诉法院自身作出判决。对上诉法院判决一般不得上诉。②法庭建立两个专门小组:一是主席团。主席团成员由大法官指定合格人士担任,其中,1 人并被指定为主席和庭长、1 人被指定为副庭长。二是处罚专门小组。其成员由大法官指定合格人士担任,负责处理法庭各种事务。依案组成的审理庭,其组成人员由庭长从主席团和处罚专门小组人员中挑选,但在审理庭组成人员中须至少有 1 名主席团成员。法庭受理的案件涉及特别困难的事实问题,可指派 1 名或 1 名以上专家协助。法庭判决须注明是一致通过或由多数决定,并由参加审理该案的主席团成员签字。判决通知各有关方即合理执行,判决副本要求送财政部。在任何讼案中,法庭如认为 FSA 无理,可命令它支付他方全部或部分在诉讼中所开销的费用。FSA 必须依法庭判决和其他指令行事;法庭指令如同法院指令一样可强制执行。

第十部分规则与指南(第 138 – 164 条)。主要内容:FSA 有权制定适用于被授权人的一般规则和批注自律组织收购与合并小组发布的《收购与合并的伦敦守则》和《股份大额收购守则》;有权制定价格稳定规则、金融推销规则、洗钱规则、会计师和精算师规则、信息管理规则、保险业规则等特定规则。某个被授权人违反规则,因其违反受到损失的私人有权提起索赔诉讼,但违规行为不等于犯罪行为,违规行为也不导致任何交易无效或不能强制执行。

第十一部分信息搜集与调查(第 165 – 177 条)和附件 15 信息与调查:关联人。主要内容:FSA 有权书面通知被授权人,要求他及与之有关联人提供特定信息、文件,并要求指定业务人员提交报告;FSA 或国务大臣有权指派人员进行一般调查和个案调查;应境外监管者请求,FSA 可指派合格人员调查任何事件。

第十二部分控股被授权人(第 178 – 192 条)。主要内容:①打算对英国被授权人采取控股行动的人,须将其控股计划通知 FSA;FSA 自收到控股通知之日起 3 个月期满前决定是否批准,如决定批准须不迟延地通知该人,如不批准须给他发反对通知。②如英国被授权人的控股者打算减少或停止其控股,须将其计划书面通知 FSA,如有保留的话还须说明其细节或保留的持股情况。③未遵守以上通知义务规定的控股人行为构成犯罪。

第十四部分纪律措施(第 205 – 211 条)。主要内容:FSA 如认定某被授权人已违反 FSMA 对他的要求,有权发表声明对他给予公开谴责,或对他处以它认为数额适当的罚款,或按照第 33 条规定撤销许可他从事被监管活动的被授权人地位。

第十五部分金融服务补偿计划(第 212 – 224 条)。主要内容:FSA 组建一家公司法人(称"计划经费")履行 FSMA 授予的计划经理职责,依照 FSA 制定的金融服务补偿计划规则对未能满足其向有关人从事被监管活动(无论是否经许可)索赔要求的索赔人进行补偿;计划经理设 1 名主席和董事会(包括主席在内),主席和其他董事由 FSA 指定和解任(董事会成员人选须保证其在操作中对 FSA 的独立性),其中,对主席的指定和解任须经财政部批准;计划经理为弥补计划运作开支(无论何时发生的)和设立补偿基金,有权向被授权人征收,对应缴纳数额可作为该被授权人对计划经理的负债追索;计划经理须向 FSA 提交年度报告。

第十六部分申诉问题调查员计划(第 225 – 234 条)和附件 17 申诉问题

调查员计划。主要内容：由 FSA 组建一家公司法人执行申诉问题调查员计划，称"计划执行人"。其组成设 1 名主席和董事会（包括主席在内）。主席和其他董事由 FSA 指定和解任，其中，对主席的指定和解任须经财政部批准。计划执行人指定一组合适的人担任申诉问题调查员，并从该小组中指定 1 名担任首席调查员。计划执行人对各项人选均以能保证独立于 FSA 操作为条件，FSA 的行政人员或雇员不得充当调查员代表调查申诉。向调查员投诉的事件，分强制管辖与自愿管辖；①强制管辖，依照 FSA 制定的强制管辖规则适用于已参加计划的投诉人。投诉人事先须将其投诉内容告知被告，并给他一个合理机会对待投诉。调查员如认为该投诉无意义或无根据，或者该投诉更适于利用其他法律程序解决，或者认为另有隐情不适于受理，可无须考虑其是非曲直予以驳回。对受理的投诉，可基于公平与合理作出裁定，指示被告对原告采取依调查员认为公正和适当的步骤（无论是否为法院所能命令采取的），并可要求由被告向计划执行人付费。调查员裁定的被告向原告支付赔偿金，可像法院作出的金钱判决一样强制执行。②自愿管辖，适用于按照 FSMA 规定的标准条件已参加计划的原、被告。标准条件包括参加人向计划执行人的交费数额和交费时间以及投诉费用金。参加计划的人适用经 FSA 批准的、由计划执行人制定的自愿管辖规则。通过申诉问题调查员计划的实施，使一些对从事被监管活动的被授权人的投诉得以最简便的方式快速解决，避免受到陷入无休止诉讼的困扰。由于调查员独立于 FSA 进行调查，被调查的申诉事件非取决于 FSA 好恶；由于有的申诉可能涉及 FSA 的监管不力或不善，因此，即使是 FSA 决定不调查而调查员认为应当调查的，仍可受理，调查员并有权提议 FSA 对申诉人作赔偿或对之给予补救和在公布的调查报告中批评 FSA。

第十七部分集体投资计划（第 235－284 条）和附件 5 集体投资计划有关人。主要内容：①授权令。申请授权令宣布其单位信托计划为被授权单位信托计划，须由该计划经理人和受托人或拟任经理人和受托人直接向 FSA 提出，并附上 FSA 所合理要求的信息。该经理人和受托人的条件是：须为在英国或其他 EEA 国家登记的公司法人，并在英国有营业场所；同时，该经理人和受托人须是被授权人，而且二者须非同一人，即经理人须经 FSA 许可为经理人、受托人须经 FSA 许可为受托人。FSA 认为该计划符合 FSMA 和信托计划规则要求，并已提交律师签字的信托书和证书，即可发授权令宣布该计划为被授权单位信托计划。如 FSA 拒绝该项申请，须给每个申请人一项决定通知。②撤销令。FSA 如发现某项单位信托计划不再符合授权令设定条件、该计划经理人或受托人已违反 FSMA 项下要求向 FSA 提供的信息严重失真，或者该计划已无被监管活动从事至少有 12 个月，FSA 可发撤销令。即使无上述情况，出于保护某项单位信托计划参与者或潜在参与者的利益需要,FSA 也可发撤销令。③开口投资公司。指符合 FSMA 规定的财产条件和投资条件的集体投资计划;一是财产条件为:财产属受益人,由一公司法人或其代表人管理,以分散投资风险、收益归参与者分享为目的的基金。二是投资条件为:管理基金的公司法人是作为理性投资者利用入股或持有证券实现投资,并能以参与安排的财产价值计算效益。

第二十四部分无力清偿(第 355 - 379 条)。主要内容:对从事被监管活动的公司、合伙或个人依法向法院提出无力清偿和自动结业申请,FSA 有权听审法院对该申请的任何审理。对从事一般性禁止的活动的金融服务企业,FSA 可向法院申请对之发结业令。

FSA 有权决定退赔(第 384 - 386 条)。主要内容:FSA 如认为某人已从事市场滥用获取利润或使他人蒙受损失,有权决定通知他退赔给合适的人以 FSA 公正确定的数额或在他们中间分配该数额。

第二十六部分通知(第 387 - 396 条)。主要内容:①FSA 所发预告通知和决定通知须用书面,并说明打算或决定采取有关行动的理由。预告通知须指定合理期间(不少于 28 天)使被通知人可向 FSA 作陈述,决定通知须指明被通知人可将事件投诉法庭的权利和供参照的程序。②FSA 如不采取预告通知的提议行动或决定通知的有关行动,须给被通知人一项撤销通知。如获决定通知的人已将事件投诉法庭,FSA 须依法庭或上诉法院的指示采取行动,并给他一项最后通知。如经被通知人同意 FSA 可以公布撤销通知的有关事件程序终结的信息或最后通知的有关事件的信息。

FSMA 是部综合性的关于金融服务和金融市场的法律,它的颁行还涉及对《所得税和公司税法》、《民事管辖权和判决法》等其他专项法律中所含条款的相应修订,以及对《工业保险和友谊会法》等几项与保险有关的法律的全部废除(见附件 20 微小的和相应的修订、附件 22 废除)。按照 FSMA 规定,FSA 不仅以减少金融犯罪为其监管目标之一,还实际积极参与对金融犯罪的打击。FSMA 除在第二十七部分犯罪(第 397 - 403 条)中对各种金融犯罪行为、刑事责任及追究程序作出规定,还在其他部分的有关条款和附件 4 条约权利的段 6 中作出规定。这类有关刑事的实体法与程序法规定的主要内容:由财政部国务大臣或检察长对金融犯罪向法院提起公诉,由 FSA 起诉的案件须遵守财政部书面指示加给的条件或限制。法院经简易程序可判处责任人不超过 6 个月监禁或不超过法定最高额罚金,或二者并处;经公诉程序可判处责任人不超过 2 年监禁或罚金,或二者并处。

(三)凭信息监管的法的体现

国际清算银行巴塞尔委员会 1997 年提出的《有效银行监管的核心原则》所倡导的凭信息监管的监管创新思想,是对"监管—逃避监管—再监管"的陈旧监管思想的摒弃。自 1993 年起,以美国为首的发达国家已相继建起信息高速公路。英国全国现有近 10 万家从事金融服务企业,FSA 要对之实现有效监管,便得借助于数字化网络技术掌握充分信息。凭信息监管,需解决好信息渠道通畅和杜绝信息失真、防止违规滥用信息的问题。在实行多元监管体制的国家,还得避免让监管对象重复提供信息和重复备案的问题出现,以减轻从事金融服务企业的负担。美国《金融服务现代化法》是要求有关联邦监管机构在向监管对象索取数据资料时,应先从直接监管它的监管机构获取。英国以 FSA 为单一监管机构,根据这一实际情况,FSMA 从以下三个方面将巴塞尔委员会所倡导的凭信息监管的监管创新思想体现于其一系列规定中。

1. 在疏通信息渠道方面,FSMA 规定:FSA 须计及消费者对准确信息与忠告的需要,以向公众提供合适信息与忠告,作为其实现监管目标的一个途径[第 4(2)(b)、5(2)(c)条]。FSA 须安排与从业者和消费者会商,并须考虑从业者小组和消费者小组所提建议(第 8、9、10、11 条)。

对于监管对象,申请第四部分许可或申请变更许可,必须包含或附上 FSA 合理要求提供的信息、文件;FSA 认为对其作出决定为必要,可以要求申请人提供进一步信息[第 51(3)(b)、(4)条]。被授权人向 FS 提出批准特别安排的申请,必须包含或附上 FSA 合理要求的信息;在收到申请后的任何时候和作出决定前,FSA 可以要求申请人提供进一步信息,只要 FSA 认为是为作出决定所必需[第 60(2)(b)、(3)条]。金融服务补偿计划的计划经理打算对陷入金融困难的保险人采取任何特别措施时,FSA 有权要求它向之提供信息(第 217 条);计划经理必须一年一次向 FSA 报告履行职责情况(第 218 条)。向 FS 提出单位信托计划的授权申请,必须包含或附上为申请作出决定目的 FSA 所合理要求的信息[第 242(3)条]。FSA 制定的计划细节规则,可以要求计划经理人向 FSA 报送计划细节并包含该规则所规定的有关信息(第 248 条);单位信托计划的变更和经理人或受托人的变更、必须书面通知 FSA[第 256(1)条]。申请认可海外集体投资计划,必须包含或附上为申请作出决定目的 FSA 所合理要求的信息和进一步信息[第 274(2)(c)、(3)条]。FSA 可以书面通知认可海外计划的执行人,将其计划名称和对英国境内的金融推销通讯作为信息向 FSA 报送[第 283(2)条]。投资交易所和清算所申请认可,必须附上申请人的规则副本和指南副本、必要的细节和 FSA 为申请作出决定目的所合理要求的其他信息和进一步信息(第 287、288、289 条)。FSA 可以通知认可投资交易所和清算所向之通报特定有关事件和那些事件的信息[第 293(1)条]。认可的海外投资交易所和海外清算所,必须至少一年一次向 FSA 提交报告,该报告必须包含对评估其是否符合认可条件和对竞争有影响的事件细节(第 295 条)。劳埃德协会必须随时向 FSA 报告其理事会监管市场的方式和从事的市场监管活动[第 314(1)条]。

FSA 可以书面通知被授权人和与之有关联人(其合伙人或集团的任何其他成员)提供特定信息或特定说明文件(第 165 条)或者以特定形式提交业务报告;对承担报告义务的人,应 FSA 请求,法院可以命令强制执行(第 166 条)。FSA 须保存包含监管对象信息的公共档案,供公众查阅和复制(第 347 条)。除法定例外的情况,有关监管对象商业秘密的信息不得公开披露(第 348 条)。指派的清算人发现公司正从事或已从事违反一般性禁止的活动,必须不迟延地将事件报告 FSA(第 364、370 条)。

上市规则可以规定,除非其上市细节摘要或发行人的招募书已经递交并经主管机构(FSA)批准和公布,该证券不准正式上市;上市细节摘要指依上市规则规定的形式和所含信息内容的文件[第 79(1)、(2)条];上市细节摘要必须包含为投资者及其专业顾问所合理要求与从中可合理预期找到的全部信息,如资产和负债、财务收支、盈亏和证券附加权利,以及上市规则或 FSA 为批准证券上市所要求的其他信息[第 80(1)、(2)条]。当上市细节摘要备就,又有新的重大事实发生而要求把有关信息加以包容时,发行人必须遵守上市规则将变化了的或新的事实纳入补充上市细节摘要向 FSA 递交,经批准加以公布[第 81(1)(b)条]。在上市细节摘要(包括补充上市细节摘要)依上市规则公布之时或之前,其副本必须递交公司登记处登记,供公众查阅[第 83(1)条]。

关于控股通知义务的规定:如某人计划获得或增加对按照英国法律设立的公司法人或非法人会社的控股,他必须书面通知 FSA(第 178 条);该项控股通知应包含有关信息,并附上 FSA 合理要求提供的有关文件和补充信息或文件(第 182 条)。控股者计划停止或减少控股,必须书面通知 FSA(第 190 条)。

FSA 可以向监管对象公司指派会计师或精算师,由其制作定期财务报告;指派的会计师或精算师有权随时查账或责成该公司职员提供信息并作出解释(第 341 条);指派的会计师或精算师不得违反其对 FSA 承担的提供信息责任(第 342 条)。

为与指定行业协会合作实现信息分享,FSMA 规定:每个指定行业协会必须与 FSA 以分享信息和以其他方式进行合作[第 325(4)条]。

为与海外监管当局合作实现信息共享,FSMA 规定:应海外监管当局请求协助,FSA 可以指派人员调查任何事件,经财政部批准,并可批示调查人员允许该海外当局代表到场参加为调查目的的任何传见(第 169 条)。

2. 在杜绝信息失真方面,FSMA 规定:FSA 可以要求申请人展示信息或以此方式进行核实[第 60(4)条];可以要求投资交易所和清算所的有关认可申请的信息,必须以 FSA 所指示的方式展示[第 289(2)条]。

FSA 对被授权人、与被授权人有关联人和投资交易所或清算所提供的特定信息或特定说明文件,可以以合理要求的方式查验或者以合理要求的形式认证(第165条)。

FSA可以对不遵照上市规则要求披露信息的证券发行人加以通报(第96条),并指派人员进行调查(第97条)。FSA可以指派人员对开口投资公司进行调查[第262(2)(k)条]。FSA只要发现事关参与者或潜在参与者利益或者为公众关注,可以指派人员对单位信托计划的经理人或受托人的事务以及任何认可海外计划的执行人、受托人或保管人在英国从事的有关事务进行调查(第284条)。

FSA可以指派人员对被授权人和与之有关联人进行一般调查(第167条),对其金融犯罪行为以及市场滥用行为与不检行为进行个案调查(第168条)。

3. 在防止违规滥用信息方面,FSMA规定:金融犯罪包括在金融市场上滥用有关信息[第6(3)、(6)条]、不履行控股通知义务(第191条)、违反保密规定披露或使用信息(第352条)和作误导性说明、在重大细节上虚假或骗人以及不诚实地隐瞒重大事实(第397、398条)等在内;行为人须承担刑事责任[第23(1)(a)、(b)条]。

未经FSA批准在英国发布与上市有关的一类信息或广告,构成犯罪;其他人有权对责任人要求民事救济或撤销、解除协议(第98条)。单位信托计划细节中存在任何不实或误导性说明,责任人要向受到损害的计划参与者或对该计划具有受益利益的人支付补偿[第248(5)、(6)条]。

FSMA将散布很可能给市场某个普通客户在供货、求购或价格、价值上以一种虚假或误导和在有问题投资中扭曲市场的信息,定为市场滥用行为(第118条),FSA有权对行为人处以罚款(第123条)。海外集体投资计划的执行人、受托人或保管人故意或疏忽向FSA提供的信息含有虚假或误导性重大细节,FSA可以对该计划发出撤销认可令(第278条)。公布虚假或误导性上市细节摘要的责任人对获得该上市证券的人受到的损失负责赔偿(第90条);FSA可以对违规的该证券上市申请人或发行人处以罚款(第91条)。

为防止滥用信息,FSA可以制定信息管理规则(第147条)。由于被授权人违反信息管理规则受到损失的私人可以对之提起索赔诉讼(第151条);FSA对违规行为人可以采取公开谴责或处以罚款的纪律措施(第205、296条)。

(四)英国法的启示

英国的金融监管体制经历了从20世纪80年代中期以前的以自律为主到在1986年法框架下证券和投资局与各行业自律组织双重监管,再到时下由FSMA规范运作的FSA单一监管的变革,英国国内对实施FSMA持反对态度者有之,其主要观点是:FSMA 确立 FSA 为单一监管机构,FSA 的权力过大、过于集中,一旦行使过度,既有可能抑制市场竞争与金融创新,也有可能因其按划一的标准对所有金融服务企业进行监管而忽略差异性;FSA 成了单一监管者,已别无与之竞争的同类监管者,它也就有可能失去其要求与时俱进和监管创新的动力。让这么一个保守的准官僚机构去直接监管全国近 10 万家金融服务企业(在伦敦城和全英国的就业者超过100 万人),并对一年创造约占 7% GDP 负责,令人不无担忧。上述观点是否果真如此,有待实践检验。但就法论法,FSMA 设定的机制本身是可以基本上解决上述问题的。

1. FSMA 设定的机制,其重点是放在对金融控股公司或现代化金融集团和金融衍生商品及其业务的监管,确保 FSA 将其有限的监管资源能以最有效和最经济的方式加以配置和运用;也就是说,监管的重点是放在英国近 100 000家金融服务企业所形成的那个金字塔的尖端部分,FSMA 对构成这个金字塔基座部分的众多中小型金融服务企业的监管可只作安排而授权给各行业自律组织去执行,从而仍留有比较宽松的自律空间:①FSMA 要求从事被监管活动者应采取适当措施,对其经营管理和从事的业务、由他们或他人作出的交易行为,为防止金融犯罪、易于发现和监控变故拿出足够对策 [第6(b)、(c)条]。②自律组织收购与合并小组公布的《关于收购与合并的伦敦城守则》和《股份大额收购守则》仍然实行(第 120 条),经 FSA 加以批注将之纳为"批注规则";"批注"可以适用于所有从事被监管活动的被授权人,也可以指明只适用于特定种类的被授权人(第 143 条),使之可与被监管者的差异性相适应。③经认可的投资交易所与清算所仍自行制定或变更其规则或指南,只要求须报送或书面通知 FSA(第 288、293 条)。④FSA 有权监管劳埃德保险市场,FSMA 的核心规定须依 FSA 批示适用于劳埃德协会及其会员(第 316 条),劳埃德协会理事会仍保留为按照《劳埃德协会法》负责行使监管职能。⑤除从事主流被监管活动的行业公司(如律师行、会计师和精算师事务所等)已直接由 FSA 监管外,从事财政部政令指定行业金融服务活动的行业协会制定的、经 FSA 批准的该行业协会规则,仍适用于该行业协会会员和其会员所从事的被监管活动[第 332(3)条]。

2. FSMA 设定的机制,规定 FSA 一年至少须向财政部报告一次,平时财政部可以指派独立人士对 FSA 先例职能实施审查,审查报告须提交每位下院议员和以财政部认为合适的方式公布。FSMA 规定,FSA 有义务建立并维持从业者小组、消费者小组、金融服务补偿计划经理机构、金融服务申诉问题调查员计划执行人机构、金融服务和市场法庭等各种组织,这类组织可构成对 FSA 监管权力的制衡及对其权力行使过度的补救。

3. 需要指出,FSMA 废除了 1986 年法所赋予自律组织的监管地位,并非意味自律组织在英国再不存在和不需要。前面已经论及,FSMA 仍为这类组织留有比较宽松的自律空间。FSMA 所设定的新机制只是表明,时下英国已摒弃其以自律为主的老传统,革掉了其 1986 年法所确立的双重监管体制,转变成了在 FSMA 统一规范下辅以自律的单一监管体制。笔者认为,我国加入 WTO 后对金融服务和市场立法的走向也当如此。

在加入 WTO 前,我国对金融服务行为遵循银行业与信托业、证券业、保险业分业经营、分业管理的走向立法。1995 年施行《中国人民银行法》、《商业银行法》、《保险法》和 2001 年施行《信托投资公司管理法》等一批分立的金融法律,加上与这批法律配套实施的行政法规,已经成为束缚我国在加入 WTO 后亟待发展壮大金融业以增强国际竞争力的体制桎梏。

2002 年 3 月 5 日朱镕基总理在九届全国人大五次会议上的政府工作报告中提出,要进一步解决制约经济发展的结构性矛盾和体制性障碍,大力推进经济结构调整,坚持不懈地把经济体制改革引向深入;为加快产业结构优化升级,要积极发展第三产业特别是现代服务业,加快发展金融、会计、咨询、法律服务等行业。

必须看到,虽同属市场经济,美英等国是以私有制为基础,我国以公有制为主体。实行多元监管体制的美国和实行单一监管体制的英国的金融企业,都是可以通过股票上市、收购、合并与兼并,混业经营,将之越做越大而称雄国际金融市场的。以公有制为主体的我国金融企业则限于现行法定体制,只能把国家独资经营的原本是大的金融企业一再切块分割,将之越做越小。这在金融全球化的市场竞争中有无被挤压出局的可能? 为解决这一结构性矛盾和体制性障碍,首先就得厉行金融法律改革,将分立的几部金融法律除《中国人民银行法》外都综合起来,制定成一部新的"金融服务贸易法",废止现行"分业经营、分业管理"的体制。现在政府宏观经济调控能力大为增强、国家外汇储备较为充裕,拆掉"防火墙"(中国的"格拉斯—斯蒂格尔墙"),还金融业以通畅活动的空间,时机也已经成熟而且时不我待。同时,从精简机构与实现有效监管出发,将分业监管的监管机构合并成单一监管机构,并让中国人民银行专司其充当"银行的银行"的央行职能。从应对加入 WTO 增强国际竞争力出发,将国家独资经营的商业银行改组为股票上市的由国家控股或相对控股的股份有限公司;经营银行、信托、证券、保险的金融服务企业,通过合并或联营,重组为大型的金融控股公司或多元化金融集团。进一步完善金融法,将单一监管机构的监管重点转向对现代化金融集团和证券、金融衍生商品及其业务监管,转向与 WTO 成员的金融监管当局增进合作与信息共享,不干预经营规范小、内部管理佳的金融服务企业,应当在法律的统一规范下有比较宽松的自律空间,确保将有限的监管资源能以最有效和最经济的方式加以配置和运用。英国金融行业过去即有其自律的老传统;我国金融行业过去则无此行风行规,从业人员普遍需要增强"诚实守信"的职业道德修养。我国金融行业要从"监管—逃避监管—再监管"的怪圈中走出来,必须强化法治,辅以自律。因为,监管者与被监管者的根本利益本来是一致的。金融出了乱子,不仅祸国殃民,大小金融企业及其从业人员亦无不受累。我国未来金融立法,可以授权监管机构指定一些从事非主流金融服务活动又合格的行业协会,自行制定经监管机构批准的行业自律规章,以适用于该协会会员从事的被监管活动;同时,法律也规定,被指定行业协会必须随时向监管机构报告其监管行业市场的方式和在该市场所从事的监管活动,监管机构可以对之行使干预权和处罚权。随着我国国民信息化工程建设的推进,将监管建立在凭信息监管的基石之上,真正实现有效监管。对这一金融法律改革的启动只宜早不宜迟,越迟越难以解困;对这项改革的步子只宜迈得大不宜小,小了则不足以解困。

朱总理的政府工作报告指出,在当前严峻的国际经济形势下,实现经济较快增长的根本之策,是扩大国内需求,进一步形成消费和投资的双重拉动。

我国金融业有其广阔的内需市场和发展空间。当务之急就在于要深化体制改革,增加投入和优化金融资源配置以提高金融服务企业的资本充足率,加强对消费者(投资者)包括权益、隐私和安全等的法律保护,以增强消费者(投资者)对我国金融体系和金融市场的信心。我国金融业只要是走金融商品(业务)创新、金融市场创新、金融技术创新和金融监管创新之路,必将柳暗花明,并在应对加入 WTO 后加剧的外来竞争中立于不败之地。

■思考题

1. WTO《服务贸易总协议》规定的最惠国待遇、市场准入和国民待遇。《金融服务附录》对《总协议》适用于金融服务的范围是如何界定的?

2. 联合论坛的《多元化金融集团监管的最终文件》的基本内容。

3. 美国《金融服务现代化法》的主要内容。

4. 英国《金融服务和市场法》的核心规定。

第八章　国际支付的票据制度

■ 学习目的和要求

　　注意了解票据的种类、票据的形式、票据行为,以及不同法系的票据法、有关票据的国际公约和任意性惯例,信用卡和电子货币的法律问题。

　　由于各国货币制度不同,一国货币要越出国境进行国际流通是有困难的,所以,国际大宗支付均以营汇银行的外汇票据作为支付手段。

　　今天的对内、对外贸易支付,数额较大的都通过票据办理。现代票据的最大作用即在于它的信用化,使贸易从"凭货付款"(一手交货一手交钱)发展为"凭单付款"(凭单据而非凭货物本身付款),也就是说,它已使贸易从"钱物交换"发展成为"纸面贸易"。票据本身还可以转让,在市面流通。现金融发达的国家均无不将票据的流通量也列入广义货币供应量范围。随着纸面贸易的发展和推广,围绕票据而产生的法律问题也日益复杂而繁多,因此,本章下面各节需要仔细阅读,同时了解人类正从"纸面贸易"向"电子化交易"发展的未来趋势。

第一节　票据与票据行为

一、票据

（一）什么是票据

　　票据有广、狭二义。广义票据与广义证券同义,狭义票据仅指汇票、支票和本票三种货币证券,这三种票据均由出票人签发,表示由本人或他人无条件地支付一定金额的信用票据,都是按有关票据法规定的格式载有一定金额的支付票据。这三种票据只要是可转让的,又都具有流通性,从而类似于信用货币,故有货币证券之称。本章所探讨的票据即限于这三种。

　　从法律观点看,票据作为货币证券使用,与纸币的区别在于:

　　1. 纸币是由中央银行发行的法定货币,票据则是由个人、法人签发。

　　2. 票据可以由法院作出除权判决,把票据同其价值分离;持有人也可依法申请挂失使之与其价值分离。纸币作为法定的货币符号,它本身就是货币,法院不能对之作出除权判决,持有人也不能挂失。

在中国,票据挂失,除可依金融法规[1]和银行有关规章办理外,对可背书转让的票据可以适用《民事诉讼法》(1991)第十八章的公示催告程序;可背书转让的票据持有人,因票据被盗、遗失或丢失,可向票据支付地的基层人民法院申请公示催告。由申请人向法院递交申请书,写明票面金额、出票人、持票人、背书人等票据主要内容和申请的理由、事实。法院决定受理即同时通知支付人停止支付,并在3日内发出公告,催促利害关系人于公示催告期间(不超过60日)申报权利。在公示催告期间,支付人即应停止支付(包括对申请人),一切转让票据的行为均为无效。到期没有人对该票据申报权利的,法院即根据申请人的申请作出判决,宣告该票据无效。自判决公告之日起,申请人即有权向支付人请求支付。

(二)票据的种类

票据有各种分类方法。

1. 票据按付款时间的不同,可分为即期票据与远期票据。即期票据,付款人见票即须付款。远期票据,则须在载明的到期日付款,对未载明付款日期的票据,通常作即期论。按照英国1882年《汇票法》,远期票据有3天通融期(days of grace),须届满通融期限才算到期。英国1971年《银行业和金融交易法》(The Banking and Financial Dealings Act)已取消3天通融期,即汇票到到期日必须支付,到期日如为银行非营业日才顺延到下一个营业日支付。按照自1989年8月1日起施行的《上海市票据暂行规定》第83条:"本规定所规定的各项期限,依照《中华人民共和国民法通则》第154条规定,开始的当天不算入,从下一天开始计算。期限的最后一天是星期日或者其他法定休假日的,以休假日的次日为期限的最后一天,到停止业务活动的时间截止。"

2. 票据按记载受款人方式的不同可分为记名票据与不记名票据。记名票据,即在票面上载有受款人姓名或名称,可由受款人以背书方式转让。不记名票据,是出票人原来在票面上就未写明受款人的姓名或名称,而仅写"凭票支付",即可由持票人不经背书,直接以交付票据方式转让。

(三)票据的形式

1. 汇票。汇票是出票人委托或命令付款人在指定的日期向受款人或持票人无条件支付一定金额的票据。大陆法系将汇票定义为"委托"支付,普

---

[1] 自1997年10月1日起施行的《票据管理实施办法》规定:失票人可依票据法的规定及时通知付款或代理付款人挂失止付。付款人或代理付款人收到挂失止付通知书,应立即暂停止付。付款人或代理付款人自收到挂失止付通知书之日起12日内没有收到人民法院的止付通知书的,自第13日起,挂失止付通知书失效。付款人或代理付款人在收到挂失止付通知书前,已经依法向持票人付款的,不再接受挂失止付。

通法系则是定义为"命令"支付。无论是委托或命令付款人作支付,都是无条件的。如在汇票上加注"货到后付款"或"货物符合质量付款",就为有条件支付,这样的汇票即不能成立。但是,近年国外已出现"批注汇票"(claused bill of exchange),这种汇票即附有与该汇票成立有关的某些条件,传统汇票定义中的"无条件"在实践中正在受到挑战。

汇票支付是无条件的,有些国家已允许汇票附加以下条款:①利息条款。大陆法系国家对未载明利率的汇票利息条款视为无效条款,普通法系国家仍将之视为有效条款,利率按当时的市场利率计算;②无追索权条款。大陆法系国家不允许汇票附加无追索权条款,普通法系国家则允许。汇票如附加无追索权条款,如付款人拒付时,持票人即不能向之追索,从而这种汇票也就难以转让给他人;③免作拒绝证书条款。汇票如附加此项条款,持票人即可直接据以向出票人或背书人追索,无须再提交经公证的拒绝证书。

汇票的汇付方法有两种:①顺汇法,即由出票人主动将款项汇给受款人或由买方主动将货款汇交卖方;②逆汇法,即由卖方主动向买方索取货款,开出汇票作为索付的票据。日常生活中多采用邮政汇兑的顺汇,国际贸易则多采用银行逆汇,采用银行顺汇的较少。

汇票按出票人的不同,分商业汇票与银行汇票。商业汇票的出票人为商人,跨国公司或从事跨国经营的商人经常使用它。银行汇票的出票人为银行,由银行应客户申请向其国外分支机构或代理行寄出。

汇票按附不附商业单据,分光票汇票与跟单汇票。光票汇票无须附任何单据即能获得付款。光票汇票在国际贸易中用得不多,仅限于收取某些规定费用的款项。如卖方为买方垫付的杂费等。跟单汇票需随附各种商业单据(如发票、提单、保险单和税票等)才能获得付款,在国际贸易中用得最多。

汇票按付款时间的不同,分即期汇票与远期汇票。

在实务中,一张汇票往往同时具有几个方面的特征,如既是银行汇票,同时又是跟单汇票和远期汇票。

2. 本票。本票是由出票人签发的以本人作为付款人的票据。本票有即期本票与远期本票。即期本票是持票人向出票人要求付款,出票人见票即须无条件付款的本票。即期本票签发时,出票人须在票面注明"见票即付",而不写到期日。远期本票即期票,在签发时,出票人在票面上注明付款日期,出票人在本票到期日付款。本票持票人既可向出票人或背书人要求付款,也可通过背书转让他人,由被背书人向出票人要求付款。本票不同于汇票、支票之处,即在于它是由出票人本人直接付款,出票人与付款人由同一人担任。银行签发的本票又称银行本票,可以代替现金流通。银行本票由银行授权财务主任签发,向其分支机构、代理行开出,或由银行印制卖给向之存款的客户。

CD(大额定期存款单)即银行发行的、与银行本票性质相同的金融商品,创始于1961年纽约花旗银行。CD不记名,由银行印制,均为固定大额整数面值。在美国,CD面值至少10万美元,期限14天到1年不等,不能提前取款,未到期的CD只能转让或贴现。CD的利率有固定的,也有浮动的,依其票面规定。CD的发行可在国内也可面向国外,发行认购方式有批发与零售两种。批发由发行银行拟定发行总量、利率、到期日、每张面额和发行日期等,预先公告,供投资者认购。零售则按投资者的需要,随时发售、随时认购。伦敦商业银行于1963年开始发行CD,面值至少5万英镑,多为1年内定期,少数CD规定为2－5年期不等。自20世纪60年代和70年代之交以来,新加坡经营跨国货币业务的商业银行以发行面值5万、10万、50万美元的CD,吸收亚元存款。上海市工商银行自1987年3月18日起发行"大额可转让定期存单"(CD),面值至少5万元人民币,在存期内不得解约提前取款;存款人急需融通资金可以转让他人,也可以向银行办理抵押贷款。1989年6月中国人民银行公布的《大额可转让定期存单管理办法》规定:对个人发行的CD面额不低于5 000元,对单位发行的不低于5万元;期限可分为1个月、3个月、6个月、9个月和12个月,月利率最高限制分别为5.85‰、6.93‰、8.25‰、9.33‰、10.5‰,只能下浮,不得超过;CD不得提前支取,不分段付息,到期一次性还本付息,不计逾期利息;CD可以记名,也可以不记名;记名CD须以背书方式转让,可以办理挂失;不记名CD以交付方式转让,不办理挂失。

在借贷中使用本票,均由借款人签发,方式有二种:①贷款人与借款人订立借贷合同规定各方权利义务,借款人据以向贷款人签发本票,载明借款人应于何时向贷款人偿付一定金额的款项(包括本息);②由贷款人购买借款人签发的本票提供贷款,借贷各方权利义务都记载在本票上。借贷使用的本票,受票据法管辖,具有流通性,从而不同于受债法管辖的借据。使用于借贷的本票,可以由担保人作担保背书。经作担保背书的本票,如签发本票的借款人到期不能偿付本票上所载明的款项,担保背书人即须代为偿付。

到1996年10月,深圳已有9家企业首次发行了直接融资的商业本票,面值共达2.2亿元人民币。商业本票由金融机构为之提供担保,于本票到期日见票无条件按票面金额支付款项给持票人。这些商业本票可在企业和金融机构之间转让和回购,年利率11.0074%,期限5个月,整个发行由深圳融资中心承办。

3. 支票。支票是活期存款户向存款银行签发的见票即付票据。支票无远期,均为即期。在有的国家,支票可以是注期的,即出票人在支票上所注签发日期可以比其实际签发日期晚,如4月6日签发可注期为5月1日签发，银行按所注签发日期付款。[1] 在中国，不承认注期支票的效力，支票均限于见票即付。[2] 支票的付款人以银行为限而不同于本票，支票限于见票即付且无跟单要求而不同于汇票。

支票按付款方式的不同，可分为现金支票与转账支票。现金支票可提取现金。转账支票只能在银行转账，不能提取现金。由于现金支票是见票即付，为防被盗、丢失、被他人冒领，英、日等国均设有划线制度，即出票人可以在支票正面划两条平行的线。在平行线内只写明受款人姓名或名称的，称普通划线支票；在平行线内写银行名称、表明只能由该行代收的，称特别划线支票。普通划线支票，付款行如将票款付给了非划线写明的受款人，即应对经划线的受款人负由此而产生损失的赔偿责任。经划线的受款人持划线支票去银行取款，必须携带身份证件供付款行核查。特别划线支票，则只能由代收行转入受款人账户，不能提取现金。

现中国企事业单位使用的现金支票和转账支票，属于提取现金和同城结算的一种凭证，一律记名，并不得转让和流通。中国的异地结算则系通过银行汇票办理。中国银行自1978年1月20日起发售的人民币旅行支票（面额50元和100元外汇券，[3]）仅限于入境外国人和港澳台同胞在境内各地使用。随着金融改革的深化，情况也在变化。自1986年6月起，武汉、九江两市金融部门已试办跨省市旅游支票。北京市工商银行已试办个人支票，个人存入1 000元以上存款，即可向银行申请领取支票本备用；个人支票最高支付金额不得超过1 000元，最低30；使用人签发支票后应适度补充存款，要求户头始终保持至少有1 000元存款。

中国自1997年12月1日起施行的中国人民银行发布的《支付结算办法》已规定："单位和个人在同一票据交换区域的各种款项结算，均可以使用支票。"并规定：支票上未印有"现金"或"转账"字样的为普通支票，普通支票可以用于支取现金，也可以用于转账。在普通支票左上角划两条平行线的为划线支票，划线支票只能用于转账，不得支取现金。

---

[1] 奥斯汀诉邦亚德（1865）：原告从被告处收到一张未注意到为"注期的支票"（post - dated cheque），去银行未当即取到款，发生争讼。英国法院主张，被告签发的支票为有效支票，但本案原告有权要求被告本人立即按票面金额直接支付。（A. Arora：Practical Business Law，Macdonald and Evans Ltd.，1983，p. 191.）

[2] 见《上海市票据暂行规定》（1989）第73条：支票限于见票即付，不得另行记载付款日期。

[3] 外汇兑换券是中国在1978年国门打开，实施对外开放战略的背景下产生的。1994年1月1日外汇体制改革后，中国已停止发行外汇券。自1995年1月1日起中国人民银行已规定外汇券停止在市场上流通。

二、票据行为

(一)票据行为的特性

票据行为指对票据的出票、提示、承兑、支付、背书、贴现、追索等行为。各种票据行为均同时具备以下特性。

1. 要式性。要式性即必须在书面上具备法定的格式内容,缺乏法定要件的票据行为原则上无效。如在所有票据行为中,亲笔签字或记名盖章都是不可缺少的法定要件。法人从事票据行为时,不能只记法人名称和盖法人印章,还须法人代表或经法人授权的人员签字或记名盖私章。再者,法人名称必须记明全称。阿拉伯银行诉罗思案(1952 年):原告行以两张票据的正当持票人身份控告罗思。涉讼的两张票据均系将被背书人纳布尔西公司背书为"纳布尔西"。英国法院主张,原告行非正当持票人,因背书在形式上不规则,未写明被背书人公司全称。[1]

2. 文义性。文义性即对票据行为的解释应按票据上文义进行,不能从票据上没有记载的来推定其债务内容。债务内容不确定的票据行为是无效的。巴洛诉布罗德赫斯特案(1820 年):涉讼票据上载"扣除欠款后付款",英国法院主张,该票据行为无效。因付款人无法确定该票据数额。[2]

3. 无因性。无因性即对票据行为只认票据,不问原因。由于票据行为具有无因性,如订立购销合同,因支付货款而交付票据,那么,即使后来合同无效或解除,并不影响已交付的票据的有效性。因此,在宣布合同无效或解除合同时,需收回有关票据的,应同时收回或同时宣布有关票据无效并经公证。

4. 独立性。独立性即在同一票据上进行的各个票据行为均独立发生效力。即使因出票人无行为能力或权利能力(如为未成年人或未经公司授权的职员)票据被撤销,已在该票据上进行的背书、承兑、贴现、支付等其他各个票据行为仍均独立发生效力。票据行为的此种独立性,无论票据取得者是善意还是恶意均适用。即使明知系偷窃或拾得的票据,尽管在道义上任何票据债务人均可拒付,但只要出票人或背书人未办挂失,票据债务人作了兑付在法律上也不承担赔偿责任。史密斯诉伦敦联营银行案(1875 年):原告签发的一张支票被窃,小偷将之卖给了他人向被告行取走票款,英国法院判决原告败诉,银行不负赔偿责任。[3]

(二)提示

中国人民银行发布,自 1997 年 12 月 1 日起施行的《支付结算办法》规

---

〔1〕 A. Arora:Practical Business Law,Macdonald and Evans Ltd. ,1983,p. 197.

〔2〕 A. Arora: Practical Business Law, Macdonald and Evans Ltd. ,1983,p. 191.

〔3〕 A. Arora:Practical Business Law,Macdonald and Evans Ltd. ,1983,pp. 212 – 213.

定:银行汇票的提示付款期限自出票日起1个月。持票人超过付款期限提示付款的,代理付款人不予受理。支票的提示付款期限自出票日起10日,超过提示付款期限提示付款的,持票人开户行不予受理、付款人不予付款。

（三）承兑

承兑仅发生于远期票据,而且仅发生于远期汇票与本票,因支票都是即期的。承兑是由付款人在持票人提交的远期票据上写上"承兑"（accepted）字样,注明承兑日期并签字,即承担到期付款义务。只有经过承兑的远期票据才能在市场贴现或转让流通。

（四）贴现

远期票据贴现必须具备两个条件:①经过承兑;②扣付贴息。由于票据可以贴现,也就扩大了票据的流通性。

（五）背书

背书分记名背书与不记名背书（空白背书）。转让人在票据背面写明被背书人姓名或名称、转让年月日并签字,称记名背书;未写被背书人姓名或名称,仅写转让年月日并签字的,称不记名背书。经不记名背书,记名票据可转化为不记名票据;反之,经记名背书,不记名票据即转化为记名票据。背书在法律上的效力有三个:

1. 权利转让效力。背书一经作出,票据上的一切权利即转让到被背书人手中。通过背书取得权利者,可以自己行使权利,也可以再作背书将权利转让他人。

2. 担保效力。背书人对自己的全部"后手"（后来的被背书人）负担保责任,当出票人不能按票据支付或付款人拒付时,背书人必须支付票据款额或承担追索责任。承认背书担保效力的结果,就会随背书人签字的增多,使该票据的信用因之担保的人增多而提高。依英国1882年《汇票法》第60条规定,付款银行只负责核查出票人签字是否真实和背书是否符合要式性。因此,即使以后在票据上作背书的人签字有假,也不能归责于付款行。背书时写有"禁止背书"声明文句的,该背书人即只对自己的直接被背书人,而不对其他后手承担担保或追索义务。

3. 资格授予效力。经连续背书的票据持有人,可以被推定为票据的权利者,该持票人即使不能证明自己是权利者,也能行使票据权利;付款人除非能证明持票人不是权利者,否则即不得拒付。1970年6月24日日本最高裁判所有一个判例,不能证明自己是权利者的经连续背书票据的持有人,在法庭上默不作声,也以其为合法持有人对待。[1] 未经连续背书,只经一次背书的持票人,出现争议时,则不以权利者推定,而须持票人证明为合法持

---

〔1〕　〔日〕龙田节:《商法略说》,甘肃人民出版社1985年版,第209页。

有人才能行使票据权利。

（六）追索

付款人拒绝承兑或付款，即发生持票人或受款人的追索问题。持票人要行使追索权，必须是在取得付款人拒绝承兑或拒绝付款的确证之后，即需先要求拒付人作出"拒绝证书"或经过公证，持票人才可诉诸法院，向出票人追索。如票据已转手多次，持票人可自行选择是向出票人还是向任一背书人或向所有前手追索。

第二节　票据法

为保障票据流通的安全，各国都要制定票据法，适用于汇票、支票与本票。一国规定票据种类、格式内容、各种票据行为和有关当事人权利义务以及罚则的法律规范，即"票据法"（Negotiable Instrument Law）。

一、外国的票据法

外国的票据法现存四种不同体例：

1. 民商法分立的国家，将票据规范编入商法典，如法国、荷兰和西班牙等。

2. 民商法合一的国家，将票据规范编入民法典，如瑞士和泰国等。

3. 将票据规范制定成单行法规。如英国在 1882 年颁布《汇票法》，1957年颁布《支票法》；德国和日本分别于 1933 年和 1932 年公布《票据法》，1933年公布《支票法》。

4. 美国先是单立票据法规。后已纳入《统一商法典》中"商业票据"一编，供各州立法采用，现除路易斯安那州外，其余各州均已在其立法中采用。但美国非民商法分立的国家，并无民法典，美国的民法已经商法化，《统一商法典》既是商法也起民法作用。现美国的票据法体例，已非单立票据法规，而是属于独树一帜的票据法体例。

票据法存在于大陆法系与普通法系两种不同体系。这两种体系的差异主要是对票据性质的主张不同：

1. 大陆法系，以法国或德国、日本为体例制定票据法规范的国家均主张，票据是"委托支付"凭证；汇票和支票是出票人委托付款人支付一定金额的票据，本票为出票人本人承诺支付一定金额的票据。

2. 普通法系国家主张，票据不是委托支付凭证，而是"命令支付"凭证。美国《统一商法典》第 3 - 104 条规定：汇票、支票是支付一定金额的命令；本票为出票人本人承诺支付。英国 1882 年《汇票法》将支票划属汇票一类，汇票是出票人向受款人签发，命令付款人付款，付款人可以是银行也可以是私人；支票是出票人向受款人签发，只是付款人被特定为银行。到 1957 年英国颁布《支票法》，作为汇票法的补充。现英国仍无"本票法"，在英国，本票的出票人与受款人的权利义务关系被视为合同关系，只有本票经背书转让带流通性，才依票据法规范处理。

从上述可见，大陆法系把票据视为"委托支付"，是突出票据的合同性；普通法系主张票据是"命令支付"，乃突出票据的流通性。

二、中国《票据法》关于涉外票据的规定

1995 年 5 月 10 日全国人大常委会通过《票据法》，自 1996 年 1 月 1 日起施行。本法分 7 章，共 111 条。

〔第五章〕　涉外票据的法律适用（第 95 - 102 条）

1. 涉外票据定义：涉外票据，是指出票、背书、承兑、保证、付款等行为中，既有发生在中国境内又有发生在中国境外的票据。

2. 法律适用：

（1）中国缔结或参加的国际条约同本法有不同规定的，适用条约的规定，但中国声明保留的条款除外。

（2）本法和条约没有规定的，可以适用国际惯例。

（3）票据债务人的民事行为能力，适用其本国法；依其本国法为无民事行为能力或为限制民事行为能力而依行为地法为完全民事行为能力的，适用行为地法。

当今各国法律均承认法人具有民事行为能力；对自然人民事行为能力的规定则有以下歧异：

《法国民法典》第 488 条规定："年满 18 岁为成年；达此年龄者，有能力为一切民事生活上的行为。"

加拿大大多数省立法是将 18 岁定为成年，少数省立法把 21 岁定为成年（如魁北克省）。

新西兰 1970 年《法定年龄法》规定，任何年满 20 岁的人（包括已婚妇女）在正常情况下具有完全行为能力。

埃及《民法典》第 44 条规定，满 21 岁为成年。

中国《民法通则》第 11 条规定："18 周岁以上的公民是成年人，具有完全民事行为能力，可以独立进行民事活动，是完全民事行为能力人。16 周岁以上不满 18 周岁的公民，以自己的劳动收入为主要生活来源的，视为完全民事行为能力人。"

（4）汇票、本票出票时的记载事项，适用出票地法；支票出票时的记载事项，适用出票地法，经当事人协议，也可以适用付款地法。

（5）票据的背书、承兑、付款和保证行为，适用行为地法。

（6）票据的提示期限，有关拒绝证明的方式，出具拒绝证明的期限，适用付款地法。

以支票的提示付款期限而言,各国法例大体上有以下三大类型的规定:

英国,包括香港地区,是要求支票在合理期限内提示付款。

德、日、韩等国,是要求支票自出票日起 8 日内(德)或 10 日内(日、韩)提示付款;对于应在另一国支付的支票,均要求同洲为 20 日内,不同洲为 70 日内。

中国要求支票自出票日起 10 日内提示付款。

(7)票据追索权的行使期限,适用出票地法。

(8)票据丧失时,失票人请求保全票据权利的程序,适用付款地法。

三、银行处理支票的法律问题

支票就其金融功能与法律属性而言,与汇票无异,是汇票的一种。英国 1882 年《汇票法》[1]第 73 条对支票的定义规定为:"支票是指银行即期付款的汇票。"汇票与本票的不同之处是不由出票人本人付款。支票亦不由出票人付款,而是由出票人开户银行付款,由收款人或者收款人开户银行收款。在汇票、本票、支票三种票据中,支票与银行的关系密不可分。可以这么说,无银行即无支票。但无论是付款银行还是代收银行,又均与出票人和收款人之间的债权债务无关。遇银行不支付客户所签发的支票时,支票的收款人并无权因支票被银行拒付向银行起诉。因二者间并无债权债务关系。英国判例,史密斯诉伦敦联合银行案(1875):原告的一张经收款人背书支付给来人的支票被窃,窃贼将之卖给了一不知情的人。该人去被告银行取走了票款。法庭认为,来人为正当持票人,银行不对原告承担任何责任。

在实务中,银行一般可作为"退票"的理由有:①出票人签名或印鉴不符;②出票签发不符合规定;③大小写金额不符;④缺乏收款人名字;⑤支票已止付;⑥出票人存款不足;⑦要项涂改需出票人证明,等等。在英国,银行退票,出票人住在本邮区的,要求当日发出通知;不住同邮区的,至迟于下个营业日即须发出通知。支票遭银行"退票",持票人只能向出票人追索,出票人签发支票即负有担保付款的责任。由于付款银行与出票人之间,以及代收银行与收款人之间的各自合同关系,银行在支票的付款与代收中,对出票人与代收客户应当承担什么样的法律责任,即本目所要探讨的主题。

中国《票据法》已经 1995 年 5 月 10 日全国人民代表大会常务委员会通过,自 1996 年 1 月 1 日起生效施行。本法适用于在中国境内的票据活动。对于出票、背书、付款等行为中既有发生在中国境内又有发生在中国境外的

---

[1] "Bill of Exchange Act"的直译为"汇票法",由于它不仅规范"汇票"(bill of exchange),也规范"本票"(promissory note)和"支票"(cheque),将之译为"票据法"也可以。

中国《票据法》第 82 条规定:"支票是出票人签发的,委托办理支票存款业务的银行或者其他金融机构在见票时无条件支付确定的金额给收款人或者持票人的票据。"

涉外支票,按本法第五章涉外票据的法律适用规定适用法律。

按照中国《票据法》第59条规定,对于汇票金额为外币的,按照付款日的市场汇价,以人民币支付;汇票当事人对支票支付的货币种类另有约定的,从其约定。

《票据法》体现了中国立法与国外法例的协调。所谓"协调",即求同存异,避免冲突,涉外票据的法律适用发生冲突亦有共同接受的办法加以解决。各国商人都希望买卖兴隆,不希望受到各国立法不同而产生的法律冲突的困扰。中国票据立法满足了国内外商人的这一共同愿望。当今国际社会的独立国家在增多,[1]各国无不坚持和维护其立法与司法的主权。在经济日益全球化情况下,仍主要以国际私法为手段去解决各国经济立法上的法律冲突,难免过于消极。积极的办法即一国在其经济立法中主动采取求大同存小异,与国外法例保持协调的态度,自觉顺应潮流和人心。所有国家对于别国结合国情的经济立法,均应本着相互尊重主权和互不干涉内政的原则,允许其法律差异的存在。同时,指望国际社会在经济领域能多产生些统一的实体法也并不现实。就以票据中的汇票和本票而言,早在1930年6月7日即已缔结过三个日内瓦公约(《统一汇票和本票公约》、《解决汇票与本票若干法律冲突公约》、《汇票与本票印花税公约》),但批准或参加这三个公约的国家不过20个,[2]除前苏联外,均为当时的大陆法系国家。联合国大会1988年12月9日正式通过了供开放签字的《联合国国际汇票与国际本票公约》,迄今在该公约上签字的国家亦仅有前苏联和加拿大、美国,批准国尚远未达到生效要求的10个国家数目。联合国国际贸易法委员会于1984年着手起草的"联合国国际支票公约",由于国际银行界倾向采用电子资金划拨取代支票支付,即使完成了"支票公约草案"也将作用不大。

中国《票据法》的体例(以汇票为主)、原则(坚持对价与保护正当持票人)和程序(请求保全票据权利),与国外法例是沟通、接轨的。就是说,在大的方面是趋同的。中国《票据法》只在小的方面结合国情作了一些特有规定,下面就与支票有关的择其要者而言:

(1)票据金额以中文大写和数码同时记载,二者必须一致,二者不一致的票据无效。

(2)中国的"支票"可以支取现金,也可以转账。用于转账时应在支票正面注明;专门用于支取现金的"现金支票",只能用于支取现金;专门用于转

---

〔1〕　国际联盟会员国最多的时候是1934年,有59个国家;联合国的创始会员国51个,1995
年9月19日第五十届联大开幕时,全部会员国已达185个国家。2000年9月5日开幕的
五十五届联大接纳太平洋岛国图瓦卢为会员国,使联合国会员国已增至189个国家。

〔2〕　奥地利、比利时、巴西、丹麦、芬兰、法国、德国、希腊、匈牙利、意大利、日本、卢森堡、摩纳
哥、荷兰、挪威、波兰、葡萄牙、瑞典、瑞士、苏联。

账的"转账支票",只能用于转账,不得支取现金。中国未实行划线制度。[1]

(3)中国的"支票"限于见票即付,不得另行记载付款日期;另行记载付款日期的,该记载无效。中国不承认注期支票,对注期支票依法仍作见票即付处理。

(4)在中国,法律允许以交付支票或以背书转让支票等合法方式取得支票。非经背书转让取得支票者,须依法举证证明其支票权利。经连续背书转让的支票,必须记载被背书人名称,不得作空白背书。转让支票的背书人与受让支票的被背书人在支票上的签章必须依次前后衔接。

中国法以上特有规定的存在与国情有关。中国企事业单位长期使用的是"现金支票"与"转账支票",在以往个人均不签发使用支票。在中国,涉外票据的法律适用出现法律冲突,即可按《票据法》第五章规定的原则解决。

由于中国《票据法》自1996年1月1日起才生效实施,本目在探讨支票活动中的银行责任这一问题时,主要是参照有关国外判例来进行论述和论证。

四、银行对客户指控的抗辩

在法律上,银行有责任为客户支付票款和代收支票。支票在日常生活与商事活动中是使用最广泛、数量亦最多的一种票据,如以支票支付货款、服务费用、债款、工资和交纳学杂费,等等。[2] 鉴于支票使用的广泛,国外有些票据法专著即系以支票作为论述的主要内容。但作为法律体例,各国仍系以汇票为主,而且有关汇票的规定,除对支票另有规定外,均适用于支票。中国《票据法》亦如此。[3] 再者,除标明为"票据法"的专项法规规范支票外,规范支票的法规还散见于其他法律有关票据的规定,如刑法中有关伪造票据(文据)罪的规定,诉讼法中有关票据诉讼程序的规定,民商法中有关票据抵押与留置的规定,等等。中国《民事诉讼法》(1991)第十八章公示催告程序即规定,按照规定可以背书转让的票据持有人,因票据被盗、遗失或灭

---

[1] 中国自1997年12月1日起施行中国人民银行发布的《支付结算办法》,已允许实行支票划线。

[2] 1992年各种非现金支付的百分数统计:

国 家	支 票	贷转划拨	直接借记	支付卡
英 国	45.0	21.0	15.0	19.0
加拿大	62.4	4.4	4.3	28.9
美 国	80.5	1.8	0.9	16.8

——Bruce J. Summers:The Payment System – Design,Management and Supervision,IMF,1994,p. 109.

[3] 《票据法》第94条规定:"支票的背书、付款行为和追索权的行使,除本章规定外,适用本法第二章有关汇票的规定。支票的出票行为,除本章规定外,适用本法第24条、第26条关于汇票的规定。"

失,可以向票据支付地的基层人民法院申请公示催告;支付人收到人民法院停止支付的通知,应当停止支付,至公示催告程序终结;利害关系人应当在公示催告期间(不得少于 60 日)向人民法院申报,人民法院收到利害关系人的申报后,应当裁定终结公示催告程序,并通知申请人和支付人;没有人申报的,人民法院应当根据申请人的申请,作出判决,宣告票据无效,判决应当公告,并通知支付人;自判决公告之日起,申请人有权向支付人请求支付。

以香港而言,每个营业日银行就要处理 20 多万张支票,每周在 100 万张以上,实难办到万无一失。后如发现有关支票为窃得或拾得,或支票有假冒签名,而付款银行已经为客户付出了票款或已经代客户收取了该支票,均可能面临出票人客户指控银行违反委托责任,或支票的真正所有人指控银行民事侵权。

银行与客户关系一经确立,银行即须对客户承担执行其支付命令作支付、结账、保密、业务熟练与合理小心等委托责任。银行如有疏忽,要因错误酌情赔偿客户损失。拉姆斯登公司诉伦敦信托储蓄银行案(1971 年):原告公司雇员将公司应付给"布朗·米勒公司"的支票写为付给"布朗",后留空白,继以"布朗"的背书取走票款。法庭判决,银行既有疏于核查往来账户之责,客户亦为欺诈提供了可乘之机,银行按减少 10% 的比例作赔。

中国《商业银行法》第 29 - 30 条规定,商业银行办理个人储蓄存款业务,应当遵循存款自愿、取款自由、存款有息,为存款人保密的原则;对个人储蓄存款和单位存款,除法律、行政法规另有规定外,商业银行有权拒绝任何单位或个人查询,或冻结、扣划。同法第 33 条规定,商业银行应当保证存款本金和利息的支付,不得拖延、拒绝支付存款本金和利息。中国《票据法》第 57 条第 2 款规定,付款人及其代理付款人以恶意或有重大过失付款的,应自行承担责任;第 105 条第 2 款规定,由于金融机构工作人员在票据业务中玩忽职守,给当事人造成损失的,由该金融机构和直接责任人员依法承担赔偿责任。

民事侵权是指毫无根据地否定他人在其财物中享有的权利,或从事任何与他人对该财物的权利相抵触的行为。对于支票的民事侵权属于侵权法中的"侵占"(conversion)。银行如承担侵占责任,即须全额偿还已扣账的或已收取的所有人的票款。在支票的付款与代收问题上,既保障客户的正当权益,又给予银行以合理保障,以维护正常金融秩序和促进市场经济的健康发展,各国票据法无不将之当作一项重大任务。中国票据立法宗旨亦在于规范票据行为,保障票据活动中当事人的合法权益,维护社会经济秩序和促进社会主义市场经济的发展,要求票据活动应当遵守法律、行政法规,不得损害社会公共利益。

中国《商业银行法》第 5 条规定:"商业银行与客户的业务往来,应当遵循平等、自愿、公平和诚实信用的原则。"第 6 条规定:"商业银行应当保障存款人的合法权益不受任何单位和个人的侵犯。"作为银行,面临客户提起违反委托责任或民事侵权的指控时,国外判例允许银行可用作抗辩的理由有:"依正常业务常规"(in the ordinary course of business)、"本着善意行事"(act in good faith)、并"无疏忽"(without negligence)以及其他。

(一)依正常业务常规

对"正常业务常规",各国法例均无定义,只能依公认的银行实务惯例加以解释。是否"依正常业务常规"是个事实问题,应由被控银行负举证之责。对于"依正常业务常规"的问题,可作如下分析:

1. 银行明知可疑而不予查询,可以视作未"依正常业务常规"。

英格兰银行诉瓦克利亚诺兄弟公司案(1891 年):被告公司一办事员假冒许多顾客签名向瓦克利亚诺公司签发汇票,又伪造背书从该公司在银行的账户中取走巨额现金。法庭判决,对这批票款,银行有权借记入瓦克利亚诺公司账户,因其中包含付给来人的汇票,对背书可以不顾。该判决为上议院推翻。霍尔斯伯里勋爵在本案中称:"我可以想像,当一个形迹可疑,看来不像可被信赖授予贵重票据的人前来要求提款时,银行柜员在付款前应会十分犹豫不决。"因此,如遇有形迹可疑的人要求提取巨额现金,银行必须进行查询。这一原则同样适用于支票。中国《票据法》第 31 条规定,非经背书转让而以其他合法方式取得支票的,应当依法举证,证明其支票权利。

2. 划线支票或转账支票的付款规则,既是法律的要求,亦为银行实务惯例,如有违反,则不能被视为"依正常业务常规"付款。

划线制度为支票所独具。支票划线起源于西方 19 世纪的金融城清算所。当时 A 银行划给 B 银行的支票,A 银行即在 B 银行名称上下划两条平行线,清算一结束,该票款即划归 B 银行。后客户也开始在其签发的支票上划线,以防支票被盗、失落而被人冒领,并从此成为一项银行实务惯例。划线规则的主要内容包括:如为普通划线,须经一银行提示,且只能付款与提示银行;如为特别划线,则须经划线中指名的银行提示,且只能付款与该指名的银行或作为其托收代理人的银行。付款银行违反此一规则,除非是付与支票的真正所有人,否则,须承担赔偿责任。

大西方铁路公司诉伦敦郡银行案(1901 年):一名为哈金斯的人在伦敦郡银行并无账户,只是经该行兑换支票已有多年。哈金斯自大西方铁路公司骗得一张以他为收款人,并有"不可转让流通"划线的支票。他以之在伦敦郡银行换得了现金。哈金斯欺诈败露被定罪后,大西方铁路公司对伦敦郡银行起诉,要求追回支票款。上议院裁决,哈金斯并非伦敦郡银行客户,因他在该行并未开立任何账户。银行违反划线制度规则,将哈金斯作客户对待,应当承担责任。中国《票据法》在第 83 条对开立支票存款账户作出以下严格规定:"开立支票存款账户,申请人必须使用其本名,并提交证明其身份的合法证件。开立支票存款账户和领用支票,应当有可靠的资信,并存入一定的资金。开立支票存款账户,申请人应当预留其本名的签名式样和印鉴。"

又如,奥格登诉贝纳斯(银行)案(1874年):奥格登在伦敦一家银行开有账户。一天,他向住在利物浦的维利斯先生邮寄一张划线支票。该支票被窃。窃贼持支票向利物浦被告银行提示,被告银行未核查持票人身份是否即收款人维利斯先生,便同意办理承兑,并通过该行在伦敦的办事处将支票换得现金。几天后,窃贼从被告银行取走了承兑的票款。奥格登向法院起诉,要求被告银行赔偿损失。法庭以被告银行有疏忽判其负赔偿责任。

再如,房产公司诉伦敦郡和威斯敏斯特银行(1951年):A开出一张划线支票,并非划线收款人的B要求被告银行承兑该支票。被告银行未核查B对支票的权利即接受了其请求,并让其取走票款。法庭认为,由于是划线支票,被告银行做法已构成疏忽,因而应向该支票的真正所有人承担责任。

中国未采取划线制度,但有"现金支票"与"转账支票"之分。自1997年12月1日起实施中国人民银行发布的《支付结算办法》,已允许实行支票划线。因此,国外有关划线支票的付款规则与银行实务惯例对我们仍具有参考价值,而国外有关这方面的判例亦值得注意。

3."正常业务常规"所要求的某些做法,尽管没有为票据法规所规定,银行疏于执行,则会影响其抗辩理由的充足性。

如依英国1957年《支票法》第4(3)条的规定,[1]付款银行可以无须核查支票的背书。但"常规"对于在柜台取现的支票,银行是要求收款人作背书的。如不作此要求,即有可能被指责为未"依正常业务常规"办理;再者,凭持票人在支票上所作背书,可以作为其收款事实的有效证据,也就是说,银行可以做到"凭事实说话"。中国《票据法》第55条有关于持票人获得付款作签收的规定。表明在中国,银行对于在柜台取现的支票,要收款人作背书签收,尚系出于法定。

4."正常业务常规"与票据法规有不一致的地方,银行依"常规"还是依"法规"。

从银行立场考虑,本着稳健经营与增强抗辩力的原则,仍应依"常规"进行作为与不作为为宜。如出票人在收款人栏填写的是"现金"或"工资",由于并非是要求付款给指定人或持票人(来人),按照"法规",这不是票据。依"常规",银行仍可凭该类"支票"在柜台付款,因其仍不失为一种有效的收支凭证;当然,银行如不予承办,出票人也无权因其开出不合格的"支票"而控

---

〔1〕　银行并不因其本人未能察及支票缺少背书或其背书合乎常规的理由而被视为疏忽。

告银行。又如依英国《汇票法》第9(2)条规定,汇票的应付金额同时以文字和数字表示的,在二者不相符时,应以文字表示金额为应付金额。对于支票付款,依"常规",银行仍可以"大小写不符"为由拒付,因该支票票面有缺陷,出票人亦无权控告银行。在中国,《票据法》第8条规定:"票据金额以中文大写和数码同时记载,二者必须一致,二者不一致的,票据无效。"

从客户立场考虑,到银行开户,依双方合同的默示条款,亦得接受银行"常规"。如银行对不是使用本行所印刷的支票,有权拒付。又如,"常规"要求客户如要止付支票,必须发出书面通知,并在通知中写明有关支票的细节,方为有效。银行在实务中也常先依客户的电话或电报通知,暂停付款,再要求客户尽快补发书面通知。仅凭电话或电报止付支票是没有法律效力的。柯蒂斯诉伦敦城市和米兰德银行案(1908年):柯蒂斯向被告行签发一张支票,但于同日以电报止付。因被告行职员的疏忽,造成止付电报被搁置2天,其间该支票已经付款。被告行将票款借记入柯蒂斯账户,引起争讼。法庭判决,被告无须偿还原告该票款,因即使电报已被收到并据以行事,亦只是授权银行(被告)暂停付款,直至收到客户(原告)正式的止付通知,故电报止付并无效力。在中国,《票据法》第15条规定:"票据丧失,失票人可以及时通知票据的付款人挂失止付,……收到挂失止付通知的付款人,应当暂停支付。"这表明,"通知"挂失亦仅授权"暂停支付"。同条第3款规定:"失票人应当在通知挂失止付后3日内,也可以在票据丧失后,依法向人民法院申请公示催告,或者向人民法院提起诉讼。"1994年山东淄博市法院受理一起诉案:某厂供销员刘某遗失一张已盖好单位及有关人员印章的空白转账支票,立即报告了厂方,厂方当即通知了开户银行,并于当晚在当地广播电台和电视台播出了遗失声明。事隔4天,某商店持银行退回的支票到该厂要求支付7 230元货款。厂方以该支票已声明作废为由,拒绝承担任何责任。商店告到法院。审理法院认为,被告厂方虽通知了开户银行,并在有关新闻单位播出了"遗失声明",但这种提醒有关方面注意的"周知式"做法,并不具有法律效力。为此,被告厂方应负主要责任,承担3/4的经济损失。原告商店在接受转账支票时,未核对持票人身份,造成持票人冒用他人已挂失的支票,因此,也应负一定责任,承担1/4的经济损失。按照中国法律,遗失支票的人只有到基层法院办理了公示催告,并经法院判决宣告该支票无效,才具有法律效力。中国自1997年12月1日起施行的中国人民银行发布的《支付结算办法》已规定:付款人或代理付款人收到挂失止付通知书后,查明挂失票据确未付款时,应立即暂停止付。付款人或代理付款人自收到挂失止付通知书之日起12日内没有收到人民法院的止付通知书的,自第13日起,持票人提示付款并依法向持票人付款的,不再承担责任。

对于"常规"与"法规"的关系,有一点则须肯定,即无论如何"常规"也改变不了"法规"的效力。如依香港银行的"常规",是将提示日之前已逾6个月的支票视为"过期支票",而予以退票,但这并不能改变持票人可追索出票人的期限为6年的时效。香港《起诉期限条例》规定,合同的诉讼时效为6年。中国《票据法》第92条规定:"支票的持票人应当自出票日起10日内提示付款;异地使用的支票,其提示付款的期限由中国人民银行另行规定。超过提示付款期限的,付款人可以不予付款;付款人不予付款的,出票人仍应当对持票人承担票据责任。"同法第17条规定,持票人对支票出票人的权利,自出票日起6个月内不行使而消灭;第18条规定:"持票人因超过票据权利时效或者因票据记载事项欠缺而丧失票据权利的,仍享有民事权利,可以请求出票人或者承兑人返还其与未支付的票据金额相当的权益。"这与境外法例是一致的。再者,依照各国票据法例,遇有以下等情况,银行对支票作了支付,仍均得负责:①已获悉有关客户死亡或已为精神病患者的通知。但如有关账户为合伙或联名账户,有其中一人死亡,生存的客户取得对整个账户款项的使用权,从而仍可继续使用账户;②已获悉针对某客户的破产申请或接管令,或某客户已为一未经解除的破产人;③银行已被送达针对某客户存款的冻结令或扣押令;④已获悉支票提示人对支票不具有所有权或其所有权有缺陷;⑤如据银行所知,有关存款是客户依其信托人身份持有,则银行有责任不得将该款项作不符合信托目的的支付,从而对非为该类目的而签发的支票仍不得支付;⑥对违反票据法规定的票据不得作支付。阿拉伯银行诉罗思案(1952):原告行以两张票据的正当持票人身份控告罗思。涉讼的两张票据均系将被背书人纳布尔西公司背书为"纳布尔西"。英国法庭主张,原告行非正当持票人,因背书在形式上不规范,未写明被背书人公司全称。[1] 中国《票据法》第30条也有规定,以背书将一定的票据权利授予他人行使时,必须记载被背书人名称。第18条并规定,持票人可以因票据记载事项欠缺而丧失其票据权利。

（二）本着善意行事

按英国《汇票法》第90条对"善意行为"的定义,可解释为"凡事实上是依照诚信原则所为的行为,不论有无疏忽之处"。是否"善意",是个事实问题。但任何人所为之行为在有相反证据之前,均应推定其为"善意"。因此,客户欲指控银行不是"本着善意行事"应负举证之责。

（三）无疏忽

"疏忽"一词则无法定定义,从而在解释上尚有许多争议。有人认为,"无疏忽"是"本着善意行事"的应有之义;有人认为,"有疏忽"与"本着善意行事"并不互相排斥;还有人认为,"有疏忽"则不应被视为"依正常业务常

---

〔1〕　A. Arora:Practical Business Law,Macdonald and Evans Ltd. ,1983,p. 197.

规"行事;也有人认为,虽然"正常业务常规"已含有谨慎操作之意,但亦非指万无一失。按前述英国法对"善意行为"的法定解释,应当肯定"有疏忽"与"本着善意行事"并不互相排斥的观点。

下面举几个被英国法庭判为银行有疏忽的案例。

例如,罗斯诉伦敦郡威斯敏斯特与帕尔银行案(1919 年):加拿大海外军事部队伦敦办事处一军需官,将载有"付与加拿大海外军事部队财产管理部部长"的 32 张、共计 3900 英镑的支票,经由部长背书签名后,窃为己有,存入他在被告银行开设的私人账户中。被窃部队的长官罗思以"侵占"起诉被告银行。法庭认为,一张以公职人员为收款人并经其背书签名的支票,在付入一私人账户时,代收银行应对该私人客户对该支票是否有所有权进行查询。本案被告行没有这么做,故已构成"疏忽"。

又如,英国的汽车经销商担保公司诉米德兰银行(1937 年):汽车商特德骗得原告公司交与其一张以另一汽车商为收款人的支票。特德侵占该支票,交由被告银行代收入其私人账户。被告银行曾进行查询,并获似有理由的答复,即未深究。原告起诉后,银行被判为"有疏忽"。理由即该行在为特德代收涉讼支票之前 6 个月内,曾发生 35 张经其签发的支票因存款不足为该行拒付之事。因此,该行对涉讼支票不向有关出票人和收款人作进一步查询为"有疏忽"。

再如,国民威斯敏斯特银行诉巴克利国际银行案(1974 年):本案被告为一尼日利亚商人。他急于从尼日利亚转移出一笔资金,向国民威斯敏斯特银行伦敦分行签发一张 8 000 英镑支票,委托伦敦巴克利银行代收。这张支票被窃,窃贼加以涂改,在付款行取走票款。法庭认为,付款行在作支票付款时有责任核查票面有无涂改和出票人签字的真伪。

对银行的有无"疏忽",在英国还有过几个判例予以解释,加以综合考虑可供作参考:①劳埃德银行诉萨沃里公司案(1937 年),初审法庭认为,判断银行有无"疏忽",须看其态度是否符合一个有理性的人在办理银行业务时的要求和是否像一个正常的人那样提防欺诈;②马尔范尼公司诉米兰德银行案(1968 年),法庭进一步主张,还得就一家银行的整个业务水准加以考察,如是否掌握了对其客户应予掌握的有关情况;③拉姆斯登诉伦敦信托储蓄银行案(1971 年),法庭还主张,客户申请开户时,银行不应仅凭其提交的证书,还应查询其电话号码簿,并核实其住址和从事的职业。

以上国外判例,对于理解中国《票据法》有关金融机构工作人员在票据业务中的有无"过失"或"玩忽职守"的规定,具有不容忽视的重要价值。

(四)银行可以援用的其他免责理由

在支票的付款与代收上,银行面临客户指控时,除可以"依正常业务常规"、"本着善意行事"、并"无疏忽"的理由作抗辩外,还可以援用以下的规则或原则作为免责理由：

1. 客户未恪尽其"自我保护"之责。发生在英国的麦克米伦与阿瑟案（1918）：支票金额"￡2"，在"￡"与"2"之间填写时留有空白，大写栏又未填写，后被冒领者将金额改为"￡120"，并填上相应大写金额，从银行取走票款。法庭判决，客户未对银行恪尽其应尽之责，即小心谨慎地签发支票，以免予人以欺诈可乘之机，应当自行承担责任。该判例被称作"麦克米伦与阿瑟规则"（Rule in Macmillan and Arthur）[1]。

2. 客户对已承认的事实不得否定。这在英国有以下判例可资援引：莫里森公司诉伦敦郡与威斯敏斯特银行案（1914 年）：莫里森公司一雇员被授权可为公司业务代表公司签发支票。该雇员在一段时间里将 50 张由其签发的公司支票存入其开立在被告银行的私人账户。事发后，该公司与雇员达成私了协议，如数归还挪用的票款，公司不向银行举报并继续雇用该雇员。几年后，公司发现该雇员仍恶习未改，即指控银行有疏忽之责。上诉法庭判决，原告容忍其雇员的欺诈并与之私下了结的行为，使被告行本应有的怀疑被消除，原告的行为可被视作已追认了有关欺诈的支票，故银行无须为其疏忽行为承担责任。

格林伍德诉马丁斯银行案（1933 年）：格林伍德在马丁斯银行开立账户，支票簿由其妻保管。1925 年 10 月，当他想签支票时，其妻告诉他，因她姐姐被卷入一场讼案，她已将存款全部取出进行资助，并要求他不要通知银行，他也同意了。后来，格林伍德发现，其妻姐并未卷入任何讼案，是受骗了。他告知其妻他要立即通知银行。其妻因而自杀。格林伍德控告马丁斯银行，要求对凭其妻伪造签名的支票所付出的款项给予赔偿。上诉法院与上议院均主张，客户发现冒领情事有责任立即通知银行。根据本案情况，银行有权援用"对已承认的事实不得否定"的原则对抗客户。

3. 系出于非银行的原因或非银行所能控制的原因。发生在英国的雷德蒙诉阿利德·艾里什银行案（1987 年）：雷德蒙签发 3 张支票支付 G，并作特别划线。G 声称支票已向其开户的银行（被告）作付款提示，考虑到税收负担，要求雷德蒙支付现金，雷德蒙照办了。G 随即携款隐匿起来。雷德蒙以代收银行有责任在 G 作付款提示的支票上加注为由起诉。法庭判决，G 在被告行并未开设账户，从而与阿利德·艾里什银行无关。

小结：

被告银行援用"依正常业务常规"、"本着善意行事"、并"无疏忽"的理由作抗辩，必须三者同时具备方为理由充足。否则，亦难以免责。卡彭特斯

---

〔1〕 David Palfreman：Law relating to Banking Services（Fourth Edition），Pitman Publishing，London，1993，p. 238.

公司诉英国互助银行案(1938年):原告公司在被告银行开立账户,公司秘书B在被告行亦设有私人账户。自1920年起,B将公司付与供销商支票加以侵占,同时还以代公司签发支票以清偿伪造支票的手法侵吞公司钱款,两项共计4000英镑。所有前述支票均经符合手续的签字及划线,B假冒收款人作背书将之划入自己私人账户。事发后,卡彭特斯公司控告英国互助银行,要求赔偿损失。法庭判决,被告银行作为付款银行是善意并依正常业务常规付款的,但其同时又为代收银行。而其行事并非无疏忽,故须对支票的出票人即原告公司承担侵占之责,全额偿还已扣账的所有人的票款。

再者,出现了伪造签名冒领支票款,究竟是出于银行方面疏忽,还是由于客户的不小心,如何认定? 或者说,客户对银行承担小心谨慎的责任限度为何? 英国有个重要判例可供参考。1985年香港的大兴制棉厂公司诉廖创兴银行案等:一名受雇于大兴公司的会计员,在一段超过5年的期间里,伪造常务董事签名,在该公司开设账户的廖创兴银行等三家银行开出约300张支票,总额达550万港元。该公司一直未觉察,直到一新雇会计员整理账目时才发现。该公司要求各银行将伪造支票支取的票款退回该公司账户,为各银行拒绝。银行声称,每个客户对其银行承担小心谨慎之责,作为一个客户,他应采取预防措施来防止他人伪造支票向其银行支取票款,并应核对其银行结单。英国上议院拒绝了这些抗辩理由,认为银行无权凭伪造支票从客户账户中支取票款。因在处理往来账户上,客户对银行所承担的小心谨慎责任是限于:不得开出足以促成舞弊或伪造支票,以及一经发觉其账户有任何伪造支票开出时,应立即通知银行。上议院重申了前述"麦克米伦与阿瑟规则"和格林伍德诉马丁斯银行判例的效力。本案(大兴制棉厂公司诉廖创兴银行等)被判银行败诉。

以上关于银行对客户指控的抗辩和所引国外判例的论证,有助于我们全面理解与正确贯彻执行中国《票据法》。中国《票据法》第93条规定,除付款人以恶意或有重大过失付款的以外,"付款人依法支付支票金额的,对出票人不再承担委托付款的责任,对持票人不再承担付款的责任。"

五、银行对支票错付的补救

支付银行如获客户有人冒签支票通知,对已作出的错付如何补救呢? 向收款人或欺诈者追索,是其惟一补救办法。

(一)错付追索条件

如收款人为欺诈者,在任何情况下,银行均有权追索。如收款人为一不知情的人,银行以错付为由对其追索,参照法例与国外判例则必须同时符合以下三个条件:

1.有关的支付须出于事实性的而非法律性的错误。如付款银行将付给"成功"个人的支票额付给了"成功商店",即为事实性的错误。又如一家支付银行兼代收银行,将一张签发给客户公司的转账支票作一般现金支票处理,造成损失,即法律性的错误,不得追索。法律性错误所应承担的责任,则视具体问题而定。

2. 付款给收款人并未获客户授权。前例,付款银行将付给"成功"个人的支票款付给了"成功商店",此即属于未获出票人客户授权的付款。

3. 由错误的事实引发了付款。前例,银行将支票款付给了"成功商店",即系基于把"成功"个人错为"成功商店"的事实。本例,银行完全可以错付为由对"成功商店"进行追索。

不列颠与北欧银行诉扎莱斯坦案(1927):银行客户的透支比约定限额多透支 900 英镑,银行经理为向稽核人员隐瞒这一工作差错,从别处拨给 2 000 英镑存入该客户账户。稽核检查过后,银行经理又将这笔款项从该客户账户扣除。该客户对这些并不知情。在银行以透支违约控告该客户时,该客户看了账目后辩称,银行经理虚假存入的 2 000 英镑已在当时使透支得到清偿。法庭拒绝了该客户所作的这一答辩,理由即该客户实际上是想从这笔错账中不当得利。

(二)错付追索限制

在同时符合上述三个条件的前提下,付款银行才可因错付向收款人追索。但追索是否成功,参照法例和国外判例,还得受以下限制:

1. 如收款人误收票款后,误信归己并作宽用,对其追讨可能为其造成损失或有失公平时,法庭一般不会允许追索。

国外判例,联合海外银行诉吉瓦利案(1976 年):吉瓦利通过电讯得知他在银行账户有 2.1 万美元结存,实仅 1.1 万美元。吉瓦利签发一张 2 万美元支票支付旅馆费用。继后,银行将正确的结存金额通知了他。吉瓦利又改签一张 1.1 万美元支票支付旅馆费用。法庭判吉瓦利败诉。该判例确立了银行不得追索错付的三个条件:①账目为银行误记;②客户对错账已作误信;③基于误信并已作宽用。吉瓦利改签支票即改变了宽用,不符合第③条。

2. 如收款人为"正当持票人",错付银行仍不得对其追索。

支票的指定收款人或来人支票的执票人,以及执有支票的被背书人,均为"持票人"。偷得或拾得支票并据为己有者,也是"持票人",而被窃或遗失支票者尽管仍为支票的"所有人",但已非"持票人"。善意并付出代价而得到无记名支票的受让人,为"正当持票人"。出票人无权否定"正当持票人"作为收款人的存在;再者,即令是支票的真正"所有人",亦无法对之行使追索权。取得伪造背书的记名支票者则不能成为"正当持票人",因伪造和签名是无效的。"正当持票人"必须是经转让流通而取得无记名支票的人。支票的指定收款人或受票人,由于其为第一手支票权利人,并未涉及转让流通,就不能成为"正当持票人"。支票的转让流通与货物的转让是不同的。如有人购进一部偷来的自行车,买主全然不知自行车是偷来卖给他的,真正的车主在任何时候均可以追索自行车并起诉买主。对买主惟一的救济是起诉卖主,而卖主早已逃得无影无踪。被盗支票的真正所有人,有权向窃贼追索。如该支票已用于购物,卖主并不知该支票所有权有缺陷,仍取得对该支票的完全所有权,即他已成了该支票的"正当持票人"。有权向窃贼追索的支票真正所有人并无权向现在持有支票的"正当持票人"追索。赋予"正当持票人"此一法律地位,是来源于西方几个世纪的商业实践。在货物买卖中,商人从一手交钱一手交货,进化到也接受票据支付,免除了随身携带巨额现金之累。法律保护"正当持票人",才能打消接受票据支付的人的疑虑。否则,如果接受票据的人老是惧怕其所获票据支付要受到不知道的前手所有权缺陷的损害,那么,他就不会接受票据支付仍只愿接受现金了。

都柏林国民银行诉西尔克案(1891年):被告签发一张450英镑,收款人为莫里亚蒂先生的支票,划线标明"都柏林国民银行,莫里亚蒂先生账户"。莫里亚蒂将支票背书签发后转让给原告银行取走票款现金。后来,该支票为出票人(西尔克)以误述取得为由止付。上诉法庭判决,原告银行乃"正当持票人",有权向出票人(西尔克)追索票款。因为,银行本着善意行事,对误述一事全不知情,且已付出票款(对价);支票划线标明"都柏林国民银行,莫里亚蒂先生账户",如再加注"不得转让流通",银行才不能取得优于收款人(莫里亚蒂先生)对该支票所享有的所有权。

在中国《票据法》上虽未见"正当持票人"这个术语,但亦承认"正当持票人"的地位,这从以下几点可以得到证明:①中国《票据法》立法宗旨亦在于维持社会经济秩序与促进社会主义市场经济的发展。②中国《票据法》亦要求,"票据的取得,必须给付对价"(见第10条),只有"出于恶意取得票据的,不得享有票据权利"(见第12条)。③中国《票据法》第13条已明确规定:"票据债务人不得以自己与出票人或者与持票人的前手之间的抗辩事由,对抗持票人。"

六、错误拒付支票的银行责任

如客户有足够存款或约定透支,在该额度之内,银行必须支付该客户签发的支票,如银行错误拒付,就要承担法律责任。在英国,如客户为商人,可以获得实际赔偿(或大额赔偿);如客户不是商人,则只能获得名义赔偿(或小额赔偿)。他要取得实际赔偿,得举证证明他蒙受的特别损失。吉本斯诉威斯敏斯特银行案(1939年):不是商人的吉本斯,因签发给房东的支票被银行错误拒付,起诉到法院。吉本斯在签发支票前已经存入银行一笔款项。由于银行错误贷记,入了另一个账户,故发生银行以为原告存款不足而拒付。银行辩称,吉本斯不是商人,又未蒙受任何特别损失,只能得到名义赔偿。法庭接受了银行的理由,判决吉本斯获得2英镑的小额赔偿。

在中国,无商人与非商人身份的区分。《票据法》第57条规定,付款人及其代理付款人付款时,应审查提示付款人的合法身份证明或有效证件;以恶意或有重大过失付款的,应当自行承担责任。

按照中国《商业银行法》和《票据法》,商业银行及其工作人员在票据业务中有违反规定的行为,视其情况的不同,所应承担的法律责任如下:

（一）刑事责任

金融机构工作人员在票据业务中玩忽职守,对违反《票据法》规定的票据予以承兑、付款或保证,造成重大损失,构成犯罪的,依法追究刑事责任。

（二）民事责任或赔偿责任

商业银行违反票据承兑等结算业务规定,不予兑现,不予收付入账、压单、压票或违反规定退票,对存款人或客户造成财产损害的,应承担支付迟延履行的利息及其他民事责任。金融机构工作人员在票据业务中玩忽职守,给当事人造成损失的,由该金融机构和直接责任人员承担赔偿责任。

（三）行政责任与纪律责任

票据的付款人对见票即付或到期的票据,故意压票,拖延支付的,由金融行政管理部门处以罚款,对直接责任人员给予处分。

商业银行工作人员玩忽职守或泄露在任职期间知悉的国家机密、商业秘密的,应给予纪律处分。

第三节　票据公约

一、日内瓦票据公约

1930年日内瓦《统一汇票本票法公约》和1931年日内瓦《统一支票法公约》,均反映大陆法系的票据体系。参加和适用日内瓦票据公约的20个国家,除当时的苏联外,其余均为大陆法系国家。以日内瓦公约体系与普通法体系有关汇票的规定而言,其主要区别如下:

日内瓦公约体系	普通法体系
1. 汇票上须注明"汇票"	无此要求
2. 汇票上要有受款人姓名或名称	不一定记名,允许凭票即付
3. 汇票上必须注明出票日期和付款日期或见票即付	汇票即使未注明出票日期,但如能确定付款日期,仍为有效汇票
4. 汇票上必须注明出票地与付款地	汇票不一定写出票地,但付款地必须注明

5. 汇票自签发后 1 年内提示要求承兑	在合理时间内提示要求承兑
6. 汇票背书如附条件,所附条件无效	附条件的背书对该被背书人有效,但付款人在付款时对所附条件是否成立不负调查责任
7. 票据被拒付时,持票人未及时通知前手并不丧失追索权	持票人应及时通知前手,否则丧失追索权

日内瓦票据公约即将可能为联合国票据公约所取代。

二、联合国票据公约

为促进各国票据制度的协调统一,联合国国际贸易法委员会在 1972 年第五届会议上通过《联合国国际汇票与国际本票公约草案》和《联合国国际支票公约草案》。《联合国国际汇票与国际本票公约草案修订本》已经国际贸易法委员会在 1987 年第二十届会议上通过,并提交联合国大会于 1988 年 12 月 9 日正式通过。但《联合国国际支票公约修订草案》仍有待最后定稿。

已获正式通过的《联合国国际汇票与国际本票公约》,对日内瓦公约体系与普通法体系就以下四个方面进行了协调统一:

1. 关于国际汇票与国际本票的定义。公约规定,除文句中标有"国际汇票"或"国际本票"外,至少有两个地点表明是处于不同国家的汇票、本票为国际汇票、国际本票。只有国际汇票、国际本票才具有适用本公约的条件,但不要求以下地点均须位于公约缔约国:①出票地;②出票人签名旁所示地点;③受票人姓名旁所示地点;④受款人姓名旁所示地点;⑤付款地。

2. 关于票据的内容。公约规定,国际汇票上必须载明出票日期,并不得开立无记名的国际汇票,但背书可以用空白背书(不记名背书)方式,使记名汇票实际上变成无记名汇票。

3. 关于持票人的保护。公约规定,付款人可在国际汇票上书写退票声明,代替拒绝证书。公约将持票人分为一般持票人与受保护持票人两种。对符合条件的受保护持票人,给予较强保护。如对于受保护持票人被拒付时,即使未及时通知前手,也并不丧失追索权;如为一般持票人,未及时通知前手则可能对其前手丧失追索权。

4. 关于伪造背书的后果。依《日内瓦票据公约》第 16 条规定,对经连续背书票据的持票人,即使背书中有一个是伪造的,仍对该票据享有权利,从而风险最终是落到受损失者身上。依英国《汇票法》第 24 条规定,伪造背书或未经授权的代理背书完全无效,从而风险最终是落到伪造者身上。联合国票据公约的折衷规定为,伪造背书的风险由伪造者承担;如伪造者逃匿或破产,则由从伪造者手中取得票据的人自行承担。

第四节　任意性惯例

国际贸易最常用的支付方式为凭国际汇票办理托收或信用证议付。

托收程序

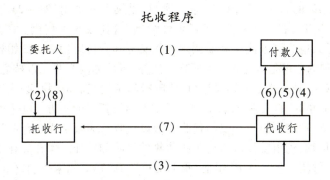

一、托收与国际保付代理

1. 在货物销售合同中双方规定采用哪种托收。

2. 委托人按合同规定装运货物后,到托收行填写托收委托书,开出跟单汇票(D/P sight 开即期汇票,D/P after sight 和 D/A 开远期汇票),连同货运单据交托收行。托收分三种:D/P sight 为即期付款交单,D/P after sight 为远期付款交单,D/A 为承兑交单。

3. 托收行将跟单汇票寄交代收行。

4. 代收行收到跟单汇票,D/P sight 向付款人作付款提示;D/P after sight 和 D/A 由代收行向付款人作承兑提示。

5. D/P sight,付款人照汇票付清货款,代收行交给货运单据。D/P after sight,付款人承兑汇票,代收行保留汇票及货运单据。如代收行接受了付款人的"信托收据"(T/R)借给货运单据,代收行即承担远期汇票到期必须付款的责任。D/A,付款人承兑汇票,代收行保留汇票,交给货运单据。

6. D/P sight 和 D/A 无这道程序。D/P after sight,到期付款人照汇票付清货款,代收行交给货运单据。

7. 代收行电告或邮告托收行,货款已收妥转账。

8. 托收行将货款交给委托人。

银行托收业务,在银行与委托人之间往往由于各方对权利、义务和责任的解释有分歧,加上各银行在业务做法上也有差异,从而导致争议。为有利于商业和金融活动的开展,国际商会于 1958 年推出一套《商业单据托收统一规则》(第 192 号出版物),建议成为大家自愿遵守的"惯例"。国际商会在

1967 年修订本(第 254 号出版物)基础上,于 1979 年 1 月 1 日起推行经过再次修订的规则,并改名为《托收统一规则》(第 322 号出版物)。"第 322 号出版物"包括:前言、总则和定义,以及义务和责任(1－6 条),提示(7－9 条),付款(11－14 条),承兑(15 条),期票、收据和其他类似的支付凭证(16 条),拒绝证书(17 条),需要时的代理(委托人的代表)和货物的保护(18－19 条),托收结果的通知及其他(20 条),利息、手续费和费用(21－23 条),共 23 条。供当事人自愿采用,属于任意性惯例。《托收统一规则》的要点如下:①委托人应受国外法律和惯例规定的义务和责任所约束。②银行除要检查所收到的单据是否与委托书所列一致外,对单据内容并无审核之责,即付款人如对单据内容提出异议拒付,代收行不负责任。但银行必须按委托书上的指示办事,如无法办理,应立即通知发出委托书的一方。③未经代收行事先同意,货物不能直接发给代收行或以代收行为收货人,否则,该行无义务提取货物,仍由委托人自行承担货物的风险和责任。④在委托书上必须指明是"付款交单"(D/P)还是"承兑交单"(D/A)。如未指明,代收行只能在付款后交单。⑤如被拒付,托收行应在合理的时间内作出进一步处理单据的指示;如代收行发出拒绝通知书后 90 日内未接到指示,可将单据退回托收行转告委托人。代收行不承担向付款人直接追索的责任。⑥与托收有关的银行,如由于任何电文、信件或单据在寄送途中的延误或丢失所引起的后果,或由于电报、电传或电子通讯系统在传送中的延误、残缺或错误,或由于专门术语在翻译或解释上的错误,不承担义务或责任。

现《统一托收规则》又经国际商会于 1995 年修订,自 1996 年 1 月 1 日起实施新的《统一托收规则》(第 522 号出版物),包括:总则和定义(1－3 条),托收的形式和结构(4 条),提示的形式(5－8 条),义务和责任(9－15 条),付款(16－19 条),利息和手续费(20－21 条),其他条款(22－26 条),共 26 条。"第 522 号出版物"除在条款安排上作了调整,主要是取消了"第 322 号出版物"第 21 条中有关"利息不可弃收"的规定。按"第 522 号出版物"(新规则),除非委托人在托收指示中已将实收利息部分纳入托收金额之内或在托收指示中规定要加收利息及注明利息不可弃收,代收行即无责任必须向付款人(受票人或进口商)执行汇票上的加收利息条款。"第 522 号出版物"(新规则)对远期付款交单及银行处理货物等责任问题已规定得更加清晰和便于操作。

由于托收全凭付款人的商业信用,风险较大,现国际金融界正兴起一项"进口保付代理"(import factor)业务,以保证托收的安全。为适应正兴起的进口保付代理业务的需要,提高托收这种国际支付方式的效用,政府间国际组织国际统一私法协会于 1987 年在罗马召开的政府专家委员会已完成对《国际保付代理公约草案》的修订,1988 年 5 月在渥太华外交会议上正式通过。中国参加了渥太华外交会议,并在《国际保付代理公约》上签署。

该公约在"序言"中指明的宗旨为:①保持保付代理交易的各方当事人权利的公正平衡;②为发展中国家提供更多的国际保付代理机会;③消除国际贸易中的法律障碍,促进国际贸易的发展。

该公约正文共 11 条:第 1 条规定,保付代理合同指供应商与保付代理人间订立的合同,由保付代理人向供应商承担购货商不付款的风险,保付托收应收款项。第 2 条规定,公约适用于营业地位于不同缔约国的三方当事人或适用于受缔约国法律管辖的各方当事人所订立的国际货物销售合同项下托收的保付代理合同。如一方当事人有一个以上营业地,则指那个与该合同及其履行有最密切联系的营业地。公约仅适用于缔约国之间,不扩大其范围。第 3 条规定,当事人可排除本公约的适用,可以部分排除,也可以整体排除。表明公约所确立的规范由当事人自愿采用。第 4 – 10 条规定一般原则。第 11 条规定,凡属于本公约范围而本公约未明确规定的问题,应根据本公约所规定的一般原则和国际私法规则适用的法律解决。

1988 年,芬兰赫尔辛基 SKOP 金融公司为中国出口公司提供对芬兰的进口保付代理服务,双方商定的办法如下:中国银行与芬兰银行订立中芬保付代理总合同;在总合同指导下,中国各出口公司分别直接与 SKOP 公司订立进口保付代理合同。进口保付代理合同包括以下特定内容:保付金额上限;支付币种;支付条件;出口货物种类;各方义务。根据进口保付代理合同,SKOP 公司承担保付责任,中方出口公司承担将出口托收及时通过 SKOP 公司代办的责任;在芬兰进口商不支付货款时,由 SKOP 公司保付;中方出口公司向 SKOP 公司提供芬兰进口商名单,便于进行资信调查,SKOP 公司负责为这项名单保密。

现中国银行除与芬兰外,还同美、英、德、意、瑞(典)等国银行和保理公司签署了国际保理协议。1993 年 3 月中国银行已加入国际保理商联合会(FCI)。

FCI 在 1988 年制定有《国际保理惯例规则》,经 1997 年修订,已成为任意性惯例供当事人选择适用。该规则主要规定了信用风险的承担、付款责任、保理商的代理、保证及其他责任、应收账款转让的合法性、补偿、预付款、期限、账务和报告、酬金、EDI[1] 保理、诚信义务等方面内容。该规则因由FCI 制定,是侧重于从保理商角度考虑问题,对贸易商与保理商之间容易发生纠纷的一些问题仍缺乏明确规定,并未能解决国际保理中的所有问题。当事人在签订保理合同时仍须注意订好合同条款。

在世界上,"国际保付代理"(international factor,以下简称"国际保理")

---

〔1〕　EDI,电子提单。

已经行业化。到1991年底,全世界已共有保理公司611家。1993年4月中国成立了第一家保理公司——北京中贸国际保理公司,由中国银行、对外贸易经济合作部计算中心、北京市计委合资组建。客户交保理公司1% - 1.5%佣金,公司即可为之承担100%的信用风险。随着国际保理的开展,托收的利用率已在日益增高。

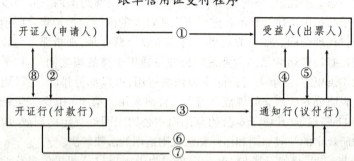

跟单信用证支付程序

二、跟单信用证

1. 进出口商双方在货物销售合同中订入信用证支付条款,一般分即期信用证条款、远期信用证条款、循环信用证条款。即期信用证条款如:"以不可撤销的信用证,凭卖方即期跟单汇票议付,有效期应为装运期后15天在中国到期。该信用证须于合同规定的装运月份前30天到达卖方。"远期信用证条款如:"以不可撤销的信用证,凭卖方开出的见票后X天的跟单汇票议付,有效期应为装运期后15天在中国到期。该信用证须于合同规定的装运月份前30天到达卖方。"循环信用证条款如:"以不可撤销的循环信用证,凭卖方即期跟单汇票议付。信用证金额为×元。于每次议付后(或装运后)×天自动恢复至原金额,并在累计议付金额未满××元之前,该证不得认为已用尽。信用证有效期应为最后一批装运期后15天在中国到期。该信用证须于合同规定的第一批装运月份前30天到达卖方。"

2. 进口商向当地银行填写开证申请书,按照合同内容填写各项规定和要求,并交纳押金或提供其他担保,由开证行开证。

3. 开证行将信用证航寄或电传接受委托的出口商所在地通知行。

4. 通知行核对函开信用证签字、印鉴无误或电传信用证密押相符,判明信用证真实后,将信用证转交受益人。

5. 受益人核查信用证与合同相符后,按信用证规定装运货物,并备齐各项单据,开出跟单汇票,在信用证有效期内送请议付行议付。议付行通常即由通知行兼任。

6. 议付行审核跟单汇票单据与信用证规定相符后,按跟单汇票金额扣除信用证到期日期间利息,垫付货款给受益人,同时,将跟单汇票航寄付款行(通常即由开证行兼任)索付;如信用证含有"电报索付条款",议付行在议付货款后,当天即可去电要求付款行偿付,再航寄跟单汇票,议付行对受益人保留追索权。中国银行一般是收到付款行支付的货款后才向出口企业支付,而非垫付货款。自1985年8月起,中国银行南京分行已试办出口押汇业务,采用国外通行做法。现这一做法正在中国银行其他分行推广采用。

7. 付款行审核"单证相符"无误后,电汇或信汇货款给议付行。

8. 付款行通知申请人(开证人)付款赎单。

(一)信用证的产生和用途

信用证的最古老形式为旅行信用证,13世纪,英王发给去罗马朝圣的旅行者使用。[1] 旅行信用证至今仍然盛行。旅行者在出国前,将旅行所带款项交存银行,由银行开给旅行信用证,并在证上留下旅行者的证件号码或签字。旅行者到外地凭信用证向指定的付款银行取款。每次取款,付款银行在信用证背面作出记载,信用证上金额用完时,信用证即由最后的付款单位收回,寄交开证银行。旅行信用证按银行实务惯例办理。

20世纪30年代,由于世界经济危机影响,商业信用不佳,从而有商业信用证的推广采用。银行按进口商申请,开立信用证,通过出口商所在地的联行或代理行将信用证寄给国外出口商,允许出口商在一定的时间与金额内向进口商开具汇票和商业单据,只要"单证相符",即由银行保证其承兑、付款。进出口商通过开立商业信用证办理国际支付进行的贸易,称"信用证贸易"。

1. 信用证在对等贸易中的采用。第二次世界大战后,在前苏联、东欧国家同其他发达国家之间的东西方贸易中兴起的对等贸易,后来在一国市场面临他国倾销威胁时也有采用。1977年对等贸易仅占世界贸易2%比重,到1985年对等贸易占世界贸易比重已达20%－30%,预测到2000年将达50%。近年来,美、英、法、德、日和阿根廷、墨西哥、厄瓜多尔、哥伦比亚、阿尔及利亚、尼日利亚、肯尼亚,以及伊朗、韩国、泰国、菲律宾、马来西亚和印尼等国,均相继将发展对等贸易作为支持其某些进出口的方式,通过在银行开设"中人账户"(escrow account),使用对开信用证办理结算。日本公司出售钢板给菲律宾,菲律宾公司出售苹果给日本,两公司即可按如下安排进行对等贸易:

日公司同意从菲公司按世界市场价格在1987年11月至12月间进口相当于1 200万美元的苹果;菲公司同意购日公司价值1 200万美元的钢板,于

---

[1] Philip Wood: Law and Practice of International Finance, Sweet and Maxwell Ltd., 1980, p. 309.

1988 年 1 月至 2 月交货。日公司申请东京城市银行开立不可撤销的保兑信用证,支付菲公司苹果货款;菲公司申请城市银行马尼拉分行开立不可撤销的保兑信用证,支付日公司钢板货款。日、菲两公司同意在东京城市银行开立中人账户。1987 年 11 月至 12 月菲公司船运价值 1 200 万美元的苹果到东京,向马尼拉分行议付,东京城市银行承付 1 200 万美元贷记中人账户。1988 年 1 月至 2 月日公司船运价值 1 200 万美元的钢板到马尼拉,向东京城市银行议付马尼拉分行开立的信用证,到 2 月底在东京城市银行中人账户上贷记的 1 200 万美元全部支出,日、菲两公司之间的对等贸易也就结算完毕。[1]

2. 备用信用证。到 20 世纪 50 年代,美国银行界为绕开美国银行法的限制以扩展银行业务,又有备用信用证的兴起。美国 1864 年《国民银行法》和 1938 年《纽约银行法》等均规定,银行不得从事担保业务,以免影响银行的清偿能力。据此,美国商业银行一直不为客户开立银行保函。为增强在国际金融领域的竞争力,美国银行界在 50 年代创设了开立备用信用证的业务。之后,其他国家的商业银行相继仿效,"备用信用证"(Standby Letter of Credit)进而广泛使用于无形贸易领域(如国际工程承包与国际借贷等),终于为"国际商会第 400 号出版物"所采纳,并列为商业信用证的一种。

在国际借贷中,当一国公司法禁止母公司为子公司借贷提供担保时,母公司也可以申请银行开立以贷款人为受益人的备用信用证来解决这一难题。

联合国国际贸易法委员会第二十八次会议(1995)通过《独立担保和备用信用证公约》,尚未生效。由于备用信用证在某种情况下与"见索即付保函"无异,又被人们称做"担保信用证"。但从法律上讲,二者性质并不一样,备用信用证不构成法律意义上的担保,它适用的是国际商会《跟单信用证统一惯例》中针对备用信用证的一些特定条款,例如对备用信用证特定的单据要求:①违约声明;②特定的商业单据副本;③如备用信用证到期前开证申请人已按合同履约,受益人应自动向开证行提交一份单据以免除开证行在备用信用证项下所承担的责任,等等。

一般商业信用证与备用信用证比较

	一般商业信用证	备用信用证
开证申请人	进口商	业主或借款人
交单受益人	出口商	承包商或贷款人

[1] Nobert Horn:The Law of International Trade Finance,Kluwer,1989,p. 56.

单据要求	由受益人提交商业单据	由受益人提交工程承包合同或借贷合同,开具违约证明
用　　途	开证行保付货款,不仅受益人受益,开证申请人亦及时赎单收货	开证行保付分期承包工程费或保付本息,开证申请人能找到承包商或获得贷款
区　　别	受益人当即使用信用证,单证相符,开证行即付款	业主或借款人未发生违约,受益人即将信用证备而不用

(二)跟单信用证统一惯例

有关信用证的规范,除美国《统一商法典》在其第五编有"信用证"的规定外,在其他各国法制中还为空白,一般靠各银行自定的格式信用证条款和任意性惯例调整。中国人民银行发布、自1997年8月1日起施行的《国内信用证结算办法》,是为适应国内贸易活动的需要制定的,并不适用于国际贸易活动。任意性惯例即国际商会于1930年制定、1933年公布的《跟单信用证统一惯例》,供当事人自愿采用。该统一惯例的1974年修订本称"国际商会第290号出版物",1983年修订本称"国际商会第400号出版物"。为适应国际贸易发展的需要,国际商会自1991年以来已着手对"400号出版物"又一次进行修订,称之为"国际商会第500号出版物"(UCP 500)。它于1994年1月1日起正式实施,跟单信用证统一惯例即出现以下变化:

1. 统一惯例将适用于一切跟单信用证(包括备用信用证),并对有关各方均具有约束力,除非已明示排除适用。

2. 议付行接受或拒受单据,均需在7个银行营业日内作出决定。

3. 为适应多式联运需要,增设了有关不可转让海运提单,包租船提单,空运提单,公路、铁路、内河运输单据的规定;即使信用证禁止转运的,银行也将接受以全程运输为条件的集装箱转运、拖运、驳运的运输单据。

4. 为适应引进电子提单(EDI)的需要,对正本单据不仅允许影印,还允许自动处理或电脑处理,只要加注"正本"字样和签字即可;对签字也已允许传真签字或使用电子证实方法签字。

(三)信用证风险

在信用证贸易中的最大风险莫过于"信用证陷阱",即利用信用证行骗。目前出现的信用诈骗形式主要有:

1. 假冒信用证:①以根本不存在的银行为名义开立假信用证。②冒用银行名义开立伪造的信用证。

2. 伪造单据:①以根本不存在的船公司名义签发提单。②冒用船公司名义签发提单。

3. 通过一些软条款赋予开证申请人或开证行以单方面撤销信用证的主

动权。如规定:信用证开出后暂不生效,需待开证行签发通知后生效;对船公司船名、目的港、起运港或验货人、装船日期,需待开证申请人通知或需经其同意以书面通知;对货物品质证书,需由开证申请人出具,等等。1993 年 7 月 26 日《中国贸促报》报道的"中行塘沽分行识破 100 万美元假信用证",即一典型实例。1993 年 3 月 3 日,中国银行塘沽分行收到印尼进出口银行旦马撒分行开来的受益人为天津经济技术开发区进出口公司,金额 100 万美元的信用证。该证有三项疑点:①密押的位置不清;②信用证所含"只有在受益人提交了开证申请人的代表签署的检验证后才能办理议付,且检验证的内容要由开证行以信用证修改的方式另行通知"的条款,显然对受益人不利;③信用证的价格条款为 FOB 新港,且不允许分批装运,包含大的资金风险。中行塘沽分行通过总行向印尼进出口银行总行查询,终于查明印尼进出口银行旦马撒分行从未开过此证,证明此证纯属伪造。

信用证一经开立,开证行对受益人就承担必须依信用证条款进行付款的责任,而这种责任无须理会交易合同、实际货物或买卖双方之间的交易纠纷。开证行不履行这种付款责任的惟一例外是受益人的欺诈,即"欺诈例外"(fraud exoeption)。法院以"禁止令"(injunction)形式干预信用证欺诈行为的首次判例为 1941 年发生在美国的萨廷诉亨利·施罗德银行案(Satyn v. Henry Schroder Banking Corp.):原告(开证申请人)向纽约法院起诉,从印度卖方装运来的货物不是订购的猪鬃,全是垃圾,请法院宣告信用证无效并发出禁止令阻止银行付款。因原告提供有充足证据证明受益人(印度卖方)的欺诈行为,法院接受其请求,禁止银行付款。

"欺诈例外"的判例原则仅适用于受益人欺诈,如非受益人欺诈,开证行或保兑行仍不能援引该判例原则不履行其付款责任。1983 年发生在英国的联合城市商社诉加拿大皇家银行案(United City Merchants v. Royal Bank of Canada):原告为信用证受益人,被告为保兑行。货物装船后,船公司经纪人的雇员将装船日期由 12 月 16 日私下改为 15 日(信用证规定的最后装船日期为 12 月 15 日)。因提单上表示的装船日期已被私下改了,与实际装船日期不符,保兑行以"欺诈例外"为由拒付。受益人称,他对更改装船日期一事毫不知情,要求保兑行付款。初审法院判原告(受益人)胜诉,被告(保兑行)不服上诉。上诉法院认为,尽管受益人没有参与欺诈,但由于提单被伪造,是份无效提单,因此,上诉人(保兑行)不必履行付款责任。受益人不服,向上议院提起上诉。上议院推翻上诉法院判决,维持受益人胜诉的初审原判。上议院认为,只有受益人的欺诈行为才能解除保兑行的付款责任。如受益人非故意提交他人伪造的单据,他有权得到付款;如受益人在提交单据时明知单据是伪造的,虽非他伪造,而他作了欺诈性误导,则他无权得到付款。

一般而言,现各国法院对颁发信用证项下的禁止令均持极其谨慎的态度,注意维护该国法院和银行在国际上的形象和声誉。因此,对非完全欺诈,均不会颁发禁止令。1994 年发生在澳大利亚的塑料玩具公司诉新南威尔士州银行案(The Inflatable Toy Company v. State Bank of New South Wales):原告(开证申请人)订购一批塑料玩具,包括两个品种。受益人(一家台湾公司)在发货前发现货物有损坏,即以信用证中另一品种货物取代损坏的货物,但提单没有更改其货物名称。受益人将此情况告知原告,原告同意了受益人的这种安排。事后,原告还是提请南威尔士高等法院颁发禁止令以禁止被告(开证行)付款。法院拒绝了原告请求,指出,受益人行为必须是完全欺诈,本案有证据表明,开证申请人已经知道并准备同意接受上述货物安排,提单没有更改其货物名称尚不构成完全欺诈。

再者,如开证行已承兑远期信用证项下汇票,法院即不宜下达禁付令,因这可能损害无辜第三方(贴现行)的正当权益。法院不应允许进口商借助禁付令来挽回其损失的做法。法院轻率下达禁付令,国外贴现行可能援引国际惯例起诉开证行在国外的分行,并就此向国际商会通报,分行必然败诉。

因此,发现信用证诈骗,如系出自自然人行骗,一般可采取刑事诉讼或报警;如行骗者为法人,一般可提起侵权之诉,申请法院发出禁付令;对发生在国外的诈骗,也可在国外起诉。1997 年初,武汉航空公司与美国阿拉斯加航空公司签订协议,租用一架波音 737 客机供中方使用,美方要求中方开立托管账户和备用信用证提供保证金。后美方不仅未提供飞机,而且将备用信用证议付收了保证金。经武航在国外起诉和纽约联邦法院裁定,阿拉斯加航空公司应承担欺诈责任,并判定 1 040 万美元的损害赔偿和 1 040 万美元的惩罚性赔偿,共 2 080 万美元赔付中方武汉航空公司。

由于国际保付代理的兴起,现进出口贸易已多转向采用托收。据统计,现欧、美等国的非信用证贸易已分别达到 80% 和 90%。但伴随对等贸易在世界贸易中的比重日益加大,银行保函已出现信用证化趋势,对信用证贸易的前景仍不容低估。

(四)《国际备用证惯例规则》

国际商会于 1984 年 10 月 1 日起实施的《跟单信用证统一惯例》(国际商会第 400 号出版物)规定:"本条款适用于所有跟单信用证,包括所适用的备用信用证,除另有明确约定外,对信用证各有关方面均有约束力。"美国以外的其他国家的商业银行,也在越来越多地为客户申请人出具备用信用证以取代银行保函。《跟单信用证统一惯例》1993 年修订本(国际商会第 500 号出版物)对其适用范围重申:"适用于一切跟单信用证,在其适用的范围内,也包括备用信用证。"由于有不少人提出了把作为银行保函使用的备用信用证放在《跟单信用证统一惯例》规则中适用是否合适的问题,国际商会于 1998 年又专门制定《国际备用证惯例规则》(第 590 号出版物),于 1999 年 1 月 1 日起实施。备用信用证(备用证)已出现独立适用其惯例规则趋势。《国际备用证惯例规则》(International Standby Practices, ISP)被看做是在国际领域揭开了国际银行界与法律界进行合作的新篇章。ISP 包括前言和十项规则,要点如下:

〔前言〕

1. ISP(《国际备用证惯例规则》)如同 UCP(《跟单信用证统一惯例》)和 URDG(《见索即付担保统一规则》)对于商业信用证和独立银行担保所起的作用一样。

2. 备用证被用于支持贷款或预付款在到期或债不履行时,或某一确定事件发生或不发生时产生的义务的履行。

3. 备用证可分为履约备用证、预付款备用证、招标/投标备用证、反担保备用证、融资备用证、直接付款备用证、保险备用证和商业备用证等类型。

4. 原来适用的 UCP,增强了备用证的独立性,为审核单据和通知拒付确立了标准,还为开立无到期日的备用证提供了基础。

5. 为使 ISP 适用于备用证,一个承诺应包含如下语句:"本承诺根据 ISP 1998 开立或受 ISP 1998 的约束。"

6. ISP 提供了在大部分情况下可接受的一些中性规则。它与当地法律相辅相成而非与其冲突,不仅可用于司法诉讼,也可用于仲裁等其他解决争议的方式。采用它可以节约有关各方(包括开证行、保兑行或受益人)在商议和草拟备用证条款时相当多的时间和费用。

〔规则 1〕　总则

1. 范围和适用:①一份适用于本规则的承诺,可简称"备用证"(Standby)。本规则适用于包括履约、融资和直接付款备用证。一份适用于本规则的承诺,可以明确变更或排除其中某些条款的适用。一份承诺无论如何命名和描述,用于国内或国际,都可通过明确引用而使本规则适用。②本规则对适用的法律进行补充,只要不被该法律禁止;备用证也受其他规则制约,其他规则与本规则冲突时,以本规则为准。③本规则应作为商业用法进行解释,并考虑全球银行运作和商业体系内的一致性与在解释和适用上的全球统一性等方面。④本规则适用于开证人、受益人、通知人、保兑人、申请人和在备用证中被指定照其行事或同意照其行事的任何人所进行的行为。⑤本规则对有关开证权利和欺诈或滥用权利支款等事项排除适用,而将这些事项留给适用的法律解决。

2. 一般原则:①备用证在开立后即是一个不可撤销的、独立的、要求单据的及具有约束力的承诺。②开证人对受益人的义务不受任何适用的协议、惯例和法律下开证人对申请人的权利义务的影响;开证人不对任何基础交易的履行或不履行,备用证下提示的任何单据的准确性、真实性或有效性,其他方的作为或不作为,或除备用证选择的或开证地适用的法律和惯例外的其他法律或惯例的遵守负责。

3. 术语和解释:本部分对有关电子提示的"电子记录"(electronic record)、"证实"(authenticate)、"电子签名"(electronic signature)、"收到"(receipt)等术语所提供的定义,大大有助于通过 SWIFT[1] 以电子方式提示单据和转让单据。

〔规则2〕　义务

1. 开证人和保兑人对受益人的承付义务:①开证人承担向受益人兑付按本规则及标准表面上符合备用证条款的提示的义务;②除备用证另有规定,开证人应按所要求的金额即期兑付向其作出的提示,并应以备用证中指定的币种支付可立即使用的资金。

2. 有关备用证开立、指定、修改的具体规定。

〔规则3〕　提示

1. 有关备用证下的相符提示、提示构成、备用证的指明,进行相符提示的地点和对象、及时提示作出的时间、相符的提示方式、每次提示的独立性、部分支款和多次提示、展期或付款,以及开证人放弃提示和申请人同意放弃提示的具体规定。

2. 不要求开证人通知申请人收到了备用证下的提示。

3. 有关备用证正本丢失、遭窃、受损或毁坏的规定。

4. 到期日停业的有关规定。

〔规则4〕　审核

1. 备用证的索偿要求必须与备用证的条款相符,审核提示是否表面上符合备用证;非备用证要求提示的单据无须审核,可被退还提示人或随着其他提示单据一起转交,开证人无须负任何责任。

2. 开证人或指定人只需在备用证的规定范围内审核单据之间的一致性。

3. 所有备用证要求的单据,除属由第三方出具的,必须由受益人出具。

4. 有关单据日期和单据上要求的签名的规定。

5. 如一份备用证没有注明任何要求提交的单据,仍认为需要提交一套单据的索偿要求。

6. 有关申请人批准、非单据性条件、单据中作用声明的形式的规定。

7. 除备用证要求提示电子记录外,承付提示的人对申请人无验明受益人身份的责任。

---

〔1〕　SWIFT,环球银行金融电信协会,1977 年开始营运,提供银行间支付信息服务。

8. 提示的单据必须是正本;在允许或要求电子提示的情况下,提交的电子记录即被认为是"正本"。

9. 备用证单据包括索偿要求、债不履行或其他支款事由的声明、可转让的单据、法律或司法文件,等等。

〔规则5〕　拒付通知

允许开证人在单据提交以后一段合理时间内通过电讯手段或其他合理方式向从其收到单据的人发出拒付通知。

〔规则6〕　转让(略)

〔规则7〕　撤销(略)

〔规则8〕　偿付义务(略)

〔规则9〕　无到期日的备用证

允许开证人经合理的事先通知或付款而终止备用证。

〔规则10〕　共同开证责任与权益份额(略)

第五节　信用卡与电子货币

信用卡在19世纪80年代萌芽于英国。英国幸运衣着用品联合商店发给顾客一种凭证,用于向指定的商店购货,每周结付货款一次,到时由商店派人上门收取。1915年,美国一些商店、餐馆制作一种"信用筹码"的金属徽章,后演变为用塑料制成的卡片,作为顾客购货、消费的凭证。持卡人可先购物或消费,事后结付。1951年,美国富兰克林国民银行正式发行信用卡,从此推广开来。1966年,国际商业银行界组成"银行卡协会"(ICA),交换结算资料。1969年,ICA购下 Master Card(万事达卡)的专利权,万事达卡率先成为国际信用卡。1977年,美国银行改组为"VISA 国际集团",总部设在旧金山,继万事达卡之后推出"维萨卡"(Visa Card)作为国际信用卡。

现各国尚无有关信用卡的专门立法,信用卡也不由票据制度管辖,但信用卡与票据均同属信用凭证和信用支付工具,二者又相邻近,信用卡受到法律保护则毋庸质疑。关于保护持卡人权益的国外判例已有1986年6月12日英国衡平法院对燃料信用卡的判决[1]。该燃料信用卡的发卡公司为一家英国服务公司,持卡人有33 500人。持卡人凭该信用卡去各汽车加油站加油。后来,发卡公司在向各加油站结清油款前宣告破产。英国衡平法院判决,持卡人已向发卡公司存款,发卡公司的未了债务不能再由持卡人承担,否则,无异于要求持卡人向发卡公司和加油站双份付款,显失公平。中国对保护发卡银行的案例已有:武汉市一个体户持中国银行长江分行人民

---

〔1〕 《世界法学》(双月刊)1987年第1期。

币长城卡支取现金超出存款构成套支,银行多次催索不还款。1990 年 9 月武汉市江岸区人民法院经济审判庭作出判决,判被告立即偿付银行套支款 9 800 元和罚息 3 800 元,诉讼费 600 元也由被告承担。

信用卡分国际信用卡和国内信用卡。

一、国际信用卡

国际信用卡按照各国、各地区的银行之间订立的协议书办理。中国银行从 1981 年起已开始受理国际信用卡业务。

1981 年 1 月 1 日起,《中国银行总行受理香港南洋商业银行委托兑付发达卡协议书》生效。"发达卡"(Federal Card)有兑现和购物两种使用方式。该协议书规定:①持卡人以有效期内的发达卡签具取现单兑现时,在一个代办点每次取现最高限额为人民币 1 500 元。如客户要求兑现超过限额,属于支付旅游费或购买等正常用途时,代办行掌握在超过限额 10% 以内可以通融先付;如持卡人要求兑现超过限额 10% 时,代办行应与香港南洋商业银行信用卡部联系,经认可后方可兑付;②持卡人每次取现时应承担手续费 4%,由代办行兑付时将手续费在取现单内注明后计入总额。手续费分成比例为代办行 1.5%,委托行 2.5%。该项手续费由委托行负责向持卡人收取;③代办行按协议书规定受理发达卡,但对持卡人的资信和信用卡的真伪等,均由委托行负责;④协议书有效期暂定为 1 年。如到期后双方均无异议,继续生效。如要求停止协议,必须于 3 个月前提出并通知对方。

1981 年 4 月 1 日起,《中国银行受理香港上海汇丰银行委托在中国代办东美卡和万事达卡协议书》生效。该协议书的特定内容有:对"东美卡"〔又称"签证卡"或"维萨卡"(Visa Card)〕和"万事达卡"(Master Card),如代办行因工作上疏忽发生多付情况,而持卡人已离开中国国境,委托行应尽力协助代办行向持卡人追索多付的款项。但无法追索时,委托行无须负责,由代办行自行负责。

1981 年 4 月 14 日签订、5 月 1 日起生效的《中国银行受理美国运通公司委托代办美国运通卡兑付私人支票协议书》,其特定内容有:①代办行在兑付"美国运通卡"(American Express Card)持卡人所签发的私人支票时,应核对持卡人在私人支票上的当面签字是否与信用卡上的签字相符,支票的货币只限于美元、港元等 16 种货币。如发现疑问,代办行可要求持卡人出示身份证;②持卡人在代办行每次签发私人支票的最高限额为 1 500 美元等值外币;③持卡人如在中国境内遗失其运通卡,可以向代办行挂失。

1981 年 4 月 29 日签订的《中国银行受理香港渣打银行委托代办大来卡协议书》,其特定内容有:代办行在兑付"大来卡"(Diner's Card)款项时,应对持卡人的信用卡号码是否被列入委托行通知的取消名单内进行核对;代办行因疏忽兑付了列入取消名单的信用卡,如持卡人仍在中国境内,可直接向持卡人追回兑付的款项;如无法追索或持卡人已离境,代办行无须承担任何损失,由委托行承担。

1981 年 7 月 3 日起生效的《中国银行受理日本株式会社东海银行委托代办百万卡协议书》,其特定内容有:代办行兑付"百万卡"(Million Card)后,应将取现金额加上应收回的 2% 手续费向委托行索付。

1981 年 10 月 1 日起生效的《中国银行受理香港东亚银行有限公司委托代办信用卡协议书》,受理的信用卡为"万事达卡"(Master Card)和"东美卡"(Visa Card)两种。该协议书特定内容有:两种信用卡的使用均以外汇人民币为计算单位;持卡人在每一代办点每次提取的金额不能超过外汇人民币 1 500 元;如超过此限额,代办行必须先向委托行信用卡部用电话或电传取得授权。

现中国的几家主要银行,包括中国银行、中国农业银行、中国工商银行、中国建设银行与中国交通银行都已加入"维萨国际组织全球电子授权清算网络"(VISANET),大大拓展了国际信用卡业务。

二、国内信用卡

国内信用卡按照发卡银行的规定办理。

1986 年 10 月 26 日中国银行决定将外汇长城卡与人民币长城卡作为中国银行系统的国内信用卡在全国各地发行。中国银行关于长城卡的基本规定如下:

长城卡在现阶段属于记账性质,而且仅限于在国内使用,分个人卡与公司卡;外汇卡与人民币卡。

个人卡:①人民币个人卡,年满 20 岁,有固定职业、年收入在人民币 2 000 元以上的各界人士为合格持卡者;②外汇个人卡,年满 20 岁,年收入在 1 万美元以上的各国驻华使领馆的外交官,外国公司、企业的代表,外国专家与外籍职工等为合格持卡者。

公司卡:①人民币公司卡,国内各企业单位、有工商营业执照的集体单位和开业 2 年以上、财务状况及信用良好的个体户为合格持卡者;②外汇公司卡,已注册的各国驻华机构、公司、企业或与中国银行有业务代理关系的国外银行和金融公司为合格持卡者。

费用:①持卡者均为会员,会员需交纳年费,人民币卡 12 元、外汇卡 48 元,每年收一次;②人民币卡,在同城取现免收手续费,异地取现为 1% 费率。

存款额:领取长城卡须在中国银行开立账户,起存金额为个人卡 1 000 元人民币或 1 000 美元,公司卡 5 000 元人民币或 5 000 美元。可随时续存,按活期存款利率计息。使用长城卡不得透支或套支。

对账:长城卡发卡银行每月给客户寄送对账单,详细列明每项签账,方便核对。

现中国境内,除中国银行发行长城卡外,中国工商银行自 1989 年起发行人民币牡丹卡。牡丹卡允许透支,透支日息 0.2%,相当年息 72%。由于牡丹卡允许透支,为避免呆账损失,中国工商银行已将所发牡丹卡向中国人民保险公司投保。

为规范和管理信用卡业务,促进其健康发展,中国人民银行发布、自 1996 年 4 月 1 日起实行的《信用卡业务管理办法》规定,凡在中国境内经办信用卡业务的商业银行及其分支机构、持卡人和受理信用卡的特约单位都必须遵守本办法。并特别规定,经营信用卡业务的商业银行应根据本办法及中国人民银行颁发的其他规章制度制定信用卡章程,并报中国人民银行批准。商业银行未经中国人民银行批准不得发行信用卡;非金融机构、非银行金融机构、境外金融机构的驻华代表机构不得经营信用卡业务;中国人民银行负责全国信用卡业务的管理和协调工作,各发卡银行负责本系统信用卡业务的组织、管理和协调工作。

中国人民银行自 1999 年 3 月 1 日起施行的《银行卡业务管理办法》(新办法)较 1996 年 4 月 1 日起实行的《信用卡业务管理办法》(旧办法),有以下几个方面的改变:

1. 新办法将银行卡区分为信用卡和借记卡两大类,并对各类卡的品种从性质、功能上作了界定,澄清了名称和品种上的混乱,堵塞了管理上的漏洞。银行卡按币种不同分为人民币卡、外币卡;按发行对象不同,分为单位卡(商务卡)、个人卡;按信息载体不同,分为磁条卡、芯卡(IC 卡)。信用卡按是否向发卡银行交存备用金分为贷记卡(给予持卡人一定的信用额度,持卡人可在信用额度内先消费、后还款)、准贷记卡(持卡人须先按发卡银行要求交存一定金额的备用金,当备用金账户余额不足支付时,可在规定的信用额度内透支)。借记卡不具透支功能,分为转账卡或储蓄卡(为实时扣账的借记卡,具有转账结算、存取现金和消费功能)、专用卡(指在百货、餐饮、饭店、娱乐以外,在特定区域专门使用的借记卡,具有转账结算、存取现金功能)、储值卡(为发卡银行根据持卡人要求将其资金转至卡内储存,交易时直接从卡内扣款的预付钱包或借记卡)。联名/认同卡是依附于某个银行卡品种的附属产品,由商业银行与联名单位共同发行。

2. 新办法引入了国际通行做法的贷记卡业务,将交存备用金的信用卡作为过渡性品种保留(准贷记卡)。新办法将透支利率统一规定为日息 0.05%,其中,贷记卡按国际通行的循环信用方式计收复利,准贷记卡则维持原办法计收单利。

3. 新办法增加了外币卡管理的内容。

4. 新办法规定,银行卡申请表及信用卡领用合约是发卡银行向银行卡持卡人提供的明确双方责任的契约性文件,持卡人签字即表示接受其中各项约定。

经中国人民银行批准办理银行卡业务的其他金融机构、境外机构发行的银行卡在境内流通使用,适用本办法。

三、电子货币与电子金融法

(一)英国对消费者使用电子货币的法律保护

制成磁卡的信用卡可以办理电子资金划拨,又称电子货币。[1] 英国消费者正广泛使用"电子资金划拨"(EFT – Electronic Funds Transfers)支付货款和服务费用。因广大消费者日益发现,使用具有现金/转账/支票多功能的磁卡办理支付,较之使用现金或支票更方便,更安全;通过安装在银行营业厅内外的自动出纳机(自动柜员机)提款或兑换货币,较之在银行柜台办理更快。从而,在英国零售业,近年有"信用卡"(credit card)与"现金卡"(cash card)、"转账卡"(debit card/charge card)等三种磁卡(电子货币)广为流行。信用卡通行于国内、国际;现金卡主要用于自动出纳机提款办理支付;转账卡用于消费者转账办理支付货款和服务费用。

通过信用卡进行电子支付所产生的法律问题,主要是未经授权使用信用卡所造成的损失如何分担。美国《Z 条例》(Regulation Z)规定,对于未经授权而冒用的信用卡,持卡人的责任承担只限于 50 美元以内。对欺诈产生的损失,商家承担较大风险,因而采用保险的做法来分担商家风险。调查责任主要由发卡银行承担。对未经授权而冒用的信用卡,持卡人在发现后一定时间内必须报告发卡银行。发卡银行必须在一定时间内(一般为 90 天)要么纠正有关的差错,要么对持卡人作出解释。在这个时间内,持卡人可以拒绝支付那些有争议的款项。发卡银行必须定期向持卡人出具对账单,或随时应持卡人要求出具账单。在美国,对信息的保护、对当事人隐私权的保护,尚基本上是通过当事人之间的协议来实现。

商业银行革新化步伐加大,电子技术加快应用于金融实务部门,而这方面的法制则远落在后面。目前,英国管辖这方面的"制定法"(statute law),仍为 1974 年《消费者信贷法》、1957 年《支票法》、1977 年《公平合同条款法》、1979 年《货物销售法》、1982 年《货物与服务供应法》、1987 年《银行法》,乃至 1879 年《银行簿记证据法》与 1968 年《民事证据法》,以及"判例法"(case law)。当时,或者计算机尚未问世,或者尚未像今天这样被广泛应用于金融与商业领域。市场经济是法制经济,但法制总是跟随在经济发展的后面,这在改革与革新的时代尤其如此。完善市场经济的法制,超前立法是可行办法之一,但最终难免导致"削足适履"或日后的频繁修订。较成功

---

〔1〕 1990 年法国问世含微型处理器与存储器芯片的 IC 卡或智能信用卡,由于可取代现金和硬币使用,称电子货币。电子货币非指一般磁卡。

的另一可行办法则是,将纳入法制框架内的市场惯例用以规范市场。目前,英国对中央清算系统 CHAPS(票据交换所自动收付系统)与 BACS(银行自动清算系统),以及对消费者电子支付的 EFTPOS(销售点电子资金划拨系统)与 ATMs(自动柜员机系统或自动出纳机系统)的法律管制实践即如此。

1. EFTPOS。EFTPOS(销售点电划系统)即消费者使用转账卡支付货款或服务费用的电子支付系统。消费者所持磁卡含有个人账号与 PIN(私人密码)的电子信息,安装在零售店的终端机加以扫描,持卡人账款数额被印于磁带,经持卡人 PIN 证实,该账款数额在零售商银行账户上立即被贷记,同一数额在持卡人银行账户上立即被借记。目前,市面上使用的 EFTPOS 大多还不是纯粹的电子系统,贷记与借记均非立即生效,一般要在往来发生后的 1 至 4 天内生效(零售商收款银行不是零售商开户银行的,前者要将其贷记入零售商的账目送给后者处理)。纯粹的电子系统,发卡银行(消费者开户银行)与零售商银行之间往来账目每天通过中央自动系统的 CHAPS 完成清算。

(1)EFTPOS 涉及合同关系。

EFIPOS 涉及合同关系图示

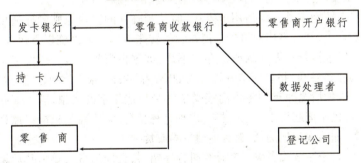

在 EFTPOS,发卡银行与零售商收款银行可以是同一银行,如发卡银行兼消费者付款行,零售商开户银行兼最终收款行。

第一,持卡人(消费者)与发卡银行(发卡人)之间关系,由双方订立的转账卡使用条件合同调整。

第二,持卡人(消费者)与零售商之间关系,由双方订立的货物销售合同或服务供应合同调整;这类合同受判例法与 1979 年《货物销售法》、1982 年《货物与服务供应法》管辖。

第三,零售商与零售商收款银行之间关系,由双方订立的终端机租用合同与转账卡安排合同调整。

第四,发卡银行(消费者付款行)与零售商收款银行之间关系,由双方订立的转账卡安排合同调整。

第五,零售商收款银行与零售商开户银行(零售商最终收款行)之间关系,由 CHAPS(票据交换所自动收付系统)清算规则调整。

第六,零售商收款银行与数据处理者之间关系,由各方订立的数据处理合同调整。

第七,数据处理者与登记公司之间关系,由各方订立的登记合同调整(终端机接受信用卡、现金卡、转账卡,需要分类送给相应的数据处理者,这项数据分类工作叫"登记",专门从事这项工作的经营者即"登记公司")。

(2)零售商在 EFTPOS 的地位。

第一,零售商与零售商收款银行一旦订立转账卡安排合同,零售商即须接受消费者的转账卡;零售商收款银行必须支付给零售商贷记于其账户上的金额或经零售商开户银行贷转来的金额。

第二,使用转账卡支付即解除了消费者对零售商的支付义务。

英国一家服务有限公司发行信用卡,共有 3.35 万持卡人,持卡人凭所发信用卡去各汽车加油站加油。后该发卡公司在向各加油站结清油款前宣告破产,持卡人与加油站发生争讼。1986 年 6 月 12 日英国衡平法院判决,持卡人已向发卡公司存款,发卡公司的未了债务不能再由持卡人承担,否则,无异于要求持卡人向发卡公司和加油站双份付款,显失公平。

虽然上述判例是一项信用卡安排,但其所确立的法律原则同样适用于转账卡安排。因此,零售商接受了消费者的转账卡即可能面临以下风险:持卡人在其发卡银行本无存款或已存款不足,被零售商收款银行或发卡银行(付款行)拒绝认可,按转账卡安排合同的"停赊"条款,银行有权拒绝承担付款责任。这种情况即有如零售商接受了一张伪造签字的支票,既不能起诉受票银行,也不能起诉出票人一样。出现这种情况,零售商就只能以欺诈起诉伪造者,如能找到他的话,对其追讨货物或货款。

第三,电子系统设备失灵和计算机程序错误,合同当事人要为其后果承担责任。法制要求零售商收款银行与零售商之间所订终端机租用合同与转账卡安排合同所含免责条款不得违反 1977 年《公平合同条款法》规定的公平合理原则,出现争讼由法庭判决。为减少这方面争讼,零售商收款银行在与零售商订立的转账卡安排合同中均含备用安排条款,订明电子系统设备失灵和发生计算机程序错误时,零售商能通过纸单据或邮寄纸单据,据以在收款银行或其分支机构获得支付。

(3)持卡人在 EFTPOS 的地位。

第一,零售商拒绝接受约定转账卡,构成违约,类似标注"洽询出票人"退还支票,持卡人得要求赔偿损失。该损失应属直接损失并为当事人可以合理预见。

第二,电子系统硬件或软件失灵,持卡人可以向发卡银行提起违约之诉;同时,持卡人也须自行采取减轻损失措施,如改用现金、支票或信用卡办理支付。按 1992 年《银行业惯例守则》,发卡银行的赔偿责任限于该笔支付数额加利息。因此,即令发生了电子系统硬件或软件失灵,银行要承担违约责任,持卡人也不值得对违约银行提起诉讼,因胜诉所获赔偿并不比该笔支付数额加利息更多。

2. ATMs。ATMs(自动柜员机系统)使用的是现金卡,前述 EFTPOS 使用的是转账卡。各银行均禁止持卡人将转账卡在 ATMs 使用;持卡人亦不得使用现金卡作透支。

(1)发卡银行对持卡人的责任。

第一,保证 ATMs 正确回应持卡人的指令。发卡银行对持卡人的这项责任,仅限于在金额上,只要持卡人户头上有资金且无禁付等情况,发卡银行即有责任按持卡人的指令付款,这种支付是绝对的。如持卡人构成透支,银行可基于超付的错误事实,向持卡人扣还或追索。如银行少付给持卡人申请的款额,即构成违约,但持卡人负有自行采取减轻损失措施的责任,如可向另台柜员机提款。柜员机错误扣留持卡人磁卡,也构成银行违约,持卡人可要求发卡银行赔偿损失。按 1992 年《银行业惯例守则》,发卡银行的赔偿责任限于错误数额加利息。因此,即使发生了柜员机无有效理由少付了持卡人金额或扣留了磁卡,银行要承担违约责任,持卡人也不值得向违约银行提起诉讼,因胜诉所获并不比错误数额加利息更多。

第二,保持 ATMs 的工作正常。银行对保持 ATMs 的工作正常未恪尽合理小心之责,应承担违约责任。但持卡人误用 PIN(私人密码)或提款已超过当天所允许的最高提款总限额等情形时,出现柜员机不付款情形,持卡人得自行采取减轻损失措施。

第三,保证 ATMs 提供充分信息能正确地记入持卡人账户。这是 1992 年《银行业惯例守则》规定的银行记账责任。自动柜员机是用滚动计数器详细记入每笔发生的账项,按 1879 年《银行簿记证据法》与 1968 年《民事证据法》,可供作法定证据。

1976 年联合海外银行诉吉利瓦判例表明,同时符合以下三个条件的,客户按银行在其账户上多记贷差提走款项,银行不得追讨:①银行提供给客户的账表作了误记;②客户误信了该误记;③客户基于误信对提款已作宽用,而银行再要其归还已显为不公。本案:吉利瓦通过电报查询得知他在银行账户上有 2.1 万美元结存,实仅 1.1 万美元。吉利瓦签发一张 2 万美元的支票支付旅馆费用。银行回电改正了结存数额,吉利瓦改签发一张 1.1 万美元支票支付旅馆费用。法庭支持银行,理由即客户行为尽管符合①、②两条,但未满足③条要求,吉利瓦的改签支票即表明他已改变了宽用。这一判例所确立的原则,亦适用于解决 ATMs 发生的类似争议。

　　一个发生在中国的事例:1998 年 2 月 27 日上海中国银行分行宝山支行管理下的家乐福超市一台 ATM,由于银行工作人员将面值 100 元人民币错放进了面值 50 元的窗柜,该台超倍吐款的 ATM 前后工作 14 小时,18 名客户先后提款 30 次,共提走现金 29 600 元,银行损失 14 800 元。经银行从上海市金卡网络中心查清这些取款客户的信用卡账号、姓名资料后,逐一追回了多提款项。

　　(2)持卡人的责任。

　　第一,持卡人对其使用现金卡的授权(无论明示授权或默示授权)一切行为承担责任。默示授权是个事实问题,只要 ATMs 滚动计数器显示磁卡已被使用,持卡人即应承认已经其授权。按照 1992 年《银行业惯例守则》,持卡人要对未经其授权的使用承担全部责任,直到银行收到持卡人磁卡遗失、被盗或 PIN 泄密通知时为止。

　　第二,持卡人犯有欺诈或有重大疏忽,一切损失自负。"欺诈"是个法定概念;"重大疏忽"则无法定定义,需结合《银行业惯例守则》与当事人订立的合同进行解释,通常是指现金卡遗失或 PIN 泄密未及时通知银行或误用现金卡等。按 1992 年《银行业惯例守则》规定,对持卡人的欺诈或重大疏忽,应由银行负责举证。因此,在银行与持卡人订立的 ATMs 安排合同中需要订入防止持卡人的欺诈与重大疏忽的条款。

　　如中国农业银行金穗信用卡章程(1990 年 12 月 2 日)第 9 条规定:持有具备自动柜员机(ATM)功能之金穗卡的持有人,必须将本卡与密码分开保管,以避免同时遗失而遭受损失。若卡与密码同时遗失,该卡专户所致损失全部由持卡人负责。持卡人在本行安装的自动柜员机上存入现金,须经本行点核,以本行核证之数目为准入账。

　　(3)现金卡与转账卡的认定问题。

　　由于 ATMs 具有以下多种功能:类似记名支票办理支付与借记入账;账目核对;提取现金;类似转账卡办理支付。为分清银行与持卡人责任,从而有现金卡与转账卡的认定问题。对二者的认定按以下原则处理:①现金卡使用于发卡银行的 ATMs,可以提取现金。②现金卡使用于他家银行的 ATMs,如该他家银行为发卡银行代理行,亦可提取现金。③现金卡如使用于非发卡银行代理行的 ATMs,即只能作转账卡使用,不能提取现金。

　　3. 英国法律管制结构。英国的 EFTPOS 与 ATMs 均主要适用《银行业惯例守则》(The Code of Banking Practice)。1992 年 3 月,英国银行家协会(BBA)、英国房屋建筑社团协会(BSA)、支付清算协会(APACS)共同公布了《银行业惯例守则》,经各大银行、房屋建筑社团与发卡人采用生效。"守则"指导原则为:①确立良好银行惯例标准,在银行、房屋建筑社团与发卡人在与其客户往来中加以遵行;②有助于银行、房屋建筑社团与发卡人在与其客户的所有往来中公平、合理行事;③有助于银行、房屋建筑社团与发卡人让客户熟悉其所设账户运作与熟悉其将得到的银行服务;④有助于对银行与发卡系统的安全和一体化保持信心——银行、房屋建筑社团与发卡人承认其系统与技术需要可靠地保护其客户与它们自身。各银行均需熟悉"守则",并可向其客户公布本行对"守则"的解释。"守则"仅适用于与银行、房屋建筑社团、发卡人往来的私人个人客户,不适用于公司、合伙与法人客户和商人。EFTPOS 与 ATMs 所涉合同,均将"守则"有关规定纳入,作为合同的明示条款,未纳入的亦构成合同的默示条款。合同履行中发生的争议,首先是适用"守则"而非法律去解决,从而使 EFTPOS 与 ATMs 所涉合同不同于一般的银行——客户合同。由于以下四个方面的原因,使得名义上不是法律的"守则"在实质上也具有了法律效力:①作为发卡人的各大银行与房屋建筑社团均同意接受"守则"约束。②银行业申诉问题调查员主要是依据"守则"解决持卡人与银行之间的争议。③持卡人总是求助于银行业申诉问题调查员,而非投诉法庭向银行索赔。④银行业申诉问题调查员经议会法案授权可判给持卡人最高达 10 万英镑的损失赔偿金,责任银行必须接受对其具有约束力的此一处理。

总之,在一般情况下,都是首先依据"守则"而非法律解决持卡人与银行之间的争议。迄今为止,在英国也尚无法庭作出与"守则"相左的判例。在英国,使用 EFTPOS 与 ATMs 的消费者能够享有比法律所能提供的更大保护。[1]

英国将纳入法制框架内的市场惯例用以规范市场的办法,即:

(1)法制管原则,市场惯例管运作。由于制定法都是原则性、概括性的条文化规范,因此,通过制定法确立的法制管原则,而对于市场运作中发生的众多事实性的、细节性的问题,以及制定法无规定的问题,由市场惯例去规范,是切合实际和可行的。EFTPOS 与 ATMs 的具体运作均由所涉合同调节。合同将 1992 年《银行业惯例守则》作为明示条款和默示条款,以明确各方的权利和责任。在法制框架下,要求合同不得违反 1977 年《公平合同条款法》所规定的公平合理原则。如发生争讼,由银行负举证责任来证明其与客户所订合同条款的公平合理。是否成立,由法庭判决。

(2)法制支持发生于市场的争议由市场解决,允许消费者能享有较之法律所能提供的更大保护。

实践表明,EFTPOS 与 ATMs 均很少因适用判例法与制定法而发生争讼,除非涉及欺诈或其他是否合法行为的争讼,绝大部分履行合同出现的争

---

〔1〕　David Palfreman:Law relating to Banking Services (Fourth Edition),Pitman Publishing, London,1993,p. 258.

议或电子支付系统运作中出现的问题,依据 1992 年银行同业宣布的《银行业惯例守则》即足以解决。

(二)网络银行业务的法律问题

近年,因特网(Internet)发展很快,已将全球 100 多个国家的 6 000 多万用户联成一气,为电子金融业务的发展开拓了新的广阔空间。在因特网环境下的电子支付,还有其不同于一般电子支付(如电子支票和电子资金划拨)的独具的某些法律问题。在因特网环境下的电子支付,除使用"数字现金"(Digital Cash)的"电子货币"(Electronic Money)办理支付,还有"网络银行业务"(Internet Banking)。

网络银行业务包括传统银行业务通过因特网办理电子支付和完全存在于网上的独立金融机构业务。如美国"安全第一网络银行"(Security First Network Bank, SFNB),访问者(客户)只要键入网址,联网的电脑屏幕就会显示该行营业大厅画面,有"账号设置"、"客户服务"、"个人财务"、"信息查询"、"行长"等柜台,一点鼠标就可获所需服务。目前美国已有 400 多家金融机构开展网上银行业务。中国招商银行也已于 1999 年正式推出"一卡通"网上服务,还设立了网上商城,提供商业网站的购物导航和利用"一卡通"办理网上支付。中国人民银行广州分行已发布《网上银行业务管理暂行办法》的地方性法规。

"网络银行"(Network Bank)作为金融交易主体,只是一个完全位于网上的"虚拟银行"(Virtual Bank),与客户并非当面进行柜台交易,而是通过电子通讯在进行交易,属于"远程银行业务"(Remote Banking)。网络银行所涉法律问题主要有经营权和市场准入问题、系统安全问题和风险承担问题。

网络银行的经营权和市场准入,取决于有关国家的法律授予或许可。网络银行的设立,条件则由银行法和监管当局加以规定。

网络银行业的安全包括:①银行所创制的"数字现金"(各种数额现金的密码数字组合),要能确保在网上加以使用,而且一笔数字现金不被重复使用,获得该笔数字现金的商家可对其继续使用,也可通过网络兑换成实在的现金或账户存款余额。②商业秘密和隐私权的保护。③不被洗钱犯罪者所利用。

网络银行业的风险承担问题:网络银行的支付风险,除客户丢失密码、银行破产,还有网络系统出现技术障碍与黑客入侵。由于因特网存在难以控制性,可以对数字现金的使用范围和额度作出限制规定,将风险化小;可以为网络银行提供存款保险(如美国联邦存款保险公司做法)或提供商业保险,将风险损失转嫁;可以加强中央银行和巴塞尔委员会对网络银行的监管,保证其资本充足和资信状况的透明度;可以建立和完善有关的法律和规则加以规范。

（三）电子金融法

1. 形成中的电子金融法。1946 年 6 月,世界上诞生了第一台电子计算机 ENIAC(电子数值积分计算机),开创了人类计算机运用的新纪元。1952 年,美国国际商用机器公司(IBM)成功地生产了大型计算机系统,使电子计算机进入工业生产阶段。1971 年,微型电子计算机问世,为金融电子化开辟了道路。美国联储 1937 年建立的采用电报、电话手段的"联储电划系统"(Fed Wire),到 1973 年完成电子化。美国联邦 1978 年颁布的《电子资金划拨法》(Electrouic Funds Transfers Act – EFT Act),适用于联储电划系统与消费者电子资金划拨,成为世界上最早出台的专项电子金融法。由于该法仅适用于美国国内,不适用于商人客户通过银行办理的大额电子资金划拨与跨国电子资金划拨,美国法律界为填补这一真空,已在《统一商法典》第 4 编"银行存款和收款"中另行增设部分专门适用于这类电子资金划拨的新条款,供各州立法采用。

目前,英格兰银行在英国国内是采用《票据交换所自动收付系统清算规则》办理 CHAPS(票据交换所自动收付系统)[1]会员银行间的电子资金划拨。英国对于管理包括 CHAPS 与 EFTPOS(销售点电划系统)、ATMs(自动柜员机系统)在内的电子金融尚未出台专项电子金融法。英国对于电子金融法律管理的实践,是先将实务惯例纳入法制轨道以规范市场,待成熟后再行立法。英国规范电子金融的实务惯例,除《CHAPS 清算规则》外,还有 1992 年由"英国银行家协会"(BBA)等民间团体共同公布的《银行业惯例守则》(Code of Banking Practice)。《CHAPS 清算规则》由英格兰银行加以推行;《银行业惯例守则》(《守则》)则系官方、民间相互配合为之创造条件,使这一名义上不是法律的《守则》在实质上具有了法律的效力。

中国于 1993 年决定实施包括金融电子化(金卡工程)在内的一系列"金"字号工程。银行界提出"科技兴行"口号,致力于以电子计算机应用为基础的业务电子化。到 1995 年初,全国电子联行已达 400 个城市,电子计算机开始在各级金融机构推广应用。中国已有中国银行、工商银行、中国人民银行、农业银行、建设银行、投资银行与中信实业银行等成为 SWIFT(环球银

---

〔1〕　CHAPS,1984 年设立,会员包括英国 12 家清算银行,非会员银行只能通过与其中的某家会员银行建立联行关系间接加入,该系统由 8 条信息通道把 12 家会员银行及其联行与信息交换中心联系起来。

行金融电信协会)〔1〕会员银行。为保护计算机软件著作权人权益,调整计算机软件在开发、传播和使用中发生的利益关系,鼓励计算机软件的开发与流通,促进计算机应用事业的发展,国务院发布了《计算机软件保护条例》,自 1991 年 10 月 1 日起施行。1994 年,中国人民银行总行设计了一套对外资银行财务报表进行汇总分析的 Lotus 系统,将电子计算机应用于对外资金融机构的监管工作。为保护计算机信息系统的安全,促进计算机的应用和发展,保障社会主义现代化建设的顺利进行,国务院制定了《计算机信息系统安全保护条例》,于 1994 年 2 月 18 日发布施行。目前威胁计算机安全运行的有两害,一为病毒,一为"黑客"(hacker)。中国负责计算机安全保护的为公安部和各级公安机关。各地公安机关均设有计算机安全管理处,受理当地计算机病毒报案,提供防毒和消毒软件。1995 年 2 月 18 日公布实施的《人民警察法》第 6 条,将"监督管理计算机信息系统的安全保护工作"规定为人民警察的职责之一。1999 年公安部还成立了公共信息网络安全监察局,并在各级公安机关建立相应的专门机构,充当"网上警察",捉拿黑客。现网络的发展已形成一个有别于领土、领海、领空的网络空间,网络空间主权与领土、领海、领空的主权共同构成国家主权的一个重要构成部分;网络空间受侵,也是国家主权受侵,而且其严重性并不亚于领土、领海或领空受侵。1997 年 5 月 20 日国务院公布经修订的《计算机信息网络国际联网暂行规定》,要求计算机信息网络直接进行国际联网的,必须使用邮电部国家公用电信网提供的国际出入口信道,任何单位和个人不得自行建立或使用其他信道进行国际联网;接入单位必须符合规定条件,并经主管部门批准许可,以保持国际互联网络的各种信息都经由一条信道出入国门。目前我国邮电部已有公用分组交换网与数字数据网,通过两颗通讯卫星与国际信息高速公路联网。

1995 年 10 月 19 日,上海浦东发展银行在上海推出一种综合性消费信用卡——东方黄浦卡,即 IC 信用卡,可以在发卡银行各营业网点的自动柜员机取款和存款。目前,在海南经济特区也使用 IC 信用卡,并于 1995 年 11 月 6 日在全国率先颁布了《海南经济特区银行 IC 卡管理规定》的地方性法规。

---

〔1〕 SWIFT(环球银行金融电信协会)成立于 1973 年 5 月,是银行资金的国际结算组织,为全球银行提供金融数据处理与通讯网络服务。协会最高权力机构为董事会,总部设在比利时布鲁塞尔,两个操作控制中心一设美国、一设荷兰。申请加入协会的会员必须经过申请,购买股份,股东即会员。协会每年召开一次会员年会,每季发行一本《SWIFT 银行标识代码手册》,刊载新注册和被注销的会员银行名单。现协会会员已超过 3 760 个,分成银行、附属成员银行和成员代表三类。成员代表指经协会批准的非银行金融机构,如旅行支票公司与证券公司,等等。

在国际上,"国际标准组织"(ISO)的银行金融服务业委员会为电子金融制定的"标准术语",已为各国认同。"国际商会"(ICC)的银行业委员会正在拟订一个"银行间支付规则草案",以解决为位于不同国家的银行之间电划资金发生的损失赔偿提供保险的问题。"联合国国际贸易法委员会"(UNCITRAL)已草就专项"国际资金划拨标准法"。该标准法第18条对"法律冲突"作出如下规定:①支付命令发生的权利义务,由当事人选择适用的法律解决,无选择时适用接受银行国家的法律;②适用前款应不影响管辖支付命令实际发送方国家法律管辖事项;③适用本条,一是一国不同的州适用不同的法律时,对所在州的法律应予顾及,二是位于不同州的银行分支机构,视同位于不同国家的银行。以上一些国际文件,均旨在致力于为在不久的将来得以实施世界各国和各个不同电划系统的相互联网创设统一的法律基础。

2. 对电子金融法的概念、渊源与本质的探讨。电子金融法,是规范电子资金划拨或资金电子转移的制定法与非制定法规则的总和。

对电子金融法概念的内涵,需要界定电子资金划拨为何? 电子资金划拨,也就是资金电子转移。资金电子转移,是指不以支票、汇票或其他类似纸票据为凭证,而是凭借无纸票据(凭视觉或听觉),通过电子终端、电话、电传设施、电子计算机、磁盘等命令、指示或委托金融机构向某账户付款或从某账户提款。像零售商店的电子销售安排、金融机构的自动化交易、客户通过电话、电子设施直接向金融机构进行的存款或提款等,都属于电子资金划拨。从资金电子转移的基本现状考察,电子资金划拨有狭义与广义之分。狭义的电子资金划拨,专指支付命令发送方将其存放于银行账户的资金,通过一条线路划入受益方开户银行,以支付给受益方的一系列转移过程;在这一过程中,必须至少有一家银行参与其间,不包括在银行系统之外的资金划拨,也不包括借方的资金划拨。借方划拨是发送方命令开户行将支付人资金划拨到自己账户。如电力公司按规定收取电费,通过用户与开户行的事先安排,接受电力公司命令支付给该公司。狭义的电子资金划拨,仅指贷方划拨,并不包括借方划拨。广义的电子资金划拨,是指所有的资金电子转移,既包括银行系统内和银行系统外的一切资金划拨,也包括贷方划拨和借方划拨。

对电子金融法概念的外延,需要界定其渊源为何? 电子金融法的渊源,似乎要比其他任何一个部门都广泛得多,在总体上包括:

(1)制定法。就一个国家或一个地区的这一层面而言,在英国,电子金融适用到的制定法即有在前面已经提到的自1879年的《银行簿记证据法》到1987年的《银行法》等。在美国,有联邦1978年《电子资金划拨法》与供各州采用的《统一商法典》第4A编——资金划拨。在中国,已有1991年《计算机软件保护条例》、1994 年《计算机信息系统安全保护条例》的国家法规与 1995 年《海南经济特区银行 IC 卡管理规定》的地方性法规。

就国际层面而言,形成中的法律文件有联合国国际贸易法委员会起草的"国际资金划拨标准法"等。

制定法包括实体法和程序法(如证据法)。英国 1879 年《银行簿记证据法》(Banker's Books Evidence Act)第 3 条规定,银行往来账证及其经认证的副本均为可采用的初步证据。该法第 9 条经 1979 年《银行法》(Banking Act)修订,把银行账簿界定为包括总分类账、日记账、现金出纳账账簿和其他银行日常经营所使用的账证,无论是书面形式还是电子形式记录的。中国 1989 年《行政诉讼法》和 1991 年《民事诉讼法》都已将电子计算机存储资料规定为证据的一种,称做"视听资料";1996 年修订的《刑事诉讼法》也增加规定了这一种证据。在国际层面,1996 年联合国国际贸易法委员会制定的《电子商务标准法》(Model Law on Electronic Commerce)规定:如果法律要求数据必须采用书面形式,则假如一项数据电文所含信息可以调取以备日后查用,即满足了该项要求;"如法律要求有人签字,则对于一项数据电文而言,倘若情况如下,即满足了该项要求:①使用了一种方法,鉴定了该人身份,并且表明该人认可了数据电文内含的信息;和②从所有各种情况看来,包括根据任何相关协议,所用方法是可靠的,对生成或传递数据电文的目的来说也是适当的。""如法律要求为信息必须以其原始形式(原件)展现或留存,倘若情况如下,则一项数据电文即满足了该项要求:①有办法可靠地保证自信息首次以其最终形式生成作为一项数据电文或充当其他用途之时起,该信息保持了完整性;和②如要求将信息展现,可将信息显示给观看信息的人。"该法并特别规定:"在任何法律诉讼中,证据规则的适用在任何方面均不得以下述理由否认一项数据电文作为证据的可接受性:①仅仅以它是一项数据电文为由;或②如果它是举证人按合理预期所能得到的最佳证据,以它并不是原样为由。"当然,如计算机系统本身设计不当,维修不充分,或者输入程序有误,那么,利害关系人仍可对计算机记录的准确性提出异议。自 1999 年 10 月 1 日起施行的中国《合同法》,已允许以数据电文形式订立合同;对于合同的成立,是要求双方当事人签字或盖章,采用数据电文形式订立的合同,一方当事人可以要求签订确认书。

(2)判例。判例在普通法系国家具有法的效力。判例在大陆法系国家虽不具有法的效力,但其所具有的说服力仍带权威性。中国在处理电子金融的法律问题时,对国外有关判例应予重视。例如,英国衡平法院 1986 年 6 月 12 日对燃料信用卡判决。

(3)自律组织清算规则。如英国《CHAPS 清算规则》。

(4)银行实务惯例。在英国,除有 1992 年由"英国银行家协会"(BBA)

等民间团体共同发布的《银行业惯例守则》外,ATMs(自动柜员机系统)现金卡的发卡银行还根据《守则》采行其银行实务惯例。

(5)协议或合同。加入 SWIFT 的会员银行均以与"SWIFT 终端服务公司"(STS)订立的协议或合同规范业务往来行为。该合同标准文本分一般条款、软件、硬件、软件维护与附加服务五个部分,共44款。

从对电子金融法以上渊源的阐述中可以看出,制定法、判例、自律组织清算规则、银行实务惯例、协议或合同等各个部分相互联系构成一个总体,乃自成一类规范和一个"法群"(a body of law),并具有以下本质特征:

(1)国家意志性。除一国的制定法与判例是国家意志的直接反映外,自律组织清算规则、银行实务惯例与协议或合同亦间接反映国家意志。以英国的《CHAPS 清算规则》而言,尽管名义上为 CHAPS 自律规范,但亦为英国中央银行认可,并由英格兰银行加以推行。英国的《银行业惯例守则》,名义上不是法律,实质上亦具有法律的效力。用户与 STS [1] 订立的合同,尽管属于当事人之间的协议,亦设有条款确定:"这个协议受比利时法律的管辖和保护。"因为,自律组织清算规则、银行实务惯例与协议或合同,均不能存在于法律真空之中,否则,即会带来欺诈、不公平交易、盗用、窃取与"洗钱"等违法犯罪丛生的损害社会公共利益与破坏市场经济秩序的灾难性后果。从而,自律组织清算规则、银行实务惯例与协议或合同亦无不间接反映其所存在的法制环境里的国家意志或立法者意志。即令是存在于国际层面的联合国"国际资金划拨标准法",亦设有"法律冲突"专条规定法律适用。

(2)技术性。①电子计算机广泛应用于金融,而电子计算机本身是由5个部件组成,其中,输入设备与输出设备为人—机联系的两个部件,运算器、控制器与存储器三个部件均运作于不与人联系的信息处理。对于人—机联系两个部件的技术操作规范,即属于电子金融法范畴;三个信息处理部件的技术操作规范,则属于纯技术规范,不属于电子金融法范畴。②属于电子金融法范畴的人—机联系两个部件的技术操作规范,由于电脑设计不同,这部分技术操作规范亦随系统的不同而有差异,从而,表现出多样性。在美国,使用 DT 公司研制开发的 ATM,持卡人即须遵照其"操作指南"输入密码、取款、查询、存款与更改密码,发卡银行也须遵照其"操作指南"负责 ATM 的日常维护与后台维护。③电子金融法规范中的很大部分是技术性的,不是决定于国家意志或立法者意志的。

适用于电子金融的法律规范与技术规范是交织在一起、相互制约的。如合同法上的缔约自由,在电子金融合同中,当事人的意思自治即要受到所采用的支付系统的技术规范的制约。又如支付系统的联网及其采用的信

---

〔1〕　STS,SWIFT 终端服务公司。SWIFT(环球银行金融电信协会)总部设在比利时布鲁塞尔。

道,则要受到国家的立法限制。

(3)国际性。电子计算机广泛应用于金融,电子计算机网络技术的高速发展,其最终归宿必然是"全世界计算机联合起来",从而,一国的电子金融法亦必然带国际性。联合国国际贸易法委员会之所以要起草和倡导"国际资金划拨标准法",其目的之一,亦在于促进和保障各国不同电划系统与各种国际电划系统实施联网。

(4)灵活性与强制性。电子金融法的规范原则较之任何一个法律部门都要灵活,而其强制性,从一定意义上讲,较之其他任何一个法律部门亦无逊色。美国《统一商法典》第4A编——资金划拨,对法律选择的规定为,如各方协议选择由特定法律管辖,不要求选择与支付命令或资金划拨具有合理联系的法律;资金划拨系统可以选择由特定法律管辖通过系统传送支付命令或划拨资金的参加银行之间的权利义务,或任何方利用系统涉及的若干方或所有各方的权利义务。在国际层面,尽管用户与STS订立的合同专设条款规定"这个协议受比利时法律的管辖和保护",该条款亦同时明定"这个协议所不能解决的争端最终在国际商会调解和仲裁解决"。电子金融法律适用表现的此种高度灵活性,绝非意味着电子金融法属于"软法",相反,其强制性可直接表现为如有违反,会立即产生ATM把持卡人的信用卡"吃进"(扣留),或者被系统拒收、拒付,或者更为严重的意想不到的后果。电子金融法实属严格的"硬法"。

3. 对电子金融法的展望。通过电划办理支付取代支票,在国际银行界已成为确定不移的大趋势。

以信用卡取代汇票,在国际上也成为确定不移的大趋势。原因是:①汇票结算受地点、收款单位和金额的限制,无选择余地。采用信用卡办理异地转账结算,不受地点、收款单位和金额的限制;②办理汇票需较长时间等候,而信用卡只需通过转账支票将款项转进账户即可;③汇票带有丢失、被窃和被冒用的风险。信用卡遇到被窃或遗失,持卡人只要及时通知发卡银行,即可不负挂失一定时间以后的损失;④使用汇票异地结算,收款单位要损失从银行开出汇票到交付款项使用这段在途时间的利息损失。总之,信用卡较之汇票灵活、方便、安全,在各国和国际上已广为采用。

信用卡正从磁卡演进为"IC卡"(智能卡)。磁卡验明信用卡是否有效,需从卡样、卡号上识别,还得核对持卡人的居民身份证是否与本人相符,是否与信用卡有关内容相符,以及该信用卡是否被列入最新止付名单或被紧急止付。IC卡含微型处理器与存储器芯片,1990年于法国问世。作为信用卡系统终端使用的ATM,即一种电子化、智能化的银行业务设备,可联机,也可脱机运作。使用IC信用卡,无须联网即能独立完成对持卡人的身份认证及其消费额度授权、资料加密与电子签章。目前,法国、意大利、新加坡等国已限制使用磁卡而推广 IC 信用卡；中国对 IC 卡也采取积极试点并引导发展的态度。随"电子货币"(IC 信用卡)的广为使用，将会迎来一个"无货币"的新时代。

电子计算机的应用，实现了证券交易自动化，以跨交易所与跨境进行证券交易为特征的证券市场国际化势头方兴未艾。

《巴塞尔协议》是将金融机构从事市场活动的最终成果用资本充足率此一量化标准来统一衡量，各国中央银行已经将电子计算机系统应用于对商业银行的监管。

电子计算机已广泛应用于银行监管、货币金融、贸易金融与投资金融等各个金融领域，伴随着电子计算机技术本身的迅速更新换代，[1]进入 21 世纪后什么人间奇迹都有可能发生。因此，国家将电子金融纳入法制轨道，以完善中国的电子金融法制，是刻不容缓的。

■思考题

1. 票据行为具有哪些特性？
2. 中国《票据法》是怎样解决涉外票据的法律适用的？
3. 托收和国际保付代理、跟单信用证和国际备用证的任意性惯例。
4. 英国对销售点电划系统(EFTPOS)和自动柜员机系统(ATMs)的法律管制结构。

---

〔1〕　自 1946 年世界上第一台电子计算机问世以来，至今 50 年间，电子计算机技术已经历五代更新：1946 - 1954 年为计算机的电子管时代；1955 - 1964 年为晶体管时代；1965 - 1974 年为电路时代；1975 - 1989 年为大规模集成电路时代。1990 年以来正向第五代发展，属于超大规模集成电路时代，这一代电子计算机已具有人工智能模拟功能。

第九章 期货交易与金融期货

第一节 期货交易

一、期货交易的兴起与发展

　　期货分商品期货(commodity futures)与金融期货(financial futures)两大类。期货交易是在现货交易与远期交易的基础上形成的。商品期货起源于17世纪;金融期货则是从商品期货发展而来,兴起于20世纪70年代。

　　早在1697年日本即开始了稻谷的期货交易。1730年日本正式颁布法令,在大阪进行大米期货交易。西欧在19世纪兴起粮食、棉花、咖啡等农产品的期货交易,继后发展到有色金属产品和工业制品等各种工、农业产品期货交易。有了农产品期市,农民可以在小麦、大米收获以前出售5月份小麦期货和10月份大米期货,把未来粮价先确定下来,以划算生产成本,免受跌价影响。有了工业产品等期市,经营厂家可以通过买进期货,保证原材料供应,消除日后涨价之虞;供应生产者可以减少生产的盲目性和滞销压库现象。期货交易的优点即在于能通过期货合同把价格锁住,使经营者与生产者均可减轻价格风险或转嫁价格风险。

　　商品期货交易开始于农产品期货交易,至今也一直以农产品期市为最发达。目前,世界上最大的期货市场即1848年由美国82位粮商发起,在芝加哥开业的农产品交易所。现芝加哥农产品交易所已经有1 403名会员和400名管理人员,交易量占全美国期货交易总量的50%。芝加哥农产品交易所通过新闻媒介发布的粮食成交价,称“芝加哥价格”,成为影响世界粮食市场的价格。农产品期货交易与其他商品期货交易相比,市场对农产品的需求弹性较小,即使价格有大的变化,需求变化也不大。农产品期市的相对稳定,是其兴旺发达、历久不衰的重要原因。其他商品期货交易,一旦出现经济衰退或市场疲软,就会受到严重影响。但总的来说,现世界上的各类商品期市均呈大发展趋势。这是由于在世界经济不稳定的形势下,商品经营者与生产者都在积极利用期市来保全其正常利润,加上期市的参加者除部分"套期保值"(hedging,海琴)的"避险者"(hedgers)外,更有大批想从期货价格变动中获利的"行情预测者"(speculators,如译作"投机者"则含贬义)参与其间,谋求下小本而获大利。套期保值者即系利用期货市场作对冲交易向"行情预测者"转嫁价格风险。例如,买主购进一批现货备作零售,为预防价格下落导致损失,就在购进这批现货的同时,卖出同样数量的期货;如果货价下跌,他在现货方面由于价落所受的损失,就可以在卖出期货结算后所得盈利来弥补。

1971 年 8 月 15 日美国总统尼克松宣布实行新经济政策,停止以美元兑换黄金,布雷顿森林制度崩溃。为避免汇率风险,1972 年 5 月 16 日芝加哥商品交易所将商品期货交易方式运用于货币金融,增辟了一个专门从事金融期货交易的部门,称"国际货币市场",开始做货币期货交易,成为金融期货交易的发端。1973 年 4 月 26 日芝加哥期权交易所开业,从期货交易发展到期权交易。1974 年 12 月芝加哥农产品交易所开始做黄金期货。黄金期货有两种成交标准量,一为 1 000 克、纯度 99.5% 的黄金期货;一为 100 盎司(2834.95 克)、纯度 99.5% 的黄金期货。1983 年,美国又兴起一种将期货与期权两笔交易合二为一的期货合同的期权交易。

对在期货市场上市的商品,一般须具备以下条件:①易于储存;②品质能定出等级;③价格波动频繁;④拥有众多买主和卖主。目前世界各国期市交易的商品共约 6 大类 40 种,其中,农产品 15 种、畜产品 5 种、金属产品 9 种、化工产品 5 种、林产品 1 种(木材)、金融商品 5 种。

从现货市场到远期市场,再到期货市场,从商品期市到金融期市的发展过程中,商品期市为金融期市的建立和发展奠定基础、积累经验,金融期市又为商品期市的发展推波助澜,从而把市场经济推向更加发达。这一发展市场经济的客观规律正在为越来越多的发展中国家所认识和利用,并对建立和发展期市采取开放和鼓励的政策。1992 年初,新加坡政府宣布,由贸易发展局筹建 RAS(新加坡橡胶协会)商品交易所的期货市场,对在该市场进行期货交易的公司免税 5 年,对从事股票期权买卖的免征印花税。

二、期货合同

期货交易是通过交易双方订立期货合同而进行的。尽管其订立方式与一般交易合同的订立大不相同,但合同制仍属于期货交易的基本法律制度。

期货合同是在期货交易所场内订立的,可以转让的,按照交易双方的协议价格,买进和卖出某标准量(包括数量和质量)的某种商品(包括实物商品和金融商品),买方和卖方在协议的某个月份交割的标准化远期合同。具体分析如下:

（一）在期货交易所场内订立

在期货交易发达的国家,各交易所除辟有期货市场,还有专营期货的期货交易所,一切期货交易都只能在交易所场内进行。

随着期市的国际化,已可以通过电讯进行全球性交易。

（二）期货合同可以转让

期货合同可以转让,转让也只能在交易所场内进行。期货合同的期权交易即建立在期货合同可转让的基础上。

（三）协议价格与标准量

不同商品的期货有不同的协议价格与标准量。协议价格可以随行就市,标准量依市场做法而定。如美国货币期货市场,英镑期货以2.5万英镑为标准量或成交单位;证券期货市场,股票期货以100股为标准量或成交单位;商品期货市场,食糖期货以50吨为标准量或成交单位,天然橡胶或锡的期货均以5吨为标准量或成交单位,等等。标准量包括数量和质量,商品的品级（质量等级）也是标准化的。如棉花期货即以纤维长度11/16英寸（1.75厘米）的棉花5万磅（22.68吨）作为基本品级,此外,有17种替代品级。成交选定的品级的价格,即按照基本品级的价格依规定标准打折或加价。

（四）交割月份

交割月份又称交货月（delivery month）,即实际交货的月份。期货合同如订"5月份小麦",即5月份的最后一个交易日交出小麦货物。但交割月份并非意味期货交易的期限只能在一个年度之内,可以跨年,期限可以从1个月到2年或更长。在合同规定的交割月份的最后一个交易日以前均为合同有效期。在有效期内,成交人可以随时择机买进或卖出合同。

以上各项特殊要求,即构成一份期货合同的标准化。期货交易也就是以这种期货合同为其标的,从而使之既不同于一手交货、一手交钱的现货交易,也不同于按约定交货期日交货的远期交易。

第二节 期货市场

一、期货市场的自律体制与管理

（一）期市的自律体制

从上节对期货合同的分析可见,期市是以一份标准化远期合同作为场内交易单位,成交多少个单位即订立多少份合同。期货合同由于其标准化而不同于现货合同与远期购销合同,从而其自有一套特殊的市场做法与自律体制。期市的一套自律体制是在一国合同法允许的条件下确立和形成的。中国1981年《经济合同法》第53条,将利用经济合同买空卖空定为违法行为,禁止以经济合同作为交易标的,从而中国当时就不可能出现期市。随着国务院批准在郑州试办的小麦批发市场于 1990 年 10 月 12 日开业,国家工商行政管理局宣布,国家批准设立的期货市场以经济合同为标的进行交易的行为除外,自此,期市才开始合法存在。在期市上,由于批发与期货是同市进行的,进入商品期市的,除有商品的经营者和生产者外,大量的是"多头"和"空头"。"多头"是预测行情日后看涨的,当天在期市是买进者。"空头"则是预测看跌的,当天的卖出者。如行情混乱,在当天的期市上即可能出现既无"多头"也无"空头"而形成空市。但这种情况并不常见,只有发生严重经济衰退时才闭市。

期市的一套自律体制包括以下内容:

1. 交易制。交易制(trade system),分叫价制(open cry system)与集价制(group trade system)两种。世界上多数期市采取叫价制。在一个交易日一般叫价三次,即开市、午间、收市前各叫价一次。日本和香港的期市则采取集价制,将一个交易日时间划分为若干节,每节由主持交易人按铃叫出一个买卖价,同意成交的以手势表示(如手掌向内表示买进、向外表示卖出),时间一到,主持交易人即宣布本节交易完毕。经过休息再开始下一节的交易,直至最后一节交易完毕收市。

2. 经纪人制。经纪人制(broker system),分两种经纪人:①场内经纪人(floor broker),又称佣金经纪人(commission broker),均为期货交易所会员;②佣金公司(commission firm),又称经纪人公司(broker firm),充当客户与场内经纪人的中介,在场外为客户提供定单、管理保证金、记账和咨询服务。

3. 佣金制。佣金制(commission system),是客户在佣金公司开设账户,手续为填写一份存款单交存一定金额,供作佣金结算。交易时,客户在佣金公司填写定单后,由该公司派出"信使"(runner)或通过电讯送交场内经纪人。场内经纪人按定单进行交易,并将每笔成交情况记载于交易卡和注写于定单上,电话或电传通知原佣金公司转告客户。每笔交易,客户须向场内经纪人和佣金公司支付多少佣金,按各方协定。

4. 定单制。定单制(order system),分三种定单:①市场价定单(a market order),即要求场内经纪人接到定单后,立即在场内以最好价格买进或卖出所要标准量商品;②有限制的定单(a limit order),即提交定单的客户在定单中定有一价格限制,要求场内经纪人只能在指示的价格范围内按较好的价格买进或卖出所要标准量商品;③撤销前有效定单(good till canceled order),即要求场内经纪人在未予撤销前在场内以最好价格买进或卖出所要标准量商品。

以上各种定单,如无期限规定,均为"一天有效定单"(a day order)。一份定单,经落实价格与双方成交后,即构成一份期货合同。

5. 保证金制。保证金制(margin system)的保证金,又称押金、按金或垫头,即保证存款。由客户通过交换公司(clearing firm)交存于交易所下设的交换部或清算部(clearing house),该部以交换公司为其成员。期货交易的买方和卖方都要交存保证金,以保证履行合同。客户交存的保证金数额,由交易所按不同交易商品的标准量价格而定,一般为其5%－15%。由于期市允许以5元－15元的本钱做100元的交易,可以下小本而获大利,从而有大批的行情预测者涌入期市。

6. 交换制或清算制。交换制或清算制(clearing system)是要求进行场内交易的经纪人要将成交定单交给交换公司;交易所的交换部在每一营业日结束时要主持各交换公司进行一次清算,当天轧账,赚的获得盈利,亏的付出损失。交换部采用结算价(settlement price)计算盈亏。结算价即收市前最后半分钟或一分钟时成交的平均价格,高于这个平均价格成交的卖方为盈,低者为亏;反之,低于这个平均价格成交的买方为盈,高者为亏。交换部账目当天结清,第二天交易时发现亏者保证金存款不足额,要补进才可进行交易,即坚持无债务的清算原则。交易所还要求交换公司定期提交财务报告,并向公众公布,以监督该交换公司始终保持良好的清偿能力。在这种交换制度下,交易者即用不着担心进行交易的对方是否资信可靠,因有交易所把住清算关。

7. 交割制。交割制(delivery system)是在每一合同月份,交换公司都要将成交情况报告交易所的交换部,由该部充当总代理人,保证真正的商品期货卖方能按到期合同规定的标准量交割,买方能到期支付价款。

8. 仲裁制。仲裁制(arbitral system)要求期市上发生的争议按交易所实行的仲裁规则解决。以美国国民期货交易协会制定的仲裁规则为例,它包括以下规则:①争议案件的金额在2 500美元以下的,不举行听证会,裁决以书面形式通知或寄送争议双方;②争议金额在2 500－5 000美元的,举行听证会,争议双方均可由法律顾问陪同出席,以一次裁决定案;③争议金额在5 000美元以上的,听证会陪审团得由3人组成,裁决为终局的;④以听证会方式作出裁决的,裁决在听证会结束后30日内发出,不得上诉。

以上期市自律体制,保证了期货合同的履约率在90%以上。

(二)期货交易的管理

期货交易由于不同于现货交易与订立远期购销合同的成交,各国通例,期货交易均限于在"期货交易所"(futures exchange)场内进行,不作场外交易或柜台交易。期货交易也不同于证券交易,通例是对证券市场与期货市场分别立法和分设机构管理。我国对证券市场与期货市场是分别立法,统一由中国证监会管理。

在美国,管理期货市场的法规,早期的有1916年《棉花期货法》、1922年

《谷物期货法》和 1936 年《商品交易法》等；第二次世界大战后，美国的期货市场是归依 1974 年《商品期货交易法》于 1975 年成立的"商品期货交易委员会"（Commodity Futures Trading Commission，CFTC）主管。商品期货交易委员会由经国会参议院批准、总统委派的 1 名主席和 4 名委员共 5 人组成。其权限为：批准期货交易所制定的规章制度并对之进行监督实施，对期货合同的公平履行进行行政监督，并可限制投机者垄断市场和对违反交易规则的行为处以罚款等惩罚。1983 年，商品期货交易委员会对开办新的期货市场的申请收取 1 万美元费用。商品期货交易委员会直接向国会报告工作，与依 1934 年《证券交易法》成立的联邦证券交易委员会（SEC）成为平行机构，总部设在华盛顿，在美国一些主要大城市设办事机构，管理和监督分布于各地的期货市场。

美国投机者亨特串联 12 个中东富商，自 1979 年起在纽约和芝加哥的商品交易所以交付 10% 的保证金大量收购白银，到 1979 年底已控制纽约市场 53% 的白银和芝加哥市场 69% 的白银，共拥有 1.2 亿盎司的白银现货和 0.5 亿盎司的白银期货。在亨特的操纵下，1980 年 1 月 21 日银价涨到每盎司 50.35 美元，比一年前涨幅高达 8 倍，促使白银走私猖獗。[1] 联邦商品期货交易委员会责成期货交易所采取紧急措施，将保证金从 10% 调到 50%，致使大批投机者一天之内不可能补足差额，只得卖掉期货合同，到月底的几天时间里，银价即跌回到每盎司 10.8 美元。

期货交易所实行会员制，理事会由会员大会选举产生。理事会任命 1 名总裁充当交易所行政首脑，另设 1 名执行副总裁和若干名副总裁以及部门经理，协助总裁处理日常工作。理事会负责制定交易所的政策和规章制度，并监督其实施，有权对违纪的会员采取纪律行动。现美国共有 11 家进行国际性期货交易的交易所。

二、中国商品期货市场

中国第一个商品期货市场郑州小麦批发市场经国务院批准于 1990 年 10 月 12 日在郑州试办开业。现该市场通过新闻媒介发布的粮油现货成交价格，称"郑州价格"，已成为全国粮油交易的指导性价格。自 1992 年 3 月 28 日起，该市场还每月公布一次小麦远期合同价格。目前，中国已经有了全国性与地方性的粮食、水果、食糖、生猪、肉类、木材、有色金属、钢铁和石油等一批商品期货市场出现。在金融期货市场方面，1992 年 6 月 1 日上海外汇调剂中心已开办外汇期货，1992 年 12 月 28 日上海证券交易所已开办国债期货。1993 年 4 月 28 日国家工商行政管理局已发布施行《期货经纪公司登记管理暂行办法》。该办法规定，设立期货经纪公司必须具备注册资金

---

〔1〕　D. R. Siegel：The Futures Market——Chicago，Probus Pub. Co. ，1990，p. 221.

1 000万元人民币以上,通讯设施合格、专职期货经纪人不少于20人等基本条件;期货经纪公司必须在登记主管机关国家工商行政管理局注册登记,向之缴存不低于注册资金25%的经营保证金,并在登记主管机关指定的金融机构开设客户保证金专用账户。

中国证监会于1996年3月5日发出《关于各期货交易所建立"市场禁止进入制度"的通知》,要求各期货交易所结合各自的具体情况建立"市场禁止进入制度",并报中国证监会备案。"市场禁止进入制度"是指各期货交易所、期货经纪机构对被宣布为"市场禁入者"的机构和个人,3年内不得接受其从事期货交易的制度。《通知》要求各期货交易所将认定的"市场禁入者"及时报告中国证监会,由中国证监会通报其他各期货交易所。建立该制度即旨在将"害群之马"清除出期货市场,以强化对操纵期市行为和期货欺诈行为的打击。

1998年,按照国务院的决定,中国证监会对原有的14家期货交易所进行整顿和撤并,保留了上海、郑州和大连3家期货交易所,并由中国证监会直接管理。

开放和发展期货交易,对建立和发展中国的社会主义市场经济具有以下重要意义:①发展农产品期货交易,可以将凭借行政手段与农民订立的预购合同,改变为通过期市进行交售。发展其他商品期货交易,可借以推行物资配送,从而大大节约仓储、运输的费用。②发展商品期货交易,可以为产供销各方提供直接见面的场所,集中成交,把产销计划与市场有效地结合起来,做到按需生产、按需经营,将计划控制市场转换为市场引导计划,建立起社会主义的市场经济。③期市价格是公平竞争的结果,更具有指导性,有助于理顺价格关系和把企业推向市场,而非靠国家划拨物资和给予财政补贴。

建立和发展中国的期市,关键在于国家需要为之提供一个较为宽松的法律环境和形成期市的自律体制;再者,建立和发展期市需要遵循从现货市场到远期市场再到开放期市,从农产品期市到其他商品期市再到开放金融期货交易的客观规律,分层次、有步骤地进行,在其他市场尚未发育起来的地区和地方开放期市,则无异于空中楼阁。期货交易只能结合现货交易进行,否则,期市所独具的套期保值、转让风险、调剂余缺及价格导向等功能都将发挥不出来。

中国自1999年9月1日起施行《期货交易管理暂行条例》,分七章,共71条,各章要点如下:

(一)总则(第1—5条)

1.宗旨:为规范期货交易行为,加强对期货交易的监管,维护期货市场秩序,防范风险,保护期货交易各方的合法权益和社会公共利益,制定本条例。

2. 适用:从事期货交易及其相关活动的,必须遵守本条例。

3. 原则与禁止:①从事期货交易活动,应遵循公开、公平、公正和诚实信用的原则。禁止欺诈、内幕交易和操纵期货交易价格等违法行为。②期货交易必须在期货交易所内进行。禁止不通过期货交易所的场外期货交易。

4. 监管:中国证监会对期货市场实行集中统一的监督管理。

(二)期货交易所(第6—20条)

1. 设立:①设立期货交易所,由中国证监会审批。未经中国证监会批准,任何单位或个人不得设立或变相设立期货交易所。②期货交易所的合并、分立,由中国证监会审批。③期货交易所依本条例规定的情形解散。

2. 财产:①期货交易所不以营利为目的,按照其章程规定实行自律管理。期货交易所以其全部财产承担民事责任。②期货交易所的所得收益应按国家有关规定管理和使用,不得分配给会员,不得挪作他用。其税后所得按国家有关规定提取公益金后,应全部转作公积金,用于弥补以后年度发生的亏损。

3. 会员:①期货交易所会员应是在中国境内登记注册的企业法人。取得会员资格,应经期货交易所批准,并交纳会员资格费。②期货交易所会员由期货经纪公司会员和非期货经纪公司会员组成。

4. 组织和人员:①期货交易所设理事会。理事长、副理事长由中国证监会提名,理事会选举产生。②期货交易所设总经理、副总经理,由中国证监会任免。总经理为期货交易所的法定代表人。③期货交易所设高级管理人员、财务会计人员和其他工作人员。④期货交易所的工作人员应忠实履行职务,不得以任何方式为自己从事期货交易,不得泄露内幕信息或利用内幕信息获得非法利益。工作人员履行职务时,遇有与本人或其亲属有利害关系的情形时,应当回避。⑤期货交易所的工作人员在任职期间或离开期货交易所未满1年的,不得在该期货交易所的会员单位任职。⑥国家公务员不得在期货交易所任职。

5. 期货交易所履行下列职能:①提供期货交易的场所、设施和服务;②设计期货合约、安排期货合约上市;③组织、监督期货交易、结算和交割;④保证期货合约的履行;⑤制定和执行本条例规定的风险管理制度;⑥中国证监会规定的其他职能。

6. 禁止:①期货交易所不得从事信托投资、股票交易、非自用不动产投资等与其职能无关的业务。②禁止期货交易所直接或间接参与期货交易。

7. 紧急措施:当期货市场出现异常情况,如交易中发生操纵市场并严重扭曲价格形成的行为或不可抗力的突发事件以及中国证监会规定的其他情形时,期货交易所可按其章程规定的权限和程序,决定采取下列紧急措施,并应立即报告中国证监会:①提高保证金;②调整涨跌停板幅度;③限制会员或客户的最大持仓量;④暂时停止交易;⑤采取其他紧急措施。异常情况消失后,期货交易所应及时取消紧急措施。

8. 期货交易所有下列情形之一的,应经中国证监会批准:①制定或修改章程、业务规则;②上市、中止、取消或恢复期货交易品种;③上市、修改或终止期货合约;④中国证监会规定的其他情形。

(三)期货经纪公司(第21—27条)

1. 条件与设立:①设立期货经纪公司,应符合公司法的规定,并应具备下列条件:注册资本最低限额为人民币3 000万元;主要管理人员和业务人员必须具有期货从业资格;有固定的经营场所和合格的交易设施;有健全的管理制度;中国证监会规定的其他条件。②设立期货经纪公司,必须经中国证监会批准,取得中国证监会颁发的期货经纪业务许可证,并在国家工商行政管理局登记注册。未经中国证监会批准,任何单位或个人不得从事期货经纪业务,不得在其名称中使用"期货经纪"、"期货代理"或其他类似字样。③期货经纪公司根据业务需要可以设立营业部,作为分支机构。设立营业部应符合中国证监会规定的条件,经中国证监会批准,取得中国证监会颁发的经营许可证,并在国家工商行政管理局登记注册。营业部在期货经纪公司授权范围内依法开展业务,其民事责任由期货经纪公司承担。

2. 业务范围:期货经纪公司接受客户委托,以自己的名义为客户进行期货交易,交易结果由客户承担。公司除接受客户委托,从事期货交易所上市期货合约的买卖、结算、交割及相关服务业务外,不得从事其他业务。期货经纪公司不得从事或变相从事期货自营业务。

3. 变更和解散:①期货经纪公司有下列情形之一的,应经中国证监会批准,并在国家工商行政管理局变更登记:变更法定代表人;变更注册资本;变更股东或股权结构;变更住所或营业场所;变更或终止营业部;中国证监会规定的其他情形。②期货经纪公司解散的,应结清受委托的业务,并依法返还客户的保证金,并应在国家工商行政管理局办理注销登记。

(四)期货交易基本规则(第28—49条)

1. 场内规则。在期货交易所内进行交易的,必须是期货交易所会员:①期货经纪公司会员只能接受客户委托从事期货经纪业务。②非期货经纪公司会员只能从事期货自营业务。③会员应当委派出市代表进入期货交易所内进行期货交易。出市代表只能接受本会员单位的交易指令,不得接受其他单位、个人的交易指令或为其提供咨询意见,不得为自己进行期货交易。

2. 经纪规则。①期货经纪公司接受客户委托为其进行期货交易,应事先向客户出示风险说明书,经客户签字确认后,与客户签订书面合同。期货经纪公司不得向客户作获利保证或与客户约定分享利益或共担风险,不得接受公司、企业或其他经济组织以个人的名义委托进行期货交易,不得将受托业务进行转委托或接受转委托业务。②期货经纪公司不得接受金融机构、事业单位和国家机关、中国证监会的工作人员和期货市场禁止进入者，未能提供开户证明文件的单位以及中国证监会规定不得从事期货交易的其他单位和个人的委托，为其进行期货交易。③客户可以通过书面、电话或中国证监会规定的其他方式，向期货经纪公司下达交易指令；该指令应明确、全面。期货经纪公司根据客户的交易指令，为其进行期货交易，不得未经客户委托或不按客户委托范围擅自进行期货交易。

3. 信息规则。①期货经纪公司向客户提供的期货市场行情应真实、准确，不得隐瞒重要事项或使用其他不正当手段诱骗客户发出交易指令。②期货交易所应及时公布上市品种期货合约的成交量、成交价、持仓量、最高价与最低价、开盘价与收盘价和其他应公布的信息，并保证信息的真实、准确。期货交易所不得公布价格预测信息。

中国证监会于 2000 年 12 月 26 日已发布《期货交易所、期货经营机构信息技术管理规范（试行）》，自 2001 年 1 月 1 日起实施。

4. 风险管理制度。①保证金制度：期货交易应严格执行保证金制度。期货交易所向会员、期货经纪公司向客户收取的保证金，不得低于中国证监会规定的标准，并应与自有资金分开，专户存放。期货交易所收取的保证金，属于会员所有，除用于会员的交易结算外，严禁挪作他用。期货经纪公司向客户收取的保证金，属于客户所有，除按中国证监会的规定为客户向期货交易所存存保证金进行交易结算外，严禁挪作他用，并应为每一客户单独开立专门账户、设置交易编码，不得混码交易。期货交易所会员保证金不足时，该会员必须追加保证金。会员未在期货交易所统一规定的时间内追加保证金的，期货交易所应将该会员的期货合约强行平仓，强行平仓的有关费用和发生的损失由该会员承担。期货经纪公司在客户保证金不足而客户又未能在期货经纪公司统一规定的时间内及时追加的，应将该客户的期货合约强行平仓，强行平仓的有关费用和发生的损失由该客户承担。②风险准备金制度：期货交易所、期货经纪公司应按中国证监会、财政部的规定提取、管理和使用风险准备金，不得挪用。③每日结算制度：期货交易的结算，由期货交易所统一组织进行，实行每日结算制度，应在当日收市后及时将结算结果通知会员。期货经纪公司根据期货交易所的结果对客户进行结算，并应将结算结果及时通知客户。④涨跌停板制度：确立期货合约在一个交易日中的交易价格不得高于或低于规定的涨跌幅度，超出该涨跌幅度的报价将被视为无效，不能成交。⑤持仓限额和大户持仓报告制度：确立一个期货交易者所持有的未平仓合约的数量限额，并要求持仓大户向期货交易所报告其持有的未平仓合约的数量。⑥中国证监会规定的其他风险管理制度。

5. 收费与成交规则。①期货交易所向会员、期货经纪公司向客户收取交易手续费,应按国务院有关部门的统一规定执行。②期货交易实行集中竞价,按照价格优先、时间优先的撮合成交原则进行。撮合成交是由期货交易所的计算机交易系统对交易双方的交易指令进行配对。

6. 交割规则。①期货交易的交割,由期货交易所统一组织进行,不得限制实物交割总量。②交割仓库由期货交易所指定,应与交割仓库签订协议,明确双方的权利和义务。交割仓库不得有下列行为:出具虚假仓单;违反期货交易所业务规则,限制交割商品的入库、出库;泄露与期货交易有关的商业秘密;参与期货交易;中国证监会规定的其他行为。

7. 违约规则。①会员在期货交易中违约的,先以该会员的保证金承担违约责任;保证金不足的,期货交易所应以风险准备金和自有资金代为承担违约责任,并由此取得对该会员的相应追偿权。②客户在期货交易中违约的,先以该客户的保证金承担违约责任;保证金不足的,期货经纪公司应以风险准备金和自有资金代为承担违约责任,并由此取得对该客户的相应追偿权。③期货交易所、期货经纪公司应保证期货交易、结算、交割资料的完整和安全。

8. 禁止规则。①任何单位或个人不得编造、传播有关期货交易的谣言,不得恶意串通、联手买卖或以其他方式操纵期货交易价格。②任何单位或个人不得使用信贷资金、财政资金进行期货交易。③金融机构不得为期货交易融资或提供担保。

9. 套期保值业务规则。国有企业、国有资产占控股地位或主导地位的企业进行期货交易,限于从事套期保值业务,并应遵守下列规定:①进行期货交易的品种限于其生产经营的产品或生产所需的原材料;②期货交易总量应与其同期现货交易总量相适应;③中国证监会的其他规定。

上述企业从事套期保值业务,应向期货交易所或期货经纪公司出具其法定代表人签署的文件,并经审核同意。

10. 境外交易规则。①未经批准,任何单位或个人不得直接或间接从事境外期货交易。确需利用境外期货市场进行套期保值的,由中国证监会会同国务院有关部门审核,报国务院批准后,颁发境外期货业务许可证。②禁止期货经纪公司从事境外期货交易。

(五)监督管理(第50—56条)

1. 自报与现场检查。

(1)期货交易所和期货经纪公司应定期向中国证监会报送财务会计报表、有关资料和审计报告。

(2)中国证监会可以随时检查期货交易所、期货经纪公司的业务、财务状况,有权要求期货交易所、期货经纪公司提供有关资料,有权要求期货交易所提供会员、期货经纪公司提供客户的有关情况和资料;必要时,可以检查会员和客户与期货交易有关的业务、财务状况。中国证监会在检查中,发现有违法嫌疑的,可以调取、封存有关文件、资料,并应在规定的期限内及时作出处理决定。中国证监会的工作人员在检查时,应出示合法证件。

2. 查询与处置。

(1)中国证监会对有期货违法嫌疑的单位和个人有权进行询问、调查;对期货交易所、期货经纪公司、会员和客户在商业银行或其他金融机构开立的单位存款账户可以进行查询;对有证据证明有转移或隐匿违法资金迹象的,可以申请司法机关予以冻结。有关单位和个人应给予支持、配合。

(2)当期货市场出现异常情况时,中国证监会可以采取必要的风险处置措施。

3. 从业人员监管。

(1)中国证监会对期货交易所和期货经纪公司的高级管理人员和其他期货从业人员实行资格认定制度。

(2)期货交易所总经理离任时,期货交易所应聘请有从事相关业务审计资格的中介机构对其进行离任审计。中国证监会认为必要时,可以指定中介机构进行离任审计。

4. 自律监管。

(1)期货交易所应依本条例和中国证监会的规定,建立健全各项规章制度,加强对期货交易所交易活动的风险控制和对会员以及期货交易所工作人员的监督管理。

(2)期货经纪公司应建立健全内部业务管理规则,加强对客户资信情况的审查,并应按期货交易所的规定,向其报告大户名单、交易情况。

中国期货业协会已于2000年12月29日在北京成立,加强了期货业的行业自律管理。

(六)罚则(第57-69条)

1. 期货交易所有违反本条例规定行为的,可酌情责令改正或责令退还多收的交易手续费,给予警告,没收违法所得,并处罚款;情节严重的,责令停业整顿。对直接负责的主管人员和其他直接责任人员,给予纪律处分,并处罚款。

2. 期货经纪公司有违反本条例规定行为的,可酌情责令改正,给予警告,没收违法所得,并处罚款;情节严重的,责令停业整顿或吊销期货经纪业许可证。对直接负责的主管人员和其他直接责任人员,给予纪律处分,并处罚款;构成犯罪的,依法追究刑事责任。

3. 对利用内幕信息从事期货交易或向他人泄露内幕信息使他人利用以进行期货交易,编造传播虚假信息扰乱期货交易市场或操纵期货交易价格的任何单位或个人,没收违法所得,并处罚款。对本人或单位直接负责的主管人员和其他直接责任人员,给予纪律处分,构成犯罪的依法追究刑事责任。

4. 交割仓库有违反本条例规定行为的,可酌情责令改正,给予警告,没收违法所得,并处罚款;情节严重的,责令期货交易所暂停或取消其交割仓库资格。对直接负责的主管人员和其他直接责任人员给予纪律处分。

5. 国有企业、国有资产占控股地位或主导地位的企业违反本条例规定进行期货交易的,以及使用信贷资金、财政资金进行期货交易的任何单位或个人,可酌情给予警告,没收违法所得,并处罚款;对单位直接负责的主管人员和其他直接责任人员给予降级直至开除的纪律处分;构成犯罪的,依法追究刑事责任。

6. 任何单位或个人违反本条例规定擅自从事境外期货交易,或者非法设立或变相设立期货交易所、期货经纪公司或擅自从事期货经纪业务的,予以取缔,没收违法所得,并处罚款;对单位直接负责的主管人员或其他直接责任人员处以罚款,并给予降级直至开除的纪律处分,构成犯罪的,依法追究刑事责任。

7. 期货交易所的工作人员在任职期间或离开期货交易所未满1年,在该期货交易所的会员单位任职的,或泄露知悉的国家秘密和会员、客户商业秘密的,给予纪律处分;构成犯罪的,依法追究刑事责任。

8. 任何单位或个人违反本条例规定,情节严重的,由中国证监会宣布该个人、该单位或该单位的直接责任人员为期货市场禁止进入者。

9. 中国证监会的工作人员泄露知悉的国家秘密以及会员、客户的商业秘密,或者徇私舞弊、玩忽职守、滥用职权、收受贿赂,构成犯罪的,依法追究刑事责任;尚不构成犯罪的,依法给予行政处分。

10. 对期货交易所及其会员、期货经纪公司及其客户、期货从业人员、交割仓库的行政处罚,由中国证监会决定;对其他单位或个人的行政处罚,由有关部门依照法定职权决定。

(七)附则(第70–71条)

1. 规定本条例用语中的"期货交易"、"期货合约"、"保证金"、"结算"、"交割"、"平仓"、"持仓量"、"持仓限额"、"仓单"、"撮合成交"、"涨跌停板"、"内幕信息"和"内幕信息的知情人员"的含义。

2. 规定本条例自1999年9月1日起施行。

第三节　金融期货(衍生金融商品)

金融期市是市场经济高度发达的产物。从国外发展金融期货交易的情况看,它能吸引到国内外更多的游资,以繁荣金融市场,为生产建设筹集长期稳定的巨额资金,加速市场经济的发展。自美国芝加哥商品交易所于1972 年 5 月 16 日开设专做金融期货交易的国际货币市场后,英国在芝加哥商品交易所的协助下,于 1982 年 9 月建立伦敦国际金融期货交易所。继之,又有澳大利亚、加拿大、荷兰、新加坡、日本和香港等国家和地区开放金融期货市场。

金融期货交易,即在期货交易所买进或卖出金融商品,而在未来规定时间交割的交易。它产生于 20 世纪 70 年代,于今除黄金期货外,已发展出以下品种:货币期货、利率期货、股票指数期货和期权交易等。

一、货币期货

货币期货交易实行美元报价制,以每一单位货币兑换多少美元来报价,在交易所以公开喊价的方式进行;而且,期货合同是标准化的,如英镑期货合同每份成交一个单位 2.5 万英镑、德国马克 12.5 万马克、法国法郎和瑞士法郎均为 12.5 万法郎、加拿大元 10 万加元、日元 1 250 万日元,等等。货币期货交易不同于远期外汇买卖之处在于:远期外汇买卖是在营汇银行柜台进行,期限不限,成交额不限,期限可长可短,数额可大可小;而货币期货交易则需在交易所场内通过订立标准化的期货合同进行。

二、利率期货与国债期货

利率期货兴起于 1975 年芝加哥商品交易所在其国际货币市场推出的美国国民抵押协会的抵押证利率期货,以后,品种增加到国库券、大额定期存款单(CD)和欧洲美元存款单等利率期货。1982 年伦敦国际金融期货交易所开业后也开办欧洲美元存单和金边债券的利率期货。1985 年日本的东京证券交易所开办政府公债利率期货。

在美国,每份长期国库券利率期货合同规定的成交单位为面值 10 万美元、利率 8%的长期国库券;每份短期国库券利率期货合同规定的成交单位为面值 100 万美元、91 天期、收益率 4%的国库券。

三、股票指数期货

股票指数期货于 1982 年 2 月在美国密苏里州堪萨斯农产品交易所问世,现已发展到除美国其他 10 家期货交易所外,世界其他国家也承做这一金融商品期货交易。股票指数期货是一种以股市指数为买卖基础的期货,交易以现金结算,并不交割股票实物。做这项交易的投资者,无须拥有股票,只要预测某种股票价格会上涨,就购进一份或多份该种股票指数期货合同;预测下跌,就售出一份或多份合同。

在香港,股票指数期货以恒生指数为买卖基础。成交的恒生指数只取其整数位数字,每次变动以点计价,每点 50 港元。恒生指数期市分 3、6、9、12 个月几个期限。如一份恒生指数期货合同以 4 050 点购进,3 个月有效期,到期股市收市时的恒生指数为 4 100 点,购者即赚 50 点,售者亏 50 点,通过交易所结算,售者付出2 500港元,购者收进2 500港元,合同即履行完毕。

恒生指数为1933年开业的香港恒生银行(现其61%的股份为汇丰银行持有)编制,用以衡量香港股市行情。恒生指数是以1964年7月31日在香港股市上市的33种股票平均价为基数(指数100)。之所以选择1964年7月31日的平均股价为基数,是因为这天的股市成交量较为均匀。恒生银行自1969年11月24日以来,每天上午11时、中午12时半、下午3时半各计算一次股价指数,下午最后一次收市股价指数即为当天恒生指数。

1987年8月7日在香港联合交易所还上市了一种兼具证券现货与股指合约性质的"牛熊债券"(Bull – Bear Bond),其本金赎回价与恒生指数挂钩,以恒生指数3 330点为基数,指数每升1点,牛债券本金升值7.5港元、熊债券减值7.5港元。牛熊债券即分牛债券和熊债券两种。当投资者看好后市,可购入牛债券、沽出熊债券;看淡则沽出牛债券而买入熊债券。保守投资者则可购入牛、熊各半的组合债券、无论股指升降,均可收取固定的本息。牛、熊债券的每张面额均1万港元,为期4年半,牛债券年息4厘、熊债券年息10厘,牛熊组合债券年息7厘,均可提前赎回本息。这次上市的牛、熊债券是由香港百利达银行全资附属百利达投资(亚洲)有限公司发行,总发行额15亿港元,其中,牛债券7.5亿港元、熊债券7.5亿港元。

四、期权交易

期权交易以1973年4月26日芝加哥期权交易所的开业、承做股票期权和货币期权交易而问世。做各种期权交易,均要求向交易所交存规定的权利金或期权费(premium),从而使履约获得保证。

(一)股票期权交易

股票期权交易即系通过一份合同规定,合同持有人在"期满日期"(expiration date)内可按"协议价"(contract price)或"敲定价"(striking price)买进或卖出100股股票。每份合同以100股为单位,成交多少个单位即订立多少份合同。期权交易分"看涨期权"(calls option)与"看跌期权"(puts option)两种。

1. 看涨期权。看涨期权交易又称买权交易,如A公司股票每股售价29美元,期权出售者可以付每股2美元的期权费给期权购买者,就有权在协议的6个月有效期内,随时按每股30美元的敲定价从期权购买者处购进100股A公司股票。期权出售者与购买者双方实行碰头制,按规定时间要碰一次头。在合同期内,如某日每股涨到33美元,期权出售者就有权通过经纪人按30美元一股从期权购买者处购进,获利2美元;如A公司股价一路下跌,期权出售者即可不行使期权,让合同期满失效。看涨期权即是期权出售者的一种选择权,他可选择购进,也可选择不行使购进的权利,故又称买权交易。

中国自1992年在上海证券市场推出飞乐股票配股权证以来,已相继有几家上市公司推出认股权证。发行认股权证的上市公司给予持有权证的投资者在未来某个时间或某一段时间以事先确定的价格购买一定量该公司股票的权利。届时公司股价上涨,权证持有者按认股价格购买股票;如股价下跌,可以放弃认购。这种认股权证即含买权交易内容。

2. 看跌期权。看跌期权交易又称卖权交易,如B公司股票每股售价51美元,期权出售者可以付出每股3美元的期权费给期权购买者,就有权在协议的3个月有效期内,随时按每股50美元的敲定价向期权购买者出售100股B公司股票。在合同期内,如B公司股票每股跌到47美元,期权出售者就有权通过经纪人按50美元一股出售给期权购买者,少损失1美元;如每股只跌到48美元,期权出售者就可不行使期权,让合同期满失效。看跌期权即是期权出售者的一种选择权,他可选择售出,也可选择不行使售出的权利,故又称卖权交易。

(二)货币期权交易

货币期权交易,其合同汇价均以美元表示,如1英镑等于多少美元、1德国马克等于多少美元等。合同汇价就是交易双方未来行使期权买卖货币的交割汇价和履约价格。

货币期权交易双方的权利义务

交易双方	看涨期权(买权)	看跌期权(卖权)
期权买方	有权在到期日或之前依履约价格买入外汇	有权在到期日或之前依履约价格卖出外汇
期权卖方	有义务在到期日或之前应买方要求依履约价格卖出外汇	有义务在到期日或之前应买方要求依履约价格买入外汇

第四节　期市场外交易

期货市场的"场外交易"(ex – pit transaction),是指在期货交易中交收现货商品时,买方以手中期货合同交换卖方现货,价格以双方商定的期货为基础加上或减少期货与现货的差价成交。这种交易虽也在期货交易所内进行,但不在场内的"交易场"(pit)进行,而是在单划的一个区域内供这种交易成交。这种场外交易都按有关行业协会制定的标准协议进行,这种标准协议通称"主协议"(Master Agreement)。

对采用"主协议"这一国际通行做法,目前中国仅开始将之运用于银行间债券市场的回购交易中。为落实 2000 年 4 月 30 日中国人民银行公布的《全国银行债券市场债券交易管理办法》,同年 9 月 25 日银行间同业市场成员的 40 余家代表在北京共同签署了《全国银行间债券市场回购主协议》。该《主协议》作为一份开放式协议,所有符合市场准入条件的机构都可以通过签字加入银行间债券市场。《主协议》以民事合同形式约定债券回购交易的性质为质押融资,明确了回购双方的责任和权利义务关系。《主协议》与每笔交易的成交合同共同构成回购交易的完整合同。

一、主协议

目前,国际上规范期市场外交易的标准格式合同有多种,这里以国际掉期经纪人协会(ISDA)制定的《主协议 1987 年版》(Master Agreement, 1987)为例介绍其作用和内容。

ISDA 制定的 1987 年版标准格式合同《利率和货币互换协议》(Interest Rate and Currency Exchange Agreement),即简称《主协议 1987 年版》。它的产生是由于互换交易的时效性不允许交易双方届时有充裕时间去商订多达几十页条款的互换协议。订有这么一个主协议标准文本供采用,交易双方对于每笔互换交易的成交就只需发一个信件或电传作为确认书,以确认该笔互换交易的交易日、生效日、到期日、利率、汇率、名义本金和结算账户等,即可迅速完成,接着便可各自按照主协议条款去履行。

ISDA 主协议共 14 个条款,主要内容包括:

第 1 条,释义(Interpretation)。规定协议中统一使用的术语词义。术语的定义在第 14 条和附录表中有明确解释。如有关确认书与本协议发生不一致时,以确认书为准。

第 2 条,支付(Payments)。规定:①支付的必要条件是到期能够支付和不存在违约事件或潜在违约事件。②支付不得迟于起息到期日和账户所在地必须是有关确认书中指定的。③如在同一笔互换交易中,这种支付又发生在同一币种,那么,交易双方的支付可以使用净额结算。④如任何有关适用法律按有关政府或税务当局要求扣缴税款,那么,交易一方应迅速把要求预扣税的通知递交给交易另一方,并把官方的收据提交给对方以示该款已支付给当局。如该税收是付给交易另一方的一种补偿税款,这附加的支付必须等同于另一方在没有被要求扣除税款的情况下将收到的全部金额,除非交易另一方已有违约或第 3 条中的陈述不确和不实情况。

第 3 条,陈述(Representations)。规定:①说明交易一方的身份及能力,无违反本协议情事或与有关承诺和有关职责约束相抵触。②说明没有违约事件和潜在的违约事件。③说明没有悬而未决或任何威胁其正常履约的法律诉讼。④保证特定信息的准确性。⑤保证有关税收陈述是准确的和真实的。

第4条,议定(Agreement)。规定:①提供有关信息,包括有关文件或证明。②完全有效地取得政府或其他权力机关的许可或授权。③遵从的法律。④有关税收事宜。⑤支付印花税。

第5条,违约和终止事件(Events of Default and Termination Events)。规定违约事件包括无能力支付、违反协议、交叉违约和破产等;终止事件包括不合法、税收和税收合并事件,以及信贷合并事件等。

第6条,提前终止(Early Termination)。规定如任一方发生违约或终止事件,另一方有权在不超过20天的时间内发出通知该互换交易提前终止,并视以下情形作损害赔偿:①如协议终止发生于交易一方,另一方在此后将蒙受经济损失,那么,前者将负担后者的估算损失金额。②如协议终止发生于交易一方,另一方在此后将获得利益,那么,后者要向前者支付对方估算的获利金额。③如交易双方均受协议终止影响,那么,由此造成的损失或带来的获利将各半计算。无论情形如何,以上提前终止的损失赔偿(或获利)均按终止时的市场利率、汇率计算出尚未履约的互换现金流量的现值,得出其损益金额。

第7条,转让(Transfer)。规定无论是协议本身还是协议中规定的权益和义务,在未经另一方书面同意前,一方不得任意转让,如有此举动,均属无效。

第8条,合同货币(Contractual Currency)。规定本协议项下每笔款项的支付均应按协议所规定的货币来支付,包括其他一切附加金额的支付。

第9条,杂项(Miscellaneous)。

第10条,有多个分支机构的交易方(Multibranch Parties)。

第11条,费用(Expense)。规定违约一方应按要求偿付另一方所有合理的实际费用,以免另一方蒙受损失。

第12条,通知(Notices)。规定有关本协议的任何通知或通信,如为书面形式的,原则上应用航空和挂号。

第13条,适用法律和司法管辖(Governing Law and Jurisdiction)。一般均以英国法或美国纽约州法为本协议的适用法律。关于司法管辖,只要规定其为包括合同货币国法院在内的非排他性司法管辖即可。

第14条,定义(Definitions)。包括对"市场报价"(Market Quotation)、"营业日"(Business Day)、"违约利率"(Default Rate)、"特定债务"(Specified Indebtedness)等36个术语词义的规定。

二、轧差的法律问题

轧差(netting)在贸易金融中源远流长。它与近年流行于国外电子金融"轧差系统"(netting system)中的"净额结算"(net settlement)并无历史渊源,只是由于"双边或多边轧差结算"(bilateral or multilateral netting settlement)

流行于"支付系统"(payment system),特别是"实时全额结算"(real-time gross settlement, RTGS)系统,其所发生的法律问题才又成为人们关注的"热点问题"。

(一)轧差的由来

双边轧差与"抵销的法律机制"(legal mechanism of setoff)紧密相联,而这一法律机制早在罗马法,乃至巴比伦法中即已存在。《汉穆拉比法典》第96条即有法定抵销的规定:倘自由民从"塔木卡"(大商人)借谷或银,而无谷或银以还债,但仅有其他动产,则彼得在证人之前将彼所有任何之物交还塔木卡,塔木卡不得拒绝,应接受之。形成于12世纪、被恩格斯称为"商品生产者社会的第一个世界性法律"[1]集罗马法大成的《民法大全》,即有抵销制度,包括约定抵销与法定抵销。[2]

多边轧差出现于13世纪,开始运用于法国东北部香槟地区的集市贸易。当时为缓解相对短缺的现金,商人在集市相聚的最后几天,首先轧净他们所有的双边债权债务,获得"轧净余额"(net-net position),然后在集市市长的监督下计算他们之间的多边轧差。每个商人都必须向市长申报其与每个对方往来的负余额和正余额,经核实,付出方向收进方交付现金或开出汇票。这种做法,后来从法国推行到德国、意大利和英国的集市与金融中心。世界上第一个适用于多边轧差的著名法规为1597年法国东部城市贝桑松所颁布。[3]

1775年左右,伦敦城各大银行业务员开始改变以往清算办法。过去是每天要写成许多纸条在伦巴第街一家咖啡馆里屋(密室)相互交换,新办法是将划线支票交付给往来银行。这种新办法很快为各银行普遍采用,为方便清算并在伦巴第街专租了一间"清算屋"(clearing room)。自1864年起,该办法才为通过各清算银行在英格兰银行开立的账户进行"贷记划拨"(credit transfers)所取代。伦巴第街清算办法当时很快在英国到处仿效,并推广到美国(纽约清算所1853年建立)和西欧大陆各国。

近几十年来,各类市场出现火暴态势,除传统的商品销售市场和证券市场、外汇市场外,还出现了衍生金融商品交易的期货、期权市场。市场参加者潜在的巨大收支差,常伴随连锁式破产——"多米诺骨牌一倒风险"[4]的发生,导致政府出面拯救或由法院宣告破产,将损失转嫁给纳税人和其他

---

[1] 《马克思恩格斯选集》第4卷,人民出版社1972年版,第248页。
[2] 江平、米健:《罗马法基础》,中国政法大学出版社1987年版,第224页。
[3] Robert C. Effros: Current Legal Lssues Affecting Central Banks, Vol. 4, IMF(March 1997), p. 521.
[4] 1974年德国私营赫斯泰特银行因此倒闭,又有"赫斯泰特风险"(Herstatt risk)之称。

人。从而在市场上有"轧差"(netting)的创设。[1] 市场创设"轧差"的目的即在于:①减少收支差,改善收支平衡,防止金融机构和金融制度的崩溃;②减少"交易费用"(如维持信用额度的费用和巨额收支差的垫头等)。

"轧差"是指对方破产可抵销其反请求的一种权利能力。"轧差"为市场用语,可以不像"抵销"那样适用破产抵销的法律规范,而适用市场惯例。"轧差"可分以下三种:

(1)结算轧差(settlement netting),又称"交割轧差"或"支付净额"。例如,A银行以100美元价格卖给B银行50英镑。几天后,A银行以51英镑价格卖给B银行100美元。结算日,A银行付给B银行50英镑和100美元,B银行应支付A银行100美元和51英镑。B银行在结算日未完成支付倒闭,适用破产抵销的法律规范,A银行即将丧失全部美元和英镑,按市场惯例的"结算轧差"做法,A银行还可收进1英镑的收支差。

(2)开口合同轧差(open contract netting),又称"违约轧差"、"替代合同轧差"或"停止交易轧差"。"开口合同"即在一定时间内得随时应对方请求履行的合同。例如,A银行与B银行订立两份股票指数期权交易开口合同,一份盈利5点,另份亏损5点。B银行在这两份合同履行前倒闭。适用破产抵销的法律规范,A银行对B银行的收支差为0,即一无所获。按市场惯例的"开口合同轧差"做法,A银行还可获收支差5点。

(3)择利轧差(cherry - picking netting),又称"采樱桃轧差"。例如,有清偿能力一方的不能撤销的开口合同,破产他方即可对之作"择利轧差",选择要求履行有利合同或拒付不利合同。但市场上对这种做法尚存争议,不像"结算轧差"和"开口合同轧差"两种做法那样已获公认。主张"择利轧差"者认为,它有利于债权人避免破产;反对者认为这不公平,守约的得不到偿付而违约的倒得到了偿付,与"开口合同轧差"无法共存。

(二)轧差与支付结算系统

双边或多边轧差结算何以流行于国外支付结算系统,即在于轧差结算具有较之全额支付所无可比拟的优越功用,且更适合于电划系统的技术要求。

以简单的双边全额支付与双边轧差结算为例,可图示如下:

---

〔1〕　Philip Wood: Law and Practice of Interuational Finance (Series)—Title Finance, Deriv atives, Securitisation, Set – off and Netting, Sneet and MaxWell Ltd. , 1995,pp. 151 – 159.

双边全额支付
（记账单位：u）

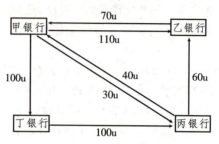

支付笔数 = 7   支付数目 = 510u

双边轧差结算

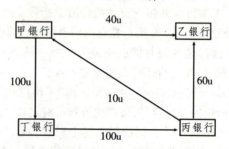

支付笔数 = 5   支付数目 = 310u

　　双边轧差结算比不轧差的双边全额支付不仅减少了支付笔数,也减少了支付数目。

　　轧差采用于多边结算,其优越功用更显。多边轧差结算分轧差和结算两个层次:在轧差层次计算支付系统参加各方或交易各方的 MNP(多边轧净余额 multilateral net positions),到结算层次进行支付划拨。图示如下:

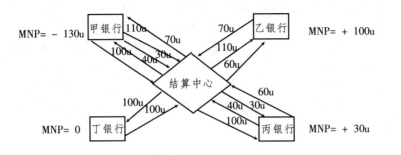

轧差层次

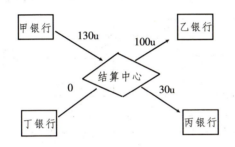

结算层次

支付笔数＝3　　　支付数目＝130u

多边轧差结算比双边轧差结算进一步减少了支付笔数和支付数目。

对轧差的意义,1992 年 9 月《欧共体蓝皮书》(EC Blue Book)作有如下概括:"系统各参加方或交易方同意作余额或债务抵销。轧差将多笔余额或债务构成的大数目减为少笔小数目的余额或债务。"[1]

(三)轧差的约定安排

轧差除基于约定,也可基于法定;除流行于前述支付结算系统外,也流行于契约式委托中与"场外衍生金融商品"(OTC derivatives)或证券和期货期权交易相关联的贸易金融业务中。流行于场外交易金融业务中的轧差约定安排,主要是双边的。按此安排,交易各方可以节省头寸,减少通货流量,把有限的资金盘得更活。例如:

美国有两家银行,一家城市银行和一家信托银行,在 4 月 18 日约定以 4

---

〔1〕　R. C. Effros; p. 517.

月 20 日汇价作 3 笔美元兑换日元的现汇交易：

交易 1　城市银行欠信托银行 10 万美元。

交易 2　城市银行欠信托银行 5 万美元。

交易 3　信托银行欠城市银行 6 万美元。

如无轧差安排,3 笔交易中的两笔即需城市银行分别支付信托银行 10 万美元和 5 万美元,另 1 笔由信托银行支付城市银行 6 万美元。作轧差安排,只需城市银行向信托银行支付 9 万美元即完成这 3 笔交易的支付结算。

银行同业支付最终要通过各自在其中央银行开立的账户进行结算。遇外币贷记划拨结算,则需通过有关货币国中介银行在货币国作所谓"U 形转弯"(U – Turn),如下图：

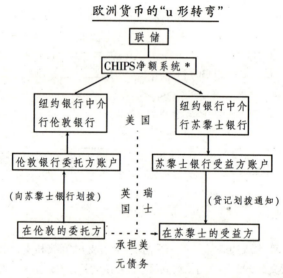

欧洲货币的"u 形转弯"

* CHIPS(纽约)银行间电划清算系统。它是通过在联储的账户完成贷划的净额系统。联储的会员银行和中介银行即系通过 Fedwire(联储电划系统)经 CHIPS 办理银行间结算。

(四)支付结算系统的风险与防范

支付结算系统主要涉及以下六种风险：

1. 信用风险(credit risk),来自系统某参加方无足额资金清偿其债务或无支付能力。

2. 流动性风险(liquidity risk),来自系统某参加方在应清偿其债务时无足额流动资金,但不等于无支付能力。

3. 系统风险(systemic risk),表现为系统某参加方受其他方不能向其清偿债务影响,自身也不能清偿其债务的连锁反应。

4. 网锁风险(gridlock risk),来自系统中一方或多方参加者要拖延到自其他方收到足够资金时才能办理结算,由于"水泵已抽干水"而使整个系统停止运转。

5. 赫斯泰特风险(Herstatt risk),来自一对双边外汇交易合同不是同时履行,又称"交叉货币结算风险"(cross – currency settlement risk)。

6. 证券结算风险(securities settlement risk),来自一对双边证券交易合同不是同时履行。

为防范和减少支付结算系统的各种风险,保证金融体系的充足流动性,充当最后贷款人的各国中央银行都采取了以下一些措施加强对本国支付结算系统的监控,诸如:将有资格申请加入系统者限于金融机构,并对参加者设置最低资本要求和技术要求;对结算时间作出排队安排,对迟延结算者重核价;对收支差作"实时监控"(real – time monitoring),对流动性采取保护措施,如改换支付链,在特定时间提前为一批支付轧差或为遇险者提供流动性便利(给予直接信贷);实施"违约人支付计划"(defulter pays schemes),动用其事先提供的抵押资产,以及"脱险者支付计划"(survivors pay schemes),作出损失分担安排;等等。

但还有一种"法律风险"(legal risk),则非支付结算系统和中央银行自身所能解决的问题,从而成为人们关注的热点。

(五)法律风险与防范

现世界上大多数国家的法制与贸易金融的发展并不同步,相对滞后。适用于交易的法律可能是东道国法,也可能是合同选择适用的法律或破产发生地法。以支付结算系统而言,完成其全过程要通过各个账户关系结成的链所构成的电划渠道,而每个账户关系可能受不同的法律管辖,并隶属于不同的管辖区以及其特定的约定安排。法律风险即指适用于交易合同的法律可能不承认其为有效或其约定的轧差安排在法律上无执行力。

前例,美国城市银行同信托银行的 3 笔外汇交易作有轧差安排。城市银行由于破产倒闭,"联邦存款保险公司"(FDIC)指定"货币审计局"(OCC)为城市银行接管人。按照 1989 年以前的美国法,FDIC 即可能以超出债务人城市银行的资产数额为由而拒绝承认它同信托银行所做 10 万美元和 5 万美元的两笔交易。为保护其他破产债权人,FDIC 还有可能向信托银行追索其所欠城市银行的第 3 笔交易款 6 万美元。即令在承认 3 笔交易的基础上作破产清算,信托银行付给城市银行 6 万美元,从城市银行只能收回"1 美元作10 美分"或 1.5 万美元,乃至 1 万美元。由于破产事件带来的"择利风险"(the risk of cherry – picking),信托银行不仅未收回预期收回的 9 万美元兑换日元的交易款,倒净损失 5 万美元(交付 6 万美元,只收回 1 万美元)。

自 20 世纪 80 年代和 90 年代之交以来,一些金融发达的西方国家在破产程序中已经或正在为轧差安排的执行力进行立法。美国已经实施《1989年金融机构改组、恢复和执行法》(Financial Institutions Reform, Recovery and Enforcement Act of 1989)、《1990年破产:掉期协议与期货合同法》(Bankruptcy: Swap Agreements and Forward Contracts Act of 1990)、《1991年联邦存款保险公司改善法》(Federal Deposit Insurance Corporation Improvement Act of 1991)和《1993年纽约州银行法》(New York State Banking Law in 1993)。按美国新法,金融机构之间的轧差合同具有执行力,尽管有任何法庭或行政机构的制止、禁令或其他命令。[1] 到目前为止,只有英国法同美国法一样保障轧差合同。英国《1989年公司法》第40章第159条和第170条,以及附表21(第2-3部分)均涉及轧差。轧差在其余国家仍还像1994年12月2日美国联储发布的《金融规则18公告》所指出的那样:"尚留下法律漏洞而具有高度不确定性。"[2]

外汇市场与外汇同时问世,是一个全球性老市场。第二次世界大战结束以来,外汇市场特性已不断发生变化,开始是便利国际货物销售,后来发展到便利国际投资,现发展到也用于期货期权交易以避险;开始,市场参加者限于各银行(包括中央银行)和国际贸易、国际投资中需要外汇的商人,近年来由于外汇交易利大又有大批新的参加者涌入市场,包括基金公司和投机者。现世界金融市场的现汇与远期外汇交易金额日均已突破1万亿美元,一天24小时进行交易,没有国界,亦不受当地合同法管辖。[3] 纽约联储银行外汇委员会与英国银行家协会共同制定《国际外汇主协议》(International Foreign Exchange Master Agreement, IFEMA),美国于1993年11月公布,英国于1993年12月公布,IFEMA规定适用纽约州法或英国法。现IFEMA已在全球外汇市场上成为最广被采用的外汇交易标准格式合同。在IFEMA公布以前,还尚无像它那么广被采用的标准格式合同用以规范现汇和远期外汇交易各方的权利义务。[4] IFEMA规定有一种"停止交易轧差"(close - out netting),当发生违约事件,非违约方有权与违约方停止一切交易,将所有交易货币转换为非违约方的"基币"(base currency),轧净余额,由违约方或本方付清。

前例城市银行同信托银行的3笔美元兑换日元的现汇交易合同如系采

---

[1] R. C. Effros: p. 445.

[2] R. C. Effros: p. 445.

[3] R. C. Effros: p. 458.

[4] 现与IFEMA同时流行的1987年《国际掉期经纪人协会(ISDA)主协议》(International Swap Dealers Association Master Agreement)和1993年9月问世的《外汇网络(FXNET)全球轧差和停止交易协议》(FXNET Worldwide Netting and Close - out Agreement),被采用率均远低于IFEMA。

用 IFEMA,遇城市银行破产倒闭,信托银行即可对城市银行的违约事件利用
"停止交易轧差"办法,将所有 3 笔美元兑换日元的现汇交易转换为其"基
币"美元,按市场汇价,由城市银行付给信托银行 9 万美元。按 IFEMA 适用
的美国法,可以保障执行 IFEMA 的"停止交易轧差"约定。

1992 年 9 月《欧共体蓝皮书》指出:"可供采用的轧差有几种在法律上
执行力不同的形式。"[1]情形如下:

1. 支付净额(in payments netting)。即交易双方对每种货币通过轧差在
"起息日"(结算日)作一次性支付。这种形式只有在承认其交易合同为有效
的国家才具执行力,而且还有可能受到破产清算的影响。

2. 抵销(setoff)。这种形式的执行力是有关国家关于抵销的法律而定。
大陆法系国家民法对抵销一般作有如下规定:①须双方互负债务;②须给付
的种类相同,如数额不同,可部分抵销,数额较多的债权人在抵销后对余额
有请求权;③须债务的性质可以抵销;④须均到清偿期,但允许债务人自愿
放弃其期限利益;⑤抵销的行使须不违反法律规定与合同约定。目前在中
国行使抵销只可按照合同法进行。

3. 替换轧差(in netting by novation)。即在结算日通过结算轧净现有债
务,以用该日收进或交割的货币同对方做一笔新的交易,用新合同取代旧合
同。这种形式已经 1988 年 7 月公布的《巴塞尔资本协议》[2]作为一种对掉
期、期权、期货交易违约风险的特别处理方法加以推行,其执行力也只在接
受《巴塞尔资本协议》并采用此种方法的国家才无问题。

4. 停止交易轧差(close – out netting)。只在 IFEMA 适用的美国法或英
国法上具有执行力。1995 年 4 月公布的《1988 年巴塞尔资本协议修订》[3]
对于此种形式持如下主张:①轧差协议可以创设单独的法定债务,发生违约
事件时非违约方可停止交易轧差,由一方支付他方。②银行必须具备若干
书面、合理的法律意见书,分别说明所涉交易项下轧差协议在各有关管辖区
的执行力,做到心中有数。③银行必须对有关管辖区法律的可能变化保持
审视。即采此种轧差形式的执行力如何,最终还得视有关国家监管当局的
要求和法律而定。

在国际层面为规范轧差安排,除有前述 1995 年 4 月公布的《巴塞尔资
本协议:表外项目潜在风险的处理》外,还有早在 1990 年 11 月国际清算银
行公布的《十国集团各中央银行同业净额系统委员会报告》,为支付结算系
统的高效、安全、稳定运作所设置的 6 条最低标准:①轧差结算系统在所有

---

[1]　R. C. Effros:p. 517.

[2]　全称为国际清算银行巴塞尔委员会,统一国际银行资本衡量和资本标准。

[3]　全称为巴塞尔资本协议:表外项目潜在风险的处理。

有关管辖区都有良好的法律基础;②轧差结算系统参加者对特定轧差过程中所发生的每种金融风险都应有明确认识;③多边轧差结算系统应有明定的信用风险和流动性风险程序与各方责任,以及信用风险的最高责任限额;④系统能保证每日的结算及时完成;⑤申请参加系统者应符合公平、客观、透明的合格条件;⑥系统设备能有效运转,有不间断的电源供应,操作技术可靠,能完成日常处理的需求。兰法卢西(Lamfalussy)为十国集团各中央银行同业净额系统委员会主席,为该委员会所开发的这六条标准又称"兰法卢西标准"(Lamfalussy Standards)。现十国集团各中央银行已同意将之用于对其本国支付结算系统的监管,并保证监管下的系统遵守该标准。

■思考题

1. 期货交易的合同制与期货市场的自律体制。

2. 适用于期货市场场外交易的国际掉期经纪人协会(ISDA)所订主协议(《利率和货币互换协议》)的主要条款。

3. 市场用语的"轧差"与"抵销"的联系与区别。

第十章 商业保险

■ **学习目的和要求**

　　注意了解保险的起源与保险市场的形成、保险法，以及中国涉外保险与中国的商业性保赔保险。

第一节 保险与保险法

一、保险的起源与保险市场的形成

　　保险起源于海上保险，从有文字的记载中可追寻出其萌芽与形成的轨迹。

　　1. 保险的萌芽。英国学者托兰纳利（C. F. Trenrery）在其《保险起源及早期历史》一书中说："保险思想发源于巴比伦，传至腓尼基，再传入希腊。"[1] 早在公元前 2 000 多年，巴比伦的《汉穆拉比法典》[2] 中即有规定，商人可雇用一名销售员去国外港口售货，如销售员顺利返回，商人可分取一半利润；如销售员逾期未归，或返回时既无货又无利润，商人可占有销售员的家产，并将其妻子儿女收作奴隶；如货物被强盗抢劫，则销售员可以不负责任。西方学者将此视为保险思想的发源。在公元前 20 世纪，地中海东岸一带的海上贸易已经初具规模。[3] 船舶经常遭受海难，造成人财两空。为避免灭顶之灾，当时惟一可供选择的办法就是抛弃一部分货物或船上器具入海，以轻装快速脱离险境，保证安全。但在决定抛弃时，对抛弃哪一种货物或器具，以及抛弃谁的，往往容易引起船东和在船上押货的各货主之间无休止的争论。为避免贻误抢救时机，及时免除船、货面临的共同危险，在海上运输关系人之间便形成了一种为大家都接受的原则，即"一人为众，众为一人"。按照这个原则，在船、货发生共同危险时，由船长作出抛弃决定，因抛弃而引起的损失，由全体船、货关系人共同分摊。这个原则为后来的《罗

---

〔1〕 转引自《涉外保险》，上海外语教育出版社 1992 年版，第 11 页。

〔2〕 《汉穆拉比法典》共 282 条，刻于黑色玄武石圆柱，又被称为"石柱法"。这些石柱现存法国巴黎卢浮宫博物馆。

〔3〕 古希腊南部爱琴海中岛屿众多，各岛隔海相望，居民往来互通有无，有赖海运，因而海上贸易发展较早，在历史上有"爱琴文明"（Aegean civilization）之称。

得法》(The Rhodian Law)[1]所吸收,形成以下条文:"如果为了减轻船舶负担,将载货抛弃入海,由于这项抛弃是为了全体利益而采取的,其损失应由全体受益方分摊。"因这种由大家共担风险、船东和货主一起分摊损失的做法含有海上保险的内容,人们遂将之视为海上保险的萌芽。

2. 保险的形成。早在公元前 8 世纪至 7 世纪,船舶抵押贷款已在从事海上贸易的腓尼基人和罗得人之间开始出现。其后随着海上贸易中心的转移,船舶抵押借贷通过希腊传入罗马帝国,而盛行于意大利及地中海沿岸一些国家。船舶抵押贷款的产生,是由于古代的海上运输工具帆船抵御海上灾害的能力十分有限,为防止因灾害事故造成的营运中断,船东和货主常以船舶和货物作抵押,向资金所有者举债。借贷双方约定,如供作抵押的船舶因海险灭失,借方无须偿还本息,且债权亦告终止;借方需向贷方付出超过一般利率的利息。在罗马,据《查士丁尼法典》记载,船舶抵押借贷利息为12%。比一般借贷利息高出一倍,高出部分即带有保险费性质。公元 1237 年罗马教皇格雷戈里九世基于教义颁布禁止利息法。海上贸易随之衰落。后教皇不得不作一些让步,只要海上借贷采取不具有与禁止利息法相抵触的外表就不加追究,从而有"假设买卖"的兴起。在假设买卖中,作为债权人的货币持有者向作为债务人的船东或货主以支付本金的形式买进船舶或货物,当船、货安全抵达目的港时,所订买卖合同自行解除,债务人将事前接受的本金加上定金或危险分担费归还债权人;如由于灾害事故而未能完成货运,买卖合同仍为有效,按照约定,债权人在收取债务人支付定金的前提下对债务人所受意外损失进行补偿。假设买卖发展到公元 14 世纪中叶,即产生了具有海上保险内容的准保险:债务人事先向债权人支付一定酬金,并不接受贷款本金,只有船、货途中遇险时,债权人才将贷款本金支付给债务人;船、货安全抵达目的港,债权人与债务人之间则不发生贷款本金的接受问题。到公元 1384 年比萨保险单问世,进而赋予了准保险以相应的外在形式,海上保险也就正式形成。公元 1424 年在热那亚诞生了世界上第一家海上保险公司。

3. 保险市场的形成。海上保险传到英国,又称水险。公元 1492 年哥伦布发现新大陆后,英国随其在海上霸权势力的日益扩张,海上贸易也发展起来,西方近代保险制度即起源于海上保险。[2] 1666 年 9 月 2 日伦敦皇家面

---

〔1〕 罗得岛为希腊岛屿,其希腊文"Rhodon"意为玫瑰花,因岛上遍布玫瑰花而得名,是古代地中海东岸海上贸易的一个中心。商人订立合同及解决海上贸易纠纷多在此岛,逐渐形成一些习惯规则,为船东、货主所共同遵守。公元前 916 年在该岛问世的海商法汇编,原文已失传,仅剩下有关抛弃的条文,保存于东罗马帝国公元 529 年问世的《查士丁尼法典》中。

〔2〕 《保险法教程》,法律出版社 1993 年版,第 7 页。

包房发生大火,持续燃烧 5 天,1.3 万户房屋被毁,20 万居民无家可归。医生尼古拉斯·巴蓬(Nicholas Barbon)于 1667 年在伦敦创办房屋火灾保险。继后,又有其他财产保险与责任保险等商业保险的兴起。

伦敦大火后,由爱德华·劳埃德(Edward Lloyd)在塔街(Tower Street)开设的"劳氏咖啡馆"(Lloyd's Caffee House)中,座上客不仅谈论保险,而且还有人承揽保险业务,开始形成保险市场。公元 1691 年,劳氏咖啡馆自塔街迁至伦巴街。公元 1769 年,在劳氏咖啡馆承接保险业务的商人发生分裂,一部分人搞打赌方式的保险(不具有保险利益的也可投保),另一部分诚实经营的保险商人聚合 79 人,每人出资 100 英镑,另觅新址营业,在公元 1771 年由马丁·迈洛普(Martin Mierop)牵头组成会社,此即日后领导英国保险业的劳氏保险会社。该会社采行会员制,保险业务由会员以其私人账户承办,而且常由多个会员联合承保,以共同分担风险。公元 1871 年,英国议会通过"劳氏法案"(Lloyd's Act),授予该会社法人地位。至 1990 年,劳氏会社已有会员 3.13 万人,分别来自 70 多个国家和地区。保险市场也由伦敦扩展到了世界各国。

二、英国 1906 年《海上保险法》

英国的第一部关于保险的成文法即 1601 年由伊丽莎白女王颁布的《涉及保险单的法案》,规定在保险商会内设立仲裁庭以解决海上保险争议。该法案不含实体规范,从而在相当长时间内,涉讼海上保险案件全凭法官意志判处。1756 年曼斯菲尔德(Mansfield)出任首席法官,开始从事编纂工作,收集了大量已有记录的判例与众所周知的商事惯例,以及欧洲有关海上保险的众多法令条例,并运用于司法实践。1906 年英国议会终于通过《海上保险法》,共 94 条,分 17 个部分,其基本内容包括:

1. 海上保险(第 1–3 条):海上保险定义,海陆混合保险,航海冒险与海上危险定义。

2. 保险利益(第 4–15 条):赌博合同无效,保险利益定义,保险利益何时生效,可撤销的利益或偶然利益,部分利益,再保险,船舶抵押贷款,船长和船员的工资,预付运费,保险费用,利益额,利益转让。

3. 保险价值(第 16 条):保险标的保险价值与确定方法。

4. 申报和申明(第 17–21 条):保险是最大诚信,投保代理人的申报,磋商合同时的申明,合同成立。

5. 保险单(第 22–31 条):保险合同必须包括在保险单内,保险单必须载明事项,保险人签字,航程保险单和定期保险单,指定标的物,定值保险单,不定值保险单,船舶流动保险单,保险单术语的解释,磋商保险费。

6. 重复保险(第 32 条):重复保险的定义,被保险人索赔。

7. 保证(第 33–41 条):保证性质,履行保证的免除,明示保证,中立保证,船舶国籍无须默示保证,完好保证,船舶适航保证,货物适载无须默示保证,合法保证。

8. 航程保险(第42－49条):风险开始时的默示条件,变更启航港口,改变目的港,改变航程,绕航,拖延航程,绕航或拖延航程理由。

9. 保险单转让(第50－51条):保险单转让的时间与方式,无保险利益的被保险人不得转让保险单。

10. 保险费(第52－54条):支付保险费,通过经纪人代订保险单,保险单收据效力。

11. 损失及委付(第55－63条):免责与免责的损失,分损与全损,实际全损,船舶失踪,转运的作用,推定全损的定义,推定全损的作用,委付通知,委付的作用。

12. 分损(第64－66条):单独海损,救助费用,共同海损。

13. 计算赔偿方法(第67－78条):保险人对损失的责任范围,全损,船舶分损,运费分损,货物分损,价值的分配,共同海损分摊与救助费用,第三者责任,关于赔偿方法的一般规定,单独海损的各项保证,连续损失,施救条款。

14. 保险人赔偿后的权利(第79－81条):代位权,分摊权,不足额保险的影响。

15. 保险费返还(第82－84条):返还履行,约定返还,保险落空返还。

16. 互助保险(第85条):互助保险的定义,互助保险情况下本法的修改。

17. 附则(第86－94条):若干补充规定与术语解释,规定本法简称《1906年海上保险法》。

英国1906年海上保险法一直沿用迄今,成为当今世界上影响最大的保险法。

三、中国《海商法》有关"海上保险合同"的规定

1993年7月1日起施行的中国《海商法》第十二章有关"海上保险合同"的规定,包括以下六节。

（一）一般规定

1. 定义:海上保险合同,是指保险人按照约定,对被保险人遭受保险事故造成保险标的的损失和产生的责任负责赔偿,而由被保险人支付保险费的合同。保险事故,是指保险人与被保险人约定的任何海上事故,包括与海上航行有关的发生于内河或陆上的事故。

2. 合同主要内容:①保险人名称;②被保险人名称;③保险标的;④保险价值;⑤保险金额;⑥保险责任和除外责任;⑦保险期间;⑧保险费。

3. 保险标的:①船舶;②货物;③船舶营运收入,包括运费、租金、旅客票

款;④货物预期利润;⑤船员工资和其他报酬;⑥对第三人的责任;⑦由于发生保险事故可能受到损失的其他财产和产生的责任、费用。保险人可以将保险标的的保险进行再保险,除合同另有约定外,原被保险人不得享有再保险的利益。

4. 保险价值:保险标的的保险价值由保险人与被保险人约定。未约定的,保险价值依下列规定计算:①船舶的保险价值是保险责任开始时船舶的价值,包括船壳、机器、设备的价值,以及船上燃料、物料、索具、给养、淡水的价值和保险费的总和;②货物的保险价值是保险责任开始时货物在起运地的发票价格或非贸易商品在起运地的实际价值以及运费和保险费的总和;③运费的保险价值,是保险责任开始时承运人应收运费总额和保险费的总和;④其他保险标的的保险价值,是保险责任开始时保险标的的实际价值和保险费的总和。

5. 保险金额:由保险人与被保险人约定。保险金额不得超过保险价值;超过保险价值的,超过部分无效。

(二)合同的订立、解除和转让

1. 订立:①被保险人提出保险要求,经保险人同意承保,并就海上保险合同的条款达成协议后,合同成立。保险人应及时向被保险人签发保险单或其他保险单证,并在保险单或其他保险单证中载明当事人双方约定的合同内容。②合同订立前,被保险人应将其知道的或在通常业务中应知道的有关影响保险人据以确定保险费率或确定是否同意承保的重要情况,如实告知保险人。保险人知道或在通常业务中应知道的情况,保险人没有询问的,被保险人无须告知。③订立合同时,被保险人已经知道或应知道保险标的已因发生保险事故而遭受损失的,保险人不负赔偿责任,但有权收取保险费;保险人已知道或应知道保险标的已不可能因发生保险事故而遭受损失的,被保险人有权收回已支付的保险费。④被保险人对同一保险标的的就同一保险事故向几个保险人重复订立合同,而使保险标的的保险金额总和超过保险标的的价值的,除合同另有约定外,被保险人可以向任何保险人提出赔偿要求。被保险人获得的赔偿金额总和不得超过保险标的的受损价值。各保险人按其承保的保险金额同保险金额总和的比例承担保险责任。任何一个保险人支付的赔偿金额超过其应承担的赔偿责任的,有权向未按其应承担的赔偿责任支付赔偿金额的保险人追偿。

2. 解除:①由于被保险人的故意,未将规定的重要情况如实告知保险人的,保险人有权解除合同,并不退还保险费。合同解除前发生保险事故造成损失的,保险人不负保险责任。不是由于被保险人的故意未如实告知保险人的,保险人有权解除合同或要求相应增加保险费;保险人解除合同的,对于合同解除前发生保险事故造成的损失,保险人应负保险责任,但未告知或错误告知的重要情况对保险事故的发生有影响的除外。②保险责任开始前,被保险人可以要求解除合同,但应向保险人支付手续费,保险人应退还保险费。③除合同另有约定外,保险责任开始后,被保险人和保险人均不得解除合同。根据合同约定在保险责任开始后可以解除合同的,被保险人要求解除合同,保险人有权收取自保险责任开始之日起至合同解除之日止的保险费,剩余部分予以退还;保险人要求解除合同,应将自合同解除之日起至保险期间届满之日止的保险费退还被保险人。作为例外,货物运输和船舶的航次保险,保险责任开始后,被保险人不得要求解除合同。

3. 转让:①海上货物运输保险合同可以由被保险人背书或以其他方式转让,合同的权利、义务随之转移。合同转让时尚未支付保险费的,被保险人和合同受让人负连带支付责任。②因船舶转让而转让船舶保险合同的,应取得保险人同意,未经保险人同意,船舶保险合同从船舶转让时起解除;船舶转让发生在航次之中的,船舶保险合同至航次终了时解除。合同解除后,保险人应将自合同解除之日起至保险期间届满之日止的保险费退还被保险人。

4. 预约保险合同:①被保险人在一定期间分批装运或接受货物的,可以与保险人订立预约保险合同。预约保险合同应由保险人签发预约保险单证加以确认。②应被保险人要求,保险人应对依预约保险合同分批装运的货物分别签发保险单证。保险人分别签发的保险单证的内容与预约保险单证的内容不一致的,以分别签发的保险单证为准。③被保险人知道经预约保险合同保险的货物已经装运或到达的情况时,应立即通知保险人。通知的内容包括装运货物的船名、航线、货物价值和保险金额。

(三)被保险人的义务

1. 支付保险费:除合同另有约定外,被保险人应在合同订立后立即支付保险费;被保险人支付保险费前,保险人可以拒绝签发保险单证。

2. 履行保证条款:被保险人违反合同约定的保证条款时,应立即书面通知保险人。保险人收到通知后,可以解除合同,也可以要求修改承保条件,增加保险费。

3. 通知保险事故的发生:一旦保险事故发生,被保险人应立即通知保险人,并采取必要的合理措施,防止或减少损失。被保险人收到保险人发出的有关采取防止或减少损失的合理措施的特别通知的,应按保险人通知的要求处理。对于被保险人违反此规定所造成的扩大的损失,保险人不负赔偿责任。

(四)保险人的责任

1. 赔偿责任:①发生保险事故造成损失后,保险人应及时向被保险人支付保险赔偿。保险人赔偿保险事故造成的损失,以保险金额为限。保险金额低于保险价值的,在保险标的发生部分损失时,保险人按照保险金额与保险价值的比例负赔偿责任。②保险标的在保险期间发生几次保险事故所造成的损失,即使损失金额的总和超过保险金额,保险人也应当赔偿。但是,对发生部分损失后未经修复又发生全部损失的,保险人按照全部损失赔偿。③被保险人为防止或减少根据合同可以得到赔偿的损失而支出的必要的合理费用,以及为执行保险人的特别通知而支出的费用,应由保险人在保险标的赔偿之外另行支付。保险人对规定的费用的支付,以相当于保险金额的数额为限。保险金额低于保险价值的,除合同另有约定外,保险人应按保险金额与保险价值的比例,支付规定的费用。④保险金额低于共同海损分摊价值的,保险人按保险金额同分摊价值的比例赔偿共同海损分摊。

2. 除外责任:①对于被保险人故意造成的损失,保险人不负赔偿责任。②除合同另有约定外,因下列原因之一造成货物损失的,保险人不负保险责任:一是航行迟延、交货迟延或行市变化;二是货物的自然损耗、本身的缺陷和自然特性;三是包装不当。③除合同另有约定外,因下列原因之一造成保险船舶损失的,保险人不负赔偿责任:一是船舶开航时不适航,但是在船舶定期保险中被保险人不知道的除外;二是船舶自然磨损或锈蚀。运费保险亦比照此规定。

(五)保险标的的损失和委付

1. 实际全损:保险标的发生保险事故后灭失,或受到严重损坏完全失去原有形体、效用,或不能再归被保险人所拥有的,为实际全损。

2. 推定全损:①船舶发生保险事故后,认为实际全损已经不可避免,或为避免发生实际全损所需支付的费用超过保险价值的,为推定全损。②货物发生保险事故后,认为实际全损已经不可避免,或为避免发生实际全损所需支付的费用与继续将货物运抵目的地的费用之和超过保险价值的,为推定全损。

3. 部分损失:不属于实际全损和推定全损的损失,为部分损失。

4. 船舶失踪:船舶在合理时间内未从被获知最后消息的地点抵达目的地,除合同另有约定外,满2个月后仍没有获知其消息的,为船舶失踪。船舶失踪为实际全损。

5. 委付:①保险标的发生推定全损,被保险人要求保险人按照全部损失赔偿的,应向保险人委付保险标的。保险人可以接受委付,也可以不接受委付,但应在合理时间内将接受委付或不接受委付的决定通知被保险人。②委付不得附带任何条件。委付一经保险人接受,不得撤回。③保险人接受委付的,被保险人对委付财产的全部权利和义务转移给保险人。

(六)保险赔偿的支付

1. 保险人支付赔偿:①保险事故发生后,保险人向被保险人支付保险赔偿前,可以要求被保险人提供与确认保险事故性质和损失程度有关的证明和资料。②保险标的发生全损,保险人支付全部保险金额的,取得对保险标的的全部权利,但是,在不足额保险的情况下,保险人按照保险金额与保险价值的比例取得对保险标的的部分权利。③发生保险事故后,保险人有权放弃对保险标的的权利,全额支付合同约定的保险赔偿,以解除对保险标的的义务;保险人行使此项权利,应自收到被保险人有关赔偿损失通知之日起7日内通知被保险人,被保险人在收到通知前,为避免或减少损失而支付的必要的合理费用,仍应由保险人偿还。

2. 代位求偿:①保险标的发生保险责任范围内的损失是由第三人造成的,被保险人向第三人要求赔偿的权利,自保险人支付赔偿之日起,相应转移给保险人。被保险人应向保险人提供必要的文件和其所需要知道的情况,并尽力协助保险人向第三人追偿。②被保险人未经保险人同意放弃向第三人要求赔偿的权利,或由于过失致使保险人不能行使追偿权利的,保险人可以相应扣减保险赔偿。③保险人支付保险赔偿时,可以从应支付的赔偿额中相应扣减被保险人已从第三人取得的赔偿。保险人从第三人取得的赔偿,超过其支付的保险赔偿的,超过部分应退还给被保险人。

四、中国的《保险法》与《外资保险公司管理条例》

（一）中国的保险法

中国自 1995 年 10 月 1 日起施行《保险法》,2003 年 1 月 1 日起实施修改后的《保险法》。这次修改遵循了以下三原则:

1. 履行对外承诺,凡与加入 WTO 承诺不符的条文都作了修改。如允许中外保险公司合资设立保险公司,删去了保险公司资金不得用于向企业投资的规定,修改为"保险公司的资金不得用于设立证券经营机构,不得用于设立保险业以外的企业";允许经营财产保险业务的保险公司经保险监管机构核定,可以经营短期健康保险业务和意外伤害保险业务,以与国际通行规则接轨。

2. 实践证明已明显不利于保险业发展的条文,予以修改。如明确将诚实信用原则作为保险活动所遵循的一项最重要的基本原则;增加了有关保险代理人,保险经纪人行为的规定,加大了对保险违法行为的处罚力度。如修改后的《保险法》规定,保险代理人或保险经纪人在其业务中欺骗保险人、投保人、被保险人或者受益人,构成犯罪的,依法追究刑事责任;尚不构成犯罪的,由保险监督管理机构责令改正,并处以 5 万元以上 30 万元以下的罚款;情节严重的,吊销经营保险代理业务许可证或者经纪业务许可证。同时,加强了对保险业的监管,明确中国保监会作为保险业的监管机构,赋予其对"关系社会公众利益的保险险种、依法实行强制保险的险种和新开发的人寿保险险种等的保险条款和保险费率"的审批权力,赋予其查询"保险公司在金融机构的存款"的权力,并要求中国保监会"建立健全保险公司偿付能力监管指标体系"。

3. 通过司法解释等其他方法能够澄清的条文,或可改可不改的条文,暂不作修改,以维护法律的稳定性和严肃性。

（二）《外资保险公司管理条例》

国务院公布自2002年2月1日起施行的《外资保险公司管理条例》,共7章40条,各章要点如下:

1. 总则（第1－4条）:①为适应对外开放和经济发展的需要,加强和完善对外资保险公司的监管,促进保险业的健康发展,制定本条例。②外资保险公司包括合资、独资公司和外国保险公司分公司。③外资保险公司必须遵守中国法律、法规,不得损害中国的社会公共利益,其正当业务活动和合法权益受中国法律保护。④中国保监会负责对外资保险公司实施监管,其派出机构根据中国保监会授权对本辖区内的外资保险公司进行日常监管。

2. 设立与登记（第5－14条）:①设立外资保险公司,应经中国保监会批准。设立外资保险公司的地区,设立经营人身保险业务和经营财产保险业务的外资保险公司的设立形式,外资比例,由中国保监会按照有关规定确定。②合资、独资保险公司的注册资本最低限额为2亿元人民币或其等值的自由兑换货币,其注册资本最低限额必须为实缴货币资本。外国保险公司的出资应为自由兑换货币。外国保险公司分公司应由其总公司无偿拨给不少于2亿元人民币等值的自由兑换货币的营运资金。③申请设立外资保险公司的外国保险公司应具备的条件,申请人应向中国保监会提出书面申请并提交规定的资料。④经批准设立外资保险公司的,申请人凭经营保险业务许可证向工商行政管理机关办理登记,领取营业执照。⑤外资保险公司成立后,应按其注册资本或营运资金总额的20%提取保证金,存入中国保监会指定的银行;保证金除清算时用于清偿债务外,不得动用。

3. 业务范围（第15－18条）:①外资保险公司按中国保监会核定的业务范围,可以全部或部分依法经营规定种类的保险业务。同一外资保险公司不得同时兼营财产保险业务和人身保险业务。②外资保险公司可依法经营规定的保险业务的分出保险和分入保险的再保险业务。③外资保险公司的具体业务范围、业务地域范围和服务对象范围,由中国保监会依有关规定核定,外资保险公司只能在核定的范围内从事保险业务活动。

4. 监督管理（第19－25条）:①中国保监会有权检查外资保险公司的业务状况、财务状况及资金运用状况,有权要求外资保险公司在规定的期限内提供有关文件、资料和书面报告,有权对违法违规行为依法进行处罚、处理。外资保险公司应接受中国保监会依法进行的监督检查,如实提供有关文件、资料和书面报告,不得拒绝、阻碍、隐瞒。②除经中国保监会批准外,外资保险公司不得与其关联企业从事规定的交易活动。③外国保险公司分公司应于每一会计年度终了后 3 个月内,将该分公司及其总公司上一年度的财务会计报告报送中国保监会,并予公布。其总公司有规定的情形的,该分公司应自该情形发生之日起 10 日内将有关情况向中国保监会提交书面报告。其总公司解散,依法被撤销或被宣告破产的,中国保监会应停止该分公司开展新业务。④外资保险公司经营外汇保险业务的,应遵守国家有关外汇管理的规定。除国家外汇管理机关批准外,外资保险公司在中国境内经营保险业务的,应以人民币计价结算。

5. 终止与清算(第 26 - 30 条):①外资保险公司因分立、合并或公司章程规定的解散事由出现,经中国保监会批准后解散。外资保险公司解散的,应依法成立清算组,进行清算。经营人寿保险业务的外资保险公司,除分立、合并外,不得解散。②外资保险公司违反法律、行政法规,被中国保监会吊销经营保险业务许可证的,依法撤销,由中国保监会依法及时组织成立清算组进行清算。③外资保险公司不能支付到期债务,经中国保监会同意,由人民法院依法宣告破产。外资保险公司被宣告破产的,由人民法院组织中国保监会等有关部门和有关人员成立清算组,进行清算。④外资保险公司解散、依法被撤销或被宣告破产的,未清偿债务前,不得将其财产转移至中国境外。

6. 法律责任(第 31 - 37 条):①本条例规定的行政处罚有没收违法所得、罚款、责令限期改正、责令退还收取的保险费、责令限期停业或吊销经营保险业务许可证,责令停止接受新业务等。构成犯罪的,依法追究刑事责任。②外资保险公司违反中国有关法律、行政法规和本条例规定的,中国保监会可以取消该外资保险公司高级管理人员一定期限直至终身在中国的任职资格。

7. 附则(第 38 - 40 条):①对外资保险公司的管理,本条例未作规定的,适用《保险法》和其他有关法律、行政法规和国家其他有关规定。②港、澳、台的保险公司在内地设立和营业的保险公司,比照适用本条例。③本条例自 2002 年 2 月 1 日起施行。

第二节　中国涉外保险与中国的商业性保赔保险

一、外商企业的财产保险

依据《中国人民保险公司国外业务条款》所列财产保险条款,其保险财产范围、责任范围、除外责任、赔偿处理及其他事项规定如下:

1. 保险财产范围。凡属于保险单及附表上的保险财产,不论其为被保险人所有,或替他人保管,或与他人所共有而由被保险人所负责者,均属于被保险财产。

2. 责任范围。保险财产,由于下列原因造成损失时,保险公司负责赔偿:①火灾、雷电、爆炸或水管爆裂;②暴风雨、飓风、台风、龙卷风、洪水、海啸、雹灾、山崩、雪崩、地震、火山爆发、地面下陷下沉;③飞机坠毁、飞机部件或飞行物体坠落。

3. 除外责任。保险公司对下列各项不负责赔偿:①战争、类似战争行为、敌对行为、武装冲突、没收、征用、罢工、暴动引起的损失。②被保险人或其代表的故意行为或重大过失引起的损失。③直接或间接由于核反应、核子辐射和放射性污染引起的损失。④由于超负荷、超电压、碰线、电弧、走电、短路和大气放电造成电气用具或电气设备本身的损失。⑤凡因物质本身变化、自然发热、自燃或因烘焙所致财产之自身损失。⑥由于当局命令而焚毁之财产。⑦事故发生而引起生产停顿或营业中断等间接损失。⑧堆放在露天以及在使用芦席、布、草、油毛毡做棚顶的罩棚下的保险财产,因遭受暴风雨造成的损坏。⑨其他不属于保险责任范围内的灾害或事故引起的损失。

4. 赔偿处理。①发生损失事故后,被保险人应立即通知保险公司,并用书面提供详细经过。②发生损失后被保险人应采取一切必要的措施将损失减少至最低限度,对有益的合理措施费用,保险公司可予以偿付,但以不超过遭受损失财产的保额为限。③被保险人要求赔偿时,应提供保险单、损失清单和其他必要的单证。索赔期限,从保险财产遭受损失之日起,不得超过1年。④保险财产遭受保险责任范围内的损失时,应按损失当时市价计算赔偿。其市价总额低于保险金额时,按市价赔偿。其市价总额高于保额时,则其差额应认为被保险人所自保,保险公司按受损财产的保额与市价的比例赔偿。若保险单所载财产不只一项时,应分项按此办理。⑤保险财产发生部分损失时,保险公司可按贬值率赔付现金或赔付基本修复原状的修配费用。⑥保险财产发生损失后,保险公司如按全损偿付,其损余价值应在赔偿内扣除。⑦损失赔偿后的保险金额应相应减少,由保险公司出具批单批注,并不退保费。⑧如保险单所保财产在损失发生时另有别家公司保险存在,不论系被保险人或他人所投保,如属于同一财产,保险公司仅负按比例分摊损失的责任。

5. 其他事项。①被保险人应采取合理的预防措施,防止发生意外事故,对保险公司提出的合理化防损建议应认真考虑并付诸实施。②保险财产如有变动(如财产所在地的变动,建筑物的拆修、增添,保额的调整等),被保险人应及时以书面形式通知保险公司办理批改手续。③被保险人可随时申请注销保险单,保险公司也可在15日前通知注销。对于保险单已生效期间的保费,前者按保险公司短期费率计算,后者应按日平均计算。④被保险人与保险公司之间一切有关保险的争议应通过友好协商解决。如果协商达不成协议,可申请仲裁机构仲裁或法院审理,除事先另有协议外,仲裁或法律诉讼应在被告方所在地。

二、外商企业的公众责任保险

据《中国人民保险公司国外业务条款》所列公众责任险条款,其责任范围、除外责任及其他事项规定如下:

1. 责任范围。据保单所列范围,在保险期内发生意外事故引起的,被保险人在法律上应承担的赔偿金额,保险公司负责赔偿。

2. 除外责任。除非另行特别规定,保单所列责任不适用也不包括下列各项:①被保险人根据协议应承担的责任,但即使没有该项协议,仍应承担的责任除外;②对正为被保险人服务的任何人所遭受的伤害的责任;③被保险人、其雇用人员或其代理人所有的财产损失的责任,正在从事或一直从事工作的任何物品、土地、房屋或建筑的财产损失的责任;④对于未载入保单表列而属于被保险人的或其所占有的,或以其名义使用的任何牲口、脚踏车、火车头、各类船只、飞机、电梯、起重机、吊车或其他升降装置,火灾、地震、爆炸、洪水、烟熏和水污,有缺陷的卫生装置或任何不洁或有害的食物或饮料所引起的损失或伤害责任;⑤由于震动、移动或减弱支撑引起任何土地或财产、房屋的损坏责任;⑥由于战争、入侵、外敌行为、敌对行为(不论宣战与否)、内战、叛乱、革命、起义、军事行动或篡权行为直接或间接引起的任何后果所致的责任。

3. 其他事项。①一旦发生保险责任内的事故或索赔或诉讼时,被保险人或其代表应立即以书面形式通知保险公司。②未经保险公司书面同意,在发生任何事故或索赔时,被保险人不应谈判或作出任何承诺、出价、议定或赔款。在必要时,保险公司有权以被保险人的名义接办对任何索赔的抗辩,或以被保险人的名义,由保险公司支付费用,为其自己的利益向任何人提出赔偿请求的诉讼,保险公司有权对任何诉讼程序自行处理和解决任何索赔案件。保险公司如有需要时,被保险人应提供一切有关情况和协助。③在发生保单项下的索赔时,如同时尚有其他保险承保同样责任或其中任何一部分的责任,保险公司对有关赔偿将按比例负责赔付。④无论何时,如发生与投保时申请的情况有重大变化,被保险人应在7日内通知保险公司。保险公司如认为有需要,被保险人应加付保险费。⑤保险公司可以在7日前以挂号信通知被保险人注销保单。对未到期的保险费按比例退给被保险人。⑥被保险人应努力做到雇用可靠的、认真的、合格的工作人员并且使所有的建筑物、道路、工厂、机器、装修和设备处于坚实、良好可供使用的状态。被保险人应遵照当局所颁布的任何法律及规定的要求。被保险人对已经发现的缺陷如有需要应予立即修复,并视情况需要采取临时性的预防措施以防止发生事故。但是发生保单项下承保的任何事故后,在未经保险公司检查和同意之前,被保险人不得予以改变或修理。保险公司在合理的时间内可以检查任何财物。保险公司的检查人员如发现任何缺陷或危险时,将以书面形式通知被保险人。在该项缺陷或危险未被排除并使保险公司认为满意之前,对与其有关的或因此引起的一切责任,保险公司概不负责。⑦被保险人与保险公司之间的一切有关保险的争议应通过友好协商解决。如协商达不成协议,可申请仲裁机构仲裁或向法院提出诉讼。除事先另有协议外,仲裁或诉讼应在被告方所在地。

三、外商企业的产品责任保险

依据《中国人民保险公司国外业务条款》所列产品责任险条款,其责任范围、除外责任及其他规定如下:

1. 责任范围。在保险有效期内,由于保险单表列被保险人所生产、出售或分配的产品或商品发生事故,造成使用、消费或操作该产品或商品的人或其他任何人的人身伤害、疾病、死亡或财产损失,依法应由被保险人负责时,保险公司根据保险单的规定,在约定的赔偿限额内,予以赔偿。被保险人为上述事故支付的诉讼费用及其他事先经保险公司书面同意支付的费用,保险公司也负责赔偿。

2. 除外责任。保险公司对下列各项,不负赔偿责任:①根据合同或协议应由被保险人承担的其他人的责任;②根据劳工法应由被保险人承担的责任;③根据雇用关系应由被保险人对雇员所承担的责任;④被保险产品本身的损失;⑤被保险人所有、照管或控制的财产的损失;⑥被保险人故意违法生产、出售或分配的产品或商品造成任何人的人身伤害、疾病、死亡或财产损失。

3. 其他规定。①保险期间,被保险人若生产、出售或分配某种新产品,应在10日内以书面形式通知保险公司,并根据保险公司的要求,缴纳应增加的保险费,否则保险不扩展承保该产品。保险期间,被保险产品的化学成分若有所变动,应在10日内以书面形式通知保险公司,并根据保险公司的要求缴纳应增加的保费,否则保险不扩展承保该产品。②保险期满后,被保险人应将保险期间生产、出售或分配的产品或商品的总值以书面形式通知保险公司,作为计算实际保险费的依据。实际保险费若高于预收保费,被保险人应补交其差额;反之,若预收保费高于实际保险费,保险公司退还其差额。但实际保险费不得低于所规定的最低保险费。③保险公司有权在适当时候对被保险人的房屋、机器、设备、工具和产品或商品进行检查,但保险公司对该项检查不承担任何责任。④保险公司或被保险人均可在10日前以书面形式通知对方注销保单。对于保单已生效期间的保险费,前者按日平均计算,后者按保险公司短期费率计算。已缴保费扣除上述保单已生效期间的保费后,差额退还给被保险人。⑤生产、出售或分配的同一批产品或商品,由于同样原因造成多人的人身伤害、疾病、死亡或多人的财产损失,应视为一次事故造成的损失。⑥在发生保单负责赔偿的事故时,如另有别家公司承保,不论被保险人是否获得该公司赔偿,保险公司仅负按比例分担赔偿的责任。⑦被保险人若违反保单订明的被保险人应遵守的规定,保险公司对因此而造成的索赔,不负赔偿责任。⑧一旦发生保单所承保的任何事故或诉讼,被保险人应立即以书面形式通知保险公司,并提供详情。未经保险公司同意,被保险人不得拒绝责任或作出任何许诺、出价、约定、付款或赔偿。保险公司有权以被保险人的名义接办任何索赔案件或向任何人提出赔偿请求的诉讼和解决任何索赔事项。对上述事项,被保险人应将其一切权利转让给保险公司并给予协助以及提供一切保险公司所需要的资料。⑨被保险人与保险公司之间的一切有关保险的争议,应通过友好协商解决。如协商达不成协议,可申请仲裁或向法院提出诉讼。除事先另有协议外,仲裁或诉讼应在被告方所在地。

四、外商企业的投资保险

外商企业的最大风险莫过于政治风险。中国《中外合资经营企业法》与《外资企业法》均有规定:国家对合营企业或外资企业不实行国有化和征收;在特殊情况下,根据社会公共利益的需要,对合营企业或外资企业可以依照法律程序实行征收,并给予相应的补偿。对同中国缔结双边投资保护协定的对方缔约国和确认有投资保险协议的对方国家的投资者在中国的投资,征收补偿还受到有关协定、协议的保证。中国还为《建立多边投资担保机构公约》的创始国之一,投资外商也可利用公约向多边投资担保机构投保在华新投资的政治风险。

中国人民保险公司也承保外商投资政治风险,作为一项商业性保险业务。据《中国人民保险公司国外业务条款》所列投资保险(政治风险)条款,其责任范围、除外责任、赔款处理、补偿及追偿款项的处理和争议的处理,规定如下:

1. 责任范围。被保险人在保单列明的投资,由于下列原因遭受损失时,保险公司负责赔偿,但以不超过保单所载明的保险金额为限:①战争、类似战争行为、叛乱、罢工及暴动;②政府有关部门征用或没收;③政府有关部门汇兑限制,使被保险人不能将按投资合同规定应属于被保险人所有并可汇出的汇款汇出。

2. 除外责任。保险公司对下列被保险人投资的损失,不负责赔偿:①被保险人的投资项目受损后造成被保险人的一切商业损失;②被保险人及其代表违背或不履行投资合同,或故意违法行为导致政府有关部门的征用或没收造成的损失;③政府有关部门如规定汇出汇款期限而被保险人没有按照规定汇出汇款时造成的损失;④原子弹、氢弹等核武器造成的损失;⑤投资合同范围以外的任何其他财产的征用、没收造成的损失。

3. 赔款处理。①政府有关部门征用、没收引起的投资损失,在征用、没收发生满6个月后赔偿;②战争、类似战争行为、叛乱、罢工及暴动造成投资项目的损失,在提出财产损失证明后或被保险人投资项目终止进行6个月后赔偿;③政府有关部门汇兑限制造成的投资损失,自被保险人提出申请汇款3个月后赔偿;④被保险人在保单所列投资合同项下的投资发生保险责任范围内的损失时,保险公司根据损失金额按投资金额和保险金额的比例赔付。

4. 补偿及追偿款项的处理。追回征用、没收的款项由被保险人和保险人按各自承担损失的比例分摊。

5. 争议的处理。被保险人和保险公司之间发生的一切争议,应本着实事求是、公平合理的原则,友好协商解决;如经协商仍不能解决,需要仲裁或诉讼时,仲裁或诉讼地点在被告方所在地。

五、海外投资保险

中保财产保险有限公司出口信用保险部受国务院委托,1998年开办海外投资(政治风险)保险,承保中国企业在非洲、拉美等新兴市场投资的政治风险。

海外投资(政治风险)保险,为投资企业的以下情况造成的损失承担90%的风险责任:

1. 没收。指东道国对外国投资企业征用、没收或国有化,导致其投资全部或部分丧失。

2. 禁止汇兑。指东道国或任何与项目还款有关的第三国政府颁布法令实行外汇管制,禁止或限制汇兑。

3. 战争。指东道国与中国或与任何有关的第三国发生战争、敌对行为,以及内战、革命、叛乱、暴动和其他骚乱等,以致不能继续经营。

所有在中国注册成立的,具有进出口经营权、经营状况良好的企业的海外投资,均可申请投保。

六、船、货保险与船舶抵押保险

(一)船、货保险

伦敦海上保险市场在1779年引进产生于意大利的保险单格式,开始采用"劳氏船、货保险单格式"(the Lloyd's S. G. form of policy[1])。1795年,

---

〔1〕 S. G. 的含义,经考证即"船舶"(Ship)和"货物"(Goods)——杨宜良、汪鹏南:《英国海上保险条款详论》,大连海事大学出版社1996年版,第1页。

"劳氏保险单"在英国取代其他海上保险单,成为船舶和货物运输保险的标准海上保险单。英国《1906 年海上保险法》将"劳氏保险单"列为"附件一"。该法第 30 条规定,保险单得采用本法附件一的格式。虽非强制性规定,事实上即成了英国海上保险市场上的法定保险单。由于"劳氏保险单"过于陈旧,"伦敦海上保险人协会"(Institute of London Underwriters)于 1982 年 1 月 1 日公布了一套适用于海上货物运输保险的新条款(包括货物保险 A、B、C 条款和货物战争险、罢工险保险条款),1983 年 10 月 1 日又公布了一套适用于船舶保险的新条款(包括船舶定期保险条款和船舶战争险、罢工险定期保险条款),英国人自称之为"悄悄的革命"(quiet revolution)。自 1983 年后,伦敦市场的海上货物运输保险和船舶保险即不再使用旧的"劳氏保险单",而是分别使用各种新的"协会保险条款"。现除"船舶定期保险条款"作过修订并于 1995 年 11 月 1 日公布新条款外,其余各种船、货保险条款在伦敦市场均一直沿用迄今。因伦敦海上保险市场在世界上的垄断地位,涉及各国海上船、货保险及再保险的安排,影响巨大。

中国人民保险公司于 1981 年公布海洋运输货物保险条款,1986 年公布船舶保险条款。英国海上保险市场启用的各种新的"协会保险条款",对中国日后在修订海上保险条款时的借鉴作用不容忽视。

(二)船舶抵押保险

1. 船舶抵押保险的兴起。英国《1906 年海上保险法》第 50(2)条规定,海上保险单转让后,其利益随着保险单一同转移,保险单的受让人有权以自己名义进行诉讼,而被告者也有权对该保险单项下引起的责任进行辩护。1912 年威廉·皮克斯吉尔父子公司诉伦敦海上保险公司:[1]海上保险单转让人未向保险公司披露重大事实,投保船舶受到损失后,该保险单受让人不知道内情;向保险公司索赔。法庭判决,保险人基于投保时被保险人未披露重大事实的理由有权免责,即令受让人是不知情者。1924 年格雷厄姆合股船运公司诉商船队航运案:[2]一艘船舶在其船东默许下为船长和船员凿沉,船舶抵押权人持保险单起诉保险人索赔。法庭判决,保险人能免除对船东的责任,抵押权人作为保险单受让人亦不能处于更优地位。基于以上情况,海上保险市场有船舶抵押保险的兴起,以适应船舶抵押权人投保的需要。[3]

2. 船舶抵押保险的投保与承保。挪威和德国的保险公司均单独承办抵

---

〔1〕 William Pickergill & Sons Ltd. v. London & Marine Provincial Insurance Co. Ltd.

〔2〕 Graham Joint Stock Shipping Co. v. Merchant's Shipping.

〔3〕 Philip Wood:Law and Practice of International Finance(Series) – Comparative Law of Seourity and Guarantees,Sweet and Maxwell Led. ,1995,pp. 301 – 307.

押权人利益保障保险。船舶抵押权人投保此险,就可避免因船东的误述或对重大事实不披露等违反保险单条款行为而导致保险单失效为之造成的损失。

在英国,基于《1906年海上保险法》第14(1)条规定,如将保险标的作为抵押品,则出押人对抵押品的全部价值有保险利益,而抵押权人仅对抵押贷款合同项下出押人所付的或要付的有关金额有保险利益。抵押权人为保障其利益,就与出押人共同办理联合保险。

在中国,则系将船舶抵押保险融合于船舶保险之中,不单独另办船舶抵押保险,也非与抵押人共同办理联合保险。中国《海商法》第15条规定:"除合同另有约定外,抵押人应当对被抵押船舶进行保险;未保险的,抵押权人有权对该船舶进行保险,保险费由抵押人负担。"

七、中国的商业性保赔保险

在海上保险方面,早在20世纪60-70年代,为适应中国远洋运输的发展,中国人民保险公司在开办船舶保险同时,也开办了商业性的保赔保险业务,由中国人保兼营中国远洋运输船舶的保赔保险,再由中国人保向西英船东保赔协会和联合王国船东保赔协会等分保部分风险。1984年1月1日经国务院批准,由交通部筹建成立了中国船东互保协会,作为民间船东保赔协会组织,主要吸收中国远洋运输公司行驶在国际海上航线的船舶入会投保。现中国的保赔保险即分别由中国人民保险公司和中国船东互保协会两家经营。由中国船东互保协会经营的保赔保险,采取国外通行的互保形式管理。由中国人民保险公司经营的保赔保险,仍采用商业保险形式。中国《保险法》第150条规定:"本法规定的保险公司以外的其他性质的保险组织,由法律、行政法规另行规定。"这在《保险法草案》中曾有明文规定:"本法不适用于社会保险和船东保险协会办理的保赔保险。"目前,中国的船东保赔保险即系按《中国船东互保协会章程》办理,中国人民保险公司经办的商业性保赔保险,则已属于《保险法》的适用范围。1975年,中国人民保险公司制定《船东责任保障与赔偿条款》,以下就其承保的保赔风险、除外责任与责任限制等分别加以叙述。

(一)承保的风险范围

按照中国人民保险公司《船东保障和赔偿责任险条款》规定,本条款承保、赔偿被保险人依法承担的以下责任、损失和费用:

1. 人身伤亡和疾病——船员以外的任何人:由于被保险船舶的过失、疏忽行为引起或根据合同、协议规定对船上或其他任何人的人身伤亡和疾病。

2. 人身伤亡和疾病——船员:根据合同、协议规定,对船员伤亡、疾病的损害负赔偿责任。

3. 被保险船舶船员的遣返:由于船员伤亡、疾病,依法产生的遣返费用及替工的派遣费用。

4. 私人物品:船员的私人物品或旅客的行李物品,由于船舶过失、疏忽引起的损失。

5. 因被保险船舶失事引起的赔偿:由于船舶全损,导致船员失业的工资补偿等。

6. 绕航:船员疾病、受伤或死亡,需要治疗或处理或更换船员,以及把偷渡者或避难者送上岸而发生的合理绕航费用。

7. 安置偷渡者和避难者:根据法律规定为安置偷渡者或避难者所产生的费用。

8. 救助人命:被保险船舶救助人命或自救支出的费用。

9. 碰撞责任:船舶保险单碰撞责任条款项下不能获得补偿的责任和费用损失。

10. 财产的损坏和丢失:不论任何财产的损坏或丢失的赔偿责任,但本条款其他项下已承保的除外。

11. 污染:①损失、损害或污染的责任;②船东作为《油轮船东自愿承担油污责任协议》(TOVALOP[1])的参加者应承担的损失、损害或费用;③服从政府或有关当局的命令而产生的费用或责任。

12. 拖带责任:根据合同因拖带进出口港或移动,或对其他船舶、物体拖带引起的赔偿责任。

13. 残骸清除责任:因发生海上事故,根据法定对残骸进行强制起浮、移动、清除、拆毁及设置照明、标记等发生的费用和责任。

14. 检疫费用:船上发生传染病而产生的检疫、清毒及其他额外费用。

15. 提单项目的货物责任:①货物丢失、短少或其他责任;②为卸下或处理残损货物而发生的额外费用;③收货人未能在卸货港或货物交付地提取货物而产生的额外责任和费用;④联运或转船所发生的应由被保险船舶承担的赔偿责任。

16. 被保险船舶上的财产:包括船上的集装箱、设备、燃料或其他财产的丢失或损坏。

17. 无法收取的共同海损分摊:包括因违反运输合同不能向货方或其他利益方收取的分摊、救助费等。

18. 由船方承担的共同海损分摊:包括船舶分摊价值高于保险金额,船

---

[1] 世界七大石油公司(英国石油公司、埃索、海湾、飞马、壳牌、德士古、加州)发起,1969年1月7日签订《油轮船东自愿承担油污责任协议》,属于民间协议。该协议现作为1969年11月29日缔结的《国际油污损害民事责任公约》的补充而存在。按照该协议,由保险人对油污受害者赔偿,索赔条件即造成油污的船舶加入了该协议;对每次油污事故的赔偿限额为1680万美元或每吨160美元,以较低者为准。

舶保险人不予负责的共同海损分摊。

19. 罚款:包括以下各种罚款:①被保险船舶违反法律或规定,未能提供安全工作场所或条件的;②违反海关规定的;③违反移民法规定的;④短卸、溢卸货物或未遵守申报或提供有关船、货文件的规定的;⑤船员或船舶代理人的其他疏忽或过失(不包括船舶超载或船员走私)而引起的。

20. 对救助人的特别补偿:包括为防止或减少环境损害,应由被保险人向被保险船舶的救助人所做的工作或采取的措施而支付的特别补偿。

21. 海事调查费用:包括在正式调查海事前,为抗辩或保护被保险人利益而发生的费用。

22. 施救和法律费用:①合理的施救费用;②有关法律诉讼费用。

23. 对救助人的特别保险:专门承保从事海上救助船舶的船东责任。

(二)除外责任

本保险在任何情况下将不对由于下列原因引起的任何责任、损害、损失或费用负责:

1. 战争、内战、革命、叛乱、骚乱或由此引起的内乱或任何交战国之间的敌对行为。

2. 捕获、扣押、羁押或没收(船员不法行为或海盗除外)及由此引起的后果。

3. 水雷、鱼雷、炸弹、火箭、炮弹、爆炸品或其他类型武器(因被保险船舶运输此类武器而产生的责任或费用除外)。

4. 任何核燃料、放射性制品、核废料、核装置或核武器的污染、辐射、泄漏、沾染等产生的责任、损失或费用,但对装载于被保险船舶作为货物承运的供工业、农业、商业、医学或科学上使用的上述物质产生的责任、损失或费用除外。

5. 被保险船舶承运违禁品、偷越封锁线、从事非法贸易,以及有关该船的任何不谨慎、不安全或不适当的运输、贸易、航程或其他活动。

6. 被保险人的任何故意行为。

7. 被保险人根据本条款提出索赔的任何利息及船期损失。

8. 被保险船舶的任何损失或损坏;在被保险船舶上属于被保险人拥有的设备或租用的任何财产损失或损坏。

9. 任何运费、租金或租约取消的损失和滞期费的索赔。

10. 任何为被保险船舶提供救助而产生的救助费用或其他费用,以及被保险船舶对他船进行救助或拖带产生的任何损失。

11. 任何船舶保险单承保风险所列的责任和费用。

(三)责任限制

除另有约定,本保险将按下列最多赔偿金额对被保险人提出的事故索赔限制赔偿责任：

1. 污染：每次事故 5 亿美元；

2. 船员伤亡：每人每次事故 3 万美元；

3. 其他：每一事故的赔偿责任以被保险人依据法律可限制的赔偿责任为限。

以上责任限制金额的修订将通知被保险人，并按通知规定的期限生效。

■思考题

1. 中国人民保险公司国外业务条款所列外商企业投资保险（政治风险）条款与该公司所开办的海外投资（政治风险）保险。

2. 中国的商业性保赔（船东责任保障与赔偿）保险。

国际货币金融法

第十一章 各国的货币制度

■ 学习目的和要求

　　注意了解各国的货币制度及其内容。货币制度简称币制,主要内容包括:确定本位货币(主币)及其名称和货币单位,主币和辅币的铸造及流通程序或纸币的发行制度等。

第一节 外国的货币制度

　　西方进入资本主义社会以来,各国币制均经历了从复本位制、单本位制到确立纸币本位制的演变。

一、复本位制

　　复本位制(bimetallic standard)是同时以金、银两种贵金属为本位货币或主币的币制,是单本位制的对称和金银复本位制的简称。1492 年哥伦布发现美洲新大陆,从 1545 - 1560 年的 15 年间,殖民国家在新大陆开采金矿、银矿,每年平均运回欧洲黄金 5.5 吨、白银 246 吨。此外,16 - 18 世纪的 300 年间,殖民国家还通过贩卖黑人奴隶和商业欺诈等不等价交换,从各地掠回黄金 200 吨和白银 1.2 万吨。大量金银流入欧洲,促成了金银复本位制在欧洲各国的盛行。近代新兴资本主义国家在 18 世纪及其以前,大多采用复本位制。

　　英国于 1717 年由当时的铸币局长牛顿(万有引力发现者)计算规定了金银的法定比价为 1 : 15.21。由于"劣币驱逐良币"(bad money driving out good money),从 19 世纪到 19 世纪末与 20 世纪初,所有实行复本位制的国家都相继改行单本位制了。因金银比价受市场影响,非人为所能固定。古代较早记载的金银比价为 1 : 6 到 1 : 8,[1] 18 世纪在 1 : 15 以上。在金币与银币同时用作主币时,若法定 1 金币 = 15 银币,当黄金市价上涨,金币就会被人们存放起来,只剩下银币在市面流通。在英国,到 18 世纪末,世界市场银价下跌,金银市场比价 1 : 15.5,英国银币的法定价值已高出市价,大量白

---

〔1〕 中国元代,朝廷将金银比价规定为 1 : 7.5,实际上各地的金银比价并不一致。据《马可·波罗游记》记载,大理为 1 : 6,昆明为 1 : 8。

银流入英国铸为银币,金币则被持有者熔化为金块大量流出英国。为制止"劣币驱逐良币",英国于 1798 年停止银币自由铸造,并限制银币流通。1816 年英国颁行《金本位制条例》,只铸金币,改行金本位制。"劣币驱逐良币",是 1560 年英国铸币局长格雷欣(Thomas Gresham)向英王提出的一项货币流通法则,后被英国经济学家麦克劳德(Henry Dunning Macleod,1821 - 1902 年)在他的著作中将之命名为"格雷欣法则"(Gresham's Law)。该法则是在商品交换与货币流通都已发达起来的资本主义社会出现的现象。西欧大陆的法国、比利时、瑞士、西班牙和意大利等国,先同英国一样均采行复本位制,后又均由于白银跌价大量流入,黄金大量外流,自 1878 年起相继停止银币的自由铸造,形成金银二足本位的银一足跛行。这些国家在 19 世纪晚期的复本位制被称为"跛行本位制"。到 19 世纪末与 20 世纪初,这些国家也都先后改行金本位的单本位制了。

二、单本位制

单本位制(monometallism)是以一种特定贵金属为本位货币或主币的币制,分金本位制与银本位制。

(一)金本位制(gold standard system)

金本位制有金币本位制、金块本位制与金汇兑本位制。

1. 金币本位制(gold coin standard)。金币本位制是以金币为本位货币或主币的币制。在金币本位制下,单位货币都有一定"含金量"(gold content),并据以铸造金币;黄金可以自由买卖和铸造金币(持有金块者可自行拿去官方铸币厂铸造金币)。在金币本位制下,黄金和金币均可自由输出输入,对外币采用以含金量为基础的固定汇率,两种金币含金量的比率即它们之间的兑换汇率。金币之所以也有汇率,即在于各国是流通各自铸造的金币,金币的形状、材料、重量和成色均非一致,因此,在两种金币之间也需有兑换汇率,只不过这个汇率是相对固定的,其浮动以"输金点"(gold point)为界限。为什么以输金点为其界限呢?因黄金可以自由输出输入,当汇率对商人有利时,他就利用外汇(金币兑换)办理国际结算;当汇率对他不利时,他就改用输出输入黄金进行直接支付。两国输出输入黄金需支付包装费、运费、保险费及运输途中的利息等。19 世纪,在英、美两国之间运送 1 英镑等值黄金的费用约需 0.03 美元。以含金量为基础的兑换汇率 1 英镑 = 4.8665 美元,"4.8665 ± 0.03 美元"即英镑和美元两种金币的输金点,也就是英镑对美元汇率浮动的上下限,即 1 英镑不能高出兑换 4.8965 美元,不能低于兑换 4.8365 美元,否则,商人就直接运送黄金进行直接支付而不用金币了。

在金币本位制下,银行发行的银行券(bank note)可以代替金币流通。银行券作为一种信用票证起货币作用,即银行券持有者可随时向发行该券的银行兑换金币或等量黄金。1816年英国颁行的《金本位制条例》规定,发行银行券的银行承担兑换黄金的义务。依1844年《英格兰银行条例》[1]规定,英格兰银行为独占发行银行券的中央银行,该行发行没有黄金保证的银行券以1 400万英镑为限,超过限额的发行部分要提供100%的黄金或白银保证。在英国,自颁行《英格兰银行条例》时起,银行券也开始由信用票证成为一种法定货币,而与金币同时流通。

继英国之后,实行金币本位制的国家有德国、美国(1873年)、荷兰(1875年)、法国(1877年)、奥地利(1892年)、俄国(1894年)和日本(1897年)等。到19世纪末20世纪初,金币本位制已为大多数资本主义国家所采行。

第一次世界大战期间(1914–1918年),很多交战国要用黄金去换军火,将流通的金币全部收回,流通银行券,实行战时必需品配给制和严格的外汇管制。第一次世界大战后,一些国家百废待兴,支出剧增,大量发行无充分黄金保证的银行券,并越来越限制用银行券兑换黄金。银行券对金币本位制向金块本位制和金汇兑本位制过渡起到了转换作用。

2. 金块本位制(gold bullion standard)。金块本位制并非流通金块,而是流通的银行券可以在法定条件下兑换金块,实际上是一种有限制的金本位制。英国在1925–1931年间实行的金块本位制,法定兑换金块以1 600英镑起兑,折合黄金400盎司。法国1927年起实行的金块本位制,法定持有银行券215 000法郎才能向发行银行兑换金块。这种金本位制被称作"富豪的本位制"。

3. 金汇兑本位制(gold exchange standard)。第一次世界大战后,有的国家未经历金块本位制即从金币本位制直接过渡到了金汇兑本位制,流通银行券,只是这种银行券虽规定单位含金量,但实际上对内并不能直接兑换黄金。两国银行券含金量的比率即二者之间的兑换汇率。本国银行券对外可按此汇率自由兑换黄金或自由兑换可兑换黄金的外国银行券。由于对内不能自由兑换黄金,这种金汇兑本位制又称"虚金本位制"。在这种本位制下,一国的国际储备除黄金外,外汇(外国银行券)已开始占一定比重,第一次世界大战战败国德国,由于国库黄金被用于战争赔款,1924年由战前的金币本位制直接改行金汇兑本位制。

1929–1933年世界经济危机及其后不久,资本主义各国均相继放弃实行各种金本位制,如英国于1931年、美国于1933年、法国于1936年终止实行金本位制,普遍改行纸币本位制。

---

〔1〕 皮尔担任英国首相时颁行的《英格兰银行条例》,通称《皮尔银行条例》(Peel's Bank Act)。

（二）银本位制（silver standard system）

银本位制是以白银为本位货币或主币。在大多数资本主义国家实行金本位制时期，印度和墨西哥等少数国家和地区实行银本位制。印度卢比银元在清道光年间开始流入中国，墨西哥鹰洋在清咸丰年间也开始流入中国，一度引起中国的币制混乱。

三、纸币本位制

纸币本位制（paper standard）是以不兑换金银的纸币作为法定货币的一种币制。纸币本位制的诞生，使人类社会从铸币时代进入信用货币时代。纸币作为由国家（通过中央银行）发行强制通用的货币符号，代替足值金属货币充当价值的尺度和流通、支付、储藏手段。按照马克思的解释，黄金是带着其本身的价值进入流通的，纸币则是进入流通后才具有价值，纸币的价值决定于流通中纸币的数量。[1] 因此，不加控制地印发纸币即会引起恶性通货膨胀。中国在国民党执政时期曾经发生恶性通货膨胀。自 1937 年 7 月到 1949 年 5 月的 12 年间，纸币发行增加 1 400 多亿倍，使国民经济遭受严重破坏。[2]

现世界各国均已采行纸币本位制。第二次世界大战后，在布雷顿森林制度时期，国际货币基金各成员国仍为其本国纸币单位规定含金量，作为两国货币汇率的计算基础，但私人已不能用纸币向发行银行兑换黄金，只有持有美元的成员国政府可按美元含金量向美国政府要求兑换等量黄金。1962年 7 月，法国政府即曾以持有的美元向美国兑换黄金 100 吨，以削弱美国的黄金储备。20 世纪 70 年代布雷顿森林制度崩溃后，各国既未再行宣布过新的货币含金量，也未明令取消已宣布过的货币含金量，但各国货币实际上已与其含金量并无联系，而是按照各自的外汇安排确定汇率或汇价。

第二节　中国的货币制度

世界各个国家和地区货币形成的时间有先有后，但其起源和发展都经历了一个大体相同的过程。开始，牲畜、贝壳和一些金属都充当过货币，后来逐渐固定在天然适合充当一般等价物的特种贵金属金、银上，最后才产生了纸币。中国的币制也不例外。

一、中国古代的币制演变

中国在原始社会末期，充当一般等价物的为牲畜。由于马牛羊等牲畜

---

[1] 马克思：《政治经济学批判》，人民出版社 1976 年版，第 87 页。

[2] 1949 年 5 月 10 日新疆省银行曾发行面额为 60 亿元一张的纸币，需 6 000 亿元才能换银元 1 元。60 亿元一张的纸币只买得到 1 盒火柴。

均有大小、肥瘦和轻重之别,仍不便于成交。进入奴隶社会后,普遍以白色带槽齿的贝壳充当常用货币,有色贝壳为稀有货币。贝壳以朋为单位,每串10个或20个叫做一朋。到殷商晚期,出现用铜制的铜贝。春秋战国时期,货币已发展为金属铸造的布、刀、圆三种,均属于生产工具和兵器形状。布币其形如铲,又称铲币。刀币则像其形。圆币形如纺轮,中间穿孔。当时,布币流通于韩、魏、秦、周,刀币流通于齐、鲁;在燕、赵,同时流通布、刀。布、刀形体较大,且有棱角,不便携带和储藏,后均相继改铸为圆钱。楚国货币自成体系,流行铜贝和爰金(一种扁平钤印的黄金小方块,又称金饼)。秦始皇统一六国,颁行《金布律》,废布、刀、圆,铸造全国统一的上币和下币。上币为金锭(元宝),重20两;下币为方孔铜钱,重半两(合12株)。汉武帝时开始铸造银锭,并将"秦半两"改铸为"五株钱",轻重适中,使用方便。秦、汉以后,历朝都铸造有方孔铜钱和金、银锭。中国古代关于金属铸币的法律即称"钱法",各朝都有自己的钱法。交子是中国古代最早的纸币。宋初,益州使用铁钱,一个重达25斤,体大值小,卖一车货得用一车装钱,流通不便,由16户大富商印发交子(与存款收据类似,可兑换铁钱,也可以流通)。1023年宋仁宗颁行钞法,改交子为官办,禁止私商印发,纸币作为法定货币与金属铸币同时流通,纸币可以兑换金属铸币。元代实行不兑现的纸币制度,禁用金、银和铜钱。据《马可·波罗游记》记载,元代纸币称宝钞,"凡州郡国土及君主所辖之地莫不通行,臣民位置虽高,不敢拒绝使用,盖拒用者罪至死也。""各人皆乐用此币,盖大汗国商人所至之处,用此纸币以给费用,以购商物,以取其售物之售价,竟与纯金无别。"自宋、元以后,各朝都颁行自己的钞法,发行宝钞。中国古代的货币制度是既有钱、也有钞的一种混合币制。由于闭关锁国和自给自足的封建经济占统治地位,商品交换与货币流通均不发达,故一直是金、银、铜三种铸币与纸币并存,各有各的用场,并未出现过"劣币驱逐良币"的现象。钱法和钞法即中国古代的货币法。古代法制,刑经不分,钱法和钞法均载入各朝刑律中。

二、中国近现代的币制

鸦片战争后的道光和咸丰年间,印度卢比银元和墨西哥鹰洋先后流入中国境内,引起币制混乱。据清政府1910年调查,当年在中国流通的外国银元达11亿元。其中,鹰洋占1/3多,约4亿元。为澄清币制,清末各省先后设局开始自己铸造银元(龙银)和铜元(中间无孔,俗称铜板)。宣统二年(1910年),朝廷颁行《币制则例》,采行银本位制。辛亥革命后,南京临时政府铸造过有孙中山半身侧面像的银元(俗称小头),北洋军阀政府铸造过"袁大头"银元。1933年4月国民党政府颁布《银本位币铸造条例》,规定以含纯银23.493448克为元的单位,铸造以帆船为图案的船洋作为主币,以铜元为辅币。1934年美国国会通过《购银法案》,世界市场银价飞涨,中国白银大量外流。1935 年 11 月国民党政府实行币制改革,废除银本位制,改行纸币本位制。

土地革命时期,井冈山革命根据地上井造币厂也曾铸造过一种工字图案的银元。抗日时期,陕甘宁边区政府改发边币钞票。

三、中国现行币制

中国现行币制:主币即人民币,单位元,辅币为角、分,法定由中国人民银行发行。

《中国人民银行法》第三章人民币和国务院发布、自 2000 年 5 月 1 日起施行的《人民币管理条例》就是对中国现行币制的法律概括。条例在其"总则"规定:本条例所称人民币,是指中国人民银行依法发行的货币,包括纸币和硬币;中华人民共和国的法定货币是人民币,以人民币支付在境内的一切公共的和私人的债务,任何单位和个人不得拒收;人民币的单位为元,人民币辅币单位为角、分,1 元等于 10 角、1 角等于 10 分,人民币依其面额支付;中国人民银行是国家管理人民币的主管机关,负责本条例的组织实施;任何单位和个人都应当爱护人民币,禁止损害人民币和妨碍人民币流通。

1948 年 12 月 1 日中国人民银行在解放区的华北银行、西北农民银行和北海银行的基础上合并组成,以后又合并东北银行、内蒙古人民银行等地区性银行,成为全国统一的发行银行和国家银行。中国人民银行 1948 年 12 月 1 日开始发行第一套人民币,结束了各解放区发行的不同纸币混合流通的历史。1951 年 3 月 6 日政务院发布《禁止国家货币出入国境办法》,规定:"本办法所称国家货币指中国人民银行发行之货币,及中央人民政府特许发行之地方货币。"依照 1955 年 2 月 21 日国务院发布的《关于发行新的人民币和收回现行的人民币的命令》,1955 年 3 月 1 日中国人民银行开始发行第二套人民币,第一套人民币称旧人民币。新人民币 1 元折合旧人民币 1 万元,取代原来面额较大的旧人民币。1957 年 11 月 19 日国务院又发布《关于发行金属分币的命令》,中国人民银行于 1957 年 12 月开始发行 5 分、2 分、1 分三种金属辅币,与纸辅币混合流通。1962 年 4 月 20 日中国人民银行开始发行我国独立自主研制开发出来的第三套人民币。[1] 第四套人民币源于 1987 年 4 月 25 日国务院发布《关于发行新版人民币的命令》,责成中国人民银行自 1987 年 4 月 27 日起陆续发行一套新版人民币。新版人民币面额:主币 1 元、2 元、5 元、10 元,50 元和 100 元六种;辅币有 1 角、2 角、5 角三种。

---

〔1〕 中国人民银行 1998 年 5 月 31 日发布公告,经国务院批准,决定从 1999 年 1 月 1 日起停止第二套人民币(纸、硬分币除外)在市场上流通。中国人民银行 1999 年 12 月 3 日发布《关于第三套人民币停止流通的公告》,自 2000 年 7 月 1 日起停止第三套人民币在市场上流通。

新版人民币与现行人民币的比率为 1∶1。现行 1 分、2 分、5 分三种纸、硬辅币继续流通。1992 年 5 月 8 日国务院发布命令,由中国人民银行自 1992 年 6 月 1 日起发行 1 元、5 角、1 角三种金属人民币,与市场上流通的同面额的纸币价值相等,同时在市场上混合流通。1999 年 6 月 30 日国务院令,责成中国人民银行自 1999 年 10 月 1 日起陆续发行第五套人民币,有 100 元、50 元、20 元、10 元、5 元、1 元和 5 角、1 角八种,与现行人民币等值混合流通,以之健全我国的货币制度。

为适应改革开放新形势,加强国家货币出入境管理,维护国家金融秩序,自 1993 年 3 月 1 日起实施国务院发布的《国家货币出入境管理办法》,同时废止 1951 年 3 月 6 日政务院发布的《禁止国家货币出入国境办法》,对国家货币(人民币)出入境改行限额管理制度。中国公民和外国人出入境,允许每人每次携带中国人民银行规定的具体限额内人民币,但不得在邮件中夹带国家货币出入境,不得擅自运输国家货币出入境;违反国家规定运输、携带、在邮件中夹带国家货币出入境的,由国家有关部门依法处理;情节严重,构成犯罪的,由司法机关依法追究刑事责任。

1993 年 3 月 5 日公布《中国人民银行关于国家货币出入境限额的公告》。公告规定:①中国公民出入境、外国人入出境,每人每次携带的人民币限额为 6 000 元;[1]②在开放边民互市和小额贸易的地点,中国公民出入境和外国人入出境携带人民币的限额可根据实际情况由人民银行省级分行会同海关规定,报人民银行总行和海关总署批准后实施。

■ **思考题**

1. 外国币制从复本位制、单本位制到纸币本位制的演变。
2. 中国对国家货币出入境管理的现行办法。

---

[1] 中国人民银行发布新公告,自 2005 年 1 月 1 日起施行,中国公民出入境、外国人入出境每人每次携带的人民币限额由原来的 6 000 元调整为 2 万元。

第十二章 外汇安排与外汇管制

■ 学习目的和要求

注意了解各国的外汇安排与外汇管制,以及国际支付的一般法律问题。

当今各主权国家和有的单独地区(如香港)均有其自身的货币制度,一种货币与另一种货币的法定关系即体现于一国的外汇安排与外汇管制中。

第一节 外汇安排

一、关于外汇

(一)外汇的概念

国际支付必须使用各方共同接受的支付工具或信用支付工具,如外币、外汇票据和外币面额的其他有价证券等。凡使用国际接受的支付工具或信用支付工具,即国际汇兑,简称外汇。人们在日常经济生活中把外币称作外汇,这是不确切的。对于外汇,可作静态理解,也可作动态理解。作静态理解,外汇指使一国居民对另一国拥有资金要求权的所有货币凭证。[1] 以外币表示的资金,可以兑换成其他货币表示的支付工具,以及可以在境外得到偿付的表示货币债权的信用支付工具等,均可称作外汇。作动态理解,外汇即指一国货币与另一国货币的兑换。[2] 一国实施的外汇管制,即不仅管制外汇资金,也管制从事外汇的活动。对于外汇,必须从静态和动态两个方面着眼,才能全面地理解外汇这一概念。

外汇的效用在于通过国际可接受的支付工具或信用支付工具,可以把一国货币的对内价值转换为对外价值,用于对外购买或结算、支付。

(二)汇率或汇价

汇率即本国货币与外国货币的兑换比率,亦即在外汇市场上买卖外汇的价格,故又称汇价。确定两种货币的汇率,首先要确定用哪种货币作为定

---

〔1〕 D. 格林沃尔德:《现代经济词典》,商务印书馆 1983 年版,第 185 页。
〔2〕 F. E. 佩里:《银行业务词典》,中国对外翻译出版公司 1987 年版,第 149 页。

值标准,这称作汇率的标价方法。汇率有以下两种标价方法。

(1)直接标价法。以外币为定值标准,即外币数额固定,如 1 个单位或 100 个单位,意大利里拉 1 万个单位、日元 10 万个单位,只不时地变动本国货币的比价来表示外币的价格。现绝大多数国家(包括中国)均采用直接标价法。

(2)间接标价法。以本国货币为定值标准,即本国货币数额固定为 1 个单位,只不时地变动外币的比价来表示其价格。现英、美两国采用的是间接标价法。

除上述两种基本标价方法外,在实务中还盛行美元标价法。这种标价法即以美元作为对其他货币的定值标准。国际外汇买卖和银行间报价,均习惯采用这种标价法,世界各大金融市场也均系公布美元对其他可兑换货币的牌价。

汇价有买入价(买价)与卖出价(卖价)之分,二者相差幅度一般在 0.1% – 0.5% 之间,各国规定不一。中国规定的卖价高于买价 0.5%。买卖价之间的平均价为中间价。在国际结算中,人民币对各种外币的比价即按国家外汇管理局北京时间上午 11 时公布的中间价办理。区分买价和卖价,在贸易、投资、税收和借贷等实务中也很重要。

进出口贸易中发生的外币对人民币的折算,是以国家外汇管理局当天公布的人民币汇价为准,出口收汇按买价结算,进口付汇按卖价结算。如出口直接收进外币现钞或本票,即相当于卖价,而非买价,将损失一笔数额。在接纳外商投资中,对外商投资额应要求以记入银行外汇账户上的数额为准,银行是按买价入账。对外商投资企业和外国企业征税,外币所得按买价折合人民币计应纳税款[1] 中国人民银行于 1986 年 12 月 12 日发布的《关于外商投资企业外汇抵押人民币贷款的暂行办法》规定,银行对抵押单位的人民币贷款,最高不得超过抵押品按抵押日国家外汇管理局公布的人民币汇价(买入价)所计算的数额。

二、外汇人民币

中国在 1968 年以前,外贸合同均以外币为合同货币,自 1968 年起也用外汇人民币作为合同货币。1972 年,中国银行与日本东京银行签订《人民币、日元直接结算协议》。以外汇人民币作为合同货币,外商要在银行开设人民币账户,结算通过人民币账户办理。外国的银行或公司、企业采用外汇人民币,可以在中国银行及其在海外的分支机构开设活期人民币存款账户,用可兑换货币向中国银行购买人民币后存入账户,当存款人需要时可以兑换成所需外汇。

---

[1] 《外商投资企业和外国企业所得税法实施细则》第 14 条。

三、双边外汇安排与货币保值条款

(一)双边支付协定

为消除兴起于第一次世界大战时的外汇管制的法律障碍以发展双边贸易,世界上第一个政府间双边支付协定于 1931 年 11 月 14 日在瑞士和匈牙利王国之间订立。该协定规定:"两国各自在本国国内指定以中央银行为结算机构,各自在对方以本国结算机构名义开设对方国货币的清算账户。"到 1937 年,资本主义国家之间缔结的双边支付协定已达 170 个之多。1964 - 1978 年,各国间订立的双边支付协定,由 1964 年的 332 个减少到 1978 年的 174 个,[1]到 1981 年减少到 149 个。[2] 发展到今天,双边支付协定已限于在外汇短缺的国家之间订立。中国对双边贸易支付协定的利用,开启于 1952 年与斯里兰卡签订的"米胶协定",由中国供应斯里兰卡大米,斯里兰卡供应中国橡胶,通过双边结算,抵销两国之间的债权债务。"米胶协定"为帝国主义对新中国的封锁禁运打开了口子。

双边支付协定有以下类型:

(1)抵偿协定。即相互交换商品,不需用货币支付的协定。

(2)清算协定。即不动用外汇而通过记账和相互冲销债务的方式来清偿两国间贸易收支的协定。一般是由出超国把差额作为给予对方国的短期信贷,转入下期平衡。

(3)货币支付协定。即双方收付的差额应由债务方以可兑换货币偿还的协定。在这类双边支付协定中通常含有摆动额信贷条款,即将在一定时期双方收付差额规定在一定限度内,超过限度即应以可兑换货币支付。

双边支付协定的主要内容有:①规定主持清算的负责机构;②规定清算账户;③规定清算范围;④规定清算货币;⑤规定清算方法;⑥规定清算汇率;⑦订立货币保值条款;⑧规定如何处理清算账户中的差额等。

(二)货币保值条款

货币保值条款是双边支付协定的一个重要内容,涉外支付合同也常订入该项条款。传统形式的货币保值条款有各种黄金条款和外汇保值条款,以及指数条款。自 1985 年美、英、法、德、日五国财长和中央银行行长纽约会议达成《普拉扎协议》(《广场协议》)以来,美元汇价出现滑坡,在合同中兴起以下新形式的货币保值条款:

(1)替代条款。即规定在合同生效后,如原定的出口方货币贬值时,出口方可以要求进口方改以进口方货币支付,或按原定汇率结付出口方货币。

(2)挂钩条款。即把合同货币与美元挂钩的条款,以强币记价,按支付

---

〔1〕 国际货币基金:《外汇管制年报》(1979)。

〔2〕 国际货币基金:《外汇管制年报》(1983)。

日汇率以美元支付。

(3)平均汇率条款。即结算时按订约日汇率与支付日汇率的平均值调整支付款额,使收付双方分摊汇率风险。

货币保值条款出现于双边支付协定中,是为避免两个主权国家对各自货币的价值发生争议。订入黄金条款,可以使各自货币的价值与金价挂钩。订入外汇保值条款,可以用一个中立国货币(如瑞士法郎)或第三国货币作为中介货币办理结算支付。

货币保值条款出现于合同中,有经济上和法律上两个方面原因。在经济方面,由于汇率不稳,债权人为防止在国际支付中因货币贬值而受损失,通常要订入货币保值条款,用该条款保证到期应付金额要和订约时的金额等值。现西方一些主要货币的汇价变动平均每天在4% -7%之间沉浮,甚至可能在一夜之间大起大落。在法律方面,各国法院处理货币价值问题均持名义原则,即"马克等于马克"的规则。[1] 持名义原则,债权人承担货币贬值风险,债务人承担货币升值风险,无论谁受损失都无须抱怨。为防止货币贬值,故债权人通常要求在合同中订入货币保值条款,以寻求合同法的保护。因此,在出口合同中,就要根据我方利益精心设计合适的货币保值条款;在进口合同中,就要考虑外方所提出的支付条款是否公平。

现中国营汇银行已经开办人民币远期结售汇业务,进出口公司即可用人民币购买所需外汇或将这笔外汇换成人民币,以锁定汇价,达到防范风险的目的。

2003年3月国家外汇管理局公布《关于境内机构对外贸易中以人民币作为计价货币有关问题的通知》:境内机构在签订进出口合同时,可采用人民币作为计价货币,结算时境内机构应按结算日银行挂牌汇价,将合同中约定的人民币金额折算成银行挂牌货币对外支付,并按相关规定办理出口收汇和进口付汇核销手续。这是目前一项有利于境内机构防范汇率风险的有效举措。

(三)互换货币协定

由于双边支付协定仅限于扩展缔约国之间的双边贸易,不能适应发达国家着力于发展多边贸易的需要,自1962年起,它们已开始转向缔结互换货币协定。1962年3月,美国由纽约联邦储备银行出面与14个西方国家中央银行分别签订互换货币协定,以维持美元地位。这种双边外汇安排的主要内容是:规定各方银行应承担的美元数额,当外汇市场上需要大量抛售美元时,美国可按规定数额用美元换取等值的对方货币,在市场上买进美元,以维持美元汇价;对方国家在必要时也可以用本国货币按规定数额换取美

---

〔1〕　P. Wood:Law and Practice of International Finance,Sweet and Maxwell Ltd. ,1980,p. 56.

元。1980年4月3日瑞士国家银行与日本银行也签订了互换货币协定,各方以2 000亿日元和等值的瑞士法郎存储于各自的中央银行,作为对日元和瑞士法郎进行货币干预的金融手段。

中国在同泰国缔结货币互换协定之后,2002年3月28日又同日本缔结货币互换协定,作出必要时向对方提供最高约合30亿美元的货币互换安排。

四、合作外汇安排——法郎区、欧洲货币体系与欧元

（一）法郎区

1. 法郎区的来历。法郎区来源于第二次世界大战期间戴高乐在伦敦成立的法国流亡政府的"自由法国中央金库"。在自由法国范围内(包括喀麦隆、科特迪瓦、加篷、乍得、吉布提、圣皮埃尔和密克隆等法属殖民地)发行自由法郎,以区别于沦陷本土的本土法郎,正式形成于第二次世界大战后的法兰西联邦时期。1945年12月26日法国政府公布法郎新比价,划分以下三个区域:

第一个区域,包括阿尔及利亚、突尼斯、摩洛哥等法国北非属地,荷属安的列斯群岛和英属圭亚那。规定在这些地区流通的法郎保持与法国法郎等值的比价。

第二个区域,包括法属西非殖民地和赤道非洲殖民地,多哥、喀麦隆、法属索马里、马达加斯加、留尼汪、圣皮埃尔和密克隆等地。在这些地区发行的法郎称"法属非洲殖民地法郎",1单位=1.7法国法郎。

第三个区域,包括新喀里多尼亚、新赫布里底岛等法属太平洋殖民地。在这些地区发行的法郎称"法属太平洋殖民地法郎",1单位=2.4法国法郎。

以上三个区域统称法郎区。1958年戴高乐执政后,把法兰西联邦改为法兰西共同体。进入20世纪60年代,法国殖民地和托管地纷纷独立,法兰西共同体自行解体,有些新独立国家退出了法郎区。过去的法郎区为殖民主义产物,现留在法郎区的国家和地区与法国缔结协定,合作安排外汇。

2. 法郎区的合作外汇安排。法郎区内流通法国法郎和与法国法郎挂钩的以下三种法郎:①非洲金融共同体法郎,50单位=1法国法郎或1单位=0.02法国法郎;②中非金融合作法郎,50单位=1法国法郎或1单位=0.02法国法郎;③太平洋结算法郎,100单位=5.5法国法郎或1单位=0.055法国法郎。以上三种法郎均随法国法郎汇价浮动。

3. 法郎区的前景。欧洲经济货币联盟的欧元问世后,法郎区可能出现的变化有二:①法郎区解体,代之以各国自己的货币;②另建次地区货币。

现非洲的非法语国家已在加速普遍改用欧元。

（二）欧洲货币体系

1. 欧洲货币体系的建立。在布雷顿森林制度崩溃后,1971 年《史密森协定》确立十国集团的宽幅固定汇率,允许集团内其他国货币可以在同美元的固定汇率上下 2.25% 的 4.5% 幅度内浮动,由于 1973 年 2 月 12 日美元的自行贬值而失效,十国集团各国货币改行浮动汇率。为实现欧共体国家合作安排外汇,最终达到货币一体化,欧共体理事会于 1978 年 12 月 5 日通过建立欧洲货币体系决议。1979 年 3 月 13 日体系正式建立。参加体系的国家有当时的欧共体成员国法国、联邦德国、意大利、荷兰、比利时、卢森堡、丹麦和爱尔兰。英国也为欧共体成员国,1990 年 10 月才加入体系。1981 年 1 月 1 日起希腊成为欧共体成员国,但未参加体系,只是体系的半个参加国,即在欧洲货币单位(ECU,埃居)中含有德拉克马,[1]尚未参加体系的汇率机制。1986 年 1 月 1 日起西班牙和葡萄牙成为欧共体成员国,西班牙 1989 年 9 月加入体系,葡萄牙 1992 年 4 月加入体系。体系包括欧洲货币单位、汇率机制和欧洲货币基金三个方面内容。

2. 欧洲货币单位。埃居于 1979 年 9 月 24 日创设,属于包含 12 个欧共体成员国货币的一篮子货币或联合货币。按照 1989 年 9 月 15 日欧共体公布的调整埃居构成的决定,欧共体各国货币依以下百分比构成埃居,1990 - 1994 年 5 年内不变:

德国马克	30.1%
法国法郎	19%
英镑	13%
荷兰盾	9.4%
意大利里拉	10.15%
比利时法郎	7.6%
丹麦克朗	2.45%
爱尔兰镑	1.1%
希腊德拉克马	0.8%
卢森堡法郎	0.3%
西班牙比塞塔	5.3%
葡萄牙埃斯库多	0.8%

埃居的规定作用有三个:①将埃居作为确定欧共体成员国货币价值的标准,即按埃居构成中一国货币占的百分比确定各成员国货币对埃居的中心汇率,称篮子中心汇率;再按篮子中心汇率确定各成员国货币之间的比率,称双边中心汇率。②将埃居作为欧共体向成员国提供贷款时使用的计

---

〔1〕　1984 年 9 月 15 日至 16 日欧共体财政部长会议决定,将德拉克马列入欧洲货币单位。

算单位。③将埃居作为成员国间办理国际结算时使用的支付工具。

埃居的实际用途已扩展。比利时已自 1987 年 3 月 25 日《罗马条约》缔结 30 周年纪念日起发行两种埃居铸币:银币面值 5 埃居、金币面值 50 埃居。发行埃居金、银币,既作为纪念币,也以之作为使埃居成为一种区域性国际通货的象征性步骤。埃居在国际市场上被广泛采用,除欧共体成员国外,其他西方国家和发展中国家,乃至有的国际组织(如欧洲航空安全组织)也使用埃居办理国际结算。自 1983 年 3 月意大利公用电讯公司发行第一笔以埃居计值的企业债券,各种埃居债券在证券市场上的发行额逐年上升。1984 年 6 月 4 日,埃居即开始在巴黎和米兰的外汇市场上作为一种货币逐日挂牌公布汇价,位列美元之后和西欧各国货币之前。1985 年 12 月 5 日,阿姆斯特丹开设了第一个买卖埃居的外汇市场。中国从 1986 年 10 月 14 日起逐日公布人民币对埃居的牌价。世界上已有 500 家银行开办埃居存款业务和信用证业务,中国银行也受理境外以埃居开来的信用证。

3. 欧洲货币体系的汇率机制。汇率机制即体系的汇率干预制度,具体内容包括:

(1)以埃居为各成员国货币定值。除希腊德拉克马未参加体系的汇率机制,其余 11 国货币均以埃居定值,来确定本国货币与其他成员国货币间的双边中心汇率。

(2)蛇形安排。双边中心汇率均相对固定,各成员国必须把本国货币对其他成员国货币的市场汇率维持在固定汇率上下 1.125% 的 2.25% 浮动幅度内,称"洞中之蛇安排"(snake in the tunnel arrangement)。这一外汇安排,即指体系中的法国、联邦德国、荷兰、比利时、卢森堡、丹麦和爱尔兰七国货币(对意大利、英国、西班牙、葡萄牙四国货币另有规定)之间汇率浮动的窄幅 2.25% 和 1971 年《史密森协定》规定的汇率浮动的宽幅 4.5% 二者间相差一半的形象化名称。在图表上,体系国家货币对体系外国家货币汇率浮动的宽幅上下限就形成相隔较远的两条线,体系国家货币间汇率浮动的窄幅上下限就形成相隔较近的两条线,并位宽幅之内。宽幅被喻为"洞"、窄幅为"蛇",这两种汇率浮动的不同幅度在一起就称作"洞中之蛇"。《史密森协定》的汇率安排,早在 1979 年体系正式建立之前即已失效,实为"洞"去"蛇"在,故又称"蛇形安排"(snake arrangement)。对于不在蛇形安排中的意大利里拉、西班牙比塞塔、葡萄牙埃斯库多和英国英镑,里拉汇率浮动的上下限被规定为固定汇率上下 6% 的 12% 浮动幅度,比塞塔、埃斯库多和英镑均被规定为上下 3% 的 6% 浮动幅度。机制内国家货币的市场汇率达到上限或下限时,各国中央银行即须进行干预,以维持市场汇率不超过规定的浮动幅度。

(3)两种干预系统。机制内的汇率干预系统分格子系统和篮子系统。

格子系统:当机制内国家货币之间的市场汇率离开其格子(双边)中心汇率上下 1.125% 时,各国中央银行都须进行干预。篮子系统:当机制内国家货币的市场汇率离开其同埃居的篮子中心汇率上下 1.125% 时,各成员国也须进行干预。格子系统的干预办法:机制内各国中央银行都同时卖出强币、买入弱币。在弱币国干预外汇市场有困难时,可以向欧洲货币基金申请短期贷款。在实践中,还没到规定的上下限 1.125% 时,各国中央银行就得干预,因体系还规定一个偏离限度。这个偏离限度被规定为各国货币汇率上下浮动达到固定汇率上下限的 75% 的程度就得着手干预。偏离限度即干预点。篮子系统干预办法:在格子系统的干预最终难以维持双边中心汇率的情况下,由各成员国财长开会重新确定机制内各国货币对埃居的篮子中心汇率或宣布某国货币升值或贬值,以避免整个体系的汇率机制崩溃。自体系建立以来调整篮子中心汇率的事时有发生,在 1992 - 1993 年间,机制的篮子中心汇率有多次调整。故体系的汇率机制又被称为"可调整的固定汇率制",以区别于布雷顿森林制度下的不可调整的固定汇率制。

(4)对外联合浮动。参加汇率机制国家的货币对体系外国家的货币(如美元、日元等)实行联合浮动,即机制内各种货币联合在一起同起同落地进行浮动,以联合影响体系外美元、日元等的汇率。

4. 欧洲货币基金。体系授权欧洲货币基金接受各成员国中央银行交纳的黄金、外汇储备,其数额为各国中央银行现有国际储备的 20% (10% 黄金、10% 外汇),加上与黄金、外汇等值的本国货币,供作体系的共同储备。基金给各国中央银行以等值埃居,以后各国中央银行相互融通资金时,通过基金办理。成员国取得贷款时,应以等值本国货币存入基金,还款时以等值外汇购回本国货币。

5. 欧洲货币体系的崩溃。1991 年 12 月欧共体首脑在荷兰马斯特里赫特会议上通过《经济与货币联盟条约》和《政治联盟条约》(合称马斯特里赫特条约或马约)。马约要求经济与货币联盟最迟自 1999 年 1 月 1 日起成立,欧洲中央银行最迟于 1998 年 7 月 1 日建立,自 1997 年起即建立"单一货币"。但对建立欧洲中央银行和实行单一货币,英国保留自行决定权;对是否参加货币联盟,丹麦要根据公民投票结果而定。由于 1992 年 6 月 2 日丹麦公民投票拒绝接受马约,已为马约前景蒙上一层阴影。1992 年 9 月欧洲市场出现大量抛售里拉、英镑和抢购德国马克的风潮,意大利宣布里拉对体系其他货币贬值 7% 并退出汇率机制,继之英国也宣布英镑脱离汇率机制而自由浮动。1992 年 11 月 22 日西班牙、葡萄牙分别宣布比塞塔、埃斯库多贬值 5% ,1993 年 1 月 30 日爱尔兰宣布爱尔兰镑贬值 10% 。英国已提出英镑再度加入体系汇率机制的前提条件是改革旧的汇率机制。体系现行汇率机制的主要缺陷在于尽管篮子中心汇率可以调整但不灵活,造成体系内弱币汇率高估,而成员国的货币干预能力有限,一旦出现货币危机就会发生弱币的竞争性贬值,乃至退出汇率机制以自由浮动。

尽管后来丹麦的再次公民投票已接受马约,仍无助于欧洲货币体系摆脱其日益深化的危机。欧共体12国财长和中央银行行长在布鲁塞尔紧急磋商于1993年8月2日作出决定:将当时汇率机制内的法国法郎、比利时—卢森堡法郎、丹麦克郎、西班牙比塞塔、葡萄牙埃斯库多、爱尔兰镑的波动幅度扩大到上下限各15%(突破蛇形安排),德国马克和荷兰盾仍保持原来上下限各1.125%的波动幅度。

6.欧元区的诞生。1997年6月阿姆斯特丹欧洲首脑会议通过修订《马约》的《阿姆斯特丹条约》,并批准《稳定和增长公约》、《欧元的法律地位》和《新的货币汇率机制》三个文件,为"欧元"(Euro)在1999年1月1日按时启动完成了技术准备和法律保证。为稳定欧元币值,在《稳定和增长公约》中采行了一项"黄金规则",即各欧元成员国的财政预算赤字不得超过GDP(国内生产总值)的3%,对超过者,各成员国将以投票表决方式决定对犯规国家的经济处罚。[1]

1998年5月2日欧盟特别首脑会议确定在1999年1月1日首批进入欧元区的11个成员国名单。经确定:德国、法国、荷兰、比利时、西班牙、意大利、葡萄牙、奥地利、卢森堡、芬兰、爱尔兰等11国为首批加入欧元的创始国;英国、丹麦和瑞典3国暂不愿加入欧元,希腊尚不符合加入欧元条件。欧元在欧元区是具有超国家性质的法定货币:纸币有5元、10元、20元、50元、100元、200元和500元7种,硬币有2元、1元、50生丁、20生丁、10生丁、5生丁、2生丁和1生丁8种。1欧元与原来的埃居等值;欧元简写为€,代表Euro的第一个字母E。1998年12月31日欧盟财长理事会确定了欧元对其11个成员国货币的固定汇率:1欧元等于40.3399比利时法郎和卢森堡法郎,1.95583德国马克,166.386西班牙比塞塔,6.55957法国法郎,0.787564爱尔兰镑,1936.27意大利里拉,2.20371荷兰盾,13.7603奥地利先令,200.482葡萄牙埃斯库多,5.94573芬兰马克。

开始,欧元仅作为成员国非现金交易的货币,即以支票、信用卡、股票和债券等方式进行流通。在1999年1月1日至2001年12月31日的过渡期内,各成员国货币继续存在,进入欧元区的商品必须同时标明欧元和成员国当地货币两种价格。2002年1月1日至3月1日,欧元区成员国把总共700

---

[1] 财政赤字超过3%的成员国,罚金为其国内生产总值的0.2%;财政赤字每超过1%,罚金增加额为超出部分的1/10;如财政赤字达4%,罚金将占其国内生产总值的0.3%;罚金数目最高不超过有关国家国内生产总值的0.5%;但如有关国家当年经济衰退超过2%或遇战争等特殊情况时,罚金将被自动免除。

亿元的欧元现金与其本国货币双重流通;2002 年 3 月 1 日以后,成员国货币退出流通领域(持币人在 10 年内可到原发行国银行兑换欧元),完全流通欧元。

欧元的问世,以欧元和美元为主的两极货币体系取代了盛行有半个多世纪的以美元为中心的货币体系,而欧元和美元之间的汇率波动幅度亦将大大超过以往美元与欧盟各成员国货币之间的汇率波动幅度。1999 年 1 月 1 日欧元开始发行时,1 欧元兑换 1.17 美元;到 2000 年 10 月 1 欧元仅兑换 0.8252 美元,比发行时贬值 1/4;到 2002 年 7 月 15 日 1 欧元又升值到兑换 1.0035 美元,到 2005 年 10 月升值到兑换 1.2096 美元,超过发行时与美元的比价。2002 年 4 月 1 日欧元已在上海外汇交易市场上市,1 欧元兑换 7.2160 元人民币,成为继美元、日元、港元之后在中国外汇市场上上市的第四种外币。欧元的出现,缓解了美国对有的国家实施的经济制裁。古巴自 1999 年 7 月 1 日起在国际贸易中已逐步使用欧元结算,以避免因美国的制裁不能在国际上直接使用美元造成的损失。朝鲜从 2002 年 12 月 1 日起把欧元作为对外流通和结算的主要货币。将与欧盟扩大贸易往来的国家,有可能被迫改变其原来实行的对美元的固定汇率或以美元为基础的浮动汇率。

第二节　外汇管制

一、外汇管制及其方法

外汇管制(foreign exchange control),在中国立法上称外汇管理。各国外汇管制的典型制度是一国政府通过法律、法令或其他规定,对其居民购买和持有外汇作不同程度的管制,由一中央机构统管一切外汇,掌握外汇的出入境和分配使用。外汇管制包括对物、对人和对账户的外汇管制。对物的外汇管制,指对各种以外币表示的支付工具和信用支付工具的全部外汇资金实行管制,还包括对金银的管制。对人的外汇管制,指对定居在本国境内的本国人和外国人(居民),以及不定居在本国境内的本国人和外国人(非居民)所实施的外汇管制。对账户的外汇管制,如 1981 年美国联邦储备管理委员会对开办“国际银行业务设施”(IBF)的规定,银行所从事的离岸金融业务必须与美国境内的金融业务严格分开;又如中国人民银行深圳市分行 1991 年 12 月 16 日颁布实施的《深圳市人民币特种股票管理暂行办法实施细则》规定,对 B 股交易资金的存入和支付专设“离岸账户”,非经外汇管理部门批准,该账户不得接受境内存入或汇入的资金。

外汇管制的方法有直接管制与间接管制。

直接管制的方法:①行政管制。如由政府控制一切外汇交易,一切外汇收入须按官方汇率或法定汇率结售给政府管汇机构或指定银行。一切外汇支出均须经过政府批准,严格限制外汇资金和黄金的出入境等;②数量管制。如允许收汇人保留一部分外汇,其余外汇要求结售给政府管汇机构或指定银行。对外汇使用采行配额制,按照用汇人实际需要或所进口商品的种类分配给外汇使用额度;③汇价管制。如通过调整官方汇率或由中央银行抛售或购进某种外币来影响市场汇价,实行"肮脏浮动"(dirty float)或有管理的浮动。现实行浮动汇率的国家无不实行汇价管制,并非"清洁浮动"(clean float),甚至通过几个货币大国的财长和中央银行行长会议达成联合干预协议来管制汇价。发展中国家由于中央银行掌握的外汇不多,则常用调整官方汇率的方法进行管制。如委内瑞拉的三重汇价:a. 适用于一切必需品进口的汇价;b. 适用于非必需品进口的汇价;c. 适用于旅游的浮动汇价。按照委内瑞拉 1984 年 5 月 2 日汇价:a 为 1 美元 = 7.5 波利瓦尔,b 为 14.13 波利瓦尔,c 为 14.18 波利瓦尔;a 与 b、c 两种汇价相差约一半,以鼓励属于必需品的外国货可以低价进口。

间接管制的方法主要是对商品进口采取数量限制,以间接控制外汇支出。《关贸总协定》第 12 条即允许缔约方为保障其对外金融地位、维持国际收支平衡,在短期内对进口实行必要的数量限制。间接管制的方法还有:巴西外资法规定,外资企业一年汇出利润不超过注册资本 12% 的部分,征收 20% 所得税;汇出利润占注册资本 12% –15% 的部分,征收 30% –40% 所得税;占 15% –25% 的部分,征收 50% 所得税;超过 25% 的部分,征收 100% 所得税,以限制外汇转移;鼓励外资企业将利润用于再投资,免征所得税 10年。瑞士为限制外国游资涌入境内,曾于 1974 年 11 月 20 日宣布,对外国人在瑞士银行的存款收取年率 12% 的负利息,直到 1979 年 12 月 1 日瑞士才宣布取消负利息。

各国即系运用直接管制与间接管制的各种方法对外汇实行综合管制。

1998 年 9 月马来西亚决定对资本项目外汇实行管制,一年内禁止把卖出股票的钱汇往国外,继后对外资征收 10% 的撤资税,以之作为对"热线"短期资本进行恶性炒作冲击国内金融市场的一种防范措施。到 2000 年 10 月马来西亚才宣布取消撤资税,对外资在一年后撤离的盈利免缴 10% 的撤资税。

印尼中央银行决定自 2001 年 1 月 15 日起禁止银行向外国公司或个人以及居住在国外的印尼居民发放本币印尼盾贷款,并限制外币交易数额,同时,还禁止国内个人和机构参与国外证券市场的印尼盾交易以及各银行同外方银行的印尼盾交易,以遏制货币投机活动和稳定印尼盾汇率。

二、外汇管制条例及其效力

外汇管制法,即一国颁布的对外汇的收支存兑进行管理的法律规范的总称,它由单行法规外汇管制条例和外贸、外资、信贷、银行、税收、海关等其

他法律、法规中所含的有关规范构成。《国际货币基金协定》第 8 条第 2 款
（b）项所指的外汇管制条例，是专指管理外汇的单行法规。外汇管制法既是
国内法，又是涉外法。各国有关外汇管制的规定与宽严程度各不相同，即使
是同一国家，在不同时期，随着情况的变化，也经常修订其有关外汇管制的
规定。

　　外汇管制属于一国主权，一国有调整其货币金融的自主权，这已成为国
际法上公认的原则。因此，一国所采行的外汇管制措施只要不存在违反承
担的条约义务，他国就无理由反对。现世界各国都有自己的外汇管制法，不
仅国际货币基金第 14 条成员国有外汇管制条例，第 8 条成员国也有，如日本
有《外汇及外贸管理法》和《外汇管理令》，[1]加拿大有《货币与外汇法》。
国际货币基金并要求各成员国在实施符合协定的外汇管制条例方面进行合
作，使各成员国的外汇管制条例得以有效实施；对违反成员国外汇管制条例
的汇兑合同，在任何成员国境内均属无效。《关贸总协定》第 15 条第 9 款规
定，本协定不妨碍缔约方为实施符合《国际货币基金协定》条款的外汇管制
或外汇限制。

　　正因为外汇管制在国际货币制度中是合法存在的，从而在国际贸易、国
际金融与国际投资中无不存在外汇风险。外汇风险是一种政治风险而非商
业风险。汇率风险才属于商业风险。国际贸易中的外汇风险表现为进口国
对进口实行数量限制。国际金融中的外汇风险表现为国外借款人有能力偿
还贷款但其本国实行外汇限制而无外汇来偿还，又称"国家汇划风险"。国
际投资中的外汇风险表现为在东道国的投资本金和利润不能转移出境。现
资本输出国均特设海外私人投资保险机构承保包括外汇险在内的政治风
险。依 1985 年《建立多边投资担保机构公约》，于 1988 年 6 月 8 日在华盛顿
世界银行总部开业的多边投资担保机构，也承保包括外汇险在内的投资政
治风险。中国人民保险公司也为外商来华投资承保外汇险、征用险和战争
险三项政治风险。就其承保的外汇险而言，是指由于政府有关部门实行汇
兑限制，使投资者不能将按合同规定应汇出的外汇汇出而蒙受损失，中国人
民保险公司在被保险人提出申请汇款 3 个月后向其进行赔偿。

---

[1]　自 1998 年 4 月 1 日起日本实施新的外汇法，废除了日本外汇制度中的许可制度，实行外
　　汇业务完全自由化以及国内外资本交易的原则自由化。新的外汇法取消了禁止外汇流
　　通、兑换外汇必须到指定银行办理、未经批准不得在国外开设银行账户等限制性规定。
　　新的外汇法规定：银行、商店和个人均可从事外汇兑换业务，个人可以自由地在国外存
　　款；允许从外国进口商品同时用日元和美元标价，并可用外汇支付，企业之间可以用外汇
　　结算。新的外汇法还允许所有企业对外结算使用相互记账轧差清算方法，有持续业务关
　　系公司之间的债权债务可以通过三角轧差清算或多边轧差清算偿付。

三、中国的外汇管理

（一）外汇管理条例

由国务院颁布，自 1996 年 4 月 1 日起施行《外汇管理条例》，1980 年 12 月 18 日国务院发布的《外汇管理暂行条例》及其配套的细则同时废止。本条例体现了近年来中国外汇改革取得的新成果，并将之以法规的形式加以制度化；对"外汇"的界定也更为广泛，已包括特别提款权、欧洲货币单位所有可用作国际清偿的支付手段和资产；人民币可兑换在"经常项目外汇"的规定上已得到充分保障；同时，为防止"资本项目外汇"混入"经常项目外汇"扰乱国内金融秩序，条例作出了严格管理的规定；原中国经营外汇业务的为中国银行一家专业银行，随着外汇改革的深化，现已有外汇指定银行和经营外汇业务的其他金融机构，条例对"金融机构外汇业务"以及"人民币汇率和外汇市场"分别作了专章规定；对于违反外汇管理的"法律责任"，也作出了与新情况相适应的对策反应。本条例使人民币向可兑换转化迈出了重要一步。

1997 年 1 月 14 日国务院发布对《外汇管理条例》加以修改的决定，自发布之日起施行。经过修改后的《外汇管理条例》分七章（共 55 条），其各章要旨如下：

1. 总则。

（1）立法宗旨：为加强外汇管理，保持国际收支平衡，促进国民经济健康发展，制定本条例。

（2）外汇管理机关：外汇管理机关为国务院外汇管理部门及其分支机构，由其依法履行外汇管理职责，负责本条例的实施。

（3）外汇：本条例所称外汇，是指下列以外币表示的可以用作国际清偿的支付手段和资产：①外国货币，包括纸币、铸币；②外币支付凭证，包括票据、银行存款凭证、邮政储蓄凭证等；③外币有价证券，包括政府债券、公司债券、股票等；④特别提款权、欧洲货币单位；⑤其他外汇资产。

（4）适用：境内机构、个人、驻华机构、来华人员的外汇收支或经营活动，适用本条例。

（5）国家对经常性国际支付和转移不予限制。

（6）国际收支统计申报制度：国家实行国际收支统计申报制度。凡有国际收支活动的单位和个人，必须进行国际收支统计申报。

（7）境内禁止外币流通：在中国境内，禁止外币流通，并不得以外币计价结算。

（8）奖励举报：任何单位和个人均有权检举、揭发违反外汇管理的行为和活动。对检举、揭发或协助查处违反外汇管理案件有功的单位和个人，由外汇管理机关给予奖励，并负责保密。

2. 经常项目外汇。

(1)境内机构的经常项目外汇收入和用汇:①境内机构的经常项目外汇收入必须调回境内,不得违反国家有关规定将外汇擅自存放在境外。其经常项目外汇收入,应按国务院关于结汇、售汇及付汇管理的规定卖给外汇指定银行,或经批准在外汇指定银行开立外汇账户;②境内机构的经常项目用汇,应按国务院关于结汇、售汇及付汇管理办法的规定,持有效凭证和商业单据向外汇指定银行购汇支付。

(2)境内机构的出口收汇和进口付汇:境内机构的出口收汇和进口付汇,应按国家关于出口收汇核销管理和进口付汇核销管理的规定办理核销手续。

(3)个人的外汇持有和用汇:①属于个人所有的外汇,可以自行持有,也可以存入银行或卖给外汇指定银行。个人的外汇储蓄存款,实行存款自愿、取款自由、存款有息、为储户保密的原则;②个人因私出境用汇,在规定限额内购汇,超过规定限额的,可向外汇管理机关申请,外汇管理机关认为其申请属实的,可以购汇;③个人携带外汇进出境,应向海关办理申报手续。携带外汇出境,超过规定限额的,还应向海关出具有效凭证;④个人移居境外后,其境内资产产生的收益,可持规定的证明材料和有效凭证向外汇指定银行购汇汇出或携带出境;⑤居住在境内的中国公民持有的外币支付凭证、外币有价证券等形式的外汇资产,未经外汇管理机关批准,不得携带或邮寄出境。

(4)驻华机构,来华人员的外汇收支:①驻华机构和来华人员的合法人民币收入,需要汇出境外的,可持有关证明材料和凭证到外汇指定银行兑付;②驻华机构和来华人员由境外汇入或携带入境的外汇,可以自行保存,可以存入银行或卖给外汇指定银行,也可持有效凭证汇出或携带出境。

3. 资本项目外汇。

(1)境内机构的资本项目外汇收入:①境内机构的资本项目外汇收入,除国务院另有规定外,应当调回境内;②境内机构的资本项目外汇收入,应按国家有关规定在外汇指定银行开立外汇账户;卖给外汇指定银行的,须经外汇管理机关批准。

(2)境内机构向境外投资:境内机构向境外投资,在向审批主管部门申请前,由外汇管理机关审查其外汇资金来源;经批准后,按国务院关于境外投资外汇管理的规定办理有关资金汇出手续。

(3)外债管理:①借用国外贷款,由国务院确定的政府部门、国务院外汇管理部门批准的金融机构和企业按照国家有关规定办理。外商投资企业借用国外贷款,应报外汇管理机关备案;②金融机构在境外发行外币债券,须经国务院外汇管理部门批准,并按国家有关规定办理;③提供对外担保,只能由符合国家规定条件的金融机构和企业办理,并须经外汇管理机关批准;④外债登记制度:境内机构按照国务院关于外债统计监测的规定办理外债登记。国务院外汇管理部门负责全国的外债统计与监测,并定期公布外债情况。

(4)外商投资企业的外汇资本:依法终止的外商投资企业,按国家有关规定进行清算,纳税后,属于外方投资者所有的人民币,可以向外汇指定银行购汇汇出或携带出境;属于中方投资者所有的外汇,应全部卖给外汇指定银行。

4. 金融机构外汇业务。

(1)外汇管理机关批准:金融机构经营外汇业务须经国家外汇管理机关批准,领取经营外汇业务许可证。未经外汇管理机关批准,任何单位和个人不得经营外汇业务。

(2)经营外汇业务:①经批准经营外汇业务的金融机构,经营外汇业务不得超过批准的范围;②经营外汇业务的金融机构应按国家有关规定为客户开立外汇账户,办理有关外汇业务;③金融机构经营外汇业务,应按国家有关规定交存外汇存款准备金,遵守外汇资产负债比例管理的规定,并建立呆账准备金;④外汇指定银行办理结汇业务所需的人民币资金,应使用自有资金;⑤外汇指定银行的结算周转外汇,实行比例幅度管理,具体幅度由中国人民银行根据实际情况核定。

(3)外汇管理机关检查、监督:①金融机构经营外汇业务,应接受外汇管理机关的检查、监督,向外汇管理机关报送外汇资产负债表、损益表以及其他财务会计报表和资料;②金融机构终止经营外汇业务,应向外汇管理机关提出申请。金融机构经批准终止经营外汇业务的,应依法进行外汇债权、债务的清算,并缴销经营外汇业务许可证。

5. 人民币汇率和外汇市场。

(1)人民币汇率:人民币汇率实行以市场供求为基础的、单一的、有管理的浮动汇率制度。中国人民银行根据银行间外汇市场形成的价格,公布人民币对主要外币的汇率。

(2)外汇市场:①外汇市场交易应遵循公开、公平、公正和诚实信用的原则;②外汇市场交易的币种和形式由国务院外汇管理部门规定和调整;③外汇指定银行和经营外汇业务的其他金融机构是银行间外汇市场的交易者;④外汇指定银行和经营外汇业务的其他金融机构,应根据中国人民银行公布的汇率和规定的浮动范围,确定对客户的外汇买卖价格,办理外汇买卖业务;⑤监督管理与调控。国务院外汇管理部门依法监督管理全国的外汇市场。中国人民银行根据货币政策的要求和外汇市场的变化,依法对外汇市场进行调控。

6. 法律责任。

(1)逃汇与处罚。有下列逃汇行为之一的,由外汇管理机关责令限期调回、强制收兑,并处逃汇金额30%以上5倍以下的罚款;构成犯罪的,依法追究刑事责任:①违反国家规定,擅自将外汇存放在境外的;②不按国家规定将外汇卖给外汇指定银行的;③违反国家规定,将外汇汇出或携带出境的;④未经外汇管理机关批准,擅自将外币存款凭证、外币有价证券携带或邮寄出境的;⑤其他逃汇行为。

(2)套汇与处罚。有下列非法套汇行为之一的,由外汇管理机关给予警告、强制收兑,并处非法套汇金额30%以上3倍以下的罚款;构成犯罪的,依法追究刑事责任:①违反国家规定,以人民币支付或以实物偿付应以外汇支付的进口货款或其他类似支出的;②以人民币为他人支付在境内的费用,由对方付给外汇的;③未经外汇管理机关批准,境外投资者以人民币或境内所购物资在境内进行投资的;④以虚假或无效的凭证、合同、单据等向外汇指定银行骗购外汇的;⑤非法套汇的其他行为。

(3)违法经营外汇业务与处罚:①未经外汇管理机关批准,擅自经营外汇业务的,由外汇管理机关没收违法所得,并予以取缔;构成犯罪的,依法追究刑事责任;②经营外汇业务的金融机构擅自超出批准的范围经营外汇业务的,由外汇管理机关责令改正;有违法所得的,没收违法所得,并处违法所得1倍以上5倍以下的罚款。情节严重或逾期不改正的,由外汇管理机关责令整顿或吊销经营外汇业务许可证。构成犯罪的,依法追究刑事责任;③外汇指定银行未按国家规定办理结汇、售汇业务的,由外汇管理机关责令改正,通报批评,没收违法所得,并处10万元以上50万元以下的罚款。情节严重的,停止其办理结汇、售汇业务;④经营外汇业务的金融机构违反人民币汇率管理、外币存贷款利率管理或外汇交易市场管理的,由外汇管理机关责令改正,通报批评,有违法所得的,没收违法所得,并处违法所得1倍以上5倍以下的罚款。没有违法所得的,处10万元以上50万元以下的罚款。情节严重的,由外汇管理机关责令整顿或吊销经营外汇业务许可证;⑤经营外汇业务的金融机构违反国家有关交存外汇存款准备金、外汇资产负债比例管理建立呆账准备金,以及接受外汇管理机关的检查监督和报送报表、资料的规定的,由外汇管理机关责令改正,通报批评,并处5万元以上30万元以下的罚款。

(4)违反外债管理与处罚。境内机构有下列违反外债管理行为之一的,由外汇管理机关给予警告、通报批评,并处10万元以上50万元以下的罚款。构成犯罪的,依法追究刑事责任:①擅自办理对外借款的;②违反国家有关规定,擅自在境外发行外币债券的;③违反国家有关规定,擅自提供对外担保的;④有违反外债管理的其他行为的。

(5)非法使用外汇与处罚。境内机构有下列非法使用外汇行为之一的，由外汇管理机关责令改正，强制收兑，没收违法所得，并处违法外汇金额等值以下的罚款。构成犯罪的，依法追究刑事责任：①以外币在境内计价结算的；②擅自以外币作质押的；③私自改变外汇用途的；④非法使用外汇的其他行为。

(6)倒汇与处罚：私自买卖外汇、变相买卖外汇或倒买倒卖外汇的，由外汇管理机关给予警告，强制收兑，没收违法所得，并处违法外汇金额30%以上3倍以下的罚款。构成犯罪的，依法追究刑事责任。

(7)违反外汇账户管理与处罚：境内机构违反外汇账户管理规定，擅自在境内、境外开立外汇账户的，出借、串用、转让外汇账户的，或擅自改变外汇账户使用范围的，由外汇管理机关责令改正，撤销外汇账户，通报批评，并处5万元以上30万元以下的罚款。

(8)违反外汇核销管理与处罚：境内机构违反外汇核销管理规定，伪造、涂改、出借、转让或重复使用进出口核销单证的，或未按规定办理核销手续的，由外汇管理机关给予警告、通报批评、没收非法所得，并处5万元以上30万元以下的罚款。构成犯罪的，依法追究刑事责任。

(9)申请复议与提起诉讼：当事人对外汇管理机关的处罚决定不服的，可自收到处罚决定通知书之日起15日内向上一级外汇管理机关申请复议。上一级外汇管理机关应自收到复议申请书之日起2个月内作出复议决定。当事人对复议决定仍不服的，可以依法向人民法院提起诉讼。

(10)直接责任人员的责任：境内机构违反外汇管理规定的，除依本条例给予处罚外，对直接负责的主管人员和其他直接责任人员，应给予纪律处分。构成犯罪的，依法追究刑事责任。

7. 附则。

(1)定义：①"境内机构"是指中国境内的企业事业单位、国家机关、社会团体、部队等，包括外商投资企业；②"外汇指定银行"是指经外汇管理机关批准经营结汇和售汇业务的银行；③"个人"是指中国公民和在中国境内居住满1年的外国人；④"驻华机构"是指外国驻华外交机构、领事机构、国际组织驻华代表机构、外国驻华商务机构和国外民间组织驻华业务机构等；⑤"来华人员"是指驻华机构的常驻人员、短期入境的外国人、应聘在境内机构工作的外国人及外国留学生等；⑥"经常项目"是指国际收支中经常发生的交易项目，包括贸易收支、劳务收支、单方面转移等；⑦"资本项目"是指国际收支中因资本输出和输入而产生的资产与负债的增减项目，包括直接投资、各类贷款、证券投资等。

(2)边境贸易与保税区：①边境贸易和边民互市的外汇管理办法，由国务院外汇管理部门根据本条例规定的原则另行规定；②保税区的外汇管理办法,由国务院外汇管理部门另行规定。

为加强对携带外币现钞、外币支付凭证进出境管理,根据《外汇管理条例》,国家外汇管理局、海关总署发布、自1997年2月10日起施行《关于对携带外汇进出境管理的规定》(1990年6月1日国家外汇管理局发布的《关于签发"携带外汇出境许可证"管理规定》同时废止)。新规定要点如下:①进出境人员(包括进出境的境内居民和非居民)携带下列数额外币现钞进境应向海关申报:非居民携带外币现钞折合5 000美元以上者,居民携带外币现钞折合2 000美元以上者。当天多次往返者及短期内(指15天内)多次往返者除外。②有本次入境申报数额记录的出境人员携带外币现钞出境,凡不超过其数额的,海关凭其本次入境时的外汇申报数额记录查验放行。③无本次入境申报数额记录的出境人员携带外币现钞、外币支付凭证出境,在限额以内的,海关准予放行;在限额以上的,需申领"携带外汇出境许可证"(携带证),海关凭携带证放行。④携带证应同时盖有"国家外汇管理局携带外汇出境核准章"和"银行携带外汇出境专用章",并自签发之日起30日内一次使用有效。

(二)保税区外汇管理办法

由国家外汇管理局公布、自1996年1月1日起实施《保税区外汇管理办法》。办法规定,保税区内企业应持外汇管理局核发的《保税区外汇登记证》,选择一家区内金融机构开立一个办理日常转账结算和现金收付的外汇基本账户;或者在区内金融机构开立特定用途的专用外汇账户;不得开立两个以上的外汇基本账户,不得在其他保税区开立外汇基本账户;未经外汇管理部门批准,不得在区外开立外汇基本账户。保税区内机构的一切外汇收入都应调回保税区内;区内企业可以保留外汇,也可以将外汇卖给区内的外汇指定银行。未经外汇管理局批准,区内机构不得将外汇存放在区外,也不得将外汇卖给区外的外汇指定银行。区内外企业的境内外外汇借款,未经批准不得结汇。保税区内的企业经营范围内用汇,须持年检合格的《保税区外汇登记证》、支付协议或合同及境外或区外金融机构、非金融机构的支付通知书及规定的有效凭证和商业单据,从其外汇账户中支付。没有外汇账户或外汇账户资金不足的区内企业,其经营范围内的各项用汇,应持年检合格的《保税区外汇登记证》和其他规定的有效凭证、有效商业单据到区内的外汇指定银行兑付。对区内企业的外汇资本的转移,经批准在境外设立分支机构或办事机构所需经费或营运资金的汇出,偿还境内外金融机构、境外企业和个人的外汇借款本息、境外投资资金的汇出,超过规定比例和金额的预付货款和佣金的汇出,以及外汇管理部门规定的其他外汇支出,必须持外汇管理局的核准件和年检合格的《保税区外汇登记证》,从其外汇账户中支付。区内企业的外汇利润、股息和红利,可以保留外汇;汇出区外的,要按区外外汇管理规定办理。区内企业外方投资者利润、股息和红利的汇出,须持年检合格的《保税区外汇登记证》、董事会的利润分配决议书和完税证明,从其外汇基本账户中支出。外籍、华侨、港、澳、台人员的工资及其他正当收益,依法纳税后,可以汇出或携出。

(三)边贸外汇管理办法

国家外汇管理局于 1997 年 1 月 23 日发布施行《边境贸易外汇管理暂行办法》。本办法所称的"边境贸易"包括"边民互市贸易"、"多边小额贸易"和"边境地区对外经济技术合作"。边境地区边民在互市贸易区内进行互市贸易时,可以以可兑换货币、人民币或毗邻国家的货币计价结算。经外经贸部批准,有边境小额贸易经营权和对外经济技术合作经营权的外贸企业,应在批准之日起 30 日内到外汇局登记备案并领取《边境贸易企业外汇登记证》。外贸企业与毗邻国家的企业和其他贸易机构之间进行边境贸易时,可以以可兑换货币或人民币计价结算,按有关进口付汇核销和出口收汇核销的管理办法办理进口和出口核销手续。本办法对边贸企业结汇、售付汇及外汇账户的管理,以及边境贸易结算账户的管理,作了具体规定。对违反本办法者,外汇局将依照《外汇管理条例》予以处罚。

中国和尼泊尔 2002 年 6 月 17 日在加德满都签署了两国中央银行《双边结算与合作协议》。根据协议,自签署之日起,在今后两年内中国公民到尼泊尔旅行无须用美元兑换当地货币,可到当地所有商业银行用人民币直接兑换当地货币;中尼双方之间的贸易往来也可用人民币结算。尼泊尔中央银行 2002 年 6 月 17 日宣布,中国游客现在可以在尼泊尔的银行自由兑换人民币。尼泊尔央行当天确定的尼泊尔户比对人民币的汇率为 9∶1。

(四)人民币的经常项目可兑换

中国人民银行于 1996 年 11 月 27 日正式致函国际货币基金组织,宣布中国不再适用《国际货币基金协定》第 14 条第 2 款的过渡性安排,从 1996 年 12 月 1 日起接受《国际货币基金协定》第 8 条的义务,实行人民币经常项目下的可兑换。目前,国际货币基金组织的大部分成员国已接受了第 8 条义务,实现了本国货币的经常项目可兑换。中国正式加入这一行列,使中国外汇管理体制与国际通行规则接轨,这必将推动中国经济进一步融入国际经济主流。现中国在接受第 8 条义务取消对经常项目的外汇管制后,对资本项目外汇收支仍有所限制,人民币仍非完全的可兑换货币,居民在中国国内还不能自由买卖外汇和自由对外支付。

由于国际金融市场的全球化和金融电子化,在开放经常项目的管制以后,要想令人满意地控制资本项目外汇则几乎是难以办到的。从而,中国的外汇改革下一步必然为资本项目也可兑换。利用利率调节,参照国际利率水平适当降低国内利率以抑制国际游资的短期套利已成为中国所要采用的手段。逐步放松资本项目外汇管制,最终实现包括资本项目可兑换在内的人民币自由兑换,是中国外汇体制改革的最终目标。经国务院批准,中国人民银行 2006 年 4 月 13 日宣布,允许符合条件的银行集合境内机构和个人的人民币资金,在一定额度内购汇,投资于境外固定收益类产品;允许每位中国公民每年购买 2 万美元外汇。4 月 17 日中国人民银行、银监会和国家外汇管理局共同发布经国务院批准的《商业银行开办代客境外理财业务管理暂行办法》,允许境内机构和居民个人委托境内商业银行在境外进行金融产品投资。此即中国提高金融对外开放水平,稳步推进人民币资本项目可兑换进程的一个重要步骤。

第三节　跨国支付的一般法律问题

跨国支付除涉及上述公法上的外汇管制,在个人、法人之间的跨国支付中还可能涉及以下其他一些法律问题。

一、外币及货币准据法问题

(一)什么货币是外币

对于什么货币是外币,在跨国支付中是有不同主张的。一种主张是债务准据法国以外国家的货币为外币(以英国为代表);另一种主张是债务履行地国以外国家的货币为外币,这一主张在国际上最为通行。

(二)货币准据法问题

货币准据法属于一种辅助准据法,即辅助地适用于合同次要事项(不影响合同成立的事项)的法律。货币准据法不同于冲突规范的准据法。冲突规范的准据法解决合同法律适用问题,货币准据法是适用于货币本身的法律。以外币计价和支付,如遇该种外币的本位货币和货币单位改变引起争议,就要用货币准据法来解决。

19 世纪后期,奥地利铁路公司发行奥(银)盾和德(银)泰勒的债券,在德国上市。德国于 1873 年改行金本位制,用(金)马克取代(银)泰勒,奥(银)盾贬值,奥地利铁路公司拒绝用德国新币(金)马克清偿所发债券本息。1882 年德国最高法院判决:如果原来是用(银)泰勒支付,现清偿本息即应按德国法定兑换率折算为新币(金)马克支付,尽管该项债务是以奥地利法为准据法和原系合意在德国用(银)泰勒支付。[1]

二、判决货币问题

判决货币(currency of judgment),指一国法院在判决中规定用以陈述、计价和支付的货币。在有些大陆法系国家,法院可以判决直接用外币清偿

---

[1] P. Wood:Law and Practice of International Finance, Sweet and Maxwell Ltd. ,1980,p. 53.

债务(如瑞士、德国、意大利和奥地利等);也有些大陆法系国家,法院判决用等值当地货币偿还(如法国、比利时和日本等)。日本《民法》第403条规定,债务人有用国内通货(日元)清偿的权利,称"代用给付权"。该规定适用于一切在日本履行的外币债务的清偿,即使在债务准据法是外国法的情况也适用。在英国,外币债务可以按约定偿付日的市场汇价折算为英镑偿付;也可以直接用外币偿付,但有限制。[1] 1975年12月18日英国发布的《办案指示判决:外国货币》规定,当事人在提出直接用外币偿付债务的请求书中必须包含下述两点声明:①涉讼合同非以英国法为准据法,而是以英国的外国法为合同准据法;②根据该合同应予支付的货币即合同准据法国货币或其他外国货币。在美国,法院至今仍坚持判决货币只能用美元,并要求合同货币不是美元的,必须折算成美元。加拿大《货币与外汇法》规定:"凡属在起诉书或起诉程序中用货币或货币价值陈述时,必须使用加拿大货币。"加拿大在承认和执行外国法院的判决时,也以将判决货币折算为加元作条件。在中国,法院使用的判决货币是人民币与外币并用。

三、计价货币与支付货币问题

计价货币(currency of account)与支付货币(currency of payment)构成合同货币(contract currency)。计价货币与支付货币在同一合同中可以是统一的,也可以不统一。下举一案例说明区分计价货币与支付货币的法律意义:

1972年尼日利亚产品销售部诉英国商号。合同规定尼方售英商一批可可,按CIF价利物浦交货,货价用尼镑表示。尼镑即该项交易合同的计价货币。当时,尼镑与英镑等值,合同规定用英镑支付。英镑即该项交易合同的支付货币。该项交易合同的合同货币即系由尼镑和英镑两种货币构成。后来在办理支付时,英镑已贬值而尼镑仍维持原值,由此引起争讼。英国上院判决,尽管合同规定买方可以用英镑支付货款,但计价货币仍为尼镑。[2]计价是支付的基础,区分二者的意义即在于维护尼方要求以没有贬值的尼镑计价付款的权利。

在面额上涉及两国或更多国家采用相同单位的货币,辨别中发生疑问时,如采用"元"(符号 $)为货币单位的,有美国、加拿大、澳大利亚、新加坡等国,由于疏忽在订立合同时未标明"美元 US $"、"加拿大元 Can $"、"澳大利亚元 A $"、或"新加坡元 S $";采用"法郎"(符号 F)为货币单位的,有瑞士、法国、比利时等国,未标明"瑞士法郎 SFr."、"法国法郎 FF"或"比利时

---

〔1〕 〔英〕施米托夫:《出口贸易——国际贸易的法律与实务》,对外贸易教育出版社1985年版,第167－168页。

〔2〕 〔英〕施米托夫:《出口贸易——国际贸易的法律与实务》,对外贸易教育出版社1985年版,第167页。

法郎 BF",则可推定为当事人已有意采用与合同具有最密切联系国家的货币来判断。例如:一项由瑞士购方与法国电机车制造公司订立的合同,尽管订立地在日内瓦,但由于合同规定有由法方银行提供信贷的条款,这即无疑与法国货币有最密切联系,对此,不能因在日内瓦订立合同,而将之判断为瑞士法郎。[1]

四、汇率规则问题

将外币债务折算为用当地货币偿付,汇率如何确定? 日本规定,如合同中有关于汇率的特别条款,依合同;没有关于汇率的特别条款,依履行地汇率折算。这也是各国通例。依履行地汇率是按哪一天汇率,则有以下四种不同规则:

(一)违约日兑换规则(default date conversion rule)

英国法院 1976 年对米利安哥斯诉乔治·弗兰克(纺织品)公司案判决,即采用违约日兑换规则。[2]

(二)判决日兑换规则(judgment day conversion rule)

加拿大法院采用判决日兑换规则,但主张在法庭判决后,债务人仍拒不执行而造成的汇率折算差额,可以成为债权人再次索赔的一个理由。

(三)公平兑换规则(fair conversion rule)

美国法院从有利于债权人出发,可以采用违约日汇率,也可以采用判决日汇率,视哪个汇率对债权人有利而定。

1970 年纽约州法院对[法]哈彻特书店诉[美]巴黎图书中心案的判决采用的是违约日汇率。1968 年,法国书店卖一批图书给美国经营进口法国出版物的巴黎图书中心,合同规定在巴黎用法国法郎支付货款。到 1969 年 1 月 1 日这笔货款共 243 346 法郎。1969 年 8 月 10 日法郎贬值 11.11%,原告要求按 1969 年 1 月 1 日违约日汇率用美元偿付(4.9750 法郎折合 1 美元),被告坚持以当时汇率(5.4419 法郎折合 1 美元)用美元偿付。法院判决,按违约日汇率折算成 46 136 美元偿付。这笔美元汇回巴黎可得 251 067 法郎,避免了债权人蒙受 7 721 法郎的损失。

1974 年马萨诸塞州法院对[瑞士]古托国际公司诉[美]雷蒙德打包公司案判决采用的是判决日汇率。1968 年古托公司将一批机器交雷蒙德公司船运,计价货币为瑞士法郎。后来,由于瑞士法郎对美元升值 48%,原告坚持按违约日(1968 年 2 月 19 日)汇率(1 美元折合 4.73282 瑞士法郎)用美元支付,为被告拒绝。法院判决,以判决日汇率(1 美元折合 2.9252 瑞士法

---

〔1〕 姚玉如:《国际私法与国际经贸》,新华出版社 1999 年版,第 186 页。

〔2〕 P. Wood:Law and Practice of International Finance,Sweet and Maxwell Ltd. , 1980,p. 54.

郎)用美元支付。使债权人雷蒙德公司所收运费每一瑞士法郎多获 0.66 美元。[1]

(四)支付日兑换规则(pay day conversion rule)

在汇率不稳的情况下,违约日或判决日兑换规则实际上都只能起到助长债务人拖延支付的作用,而使债权人蒙受损失。公平兑换规则则是从对债权人有利的角度出发就违约日或判决日汇率择一采用,但非由债权人选择而只能诉诸法院由法官判决,从而取决于法官态度,带有随意性。现多数国家法院是采用支付日兑换规则。法国法院采用按支付日汇率计算外币债务额,如支付日汇率对债权人不利,则按违约日汇率(合同规定的付款日)计算。中国同新加坡签订的保护投资协定(1985)规定,按转移日市场汇率,如无该汇率则适用官方汇率兑换外币。

五、损害赔偿的支付货币问题

损害赔偿如涉及多种外币,则会发生债务人要求以弱币支付、债权人要求收取强币的争议。国外判例是就最能反映实际损失或与实际损失有最密切联系的货币作为支付货币,如 1978 年英国上院对欧洲南大西洋船运公司案判决。

假设一例:一艘阿根廷商船在青岛附近被一艘俄国商船撞坏,拖到青岛修理,后又去日本修理,再到美国大修。这件海事涉及人民币、日元、美元三种货币。由于大修在美国,最能反映实际损失的为美元大修费,俄国船方应以美元赔偿阿根廷商船所受到的损失。

中国最高人民法院 1994 年《关于船舶碰撞损害几个问题的具体规定(草案)》,对"货币"问题作出如下规定:①按船舶营运或生产经营所使用的货币计算损失;②船载进口、出口货物的价值,按买卖合同或提单、运单证明的货币计算;③人民币与外币的兑换,以损失发生或费用发生之日的国家外汇主管机关公布的兑换率计算;④以特别提款权计算损失的,按法院判决或调解之日的兑换率换算成相应的货币;⑤利息换算货币按支付之日的兑换率。

■ 思考题

1. 双边外汇安排与货币保值条款。
2. 法郎区的形成与合作外汇安排及其前景。
3. 建立与维持欧元区的法律保证。
4. 外汇管制的对象和方法,以及一国外汇管制条例的效力。

---

[1]　A. F. Lowenfeld:The International Monetary System, New York, 1977,pp. 248 – 249.

第十三章 国际货币基金协定

第一节 国际货币基金协定的产生与布雷顿森林制度

一、国际货币基金协定的产生

在第二次世界大战法西斯国家败局已定,同盟国家胜利在望的时候,基于两方面原因:一方面,以英国为首的西欧国家,在战后需要美国的经济援助和加强国际经济交往与合作,以谋战后的复兴与发展;另一方面,在战争中发财致富的美国,希望巩固其货币大国和最大债权国的世界主导地位,通过对西欧的经济援助以控制世界经济,通过使各国取消外汇管制让美元得以流通全球。在英、美两国的策动下,于 1943 - 1944 年之交召集 30 多个国家的专家在纽约集会讨论英国提出的凯因斯方案(Keynes Plan)与美国提出的怀特方案(White Plan),1944 年 4 月达成"国际货币基金共同声明",形成国际货币基金协定草案蓝本。

英国方案的正式名称为"国际清算同盟方案"(Proposal for an International Clearing Union),由英国经济学家凯因斯草拟。该方案主张设立国际清算同盟,使之成为"超国家银行"(Super National Bank, SNB),相当于国内中央银行对一般银行的地位,成为世界的中央银行。由 SNB 发行一种命名为 Bancor(斑柯)的国际货币,取代黄金作为国际清算工具。各国中央银行在 SNB 开设 Bancor 账户。Bancor 以黄金定值,参加国得以黄金换取,但不得以 Bancor 换取黄金。Bancor 限用于国际清算。各国货币均须同 Bancor 挂钩,以求币值稳定。

美国方案的正式名称为"联合国国际平准基金方案"(Proposals for the

United and Associated Nations Stabilization Fund），由美国经济学家怀特（H. D. White）草拟。该方案主张由参加国共同出资设置世界规模的外汇平准基金，遇参加国国际收支失衡时，可从基金借贷供作支付，以求外汇稳定。由基金发行 Unita（尤尼他），可以用以兑换黄金。

凯因斯方案与怀特方案的不同之处在于：凯因斯主张透支原则，反对以黄金作为基金主要储备；怀特主张存款原则，坚持以黄金作为基金主要储备。两方案也有其共同点，即都着力于解决国际收支的不平衡，寻求汇率的稳定。

国际货币基金协定草案蓝本最终以怀特方案为基础，吸收了一些凯因斯的主张形成。

1944 年 7 月 1 日至 22 日，美、英、法、苏、中等 44 国代表和南非代表，在美国新罕布什尔州布雷顿森林召开联合国货币金融会议。布雷顿森林会议通过了《联合国货币金融会议最后决议书》及其附件：《国际货币基金协定》和《国际复兴开发银行协定》，供开放签字。[1] 两协定合称"布雷顿森林协定"，于 1945 年 12 月 27 日生效，国际货币基金与世界银行同时在华盛顿成立。

《国际货币基金协定》又称"布雷顿森林货币协定"，其 1944 年文本确立的国际货币制度称"布雷顿森林制度"，为国际货币关系进入统一法律秩序开辟了新纪元。因此，一般认为，国际货币法即诞生于 1944 年《国际货币基金协定》的缔结。

二、布雷顿森林制度

1944 年布雷顿森林货币协定包括以下三个方面的基本内容：

（一）规定国际货币基金的宗旨

1. 促进国际货币合作。

2. 推动国际贸易的扩大与平衡发展。

3. 稳定外汇汇率，避免各国间竞争性的货币贬值。

4. 消除妨碍国际贸易的外汇管制。

5. 贷款帮助成员国调整国际收支中的暂时性不平衡，建立起国际财政支持制度。

以上宗旨，在基金协定迄今经过多次修订之后没有改变。

（二）规定基金成员国享有的权利

1. 成员国有行使普通提款权的权利。所谓普通提款权，是指在成员国发生国际收支暂时性不平衡和较大逆差时，可以用本国货币向基金换购所需外汇加以缓解；还款时，再以外汇换回本国货币。基金在业务上是将此种

---

[1] 当时，有包括前苏联在内的 9 个与会国未在两协定上签字，国际货币基金创始国为 35 个。

货币换购作为贷款处理,称普通贷款。此外,基金还先后创设了其他多种贷款,以对成员国提供国际财政支持。

2. 成员国有按照认缴基金份额的比例分得基金的净收益的权利。如1976年6月到1980年5月的4年中,基金拍卖其1/6的黄金储备2 500万盎司,所得利润46.4亿美元。其中,12.9亿美元按认缴基金份额比例分给104个发展中国家,33.5亿美元作为信托基金放贷给最不发达国家。

3. 成员国有按照认缴基金份额的比例享有投票的权利。基金实行"加权投票制"(weighted voting system),以基本票加补充票构成投票数。每一成员国拥有基本票250票,另按认缴基金份额每10万美元(现已改为每10万特别提款权)增加一票。

(三)规定基金成员国承担的义务

1. 成员国有承担稳定汇率的义务。布雷顿森林货币协定要求各成员国必须将本国货币与黄金、美元双挂钩,并维持固定汇率。该协定所确立的布雷顿森林制度,要求各国货币都必须直接宣布其单位含金量,并按其含金量与美元含金量的比率间接确定本国货币同美元的固定汇率。在外汇交易中,中心汇率仅被允许在固定汇率上下各1%的幅度内浮动。本国货币对美元的固定汇率,未经基金同意,不得随意加以改变,成员国对此固定汇率有责任维持,当市场汇率美元上浮时要抛售美元、下落时要购进美元。1944年7月1日美国宣布的1美元含金量为0.888671克。基金接受美国规定的35美元等于1盎司黄金作为"黄金官价"(official gold price)。美国承担义务,对其他成员国政府持有的美元,按此官价兑换给以黄金。

2. 成员国有承担解除外汇管制的义务。基金协定第8条要求成员国必须做到三点:①未经基金组织核准,不得对国际收支经常项目的支付和资金转移施加限制;②不得采取"差别汇率"或"多种汇率"措施;③对其他成员国在经常项目中积存的本国货币,如对方为支付经常项目交易而要求兑换,应用黄金或对方货币换回本国货币。由于第二次世界大战期间世界上近90%的国家都实施外汇管制,基金协定在第14条规定了一个"过渡办法",即成员国在必要时可以维持和实施外汇管制,一旦情况许可,即应取消。申请加入基金的国家,都得与基金商定参加条件。基金把同意履行基金协定第8条规定的义务而取消外汇管制的国家称作第8条成员国,并可以承认第8条成员国货币为"可兑换货币"(convertible currency),在国际外汇市场上自由买卖。对接受第14条规定的"过渡办法"而实施外汇管制的国家称第14条成员国,第14条成员国货币为不可兑换货币,在国际外汇市场上不能自由买卖。第14条成员国的过渡期为5年,在5年后如该国仍维持外汇管制,需与基金磋商取得同意。以后如继续维持外汇管制,应每年与基金磋商一次。由于第14条成员国较多,现实际上已延长到一年半磋商一次。

　　从国际货币基金成立到 1992 年的 47 年中,每年接受第 8 条义务实行货币可兑换的成员国平均不到 2 个,第 8 条成员国一共只有 74 个,占成员国总数的 42%。自 1993 年起,国际货币基金采取了一项加强督促成员国接受第 8 条义务的战略,在与第 14 条成员国磋商时已要求它们确定一个时间表来取消外汇管制,使情况发生突变。成为第 8 条成员国的国家 1993 年 9 个、1994 年 15 个、1995 年 15 个,短短 3 年中一下增加 39 个第 8 条成员国。如加上 1996 年初新增的匈牙利和蒙古,第 8 条成员国已有 115 个,占成员国总数的 63.5%。中国宣布,从 1996 年 12 月 1 日起接受第 8 条义务,符合国际货币基金近年来加快推进货币可兑换的战略,但基金组织并不愿看到成员国实现了本国货币经常项目可兑换而又不正式宣布自己货币为可兑换。因此,要求中国放开资本项目管制即将成为今后基金组织与中国进行磋商的主题。

　　3. 成员国有承担向基金定期提供所要求的各种情报资料的义务。成员国要对国际货币基金提供下列情报资料:政府在国内外持有的黄金与外汇数量;银行及金融机构在国内外持有的黄金与外汇数量;黄金产量,黄金输出入的数量及国别;商品输出入的数量及国别;国际收支差额表,资本输出入情况;国民收入,各种物价指数,买卖外币的汇率,外汇管制的情况;清算协定及根据清算协定的清算情况等。

三、基金协定的第一次修订

　　在缔结基金协定时,有 44 国和南非的代表参加布雷顿森林会议,基金创始国只有 35 个。当时,很多发展中国家尚未独立。布雷顿森林货币协定未能反映出不同类型国家的利益,特别是没有反映出广大发展中国家的利益。布雷顿森林制度是以可兑换黄金的美元作为中心货币的一种不合理制度。它的不合理性,正如罗伯特·特里芬(R. Triffin)在 1960 年提出的"难题"所揭示的:美国的国际收支如持续顺差,国际市场会缺少美元,出现"美元荒"(dollar shortage);反之,美国的国际收支如持续逆差,美元就会泛滥,出现"美元灾"(dollar glut),使美元数量超过美国的黄金储备量,整个货币制度就会崩溃。后来实践证明了"特里芬难题"确实存在。

　　基金初创时期,西欧国际收支主要是对美国逆差,出现了"美元荒"。以 1950 年美国发动侵略朝鲜战争为转折点,由于军费剧增,美国滥发美钞,引起通货膨胀。进入 20 世纪 60 年代,美国又发动侵略越南战争,国际收支进一步恶化,出现了美元过剩的"美元灾"。在此背景下,1969 年 7 月 28 日基金对协定完成的第一次修订生效,创设了"特别提款权"(special drawing right, SDR)的 11 条条文,这次修订被称为《特别提款权协定》。

　　《特别提款权协定》包括以下四个方面内容:

　　1. 成员国可以把分得的特别提款权同黄金、外汇一起用作自己的国际储备。特别提款权的使用不受条件限制;普通提款权的使用则有条件限制,而且贷款进入的档次愈高限制愈严。1986 年 10 月基金要求菲律宾政府在 1988 年 5 月 1 日取消对 1 200 种商品的进口限制,作为向之发放 5. 194 亿美元普通贷款的条件,以支持菲律宾振兴经济。对特别提款权的行使则无条件限制,是作为成员国享有的普通提款权的补充和基金给予成员国的一项特别使用基金的权利,与普通提款权相对而言称特别提款权。成员国在基金开设特别提款权账户,作为一种账面资产或记账货币,可用以办理政府间结算,并可转让给另一成员国换取可兑换货币,偿付政府间结算逆差或偿还基金贷款,但不得直接用于贸易和非贸易支付。如 1988 年 1 月 15 日美国和日本达成协议,日本允许美国财政部使用特别提款权向日本换取日元。

2. 成员国动用特别提款权不得超过其全部分配额的 70%,并付利息。自 1981 年 5 月 1 日起,特别提款权利率已提高到综合市场利率水平。

3. 特别提款权以黄金表示,35 单位特别提款权与 1 盎司黄金等值,即 1 单位特别提款权含金量为 0.888671 克,与 1971 年底贬值前的 1 美元等值,人称"纸黄金"(paper gold)。到 1974 年 7 月 1 日,基金宣布特别提款权与黄金脱钩。1974 - 1980 年,特别提款权改由 16 种"一篮子货币"(a basket of currencies)按规定比例构成。自 1981 年 1 月 1 日起,特别提款权减到由 5 种"一篮子货币"按每 5 年调整一次的比例构成。据基金 1996 年 4 月 1 日新闻公报,自 1996 年 1 月 1 日起,调整特别提款权构成比例为:美元 39%,德国马克 21%,日元 18%,法国法郎 11%,英镑 11%,到 2000 年 5 年不变。特别提款权既为一种账面资产,又为一种联合货币,只是不得在市场上流通、兑换。特别提款权价格的计算方法:首先将其构成中所含其他 4 种货币金额,按照当日伦敦外汇市场汇价分别折算为等值美元,然后把所有美元值相加,即得出 1 单位特别提款权的美元值。特别提款权价格由世界银行逐日挂牌公布。

4. 特别提款权由基金根据需要进行分配。分配建议(关于特别提款权分配额占认缴基金份额的百分比)由基金执行董事会总裁提出,经理事会 85% 的多数票决定分配。第一个基本期(1970 - 1972 年)内,总裁建议的每年分配额占基金份额的百分比为 11% - 17%,实际共分配 93. 05 亿特别提款权(其中,1970 年 35 亿、1971 年 29 亿、1972 年 29.05 亿)。第二个基本期(1973 - 1977 年),总裁未提新建议,没有分配,成为空白期。第三个基本期(1978 - 1981 年),总裁建议的百分比为 7% - 10%,实际共分配 121. 28 亿特别提款权。第四个基本期原定从 1982 年开始,由于美国和一些工业大国反对,认为这将给世界性通货膨胀带来不利影响,未再分配。因此,特别提款权实际上仅分配过 2 次,总共发行 214. 33 亿。对所有成员国来说,分得的特别提款权均以按认缴基金份额的百分比计算,但发展中国家无力认缴较多基金份额,实际上也就享受不到按份额分配的特别提款权的较多好处。现发展中国家分得的特别提款权加在一起仅及发达国家的一半。中国 1980 年 4 月 17 日恢复在基金的合法权利后,在第三个基本期(1978 – 1981 年)共分得特别提款权 2.36 亿。

　　布雷顿森林货币协定第一次修订的意义在于:创设的特别提款权同黄金、美元一样可以作为国际储备,从而使之部分地取代了美元。这次修订的缺陷表现在创设的特别提款权的地位并非牢固。首先,它没有实际资产作后盾,仅属于账面资产,其本身价值缺乏保证;再者,特别提款权的发行、分配、计算、定值等重大决定权仍操纵于西方货币大国之手。

第二节　牙买加制度

一、基金协定的第二次修订

　　1962 年 7 月法国政府以持有的美元向美国兑换黄金 100 吨,削弱了美国的黄金储备。各成员国货币与黄金、美元双挂钩的布雷顿森林制度运行到 1967 年底时,外国人手中随时可兑换黄金的美元存款已达 330 多亿,而当时的美国黄金储备已只相当 120 亿美元,仅及黄金负债的 1/3。1968 年 3 月爆发了第二次世界大战后规模空前的黄金危机,巴黎市场金价一度涨到每盎司 44 美元,大大超过当时的 35 美元的黄金官价。于是,不是只有一种固定金价而是两种金价并存的双重黄金市场在西方随处可见。在"黄金双价制"(two – tier gold price system)下,黄金投机买卖日益猖獗。1971 年 8 月 15 日美国总统尼克松宣布实行新经济政策,采取保护美元的非常措施,宣布暂停美元兑换黄金,被人们称作"尼克松冲击"(Nixon rush)。这在国际货币领域无异于发生了一场地震,西方金融市场一片混乱。美国政府单方面决定美元停止兑换黄金,亦即美国不再承担布雷顿森林制度确立的美国用黄金兑换其他国家政府持有的美元,以维持美元同黄金固定比价的条约义务。为收拾残局,十国集团[1]于 1971 年 12 月 17 日 – 18 日在华盛顿史密森学会[2]召开秘密会议,达成《史密森协定》(又称《华盛顿协定》),为 10 国货币制定了新的汇率关系,规定将基金协定中关于成员国货币波动的上下限各为 1%(幅度 2%)改成各为 2.25%(幅度 4.5%)。人们将布雷顿森林制度称作窄幅制固定汇率,将《史密森协定》称作宽幅制固定汇率。1971 年 12 月

---

〔1〕　美、英、法、(联)德、意、日、加、荷、比、瑞(典)等 10 国于 1961 年 11 月结成的一个向基金提供贷款的集团,由于法国从中起着重要的撮合作用,又称"巴黎俱乐部"。1988 年 4 月 4 日瑞士加入十国集团,现十国集团实际上为 11 个国家。

〔2〕　史密森学会是一个由博物馆、图书馆、美术馆和研究机构组成的庞大复合组织。

18 日美国宣布美元贬值 7.89%,1 美元含金量改为 0.818513 克,每盎司黄金官价提高到 38 美元。《史密森协定》仍未使美元贬值的厄运得以解脱,1973 年 2 月 12 日美元又自行贬值 10%,每盎司黄金官价升为 42.22 美元,这是第三次黄金官价,也是最后一次黄金官价,以后即废除了。美元的这次自行贬值,导致《史密森协定》失效,十国集团和瑞士等国货币相继改为浮动汇率,原则上由市场调节。布雷顿森林制度彻底崩溃,再次修订《国际货币基金协定》也就势在必行。

基金协定的第二次修订于 1976 年 1 月 7 - 8 日在牙买加首都金斯敦召开的临时委员会[1]上达成协议,称《牙买加协定》。第二次修订于 1978 年 4 月 1 日起正式生效。这次修订所确立的现行国际货币制度被称为"牙买加制度"。第二次修订综合第一次修订的特别提款权条款,重新公布了《国际货币基金协定》文本。布雷顿森林货币协定所确立的各成员国货币同黄金、美元双挂钩的布雷顿森林制度已从第二次修订文本中完全取消。

二、牙买加制度的内容

基金协定第二次修订的新增内容,可概括为以下三个方面:

(一)关于外汇安排的规定

第二次修订确认了成员国选择外汇安排的自由,取消了原协定的窄幅制固定汇率,即成员国不再承担维持本国货币与美元之间的固定汇率的义务。由各国自主安排外汇:有些国家货币实行独立浮动(如美元、日元等);有些国家结成货币集团,在集团内将它们货币之间的汇率相对固定,对外联合浮动,实行合作安排(如欧洲货币体系的蛇形安排);有些国家将本国货币盯住另一国货币(如盯住美元或盯住法国法郎)或盯住某种联合货币(如伊朗里亚尔和利比亚第纳尔等盯住特别提款权,中国人民币盯住自定一篮子货币)。第二次修订文本在第 8 条第 2 款(b)项重申了原规定:"有关任何成员国货币的汇兑合同,如与该国按本协定所施行的外汇管制条例相抵触时,在任何成员国境内均属无效。此外,各成员国得相互合作采取措施,使彼此的外汇管制条例更为有效,但此项措施与条例,应符合本协定。"

(二)关于黄金的规定

基金协定经第二次修订,黄金在国际货币领域中的作用将逐步减少。按照新规定,基金为实现黄金非货币化采取了四项措施:①废除黄金官价制度;②取消特别提款权的含金量和以黄金作为货币定值的标准;③废除基金

---

〔1〕 临时委员会的前身为 1974 年 10 月 2 日解散的二十国委员会。二十国委员会即 1972 年 7 月在基金理事会下成立的国际货币制度改革委员会。临时委员会委员仍为 20 国,又称二十国临时委员会。1978 年临时委员会已改为国际货币基金的常设决策机构,委员 22 国,中国自 1981 年起担任委员。经基金理事会 1999 年 9 月 30 日决定,临时委员会改称"国际货币和金融委员会"。

和成员国按原协定转让或接受黄金的义务；④基金出售部分黄金储备。1976年6月－1980年5月的4年中，基金拍卖了1/6的黄金储备2 500万盎司。

（三）关于特别提款权的规定

按基金协定的第二次修订，特别提款权将成为国际货币基金的主要储备资产；特别提款权可取代黄金或美元用于成员国同基金之间的某些支付。自1980年11月起，基金允许成员国可以用25%的特别提款权和75%的本国货币缴纳增缴和认缴的基金份额。第二次修订扩大了特别提款权的使用范围。现在基金外部，特别提款权的实际用途已经出现扩散趋势。在国际铁路运输、国际邮政、国际产品责任和安全赔款等领域，已开始使用特别提款权。1980年6月在伦敦的美国化学银行还发行了首笔特别提款权存款单。继之，又有巴克莱银行、花旗银行、汇丰银行、麦加利银行、米兰银行、西敏士银行等发行特别提款权存款单，1981年1月7日终于在伦敦形成特别提款权国际存单市场。特别提款权进入国际金融市场，发挥货币保值作用。

三、基金协定的第三次修订

基金协定第二次修订确立起来的牙买加制度，由于对发展中国家仍非公正，加上其部分规定脱离实际难以有效实施，1986年在津巴布韦首都哈拉雷召开的第八届不结盟国家和政府首脑会议提出倡议，要求对不公正的国际货币制度进一步实行改革。现实情况表明，国际货币制度的改革并非朝着更有利于发展中国家的方向进行，而是正朝着更有利于货币大国的方向在发展。

按照1990年5月在华盛顿召开的临时委员会建议，增加基金份额50%，从当时的总份额901亿特别提款权增至1 352亿特别提款权（约1 900亿美元）。所增份额，60%在全体成员国中按原份额认缴比例普遍增加，40%在美、英、法、德、意、日、加等西方7国中分配。所增份额，25%用特别提款权或其他可兑换货币交纳，75%用本国货币交纳。关于第九次份额总检查[1]决议于1990年6月28日经理事会以85%的多数票通过，并构成对基金协定的第三次修订。

经过这次普遍增资，美国在基金中所占份额比例仍居首位（19.62%），德、日已升居次位（各占6.1%），法（占5.48%）、英（占5.4%）居第三位。伴随这次修订增设的整肃纪律的规定，基金管理体制已过渡到由美、德、日

---

[1] 基金份额总检查：第一次没有建议增加份额，第二次（1959年）增加份额60.7%，第三次没有建议增加份额，第四次（1968年）增加份额30.7%，第五次（1970年）增加份额35.4%，第六次（1976年）增加份额33.6%，第七次（1978年）增加份额50.9%，第八次（1983年）增加份额47.5%。

为核心的西方 7 国共同控制的新体制。国际货币领域出现"七国争雄"与
"三家分晋"的局面。

第三次修订内容：

第三次修订未增设条，仅在第 12 条组织与管理第 3 款执行董事会（ⅰ）
项的（ⅳ）段外增加（ⅴ）段关于投票权暂停已被解除的某一成员国在其投
票权被暂停期间应被认为该成员国已参与了代表其执行投票权的执行董事
选举的规定；对第 26 条成员国的退出第 2 款强制退出的（b）、（c）两项作了
修订，并增加（d）项关于对一成员国采取行动前应予通知并给予它以口头和
书面申诉适当机会的规定；同时，相应增加附录 L 停止投票权和在附录 D 委
员会 5 段的（a）、（b）、（c）、（d）、（e）各项外增加（f）项关于选举执行董事会
成员国集团指定的委员应有权代表按分配给它的票数投票的规定。国际货
币基金组织正式出版了经过三次修订后的《国际货币基金协定》文本，共 31
条、12 个附表（自表 A 至表 L），其中文本已由中国金融出版社于 1995 年 6
月出版。第三次修订是在 1992 年 11 月 11 日生效的。

四、基金协定的第四次修订

自 1997 年 7 月亚洲金融危机发生，国际货币基金可用于放贷的资金已
减至十几年来的最低水平。1997 年 9 月在中国香港召开的国际货币基金与
世界银行第五十二届年会就再次普遍增加基金份额、增加特别提款权分配
和与之相应的第四次修订基金协定等问题达成共识。

增加特别提款权分配的问题，在香港举行的第五十二届年会上初步达
成的共识是，增加特别提款权分配使达迄今已分配了的 SDR 的 2 倍，即按现
有 214 亿 SDR 的 1 倍在所有成员国中公平分配。

第四次修订涉及协定第 15 条，建议的修订案文为：[1]

签署本协定的各成员国政府对以下条款表示同意：

1. 第 15 条条文，第 1 款修改如下：

（1）当发生需要时，基金有权将特别提款权分配给依照第 18 条规定参
与特别提款权账户的成员国。

（2）并且，基金应将特别提款权分配给依照附录 M 规定参与特别提款
权账户的成员国。

2. 本协定新增定附录 M 如下：（略）。

国际货币基金于 1999 年 1 月 22 日发布 99/4 号《新闻公报》称，已有持
85% 以上基金份额的成员国同意按第 11 次份额总检查增加基金份额，符合
增加份额生效要求。

---

〔1〕　Robert C. Effros：Current Legal Issues Affecting Central Banks，Vol. 5，IMF，1998，p. 529.

国际货币基金份额
（单位：百万 SDR）

序号	成员国	1998 年 4 月 30 日	1999 年 7 月 31 日	占百分比（%）
1	美国	26526.8	37149.3	17.521
2	日本	8241.5	13312.8	6.279
3	德国	8241.5	13008.2	6.135
4	法国	7414.6	10738.5	5.065
5	英国	7414.6	10738.5	5.065
6	意大利	4590.7	7055.5	3.328
7	沙特阿拉伯	5130.6	6985.5	3.295
8	加拿大	4320.3	6369.2	3.004
9	俄罗斯	4313.1	5945.4	2.804
10	荷兰	3444.2	5162.4	2.435
11	中国	3385.2	(4687.2	2.211)****
12	比利时	3102.3	4605.2	2.172
13	印度	3055.5	4158.2	1.961
14	瑞士	2470.4	3458.5	1.631
15	澳大利亚	2333.2	3236.4	1.526
16	西班牙	1935.4	3048.3	1.438
17	巴西	2170.8	3036.1	1.432
18	委内瑞拉	1951.3	2659.1	1.255
19	墨西哥	1753.3	2585.8	1.220
20	瑞典	1614.0	2395.5	1.130
21	阿根廷	1537.1	2117.1	0.999
22	印度尼西亚	1497.6	2079.3	0.981
23	奥地利	1188.3	1872.3	0.883
24	南非	1365.4	1868.5	0.882
25	尼日利亚	1281.6	1753.2	0.827
26	挪威	1104.6	1671.7	0.789
27	丹麦	1069.9	1642.8	0.775
28	韩国	799.6	1633.6	0.770
29	伊朗	1078.5	1497.2	0.706
30	马来西亚	832.7	1486.6	0.701
31	科威特	995.2	1381.1	0.651
32	乌克兰	997.3	1372.0	0.647
33	波兰	988.5	1369.0	0.646
34	芬兰	861.8	1263.8	0.596

35	阿尔及利亚	914.4	1254.7	0.592
36	伊拉克	504.0	(1188.4	0.561) *
37	利比亚	817.6	1123.7	0.530
38	泰国	573.9	1081.9	0.510
39	匈牙利	754.8	1038.4	0.490
40	巴基斯坦	758.2	1033.7	0.488
41	罗马尼亚	754.1	1030.2	0.486
42	土耳其	642.0	964.0	0.455
43	埃及	678.4	943.7	0.445
44	以色列	666.2	9282.2	0.438
45	新西兰	650.1	894.6	0.422
46	菲律宾	633.4	879.9	0.415
47	葡萄牙	557.6	867.4	0.409
48	新加坡	357.6	862.5	0.407
49	智利	621.7	856.1	0.404
50	爱尔兰	525.0	838.4	0.396
51	希腊	587.6	823.0	0.388
52	捷克	589.6	819.3	0.387
53	哥伦比亚	561.3	774.0	0.365
54	保加利亚	464.9	640.2	0.302
55	秘鲁	466.1	638.4	0.301
56	阿联酋	392.1	(611.7	0.289) **
57	摩洛哥	427.7	588.2	0.278
58	孟加拉	392.5	533.3	0.252
59	扎伊尔	291.0	(533.0	0.251) *
60	赞比亚	363.5	489.1	0.231
61	斯里兰卡	303.6	413.4	0.195
62	白俄罗斯	280.4	386.4	0.182
63	加纳	·274.0	369.0	0.174
64	哈萨克斯坦	247.5	365.7	0.173
65	克罗地亚	261.6	365.1	0.172
66	斯洛伐克	257.4	357.5	0.169
67	津巴布韦	261.3	353.4	0.167
68	特立尼达和多巴哥	248.8	335.6	0.158
69	越南	241.6	329.1	0.155
70	科特迪瓦	238.2	325.2	0.153
71	苏丹	169.7	(315.1	0.149) *
72	乌拉圭	225.3	306.5	0.145

73	厄瓜多尔	219. 2	302. 3	0. 143
74	叙利亚	209. 9	293. 6	0. 139
75	突尼斯	206. 0	286. 5	0. 135
76	安哥拉	207. 3	286. 3	0. 135
77	卢森堡	135. 5	(279. 1	0. 132) **
78	乌兹别克斯坦	199. 5	275. 6	0. 130
79	牙买加	200. 9	273. 5	0. 129
80	肯尼亚	199. 4	271. 4	0. 128
81	卡塔尔	190. 5	263. 8	0. 124
82	缅甸	184. 9	258. 4	0. 122
83	也门	176. 5	243. 5	0. 115
84	斯洛文尼亚	150. 5	231. 7	0. 109
85	多米尼加	158. 8	218. 9	0. 103
86	文莱	150. 0	(215. 2	0. 102) **
87	危地马拉	153. 8	(210. 2	0. 099) **
88	巴拿马	149. 6	206. 6	0. 097
89	黎巴嫩	146. 0	(203. 0	0. 096) **
90	坦桑尼亚	146. 9	198. 9	0. 094
91	阿曼	119. 4	194. 0	0. 092
92	喀麦隆	135. 1	185. 7	0. 088
93	乌干达	133. 9	180. 5	0. 085
94	玻利维亚	126. 2	171. 5	0. 081
95	萨尔瓦多	125. 6	171. 3	0. 081
96	约旦	121. 7	170. 5	0. 080
97	波黑共和国	121. 2	169. 1	0. 080
98	哥斯达黎加	119. 0	164. 1	0. 077
99	阿富汗	120. 4	(161. 9	0. 076) **
100	塞内加尔	118. 9	161. 8	0. 076
101	阿塞拜疆	117. 0	160. 9	0. 076
102	加蓬	110. 3	154. 3	0. 073
103	格鲁吉亚	111. 0	150. 3	0. 071
104	立陶宛	103. 5	144. 2	0. 068
105	塞浦路斯	100. 0	139. 6	0. 066
106	纳米比亚	99. 6	136. 5	0. 064
107	巴林	82. 8	135. 0	0. 064
108	埃塞俄比亚	98. 3	133. 7	0. 063
109	巴布亚新几内亚	95. 3	131. 6	0. 062
110	巴哈马	94. 9	(130. 3	0. 061) **

111	尼加拉瓜	96.1	130.0	0.061
112	洪都拉斯	95.0	129.5	0.061
113	利比里亚	71.3	(129.2	0.061)**
114	拉脱维亚	91.5	126.8	0.060
115	摩尔多瓦	90.0	123.2	0.058
116	马达加斯加	90.4	122.2	0.058
117	冰岛	85.3	117.6	0.055
118	莫桑比克	84.0	113.6	0.054
119	几内亚	78.7	107.1	0.051
120	塞拉利昂	77.2	103.7	0.049
121	马耳他	67.5	102.0	0.048
122	毛里求斯	71.3	101.6	0.048
123	巴拉圭	72.1	99.9	0.047
124	马里	68.9	93.3	0.044
125	苏里兰	67.6	92.1	0.043
126	亚美尼亚	67.5	92.0	0.043
127	圭亚那	67.2	90.9	0.043
128	吉尔吉斯斯坦	64.5	88.8	0.042
129	柬埔寨	65.0	87.5	0.041
130	塔吉克斯坦	60.9	87.0	0.041
131	刚果	57.9	84.6	0.040
132	海地	60.7	(81.9	0.039)**
133	索马里	44.2	(81.7	0.039)*
134	卢旺达	59.5	80.1	0.038
135	布隆迪	57.2	77.0	0.036
136	土库曼斯坦	48.0	(75.2	0.035)**
137	多哥	54.3	73.4	0.035
138	尼泊尔	52.0	71.3	0.034
139	斐济	51.1	7.03	0.033
140	马拉维	50.9	69.4	0.033
141	马其顿	49.6	68.9	0.033
142	巴巴多斯	48.9	67.5	0.032
143	尼日尔	48.3	65.8	0.031
144	爱沙尼亚	46.5	65.2	0.031
145	毛里塔尼亚	47.5	64.4	0.030
146	博茨瓦纳	36.6	63.0	0.030
147	贝宁	45.3	61.9	0.029
148	布基纳法索	44.2	60.2	0.028

149 乍得	41.3	56.0	0.026
150 中非	41.2	55.7	0.026
151 老挝	39.1	(52.9	0.025)**
152 蒙古	37.1	51.1	0.024
153 斯威士兰	36.5	50.7	0.024
154 阿尔巴尼亚	35.3	48.7	0.023
155 莱索托	23.9	34.9	0.016
156 赤道几内亚	24.3	32.6	0.015
157 冈比亚	22.9	31.1	0.015
158 伯利兹	13.5	18.8	0.009
159 圣马力诺	10.0	(17.0	0.008)**
160 瓦努阿图	12.5	17.0	0.008
161 厄立特里亚	11.5	15.9	0.008
162 吉布堤	11.5	15.9	0.007
163 圣卢西亚	11.0	15.3	0.007
164 几内亚比绍	10.5	14.2	0.007
165 安提瓜和巴布达	8.5	13.5	0.006
166 格林纳达	8.5	(11.7	0.006)**
167 萨摩亚	8.5	11.6	0.005
168 所罗门群岛	7.5	10.4	0.005
169 佛得角	7.0	9.6	0.005
170 科摩罗	6.5	8.9	0.004
171 圣基茨和尼维斯	6.5	8.9	0.004
172 塞舌尔	6.0	8.8	0.004
173 圣文森特和 格林纳丁斯	6.0	(8.3	0.004)**
174 多米尼克	6.0	(8.2	0.004)**
175 马尔代夫	5.5	8.2	0.004
176 圣多美和 普林西比	5.5	7.4	0.003
177 汤加	5.0	6.9	0.003
178 不丹	4.5	6.3	0.003
179 基里巴斯	4.0	5.6	0.003
180 密克罗尼西亚	3.5	(5.1	0.002)**
181 马绍尔群岛	2.5	(3.5	0.002)**
182 帕劳	2.3	3.1	0.001
备忘南斯拉夫		(467.7	0.221)***
总　计		212029.0	100.0

＊未偿还到期普通贷款,未能增加份额。

＊＊未缴交增加份额。

＊＊＊按理事会1998年1月30日53-2号决议建议,完成第11次基金份额总检查,基金份额总计从1 456亿SDR增至2120亿SDR。这个总计数字包括可继承前南斯拉夫成员国资格的现南斯拉夫联盟共和国(包括塞尔维亚/黑山)。前南斯拉夫社会主义联盟于1992年解体后,联合国安理会和联大普通过决议,宣布南斯拉夫联盟共和国不能自动继承前南斯拉夫在联合国的席位,而需重新提出加入联合国的申请。2000年10月联合国接纳了南联盟加入联合国申请,2000年12月20日南已回到了国际货币基金组织。基金成员国现共183个。

＊＊＊＊为适应中国经济发展和对外开放的需要,中国政府多次向基金组织提出特别增资要求。基金执行董事会2000年11月17日专门成立了由包括中国董事在内的13位董事组成的中国特别增资委员会。该委员会于2001年1月3日达成共识,提议将中国份额增至与加拿大同一水平,并列第8位,即将中国份额由原来的4687.2百万SDR提高到6369.2百万SDR。2001年1月4日执行董事会一致通过了该委员会建议,并将中国特别增资决议草案提交由183个成员国组成的理事会投票表决。2001年2月5日基金理事会投票结束,一致通过了中国特别增资决议。

基金协定的第四次修订与特别提款权的货币篮子构成变化对国际货币格局的影响已为世人所关注。面对欧元问世,据国际货币基金1998年12月22日新闻公报,特别提款权已改按以下每种货币数额价值之和定值,自1999年1月1日起生效:欧元(法国)0.1239,欧元(德国)0.2280,日元27.2000,英镑0.1050,美元0.5821。在20世纪与21世纪之交的特别提款权构成比例已为:美元39%,欧元32%,英镑11%,日元18%。美元与欧元的汇率变化对特别提款权的价值产生决定性影响。

1999年1月1日欧元问世后,由于美元的汇价保持坚挺,欧元疲软,影响到特别提款权的价值也为之下落。据英国《金融时报》发表的美元兑各国及地区货币汇价:1998年12月31日1美元兑换欧元0.8516,特别提款权0.711850;2000年3月17日1美元兑换欧元1.0326、欧元贬值21%,特别提款权0.743900、SDR贬值4.5%。这一两极货币对垒格局,为包括日元、英镑和人民币在内的多极货币争雄带来新的机遇。在1999年一年间,欧元对美元贬值16%,对日元贬值30%,对英镑贬值3%;由于人民币同美元的汇率在1999年年内基本稳定,欧元对人民币亦有一定程度的贬值。日本正借此机遇将日元同美元一体化,以推进日元的国际化。日本于1998年6月5日公布《关于金融体系改革相关法律调整等事宜的法律》(金融体系改革法),对24项相关金融法律作了一揽子修订,1998年12月1日起施行,对金融制度进行"大爆炸"式改革:日本消费市场商品可以分别用日元和美元两种货币标价,消费者可以用日元和美元两种货币在日本国内市场消费,已经把日元同美元联系到了一起。有人预测,21世纪的国际货币格局很可能是3个货币区的鼎足而立,即欧元区、美元与日元区、一国四地(大陆、港、澳、台)的大中国货币区。这一国际货币格局的显现,将促使所有国家,特别是广大发展中国家,为维护其本国的币值稳定而加强其金融安全。

在国际货币基金的现行体制下,以少数国家的信用货币充当储备货币,由于汇率波动,给国际贸易和投资都将带来不确定性,投机性交易势必增加。各种金融衍生工具的应运而生,为国际金融酿成巨大风险,使国际货币体系具有内在的不稳定性。现行体制已无法有效解决国际收支失衡问题,从而引发国际金融危机。按照国际货币基金的目前举措,增加特别提款权的分配和使用,增强基金提供国际流动资金的职能。由于特别提款权本身的固有缺陷,并不能根本解决问题。俄罗斯和非洲一些采金的国家现多为穷国,为使之不致永远从一个采金的国家变成只需要美元的国家,构成国际储备货币的不应仅限于特别提款权和美元等可兑换货币,应当还辅之以黄金的再货币化。增进发达国家与发展中国家之间的合作,进行国际货币基金体制改革,建立符合各方利益的国际货币金融新秩序已势在必行。

国际货币基金改革,如何对待资本自由化已是个不容回避的问题。从经济上考虑,资本进出自由可优化全球资源分配,资本将向最需要和有利可图的地方流动;一国吸纳外国投资可以增加就业和引进技术。从政治上考虑,这也是个人自由的一种形式,应允许个人不留下其财产和积蓄从一国移居到另一国。因此,有人主张修订基金协定,将资本自由化纳入基金宗旨并将准许资本自由流动定为各成员国义务。但从各个国家的具体情况考察,至少在短期内,资本自由化会造成严重风险。可能出现“热钱”在一夜之间从一国账户转移到能觅高利的另一国账户,或者由于某种汇率巨变从一国账户转移到另一国账户。另一方面,在一些敏感领域,如军火生产与文化活动领域,将产权转移给了外国投资者可能被认为丧失当地主权。一些国家反对把不动产卖给外国人,也系出于同样考虑。看来比较现实可行的办法,还是不宜就此问题修订基金协定,由各成员国就此自作抉择为宜。[1] 改变现行国际货币金融秩序和建立新的国际货币金融秩序的希望,在于改变西方大国货币与广大发展中国家货币现存的力量对比。中国作为世界上最大的发展中国家,人民币在其中应当有所作为。适时修订中国的《外汇管理条例》,放宽对资本项目外汇的管制,使人民币国际货币化,早日成为可兑换货币,已为世界所企盼。因国际货币的多极化乃大势所趋、人心所向。

---

[1] Current Developments in Monetary and Financial Law, Vol. 1, IMF, 1999, pp. 7 - 8.
中国人民银行自 2004 年 12 月 1 日起已实施《个人财产对外转移售付汇暂行办法》,使个人合法财产的对外转移有章可循。

第三节　国际货币基金的组织活动

1946 年 3 月基金理事会与世界银行理事会联合举行开业会议,世界银行于 1946 年 6 月 25 日开业,基金于 1947 年 3 月 1 日开业。1947 年 11 月 15 日起基金与世界银行同时成为联合国专门机构。

一、基金的组织机构

基金的最高权力机构为理事会。理事会每年与世界银行理事会共同召开一次年会。由于各国理事基本上都是财政部长,因而理事会年会就成为各国主要财政官员一年一度的重要聚会。理事会拥有以下权力:决定新成员国的加入和加入条件,调整基金份额,选举执行董事,以及商定有关国际货币基金的重大问题等权力。基金组织实行理事会、执行董事会、总裁的"三级结构"和"加权投票制"(一国的投票数为基本票加补充票)。

基金的日常事务由执行董事会处理。执行董事会选举总裁 1 人,负责基金的日常业务工作。总裁是执行董事会的当然主席和基金工作人员的行政首脑。总裁在执行董事会不参加表决,只有双方表决票数相等时才投决定性的一票;总裁可以出席理事会,但无表决权。执行董事每两年由成员国指派或改选一次,不得由理事兼任。执行董事会共 24 名董事,其中,5 名指定(美、英、法、德、日),19 名分选区选举产生:沙特阿拉伯、俄罗斯、中国各一个选区,其余 16 个选区各产生 1 名董事。

据 IMF 在 2005 年 7 月 15 日公布的这 16 个选区情况:比利时董事代表 10 国,荷兰董事代表 12 国,墨西哥董事代表 8 国,意大利董事代表 7 国,加拿大董事代表 12 国,挪威董事代表 8 国,韩国董事代表 14 国,埃及董事代表 13 国,马来西亚董事代表 12 国,坦桑尼亚董事代表 19 国,瑞士董事代表 8 国,伊朗董事代表 7 国,巴西董事代表 9 国,印度董事代表 4 国,阿根廷董事代表 6 国,几内亚董事代表 24 国。

各成员国在基金行使的表决权与其所认缴的基金份额成正比。理事和执行董事按所代表的国家投票数进行表决;由选区成员国联合推选的执行董事,按该选区所有国家加在一起的投票数进行投票。

申请参加基金的国家,须事先与执行董事会商定其参加的条件,然后提交理事会批准。

基金的资金主要来自各成员国缴纳的基金份额,其次是在国际金融市场上借款。基金的借入资金包括两个部分:①1961 年 11 月基金同十国集团达成《基金借款总安排协定》,该项协定每隔几年延长一次有效期;②1977 年基金创设补充贷款时,按市场利率相继向 13 个成员国借款供作该项贷款资金。

二、基金的活动与贷款

（一）基金的活动

基金通过营业获得利息与手续费等收益来维持其日常开支。它自成立以来主要进行了以下三个方面的活动：

1. 与成员国或其他有关国际组织磋商解决国际货币金融问题。基金定期同各成员国进行磋商，现平均间隔 18 个月即同某个成员国磋商一次。基金每年要进行这样的磋商有时多达 100 次。基金还与 WTO 和联合国贸发会议共同成立了一个咨询委员会，对国际货币和贸易问题进行磋商，相互派代表出席对方组织召开的会议，以协调这些国际组织的贸易与货币政策。

2. 向成员国提供技术援助。如派出专家小组帮助成员国，主要是帮助发展中国家收集有关统计资料，建立中央银行，制定银行法规，实施外汇改革，以及订立其他有关稳定货币和调整经济的计划等。

3. 在成员国发生国际收支失调和急切需要资金时，为之提供各种贷款。现基金即系通过对贷款实施条件限制，并监督借款国执行某项经济调整计划，增强其作用。

国际货币基金组织为加强与成员国的联系并便于活动，在各国设代表处。2000 年 9 月 23 日中国人民银行行长代表中国政府与国际货币基金总裁签订《关于国际货币基金组织驻华代表处在香港特别行政区设立分处的谅解备忘录》，基金驻华代表处分处于 2001 年 1 月 11 日在香港正式开业。

（二）基金的贷款

目前，基金向成员国提供的贷款有以下八种：

1. 普通贷款。这是基金开业时即设置，也是它最早发放的一种用于缓解成员国国际收支的暂时失衡的贷款，贷款利息一般采用按贷款额与期限不同的累进制。自 1983 年 7 月 29 日起已将每季度调整一次利率改为每周调整一次。贷款分四档提供使用，每一档贷款额相当借款国所认缴基金份额的 25%，但贷款累计额不得超过该国认缴基金份额的 125%，而且档次愈高借款条件愈严。期限 3 - 5 年，边使用边偿还，无宽限期。

2. 缓冲库存贷款。1969 年设置。这种贷款用于适应初级产品生产国为稳定国际市场上初级产品价格建立国际缓冲库存方面的资金需要。期限 3 - 5 年，贷款累计额不超过借款国认缴基金份额的 50%。利息与发放使用办法同普通贷款。

3. 中期贷款。1974 年设置。这种贷款是在成员国发生较长期的国际收支逆差，而且其资金需要量比普通贷款所能借取的数额为大时向之提供。贷款最高额不超过借款国认缴基金份额的 140%，期限 4 - 10 年，利息期为 6 个月，可变利率，边使用边偿还，无宽限期。

4. 补充贷款。1977 年设置。这种贷款的资金来源于基金的借入，发放用于补充普通贷款和中期贷款的不足,以满足成员国巨额和持续的国际收支逆差的资金需要。贷款累计额不超过借款国认缴基金份额的140%,期限3年半至7年,利息期为6个月或1年,可变利率,边使用边偿还,无宽限期。

5. 结构性调整贷款。1986年设置。这种贷款用于帮助低收入成员国解决长期存在的国际收支逆差的资金需要。累计贷款额不超过借款国认缴基金份额的63.5%,期限10年(含5年宽限期),宽限期过后每6个月偿还一次,每次还本10%,共分10次还清,固定利率0.5%。

6. 追加结构性调整贷款。1987年设置。这种贷款向实施为期3年的宏观经济结构调整计划的最贫困成员国提供。贷款办法与结构性调整贷款大体相同,只是发放对象仅限于联合国所公布的最不发达国家名单中的国家,其贷款累计额可达借款国认缴基金份额的250%。

7. 补充和应急贷款。1988年设置。这种贷款的资金来源于已取消的出口波动补偿贷款和1976年建立的"信托基金"。补充和应急贷款用于向出口暂时下降的成员国或由于不可控因素导致粮食进口成本超涨的成员国提供。贷款累计额不超过借款国认缴基金份额的122%,期限3-5年,利息与发放使用办法同普通贷款。发展中国家获取基金的上述各种贷款,总起来一国不得超过其认缴基金份额的600%。

8. 体制性转换贷款。1993年4月国际货币基金执行董事会批准增设体制性转换贷款,以前经互会成员国与前苏联解体后的各新独立共和国为发放对象,贷款最高额以不超过该国认缴基金份额的50%为限,利率同普通贷款。该贷款分两批发放,第一批贷款于1994年底发放完毕,第二批于1995年底发放完毕。

(三)备用安排

基金除按成员国贷款申请提供贷款这种方式之外,还创设了一种"备用安排"(stand-by arrangement)的方式。《国际货币基金协定》第30条(b)项规定:"备用安排是指基金的一种决定,保证成员国可按此决定的条件在规定期间从普通资金账户中购买规定数额的货币。"在实际执行中,备用安排不仅适用于从普通资金中提取的普通贷款,也适用于基金其他各种资金来源的贷款。成员国事先与基金达成协议,获得借款许可与借款额度,由借款国按借款额度支付0.25%的承诺费,需用款时,可在规定额度内随时向基金借取。在备用安排下,成员国在规定期间内有无须经过贷款申请和审查程序使用贷款的主动权。现成员国大都愿以这种方式获取基金贷款,甚至有的成员国仅为了向外界表明其资信而申请备用安排。近年来,有的商业银行在同借款国订立的借贷合同中已将借款国获得基金的备用安排作为合同生效的一项先决条件,尽管基金对该国的备用安排并不意味着对该国的债务存在任何意义上的担保。

备用安排的程序:成员国先就备用安排向基金提出申请,并提交该国财政部长或中央银行行长签署的意向书。该意向书内容包括成员国在备用安排期间执行改善国际收支状况计划的意图和政策。基金官员按执行董事会总裁指示与该成员国代表谈判,并草拟备用安排草案,由总裁将成员国申请和备用安排草案提交理事会,经理事会批准后正式生效。备用安排的期限大都为1年,最长不超过3年。期限的不同取决于国际收支困难解决的具体情况。备用安排可以定出该安排的贷款额度或分阶段提取该安排的贷款额。

三、基金的新发展

1944年7月缔结《国际货币基金协定》,1947年3月1日国际货币基金正式开始运作。半个多世纪过去了,世界有了变化,基金也有变化。到2000年底,基金已有183个成员国,同时,协定也经历了四次修订:1969年第一次修订创设特别提款权,1978年第二次修订确立成员国自主安排外汇的权利,1992年第三次修订强化对违反协定成员国的纪律制裁,1999年第四次修订增加特别提款权的分配。

《国际货币基金协定》第1条(Ⅴ)规定:"在具有充分保障的前提下,向成员国提供暂时性普通资金以增强其信心,使其能有机会在无须采取有损本国和国际繁荣的措施的情况下,纠正国际收支失调。"基金即系按这一宗旨对成员国提供国际财政支持,以帮助其"纠正国际收支失调",而避免采取"有损本国和国际繁荣的措施",如限制经常性国际贸易支付、损害环境或人民的健康福利等。1994－1995年之交墨西哥发生金融危机,经有美国、加拿大等参加的国际货币基金一揽子贷款提供180亿美元的国际财政支持,止住了比索跌势。1997年7月泰国铢大幅度贬值,触发亚洲金融危机,国际货币基金主持实施救助计划,参加的有中国、中国香港、马来西亚、新加坡、印尼、韩国、日本、澳大利亚等国家和地区,以及亚洲开发银行,共承诺向泰国提供160亿美元贷款。在亚洲金融危机中,除泰国外,还有菲律宾、印尼和韩国相继接受国际货币基金实施的救助计划和一揽子贷款。[1] 为使今后实施这种救助计划的行动趋于制度化,1997年12月17日基金执行董事会批准创设"补充储备贷款"(Supplement Reserve Facility, SRF)。[2] 该项目贷款即为对由于突发的和破坏性的市场损失在其资本账户和国际储备中发生

---

〔1〕 1997年7月基金向菲律宾提供11亿美元贷款;1997年10月基金、世行和亚行向印尼提供230亿美元贷款;1997年12月,基金、世行和亚行向韩国提供350亿美元贷款。

〔2〕 国际货币基金向成员国提供的贷款至此已达十种:①普通贷款(Use of Fund's general resources);②缓冲库存贷款(BSF);③中期贷款(EF);④补充贷款(SCF);⑤结构性调整贷款(SAF);⑥追加结构性调整贷款(ESAF);⑦补充和应急贷款(CCFF);⑧体制性转换贷款(STF);⑨宽限期贷款(EFF);⑩补充储备贷款(SRF)。

巨额短期融资需要而面临异常国际收支失调的成员国提供国际财政支持而创设。据国际货币基金 1997 年 12 月 17 日发布的 97/59 号《新闻公报》称：成员国获得补充储备贷款的条件为，实施强有力的调整政策，能合理预期在短期内即可早日纠正其国际收支失调。该贷款的发放将纳入国际货币基金对成员国加强监控并鼓励其为防止发生金融危机而实施适宜政策的范围。对一项使用本贷款的申请，国际货币基金将考虑与其他债权人一起提供融资。为尽可能减少"道德公害"（moral hazard），成员国使用本贷款资金应寻求鼓励公私双方债权人保持参与，直到国际收支压力消除。

　　补充储备贷款（SRF）融资，将采用"备用安排"[1]或补充安排追加资金的形式，作出一年的贷款承诺，一般可利用两档或两档以上，[2]第一档于批准融资时使用。基金应考虑申请国资金需要决定其使用本贷款的数额；同时，也应考虑其偿还能力和其他待偿还的基金贷款，以及其以往使用基金贷款、与基金监控进行合作和基金的流动性等情况。本贷款的借款国应自提供之日起 1 年到 1 年半内偿还，尽管执行董事会有权将其再延长 1 年。在批准向 SRF 借款国融资的第 1 年期间，借款将交付基金贷款费率约 300 个"基础点"[3]的附加费，1997 年该费率平均约 4.7％。该费率在该期结束后增加 50 个基础点，以后每 6 个月增加一次，直至加到 500 个基础点。

　　基金为增设 SRF，在 1997 年 1 月已与 25 个参加国和地区达成"新借款总安排"（NAB）协议，参加国和地区可借给基金 340 亿 SDR（约 470 亿美元），以取代旧的"借款总安排"（GAB）。GAB 是由 11 个工业国中央银行参照市场利率提供给基金的贷款，订立于 1962 年。这 11 个参加工业国为比利时、加拿大、德国、法国、意大利、日本、荷兰、瑞典、瑞士、英国和美国。NAB 的 25 个参加国和地区，除原 GAB 的 11 个工业国加上沙特阿拉伯，另 13 个国家和地区为澳大利亚、奥地利、丹麦、芬兰、挪威、西班牙、卢森堡、韩国、科威特、马来西亚、新加坡、泰国和中国香港。

　　1999 年 4 月 25 日国际货币基金宣布：如某些成员国采取了强有力的经济政策以预防因金融危机蔓延而可能产生的国际收支问题，国际货币基金将向它们提供"应急信贷额度"（CCL）。应急信贷额度提供的贷款利率比普通贷款利率高 3 个百分点，最高差额可达 5 个百分点。CCL 是作为前述 SRF 的一个补充。二者的重要区别在于：SRF 适用于已经陷入金融危机的成员

---

[1]　备用安排是指基金的一种单方面决定，保证成员国可按此决定的条件在规定的期限内从普通资金账户中购到规定数额的货币。备用安排通常为 1 年到 1 年半，每次购买之后的 3.25 至 5 年后进行回购。

[2]　成员国的贷款额度在其认缴份额 25％－125％之间的信用档：25％－50％的为一档，50％－75％的为二档，75％－100％的为三档，100％－125％的为四档。

[3]　基础点（basis point）原为美国证券利息用语，1 个基础点为利息 1 厘的 1％。

国,而 CCL 是专为担心遭受金融危机冲击但还没有陷入危机的成员国采取的一项预防措施。

目前脆弱的世界金融体系,无论对工业化经济、发展中经济或过渡性经济,均能危及其金融市场的稳定和严重扰乱其宏观经济目标的实现。当前各国更加倾向于解除对资本项目转移的限制和银行业愈益向地区性与国际性领域拓展,金融体系的跨国性问题愈益增多。如何采取国际行动促进银行业的稳健经营就更为人们所关注。1997 年 9 月巴塞尔委员会已正式公布《银行业有效监管的核心原则》。国际货币基金也建立了一个工作小组为之准备"建立金融稳定体制的建议"向各成员国和国际银行界提出。国际货币基金将对建立金融稳定有效体制从以下三个方面做出其应有的努力:

1. 敦促各成员国对建立金融稳定有效体制在其经济政策实施中起到重要作用;强化对各成员国金融体系发展的监控,特别是对那些已经暴露易于导致宏观经济失控的潜在问题及时加以解决。国际货币基金在 1996 年即已建立"特别数据传播标准"(SDDS),鼓励成员国自愿采用,用以公布参与国际资本市场的经济数据;1996 年并建立了"传播标准公报局"(DSBB),负责计算机联网与发布电子公报;1997 年 3 月执行董事会决定筹建起"总数据传播系统"(GDDS)。

2. 运用国际货币基金提供的各种贷款的条件,约束借款国及时、有效地克服其金融体系中存在的弱点。1996 年 5 月国际货币基金对摩尔多瓦贷款1.85 亿美元,即由于基金不同意摩尔多瓦现政府的经济政策,于 1997 年 6月宣布在摩尔多瓦选出新政府前中止对它的贷款。

国际货币基金运用贷款条件约束借款国的做法正遭到一些成员国的非议。1997 年 7 月亚洲金融危机发生后,国际货币基金先后向泰国、印尼、韩国等提供贷款,要求这些国家实行紧缩财政、提高利率等并不适合这些国家国情的政策,导致危机加剧。现已有成员国人士(如巴西议长)提出,国家在作经济决策时应有自主权,政府为履行与国际货币基金的贷款协议所采措施不应由基金决定。

3. 会同世界银行提供技术援助,使成员国在开放其金融市场过程中能吸收其他国家经验,并促进各国的监管合作与协调一致。

第四节　基金协定的法律效力

一、基金协定的普遍效力

《国际货币基金协定》第 11 条第 1 款规定,成员国"不与非成员国或其境内的人民合作从事违反本协定条文或基金宗旨的交易"和"事情";成员国要"与基金合作在本国境内采取适当措施,防止与非成员国或其境内的人民间的违反本协定条文或基金宗旨的交易"。即成员国不仅不得与非成员国从事违反协定的交易和事情，还得在本国境内采取适当措施防止违反协定的交易的发生。协定的法律效力实际上已超越缔约国与参加国的范围，也间接地约束非成员国，从而具有了普遍效力。

现基金成员国已达 183 个，由于中立国瑞士的参加，其成员国数将有可能超过联合国。基金协定的普遍效力除体现于遵守它的国家之外，还体现于其第 8 条第 2 款(b)项的规定。

二、基金协定第 8 条第 2 款(b)项

《国际货币基金协定》第 8 条第 2 款(b)项规定："有关任何成员国货币的汇兑合同，如与该国按本协定所实施的外汇管制条例相抵触，在任何成员国境内均属无效。此外，各成员国得相互合作采取措施，使彼此的外汇管制条例更为有效，但此项措施与条例，应符合本协定。"

1949 年 6 月 10 日基金执行董事会通过 446 - 4 号决议，对协定第 8 条第 2 款(b)项规定作出权威性解释，并通知全体成员国。解释的要点如下：

1. 订立"有关任何成员国货币的汇兑合同，如与该国按本协定所实施的外汇管制条例相抵触时，在任何成员国境内均属无效"。即该项合同义务将不被成员国司法或行政当局执行，例如，不得下令履行该项合同或判处不履行方赔偿损失。

由于国际货币基金对"汇兑合同"未予定义，在实践上也就出现歧义，有的成员国对之作广义理解，有的则取狭义。作广义理解是：凡含国际支付或本币与外币兑换内容的任何合同，其履行影响到有关成员国外汇资产或国际储备数量的增、减，均属"汇兑合同"。作狭义理解或仅从字面解释，"汇兑合同"即以一种货币兑换另种货币为直接目的的合同。支持狭义解释的理由为，如意在广义，该条款文字就不会在"合同"前面加上"汇兑"的限语。现美、英两国法庭对"汇兑合同"即持狭义解释，而西欧大陆国家法庭一般持广义；就世界范围而言，也以对"汇兑合同"持广义解释的较为普遍，因作此解释更符合基金协定"促进国际货币领域的合作"的宗旨。

由于国际货币基金对"外汇管制条例"也未予定义，各成员国对之也有不同理解。一种观点认为，凡含对国际性交易的支付和资金转移实施限制内容的法规均属"外汇管制条例"。按此理解，则不仅是对外汇实施管制的专项条例，海关和贸易管制的法规、封锁禁令和对敌贸易禁令等均属于"外汇管制条例"的范围了；而这类法令的实施，其主旨在向外国施压，并非出于保护其外汇资产，统统将之归属"外汇管制条例"范围，与基金协定宗旨明显相悖。

2. 全体成员国均承担通过国内法执行协定第 8 条第 2 款(b)项规定的义务。即该条款属于国际公法规则，成员国法院不得以法庭地公共秩序保留为由,而拒绝承认其他成员国按本协定所实施的外汇管制条例,亦不得依法庭地国际私法规则以该外汇管制条例是否为合同准据法或履行地法而异。

3. 国际货币基金愿就执行本协定第 8 条第 2 款(b)项规定的有关解释问题给予协助,并就成员国所实施的外汇管制条例是否符合本协定的问题提供咨询。

总而言之,基金协定第 8 条第 2 款(b)项规定,不仅是要求第 8 条成员国应与实施外汇管制的第 14 条成员国合作,也适用于第 14 条成员国,即全体成员国。尽管基金协定是一项国际公约,只约束国家,但作为缔结和参加该协定的国家,已承担条约义务在其国内保证该项条款规定的有效实施,而不得在立法、司法和行政上采取与之相悖的规定或做法,从而该项条款规定对公私交往中一切涉及外汇的场合与活动均具有约束力。即个人、法人在订立涉外支付合同或借款合同、担保合同时,都不但要遵守本国法,还得顾及是否有违对方国家的按基金协定实施的外汇管制条例。国外有学者认为《国际货币基金协定》实际上是"软国际法"(soft international law)。[1] 这一观点值得商榷。

■思考题

1. 布雷顿森林制度的基本内容与牙买加制度的新增内容。
2.《国际货币基金协定》的法律效力。

---

〔1〕 泽木敬郎、石黑一宪、三井银行海外管理部:《国际金融取引 -2(法务篇)》,日本有斐阁出版社 1988 年版,第 310 页。

第十四章 黄金的法律问题

第一节 黄金的货币职能问题

本节主要探讨黄金所具有的流通货币与储藏货币方面的职能。

一、作为流通货币的黄金

黄金在世界各国历史上都充当过流通货币,这是由于:①黄金本身具有价值,很难人为地压低它的价值,充当财富的一般代表最为理想;②用黄金充当一般等价物交换其他一切商品,早已获无异议的公认。

在第二次世界大战前的金本位制时期,不少国家相继推行过金币本位制、金块本位制与金汇兑本位制。第二次世界大战行将结束时召开的布雷顿森林会议所确立的布雷顿森林制度,即以 1 美元含金量 0.888671 克计算,35 美元等于 1 盎司黄金,各国货币都要宣布其单位含金量,并据以与美元挂钩,维持固定比价。1978 年生效的第二次修订《国际货币基金协定》,取消布雷顿森林制度,实行黄金非货币化,允许所有国家货币均可根据其需要自由安排外汇。但这事实上也未能完全消除黄金的货币职能,即黄金作为流通货币的职能消除了,而作为储藏货币的职能并未因此而消失。

二、作为储藏货币的黄金

国际货币基金主张黄金非货币化,有其合理的一面,即纸币取代黄金充当流通货币,是世界商品生产和交换发展的必然结果。黄金本身的生产量与社会持有量均极为有限,黄金数量的有限性同黄金所要表示的财富价值的无限性,是无法调和的矛盾,用黄金充当流通货币已根本无法满足流通的需要。据估计,现每天有 2 000 亿美元至 2 500 亿美元的资金在世界各地流动,一年高达 56 万亿美元流量,而全世界仅存约 10 万吨黄金,其中 1/3 由各国中央银行和国际货币基金持有,2/3 由私人和公司企业持有。即使这 10 万吨黄金全部投入流通使用,也根本无法周转。因此,很多人认为,货币已经跨越了"黄金时代"。但黄金非货币化主张也有其不合理之处,即只见到黄金继续充当流通货币已行不通,未见到黄金仍在继续发挥它作为储藏货币的职能,而这一事实是客观存在的。据 1980 年统计,黄金在西方国家的国际储备构成中,葡萄牙占 87.7%、美国占 74.3%、意大利占 61.3%、法国占 57.9%,黄金仍是当时这些国家的主要国际储备。在现行牙买加制度下,一国国际收支发生逆差需要清偿时,虽然已不直接交付黄金,但一些国家弥补国际收支逆差通常动用的国际储备仍为黄金,即将黄金在国际市场上卖掉,然后用出售黄金所得现汇进行清偿。以各国中央银行为业务对象的国际清算银行,迄今仍承做黄金抵押贷款。目前,在国际市场上畅销的各种金币,如美国鹰徽金币、加拿大枫叶金币、中国熊猫金币、南非富格林金币,等等,尽管属于工艺品或纪念币的性质,但仍兼为一种储藏货币为人们所持有。

当今世界对黄金价格和供求影响较大的黄金市场有伦敦、苏黎世、纽约、芝加哥、香港和新加坡等地黄金市场,它们通过电讯手段相互联通,使投资者在一天 24 小时内都可以买卖金块。黄金市场既经营现货,也经营期货。在瑞士未加入国际货币基金以前,瑞士商业银行持有的黄金可以列为现金项目,不征税。1969 年瑞士与南非达成协议,南非新产黄金的 80% 可以通过苏黎世金市销售。自 1980 年起,瑞士决定征收 5.6% 的黄金销售税,这个税率也低于其他国家。苏黎世金市,以瑞士银行、瑞士联合银行、瑞士信贷银行三大银行为中心,联合经营黄金买卖。由于掌握大量黄金储备,它们不但充当经纪人,本身也做黄金交易。现苏黎世金市的交易量已超过伦敦金市。

马克思对黄金储备的作用指出:①作为国际支付的准备金,也就是作为世界货币的准备金;②作为时而扩大时而收缩的国内货币流通的准备金;③作为支付存款和兑换银行券的准备金。[1]

现国外有的商业银行还发行黄金证券,提供黄金账户。黄金不是流通货币,仍是一种储藏货币和世界货币。一国当局如果看不到这一点,即有可能导致货币决策上的失误。因此,一国当局应善于利用其黄金储备和黄金的储藏货币与世界货币的职能,这不仅有助于维护其国际收支地位,而且有助于消化部分游资和抑制通货膨胀。

三、黄金条款的适用问题

现订入黄金条款的商业合同已绝迹,一些国际条约中的黄金条款,随着国际货币基金对黄金官价的取消,如何折算金价已做法歧异。《国际开发协会协定》(1960)规定,每个成员国在加入时,应按分配给它的数额认缴股金,股金以美元表示,此项美元以 1960 年 1 月 1 日美元的含金量和成色为准。亚洲开发银行规定,每股 1 万美元,按 1966 年 1 月 31 日美元含金量和成色

---

〔1〕《马克思恩格斯全集》第 25 卷,人民出版社 1972 年版,第 643 页。

计算。一国加入国际开发协会和亚洲开发银行,是按它们所主张的美元含金量认缴股金。万国邮联 1977 年规定,1 金法郎 = 1/3.061 个特别提款权(SDR),万国邮联各成员国按此计算交纳以金法郎表示的会费。

第二节　各国黄金储备政策

一、外国的黄金储备政策

外国对黄金储备的政策大体分三类:

1. 主要资本主义国家对黄金储备大多采行维持不变的政策。在发达国家的国际储备构成中,黄金储备虽已从 1983 年的平均占 58.3% 降至 1989 年的平均占 38.12%,这是由于国际储备的绝对数量普遍增大,从而黄金储备的构成比例相对下降,但非黄金储备的绝对数量已有减少。以美国为例,根据国会 1934 年 1 月 30 日通过的《黄金储备法》,全部黄金储备收归国有,财政部将所有黄金铸成金块储存;该法规定,各联邦储备银行必须认购财政部发行的一定数量的黄金券,其数量要求相当于联储银行发行美钞和存款债务金额的一定百分比;该法授权财政部可以因稳定美元汇价而抛售黄金对外汇市场进行干预。现美国的黄金储备总量为 8 543 吨。

2. 欧佩克国家和巴西等部分发展中国家采取增加黄金储备的政策。如沙特阿拉伯的黄金储备,1977 年为 96 吨,1978 年即增至 141 吨;巴西国库黄金储备,已从 1982 年的 4.7 吨增至 1986 年的 76 吨。为增加国库黄金储备,印度政府决定自 1993 年 3 月 15 日起,开始发行黄金债券;债券最低面额为 500 克黄金,每克黄金付给利息 40 卢比,债券到期后政府兑付黄金;黄金债券可以转让,可以作为向银行申请贷款的抵押。

3. 一些现汇短缺的国家,以及个别因国外资产遭到冻结的国家,则大量抛售黄金。如自 1991 年 2 月海湾战争结束以来,伊拉克由于使用其国内现汇储备办理国际支付遭到阻止,据澳大利亚一家储备银行 1992 年 8 月 21 日发布的一项报告,在该行处理的一笔伊拉克交易中,伊中央银行支付 10 吨黄金用于购买。也有的发达国家,为实现国际储备多样化便于灵活运用,也大量抛售黄金,如比利时和荷兰的中央银行在 1992 年一年里抛售的黄金总量共达 600 吨。

1997 年澳大利亚联邦储备银行将其黄金储备的 2/3 抛售,总量达 167 吨,用于购买美国国债。西欧一些国家也在大量抛售黄金购进美元,导致金价一路下滑。这一趋势如不加遏制,势必增加国际金融的不稳定性。目前,全球股市的 50% 是以美元交易,美元主导的全球债券交易占 47%,外币银行贷款占 35%,外汇交易占 87%,国际贸易支付占 48%。美元正在充当起难以胜任的流通全球的国际货币角色。各国应当把黄金列为一种储备资产,以减少受美元一种货币操纵的现行世界货币格局的风险。

二、中国的金银管理

从中国公布的国库黄金储备数量看,1977—1980年每年均为398.12吨,1981—1987年每年均为395.01吨。中国是一个发展中国家,又是金矿蕴藏丰富的国家,并达一定开采水平。中国需要多采金和管好金,并辅以购进黄金的办法,以增大黄金储备,充分利用和发挥黄金的储藏货币作用,实现国际储备的多样化。随着人民生活水平的提高与购买力的增强,国家可以增大用于制作金首饰的黄金投放量,回笼一部分流通中的货币。列宁讲过,到共产主义时代,会用金子修一些公共厕所,现在离那个时候还很远(转引自陈云同志1973年6月7日在听取银行工作汇报时的讲话)。

中国为加强对金银的管理,1983年6月15日国务院发布《金银管理条例》。条例规定,国家对金银实行统一管理、统购配售的政策。国家管理金银的主管机关为中国人民银行。中国境内的机关、部队、团体、企事业单位和城乡集体经济组织所持的金银,除经中国人民银行许可留用的以外,必须全部交售给中国人民银行,不得自行处理、占有;国家保护个人持有合法所得的金银。中国境内一切单位和个人不得计价使用金银,禁止私下买卖和借贷抵押金银。条例还规定,境内机构从国外进口金银和矿产品中采炼的副产金银,除经中国人民银行允许留用的或规定用于进料加工复出口的金银以外,一律交售给中国人民银行,不得自行销售、交换和留用。中国境内的外商投资企业以及外商,订购金银制品或加工其他含金银的产品,要求在国内供应金银者,必须按规定程序提出申请,由中国人民银行审批予以供应。

自1997年10月1日起在中国施行的新《刑法》第151条规定:走私国家禁止出口的黄金、白银和其他贵重金属及其制品的,处5年以上有期徒刑,并处罚金;情节较轻的,处5年以下有期徒刑,并处罚金;情节特别严重的,处无期徒刑或者死刑,并处没收财产。单位犯上述规定罪的,对单位判处罚金,并对其直接负责的主管人员和其他直接责任人员,依照上述规定处罚。

1998年2月16日国务院办公厅函复中国人民银行:参照国际市场黄金价格,调整国内黄金收售价格,由中国人民银行根据国际市场行情适时进行调整。其原则是,国际市场金价低于每克80.5元时,国内黄金收购价格按高于国际市场金价3%确定;当国际市场金价高于每克80.5元,则国内黄金收购价按国际市场金价水平确定。国内黄金配售价格按不高于收购价的2%的幅度确定。

经中国人民银行授权,中国金币公司于1999年11月已开始向全国限量发行金条。首批新千年纪念金条共四种,分别为50克、100克、200克和500克,成色99.99%,以低于黄金饰品零售价的发行价公开发行。

经国务院批准,中国人民银行于1999年11月发出《关于白银管理改革有关问题的通知》:取消对白银制品加工、批发、零售业务的许可证管理制度(银币除外),对白银生产经营活动按一般商品的有关规定管理;支持和鼓励国内白银生产企业有计划地出口白银,出口白银(银币、白银制品和国家库存白银)按外经贸部制定的《白银出口管理暂行办法》办理;适当限制进口白银及其制品,进口白银及其制品按人民银行与海关联合制定的《白银进口管理暂行办法》办理。以上通知,标志着源于建国初期为维护人民币的法定货币地位,国家决定对白银实行"统购统配",并延续达半个世纪之久的此一白银管理体制的宣告结束。现中国已将白银作为一般商品开放其市场。上海已建成首家国家指定的白银交易市场,1999年12月13日正式向全国招商,场内采取现货交易,每份合同的交易量为30公斤。

2001年4月,中国人民银行宣布取消黄金"统购统配"的计划管理体制,在上海组建黄金交易所。2001年10月经国务院批准成立黄金交易所,2002年10月30日正式开业。上海黄金交易所是遵循公开、公平、公正和诚实信用原则组织黄金交易,不以盈利为目的,实行自律性管理的法人。该交易所在全国34个城市设立42家指定交割仓库。会员可以自由选择交割仓库存入或提取黄金。黄金调配由交易所统一调运,并负责配送,保证交易后3天拿到黄金。上海黄金交易所正式运作后,中国人民银行停止黄金配售业务,黄金交易即通过该交易所进行,将金价交由市场决定。全国有108家产金、用金、冶炼、造币企业和商业银行成为上海黄金交易所的第一批会员。该交易所交易方式采用会员自主报价,以"价格优先、时间优先"的原则集中撮合成交为主,辅以询价等其他交易方式。会员也可选择现场方式或远端方式进行黄金交易。交易所初建期主要开展现货交易,随市场功能作用的发挥以及市场运行机制的完善,经批准再开展黄金期货交易业务。

2006年初,湖北黄石市建设银行已推出个人账户黄金业务,投资者只需在该市建行开设以一个证券龙卡账户和一个借记卡账户构成的"黄金账户",就拥有一本"黄金存折",赚取黄金价格波动所带来的差价收益。这种不发生实物黄金交割的投资行为,被称为"纸黄金"。该行"纸黄金"交易品种分Au99.95(足金)和Au99.99(千足金)两种,以克为交易单位,起点交易数量为10克。

■思考题

1. 当今黄金条款的适用问题。
2. 各国的黄金储备政策。

第十五章　跨国货币的法律问题

■ 学习目的和要求

　　注意了解跨国货币的产生与风险,以及跨国货币的概念与种类。

第一节　跨国货币的概念

一、跨国货币的产生

　　现游离于国际货币金融的法律秩序之外的,除黄金,还有数额惊人、无拘无束地流转于世界各地的跨国货币。跨国货币,即公司、个人、政府、国际组织把本国货币或所在国货币存放到经营离岸金融业务的银行或境外银行的巨额存款。由于这些存款是已经脱离其母国并不受其母国法律管辖的货币,又称无国籍货币。跨国货币出现于 20 世纪 50 年代初期,后随布雷顿森林制度的崩溃而迅速发展起来。跨国货币的出现,促成了金融市场的真正国际化,冲破了传统的国际金融格局。

　　第二次世界大战前的各国金融市场,受所在地法律管辖,即使像伦敦、纽约那样有名的国际金融市场,仍属于受英国法律或美国法律管辖的金融市场,仅在外国人去那里可以借到英镑或美元这一点上是国际性的。跨国货币出现后形成起来的离岸金融市场,已与传统国际金融市场有以下不同:①离岸金融市场是不受所在地法律管辖或为当地免除管辖的真正国际金融市场,事实上也无任何一国法律能够单独管制这一金融市场;②借贷各方都可以在离岸金融市场上任意选择借贷对方和借贷地点。在这个金融市场上的借贷各方当事人的国籍可以是任一国的,所借币种也可以包括所有可兑换货币,并不限于市场所在地的货币一种。

　　跨国货币的出现,冲破了传统国际金融格局。在以往,国际借贷主要是由各国间的政府贷款、国际清算银行融资、国际货币基金和世界银行集团贷款构成,而今各商业银行在离岸金融市场经营的跨国货币借贷和欧洲债券发行总额,每年要比政府贷款和政府间国际金融组织提供的贷款总和高出10 多倍。这种新的国际资金运转,尚处于无法律秩序的状态,而主要靠国际借贷合同和 ACE 惯例规则自律。

二、跨国货币的风险

跨国货币由于不受哪国法律管辖,从而也得不到哪国法律的保护,这就可能为持有者带来以下风险:[1]

(一)政治风险

如持有欧洲美元的伊朗人、利比亚人和伊拉克人,可能碰上美国政府下令冻结资产的风险。

(二)法律风险

遇存款行冻结客户存款或存款行丧失偿付能力,跨国货币的持有者将无处投诉,其权益得不到有效的法律保护。

(三)金融风险

遇发生金融危机,存款行资金周转不灵或存款破产倒闭,即无可能获得特定中央银行系统的财政支持。1933 年美国颁布《紧急银行法》(《格拉斯—斯蒂格尔法》),建立联邦存款保险公司,对境内美元存款承担保险责任。1973 年美国圣地亚哥国民银行倒闭,即因联邦存款保险公司不对外币存款承担保险责任,从而使存款人蒙受损失。1982 年,意大利安布鲁西亚诺银行倒闭,致使 200 多家外国银行存款蒙受 45 亿美元的巨大损失。

第二节　各种跨国货币

现数额巨大的跨国货币有欧洲货币、亚洲货币和石油美元三种。

一、欧洲货币

欧洲货币(Euro – currency)以最初形成于欧洲而得名。1950 年美国发动侵略朝鲜战争冻结中国在美资产后,当时的苏联、东欧国家将其存放在美国的美元移存于欧洲各国商业银行,开始出现美元脱离美国的欧洲美元。1956 年发生英法侵略埃及的苏伊士运河战争。英国为防止资金流入阿拉伯国家,对英镑贷款施加管制。伦敦一些大商业银行从 1957 年开始以高利息为诱饵,把西方国家的美元存款吸引到伦敦,又以更高的利息转贷出去,开创欧洲货币借贷利率是在 LIBOR 基础上加息的银行实务惯例。继后,西欧各国和日本、加拿大、巴哈马等国大商业银行也一边吸收美元存款、一边办理美元贷款,从而形成了一个全球性规模巨大的欧洲货币市场。

美国纽约联储 1995 年 9 月 19 日公布的统计数字,伦敦外汇市场 1995 年 4 月的日平均交易额 4 640 亿美元,高于纽约和东京外汇市场同月日平均交易额的总和。伦敦不仅是欧洲货币市场的发源地,迄今仍为欧洲货币市场的主要中心地。

---

[1] T. Q. Cook and B. J. Summers:Instruments of the Money Market,1981,pp. 128 – 131.

　　欧洲货币市场并非一个地理概念,而是一项国际金融业务。1981年12月3日起,美国也开设了纽约银行业自由区,准许区内大商业银行增设专营欧洲货币业务的国际银行业务设施,吸收外国居民、外国公司和外国银行的境外美元存款,再将之转贷于境外。纽约银行业自由区内,银行所从事的离岸金融业务与美国境内的金融业务严格分开。现美国除纽约州外,已有其他11个州立法允许美国银行与外国银行分行开办国际银行业务设施。美国联邦储备管理委员会对开办"国际银行业务设施"(IBF)的银行作出严格规定:①IBF的业务范围仅限于外国居民(包括外国银行)和其他从事IBF业务的银行,禁止对任何美国居民贷款或接受其存款;②非银行客户交易的最低限额为10万美元,提取存款必须提前2天通知;③禁止利用IBF发行CD(大额定期存单),以防止CD被转让给美国居民;④IBF借出的资金只能用于国外业务而不能用于美国国内;⑤不允许利用IBF从事证券交易。

　　IBF的建立,使美钞实际上仍一直在美国并未大量出境,而系通过世界各地经营欧洲美元的各银行在账上转进转出。[1] 如纽约银行业自由区内银行吸收的境外美元存款和向境外转贷的美元贷款,日本公司在瑞士商业银行存放的美元或瑞士商业银行对法国商业银行提供的美元贷款,等等,即形成了数额巨大的脱离美国本土的境外美元。欧洲货币不仅欧洲美元一种,欧洲英镑(Eurosterling)即在英国境外的银行吸收到的英镑存款。欧洲英镑的交易大多在巴黎和布鲁塞尔进行,成交单位以50万英镑计算。此外,欧洲货币还有欧洲(德国)马克、欧洲瑞士法郎、欧洲荷兰盾和欧洲日元等,而以欧洲美元为主体(在欧洲货币构成中占72%),故也把欧洲货币称作欧洲美元,实际上并非仅指欧洲美元,而是将欧洲美元作为欧洲货币的同义语使用。

　　在欧洲货币市场上成交的欧洲美元存放款,存款以10万美元为单位,贷款以100万美元为单位。因此,有财力经营欧洲货币的主要是世界上几百家大银行。据美国联储资料,1992年全球美元运转总额为3.5万亿,但绝大部分表现为银行账款,而1992年纸币的总供应量仅为1 080亿美元。欧洲货币市场规模的扩大,就美国而言,减少了政府对现钞的管理费用;就欧洲货币持有者而言,如用欧洲美元存款取代在美国境内的美元存款,使用更方便;一些东道国为搞活国际金融,还主动开放当地银行办理欧洲货币业务,并免除管辖和税收。欧洲货币市场势将继续扩大。

　　自1979年起,中国开始进入欧洲货币市场,以吸收中长期银行信贷和发行欧洲债券方式利用该市场资金支持国内社会主义现代化建设。

---

〔1〕　参见,第九章第四节二目所附图表:欧洲货币的"U形转弯"。

二、亚洲货币与石油美元

(一)亚洲货币

亚洲货币(Asian currency)包括亚洲美元和亚洲日元,主要为亚太地区的美元存放款,故又称亚洲美元,简称亚元。亚元起源于新加坡政府1968年10月1日法令,准许美国美洲银行在当地分行开设经营"亚洲货币单位"的部门,专做非居民的美元存放款业务。当时,亚元市场规模仅3 000万美元,经营机构也仅美洲银行一家。继后,新加坡政府又先后批准花旗、麦加利(渣打)、华侨等大商业银行经营亚元。随着境外日元在亚元中比重的增大,除亚洲美元外,又有了亚洲日元。到1987年7月,新加坡亚元市场规模已达2 174亿美元,经营机构已有188家。现香港、马尼拉和东京等地都有了亚元市场。亚元存款多由经营银行发行可转让的美元CD,每张面值5万、10万、50万美元不等。亚元放款对象主要为美、英、日等国在亚太地区的跨国公司。由于亚元与亚太地区发展中国家的经济联系密切,对亚元的发展前景一般持看好态度。

中国自1986年起开始利用亚元资金,主要是在新加坡发行亚元债券。亚元债券无独立市场,尚附属于欧洲债券市场而为其组成部分。

(二)石油美元

石油美元(petrol – dollar)是以石油成交用美元报价、计价和支付而得名,产生于1973年中东十月战争海湾国家的石油提价。欧佩克国家把出口石油赚得的巨额美元存入西方商业银行,西方银行又将之转贷出去。获得石油美元贷款的国家和地区,再用以购买石油,形成石油美元的再循环。经营石油美元的基地在海湾国家巴林的离岸金融市场。石油美元市场规模曾一度与亚元不相上下。由于战争和油价下跌,美国冻结几个阿拉伯国家的国外资产和一些阿拉伯国家将西方银行存款转入国内银行存放,已为石油美元前景蒙上了阴影。阿拉伯国家在美国和欧洲的投资有9 000亿美元,其中,大部分来自沙特、科威特和阿联酋。从2001年9月到2002年1月,沙特投资者即已从西方国家的银行账户提取存款270亿美元,并将其中大部分资金投资于沙特国内各项目建设。现高油价已使石油输出国成为全球账户盈余最多的一群国家。据IMF估计,它们中居第一的为OPEC(石油输出国组织)国家,俄罗斯与挪威分别居第二和第五。现这些石油美元与过去的通过银行进行的再循环有了很大不同,其是在通过证券市场进行。

■思考题

1. 跨国货币的出现及其对传统国际金融秩序的冲击。
2. 跨国货币的风险问题。

附录：书目与索引

参考书目

[1] 盛愉：《国际货币法概论》，法律出版社 1985 年版。

[2] 陈安：《国际货币金融法》，鹭江出版社 1987 年版。

[3] 董世忠：《国际金融法》，法律出版社 1989 年版。

[4] 潘金生等：《涉外金融法》，中国政法大学出版社 1989 年版。

[5] 刘舒年：《国际金融实务》，对外贸易教育出版社 1991 年版。

[6] 刘丰名：《巴塞尔协议与国际金融法》，武汉测绘科技大学出版社 1994 年版。

[7] 许健：《银行监管国际惯例》，中国金融出版社 1994 年版。

[8] Andreas F. Lowenfeld: The International Monetary System, Matthew Bender and Company, 1977.

[9] Robert S. Rendell: International Financial Law, Euromoney Publications, 1980.

[10] F. A. Mann: The Legal Aspect of Money, Clarendon Press Oxford, 1982.

[11] Philip Wood: Law and Practice of International Finance, Sweet and Maxwell Ltd, 1980.

[12] A. Arora: Practical Business Law, Macdonald and Evans Ltd. 1983.

[13] P. Gabriel: Legal Aspects of Syndicated Loans, Butterworth, 1986.

[14] A. Whittaker: The Financial Services Act – A Guide to the New Law, Butterworth, 1987.

[15] G. A. Penn, A. M. Shea and A. Arora: The Law and Practice of International Banking (Banking Law Vol. 2), Sweet and Maxwell Ltd, 1987.

[16] I. Shihata: MIGA and Foreign Investment, Martinus Nijhoff Publishers, 1988.

[17] N. Horn: The Law of International Trade Finance, Kluwer, 1989.

[18] Michael Ashe: Insider Trading, The Tangled Web, London Fourmat Publishing, 1990.

[19] R. C. Tennekoon: The Law and Regulation of International Finance, Butterworth, 1991.

[20] N. S. Poser: International Securities Regulation – London's " Big Bang"

and the European Securities Markets, Brown and Company, 1991.

[21] B. Bergmans: Inside Information and Securities Trading – A Legal and Economic Analysis of the Foundations of Liability in the U. S. A. & the European Community, Graham and Trotman, 1991.

[22] David Palfreman: Law relating to Banking Services, Pitman Publishing, 1993.

[23] R. C. Effros: Current Legal Issues Affecting Central Banks (Vol. 1 – 2), IMF, 1992 – 1994.

[24] Bruce J. Summers: The Payment System – Design, Management and Supervision, IMF, 1994.

[25] 王贵国:《国际货币金融法》,北京大学出版社1996年版。

[26] R. C. Effros: Current Legal Issues Affecting Central Banks (Vol. 3 – 5), IMF, 1995 – 1998.

[27] Philip Wood: Law and Practice of International Finance (Series), Sweet and Maxwell Ltd, 1995.

   Comparative Finance law.

   Principles of International Insolvency.

   International Loans, Bonds and Securities Regulation.

   Comparative Law of Security and Guarantees.

   Title Finance, Derivatives, Securitisations, Set – off and Netting.

   Project Finance, Subordinated Debt and State Loans.

[28] 姚玉如:《国际私法与国际经贸》,新华出版社1999年版。

[29] Michael Gruson and Ralph Reiswer: Regulation of Foreign Banks, Butterworth Legal Publishers, 1991.

[30] Chris Reed: Electronic Finance Law, Woodhead – Faulkner, 1991.

[31] Current Developments in Monetary and Financial Law (Vol. 1), IMF, 1999.

[32] 《英国金融服务法》,中国民主法制出版社1997年版。

[33] 《美国金融服务现代化法》,中国金融出版社2000年版。

[34] 陈跃等译:《风险价值VaR》,中信出版社2005年版。

[35] 外经贸部条法司编译:《国际商事合同通则》,法律出版社1996年版。

外文术语索引

说明:本书所收英文术语中所含英文的外来语,其后用圆括号注明 F. (法文)、L.(拉丁文)和 Gr.(希腊文)。数码表示该术语所在的章、节、目。例如,0111 表示在第一章第一节一目(包括脚注),0820 表示在第八章第二节节目说明中,1011 表示在第十章第一节一目,余类推。

A

a basket of currencies 1313

a body of law 0112. 0513. 0853

ACE 0112. 0121. 0531. 1511

act in good faith 0823

a day order 0921

adjustments and extraordinary events 0113

ADR 0514. 0542

Advancement of prodicuting 0352

Aegean civilization 1011

à forfait (F.) 0113

African Development Bank 0222

agent bank 0422

Agreement 0941

AIB 0722

AIBD 0112

AIM 0543

a large holder 0521

a limit order 0921

Allfirst Bank 0722

Alternative Investment Market 0543

a market order 0921

AMCM 0312

American Express Card 0851

American Stock Exchange 0541

Annex on Financial Services 0262. 0711

APACS 0853

arbitrage of regulation 0261

arbitral system 0921

Article 4A of the Uniform Commercial Code 0352

Articles of Agreement of the International Monetary Fund 0262

A $ 1233

a schedule of the special Commitments 0711

Asian currency 1522

Asian Development Bank 0221

asset 0261

Association of International Bank Dealers 0531

ATM 0853

authenticate 0842

aval 0441

B

Backman v. Polaroid Corp. 0521

BACS 0352. 0853

bad money driving out good money 1111

bancassurance 0121. 0341

Bancor 1311

bank consortium 0422

Banker's Books Evidence Act 0853

Banking Act 0853

banking facilities 0311

banking syndicate 0241

bank note 1112

Bankrupty: Swap Agreement and Forward Contacts Act of 1990 0942

base currency 0942

basis point 1333

Basle Accord 0252

Basle Agreement 0252. 0262

Basle Committee 0252

Basle framework 0262. 0263

Basle Proposals 0252

Battle of Forms 0431

BBA 0113. 0853

Bergsoe Case 0422

Better Management and Customer Services 0352

BF 1233

Big Bang 0513. 0541. 0542

bilateral or multilateral netting settlement 0942

bill of exchange 0823

bill of Exchange Act 0823

bimetallic standard 1111

binary double barrier knock out option 1113

Bittsburgh Terminal Corp. v. Baltimore & Ohio R. R. 0521

blend of three powers 0321

Boston Stock Exchange 0541

broker firm 0921

broker system 0921

BSA 0853

BSF 1333

Bubble Act 1513

bubble economy 0113

Bull – Bear Bond 0933

Bulldog 0531

Business Day 0941

C

C 0262

Calculation agent 0113

callable swap 0113

call option 0113. 0934

Can $ 1233

Capital requirement 0262

Carpenter v. U. S. 0521

case law 0853

cash card 0853

Catastrophe Bonds 0722

CCFF 1333

CCL 1333

CD 0811. 0932. 1521. 1522

Cedel 0112. 0512. 0531

CFTC 0921

Change in Circumstances 0431

CHAPS 0352. 0853

Charter Bank 0311

cherry – picking netting 0942

cheque 0823

Chiarella v. U. S. 0521

Chinese Wall 0422. 0521. 0541. 0542

CHIPS 0352. 0942

CI 0113

CIF 0431. 1233

Cincinnati Stock Exchange 0541

CISG 0431

City Code 0542

claused bill of exchange 0811

clean float 1221

clearing bank 0542

clearing firm 0921

clearing house 0921

clearing room 0942

clearing system 0921

closed end fund 0643

closed – out 0113

closed – out netting 0942

CME 0113

Coco v. Clark Engineers Ltd. 0522

cofinancing 0211

Colocotronis Case 0422

co – managers 0422

commission broker 0921

commission firm 0921

commission system 0921

commodity futures 0911

Commodity Futures Trading Commission 0921

Companies Act of 1862 0513

confirmations 0113

conflicts of interest 0513. 0521. 0542

Constal Casting Case 0422

contract currency 1233

contract price 0934

contractual currency 0941

contractual fund 0643

conversion 0823

convertible currency 1312

convertible instrument 0113

Cook Committee 0252

core provision 0722

corporate type fund 0643

corrections to an index 0113

corridor option 0113

credit card 0853

credit expansion 0311

credit fault swap 0113

credit risk 0262. 0942

credit transfers 0942

cross – border 0541

cross – currency seffement risk 0942

cross – exchange 0541

Crowell v. Jackson 0521

currency interest swap 0113

currency of account 1233

currency of judgment 1232

currency of payment 1233

currency swap 0113

D

D/A 0841

days of grace 0811

Dealers in Securities (Licensing) Regulations 0513

debit card/charpe card 0853

deferred rate – setting swap 0113

default date conversion rule 1234

default pays schemes 0942

Default Rate 0941

delivery month 0912

delivery system 0921

derivatives 0113

Detailed Loss Event Type Classification 0262

Detroit Stock Exchange 0541

Deutschmann v. Beneficial Corp. 0521

Definitions 0941

Digital Cash 0853

Diner's Card 0851

direct participation 0422

Dirks v. SEC 0521

dirty float 1221

discontinuation or modification of an index 0113

discount policy 0311

discount rate 0311

disintemediation 0113

dollar glut 1313

dollar shortage 1313

Domino Effect 0113

D/P after sight 0841

D/P sight 0841

DSBB 1333

DTI 0522

due diligence 0262

E

E 0262
EABC 0422
Early Termination 0941
EC Blue Book 0942
ECP 0532
Ecu 0512. 1214
Edge Act of Corporation 0311
EDI 0842
EEA 0722
EF 1333
EFF 1333
EFT 0352. 0853
EFTA 0722
EFT Act 0853
EFT – POS 0352. 0853
Electronic Finance Law 0113
Electronic Funds Transfers 0853
Electronic Funds Transfers Act 0352. 0853
Electronic Money 0853
electronic record 0842
electronic signature 0842
Elkind v. Ligett & Myers Inc. 0521
en hanc 0521
ENIAC 0853
ESAF 1333
escrow account 0842
Euro 1114
Eurobond 0531
Euroclear 0112. 0531
Euro Commercial Paper 0532
Euro – currency 1521
Eurocurrency loan agreement 0422
Euro Note 0532
Eurosterling 1521
events of default 0113
Events of Default and Termination Events
0941
evolutionary convergence 0321
Excel 0262
exchange rate system 0112
exchequer bills 0513
Exemption clause 0431
exercise 0113
Expectation Interest 0431
expected loss 0262
Expense 0941
expiration data 0934
ex – pit transaction 0940
export credit 0441
extensable swap 0113

F

factoring 0113
fair conversion rule 1234
Fair Dealing 0431
Fair Trade in Financial Services Act of 1995
0711
FATF 0262
FBA 0113
FCI 0841
FDIC 0311. 0322. 0942
FEC of Ny 0113
Federal Card 0851
Federal Deposit Insurance Corporation Improvement Act of 1991 0942
Fed wire 0352、0853、0942
FF 1233
FIMBRA 0542
financial futures 0911
financial innovation 0113
Financial Institutions Reform Recovery and Enforcement Act of 1989 0942
Financial Services and Authority 0722
Financial Services and Markets Act

0113. 0722

Financial Services Modernization Act 0113

fire wall 0513

Flamm v. Eberstadt 0521

Fleet Factors Case 0422

floating – for – floating swap 0113

floor broker 0921

FOB 0431

force majeure (F.) 0113. 0431

forecasts 0422

foreign exchange control 1221

foreign exchange option 0113

Foremost – McKesson Inc v. Provident Se-
curities Co 0521

forfeiting 0113. 0441

Forms 0431

forward interest rate swap 0113

forward rate agreement 0113

Fraud 0431

fraud exception 0842

fraudulent interstate transactions 0513

Freedom of Contract 0431

Fridrich v. Bradford 0521

friend of the court 0521

Frustration of contract 0431

FSA 0542. 0722

FSMA 0722

futures exchange 0921

FXNET 0942

FXNET Worldwide Netting and Close – out
Agreement 0942

G

G – 7 0261

G – 10 0261

G – 22 0261

G – 30 0261

GAAP 0541

GAB 0261. 1333

Gartside v. Outram 0522

GATS 0264. 0542. 0711

GATT 0711

GDDS 1333

GDP 1214

GDR 0514

GEMM 0513

General Agreement on Trade in Services
0262. 0542

Glass – Steagall Act 0351. 0513

Glass – Steagall Wall 0513

G – L – B Act 0113

GNP 0211

gold bullion standard 1112

gold coin standard 1112

gold content 1112

Golden Parachute 0542

gold exchange standard 1112

gold point 1112

gold standard system 1112

Good Faith 0431

good till canceled order 0921

Governing Law and jurisdiction 0941

Gower Report 0542

grace period 0422

Graham Joint Stock Shipping Co. v. Mer-
chant's Shipping 1026

green baize door 0522

Gresham's Law 1111

gridlock risk 0942

Gross Disparity 0431

group banking 0241

group trade system 0921

guarantee 0413

Guidice Case 0422

H

Hackbart v. Holmes 0521
hacker 0853
haircut 0262
hard loan 0211
Hardship 0431
Hardship Clause 0431
Harris v. American Investment Co. 0521
Hc 0262
hedge (hedging) 0113. 0911
hedgers 0911
hell or high water clause 0421
Herstatt Bank 0262
Herstatt risk 0942
Htk 0262
HIBOR 0411
hot money 0541

I

IBF 0311. 1221. 1521
IBM 0853
IC 0853
ICA 0850
ICC 0352. 0431. 0853
ICCC 0352
ICC China 0431
Ichthyosaur 0321
ICSD 0213
IEM 0312
IFEMA 0942
illegality clause 0412
illstrutive Example: Calculating the Effect of Credit Risk Mitigation under Supervisory Formula 0262
Illustration of new scope of application of this framework 0262
IMF 0113. 1331. 1522

import factor 0841
IMRO 0542
Incoterms 0431
indemmity 0413
indirect participation 0422
information 0521
information memorandum 0422
information required in prospects 0513
ING 0113
injunction 0842
in netting by novation 0942
in payments netting 0942
inside information 0521
insider 0521
insurance 0312
Inter – American Development Bank 0223
interest future 0113
Interest Rate and Currency Exchange Agreement 0941
Intermarket Trading System 0541
internal ratings – based approach 0262
international balance of payment system 0112
International Commercial Contract 0431
international factor 0841
International Foreign Exchange Master Agreement 0942
internationally active banks 0262
international reserve system 0112
International Stand – by Practices 0842
International Swap Dealers Association Master Agreement 0942
Internet 0853
Internet Banking 0853
Interpretation 0941
in the ordinary course of business 0823
Introduction 0262
investment bank 0542

ISA 0541
ISDA 0113. 0941. 0942
ISO 0352. 0853
ISP 0842
ISRO 0513
ITS 0541

J

Janigan v. Taylor 0521
Joint Companies Act of 1844 0513
Judge 0521
judgment day conversion rule 1234
Justice 0521

K

keep silence 0422
Keynes Plan 1311
Kleinwort 0413
know – your – customer 0262
KYC 0262

L

Lamfalussy Standards 0942
LAUTRO 0542
Laventhall v. General Dynamics Corp.
  0521
law and forum 0113
lead bank 0422
lead manager 0422
legal mechanism of setoff 0942
legal risk 0942
Legitimate Interest 0431
Letter of comfort 0413
LIBOR 0113. 0411
LIFFE 0113
Liquidity risk 0942
Litton Industries Inc. v. Lehman Brothers
  Inc. 0521

Lloyd's Act 1011
Lloyd's Caffee House 1011
loan syndication 0422
Loan Transfers and Securitisations 0423
Long – Term Capital Management 0643
LTCM 0643

M

majority banks 0422
manager 0422
mandate 0422
margin 0422
margin system 0921
market disruption 0113
market maker 0543
Market Quotation 0941
market risk 0262
Massachusetts Financial Services 0641
Massachusetts Investment Trust 0641
Master Agreement 0940. 0941
Master Card 0850. 0851
Matador 0531
material information 0521
max 0262
Mayer v. Chesapeake Insurance Co. Ltd.
  0521
merchant bank 0542
mezzanine debt 0542
Midwest Stock Exchange 0541
MIGA 0214
Million Card 0851
mini – max swap 0113
Miscellaneous 0113. 0941
Mirabile Case 0422
misrepresentation 0422
Mistake 0431
MMF 0113
Model Law on Electronic Commerce

0432. 0853
monometallism 1112
moral hazard 1333
MOU 0522
Multibranch Parties 0941
multilateral net positions 0942
Mutual Fund 0641

N

NAB 0261. 1333
NASDAQ 0522. 0541. 0543
National Association of Securities Dealers Automated Quotation System 0541
national bank 0311
Negative Interest 0431
Negotiable Instrument Law 0820
Negotiations in Bad Faith 0431
net – net position 0942
net settlement 0942
netting 0942
netting system 0942
Network Bank 0853
New Deal 0513
New York State Banking Law in 1993 0942
New York Stock Exchange 0541
NIFs 0113. 0532
Nixon rush 1321
nonpublic information 0521
NORMSDIST 0262
NORMSINV 0262
Note Issuance Facilities 0113
Notices 0941

O

OBS 0113
OCC 0942
O'Connor & Assor v. Dean Witter Reynolds Inc. 0521

OECD 0261. 0442
off – balance sheet activities 0113
offer 0422
official gold price 1312
off – shore financial market 0232
Omitted Term 0431
OPEC 1522
open contract netting 0942
open cry system 0921
opened type fund 0643
open market operation policy 0311
operational risk 0262
opinion 0422
Option Agreement 0431
order system 0921
ostrich clauses 0422
OTC 0113
OTC derivatives 0942

P

pacific Coast Stock Exchange 0541
packing loan 0451
paper gold 1313
paper standard 1113
paragraph 0262
Part 0262
participants 0422
particular Transfer 0514
partnership fund 0643
pay day conversion rule 1234
payments 0941
payments on settlement 0113
payment system 0942
Peel's Bank Act 1112
petrol – dollar 1522
Philadelphia Stock Exchange 0541
P1N 0853
pit 0940

Ploger Case 0422
Polarisation 0542
POS 0352
Positive interest 0431
potential liability 0422
potential participants 0422
premium 0934
prime rate 0411
Principle of Freedom of Form 0431
Principle of Good Faith and Fair Dealing 0431
Principles 0431
project company 0421
promissory note 0823
property 0261
Proposal for an International Clearing Union 1311
Proposal for the United and Associated Nations Stabilization Fund 1311
prospectus 0422
PT 0514
Puffing 0422
purable swap 0113
puts option 0934

Q

QM 0522
quening system 0513
quiet revolution 1026

R

rate – capped swap 0113
real – time gross settlement 0942
real – time monitoring 0942
receipt 0842
reciprocity clause 0351
redemption 0511
redistribution of payment 0422

Regulation Z 0853
Reliance Electronic Co. v. Emerson Electric Co. 0521
Reliance Interest 0431
Remote Banking 0853
Replacement Transaction 0431
Representations 0941
representations and warranties 0113
reserve requirement on deposit policy 0311
Rhodon (Gr.) 1011
RICO Act 0521
Risk sensitive 0262
RTC 0264
RTGS 0942
RUFs 0113
runner 0921

S

SAF 1333
Salnurai 0531
Santa Fe Inc. v. Green 0521
Satyn v. Henry Schroder Banking Corp. 0842
SCF 1333
schedule commitments 0711
Scope of Application 0262
screen – based 0542
SDDS 1333
SDR0112、1313、1324、1413
SEC 0513、0521、0522、0541、0643、0921
Section 0321
Securities Act of 1933 0513
Secruities Exchange Act of 1934 0513
securities settlement risk 0942
Securities Trading Automated Quotation 0541
securitisation exposures 0262
Security First Network Bank 0853

SEC v. Lund 0521
SECv. Materia 0521
SECv. Monarch Fund 0521
SECv. Texas Gulf Sculpture Co. 0521
Self – Regulatory Organization 0542
selling document 0422
separation of three powers 0321
setoff(set – off) 0422、0423、0942
settlement netting 0942
settlement price 0921
SFA 0542
SF capital requirement 0262
SFNB 0853
SFr. 0113、1233
shadow director 0422
sharing by assignment 0422
SIB 0541
SIBOR 0411
silver standard system 1112
SKOP 0841
Slade v. Shearson 0521
Smoloue v. Delendo Corp. 0521
snake arrangement 1214
snake in the tunnel arrangement 1214
SNB 1311
Soft international law 1342
Soft loan 0211
Sony 0512
South sea bubble 0513
special drawing right 1313
special treatment 0514
specific commitments 0711
Specified indebtedness 0941
speculators 0911
SRF 1333
SRO 0542
S $ 1233
ST 0514

Standby 0842
stand – by arrangement 1332
standby letter of credit 0113 , 0842
Standard Terms 0431
STAQ 0541
Starkman v. Wamer Communication Inc. 0521
statement of law 0422
statute law 0853
Statute of Dead Hand 0611
Statute of Mortmain 0611
Statute of Trust Property 0611
Statute of Use 0611
STF 1333
Stock index future 0113
Strendfeld v. Great A&P Tea Corp. 0521
stricdo sensu (L.) 0112
striking price 0934
structure of this document 0262
STS 0853
substituted rate of borrowing clause 0412
suicide bond 0413
Super National Bank 1311
Supplement Reserve Facility 1333
Suprising Terms 0431
Survivors pay schemes 0942
swaption 0113
SWIFT0352、0842、0853
syndicated loan 0412
systemic risk 0942

T

take over 0542
Take Over Code 0542
Tanglewood Case 0422
tax grossing – up 0113
temporary insider 0521
termination for illegality 0113

term sheets 0422

the agreement among underwriters 0513

The Banking and Financial Dealings Act 0811

the city of London 0542

The Code of Banking Practice 0853

The Company Securities (lusider Dealing) Act 0513

the difference in price 0113

The Financial Services Act 0423、0513、0541、0542

The First pillar – Minimum Capital Requirements 0262

the fiscal agency agreement 0513

Theft Act of 1916 0513

The Inflatable Toy Company v. State Bank of New South Wales 0842

The Investment Company Act of 1940 0541

The Joint Forum on Financial Conglomerates 0261

The Last Shot Doctrine 0431

the law of insider trading 0513、0521

the Lloyds S. G. form of policy 1026

The Rhodian Law 1011

the risk of cherry – picking 0942

The Second Pillar – Supervisory Review Process 0262

The Simplified Standardised Approach 0262

The Third Pillar – Market Discipline 0262

the underwriting agreement 0513

Thomas v. Roblin industries lnc. 0521

threat 0431

TLC 0422

TLF 0423

TLI 0423

total return swap 0113

TOVALOP 1027

Tower Street 1011

TPC 0423

T/R 0841

Trade system 0921

traditional insider 0521

Transfer 0941

Transferable Loan Certificate 0423

Transferable Loan Instrument 0423

Transferable Participating Certificate 0423

transnational bank 0231

two – tier gold price system 1321

U

UCC 0352

UCP 0431、0842

UNCITRAL0352、0432、0853

Understanding on Commitments in Financial Services 0711

undertaking 0113

Unita 1311

United City Merchants v. Royal Bank of Canada 0842

URC 0431

URDG 0842

Use its best efforts 0422

Use of Fund's general resources 1333

uses 0611

RS $ 0113, 1233

U. S. v. Carpenter 0521

U. S. v. Chestman 0521

U. S. v. Chiarella 0521

U. S. v. Reed 0521

U. S. v. Willis 0521

U. S. v. Winans 0521

U – Turn 0942

V

Value – at – Risk 0262

VaR 0262

VaR models 0262

VISA 0850

Visa Card 0850、0851

VISANET 0851

Virtual Bank 0853

voluntary close – out 0113

W

waiver 0422

Warrant Fund 0643

weighted voting system 1311

White Plan 1311

William Pickergill & Sons Ltd. v. London & Marine Provincial Insurance Co. Ltd. 1026

Wilson v. Comtech Telecommunications Corp. 0521

without negligence 0823

WTO 0111、0121、0262、0711、0722

X

X. C. 0531

Y

Yankee 0531

Z

zero coupon – for – floating swap 0113

条约协议、法律法规、惯例规则索引

国　际

联合国体系

联合国货币金融会议最后决议书　0111、1311

布雷顿森林协定　0111、1311

国际货币基金协定/布雷顿森林货币协定　0111、0112、0113、0211、0262、0411、1222、1223、1311、1321、1333、1341、1342、1411

凯因斯方案/英国方案/国际清算同盟方案　1311

怀特方案/美国方案/联合国平准基金方案　1311

特别提款权协定　1313

牙买加协定　1321

史密森协定/华盛顿协定　0113、1214、1321

普拉扎协议/广场协议　1213

借款总安排　0261、1333

新借款总安排　0261、1333

布雷迪计划　0423

国际复兴开发银行协定　0111、0112、0211、1311

国际复兴开发银行协定附则　0211

国际复兴开发银行贷款协定和担保协定通则　0211

国际开发协会协定　0211、1413

国际开发协会协定附则　0211

国际开发协会开发信贷协定通则　0211

世界银行贷款和国际开发协会信贷提款指南　0211

世界银行贷款和国际开发协会信贷采购指南　0211

国际金融公司协定　0212

联合国专门机构的特权和豁免公约　0210

解决国家与他国国民之间投资争议公约/华盛顿公约　0213、0214、0431

建立多边投资担保机构公约　0214、1222

联合国国际贸易法委员会

电子资金划拨法律指南　0352

国际资金划拨标准法　0352、0853

国际商务标准法　0432、0853

电子签章统一规则　0432

联合国电子交易基本法方案　0432

国际保付代理公约　0113、0431、0841

国际融资租赁公约　0633

联合国国际汇票与国际本票公约　0352、0823、0832

联合国独立担保和备用信用证公约　0423、0431、0842

国际油污损害民事责任公约　1027

联合国国际货物销售合同公约（CISG 公约）　0431

联合国国际商事仲裁示范法　0431

联合国禁止非法贩卖麻醉品和精神药物公约/禁毒公约　0262

联合国打击跨国有组织犯罪公约　0262

联合国反腐败公约　0262

建立亚洲开发银行协定　0221

建立非洲开发银行协定　0222

建立美洲开发银行协定　0223

巴塞尔体系

道威斯计划　0251

杨格计划　0251

国际清算银行章程　0251

神圣公约　0252

新神圣公约　0252

美国联邦银行监管机构和英格兰银行对资本基础和资本充足率评估的统一建议/美

英建议 0252、0261

巴塞尔建议 0252、0262

巴塞尔协议 0111、0112、0113、0122、0252

统一国际银行资本衡量与资本标准协议/巴塞尔资本协议/巴塞尔协议 0111、0112、0113、0252、0261、0263、0264、0342、0411、0423、0431、0853、0942

巴塞尔委员会

利率风险管理原则/巴塞尔利率风险管理原则 0113、0262、0431

有效银行监管的核心原则/巴塞尔核心原则 0113、0262、0431、1333

对巴塞尔资本协议的修订建议 0261

巴塞尔协议:对表外项目潜在风险的处理 0261、0942

巴塞尔资本协议:市场风险修正案/市场风险补充规定 0261、0262

纳入市场风险的资本协议补充规定 B 部分 0262

衍生市场的风险管理准则 0262

利率风险管理 0262

电子银行的风险管理 0262

银行与高举债经营机构往来的健全实务 0262

加强公司治理 0262

流动性管理的健全实务 0262

信用风险管理的原则 0262

外汇交易清算风险管理的监管指南 0262

利率风险管理和监管的原则 0262

电子银行的风险管理原则 0262

银行监管当局与银行外部审计师的关系 0262

处理差质银行的监管指南 0262

跨国电子银行业务活动的管理和监管 0262

操作风险管理和监管的健全实务 0262

贷款分类建议 0261

新的资本协议征求意见稿 0261

国际统一资本衡量和资本标准修订体制/新资本协议/巴塞尔二号协议 0262

银行业组织内部控制系统的体系/银行机构内部控制体系框架 0262、0342

银行内部审计和监管当局与审计师的关系 0262

银行的客户评鉴说明 0262

防止犯罪为洗钱目的利用银行系统 0262

核心原则实施方法 0113、0262

十国集团各中央银行同业净额系统委员会报告 0942

巴塞尔委员会、证监会国际组织、国际保险监管协会多元化金融集团监管的最终文件 0712

WTO 体系

关贸总协定　0711、1221、1222

建立世界贸易组织协定　0711

服务贸易总协议　0121、0262、0264、0351、0542、0711

服务贸易总协议金融服务附录　0262、0264、0542、0711

有关金融服务承诺的谅解书　0711

服务贸易总协议第二议定书—揽子市场准入行动纲领　0351、0711

服务贸易总协议第五议定书全球金融服务贸易协议　0351、0711

欧盟体系

欧洲经济区协定　0722

罗马条约　0722、1214

欧共体单一市场指令

　　银行业协调指令/欧共体第 2 号银行业指令　0351、0722

　　保险业指令　0722

　　投资服务指令　0722

欧共体理事会建立欧洲货币体系决议　1214

欧共体蓝皮书　0942

阿姆斯特丹条约　1214

马斯特里赫条约/马约　0113、0321、1214

欧洲中央银行与各成员国中央银行体系地位的议定书　0321

欧盟稳定和增长公约　1214

欧盟欧元的法律地位文件　1214

欧盟新的货币汇率机制　1214

日内瓦体系

日内瓦票据公约　0823

统一汇票和本票法公约/日内瓦票据公约　0823、0831、0832

解决汇票与本票若干法律冲突公约　0823

汇票与本票印花税公约　0823

统一支票法公约　0831

国际统一私法协会

　　章程　0431

　　国际商事合同通则　0431

双边条约协议

英国工贸部、美国证券交易委员会合作谅解备忘录 0522
纽约联储银行外汇委员会、英国银行家协会国际外汇交易主协议 0942
瑞士、匈牙利王国双边支付协定 1213
互换货币协定 1213
中加投资保险协议 0214
中英关于促进和相互保护投资协定 0214
中国、斯里兰卡米胶协定 1213

国际商会

托收统一规则 0112、0431
合同担保统一规则 0112、0413
跟单信用证统一惯例 0112、0431、0842
银行间支付规则 0352
合同保函统一规则 0413
见索即付担保统一规则 0413
备用信用证惯例规则 0431
国际贸易术语解释通则 0431
国际销售示范合同 0431
商业单据托收统一规则/托收统一规则 0841
国际备用证惯例规则 0842

其他

君子协定 0252、0441
ACE 惯例规则 0112、0531、1411
标准格式主协议条款/国际掉期经纪人协会利率和货币互换协议/主协议 1987 年版
    0113、0941
国际会计准则 0541
国际保理惯例规则 0841
油轮船东自愿承担油污责任协议 1027
国际借贷的银行实务惯例 0411

外　国

英国

金融服务法 0113、0123、0423、0513、0522、0541、0542、0641、0722

金融服务和市场法 0113、0721、0722

公司法 0123、0513、0522、0942

银行法 0123、0311、0322、0853

所得税和公司税法 0722

民事管辖权和判决法 0722

工业保险和友谊会法 0722

英格兰银行特许法 0311

英格兰银行条例/皮尔银行条例 0311、1112

英格兰银行贷款转让与证券化公告 0423

投资企业管理法 0513

公平交易法 0513、0542

限制性贸易惯例法 0513

股票交易上市管理法 0513

防止欺诈(投资)法 0513

高尔报告 0513、0542

判例法 0513、0853

1697 年法 0513

泡沫法 0513

劳氏法案 1011

证券交易所管理条例和规则 0513

股份公司法 0513

盗窃法 0513

证券交易商(执照)条例 0513

公司证券(内幕交易)法 0513、0522、0542

刑庭权力法 0522

死手条例 0611

用益权法 0611

信托财产法 0611、0641

汇票法/票据法 0811、0812、0821、0823、0832

支票法 0821、0823、0853

银行业和金融交易法 0811

消费者信贷法 0853

公平合同条款法 0853

货物销售法 0853

货物与服务供应法 0853

银行簿记证据法 0853

民事证据法 0853

涉及保险单的法案 1012

海上保险法　1012、1026

金本位制条例　1111

办案指示判决：外国货币　1232

银行业惯例守则　0853

有执照交易商（业务行为）规则／执照交易商（业务行为）规则　0522、0542

证券业理事会关于内幕交易声明　0522

证券交易所管理条例和规则　0513

票据交换所自动收付系统清算规则／CHAPS 清算规则　0352、0853

收购与合并的伦敦守则／伦敦城企业收购与合并准则／伦敦城准则／收购准则
　0513、0722

股份大额收额守则　0722

美国

金融服务现代化法／格拉姆—利奇—布莱利法　0113、0351、0513、0541、0721、0722

Q 条例　0123

Z 条例　0853

购银法案　1122

黄金储备法　1411

放宽对存款机构的管制与货币控制法　0123、0311

金融服务公平贸易法　0711

格拉斯—斯蒂格尔法／紧急银行法　0311、0322、0351、0513、0541、0721、1412

实施巴塞尔协议法案　0263

埃奇法案　0311

国民银行法／银行法　0311

联邦储备法　0311、0321

联邦存款保险公司改进（善）法　0311、0942

联储金融规则 18 公告　0942

国际银行业法　0311

金融机构改组、恢复和执行法　0942

统一商法典　0352、0821、0842、0853

电子资金划拨法　0352、0853

证券法　0513、0521

证券法修正案　0513

公认会计准则　0541、0641

内幕交易制裁法　0521

内幕交易与证券欺诈执行法　0521

联邦邮件／电讯欺诈法令　0521

诈骗势力与贪污团伙法（RICO 法）　0521

证券交易法　0513、0521、0522、0542、0921

投资公司法　0541、0641

投资顾问法　0641

证券交易法 10(b)—5 规则　0521、0522

证券交易法 14(e)—3 规则　0521

证券交易委员会经纪人—交易商证券公司为防止重大不公开信息在部门间传播和被滥用而设计的制度与实施程序　0521

最高法院判例大全　0521

棉花期货法　0921

谷物期货法　0921

商品期货交易法　0921

破产:掉期协议与期货合同法　0942

纽约州银行法　0842、0942

堪萨斯州证券管理法/蓝天法　0513

梧桐树协议　0513

国民期货交易协会仲裁规则　0921

日本

银行法　0321

存款保险法　0322

破产法　0423

证券交易法　0512、0513

信托法　0621

贷款信托法　0621

票据法　0821

支票法　0821

外汇及外贸管理法　1222

外汇管理令　1222

外汇法　1223

民法　1232

关于银行体系改革有关法律调整等事宜的法律/金融体系改革法　1324

德国

联邦银行法　0311

民法典　0423

证券交易法　0513

银行法　0513

关于政府批准发行无记名和记名债券法　0513

票据法 0821
支票法 0821
关于非上市证券的习惯和惯例 0513

法国

银行法 0321
民法典 0423、0822

新加坡

公司法 0512
证券业法 0512

瑞士

国际清算银行建行特许证 0251

加拿大

货币与外汇法 1222、1232

新西兰

法定年龄法 0822

澳大利亚

储备银行法 0321

斯里兰卡

货币法令 0321

巴林

离岸银行条例 0232

埃及

民法典 0822

肯尼亚

中央银行法 0321

塞拉利昂

银行法 0321

古代

巴比伦王国　汉穆拉比法典/石柱法　0631、0942、1011
希腊　罗得法　1011
东罗马帝国　民法大全　0942
　　　　　　查士丁尼法典　1011

中　国

全国

立法法　0214
香港特别行政区基本法　0111
澳门特别行政区基本法　0312
中国人民银行法　0634、0722、1123
商业银行法　0263、0264、0613、0722、0823
保险法　0722、1027
担保法　0423、0452、0453
证券法　0514、0523
票据法　0822、0823
合同法　0411、0423、0431、0634、0853
经济合同法　0921
海商法　1013、1026
公司法　0423、0514、0541、0543、0613、0634
中外合资经营企业法　0214、1024
外资企业法　1024
信托投资公司管理法　0722
民法通则　0423、0452、0811、0822
全民所有制工业企业法　0423
企业破产法（试行）　0423
民事诉讼法　0423、0514、0811、0823、0853
环境保护法　0422
行政诉讼法　0853
刑法　0262、0514、1412
刑事诉讼法　0853
人民警察法　0853

外汇管理条例 0112、1223

外汇管理暂行条例 1223

金融资产管理公司条例 0264

经济特区外资银行、中外合资银行管理条例 0341、0342

银行管理暂行条例 0341

工商企业登记管理条例 0341

外资金融机构管理条例 0342

公证暂行条例 0542

国库券条例 0514

企业债券管理条例 0514

证券公司管理暂行条例 0514

股票发行与交易管理暂行条例 0514、0521、0523

计算机软件保护条例 0853

计算机信息系统安全保护条例 0853

期货交易管理暂行条例 0922

人民币管理条例 1123

金银管理条例 1412

国务院

(政务院)禁止国家货币出入国境办法 1123

关于发行新的人民币和收回现行的人民币的命令 1123

关于发行金属分币的命令 1123

关于发行新版人民币的命令 1123

国家货币出入境管理办法 1123

关于中外合资经营企业外汇收支平衡问题的决定 0214

关于财政部发行特别国债补充国有独资商业银行资本金的议案 0264

关于人民银行专门行使中央银行职能的决定 0341

关于股份有限公司境外募集股份及上市的特别规定 0514、0541

关于股份有限公司境内上市外资股的规定 0514

计算机信息网络国际联网暂行规定 0853

中国证监会

(国务院证券委)禁止证券欺诈行为暂行办法 0514、0521、0523

(同上)可转换公司债券管理暂行办法 0514

(同上)证券投资基金管理暂行办法 0642

(同上)证券交易所管理暂行办法 0514

(同上)股份有限公司境内上市外资股规定的实施细则 0514

境内居民可投资B股市场的决定 0113

公开发行证券公司信息披露编报规则　0264

股票发行审核程序　0514

外国证券类机构驻华代表机构管理办法　0514

关于法人配售股票有关问题的通知　0514

关于授权地方证券、期货监管部门行使部分监管职责的决定　0514

亏损上市公司暂停上市和终止上市实施办法　0514

关于上市公司发布澄清公告若干问题的通知　0523

证券投资基金信息披露指引　0642

开放式证券投资基金试点办法　0642

期货交易所、期货经营机构信息技术管理规范（试行）　0922

关于期货交易所建立"市场禁止进入制度"的通知　0922

中国人民银行

金融监管责任暂行办法　0113

关于经济特区外资银行、中外合资银行业务管理的若干暂行规定　0342

上海外资金融机构、中外合资金融机构管理办法　0342

外资银行外部审计指导意见　0342

加强金融机构内部控制的指导原则　0342

贷款风险分类指导原则　0342

银团贷款暂行办法　0422

关于外商投资企业外汇抵押人民币贷款的暂行办法　0451、1211

境内机构对外担保管理办法　0453

关于白银管理改革有关问题的通知　1422

关于国家货币出入境限额的公告　1123

设立境外中国产业投资基金管理办法　0642

证券公司进入银行间同业市场管理规定　0642

基金管理公司进入银行间同业市场管理规定　0642

票据管理实施办法　0811

大额可转让定期存单管理办法　0811

全国银行债券市场债券交易管理办法　0940

支付结算办法　0811、0812、0823

信用卡业务管理办法　0852

银行卡业务管理办法　0852

金融信托投资机构资金管理暂行办法　0613、0622

金融信托投资公司委托贷款业务规定　0613、0622

信托投资公司管理办法　0611

金融租赁公司管理办法　0634

金融违法行为处罚办法　0634

中国人民银行、海关白银进口管理暂行办法　1422
中国人民银行、中国证监会证券公司股票质押贷款管理办法　0514

国家外汇管理局

境内机构发行外币债券管理办法　0264、0514
银行外汇业务管理规定　0341
非银行金融机构外汇业务管理规定　0341
境内机构借用国际商业贷款管理办法　0451
关于签发"携带外汇出境许可证"管理规定　1223
保税区外汇管理办法　1223
边境贸易外汇管理暂行办法　1223
国家外汇管理局、海关部署关于携带外汇进出境管理的规定　1223
国家工商行政管理局期货经纪公司登记管理暂行办法　0922
中国证监会、国家外汇管理局关于境内居民个人投资境内上市外资股若干问题的通
　知　0514

财政部

关于租赁贸易的租金收入征收所得税问题的通知　0631
关于外商从我国所得的利息有关减免所得税的暂行规定　0631
企业财务通则　0423
企业会计准则　0423
中国证监会、财政部境外会计师事务所执行金融类上市公司审计业务临时许可证管
　理办法　0514

外经贸部

白银出口管理暂行办法　1422

司法部

提存公证规则　0452

民政部

中国福利彩票发行与销售管理暂行办法　0511

最高人民法院

关于企业或个人欠国家银行贷款逾期 2 年未还应当适用民法通则规定的诉讼时效
　问题的批复
　0423
关于银行、信用社划扣预付货物收贷应否退还问题的批复　0423

关于船舶碰撞损害几个问题的具体规定（草案） 1235

地方

上海市

人民币特种股票管理办法　0514
票据暂行规定　0811

深圳市

银行业风险监管暂行办法　0263
人民币特种股票管理暂行办法　0514
投资信托基金管理暂行规定　0642

其他

海南经济特区银行 IC 卡管理规定　0853
中国人民银行广州分行网上银行业务管理暂行办法　0853

行业

中国银行

信托咨询公司信托贷款办法　0613
对外商投资企业贷款办法　0413、0451
出口买方信贷试行办法　0443
关于长城卡的规定　0852

中国农业银行

信托贷款试行办法　0613
融资租赁试行办法　0613、0634

中国人民保险公司

海外投资（政治风险）保险　1025
投资保险（政治风险）条款　0214、1024
国外业务条款　1021、1022、1023
船东责任保障与赔偿条款　1027

上海证券交易所

全面指定交易制度试行办法　0514

基金证券上市试行办法　0514

会员管理暂行办法　0514

工作人员守则　0514

仲裁实施细则　0514

交易市场业务试行规则　0514

章程　0514

深圳证券交易所

上市公司股票暂停上市处理规则　0514

中国证券业协会

关于禁止股票承销业务中融资和变相融资行为的行业公约　0514

证券业从业人员行为守则　0514

会员公约　0514

其他

全国银行间债券市场回购主协议　0940

中国保险业协会中国保险业公约　0341

中国船东互保协会章程　1027

旧时代

秦朝金布律　1121

各朝刑律·钱法/钞法　1121

清朝币制则例　1122

民国银本位币铸造条例　1122

香港

银行条例　0312

存款公司条例　0312

放款人条例　0312

钱币找换条例　0312

外汇基金条例　0312

汇丰银行章程条例　0312

渣打银行章程条例　0312

银行公会条例　0312

联交所规则　0513

公司条例　0513、0541

证券条例　0513

受托人条例 0541

起诉期限条例 0823

澳门

信用制度及金融机构管制法令 0312

发行机构规章 0312

核准澳门货币及汇兑监理署通则 0312

协议

中国银行受理美国运通公司委托代办美国运通卡兑付私人支票协议书 0851

中国银行、日本东京银行人民币、日元直接结算协议 1212

中国银行受理日本株式社东海银行委托代办百万卡协议书 0851

中国银行受理香港东亚银行有限公司委托代办信用卡协议书 0851

中国银行受理香港渣打银行委托代办大来卡协议书 0851

中国银行受理香港上海汇丰银行委托在中国代办东美卡和万事达卡协议书 0851

中国银行总行受理香港南洋商业银行委托兑付发达卡协议书 0851

中港证券事务监管合作备忘录/中港监管合作谅解备忘录 0512、0541

到香港上市公司章程必备条款 0541

案 例 索 引

银行类

弗利诉银行经理希尔(英国) 0331

昌盛公司诉劳埃德银行(英国) 0331

霍兰诉曼彻斯特和利物浦地区银行(英国) 0332

杨格诉银行经理格尔特(英国) 0332

伦敦联合证券银行诉麦克米伦(英国) 0332

格林斯诉地区银行(英国) 0332

电子资金划拨类

埃弗拉案(美国) 0352

蒙诉巴克利国际银行(英国) 0352

德布昌克公司诉汉诺威制造商信托银行(美国) 0352

担保类

克林沃特案(英国) 0413

科洛科特朗里斯案(美国) 0422

汽车批售经纪商案(Fleet Factors Case)(美国) 0422

伯格塞案（Bergsoe Case）（美国） 0422
普洛格案（Ploger Case）（美国） 0422
米拉拜尔案（Mirabile Case）（美国） 0422
坦格尔伍德案（Tanglewood Case）（美国） 0422
盖戴斯案（Guidice Case）（美国） 0422
康斯特尔铸件案（Constal Casting Case）（美国） 0422
武汉市法院宣告武昌—合资企业破产还贷（中国） 0423

证券类

利用邮件进行证券欺诈的案件（美国） 0513
克罗韦尔诉杰克逊（美国） 0521
桑塔·菲实业公司诉格林（美国） 0521
弗兰诉埃伯施塔特（Flamm v. Eberstadt）（美国） 0521
斯莱德案（美国） 0521
恰里拉案（美国） 0521
德克斯案（美国） 0521
马特里亚案（美国） 0521
卡彭特案（美国） 0521
威利斯案（美国） 0521
切斯特曼案（美国） 0521
雷特勒·帕特案（美国） 0521
德克萨斯海湾硫磺公司案（美国） 0521
福尔莫斯特－麦克森公司诉储蓄证券公司（Formost－Mckesson Inc. v. Provident Securities Co.）（美国） 0521
信赖电力公司诉埃默森电力公司（Reliance Electric Co. v. Emerson Electric Co.）（美国） 0521
斯莫洛夫诉德伦多公司（Smolove v. Delendo Corp.）（美国） 0521
迈耶诉切萨皮克保险公司（Mayer v. Chesapeake Insurance Co. Ltd.）（美国） 0521
伦德案（美国） 0521
里德案（美国） 0521
莫纳奇基金案（美国） 0521
皮兹伯格端饰公司诉巴蒂摩尔与俄亥俄铁路（美国） 0521
奥康尔与阿索克诉迪安股份有限公司（美国） 0521
巴克曼诉波拉罗德公司（美国） 0521
拉文索尔诉戴南密克斯总公司（美国） 0521
斯塔克曼诉沃梅通讯公司（美国） 0521
多伊奇曼诉福祉公司（美国） 0521
托马斯诉罗布林实业公司（美国） 0521

埃尔金德诉利格特与迈尔斯公司(美国) 0521

怀南斯案(美国) 0521

福里德里奇诉布雷德福(美国) 0521

利顿实业公司诉莱曼兄弟公司(美国) 0521

利用因特网进行内幕交易犯罪活动的案件(美国) 0521

贾尼甘诉泰勒(美国) 0521

哈里斯诉美国投资公司(美国) 0521

斯特龙菲尔德诉 A&P 茶叶公司(美国) 0521

哈克贝特诉霍尔梅斯(美国) 0521

威尔逊诉康特奇电讯公司(美国) 0521

罗恩柴尔兹利用未公开信息炒股(英国) 0522

加特赛德诉乌特勒姆(英国) 0522

西瓦尔诉赖特(英国) 0522

科科诉克拉克工程公司(英国) 0522

科里尔案(英国) 0522

菲茨威廉斯案(英国) 0522

格林伍德与科里恩案(英国) 0522

布赖斯案(英国) 0522

黑尔斯案(英国) 0522

费希尔案(英国) 0522

布里格斯案(英国) 0522

凯特尔与桑尼沃克案(英国) 0522

拉什布鲁克案(英国) 0522

黑尔登－史密斯案(英国) 0522

詹金斯案(英国) 0522

鲁宾逊案(英国) 0522

蒂瑟里奇案(英国) 0522

布鲁克斯与汉考克案(英国) 0522

霍利约克,希尔与马尔案(英国) 0522

科利尔案(英国、美国) 0522

票据类

阿拉伯银行诉罗思(英国) 0812

巴洛诉布罗德赫斯特(英国) 0812

史密斯诉伦敦联营银行(英国) 0812、0823

日本最高裁判所关于一经连续背书票据的持有人权利判例(日本) 0812

拉姆斯登公司诉伦敦信托储蓄银行(英国) 0823

英格兰银行诉瓦克利亚诺兄弟公司(英国) 0823

大西方铁路公司诉伦敦郡银行(英国) 0823

奥格登诉贝纳斯银行(英国) 0823

房产公司诉伦敦郡和威斯敏斯特银行(英国) 0823

柯蒂斯诉伦敦城市和米兰德银行(英国) 0823

山东淄博市法院对一遗失空白转帐支票案判决(中国) 0823

罗斯诉伦敦郡威斯敏斯特与帕尔银行(英国) 0823

汽车经销商担保公司诉米德兰银行(英国) 0823

国民威斯敏斯特银行诉巴克利国际银行(英国) 0823

劳埃德银行诉萨沃里公司(英国) 0823

马尔范尼公司诉米德兰银行(英国) 0823

拉姆斯登诉伦敦信托储蓄银行(英国) 0823

麦克米伦与阿瑟案(英国) 0823

莫里森公司诉伦敦郡与威斯敏斯特银行(英国) 0823

格林伍德诉马丁斯银行(英国) 0823

雷德蒙诉阿利德·艾里什银行(英国) 0823

卡彭特斯公司诉英国互助银行(英国) 0823

大兴制棉厂公司诉廖创兴银行(香港) 0823

不列颠与北欧银行诉扎莱斯坦(英国) 0823

联合海外银行诉吉瓦利(英国) 0823、0853

都柏林国民银行诉西尔克(英国) 0823

吉木斯诉威斯敏斯特银行(英国) 0823

信用证类

萨廷诉亨利·施罗德银行(美国) 0842

联合城市商社诉加拿大皇家银行(英国) 0842

塑料玩具公司诉新南威尔士州银行(澳大利亚) 0842

武汉航空公司诉阿拉斯加航空公司(美国) 0842

信用卡类

武汉市江岸区法院维护发卡银行合法权益的案例(中国) 0850

衡平法院对燃料信用卡判决(英国) 0853

货币类

奥地利铁路公司债券案(德国) 1231

尼日利亚产品销售部诉英国商号(英国) 1233

米利安哥斯诉乔治·弗兰克(纺织品)公司(英国) 1234

哈彻特书店诉巴黎图书中心(美国) 1234

古托国际公司诉雷蒙德打包公司(美国) 1234

图书在版编目（CIP）数据

国际金融法 / 刘丰名著. 第4版. —北京：中国政法大学出版社，1998.11
ISBN 978-7-5620-1596-3

Ⅰ.国... Ⅱ. 刘... Ⅲ.国际法:金融法 - 高等学校 - 教材　Ⅳ.D996.2

中国版本图书馆CIP数据核字(97)第22786号

出版发行　　中国政法大学出版社

经　　销　　全国各地新华书店

承　　印　　固安华明印刷厂

787×960mm　　16开本　　31.75印张　　580千字

2007年1月第4版　　2010年7月第2次印刷

ISBN 978-7-5620-1596-3/D•1561

定　价：36.00元

社　　址　　北京市海淀区西土城路25号

电　　话　　(010)58908435(教材编辑部)　　58908325(发行部)　　58908334(邮购部)

通信地址　　北京100088信箱8034分箱　　邮政编码 100088

电子信箱　　fada.jc@sohu.com(教材编辑部)

网　　址　　http://www.cuplpress.com　(网络实名：中国政法大学出版社)

声　　明　　1. 版权所有，侵权必究。

　　　　　　　2. 如有缺页、倒装问题，由本社发行部负责退换